Norbert Bischof
Das Kraftfeld der Mythen

Norbert Bischof

Das Kraftfeld der Mythen

Signale aus der Zeit,
in der wir die Welt
erschaffen haben

Piper
München Zürich

ISBN 3-492-03313-X
© R. Piper GmbH & Co. KG, München
Grafiken: Norbert Bischof
Satz: Franzis-Druck, München
Druck und Bindung: Clausen & Bosse, Leck
Printed in Germany

19. August 1996. Für Doris

Inhalt

7

ZWEITER TEIL: Das Chaos

DRITTER TEIL: Die Sünde

VIERTER TEIL: Der Schelm

FÜNFTER TEIL: Der Held

SECHSTER TEIL: Ideologischer Nachhall

Vorwort

Als ich vor einigen Jahren einen Vortrag über Themen aus meinem Buch »Das Rätsel Ödipus« zu halten hatte, kam es, zwanzig Minuten nach Beginn, zu einem kleinen Eklat. Einer der Zuhörer, seines Zeichens praktizierender Psychotherapeut, sprang auf und verließ mit dem vernichtenden Ruf »Wo bleibt hier die Seele?« den Saal. Eine Überreaktion, sicher, aber keine ganz unverständliche. Das genannte Buch handelte vom Menschen; sein Thema war im Grunde der Entwurf einer disziplinübergreifenden *Anthropologie*. Gleichwohl redete es in der Sprache der Verhaltensbiologie. Ich meine zwar auch heute noch, daß diese dem Gegenstand durchaus angemessen sein kann; aber ein Menschenbild, bei dem die Innerlichkeit randständig bleibt, ist wirklich ein Torso.

Das Fehlende soll hier nachgeholt werden. Es geht um ein Thema, bei dem sich der Naturwissenschaftler von vornherein neidlos für unzuständig erklärt – um Inhalte der *Phantasie*. Ich bin darauf schon während der Arbeiten am vorerwähnten Buch gestoßen. In diesem steht, daß die Inzestscheu weitaus älter sei als der Mensch. Nun machen aber dreiviertel aller Kulturen in ihrem Mythengut vom Inzestmotiv Gebrauch. Da stellt man sich schon die Frage, was das zu bedeuten hat. Verweist es am Ende doch auf tiefsitzende »ödipale« Wünsche von der Art, wie Sigmund FREUD sie postuliert hat? Die bloße Tatsache, daß die Menschheitsphantasie so hartnäckig um dieses und andere, ähnlich provokante Themen kreist, fordert doch eine Erklärung. Ich begann daher damals schon, mich mit Mythen zu beschäftigen. Mit der Zeit gewann das Thema an Umfang und Bedeutung. Die Implikationen erwiesen sich als derart reich, und sie wuchsen so sehr über die ursprünglich anvisierte Inzest-Thematik hinaus, daß der Plan einer eigenen Monographie reifte.

Kann der Mythos überhaupt legitimer Gegenstand der Psychologie sein? Das ist nicht selbstverständlich, denn was man über ihn aussagt, basiert auf dem Verfahren der *Deutung.* Dieser aber haftet hartnäckig der Geruch der Unverbindlichkeit an – es assoziiert sich so leicht, wenn man nur über ein wenig Einbildungskraft verfügt. Und da jeder dabei von seinem eigenen Erfahrungsfeld ausgeht, ist es auch gar nicht weiter verwunderlich, wenn eben in einer und derselben mythischen Handlung der Historiker den Legitimationsversuch einer damals zur Macht gelangten Dynastie, der Anthropologe die Untermalung tradierter Riten oder den Niederschlag des Überganges vom Wildbeuterins Pflanzerstadium, der Naturkundler Erklärungsversuche für irgendwelche physikalischen, biologischen oder geographischen Auffälligkeiten, der Tiefenpsychologe Anklänge an Träume seiner Patienten und jedermann seine eigene Lieblingsphilosophie wiederzuerkennen meint.

In den empirischen Wissenschaften gilt die eiserne Regel, daß man nicht alles, was einleuchtet, auch für wahr halten darf. Ein Experiment mag die Erwartung bestätigen, daß zwischen zwei Größen ein Zusammenhang besteht; aber das besagt noch nichts, solange statistische Signifikanztests nicht hinreichend unwahrscheinlich gemacht haben, daß das Ergebnis zufällig zustandekam. Jeder Empiriker unterscheidet zwischen Daten, die er verwerten kann, und Daten, die nur so aussehen, als hätten sie etwas zu bedeuten. Das irritiert eben so an der mythenkundlichen Erbauungsliteratur: Da gibt es kein winziges Detail der Geschichte, in dem sich nicht in scheinbarer Folgerichtigkeit ein tiefer Sinn offenbart. Gerade dadurch, daß hier *alles* stimmt, stimmt gar nichts, gerade dadurch, daß alles seine tiefsinnige Valenz hat, wird alles entwertet.

Kennt auch die Hermeneutik, die Deutungslehre, Kriterien für Inhalte, denen man einen Symbolgehalt zuweisen darf, im Unterschied zu anderen, bei denen man das besser bleiben läßt? Und *wie* interpretiert man das, was dann übrigbleibt? Hat sich auch das Verstehen einem Regelkanon zu fügen? Dieses Buch versucht, ein Stück weit in diesen unerschlossenen Problemkomplex vorzudringen.

Seine Grundidee ist die, daß Mythen in einem besonderen Bezug zur emotionalen Entwicklung stehen. Dieser Gedanke ist nicht neu; von Sigmund FREUD, der als erster eine dramatische Phase der Kindheit nach dem Helden eines griechischen Mythos benannte, bis zu Erich NEUMANN, der die Schöpfungsmythen als Reflexionen einer »Ursprungsgeschichte des Bewußtseins« verstand, sind Mythenkunde und Entwicklungspsychologie miteinander verklammert. Neu und, wie ich hoffen möchte, für den Leser hinreichend interessant und aufschlußreich ist die Art, wie dieser Grundgedanke hier inhaltlich umgesetzt wird.

Der Eindruck drängt sich auf, daß die Entwicklungspsychologie ein paar neue Anregungen ganz gut verkraften kann. In letzter Zeit hat sie, was die Genese der *Erkenntnisfunktionen* anbetrifft, recht bemerkenswerte Erfolge erzielt. In der dunklen Welt der *emotional-affektiven* Entwicklung herrscht jedoch noch ziemliche Orientierungslosigkeit. Der akademischen Forschung fehlt in diesem Gegenstandsbereich zur Zeit ein theoretisches Bezugssystem. Der klinische Praktiker muß sich, trotzig oder resigniert, mit dem Fachjargon begnügen, in dem er seine Lehranalyse absolviert hat, und die Einsicht verdrängen, wie widersprüchlich oder verschwommen dieser doch im Grunde ist. Es war mir ein Anliegen, hier Abhilfe zu schaffen.

Wie bereits beim »Rätsel Ödipus« war auch beim vorliegenden Buch eine interdisziplinäre Perspektive unverzichtbar. Ich hätte es nicht ohne regen Gedankenaustausch mit Fachleuten der verschiedensten Forschungsgebiete schreiben können. Unter denen, die im Laufe der Zeit kritische und befruchtende Ideen beigesteuert haben, möchte ich vor allem den Kulturwissenschaftlern Jan ASSMANN, Walter BURKERT und Walter SCHERF danken, ferner Carl Friedrich VON WEIZSÄCKER für Überlegungen zum thematisch zentralen Problem des Zeitbegriffs in Mythologie und Physik. Mit Hermann ARGELANDER, Annemarie DÜHRSSEN und Christa ROHDE-DACHSER konnte ich anregende Diskussionen über Querverbindungen zur Psychoanalyse führen. Den Zugang zum motivdynamischen Verständnis bildnerischer Gestaltungen haben mir Verena LUNIN und Gertraud SCHOTTENLOHER erschlossen. Für alle Fragen der Entwicklungspsychologie hatte ich im Fachwissen meiner Frau, Doris BISCHOF-KÖHLER, eine verläßliche Rückendeckung. Nicht zuletzt möchte ich meinen Studenten und Studentinnen danken, die in vielen Seminaren wertvolles Material zu diesem Buch beigesteuert haben. Ein besonderes Wort dankbarer Verbundenheit gebührt Hans HEIGERT, Hermann LÜBBE und Michael WOLFFSOHN, die die Mühe auf sich genommen haben, aus je unterschiedlichen, teilweise kontroversen Perspektiven die Kapitel dieses Buches gegenzulesen und kritisch zu kommentieren, die vom Fortleben des Mythos in der *politischen Ideologie* handeln. Ich habe ihre Anregungen, so gut es ging, berücksichtigt. Das Thema ist allerdings so brisant, die Möglichkeiten seiner besonnenen Würdigung so gering, daß Mißverständnisse trotz allem nicht zu vermeiden sein werden. Es bleibt mir keine Wahl, als das in kauf zu nehmen. Das affektive Kraftfeld, in dem einst der Mythos für Ordnung gesorgt hat, ist in diesem Jahrhundert in unserem Land von einer extremen Ideologie heimgesucht worden; dabei wurden destruktive Energien in einem weltgeschichtlich beispiellosen Ausmaß freigesetzt. Uns obliegt die Verpflichtung, an der Aufklärung der psychologischen Hintergründe dieser Katastrophe zu arbeiten. Was auch immer ich dazu in diesem Buche geschrieben habe, entspringt der Motivation, dazu beizutragen, daß sich dergleichen nie mehr wiederholt.

Jedes Thema färbt den Stil ein, in dem man sich ihm nähert. Die Sprache, die in diesem Buche anklingt, die Gedankenketten, die es sich gestattet, werden nicht überall in der Wissenschaftsgemeinde ungeteilte Zustimmung finden. Wir haben uns in der Psychologie aber vielleicht etwas voreilig an eine fragwürdige Arbeitsteilung gewöhnt. Auf der einen Seite steht hier die akademische Forschung. Sie ist langweilig, mißtraut aller Phantasie, verwendet unverständliche Fremdworte, widerspricht aus Prinzip dem gesunden Menschenverstand und gilt daher als seriös. Man erwartet von ihr keinen Aufschluß über lebensrelevante Dinge. Wer tiefere Fragen der menschlichen Existenz im Sinn hat, liest Romane. Er macht also im Grunde noch immer dasselbe, was unsere Vorfahren taten, als sie sich zu Füßen des Mythenerzählers niederließen.

Die akademische Psychologie nimmt das, was man dort erfahren kann, nicht zur Kenntnis oder verbucht es geringschätzig unter der Rubrik »naive Theorie«. Mir scheint indessen, daß der Forscher gut beraten ist, wenn er keine Kuriosität, deren er auf seinem mühsamen

Irrwege zum ewig unerreichbaren Ziel der Wahrheit ansichtig wird, für unwürdig erachtet, um innezuhalten, sich zu bücken, sie aufzulesen und eine Weile nachdenklich zu betrachten. Mag sein, daß er sie dann schließlich achselzuckend wieder wegwirft oder zunächst ratlos in die Tasche steckt; aber jeder von vornherein geleistete Wissensverzicht verrät eher Denkfaulheit oder servile Abhängigkeit von kollegialem Gruppendruck als wissenschaftliche Haltung. Insofern geht das vorliegende Buch seine eigenen Wege. Es wagt sich in eine Grauzone, an der die akademischen Modeströme vorbeifließen. Aber wir können es uns auf die Dauer nicht leisten, die interessantesten und rätselvollsten Dimensionen der Selbsterfahrung, bloß weil sie sich nicht so leicht in gängigen Untersuchungsmethoden einfangen lassen, den Sonntagsdenkern zu überlassen. »Wo bleibt die Seele?« hatte da einer gerufen. Dem Mann kann geholfen werden.

Zürich, im März 1996 Norbert Bischof

ERSTER TEIL

Akademische Vorübungen

Dieses Buch gehört nicht in die modische Kategorie tiefenpsychologischer Erbauungsliteratur. Gewiß – es handelt von Mythen und von dem, was sie für uns bedeuten. Eine geheimnisvolle Welt, erfüllt von bizarren Geschöpfen kollektiver Menschheitsphantasie, wird Gestalt annehmen, und wir werden ihrem Sinngehalt nachspüren. Aber wir wollen das auf verbindliche Weise tun: Nicht hemmungslos assoziieren, nicht jede Phantasie, die ein mythisches Bild in uns weckt, für Tiefsinn halten, bloß weil sie uns einleuchtet oder unser Gemüt anspricht. Nicht alles zurechtbiegen, bis es paßt. Wir wollen von einem Fundament reflektierter Deutungsprinzipien ausgehen, das tragfähig genug ist, unserer Intuition als Richtmaß und Orientierungshilfe zu dienen. In den folgenden vier Kapiteln werden wir uns daher noch nicht mit den Mythen selbst beschäftigen, sondern zunächst das Werkzeug für diese Arbeit bereitstellen. Dabei werden Wissenschaften zu Wort kommen, die scheinbar mit unserem Thema wenig zu tun haben – Erkenntnistheorie, Wahrnehmungsforschung, Evolutionsbiologie und sogar Kernphysik. Dem Leser werden zunächst also einige akademische Exerzitien zugemutet; er sei aber im voraus versichert, daß diese weder Umweg noch überflüssige Hürde sind.

1. Kapitel

Von der Gnosis zur Postmoderne

Auf der Suche nach der imaginären Zeit

Einem indianischen Mythenerzähler zu lauschen ist eine Erfahrung, die man so leicht nicht mehr vergißt. In der erhobenen Hand die flache, einseitig bespannte Trommel, der er eine ungeahnte Vielfalt untermalender Geräusche entlockt, schlägt er mit sonorer, ausdrucksstarker Stimme den Zuhörer so in den Bann, daß der meint, die berichteten Szenen leibhaftig vor sich zu sehen und mit allen Sinnen aufzunehmen.

Der, dem ich zuhörte, sprach von Haus aus Sahaptin, eine oregonische Mundart. Seine Geschichten, Trickster-Mythen zumeist, trug er auf englisch vor. Keine von ihnen aber begann er ohne eine stereotype Formel in seiner Muttersprache. Sie lautete »*ana kushi was*«.

Die Worte lassen sich ungefähr mit »Wie es damals gewesen ist« übersetzen. Ihre Schwierigkeit liegt darin, daß sich das Damals, auf das sie verweisen, nicht in unsere historische Zeitskala einordnen läßt. Es heißt von dieser Epoche, daß in ihr noch keine Menschen die Erde bewohnten. Indessen wäre es natürlich absurd, den kosmologischen Kalender zurückzublättern und irgendwo zwischen Mesozoikum und Paläolithikum einen freien Platz für das »Ana kushi was« zu suchen. Die Formel dient vielmehr gerade dazu, den Zuhörer darauf einzustimmen, daß die Begebenheiten, von denen er vernehmen wird, sich nicht in das zeitliche Bezugssystem unserer profanen Alltagserfahrung einordnen lassen, ebensowenig wie man die Wurzel aus einer negativen Größe auf der reellen Zahlengeraden lokalisieren kann.

Es ist eine imaginäre Zeit, von der der Mythos handelt; ihre Achse steht quer zu der der physikalischen Abläufe. Eine Ahnung davon schwingt vielleicht in der Eingangsformel »Es war einmal« der Märchen nach. Aber dort herrscht doch der Eindruck unverbindlicher Irrealität vor, während »ana kushi was« auf Wirklichkeit verweist. Nur eben nicht auf die Wirklichkeit, in der wir unsere Häuser bauen und unsere Wege gehen. Die Zeit, in der der Mythos sich verwirklicht, ist längst nicht mehr – und berührt doch Vergangenheit, Gegenwart und Zukunft gleich unmittelbar. Sie ist »eine schlechthin vorgeschichtliche Zeit«, versucht SCHELLING[1] dieses Paradox in Worte zu kleiden, eine »ihrer Natur nach unteilbare, absolut identische Zeit, ... in der das Ende wie der Anfang und der Anfang wie das Ende ist, eine Art von Ewigkeit.«

Sehr viel klüger werden wir aus solch dunklen Umschreibungen vorderhand nicht; aber so sehen es jedenfalls die, die meinen, daß man den Mythos ernstnehmen müsse.

Das sind freilich keineswegs alle. Das Wort »Mythos« hat im umgangssprachlichen Gebrauch auch einen negativen Beiklang: Feministinnen sprechen vom »Mythos der natürlichen Mutterliebe«, Sozialpsychologen vom »Mythos des Aggressionstriebes«, womit jedesmal ausgedrückt werden soll die Qualität des Phantastischen, objektiv Unbegründbaren, blindlings Geglaubten, sich dumpf gegen vernünftige Einsicht Sperrenden.

Ist die imaginäre Zeit, aus der die naturvölkischen Mythen berichten, vielleicht auch nichts als ein Hirngespinst? Eine moderne Zeitung der Indianer von Warm Springs trägt den Titel »*Iti* kushi was« – »Wie es heutzutage wirklich ist«: eine bitter-ironische Anspielung auf die Überlegenheit einer Realität, in der man nicht mehr zu wissen braucht, wie es »damals« war.

Wenn das nicht das letzte Wort sein soll, wenn es doch eine mythische Wahrheit gibt, die kennenzulernen wichtig wäre, so wird es jedenfalls nicht einfach sein, ihre verwischte Spur wiederzufinden.

---

[1] zit.n. CASSIRER (1953), S. 131

Fortschritt und Ritual

Spätestens seit Friedrich NIETZSCHE geht durch die kulturphilosophische Literatur die Rede vom »linearen« Zeitverständnis des jüdisch-christlichen Denkens im Gegensatz zur angeblich »zyklischen« Zeit des griechischen Altertums. Diese Formel ist wahrscheinlich allzu pauschal[2]; zumindest aber bedarf sie der vertiefenden Auslegung. Hierzu hat der rumänische Religionswissenschaftler Mircea ELIADE in seinem Hauptwerk »Kosmos und Geschichte«[3] einen richtungweisenden Beitrag geleistet, an dem sich seither – mit oder ohne Quellenangabe – viele seiner Kollegen orientiert haben. Wir wollen seiner Phänomenologie des mythischen Zeitgefühls ein Stück weit folgen.

ELIADE bezeichnet das mythische Damals als »jene Zeit«, *illud tempus,* in Anlehnung an die biblische Wendung »in illo tempore«. Diese Formel ist nicht sehr glücklich gewählt, denn die Evangelisten haben sich damit wohl doch primär auf die historischen Lebensjahre Jesu bezogen. Aber im Grunde ist die Wortmarke belanglos. Interessanter ist ihre inhaltliche Deutung.

Der mythischen Weltsicht liegt nach ELIADE ein besonderes Verständnis von *Wirklichkeit* zugrunde. Wirklichkeit ist demnach mehr als banale Faktizität: Sie schließt *zeitübergreifende Gültigkeit* ein. Nicht alles, was der Fall ist, kann deshalb allein schon Anspruch auf »Wirklichsein« anmelden. Wirklich ist nur, was *auf die richtige Weise* geschieht. Dafür aber ist Voraussetzung, daß es einen exemplarischen Akt *erneuert,* der in mythischer Urzeit, eben *in illo tempore,* bereits stattgefunden hat.

Sinnenfälliges Zeichen dieser Rückbindung an ein wirklichkeitsstiftendes Urbild ist das *Ritual.* Damit sind nicht allein kultische Zeremonien gemeint; vielmehr war ursprünglich *jede* verantwortliche Handlung, die einen klar umrissenen Sinn hatte, rituell, d.h. auf die Wiederholung eines mythischen Vorbildes hin stilisiert.

Der Gegenpol zur Wirklichkeit liegt für ein solches Weltgefühl nicht etwa im Reich der Phantasie, sondern im *Profanen,* im Belanglosen

---

[2] CANCIK (1983), S. 257-288   [3] ELIADE (1984)

und Flüchtigen, das ohne mythische Vorbilder auskommen muß. Aber auch die unbekannten Meere, die Reiche der Barbaren, die noch nicht kultivierten Ländereien sind »unwirklich«, solange nach ihrer Eroberung nicht Rituale vollzogen wurden, die an ihnen symbolisch den Akt der Weltschöpfung wiederholen und ihnen damit ein urzeitliches Paradigma zuweisen.

Das mythische Bewußtsein ist also wesentlich *rückwärts* gewandt. Aus der schöpferischen Vergangenheit ranken sich Handlungsstränge in die Jetzt-Zeit empor, und wenn eine solche Trajektorie in die Irre gelaufen ist und zu einer Erkrankung, einer Mißernte oder sonst einem Unheil geführt hat, dann kann man sie entwirklichen, indem man zu den Ursprüngen zurücklotet und Präzedenzfälle für einen besseren Verlauf reaktiviert. Aus diesem Grunde wird auch die Inthronisation eines neuen Königs, eine Heirat, eine Geburt, ein neues Jahr, überhaupt jedes Ereignis von größerer Tragweite zum Anlaß, aus der Vergegenwärtigung »jener Zeit« heraus wieder einen von Schuld und Übel unbelasteten Handlungsstrang zu beginnen.

Die *Zukunft* hat bei solcher Weltsicht offenbar keine heilbringende Funktion. Das Dach der Zeit ruht seinerseits auf Säulen, die aus der Vergangenheit emporragen. Wenn die tragende Kraft des schöpferischen Ursprungs erlahmt, wird die große Katastrophe kommen und der Zeitdom in sich zusammenstürzen. Der Horizont wird in den Flammen der Götterdämmerung aufgehen und die Urflut das Universum überschwemmen.

Aber diese Urflut ist nichts anderes als »illud tempus«, und alsbald werden aus ihr die Trajektorien einer neuen Welt emporwachsen, und die nächste Ära wird beginnen. Das ist der wahre Kern der Rede vom »zyklischen« Zeitverständnis der Antike.

Vergleichen wir hiermit das *historische* Bewußtsein der Moderne, so fällt daran vor allem auf, daß sich die emotionale Besetzung der Zeitachse gerade umkehrt. Die Zukunft wird zu einer Art Füllhorn aufgewertet, aus der ein ständig neuer Ereignisregen – ganz wörtlich – auf uns »zukommt«, nicht als seit Urzeiten vorbestimmtes Schicksal, sondern als Spielraum von Freiheit. Der Modus des Künftigen ist die *Möglichkeit*, diese übernimmt nun die Rolle des Gegenbegriffs zur Wirklichkeit.

Die Wirklichkeit ihrerseits erstarrt zur seelenlosen Tatsache. Beim

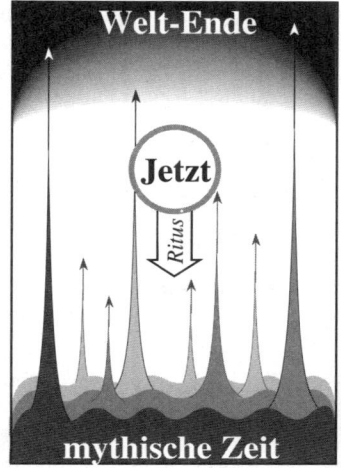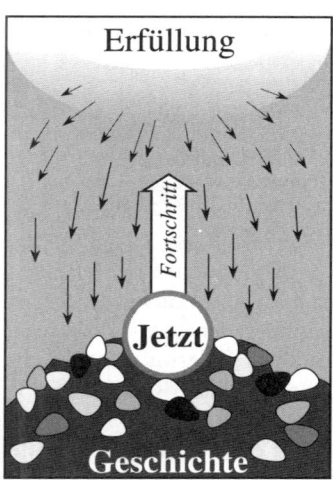

Versuch eines schematischen Vergleichs des mythischen (links) mit dem historischen Zeitgefühl (rechts).

Durchtritt durch die Lichtschranke des Jetzt wird Mögliches zur *Geschichte* und lagert sich in ewig unveränderlichen Sedimenten hinter uns ab. Der Faktizität des Historischen haftet ein Hauch des Todes an. SENECA hat das in seinem »Buch der moralischen Briefe« in die Worte gekleidet: »Darin täuschen wir uns nämlich, daß wir den Tod *vor* uns sehen: Zu einem großen Teil ist er schon vorbeigegangen. Alles was von der Lebenszeit hinter uns ist, hat der Tod in Besitz.«[4]

Den Prozeß, in dem Geschichte entsteht, nennen wir »Fortschritt«, sein stets asymptotisch entgleitendes Ziel »Erfüllung«. Alle individuellen Sehnsüchte, alle eschatologischen Verheißungen, alle politischen Utopien projizieren sich nun auf die Zukunft.

Auch die durchaus nicht immer nüchternen Phantasien einer sich aufklärerisch gebärdenden Wissenschaft gehören hierher – so etwa der Biologie, wenn sie den »Fortschritt« zur *Evolution* umgegossen und darunter, bis vor kurzem jedenfalls, selbstverständlich *Höher*entwicklung verstanden hat. Noch Mitte der sechziger Jahre konnte Kon-

---

[4] CANCIK (1983), S. 276.

rad LORENZ sein Buch »Das sogenannte Böse« mit dem Bekenntnis schließen:

»Ich glaube an die Macht der menschlichen Vernunft, ich glaube an die Macht der Selektion und ich glaube, daß die Vernunft vernünftige Selektion treibt. Ich glaube, daß dies unseren Nachkommen in einer nicht allzu fernen Zukunft die Fähigkeit verleihen wird, jene größte und schönste Forderung wahren Menschentums zu erfüllen, ... alle unsere Menschenbrüder, ohne Ansehen der Person, zu lieben.«[5]

Man muß somit nicht meinen, daß das moderne Weltbild von Mystifikationen freier ist als das archaische. Aber die Zugeständnisse an menschliche Irrationalität sind bei ihm in die *Zukunft* abgedrängt, wo sie mit der wissenschaftlichen Erkenntnis kaum in Konflikt geraten können. Während die Propheten der Aufklärung ein Paradies allenfalls, als ein noch zu schaffendes, *vor* uns sehen, liegt das »goldene Zeitalter«, von dem die Mythen berichten, jedoch in einer geheimnisumwitterten *Vergangenheit,* – eben in der, die die Formel »Ana kushi was« beschwört. Das historische Weltgefühl aber kennt nur eine einzige Vergangenheit, und in dieser verwehren die Lagerverwalter längst archivierter Tatsachen dem Mythos das Asyl. Es war unvermeidlich, daß es hier zu Spannungen kam.

Be reshit bara Elohim...

Am Anfang erschuf Elohim den Himmel und die Erde.

Gleich in den ersten Worten der Bibel begegnen wir wieder der imaginären Zeit. Die Worte »Be reshit«, »Im Anfang«, verweisen auf jenen mythologischen Ursprung, dessen Sinn noch zu bestimmen bleibt. Das christliche Mittelalter, Ratio und Naivität auf ungelenke Weise verbindend, hatte noch nichts dabei gefunden, die biblische Schöpfungsgeschichte buchstabengetreu beim Wort zu nehmen und in ihr eine authentische Schilderung der Kosmogonie, der Naturgeschichte des Universums zu sehen.

---

[5] LORENZ (1963), S. 413

Die Bibelillustrationen von Julius SCHNORR VON CAROLSFELD *aus der Gründerzeit bringen das fundamentalistische Verständnis auf unübertroffene Weise zum Ausdruck. Hier die Darstellung des fünften Schöpfungstages (Erschaffung der Fische und Vögel).*

Dann aber, in Renaissance und Aufklärung, begannen die empirischen Wissenschaften zu erstarken und dem Mythos den Anspruch auf Welterklärung streitig zu machen. Mit der Zeit wurden die Waffen in diesem Kampf immer ungleicher, und gegen Ende des 19. Jahrhunderts, als der Jesuitenpater WASMANN seine Rückzugsgefechte gegen die Vulgärdarwinisten um Ernst HAECKEL führte, war im Grunde entschieden, wer Sieger bleiben würde. Noch einmal hundert Jahre später, so konnte man damals vorhersehen, würde mythisches Naturverständnis nur noch eine historische Kuriosität sein, vergleichbar dem Hexenwahn oder dem geozentrischen Weltbild.

In Wirklichkeit hat die Ideengeschichte dann aber einen unerwartet anderen Lauf genommen. Am 6. März 1987 berichtete die Neue Zürcher Zeitung von einem Richter namens Brevard Hand in Alabama, der soeben entschieden hatte, der »säkulare Humanismus« sei eine Religion. Mit diesem Begriff ist jene Haltung gemeint, die Aussagen über den Menschen und seine Welt vom jeweiligen Stand der wissenschaftlichen Erkenntnis übernimmt, nicht aber aus dem Wortlaut der Bibel. Wer also zum Beispiel der darwinistischen Evolutionstheorie den Vorzug gibt vor der Vorstellung, Gott habe jede Tierart und den Menschen übergangslos aus dem Nichts oder allenfalls aus Lehm erschaffen, der hängt diesem Gerichtsentscheid zufolge der Religion des säkularen Humanismus an.

Als Religion sei diese Erkenntnishaltung deshalb zu bezeichnen, weil sie sich mit gewissen Wertvorstellungen verbinde, konkreter, weil sie nur auf den Menschen bezogene Werte zulasse, die Übernatur jedoch als wertbegründend ablehne. Man kann sich fragen, ob diese Definition nicht etwas kurz greift. Einleuchtend wird das Ganze aber, wenn man es von seinen juristischen Konsequenzen her betrachtet: Ist der »säkulare Humanismus« nämlich eine Religion, dann muß man auf ihn den Grundsatz der Trennung von Kirche und Staat anwenden. Insbesondere sind dann alle Unterrichtswerke zu verbieten, die jene »Religion« verkünden. Als Konsequenz dieses Entscheides wurde angeordnet, nicht weniger als 40 Lehrbücher der Fächer Geschichte, Sozialwissenschaften, ja sogar Hauswirtschaft aus den Schulen Alabamas zu entfernen. So geschehen nicht etwa im 17. Jahrhundert, sondern eben Anfang 1987; inzwischen ist es dem Vernehmen nach noch schlimmer geworden.

»Evolutionsmodell« und »Schöpfungsmodell«

Man bezeichnet die Auffassung, derzufolge der Text religiöser Dokumente wie etwa der Bibel buchstabengetreu als göttlich autorisierter Tatsachenbericht zu werten und daher über allen empirisch begründbaren Zweifel erhaben sei, als *Fundamentalismus.* Er stellt einen ersten möglichen Weg dar, das Verhältnis von Mythos und Wissenschaft zu bestimmen.

Fundamentalisten gedeihen keineswegs nur in Amerika. In einem Gießener Lehrmittelverlag ist zum Beispiel erst 1986 ein Unterrichtswerk mit dem Titel »Entstehung und Geschichte der Lebewesen« erschienen, unter dessen beratenden Koautoren einige immerhin den Professorentitel führen[6]. Die Strategie dieses Buches ist geschickter angelegt als die der üblichen fundamentalistischen Pamphlete. Es gebärdet sich nämlich auf eine bestechende Weise »objektiv«. Wissenschaftliche Aussagen, so wird darin durchaus zutreffend festgestellt, können nie den Rang absoluter Wahrheiten beanspruchen. Sie sind und bleiben Hypothesen, die sich ständig erneut an der Empirie zu bewähren haben. Das gelte auch und besonders von der darwinistischen Evolutionstheorie.

Tatsächlich hat diese ja ihre Schwachpunkte. Ihr Hauptproblem liegt bekanntlich darin, daß jeder neue Entwicklungsschritt gegenüber dem vorhergehenden einen Vorteil oder doch zumindest keinen merklichen Nachteil aufweisen müßte. Das ist, wie wenn ein Ingenieur aus einem Auto ein Flugzeug zu entwickeln hätte, und zwar über eine beliebig lange Kette von Zwischenformen, deren jede sich von dem jeweiligen Vormodell nur durch Kleinigkeiten unterscheiden darf, aber gleichwohl noch soviele Käufer finden muß, daß die Fabrik nicht Pleite geht. Das Problem liegt offenbar darin, daß *funktionierende* Systeme in der Regel durch dysfunktionale Zwischenstufen voneinander getrennt sind. Dementsprechend begegnen wir in der Natur nicht jedem beliebigen Übergang zwischen einer Tierart und der nächstverwandten. Die Selektionstheorie hat für dieses Problem bislang noch keine elegante Lösung gefunden.

Das dient den Autoren des obengenannten Schulbuchs nun als willkommene Rechtfertigung dafür, dem »Evolutionsmodell« ein »Schöpfungsmodell« gegenüberzustellen. Die Lebewesen haben sich diesem zufolge nicht als Äste eines gemeinsamen Stammbaumes entwickelt, sondern sie wurden parallel zueinander in Form von »Grundtypen« erschaffen. Diese paßten sich dann allerdings noch ein wenig an ihre jeweiligen Lebensräume an, aber solche Variation führte doch nie zu einem wirklichen Typenwandel.

Das ist schon so ziemlich die ganze »Theorie«. Auch sie, das geben die Autoren bescheiden zu, bleibt selbstverständlich so manche Erklärung schuldig. Der Schöpfungsakt selbst zum Beispiel entziehe

---

[6] JUNKER & SCHERER (1986)

sich naturwissenschaftlicher Erfaßbarkeit. Ob, sagen wir, der erste Hund etwa ausgewachsen und geschlechtsreif (und wenn, dann mit oder ohne Nabel?) oder aber als Embryo oder Eizelle (und dann in wessen Uterus?), ob er in einem, zwei oder vielen Exemplaren geschaffen wurde, – wer will das wissen. Und warum etwa die unabhängig kreierten »Grundtypen« einander dennoch in vielen funktionsneutralen Details ähneln, warum also beispielsweise alle Säugetiere gerade sieben Halswirbel haben, gleich ob Maulwurf oder Giraffe, bleibt ebenso ein Geheimnis; denn niemand kann sich vermessen, die numerischen Vorlieben des Schöpfers zu durchschauen.

Die Autoren räumen ein, daß ihre Theorie auf »außerwissenschaftlichen« – also metaphysischen, weltanschaulichen, religiösen – Prämissen aufbaue; doch gelte letzteres prinzipiell eben ohnehin für jede empirische Theorie und natürlich auch für den Darwinismus. Und nachdem der Leser soweit sturmreif geschossen ist, appelliert man an seine Fairness und nötigt ihm die ethische Verpflichtung auf, beide »Modelle« bis auf weiteres als wissenschaftlich gleichwertig gelten zu lassen.

Solche Rabulistik fälscht die schmerzliche Erkenntnis, nicht restlos objektiv sein zu *können,* frohgemut in die Behauptung um, Objektivität sei auch gar kein Wert, den es wenigstens *anzustreben* lohne. Damit aber wird wissenschaftliche Argumentation zur Apologetik entwürdigt und der totalitären Gewalt einer »Wahrheit« unterstellt, die nicht mehr gesucht, sondern nur noch verteidigt zu werden braucht. Die Tatsache, daß auch der Darwinismus ausgiebig zur Zementierung ideologischer Vorurteile mißbraucht worden ist, würde allenfalls berechtigen, dergleichen Entgleisungen bei seinen Verfechtern anzuprangern, nicht aber, dasselbe Verfahren bei seinen Gegnern zu legitimieren.

Es ist dem Wissenschaftler nun einmal aufgegeben, mit wachen Sinnen der Botschaft zu lauschen, die die Natur selbst ihm offenbart. Daß es ihm nie ganz gelingen wird, die hierfür nötige innere Stille herzustellen, berechtigt niemanden, mutwillig eine Platte mit Orgelmusik aufzulegen, die so laut dröhnt, daß das Flüstern der Dinge davor verstummen muß.

Der Darwinismus bietet dem Sinnhunger der Seele karges Brot, wenn er als Quelle der Artenvielfalt den *Zufall* setzt. Das muß er jedoch tun, um erkennbar zu machen, wie weit sich die Selektion als *einziges* richtendes Prinzip der Formbildung beanspruchen läßt. Vielleicht stößt dieser Erklärungsansatz irgendwann auf Grenzen, und wenn es soweit ist, werden wir es merken. Wer solchem heuristischen Vorgehen aber als Alternative einen plump-anthropomorph konzipierten Weltbaumeister gegenüberstellt, der sich die Formenvielfalt einfach ausgedacht hat, der ersetzt eine möglicherweise falsche, aber überprüfbare These durch eine prinzipiell nicht zu falsifizierende und verbaut durch die Forderung, an das Mysterium zu *glauben,* die Möglichkeit, ihm jemals zu *begegnen.*

Zweifel am gasförmigen Wirbeltier

Man kann angesichts solcher Bevormundungsversuche schon einiges Verständnis aufbringen für jene, die die Autoritätsanmaßung buchstabengläubiger Bibelexegeten mit einem ebenso unduldsamen Herrschaftsanspruch der Wissenschaft beantworten. Seit dem Altertum steht schließlich auch noch ein zweiter Weg offen, das Verhältnis von urtümlichem und akademischem Wissen zu bestimmen: der Weg der *Aufklärung,* die das mythische Weltverständnis als belangloses Relikt primitiven Aberglaubens disqualifiziert.

Vernunft und Fortschritt sind die Parolen, die die Aufklärung auf ihre Fahne geschrieben hat. Die Geistesgeschichte erscheint ihr als eine unaufhaltsame Entwicklung vom Unzulänglichen zum Vollkommenen. In diesem Verständnis hatte zu Beginn des 18. Jahrhunderts Giambattista VICO drei kulturhistorische Phasen unterschieden: das »Götter-«, das »Heroen-« und das »Menschenzeitalter«. Im Positivismus des 19. Jahrhunderts, der die Ideen der Aufklärung bis auf den Bodensatz eingedampft hat, wurde daraus dann das »Dreistadiengesetz« von Auguste COMTE. Jede Wissenschaft durchläuft demnach zunächst eine »mythisch-theologische« Phase, in der auffällige Formen und Ereignisse noch ganz phantastisch auf anthropomorphe Seelenkräfte zurückgeführt werden, sodann eine »metaphysische« Phase, die nicht mehr ganz so naiv vorgeht, aber immer noch in spekulativen Begriffskonstruktionen ohne echten Erklärungswert ihr Heil sucht. Erst in einer dritten, der »positiven« Phase werden dann die Schlacken abgeworfen; die Wissenschaft wendet sich jetzt ohne Umschweife dem empirisch Gegebenen selbst zu und wird damit fähig, überprüfbare Voraussagen zu machen und praktisch verwertbare Erkenntnisse zu liefern.

Das klingt nicht sehr schmeichelhaft für die, die im Mythos Gott selbst reden hören. Aber sie sehen sich einer Wand kaum widerlegba-

Der Schöpfungsmythos in der Karikatur. Gott haucht Adam (ohne Nabel!) die Seele ein. Der französische Zeichner Jean EFFEL schildert die biblische Geschichte nach eigenem Bekunden in der Absicht, sie durch Wörtlichnehmen diskret ad absurdum zu führen.

rer Argumente gegenüber. Die Abstammungslehre ist ja nur eine von vielen Fronten, an denen das fundamentalistische Bibelverständnis in die Defensive geraten ist. Wenn das anthropomorphe Bild der künstlerischen oder technischen Kreation im Buche Genesis wörtlich genommen werden soll, dann können auch die übrigen Inhalte biblischer Symbolsprache gleiches Recht beanspruchen. Dann wäre der

Schöpfungsmythos noch längst nicht legitimiert, wenn man nur DARWIN zu Fall gebracht hätte. Auch KOPERNIKUS müßte wieder dran glauben, und wer nicht sonst noch alles.

Allzu offensichtlich sind die Ungereimtheiten und Widersprüche, in die man sich sogleich verwickelt sieht, wenn man das erste Buch Moses als *kosmologischen* Bericht liest. Daß beispielsweise der Regen und die Erde älter sein sollen als Sonne und Sterne, kann heute kein Physiker mehr auch nur als *Umschreibung* einer gültigen Erkenntnis akzeptieren. Und auch die Geschichte von einem einzigen Stammelternpaar und seiner lamarckistisch vererbten Ursünde ist in der Paläoanthropologie wirklich nirgends unterzubringen, von der Erschaffung des Weibes aus Adams Rippe ganz zu schweigen.

Man mag sich zu Recht über Ernst HAECKELs dummdreiste Geschmacklosigkeit ärgern, wenn er aus den biblischen Aussagen, der Mensch – ein Vertebrat also – sei Gottes Ebenbild und Gott seinerseits von spiritueller Beschaffenheit, den Schluß zieht, demnach sei Gott also ein »gasförmiges Wirbeltier«. Aber man muß zugeben, daß hier nur die Konsequenz aus einer Haltung gezogen wird, die mythologisches Gedankengut hartnäckig als naturgeschichtliches Quellenmaterial beansprucht. Die Kämpfer für das Licht der Aufklärung wehrten sich nicht ganz zu Unrecht gegen die Zumutung, in harter Arbeit errungene Einsichten empirischer Naturforschung vor den Lagerfeuer-Produkten frühmenschlicher Phantasie rechtfertigen zu müssen.

Unerwartete Widerstandskräfte

Fundamentalismus und Aufklärung, so diametral entgegengesetzt sie auch erscheinen, berühren einander doch in einer gemeinsamen Voraussetzung: Beiden erscheint es selbstverständlich, daß Mythos und Wissenschaft *konkurrierende Erklärungsmuster zu einem und demselben Gegenstandsbereich* anbieten.

Träfe diese Voraussetzung indessen wirklich zu, wäre der Mythos also nichts weiter als ein archaisches Wissenschaftssurrogat, so bliebe seine zeitlose Attraktivität einigermaßen rätselhaft, der sich auch jene kaum entziehen können, die durchaus nicht in der Denkknecht-schaft des Fundamentalismus stehen. In der empirischen Forschung pflegen veraltete Erklärungsansätze nach kurzem Widerstand, der die Generation der auf sie eingeschworenen akademischen Lehrer kaum je überdauert, von allein ihre Faszinationskraft einzubüßen. Max PLANCK hatte in diesem Sinn ungeduldige Mitarbeiter, die den Geg-nern der Quantentheorie apologetische Gefechte liefern wollten, mit dem weisen Ratschlag gebremst, solche Leute widerlege man nicht, man lasse sie aussterben.

Beim Mythos ist das eigentümlicherweise anders. Er denkt nicht daran auszusterben. Nachdem er bis zur Gründerzeit als Relikt pri-mitiven Denkens oder mittelalterlichen Aberglaubens, wenn nicht gar als Instrument ultramontaner Volksverdummung abgewertet worden war, nachdem sogar in seiner letzten Fluchtburg, der Theologie, fun-damentalistische Naivität heute keineswegs mehr den Ton angibt, viel-mehr umgekehrt BULTMANN[7] und seine Mitstreiter kürzlich noch gera-dewegs zur »Entmythologisierung« aufgerufen haben, erwacht aus-gerechnet jetzt, im Zeitalter der Postmoderne, erneut ein machtvolles Interesse an dem, was trendbewußte Buchautoren die »Wahrheit des Mythos« nennen.

Seine Vitalität ist offenbar nicht zu brechen, und wo die Vernunft ihm den Lebensraum streitig macht, drängt er uns noch eher in die Irrationalität, als daß er unseren Geist freigibt. Wir stehen in einem geheimnisvollen Kraftfeld, das uns *wollen* läßt, daß etwas Wahres an der mythischen Weltauffassung sei.

Das hängt sicher damit zusammen, daß der Optimismus der Auf-klärung inzwischen weithin verflogen ist. Rationalität und Fortschritt haben an der Schwelle zum dritten Jahrtausend einen anderen Klang als zur Zeit der französischen Revolution. Damals erschienen sie als die säkulare Erfüllung des biblischen Auftrags »Wachset und mehret euch, erfüllet die Erde und machet sie euch untertan!« Wir heutigen ahnen indessen, wozu es führt, wenn der Mensch sich die Erde unter-tan macht. Im Dunstkreis der Kathedralen unserer Tage, der Che-mieanlagen und Kernkraftwerke, besinnt man sich darauf, daß es in der Bibel noch eine andere, der oben zitierten eigentümlich wider-

---

[7] BULTMANN (1985)

sprechende Stelle gibt, worin der erste Mensch den Auftrag erhält, den Garten Eden zu »bebauen und zu erhalten« – wo also das *konservierende* Motiv gegenüber dem *expansiven* in den Vordergrund tritt. Was dieser biblische Motivwechsel strukturanalytisch zu bedeuten hat, werden wir erst im dritten Teil dieses Buches besprechen. Wir konstatieren zunächst nur, daß in der Geistesgeschichte so etwas wie ein Gleichgewichtsprinzip zu walten scheint, demzufolge immer dann, wenn der Fortschritt allzu begeistert voranstürmt, Heimweh auf das Zurückgelassene aufkommt und überall, wo die Fackel der Ratio besonders hell zum Himmel lodert, auch das Schattenreich der Irrationalität seine Faszination entfaltet. Es ist, wie wenn zwei auseinanderstrebende Motivkräfte miteinander ringen würden: Der Wille zur *Klarheit* und die Sehnsucht nach Tiefe – oder, wie man es auch ausdrücken könnte, das Bedürfnis nach *Unterscheidung* und das nach *Vereinigung*. In maßvollem Rahmen können die Kontrahenten friedlich koexistieren, wenn auch zumeist einer von beiden zeitgeschichtlich dominiert. Das Gleichgewicht ist aber labil; und so geschieht es zu gewissen Epochen, daß die gerade vorherrschende Ratio in unfruchtbare Skepsis ausufert. Über kurz oder lang rebellieren dann die Bedürfnisse des Gemüts und antworten mit einem ebenso maßlosen Mystizismus, bis nach allerlei Turbulenzen die Dinge wieder für eine Weile ins Lot kommen.

Die Vernunft des Herzens

Die eben skizzierte Dialektik läßt sich bis ins Altertum zurückverfolgen. Etwa zu Beginn unserer Zeitrechnung hatte sich in den hellenistischen Philosophenschulen, die die klassische Tradition verwalteten, vor allem in der auf PLATO zurückgehenden Akademie, der eben skizzierte Prozeß abgespielt: Die Begeisterung darüber, im Denken den Königsweg zur Wahrheit zu besitzen, war zur Asche universalen Zweifels verglüht.

Die akademischen Lehrer selbst leiteten daraus nur die Pflicht zu kritischer Zurückhaltung des Urteils ab; sie bereiteten durch diese Haltung jedoch zugleich den Boden für esoterische Heilslehren, die verhießen, man könne der absoluten Wahrheit sehr wohl teilhaftig werden, doch bedürfe es dafür einer ganz anderen Art von Erkenntnis als jener, die auf der Ratio fußt. Diese Erkenntnis nannte man *Gnosis*; sie vermittelte sich in Symbolen und Mysterien, und man konnte sie nicht in der Haltung skeptischer Distanz erwerben, sondern allein dadurch, daß man sich ihr existentiell überantwortete: Wissen war hier immer auch *Weg*, sein Ziel nicht Begreifen, sondern Erlösung. Auch das frühe Christentum gedieh auf diesem Boden. Die Philosophie hatte offenbar abgewirtschaftet; gegen die Hybris des Wissenwollens erhob sich die aus ganz anderen Quellen gespeiste Gewißheit des Glaubens. Daß aus dieser Konfrontation dann gleichwohl kein kruder Irrationalismus hervorging, war das Verdienst der *Scholastik*, die der Philosophie zwar nur die Rolle einer »ancilla theologiae« zubilligte, einer Magd aber immerhin, die der Theologie nicht die Schleppe hinterher-, sondern die Fackel vorantragen durfte. Das Feuer dieser Fackel leuchtete freilich mehr, als daß es wärmte, und so erwuchs auch der Scholastik noch einmal eine Gegenkraft in der *Mystik*. Aber die robuste Vitalität des Hochmittelalters schaffte es doch irgendwie, die ungleichen Schwestern unter einem gemeinsamen Dach zu halten.

Als dann im Frühbarock, bald nach der humanistischen Emanzipation aus mittelalterlicher Unmündigkeit, mit DESCARTES der *Rationalismus* zur Blüte kam, wiederholte sich der eben beschriebene Prozeß. Angebahnt wurde er durch Blaise PASCAL. Das Herz, sagt dieser, habe seine eigene Vernunft, von der der Verstand nichts wisse: *Le cœur a sa raison, que la raison ne connaît-pas.* Es wäre lächerlich, eine Liebe dadurch zu rechtfertigen, daß man logische Gründe dafür aufzählt. Gleichwohl *gibt* es solche Gründe, und das Herz kennt sie genau. Nur ist eben sein Weg, sich ihrer zu vergewissern, ein grundsätzlich anderer als der des distanzierenden, zergliedernden, dem Selektionsprinzip des universalen Zweifels verpflichteten Intellekts: »man fühlt sie mehr, als man sie sieht«, heißt es in den »Pensées«.

PASCALs Argumentation spricht bereits so ziemlich alles an, womit heutzutage die Apostel eines angeblich »Neuen Zeitalters« hausieren gehen: die Erkenntnis der ganzheitlichen Vernetztheit in der Natur, die Achtung vor der konkreten Intuition, der »Gestaltwahrnehmung als

Quelle wissenschaftlicher Erkenntnis«, wie LORENZ das später genannt hat, die Aufwertung von Gefühl und existentieller Ergriffenheit gegenüber dem kalten Intellekt. Gleichwohl kann man bei ihm noch nicht von einer Wiedergeburt des Irrationalismus reden. PASCAL war ein tiefreligiöser Mensch und zugleich ein genialer Mathematiker; er hatte die raison du coeur nur geortet, aber nicht verabsolutiert. Und die abendländische Philosophie schickte sich ja eben erst an, in die Ära der Aufklärung einzutreten. Zunächst mußte noch der deutsche Idealismus seine kopflastigen Konstruktionen errichten, bevor, mit dem ausklingenden 18. Jahrhundert, die Antithese von Klarheit und Tiefe erneut zu einer echten Spaltung des Zeitgeistes führen konnte.

Inzwischen hatte KANTs Kritizismus endgültig den naiven Glauben erschüttert, daß Erkenntnis so etwas wie die unmittelbare Selbstoffenbarung der Wirklichkeit sei. Wir können, lehrte er, die Welt in ihrem An-Sich nicht erkennen; die Ordnung des Seins, die wir in der Erfahrung vorzufinden glauben, ist eigentlich subjektive Konstruktion. Diese Konstruktion gipfelt für ihn und mehr noch für seine Nachfolger[8] in den Formalismen der Mathematik. Die äußerste Antithese hierzu stellt die Bilderwelt der Mythen dar; man versteht, daß diese nur als eine Durchgangsstufe angesehen werden konnte, als die schattentiefe Dämmerung vor der letzten Klarheit.

Aber hier war nun die Grenze überschritten, und es kam zum Umschlag. Das eben benutzte Gleichnis läßt sich ja auch mit umgekehrtem Vorzeichen lesen: Das Licht des aufgeklärten Bewußtseins erhellt nicht nur, es kann auch blenden – blind machen gerade für den wahren Reichtum des Weltmysteriums, in das man vielleicht nur mit dunkeladaptiertem Auge einzudringen vermag.

Es waren die Denker der *Romantik,* die sich nun daranmachten, die Nachtseite der Wirklichkeit zu erkunden. Sie reagierten auf KANTs Kritizismus ähnlich wie die Gnosis auf die hellenistischen Skeptiker; und was sie der wissenschaftlichen Ratio als alternativen Erkenntnisweg gegenüberstellten, war eben der *Mythos.*

Wortführer dieser Bewegung war SCHELLING. Er verkündete, daß im Mythos das Absolute sich selbst offenbare. Weltgeschichte ist Gottwerdung: Anfangs schlummert am Urgrund der Welt eine blinde,

---

[8] CASSIRER (1953), S. 19

39

dranghafte, bewußtlose Gottheit, chaotisch und unentfaltet; diese erwacht dann, entzweit sich, begeht selbst (!) den Ursündenfall, Licht und Dunkel brechen auseinander, das Licht siegt, Gott gelangt zum Bewußtsein seiner selbst und hat sich damit zugleich vollendet und offenbart. Das ist Gnosis in Reinform. Mit irgendetwas, wovon Wissenschaft handeln könnte, scheint SCHELLINGs Theogonie schlicht unvereinbar. Der Leser wird freilich im 3. Teil dieses Buches zu seiner Überraschung bemerken, wie nahe die Romantik mit derlei Phantasien gleichwohl einer empirisch faßbaren Wirklichkeit gekommen ist.

Die Heraufkunft der »zwei Kulturen«

Im Laufe des 19. Jahrhunderts verdorrte die Aufklärung zum Positivismus, und auch die Impulse der Romantik glätten sich zu einer manieristischen Denkmode, die als *Lebensphilosophie* bezeichnet wird, mit NIETZSCHE, BERGSON und KLAGES als bekanntesten Vertretern.

An die Stelle von SCHELLINGs pantheistischer Naturreligion trat hier die Lehre von einer allbeseelenden, schöpferischen Vitalenergie, die man kurzerhand »*das Leben*« oder auch »*die Seele*« nannte. Als den finsteren, von außen in die kosmische Harmonie des Lebens einbrechenden »Widersacher der Seele« outet KLAGES den »*Geist*«, den naturverachtenden Willen zu technischer Machbarkeit und intellektueller Wertauflösung. Manches von dem, was dazu – immerhin bereits um die Jahrhundertwende – gesagt wird, klingt unter moderner ökologischer Perspektive verblüffend hellsichtig; anderes wiederum scheint ideologische Gespenster zu beschwören. Wir werden auch darauf später noch einmal zurückzukommen haben.

Die historische Entwicklung der lebensphilosophischen Dialektik stabilisierte sich dann schließlich in einem Programm, das Wilhelm DILTHEY bereits eine Generation vor KLAGES formuliert hat. Was ursprünglich einmal als Antithese zwischen sakralem und profanem Denken begonnen hatte, mündet bei DILTHEY in den akademischen Gegensatz von *Geistes-* und *Naturwissenschaften*.

Die Naturwissenschaften, so heißt es, handeln von Fakten, die dem Bewußtsein distanziert und isoliert gegenüberstehen. Es sind eigentlich nicht die Dinge selbst, sondern nur Vorstellungen davon, mit denen der Naturwissenschaftler umgeht. In den Geisteswissenschaften hingegen haben wir es mit der Wirklichkeit selbst zu tun, und diese begegnet uns stets eingewoben in große Zusammenhänge. Der Naturwissenschaftler muß das Vereinzelte künstlich mit Schlüssen und Hypothesen verknüpfen. Der Geisteswissenschaftler hingegen erlebt zunächst das Ganze und gliedert dieses erst nachträglich auf. DILTHEY faßt diese Antithese in dem berühmt gewordenen Satz zusammen: »Die Natur erklären wir, das Seelenleben verstehen wir«[9].

Obwohl diese Formel nur besticht, solange man nicht gründlicher über sie nachdenkt[10], gehört sie längst zum festen Bestand im Selbstverständnis der Geisteswissenschaften. Auch wo heute wieder Philosophen oder Philologen an einer Rehabilitierung des *Mythos* arbeiten, sehen sie seinen Unterschied zur wissenschaftlichen Erkenntnis wesentlich in den verwendeten *Denkkategorien*: Beide, so heißt es, deuten auf radikal verschiedene Weise das Verhältnis des Ganzen zu seinen Teilen, die Beziehung zwischen Subjekt und Objekt, das Wesen von Substanz, Identität und Kausalität, die Anschauungsform des Raumes und vor allem die der Zeit. Durch die Brille der Empiriker und Positivisten betrachtet, ließe sich die Welt erklären und beherrschen; nur in der mythischen Schau aber könne man sie verstehen und ihre das Gemüt ansprechenden Dimensionen erfahren.

Die DILTHEYsche Fakultätentrennung erscheint nicht ganz wertfrei, zum diskreten Nachteil der Naturwissenschaften. Das dürfte ein typisch deutsches Phänomen sein. Im angelsächsischen Raum ist es eher umgekehrt. Die Spaltung ist hier noch viel unerbittlicher; man spricht geradezu von »zwei Kulturen«, im Anschluß an den Titel eines Cambridger Vortrags, mit dem der britische Romancier Sir Charles Percy SNOW im Jahre 1959 eine erbitterte, über ein Jahrzehnt anhaltende Diskussion auslöste[11].

Von einem Kulturschisma zu reden, meinte SNOW, sei deshalb gerechtfertigt, weil sich nicht nur im Denkstil, sondern auch weltanschaulich eine tiefe Kluft zwischen »Wissenschaftlern« auf der einen

---

[9] DILTHEY (1924) [10] BISCHOF (1970) [11] KREUZER (1969)

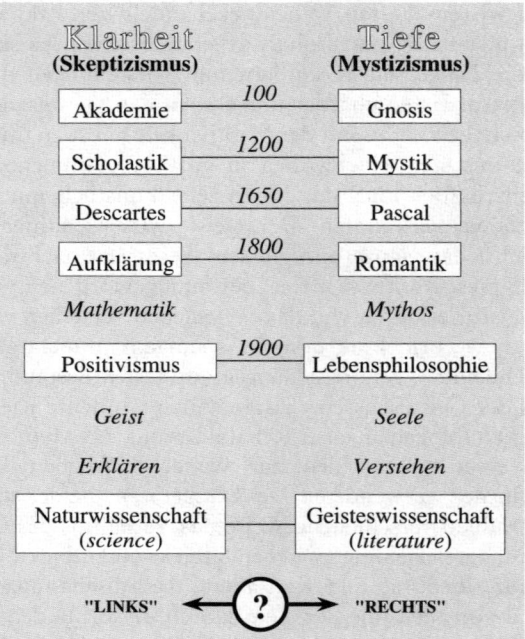

Marksteine des Kräftespiels zwischen erkenntnis- und erlebnisorientierten Werthaltungen in der abendländischen Geistesgeschichte.

und »literarisch Gebildeten« auf der anderen Seite auftue. Wissenschaftler hätten »die Zukunft im Blut«, sie seien fortschrittsorientiert, allerdings auch weniger einfühlsam. Den dünkelhaften Literaten hingegen wäre es mit ORWELL am liebsten, es gäbe gar keine Zukunft.

SNOW geht noch weiter: Die Vertreter der »wissenschaftlichen« Kultur, behauptet er, stünden politisch eher *links*. Die »literarisch« Denkenden hingegen seien nicht nur mehrheitlich konservativ, sondern nachgerade *faschistoid*; ihre Geisteshaltung habe »Auschwitz mit möglich gemacht«.

Solche Parallelen klingen ungeheuerlich. Andererseits – warum haben sich eigentlich die Marxisten immer so sehr an die »Wissenschaftlichkeit« ihrer Lehre geklammert, während umgekehrt ihre braunen Erbfeinde den »Mythus« des zwanzigsten Jahrhunderts beschworen? Gleich was wir von SNOWs Diagnose halten, wir werden uns darauf einzustellen haben, daß unser Thema auch eine ideologische Dimension hat.

Eine verblüffende Synthese

Im Großen und Ganzen herrscht heutzutage friedliche Koexistenz zwischen den Fakultäten, die längst übereingekommen sind, die kulturelle Landschaft in getrennte Hegemonialsphären aufzuteilen und sich, unbeschadet wechselseitiger Geringschätzung, möglichst nicht zu behelligen. Das hat seine pragmatischen Vorteile, verglichen jedenfalls mit dem kalten Krieg zwischen aufklärerischem und fundamentalistischem Kulturimperialismus.

Nur die Wissenschaft vom Menschen selbst kommt nicht zur Ruhe, denn mitten durch ihr Territorium schneidet der eiserne Vorhang. Sie versteht nicht, ob sie nun »Natur-« oder »Geisteswissenschaft« sein soll, und empfindet die Beruhigung, die mit der Fakultätentrennung erkauft wurde, als trügerisch.

Das Verlangen nach dem großen Durchblick, das Bedürfnis nach einer integrativen Anthropologie, gleichermaßen weitab von der emotionalen Wüste monistischer Wissenschaftshörigkeit und von den geistigen Gefängniszellen buchstabengläubiger Orthodoxie, ist immer wieder leicht zu wecken. Es verwundert daher nicht, wenn in regelmäßigen Abständen Wanderprediger auftreten, die gegen das chronische Leiden Wundersalben anzubieten wissen. Solchen Anläufen ist selten ein langes Leben beschieden, und wenn man dazu kommt, auf sie einzugehen, sind sie meist schon wieder aus der Mode.

Zuweilen werfen sie aber ein so bezeichnendes Schlaglicht auf den Zeitgeist, daß es sich lohnt, sie genauer unter die Lupe zu nehmen, selbst wenn sie beim Buchhändler nicht mehr auf Rampe liegen. Ein besonders charakteristischer Ansatz dieser Art kann hier nicht unerwähnt bleiben. Ihm gelingt scheinbar eine Synthese, die man für unmöglich halten möchte: mit den Aufklärern die Berufung auf naturwissenschaftliche Autorität zu teilen und doch zugleich mit den fundamentalistischen Gleichschaltern GALILEI ein zweites Mal mundtot zu machen.

Diese Marktlücke erkannt zu haben, ist das Verdienst des in Amerika lebenden Österreichers Fritjof CAPRA. Er hat Physik studiert, und man wird daher unterstellen dürfen, daß er weiß, was es über Elektronen, Quanten und Quarks eben so zu wissen gibt. Das reicht ihm aber nicht; er will die moderne Physik nicht referieren, sondern in völlig neue Interpretationszusammenhänge stellen. Hierfür wäre nun sicher hilfreich gewesen, wenn er während seiner Lehrjahre auch etwas Zeit für ein Studium generale gefunden hätte; die fleißige Lektüre esoterischer Literatur und eine Audienz bei Indira Gandhi sind dafür kein rechter Ersatz. Aber wie dem auch sei: Sein Sendungsbewußtsein ist groß, seine Jüngergemeinde war es jedenfalls bis vor kurzem auch; wir kommen nicht umhin, uns mit seinen Thesen auseinanderzusetzen.

Der üblicherweise »naturwissenschaftlich« genannte Denkstil, so lehrt CAPRA, verdiene diese Bezeichnung überhaupt nicht, denn er sei sogar in seiner ureigenen Domäne, der Physik, hoffnungslos veraltet. Bestenfalls tauge er für die klassische Mechanik; die Erkenntnisse der Relativitätstheorie und der Quantenphysik seien indessen nur möglich geworden, weil die Physiker eingesehen hätten, in einer falschen Denkhaltung an die Natur herangetreten zu sein. Inzwischen hätten sie längst ein neues Weltbild, und dieses stehe zu dem der Mythen keineswegs mehr in aufklärerischer Antithese; es führe vielmehr auf faszinierende Weise wieder zu ihm zurück.

Das Tao der Physik

Der Autor hat seinem ersten Buch einen Titel gegeben, der neugierig macht: »The Tao of Physics«[12]. Seine Botschaft lautet: Der Schlüssel zu den tiefsten Mysterien der Natur ist das *Tao*, die uralte chinesische

---

[12] CAPRA (1975)

Weisheitslehre, die hier als Paradigma für mythische Weltsicht überhaupt steht. Die taoistischen Weisen waren immer schon im Besitz der Denkkategorien, die der moderne Physiker erst mühevoll wiederentdecken mußte.

Die Quintessenz des neuen Denkens ist am besten aus einem Vergleich mit dem Weltbild der klassischen Physik NEWTONs zu gewinnen. Dieses gründet auf der Dreiheit von Raum, Stoff und Kraft. Der *Raum* ist auf radikale Weise *leer*, ein dreidimensionales Nichts. Durch dieses Nichts wirbelt, einsam und ruhelos, die *Materie*. Sie ist die eigentliche Substanz der Wirklichkeit; alle zeitüberdauernde Identität gründet in ihr, und von ihr allein gehen Kräfte aus. Alles Stoffliche existiert im Modus der *Abgrenzung*, materielle Körper und leerer Raum, Sein und Nichts stehen einander in schroffer Unvereinbarkeit gegenüber. Gleitende oder unbestimmte Übergänge gibt es nicht: Wo Materie amorph und diffus scheint, ist das nur eine Frage des Größenmaßstabs; durchs Mikroskop betrachtet besteht auch ein Nebel wieder aus atomaren Körperchen, die isoliert im Leeren schweben.

Der so aufgefaßten Natur steht in der klassischen Naturwissenschaft der *menschliche Geist* als Beobachter gegenüber. Auch hier wiederholt sich das Prinzip der Isolation: Die Natur weiß nichts davon und kümmert sich nicht darum, ob der Mensch sie beobachtet und was ihm von ihr bewußt wird. Sie folgt unbeeinflußt und unbeirrbar ihren zeitlosen Gesetzen.

So ähnlich also sieht der dunkle Hintergrund aus, auf dem CAPRA dann das Weltbild der *modernen* Physik zeichnet. Charakteristisch für dieses ist ein ganz neuer Inbegriff: das »Feld«. Es tritt an die Stelle des klassischen Raumes, ist ausgedehnt wie dieser, aber weder leer noch impotent: Es besitzt selbst Eigencharakter und Macht, so wie die Körper der NEWTONschen Physik, ja es entzieht diesen sogar deren vornehmstes Merkmal, Träger und Garanten von Wirklichkeit zu sein. Die Elementarteilchen existieren nicht, sie haben nur eine Tendenz zu existieren; und ob sie ganz Wirklichkeit werden, hängt davon ab, ob der Physiker sich entschließt, mit dem Feld durch einen Akt der Beobachtung zu interagieren.

Zur Illustration dieses Gedankens bedient sich CAPRA einer Abbildung aus dem Buch »Physics in the Twentieth Century« von Victor

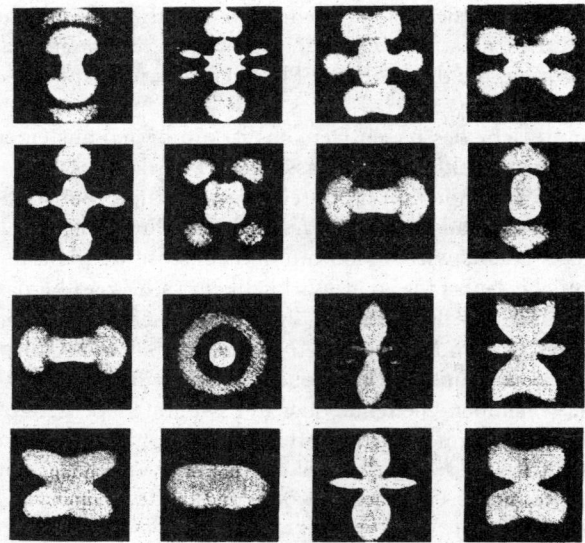

Muster von Wahrscheinlichkeitsverteilungen für die Antreffbarkeit von Elektronen in zentralsymmetrischen Feldern (Computersimulation). Nach WEISSKOPF

WEISSKOPF[13]. Die eigentümlichen Muster geben Wahrscheinlichkeitsverteilungen dafür wieder, im Umfeld eines Atomkernes ein Elektron anzutreffen. Oder vielmehr, korrekter formuliert: Diese Nebel selbst *sind* das Elektron, und die Graustufen entsprechen verschiedenen Embryonalzuständen seines Wirklichwerdens.

In der modernen Physik zerschmilzt also das schroffe Entweder-Oder von Sein und Nichts, die Körper lösen sich auf, der Raum reichert sich an, die Leere wird zur eigentlichen Fülle, das Isolierte entgrenzt sich in universaler Teilhabe. Damit, sagt CAPRA, ist die Physik schließlich wieder in die Weisheit des Tao eingemündet. In deren Zentrum nämlich steht schon immer die Lehre von der kosmischen *Einheit*. Diese wird von einem dynamischen Urgrund gestiftet, den man

---

[13] WEISSKOPF (1972)

in Begriffen nicht fassen kann, da sich in ihm alle Gegensätze vereinigen – er ist und ist nicht, er existiert im Modus des kreativen Poten-
tials: Er bringt die Bilderwelt der Erscheinungen hervor, hält sie am
Leben und saugt sie wieder auf.

So ziemlich alle Hochkulturen, vor allem die östlichen, und die
Naturvölker sowieso, haben dieses Geheimnis gekannt, sie haben ihm
lediglich verschiedene Namen gegeben – *Brahman, Dharmakaya, Zen*
oder eben *Tao*. Allein der griechisch-abendländischen Philosophie,
und in ihrem Gefolge der klassischen Physik, ist das Wissen darüber
entglitten.

Das Spiel des Meerschaums

Es hat wenig Zweck, solche Aussagen einfach stehenzulassen, ohne in
sie einzudringen. Natürlich schüchtern sie den physikalischen Laien
ein, aber das ist es auch, womit der Autor rechnet. Wenn wir beurteilen wollen, was es mit dem »Tao der Physik« auf sich hat, kommen
wir nicht umhin, der Sache auf den Grund zu gehen. In physikalische
Details brauchen wir uns dabei gleichwohl nicht zu verlieren; das Problem, um das es eigentlich geht, ist erkenntnistheoretischer, genauer
gesagt, erkenntnis*psychologischer* Natur.

Wie wir im 3. Kapitel noch genauer sehen werden, beruht unsere
Welterfahrung nicht auf einem passiven Hinnehmen von Sinnesdaten;
sie wird entscheidend mitgestaltet durch die Weise, in der unser Wahrnehmungsapparat das Reizmaterial *verarbeitet*. Die Prinzipien solcher
Verarbeitung nennen wir »Kategorien«.

Eine typische Verarbeitungskategorie dieser Art ist die *Identität*. Sie
bewirkt, daß wir alles, was uns jetzt gerade zu Bewußtsein kommt,
als *Fortsetzung* von etwas früher schon Wahrgenommenem zu erleben tendieren. Der Identitätskategorie verdanken wir, daß bei Betrachtung eines Films, der ja bekanntlich aus einer Folge von Standbildern
besteht, nicht ein unzusammenhängender Wirbel kurzlebiger Impressionen vor unseren Augen flimmert, sondern »Personen« und »Dinge«, die einen überdauernden Wesenskern haben und diesem treu bleiben, sich längs glatter Bahnen bewegen.

Kategorien wie die der Identität sind unserer alltäglichen Lebenswelt auf den Leib geschneidert, und sie leisten nützliche Dienste, wenn es darum geht, eben diese Lebenswelt aus den Reizdaten zu rekonstruieren. Elementarteilchen gehören aber nicht zu unserer Alltagserfahrung, und wenn wir sie zu verstehen suchen, ist die kategoriale Routine unseres Anschauungsapparates dabei eventuell mehr hinderlich als hilfreich.

Tatsächlich darf nun just die Identitätskategorie keineswegs unkritisch auf die letzten »Bausteine« der Stofflichkeit angewandt werden, weil das nämlich zu Widersprüchen und Paradoxien führt. Statt diesen Tatbestand nun aber tiefsinnig zu mystifizieren, wollen wir zusehen, ob uns die Alltagserfahrung nicht Analogien anbietet, die ihn dem Verständnis zumindest etwas näherbringen.

Man denke sich einen Ozean in heftiger Brandung. Oben auf den Wogen brechen sich grellweiße Schaumkronen. Die Wellen scheinen, angeführt von ihren blitzenden Kanten, horizontal über die Wasseroberfläche zu eilen, aber das ist eine Wahrnehmungstäuschung: Ein Korken würde nur an der Stelle auf und ab tanzen, wenn »der Wellenkamm« über ihn hinwegläuft. Was tatsächlich wandert, ist nicht ein substantielles Ding, sondern ein *Zustand*, eben die Auf-Ab-Bewegung. Und die begleitende Schaumkrone besteht dauernd aus anderen Wassermolekülen. Aber das sieht man nicht: Die Identitätskategorie bemächtigt sich der Erscheinung und macht, daß man ein weißliches Band zu erkennen meint, das über die Wasser dahingleitet.

Mehr noch: Wenn die Brandung gerade nicht stark genug ist, um von allein Schaum zu werfen, kann man vielleicht nachhelfen, indem man eine Hand ins Wasser hält, sodaß sich die Welle daran bricht. Dann hat man das, was man beobachten wollte, durch den Beobachtungsakt selbst ins Dasein gerufen. Welchen Existenzmodus hätte die so erzeugte Gischt gehabt, wenn man den Eingriff *unterlassen* hätte? Objektiv wäre sie natürlich einfach nicht dagewesen. Aber das ist doch zuwenig gesagt: Immerhin hätte an verschiedenen Stellen eine unterschiedliche *Chance* bestanden, sie zu erzeugen. Die einzelnen Phasen der Welle haben eine mehr oder weniger starke »Tendenz«, als Schaum in Erscheinung zu treten.

Vieles von dem nun, was die Quantenmechanik so geheimnisvoll erscheinen läßt, wird auch ohne Rekurs auf östliche Weisheit verständlich, wenn man die Elementarteilchen nach Analogie jener Schaumkronen versteht: Sie sind eher Ereignisse als Individuen; sie existieren nicht, sondern haben eine »Tendenz zu existieren«, und in gewisser Weise ruft der Experimentator durch den Entschluß, sie zu beobachten, ihre Existenz überhaupt erst hervor. Die Analogie läßt uns allenfalls im Stich, wenn wir klarer verstehen möchten, was in der physikalischen Wirklichkeit denn nun jener symbolischen Wasserflut entspreche, deren Wellenbewegung all dem Erscheinungszauber zugrundeliegt. Es ist eben das »Feld«, sagen die Physiker und malen mit Kreide ihre Differentialgleichungen an die Tafel; weiter konkretisieren lasse sich das nicht, denn unsere Wahrnehmungskategorien gleiten unverrichteter Dinge an ihm ab. Es ist ein allgegenwärtiges Nichts, das doch die ganze Fülle der diskreten Körper aus sich heraus zu generieren vermag.

Dummheiten erster Art

Nun wissen die Mythen vieler Völker, wie wir später noch genauer sehen werden, tatsächlich von einem allerfüllenden und Gestalten gebärenden Wasserchaos zu berichten. Für CAPRA genügt diese formale Parallele, um die Behauptung zu rechtfertigen, der Mythos hätte die moderne Physik vorweggenommen. Auf welche Weise auch immer der Mensch das Wesentliche zu verstehen suche, ob er als Physiker zu den Tiefen der Materie oder als Mystiker zu den Tiefen der Seele vordringe: Er begegne stets derselben Wahrheit, eben dem Tao.

Das ist ein erbaulicher Gedanke; aber geht die Gleichung nicht doch ein wenig zu glatt auf? Peter R. HOFSTÄTTER unterscheidet in seinem Lehrbuch der Persönlichkeitsforschung[14] zwei verschiedene Erscheinungsformen intellektueller Insuffizienz. Die eine bestehe darin, isolierte Phänomene nicht in größere Zusammenhänge einordnen zu können, durch vordergründige Unterschiede am Erkennen tiefliegender Gemeinsamkeiten gehindert zu werden. Er nennt diesen Denkdefekt »Dummheit zweiter Art«.

---

[14] HOFSTÄTTER (1977), S. 193 f

Daneben gebe es dann aber auch noch eine »Dummheit erster Art«, und die bestehe darin, Zusammenhänge zu sehen, die in Wirklichkeit gar nicht existieren. HOFSTÄTTER bezieht sich hier auf Francis BACON, bei dem man schon 1620 lesen konnte: »Der menschliche Verstand ist von Natur aus geneigt, mehr Ordnung und Regelmäßigkeit in der Welt zu wähnen, als er tatsächlich vorfindet.«

Diese Art der Dummheit ist weniger harmlos als die zuvor genannte. Sie ist verführerisch, denn vor die Wahl gestellt, möchte jeder noch lieber als disziplinlos denn als begriffsstutzig gelten. Und das macht eben den Handelsreisenden in Sachen Tiefsinn das Leben so leicht.

CAPRA hat zwischen Kernphysik und Mystik letztlich nur die triviale Gemeinsamkeit entdeckt, daß beide Erkenntniswege in Gebiete führen, die außerhalb der Reichweite unserer Sinne liegen, und daß uns auf diesen Gebieten jene Art von »Ganzheitlichkeit« begegnet, die sich eben einzustellen pflegt, wenn die angeborenen Gliederungswerkzeuge unseres Verstandes nicht greifen.

Darf ich aber wirklich schließen, zwei Fremdsprachen seien miteinander verwandt, bloß weil ich sie beide nicht verstehe? Ist unser Unvermögen, den Meerschaum zu beobachten, ohne seiner Beinahe-Existenz durch einen Eingriff zur vollen Realität zu verhelfen, wirklich dasselbe wie das, was wir mit dem Worte »Partizipation« ansprechen? Ist die Urflut der Mythen dasselbe wie das Feld der Physiker, bloß weil sie beide unserem verdinglichenden Denken spotten? In China wurden der Kompaß, das Schießpulver, die Rakete und die Akupunktur erfunden; wenigstens eine interessante *Vorform* der Quantenmechanik hätte also auch abfallen können, wenn doch das Denken der östlichen Weisheitslehre angeblich so genau schon die passenden Kategorien dafür parat hielt. Warum eigentlich ist die moderne Physik gleichwohl nirgendwo sonst als auf dem Boden des *abendländischen* Denkens erwachsen?

Die postmoderne Synthese geht über derlei Bedenklichkeiten leichtfüßig hinweg. Sie lebt davon, daß unser Sinnhunger nur allzu bereit ist, widerspruchslos hinzunehmen, was ihn zu stillen vorgibt. Wir sind gut beraten, wenn wir hier zunächst Enthaltsamkeit üben und uns das Schwelgen in wohlfeilen Evidenzen versagen.

Die Zeit des Tao läßt sich nicht mit den Uhren NEWTONs messen; aber das garantiert noch nicht, daß wir in EINSTEINs und MINKOWS-

KIS vierdimensionalem Kontinuum dem »Ana kushi was« begegnen. Machen wir uns bereit, dem mythischen Helden gleich, zu einer längeren Suchwanderung aufzubrechen. Dummheiten beiderlei Art wollen wir dabei tunlichst vermeiden: Wir wollen den Weg in die imaginäre Zeit erkunden, mit dem Mut zur Phantasie, aber auch mit klarem Blick, der sich nicht zu rasch darauf einläßt, die Fata Morgana für die Oase zu halten.

Standpunkte zur Beziehung
zwischen Mythos und Wissenschaft

1. Fundamentalismus

- Mythen (z.B. der biblische Schöpfungsbericht) und wissenschaftliche Theorien haben (sofern sie von der Natur handeln) denselben Gegenstand. Sie können einander daher grundsätzlich widersprechen.
- Wo sie es tun, ist das wissenschaftliche Weltbild objektiv irrig, das mythische wahr.
- Denn die Wissenschaft entspringt dem fehlbaren menschlichen Intellekt, die mythische Aussage hingegen übernatürlicher Offenbarung.

2. Aufklärung

- Mythen und wissenschaftliche Theorien haben denselben Gegenstand. Sie können einander grundsätzlich widersprechen.
- Wo sie es tun, ist die wissenschaftliche Aussage vorzuziehen.
- Denn die mythische Weltdeutung ist nur eine naive Vorform der wissenschaftlichen Welterklärung.

3. Romantik

- Wissenschaft und Mythos reden von verschiedenen Dingen und können einander daher nicht widersprechen.
- Beide sprechen eine dem jeweiligen Inhalt optimal angemessene Sprache.
- Ihre Verschiedenheit betrifft zwei unvereinbare, aber einander ergänzende Weisen, die Welt zu erfahren: den Weg der »äußeren« und den der »inneren« Erfahrung. Der eine wird beschritten, wenn man die Natur intellektuell analysiert, der andere, wenn man sich von ihr gefühlsmäßig ergreifen läßt.

4. Postmoderne

- Mythische Aussagen und wissenschaftliche Theorien reden nur scheinbar von verschiedenen Inhalten. Eigentlich ist der Kosmos eine Einheit, die Scheidung in eine »innere« und eine »äußere« Erfahrung ist künstlich.
- Es gibt demgemäß nur eine einzige dem Wesen der Wirklichkeit optimal angemessene Sprache.
- Wo Wissenschaft und Mythos einander widersprechen (wie im Falle der klassischen Physik), ist das wissenschaftliche Weltbild irrig, das mythische wahr.
- Denn die (klassische) Wissenschaft denkt in Kategorien, die der Natur nicht wirklich angemessen sind; sie wird von ihrem eigenen Gegenstand zum Umdenken gezwungen. Zwischen der modernen Physik und dem mythischen Weltbild besteht kein Widerspruch.

2. Kapitel

Die Frage nach dem Sinn

Das Problem der Authentizität

Was ist eigentlich ein Mythos? Er gehört zur Klasse der Erzählungen; aber diese Klasse ist weit. Es stellt sich die Frage der Abgrenzung. Lassen sich Mythen beispielsweise von Märchen trennen? Wie steht es mit den Produkten epischer Dichtung? Ist Wagners »Ring«, überall dort wohlgemerkt, wo er das Quellenmaterial schöpferisch umgestaltet, noch als mythisch anzusprechen?

Wer definiert, kennt das Leben nicht, hat SAINT-EXUPÉRY einmal gesagt, und das gilt ganz besonders angesichts solcher Fragen. Wir wollen die Grenzen daher vorsorglich eher weit ziehen. Auf zwei Kriterien aber können wir nicht verzichten: Erzählungen, die im engeren Sinn als mythisch gelten sollen, müssen Produkte anonymer, *kollektiver* Herkunft sein; und sie müssen sich, zunächst mindestens, in *mündlicher* Tradition erhalten haben. Was individuelle Dichterpersönlichkeiten geschaffen und wo möglich auch gleich schriftlich fixiert haben, liegt nicht mehr im Kernbereich des Begriffs Mythos.

Diese Einschränkung hat ihren guten Grund. Sie konfrontiert uns nämlich sogleich mit einer zentralen Schwierigkeit unseres Themas: Unter den angegebenen Bedingungen existieren soviele Fassungen von jeder Geschichte, wie es Erzähler gibt. Welche davon soll dann aber als die »authentische« gelten?

Ohne langes Nachdenken könnte man meinen, authentisch sei eben allein die »Urfassung«, denn nur diese sei noch frei von Entstellungen, Auslassungen und Zutaten. Aber bei der Art von Erzählungen, wie wir sie betrachten, hat eine solche Urfassung überhaupt nie existiert; jedenfalls gibt es kein Mittel, sie zu rekonstruieren. Bevor wir uns noch der eigentlich kritischen Frage unseres Themas, der Frage nach der *Interpretation*, genähert haben, sieht es so aus, als würden wir bereits an dem ungleich simpleren Problem der Sicherstellung des *Materials* scheitern.

Es gibt allerdings einen verblüffend einfach erscheinenden Ausweg aus diesem Dilemma. Man brauchte sich nur zu entschließen, *jede* existierende Fassung eines mythischen Berichtes gleich ernst zu nehmen. Kein geringerer als Lévi-Strauss[1] empfiehlt dieses Vorgehen, wobei er konsequent genug ist, sogar alle künstlerischen und wissenschaftlichen Bearbeitungen, also etwa auch Freuds Kommentare zum Ödipuskomplex, als integrierende Bestandteile des betreffenden Mythos anzuerkennen. Hier wird das Problem der Authentizität aus der Welt geschafft, indem man es ignoriert – ein imposanter, aber auch nicht gerade überzeugender Gewaltakt.

Anscheinend kann man der Schwierigkeit nicht entrinnen. Manchem Leser wird ein Gesellschaftsspiel bekannt sein, auf das auch schon Sozialpsychologen zurückgegriffen haben, um die Prozesse zu demonstrieren, die beim Vorgang der *Gerüchtbildung* ablaufen. Es heißt »die stille Post« und geht folgendermaßen: Ein Teil der Anwesenden bildet die Gruppe der Spieler; die übrigen bleiben Zuschauer. Die Spieler werden bis auf einen ins Nebenzimmer geschickt. Dem Dagebliebenen erzählt man nun eine dramatische und detailreiche Geschichte, mit der Aufforderung, sich diese möglichst genau einzuprägen. Dann wird der erste von draußen hereingerufen, und der soeben Belehrte soll ihm die Geschichte, so gut er sie sich gemerkt hat, weitererzählen. Diese Prozedur wird wiederholt, solange noch Mitspieler vor der Tür stehen, wobei natürlich immer derjenige, der die Geschichte als letzter gehört hat, als Berichterstatter fungiert. Es ist für die Zuhörer höchst amüsant zu verfolgen, wie sich die ursprüngliche Fabel in der Erzählkette alsbald bis zur Unkenntlichkeit verwandelt.

---

[1] Lévi-Strauss (1978), S. 238 f

Angesichts solcher Beobachtungen wird sogleich deutlich, daß die Frage, welche Version eines Mythos die »richtige« sei, falsch gestellt ist. Das zentrale Problem der Mythenkunde ist nicht die Authentizität, sondern die *Stabilität* der Fabel. Wenn es gelingt, einen Bericht schon bei einem halben Dutzend Zwischenträgern heillos durcheinanderzubringen, wie ist es dann überhaupt möglich, daß sich um Jahrhunderte auseinanderliegende Dokumentationen desselben Mythos noch detailgenau decken können, und zwar auch dort, wo schriftliche Überlieferung als stabilisierender Faktor keine Rolle spielen konnte?

Der Flammenritt

Wir wollen die Komplikation, um die es hier geht, an einem konkreten Beispiel deutlich machen. Als Material bietet sich dazu das *Nibelungenlied* an, das freilich schon eher eine erzählende Dichtung als ein Mythos genannt zu werden verdient[2]. Die älteste Gestalt der Sage stammt aus der Zeit der Völkerwanderung, aus dem 5. oder 6. Jahrhundert. Diese alt-fränkische Dichtung ist nicht unmittelbar überliefert, sie läßt sich aber aus isländischen Quellen rekonstruieren. Von ihrem Inhalt sind in unserem Zusammenhang die folgenden Details wichtig.

»Vor Zeiten war's...«, da herrschten zu Worms am Rhein die Burgunderfürsten Gunther, Giselher und Gotmar. Eines Tages ritt in ihren Hof ein fremder Held mit Namen Sigfrid, der schon wunderbare Abenteuer bestanden hatte. Die drei Fürsten nahmen ihn mit Ehren auf, machten ihn zum Blutsbruder und gaben ihm ihre schöne Schwester Grimhild zur Frau.
Bald darauf erhielten sie Kunde von einer Heldenjungfrau namens Brünhild, die auf einer fernen Insel hauste, von einem Flammenwall umgeben. Gunther wollte um sie werben, und Sigfrid begleitete ihn. Am Ziel angekommen, gelang es Gunther jedoch nicht, sein Roß durch das Feuer zu treiben. Sigfrid gab ihm sein eigenes Pferd, aber wiederum versagte Gunther. Da nahm Sigfrid Gunthers Gestalt an, bestieg sein Roß und sprengte mitten in die Glut: Die Erde bebte, die Flammen lohten noch einmal himmelhoch und erloschen dann vor ihrem Bezwinger.

---

[2] HEUSLER (1921)

Drei Nächte lang teilte Sigfrid in Gunthers Gestalt Brünhildens Lager; aber er legte, unter Berufung auf eine Weissagung, sein blankes Schwert zwischen sie beide. Am dritten Morgen zog er ihr einen Ring von der Hand, dann kehrte er zu Gunther zurück, tauschte mit diesem wieder die Gestalt und übergab ihm die Braut. Brünhildens Ring aber gab er später seinem Weibe Grimhild und erzählte ihr das Geschehene.

Nachdem Jahre ins Land gezogen waren, brach anläßlich eines gemeinsamen Bades der beiden Frauen in einem Fluß ein Rangstreit zwischen ihnen aus, in dessen Verlauf Grimhild der Rivalin den wahren Hergang offenbarte und durch Vorweisen des Ringes belegte. Die gedemütigte Brünhild erbleichte, ging heim und sprach an dem Abend kein Wort. Von Gunther unter vier Augen befragt, behauptete sie, Sigfrid habe sich ihr genähert, als er mit ihr das Lager teilte. Sie wolle aber nicht zwei Männer haben – entweder Sigfrid oder Gunther oder sie selbst müßte sterben.

Gunther beauftragte daraufhin seinen Waffenmeister Hagen, der durch keinen Brudereid an Sigfrid gebunden war, diesen zu töten. So bekam Brünhild ihre Rache, aber nur durch eine Verleumdung. Ihr Schuldgefühl zwang sie, am nächsten Morgen den Hausgenossen weinend zu eröffnen, daß Sigfrid sie in Wahrheit unberührt gelassen habe. Und ehe es jemand hindern konnte, stieß sie sich selbst ihr Schwert in die Seite.

In den folgenden Jahrhunderten fehlen zunächst Zeugnisse für die weitere Entwicklung des Liedstoffes. Erst aus dem ritterlichen Hochmittelalter, gegen Ende des 12. Jahrhunderts, ist eine zweite Fassung bekannt. Und an dieser fallen nun gegenüber der älteren Version einige wesentliche Veränderungen auf, die indessen alle untereinander zusammenhängen. »Man hat den Eindruck einer Masse, die ein Stoß an *einer* Stelle ins Rutschen brachte, und die sich dann neu gelagert hat«, schreibt HEUSLER[3] in seiner sorgsamen Analyse dieser Entwicklung. Und diese eine Stelle läßt sich lokalisieren: Es ist der *Flammenritt* Sigfrids in Gunthers Gestalt. Aus irgendwelchen nicht mehr rekonstruierbaren Gründen ist dieses Bild in der späteren Fassung durch ein anderes ersetzt.

Wer um Brünhilde werben will, so heißt es jetzt, muß sie in *Kampfspielen* – Steinwurf, Sprung und Speerwurf – übertreffen. Gunther schafft das nicht, und Sigfrid, durch eine Tarnkappe unsichtbar gemacht, muß ihm heimlich assistieren; Gunther kämpft nur pantomimisch, und Brünhild läßt sich täuschen.

---

[3] HEUSLER (1921), S. 32

An diese Exposition kann sich nun Sigfrids Beilager mit der Besiegten – eine für die spätere Handlungslogik unentbehrliche Szene – nicht mehr ebenso unmittelbar anschließen wie an den Flammenritt. Gunther muß schon selbst zu ihr gehen. Doch sie verweigert sich ihm drei Nächte lang, ja sie fesselt und knebelt ihn gar. So muß Sigfrid erneut für den Freund einspringen. Er kleidet sich in Gunthers Nachtgewand, ringt unerkannt mit der störrischen Braut und, das läßt sich nun erzählerisch nicht mehr vermeiden, tut ihr Gewalt an. Von dem dazwischengelegten Schwert und dem, was es symbolisiert, kann keine Rede mehr sein.

Damit entfällt aber dramaturgisch für Brünhild die Möglichkeit, Sigfrid später bei Gunther zu verleumden: Schließlich wußte dieser ja nur zu gut, was geschehen war, und er hatte den Freund selbst darum gebeten. Sigfrids einzige Verfehlung bestand nun lediglich darin, die Diskretion verletzt und das Ganze bei seiner Gemahlin ausgeplaudert zu haben. Hierauf allein konnte sich die Anklage noch stützen, die Sigfrid dann das Leben kostete. Dafür war wiederum erforderlich, daß der Zank, in dem Brünhild von Grimhild über den wahren Hergang informiert wurde, diesmal öffentlich, vor allen Leuten, stattfand. Und da die gedemütigte Brünhild jetzt nicht mehr zum Mittel der Verleumdung greifen mußte, um ihre Rache einzufordern, entfiel auch der Anlaß für den abschließenden Akt ausgleichender Gerechtigkeit, die Selbsttötung.

Mit diesen beiden Versionen des Nibelungenliedes haben wir ein historisches Beispiel für die »Stille Post« vor Augen. Nochmals: Die Geschichte ist nicht mehr im engeren Sinne Mythos, sondern schon Dichtung, von individuellem Gestaltungswillen stärker geprägt als die heiligen Texte der Naturvölker. Aber das ist eben das Problem: Warum sind die echten Mythen auf ihrem langen Wege von Mund zu Mund immuner gegen individuelle Willkür, private Phantasien, zufällige Mißverständnisse und gutgemeinte Umdeutungen? Wie vollends soll man sich erklären, daß sogar in Sozietäten, die geographisch, kulturell und nicht zuletzt sprachlich weit auseinanderliegen, mythische Inhalte in oft verblüffender Detailtreue übereinstimmen?

Homologie und Übertragung

Zu diesem Fragenkomplex gibt es eine interessante Parallele in einem gänzlich anderen Gegenstandsfeld, nämlich in der *Biologie*. Wir sind dem Problem schon im 1. Kapitel begegnet: Warum haben Maulwurf und Giraffe dieselbe Anzahl Halswirbel? Man weiß doch schließlich, daß in jeder Generation ganz unberechenbare Zufallsschwankungen des Erbgutes, die sogenannten *Mutationen*, den genetischen Informationsfluß stören, gerade so wie die Gedächtnisschwäche der Zwischenberichterstatter bei der »stillen Post«!

Die Biologen haben hier einen eigenen Begriff geprägt; sie sprechen von *Homologie* und meinen damit eine Strukturverwandtschaft, die durch gemeinsame Abstammung von derselben Vorform zustande kommt.

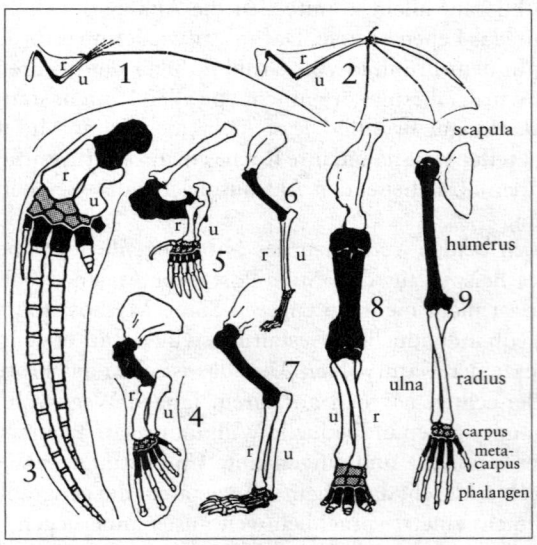

Vordere Extremität der Wirbeltiere. (1) Fossile Flugechse, (2) Fledermaus, (3) Wal, (4) Seelöwe, (5) Maulwurf, (6) Hund, (7) Bär, (8) Elefant, (9) Mensch. Die Homologie von Skelettbestandteilen ist durch gleiche Färbung hervorgehoben.

Erklärungen durch Homologie haben nun auch in der Folkloristik eine bedeutende Rolle gespielt. Namhafte Mythenforscher sind davon ausgegangen, daß Ähnlichkeit zwischen Erzählmotiven grundsätzlich auf direkter oder vermittelter *Kommunikation* der Erzähler beruhe und daher belege, daß die betreffenden Sozietäten Kontakt miteinander gehabt haben müßten. Diese »*Diffusions-*« oder »*Übertragungstheorie*« stand zeitweilig in hohem Ansehen[4]. Im 19. Jahrhundert war es geradezu Mode geworden, jede noch so schwache Parallele in mythischen Inhalten, übrigens auch in anderen kulturellen Produkten, als Beweise für einen geschichtlichen Zusammenhang zwischen den betreffenden Völkern zu sehen. Das berühmte »Kreuz von Palenque«, ein stilisiertes Pflanzenmotiv an einem mexikanischen Maya-Bauwerk, galt zeitweilig als Anzeichen für präkolumbianische Missionstätig-

Das Kreuz von Palenque (Yukatan, Mexiko).

---

[4] EISENSTÄDTER (1912)

59

keit früher Christen, insonderheit des heiligen Thomas. Notfalls erfand man, wo die postulierten Reisewege allzu beschwerlich schienen, sogar phantastische Landbrücken wie die sagenhafte Insel Atlantis.

Die Übertragungstheorie hatte jedoch auch seriöse Vertreter, die freilich ebenfalls nicht umhinkamen, ihre Auffassung auf recht gewagte Spekulationen zu stützen. So redet etwa BAUMANN von einer »archaischen Hochkultur«, die schon im 5. vorchristlichen Jahrtausend in mehreren zusammenhängenden Zentren wurzelte, mit einem Kerngebiet zwischen dem Nil und den Indusländern. Er beschreibt sie als eine Jahrtausende überdauernde »Kultursippe«, die »seit dem Aufdämmern herrschaftlicher Stadtkulturen durch immer neue Knospungen und fortdauerndes Verblühen das schier endlose Leben eines wahren Baumriesen darstellt«[5]. In den kommunikativen Ästen dieses »von Island bis zur Osterinsel, ja bis Peru und Mittelamerika« reichenden Baumes habe sich im Laufe von Jahrtausenden ein »Weltmythos« ausgebreitet, demzufolge am Anfang ein androgyner Urzustand bestanden habe, der dann erst später in eine männliche und eine weibliche Hälfte geteilt worden sei.

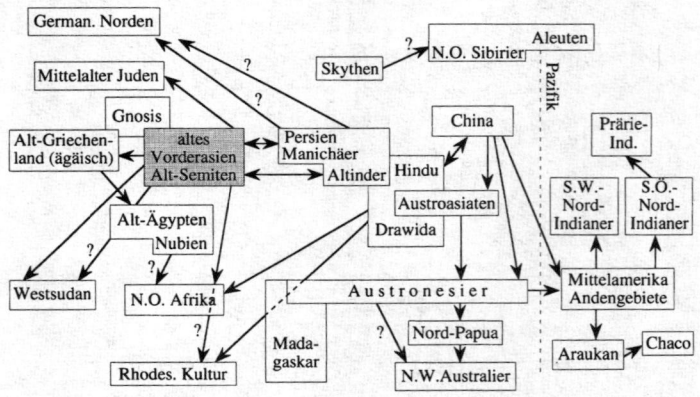

Hypothetische Ausbreitungswege des »Weltmythos« vom androgynen Urzustand nach BAUMANN. *Schattiert: vermutetes Kerngebiet.*

[5] BAUMANN (1955), S. 250

Wir werden uns etwas später mit dieser mythischen Idee noch eingehend zu beschäftigen haben und dabei sehen, daß sich ihre Universalität recht gut auch ohne Kontaktnahme zwischen den beteiligten Kulturen erklären läßt. Andererseits kann natürlich überhaupt kein Zweifel bestehen, daß die Entlehnung kultureller Inhalte oft genug ein historisches Faktum ist; man denke nur etwa an die Wanderung von Stilmotiven im Sakralbau. Vergleichende Linguisten betrachten seit langem mit Recht Übereinstimmungen der Grammatik und der Wortstämme verschiedener *Sprachen* als Beweise für gemeinsame Herkunft aus derselben Wurzel. Das Problem kann nicht darin liegen, ob Übertragung vorkommt, sondern allein darin, ob sie als *einzige* wissenschaftlich seriöse Erklärung transkultureller Übereinstimmungen anzusehen ist. Um dies zu beurteilen, müssen wir nach Alternativen Ausschau halten.

Der Streit um die »Elementargedanken«

Die wichtigste Alternative zum Übertragungsprinzip, die in der Ethnologie seit etwa der Jahrhundertwende diskutiert wurde und sich im deutschen Sprachgebiet vor allem mit dem Namen von Adolf BASTIAN verknüpft, ist die Theorie der sogenannten »Elementargedanken«. Sie besagt, daß kraft der »psychologischen Gleichartigkeit aller Menschen« gewisse urtümliche Phantasieprodukte bei sämtlichen Völkern in ähnlicher Gestalt spontan in die Manifestation drängen.

Bemerkenswerterweise wurden hierzu von Anfang an auch biologische Metaphern bemüht; allerdings herrschte dabei eine unverkennbare Tendenz zur Mystifikation in der Ausdrucksweise und wohl auch in der zugrundeliegenden Gedankenwelt. So heißt es etwa in einem Vortragstext von BASTIAN[6]:

»Von allen Seiten, aus allen Kontinenten tritt uns unter gleichartigen Bedingungen ein gleichartiger Menschengedanke entgegen, mit eiserner Notwendigkeit, wie die Pflanze je nach den Phasen des Wachstums Zellgänge oder Milchgefäße bildet, Blätter hervortreibt, Knoten ansetzt, Blüten entfaltet. Allerdings

---

[6] BASTIAN (1881)

ist unter klimatischen oder lokalen Variationen anders die Tanne des Nordens, anders die Palme der Tropen, aber in beiden schafft ein gleiches Wachstumsgesetz.«

Solche Diktion war nicht eben dazu angetan, der neuen Idee bereitwillige Aufnahme in der Fachwelt zu sichern. In der Biologie war um diese Zeit der Streit der Darwinisten mit den Vitalisten in vollem Gange; und die Kontroverse um die »Elementargedanken« ordnete sich zwanglos in dasselbe Frontensystem ein.

Unter *Vitalismus* versteht man die zuletzt von dem abtrünnigen HAECKEL-Schüler Hans DRIESCH verfochtene Lehrmeinung, daß lebendige Formen ihren sinnvollen Aufbau einer physikalisch nicht erklärbaren Zielstrebigkeit verdanken. Der organischen Substanz wohnen demnach immaterielle Urbilder inne, sogenannte »Entelechien«, die in das physische Geschehen gestaltend einzugreifen vermögen. Den zweiten Hauptsatz der Thermodynamik vermögen sie dabei zu suspendieren, und so kommt es, daß wir in der lebendigen Natur statt ständig wachsender Unordnung Ganzheit und Sinnfülle vorfinden.

Organismen sind, so betrachtet, gewissermaßen fleischgewordene »Elementargedanken« eines metaphysischen Lebensprinzips; es verwundert daher nicht, daß man BASTIANs Thesen mit denen der Vitalisten verglich. Vor allem die Übertragungstheoretiker taten das, konnten sie sich doch demgegenüber in der Rolle DARWINs fühlen, der mit seiner Entwicklungslehre solchen unwissenschaftlichen Spekulationen schon längst den Boden entzogen hatte.

Für die beiden kontroversen Lehrmeinungen bürgerten sich damals noch zwei weitere, recht charakteristische Etiketten ein: Man bezeichnete die Annahme von »Elementargedanken« auch als den *psychologischen*, die Übertragungslehre hingegen als den *geographischen* Ansatz der Kulturwissenschaft. Warum »geographisch«? Weil der Nachweis der Entlehnung im Wesentlichen durch Angabe des *Weges*, auf dem sie stattfand, erfolgen muß. Dieser Weg ist eine physisch-räumliche Realität, ihn aufzufinden und in Landkarten einzuzeichnen eine Aufgabe empirischer Tatsachenforschung; allein Geographen und Historiker, ausgewiesene Erfahrungswissenschaftler also, verfügen über das methodische Rüstzeug, dieser Aufgabe gerecht zu werden. Verglichen hiermit klingt die Bezeichnung »psychologische Theorie«

von vornherein nach Mystifikation, nach Zuflucht zu Erklärungsgründen, die man sich im Lehnstuhl ausdenken, aber nicht seriös untersuchen kann.

Falsch verstandener Darwinismus

Was ist von dieser Kritik zu halten? In der Biologie gibt es tatsächlich gute Gründe, vitalistischen Spekulationen mit Reserve zu begegnen. Nirgendwo im Umfeld der DNS-Moleküle ist man bislang auf Spuren einer Entelechie gestoßen, die das morphogenetische Geschehen von den Mutationen bis zur Embryonalentwicklung leitbildlich überwacht und vorausschauend steuert. Aber wenn wir von Kulturgütern reden, sieht die Sache schließlich anders aus. Hier haben wir es mit Produkten des menschlichen Geistes zu tun, und dem wird man kreative Phantasie kaum absprechen können.

Interessanterweise waren die Vertreter der Übertragungstheorie aber konsequent genug, genau dies zu tun. Sie beriefen sich dabei auf die »Enge und Armut des menschlichen Bewußtseins«. Der Geist des Menschen, so machten sie geltend, sei träge, es mangle ihm, von immer nur vereinzelten Ausnahmen abgesehen, an schöpferischer Potenz. Hingegen sei er vortrefflich für das Geschäft der *Nachahmung* ausgestattet, denn er vermöge sehr wohl den Nutzen einer Erfindung zu durchschauen, die ein anderer ihm vormacht. Also sei es nur natürlich, bei übereinstimmenden Kulturgütern im Regelfall zu unterstellen, daß sie jeweils von einer einzigen Gruppe kreiert und von allen übrigen lediglich kopiert worden seien.

Diese Argumentation besticht nicht sehr, solange sie dem Menschengeiste pauschal das Armutszeugnis der Unproduktivität ausstellt. Sie darf jedoch einen gewissen Erklärungswert beanspruchen, wenn es speziell um die Erzeugnisse der *materiellen* Kultur geht, also etwa um Gebrauchsgeräte und Bautechniken. Hier nämlich spielt das Knowhow in der Regel wirklich eine so bedeutende Rolle, daß eigenständige Neuentwicklung wesentlich schwieriger und dementsprechend unwahrscheinlicher ist als die Übernahme von einer Nachbarkultur. Auch ideologische Barrieren stehen einer Nachahmung hier kaum im Wege. Das ist bei *ideellen* Schöpfungen wie Ritualen oder Mythen jedoch anders; denn diese unterliegen wegen ihrer sakralen Einbindung in weit stärkerem Maße der Abwehr durch xenophobe Affekte. Zudem überzeugt bei ihnen, da sie sich nicht durch physische Funktionstüchtigkeit zu bewähren haben, das Argument von der angeblichen Unproduktivität des Menschengeistes weit weniger. Tatsächlich liegt dessen Begrenztheit ja nicht so sehr darin, daß es ihm an Einfällen mangelte; Schwierigkeiten tauchen erst auf, wenn sich die Ideen in der Praxis bewähren müssen.

Dieser Umstand hätte Anlaß sein können, den Erklärungswert der Übertragungstheorie etwas nüchterner einzuschätzen. Für ihre Verfechter ergab sich hieraus jedoch nur die willkommene Konsequenz, sich bei der ethnographischen Arbeit tunlichst überhaupt auf das Handgreifliche zu konzentrieren und das Augenmerk eher Töpfereiprodukten, Waffen und der Technik des Körbeflechtens zuzuwenden als den nebulosen Ausgeburten mythenschaffender Phantasie. Auf diese Weise entstand das, was man die »ergologische« Schule der Völkerkunde genannt hat.

Für unser Thema bleibt festzustellen, daß die Übertragungstheorie die in sie gesetzten Erwartungen nicht erfüllt hat. Nach einem anfänglichen Siegeszug büßte sie, jedenfalls in ihrer exklusiven Form, stetig an Erklärungswert ein. Gerade weil ihr das unbestreitbare Verdienst zukam, den Nachweis inhaltlicher Entlehnung an überprüfbaren Kriterien verankert zu haben, wurde bald deutlich, wie weit die Übereinstimmung mythischer Inhalte auch dort reicht, wo sich dieser Nachweis eben nicht führen läßt. Damit war man dann letztlich doch wieder auf psychologische Erklärungen zurückverwiesen.

Das Gesetz der guten Gestalt

Wir wollen im Folgenden zusehen, ob uns die heutige Psychologie in dieser Angelegenheit weiterhelfen kann. Dabei werden wir freilich über BASTIANS »Elementargedanken« mit ihrer botanischen Metaphorik hinausgehen müssen. Biologische Parallelen brauchen wir an sich nicht zu scheuen, sie sind in diesem Fragenkomplex sogar von heuristischem Nutzen. Aber man muß die Dinge eben auch wirklich auf dem Niveau der modernen Biologie abhandeln.

Die nachfolgende Graphik soll zunächst noch einmal das Homologiekonzept in Erinnerung rufen. Die Zeitachse verläuft darin von unten nach oben. Horizontal erstreckt sich eine qualitative Merkmalsskala; je näher also zwei Punkte auf ihr liegen, desto ähnlicher sehen sich die entsprechenden Formen. Die kleinen, aufwärts gerichteten Pfeile symbolisieren den phylogenetischen Formenwandel. Mutationen sorgen dafür, daß sich die Keimbahn mit der Zeit auffächert, bis schließlich die für den betreffenden Stamm abdeckbare Bandbreite der Merkmalsskala dicht mit Exemplaren besetzt ist. Zwei Formen sind homolog, wenn sie durch Verzweigung aus derselben Wurzel hervorgegangen sind, was die Abbildung durch gleichfarbige Kreise ausdrückt.

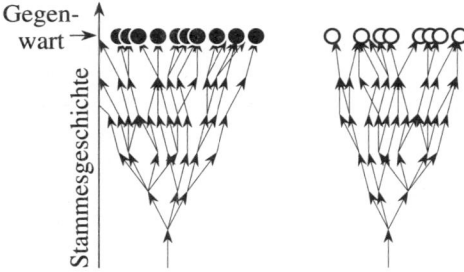

Divergenter Entwicklungsverlauf. Zwei Stammbäume, die sich im Laufe der Generationen auf einer fiktiven Merkmalsskala (z.B. Körpergröße, Schnabelform) allmählich immer weiter differenzieren. Rezente Formen sind durch Kreisscheiben dargestellt. Kreise gleicher Farbe bezeichnen »homologe« d.h. abstammungsgleiche Formen. Ihre Ähnlichkeit (=horizontale Nähe) nimmt im Mittel wegen der dargestellten Divergenz immer mehr ab.

Nun ist dieses Denkmodell aber unvollständig. Es berücksichtigt nicht, daß in der Evolution tatsächlich neben den innovativen auch konservative Kräfte walten. Die Zustände auf der horizontalen Merkmalsskala sind, aus welchen Gründen immer, unterschiedlich »attraktiv«, und daher ist die Antreffbarkeit von Formen hier nicht überall gleich wahrscheinlich. Es gibt Formen, durch die die Evolution achtlos hindurchgleitet, und andere, in denen sie sich fixiert.

Das ist übrigens auch bei der mündlichen Weitergabe von Erzählungen der Fall: Wir dürfen aus dem vorhin erwähnten Gesellschaftsspiel der »stillen Post« keine falschen Schlüsse ziehen. Wenn wir noch einmal zu den beiden Versionen des Nibelungenliedes zurückblicken, so fallen doch, unbeschadet aller Veränderungen, gewisse Invarianzen ins Auge. Den verlorengegangenen Flammenritt ersetzt in der jüngeren Fassung immerhin ein sportlicher Wettkampf mit Brünhild, und wenn man den mutmaßlichen Symbolwert des Feuerwalls in Rechnung stellt, könnte man für beide Bilder die gemeinsame Oberbedeutung »Bestehen einer schwierigen Probe bei der zu erobernden Jungfrau« ansetzen. Entsprechendes gilt für das Motiv der »Tarnung« bei dem stellvertretenden Sigfrid, der einmal Gunthers Gestalt annimmt, das andere Mal unsichtbar an dessen Seite ficht, und so fort.

Natürlich ist es nicht einfach so, als wäre in beiden Versionen immer nur ein Bild durch ein symbolverwandtes anderes ersetzt worden. Wir bemerken auch *strukturelle* Veränderungen, wie etwa die ersatzlose Streichung von Brünhildens Selbsttötung in der späteren Version. Aber mutwillig wirken diese keineswegs. »Das Dichtwerk stellt von sich aus seine Ansprüche, es hat ein gewisses Eigenleben«, sagt HEUSLER. Alles deutet darauf hin, daß bestimmte Kombinationen von Handlungselementen nicht jede beliebige Abwandlung zulassen und schon von daher den vernommenen Bericht vor mancherlei Verfälschungen schützen, von denen uns, wenn wir über die Fehlleistungen bei der »stillen Post« lächeln, gar nicht auffällt, daß sie nie vorkommen.

Unter den Psychologen haben vor allem die Vertreter der Berliner gestalttheoretischen Schule diesem Effekt Aufmerksamkeit geschenkt. Man sprach von einem »Gesetz der guten Gestalt« oder von »Prägnanzdruck«: Die Produkte unserer kognitiven Aktivität haben demnach eine Tendenz, sich solange spontan zu verändern, bis »prägnante«, d.h. harmonische, in sich stimmige, eben »gute« Konfigurationen entstehen, die dann von sich aus weiterem Wechsel Widerstand entgegensetzen. Wolfgang METZGER, dem wir das gedankenreichste Kompendium dieser Schule verdanken[7], führt das Nibelungenlied denn auch als Beispiel für die Wirksamkeit solcher Gestaltgesetze bei der Organisation unserer geistigen Aktivität an.

---

[7] METZGER (1954)

Sein Schüler Michael STADLER hat später den Gestaltwandel bei Reproduktionsserien nach Art der »stillen Post« noch einmal unter Laborbedingungen untersucht[8]. Einer Versuchsperson wurde auf einem Bildschirm 5 Sekunden lang ein zweifarbiges Punktmuster geboten. Dann verlöschte die Vorlage, und der Betrachter hatte sie mit einem elektronischen Griffel aus dem Gedächtnis zu reproduzieren. Das Ergebnis wurde einer zweiten Versuchsperson vorgelegt, die nach demselben Prinzip zu verfahren hatte, und so weiter.

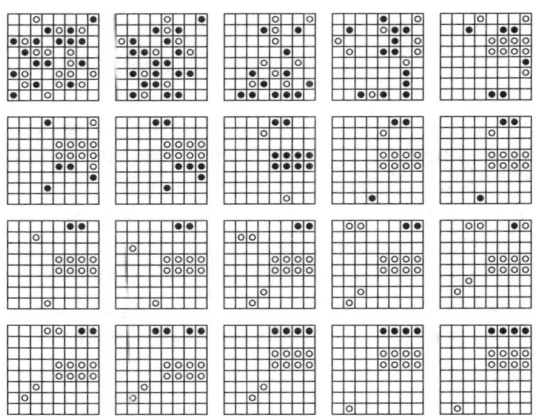

Beispiel für eine Serie fortlaufender Reproduktionen von zweifarbigen Punktmustern in den Versuchen von STADLER. *Die Reihe ist, links oben beginnend, zeilenweise zu lesen. Sie wurde abgebrochen, als das Muster rechts unten auch noch ein drittes Mal identisch reproduziert wurde.*

Es ist nicht verwunderlich, daß sich die Punktmuster von einem Mal zum anderen änderten. Bemerkenswert ist indessen, daß der so provozierte Formenwandel nicht endlos dauerte, sondern irgendwann zum Stillstand kam: Er fing sich regelmäßig in stabilen Konfigurationen, die weiterem Wechsel Widerstand leisteten.

Befunde dieser Art sprechen dafür, daß die natürliche Formenbildung von Kräften gesteuert wird, die sich an bestimmten Stellen ausbalancieren, sodaß der Fluß der Gestalten dort zur Ruhe kommt. Wie

---

[8] STADLER & KRUSE (1990)

das im einzelnen vor sich geht, wodurch sich die stabilen Phasen aus-
zeichnen und mit welchen mathematischen Hilfsmitteln das Ganze
beschrieben werden kann, gehört zu den aktuellsten Themen naturwissenschaftlicher Grundlagenforschung, bis hinab zur Atomphysik:
Auch die auf Seite 46 wiedergegebenen atomaren Wahrscheinlich-
keitskonfigurationen sind solche stationären Formen in einem Pro-
zeßkontinuum, »Prägnanzstufen« im Sinne der Gestalttheorie.

Die Idee der Konvergenz

Aus den vorangegangenen Überlegungen folgt, daß wir das Schaubild
von Seite 65 im Sinne der folgenden Abbildung zu korrigieren haben.
Während die kleinen Pfeile, die die genetischen Formänderungen symbolisieren, zuvor in jede beliebige Richtung streuten, woraus sich dann
aus statistischen Gründen ein überwiegend *divergenter* Verlauf errech-
net, führt die revidierte Fassung der Graphik ein neues Formprinzip
ein: Die Pfeile laufen hier nicht mehr nur gelegentlich und zufällig,
sondern ganz zielstrebig *aufeinander zu*. Man bezeichnet diesen Effekt
als *Konvergenz*.

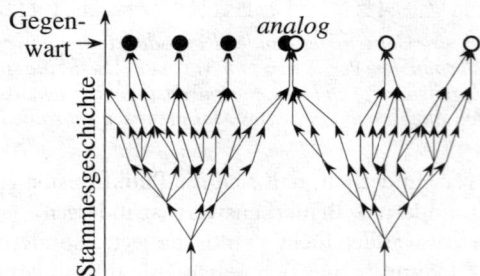

*Konvergenter Entwicklungsverlauf. Die enge Nachbarschaft (d.h.
Formähnlichkeit) der beiden farbverschiedenen (d.h. nicht abstam-
mungsverwandten) Kreisscheiben ist ein Beispiel für »Analogie«.*

Wie die Abbildung am Beispiel des schwarzen und weißen Kreises
erkennen läßt, kümmert sich das Konvergenzprinzip nicht um die

genetische Herkunft. Es kann also geschehen, daß Formen, die aus ganz verschiedenen Wurzeln stammen, einander frappierend gleichen. Solcherart Ähnlichkeit bezeichnet man im biologischen Sprachgebrauch als *Analogie*.

Die Diskussion der theoretischen Biologie hat sich nun seit je an der Frage entzündet, woher in der Natur die Analogien kommen, welches die Prinzipien sind, die konvergente Entwicklungsverläufe möglich machen oder sogar erzwingen. Für die Vitalisten war die Sache einfach: Da saß an jeder Stelle, auf die die Entwicklung konvergiert, ein *entelechiales Leitbild* und übte auf die sich bildenden Formen eine Art magische Anziehungskraft aus.

Die Gestalttheorie und in ihrem Gefolge die modernen Theorien der Selbstorganisation setzten dann an die Stelle der Entelechie das Prinzip des *Gleichgewichts*. Man redet hier zwar auch wieder von »Attraktoren« und meint damit die Konvergenzpole in der obigen Graphik; aber das ist nur noch eine Metapher. In Wirklichkeit beruht die Attraktivität der bevorzugten Formen nicht mehr auf *von außen* angreifenden Zugkräften, sondern darauf, daß die entstehende Form *in sich selbst* ausgezeichnete Eigenschaften aufweist, die ihr höhere Stabilität garantieren und dadurch automatisch ihre Antreffbarkeit wahrscheinlicher machen. Harmonie und Gleichgewicht sind nun einmal singuläre Phänomene. Jede »gute Gestalt« ist notgedrungen von einem Hof wirrer, nichtssagender, windschiefer, unausgewogener Formen umgeben, die keinen inneren Halt haben und daher so lange wechseln, bis sie in stabileren Konfigurationen zur Ruhe kommen.

Dieses »Gesetz der guten Gestalt« ist sicher in der Organismenwelt am Werke; aus ihm erklärt sich etwa die vielfältig zu beobachtende *Symmetrie* im Bauplan der Organismen. Auch in der Mythologie spielt es, wie das Beispiel des Nibelungenliedes ahnen läßt, eine nicht zu unterschätzende Rolle. Vor allem der französische Strukturalismus hat den Versuch unternommen, die vitalistisch eingefärbten »Elementargedanken« BASTIANs konsequent durch das Gleichgewichtsprinzip zu ersetzen; wir werden im 12. Kapitel darauf zurückzukommen haben.

Analogie und Anpassung

Der Gedanke, daß Ordnung in der Natur spontan und ohne metaphysische Hilfestellung entsteht, ist ohne Zweifel interessant und richtungweisend. Gleichwohl hat man den Eindruck, mit dieser Erklärung dem Geheimnis *biologischer* Gestaltbildung noch nicht vollends auf der Spur zu sein. Das hängt damit zusammen, daß im Konzept der Entelechie zwei eigentlich heterogene, ja komplementäre Prinzipien zu einer Scheinsymbiose verschmolzen waren – *Harmonie* und *Zweckmäßigkeit*[9]. Es war das Verdienst der Gestalttheorie, das erste der beiden Prinzipien klar zu artikulieren; das zweite entschwand dabei aber aus dem Gesichtsfeld. Und gerade dieses ist in der Biologie unverzichtbar: Der Bauplan lebensfähiger Organismen ist schließlich nicht nur ästhetisch, sondern auch, und in erster Linie, *adaptiv*.

Was hier als Alternative in Betracht kommt, deutet sich bereits bei Bastian an. Er redet in der auf Seite 61 zitierten Passage von der unterschiedlichen Gestalt der Palme und der Tanne; und dergleichen Spezialisierungen bringt er mit klimatischen und anderen geographischen Verhältnissen in Zusammenhang, mit dem also, was man in moderner biologischer Ausdrucksweise die »ökologische Nische« der betreffenden Baumart nennen würde. Damit aber ist das für biologisches Denken schlechterdings zentrale Stichwort der *Anpassung* gefallen.

Wenn Biologen von Analogie sprechen, so meinen sie in erster Linie eine Ähnlichkeit, die durch gemeinsame Anpassung an gleiche Umweltanforderungen zustandekam. Klassisches Beispiel hierfür ist die auffallende, bis in Kleinigkeiten getreue Übereinstimmung im Bau des Augapfels bei Menschen und Tintenfischen. Der letzte gemeinsame Ahne von Wirbel- und Weichtieren ist irgendein armseliger Wurm gewesen, dem wir noch nicht einmal eine bescheidene Vorform eines so komplizierten Sinnesorgans zubilligen können. Hier liefert Homologie also keine Erklärung. Die Ähnlichkeit kann ihren Grund nur darin haben, daß ein zur Formwahrnehmung befähigter Lichtsinnesapparat offenkundig nicht auf *beliebige* Weise konstruierbar ist.

---

[9] Bischof (1990a)

Allenfalls kommt noch ein Bauplan nach dem Prinzip des Facetten-
auges der Insekten in Betracht; oder aber es bedarf eben einer Linse
mit einer Netzhaut, zuzüglich einiger Hilfsstrukturen wie der Iris-
blende. Von welchen Anfangsformen die Entwicklung auch immer
ausgehen mag – wenn das Auge zum Sehen taugen soll, dann kann es
gar nicht anders aussehen als entweder wie das einer Fliege oder aber
wie das, welches wir und der Tintenfisch unabhängig voneinander
»erfunden« haben.

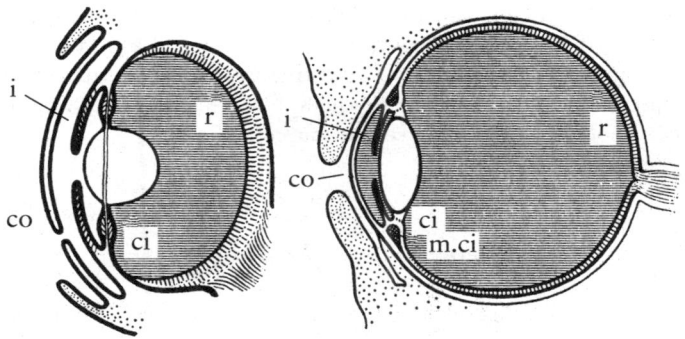

*Lichtsinnesorgan des Octopus (links) und des Menschen (rechts). co =
Hornhaut, ci = Ziliarkörper, m.ci = Ziliarmuskel, i = Iris, r = Netzhaut*

Aber was heißt »erfinden«, wenn wir nicht wieder auf eine Entelechie
zurückgreifen wollen? Die prosaische Antwort der Biologen verweist
hier auf die natürliche *Selektion*, die im Zufallsspiel der Mutationen
alle solchen Schritte mit höherem Fortpflanzungserfolg belohnt, die
den Organismus noch ein wenig adaptiver machen.
   Die Graphik auf Seite 68 wäre in diesem Sinne als Darstellung von
Flußläufen in einer hügeligen Landschaft zu lesen. Die Selektion spielt
darin die Rolle der Schwerkraft, der es zuzuschreiben ist, daß sich alle
irgendwo zu Boden gefallenen und durch Mutation weiterwandern-
den Regentropfen schließlich im selben Flußbett sammeln. Dem Wasser stehen, von der Selektion zum Meer gedrängt, nur wenige Flußläufe zur Verfügung – im Falle des Lichtsinnesorgans anscheinend nur
zwei: das Facetten- und das Linsenauge. Vielleicht gibt es noch ein

71

paar mehr, in deren Einzugsbereich es nicht geregnet hat: Konstruktionsprinzipien, auf die die Natur nicht verfallen ist. Es ist auch keinem Regentropfen garantiert, daß er jemals das Meer erreicht: Vielleicht bleibt er in einer kleinen Pfütze gefangen und trocknet mit dieser aus. Die »Landschaft« vermag nicht, wie die Entelechie der Vitalisten, die Erreichung des Zieles zu gewährleisten; sie beschränkt nur die Zahl der Wege, die dahin führen.

Wenn sich dann soviele verschiedene Wassertropfen in demselben Flußbett versammeln, so heißt das nicht, daß sie homolog aus derselben Quelle stammen; ihre Konvergenz rührt aber auch nicht daher, daß ein vitalistischer Regengott sie gelenkt hätte oder daß sie sich untereinander nach Maßgabe gestalttheoretischer Prägnanzgesetze magnetisch anziehen würden, – es heißt einfach, daß sie sich mit derselben *Ökologie* auseinandersetzen mußten.

»Geographische Provinzen«

Lassen sich diese Gedankengänge nun auch auf Kulturschöpfungen anwenden? Die Verfechter der Lehre von den »Elementargedanken« haben das in der Tat versucht; allerdings, wie gleich zu zeigen sein wird, aus einer ungeeigneten Perspektive.

Explizit brachte den Gedanken der »Anpassungsähnlichkeit« der Berliner Ethnologe P. EHRENREICH in die Diskussion ein[10]. Er erklärte die Übereinstimmung kultureller Inhalte bei Völkerschaften, welche nicht nachweisbar miteinander kommuniziert haben, als eine Folge der Adaptation an ähnliche Umweltbedingungen. Das Klima, die geographische Lage und Bodenform, die heimattypische Tier- und Pflanzenwelt – alle diese Milieufaktoren zwängen den Menschen zur Anpassung seiner Lebensweise und damit eben auch seiner Kulturprodukte. In demselben Sinne sprach auch schon BASTIAN von »geographischen Provinzen«, in denen die Elementargedanken je verschiedene Gestalt annehmen.

EHRENREICH selbst schränkte die Reichweite seines Erklärungsan-

---

[10] EHRENREICH (1903)

satzes vorsichtigerweise auf die *materiellen* Kulturgüter ein. »Es sind daher«, schreibt er, »am häufigsten Waffen und Werkzeuge, Objekte des wirtschaftlichen Gebrauchs und solche, die unmittelbar der Anpassung des Leibes an die Existenzbedingungen dienen (Kleidung und Obdach), die Konvergenzähnlichkeiten aufweisen.« Gerade diese freilich interessieren uns hier weniger. Wir wollen wissen, ob es auch angeht, übereinstimmende *immaterielle,* insbesondere mythische Inhalte bei getrennten Kulturen als Endprodukte konvergenter gedanklicher Anpassungsvorgänge an »geographische Provinzen« aufzufassen. Wenn wir den Ausdruck »geographisch« wörtlich nehmen, würde dies auf die schon im 1. Kapitel angesprochene Theorie zurückverweisen, Mythen seien primitive Erklärungsversuche für auffallende *Naturerscheinungen.* Warum auf das Unwetter ein Regenbogen folgt, wieso Schlangen sich häuten, weshalb der Mond ab- und zunimmt, seit wann Tag und Nacht einander ablösen oder auch einfach nur, wie jene sieben Inseln draußen vor der Küste entstanden sind, – das sind Fragen, über die auch die Urmenschen nachgedacht haben dürften. Und weil einigermaßen plausible Antworten darauf nur in begrenzter Zahl zu finden sind, könnte das immerhin Konvergenzen naturmythologischer Inhalte bei Völkerschaften induzieren, die unter ähnlichen geographischen Bedingungen leben.

Ein nicht minder starkes Erklärungsbedürfnis herrscht in Bezug auf *soziologische* Auffälligkeiten. Zu allen Zeiten hat man sich bemüht, zur Stütze der Gruppenidentität die Genealogie des eigenen Volkes und seiner Herrscher in der Urzeit zu verankern, die Großtaten von Stammeshelden zu idealisieren, bestehende Klassenunterschiede zu begründen, Heiratsregeln zu legitimieren, Bräuchen und Ritualen Sinn zu geben; und wenn es bei zwei Völkern aus beliebigem Grund historische oder soziologische Parallelen gibt, so könnten sich, in Anpassung an diese, auch durchaus zueinander analoge mythische Deutungen eingestellt haben.

Aber so wahr das alles auch sein mag, so wenig befriedigt es als *alleiniges* Erklärungsmuster. Bizarres und Rätselhaftes in Natur und Gesellschaft verständlich zu machen, mag durchaus einmal *mit* zu den Funktionen des Mythos gehört haben. Inzwischen aber gibt es bessere Erklärungen, und doch ist es, wie wir im vorigen Kapitel sahen, der neuzeitlichen Wissenschaft nicht gelungen, den Mythos zu ersetzen. Die Entmythologisierung des modernen Weltbildes wurde offenbar an einem machtvollen Bedürfnis der menschlichen Natur vorbei programmiert. Was immer es war, woran mythenschaffende Phantasie sich anzupassen wußte, – die empirischen Wissenschaften waren nicht dazu geeignet, sie aus *dieser* ökologischen Nische zu verdrängen!

Von Melonen und Misthaufen

Worin also könnte diese ökologische Nische bestehen? Welchem Selektionsdruck sind mythologische Ideen unterworfen? Woran müssen sie sich anpassen, um überleben zu können?

Ein Mythos überlebt, sagt Walter BURKERT[11], wenn es genügend viele Menschen gibt, die ihn vernehmen, verstehen und für etwas halten, das wert ist, so und nicht anders eingeprägt und tradiert zu werden. *In den Köpfen der Menschen* also wird, immer wieder erneut, über Leben und Tod der Mythengestalten entschieden. Wenn das aber so ist, dann haben wir eben hier, in einem inneren, *seelischen* Kraftfeld also, die »geographische Provinz« des Mythos zu suchen.

Über eines muß man sich nämlich klar sein: Wenn Mythen von Naturvorgängen handeln, von Himmel und Erde, Fluten und Stürmen, Tieren und Pflanzen, so läßt sich daraus keinesfalls zwingend folgern, daß die Beobachtung dieser Phänomene auch die Spannung erzeugte, die dann *Anlaß* zur Mythenbildung gab. Wenn ich mich zu einer Verabredung verspätet habe, so stoppe ich vielleicht ein Taxi, das gerade vorüberfährt. In diesem Fall *bediene* ich mich seiner; aber es ist nicht die Ursache meiner Hast. Wäre keines in Sicht gewesen, so hätte ich den Bus genommen oder eine beschleunigte Gangart eingeschlagen. Wenn, analog dazu, ein mythischer Gedanke unverkennbar von einer Überschwemmungskatastrophe inspiriert ist, so muß das noch nicht heißen, daß das Verständnis des Hochwassers auch das Ziel ist, um dessentwillen der Mythos entstand. Anderswo mag dieselbe Erzählung von einem anderen Naturereignis handeln, einem Vulkanausbruch

---

[11] BURKERT (1979)

vielleicht, oder auch von einem Untier, das die Menschen verschlingt.
Und auch hier können Eigentümlichkeiten der lokalen Naturerfahrung
den Schlüssel für die Wahl gerade dieses Bildes liefern; doch läßt sich
daraus eben noch längst nicht folgern, der Mythos habe keine andere
Funktion, als jene Erfahrung zu erklären.

Vielmehr ist statt dessen auch hier damit zu rechnen, daß wir uns
solcher Bilder nur *bedienen*, um uns etwas ganz anderes besser verständlich zu machen, etwas, das wirklich rätselhaft und quälend er-
klärungsbedürftig erscheint, viel geheimnisvoller als die äußere Erfahrungswelt der physischen und gesellschaftlichen Tatbestände
selbst, die dem Naturmenschen ja meist von Kindheit an vertraut sind
und mit denen lebensklug umzugehen er längst gelernt hat.

Dieses geheimnisvolle Andere aber sollten wir in der widerspruchs-
vollen Welt der *Selbsterfahrung* suchen, in dem nur selten bewußt werdenden, jedoch nicht minder schicksalsbestimmenden Kraftfeld der
Begierden und Affekte. Auch diese Welt hat ihre kunstvoll gefügten
Regeln, die sich im Zuge der Lebenserfahrung nur schrittweise und
unvollkommen erschließen, die aber verstanden werden müssen,
wenn sinnvolle menschliche Existenz möglich werden soll.

Könnte es sein, daß diese Innenwelt die ökologische Nische ist, an
die sich die Mythen anzupassen hatten? Die JUNG-Schülerin Marie-
Louise von FRANZ[12] drückt in der Tat genau diesen Gedanken aus,
wenn sie sagt:

»Sie können Pflanzen nicht erforschen, ohne auch die Erde, in der sie wachsen, zu untersuchen: Melonen z.B. wachsen am besten auf Misthaufen und
nicht auf Sand ... und in der Mythologie sind wir, die individuellen Menschen,
die Erde der symbolischen Motive.«

Damit sind wir also wieder bei einer »psychologischen« Mythen-
theorie, nur daß hier deutlicher als bei BASTIAN der Gedanke der Adaptation anklingt. Die mythischen Bilder wären diesem Deutungsansatz
zufolge als Instrumente anzusehen, die geeignet sind, das kompliziert
und widersprüchlich vernetzte Wirkungsgefüge der antreibenden,
hemmenden und steuernden Seelenkräfte, das System der *Motivation*
also, in seiner verborgenen Organisation transparent zu machen, ja

---

[12] VON FRANZ (1986), S. 16 f

ihm diese Organisation überhaupt erst zu ermöglichen und ihm so zu helfen, seinen Sinn zu finden.

Bezugssysteme des Verhaltens

Schon Sigmund FREUD hatte die Mythen mit der Motivdynamik in Zusammenhang gebracht. Allerdings war seine Perspektive insofern noch zu einseitig gewesen, als er in Mythen, wie auch in Träumen und Tagphantasien, nur Formen der *Erfüllung* von Triebwünschen gesehen hatte. Sicher gibt es auch dafür Beispiele; aber insgesamt ist dem Menschen mit einer bloß illusionären Wunscherfüllung nicht viel gedient: Was er benötigt, sind *Orientierungshilfen*. Dies gesehen zu haben, wird man, gleichgültig wie man sonst zu diesem Autor steht, Carl Gustav JUNG als Verdienst anrechnen müssen.

Der erdrückenden Vielzahl von Handlungs*möglichkeiten*, die der Mensch zur Verfügung hat, steht keineswegs auch eine entsprechende Toleranz der emotionalen Bewertung von Handlungs*folgen* gegenüber: Das ist das Problem aller Moral. Der Mensch ist durch seine Natur genötigt, sich zu entwerfen, begegnet dabei aber der Gefahr, sich zu verfehlen. Er bedarf für seinen Selbstentwurf daher eines Koordinatenraumes, und die Dimensionen dieses Raumes, so etwa können wir JUNGs Grundgedanken paraphrasieren, werden durch die exemplarischen Handlungsmuster des Mythos aufgespannt.

Die moderne Wahrnehmungsforschung hat gezeigt, daß wir uns in der Lebenswelt anhand sogenannter *Bezugssysteme* orientieren, an Maßstäben und Wegweisern, die selbst kaum bemerkt werden, die aber gleichwohl nachhaltigen Einfluß auf die Erlebnisinhalte nehmen, indem sie diesen anschaulich Maß und Zahl verleihen. Tonart und Rhythmus in der Musik gehören ebenso hierher wie die Kleidermode, aber auch so allgemeine Wahrnehmungstatbestände wie der dreidimensionale *Raum*, in den wir uns eingebettet erfahren.

Der Begriff »Bezugssystem« stammt eigentlich aus der Physik. NEWTON hat erkannt, daß beispielsweise Orte, Richtungen und Geschwindigkeiten relativ sind. Ob die Erde um die Sonne kreist oder umgekehrt, ist Ansichtssache; es hängt davon ab, wo ich den ruhenden Pol, eben das Bezugssystem, festsetze. Mein Wahrnehmungsapparat allerdings ist weniger tolerant als die Physik: Er schreibt mir aus der Fülle möglicher Bezugssysteme in der Regel eines zwingend vor, und daher habe ich meist keine Wahl, ob ich einen Gegenstand als »oben« oder »unten«, »senkrecht« oder »schräg«, »ruhend« oder »bewegt« erleben soll: Der Gegenstand sieht einfach so aus, als würden ihm die betreffenden räumlichen Bestimmungen absolut zukommen. Das stimmt nun freilich nicht, und die Psychologen haben sich raffinierte Experimente ausgedacht, um zu zeigen, daß Eigenschaften, die als absolut *erscheinen*, sich sehr schnell ändern können, wenn es nur gelingt, auf die zuständigen Bezugssysteme Einfluß zu nehmen.

Besonders interessant ist dabei, daß die Gegenstände, die ihre Bestimmung von den Bezugssystemen erfahren, diesen gegenüber nicht nur als abhängige Größen auftreten, sondern ihrerseits auf die Systemstruktur zurückwirken. Es ist so, als seien Bezugssysteme darauf angewiesen, daß es etwas gibt, dem sie Maß, Zahl und Orientierung verleihen können. Betrachtet man beispielsweise in der Dunkelkammer einen einzigen leuchtenden Punkt, so scheint dieser nach kurzer Zeit, einem Glühwürmchen vergleichbar, eigentümliche, schwer beschreibbare Bewegungen auszuführen, unklar in Richtung und Geschwindigkeit. Man nennt diesen Effekt das »autokinetische Phänomen«; seine Ursache ist die Destabilisierung des Wahrnehmungsraumes, der sozusagen aus den Fugen geht, wenn man ihm die Objekte entzieht, denen er ihren Ort zuweisen könnte. Fügt man dem einen Lichtpunkt weitere hinzu, dann einfache Konturelemente und schließlich größere Figuren, so verliert sich die autokinetische Bewegung und der Raum festigt sich zu einer tragfähigen Orientierungsbasis.

Ähnlich scheint es sich nun auch mit dem moralischen Bezugssystem unseres *Handlungsspielraumes* zu verhalten. Auch für diesen gilt, daß er Stabilität erst erlangen kann, wenn eine möglichst reiche Fülle von Handlungsmustern in ihn eingeordnet wurde. Das setzt aber beim einzelnen voraus, daß er vieles erlebt hat und die Erlebnisse auch angemessen verarbeiten konnte. Damit ist er, zumal in jüngeren Jahren, aber überfordert. Wenn der Mythos hier Hilfestellung leisten könnte, so wäre das allein schon Grund genug für seine Attraktivität. So gesehen sind Mythen also zu Bewußtsein gebrachte und damit der Auseinandersetzung erschlossene Grundmöglichkeiten der Selbst-

und Welterfahrung. Es ist dabei keineswegs erforderlich, daß sie dem Zuhörer immer auch eine moralische Nutzanwendung aufdrängen. Zum Beispiel braucht das Böse nicht unbedingt bestraft und gesühnt zu werden: Schon wenn es durchschaubar gemacht, wenn sein Name genannt, wenn ihm seine Funktion im psycho-logischen Gefüge der Fabel zugewiesen wird, ist sein Bann gebrochen.

Mythen als »Meme«

Die These lautet also, daß der Mythos seine Überlebensfähigkeit der Potenz verdankt, die Unheimlichkeiten der Welt, die eigentlich in der Tiefe der menschlichen Natur gründen, in eine Ordnungsform zu bringen und damit emotional beherrschbar zu machen. Daß er gleichwohl von der Gesellschaft nicht als psychologisches Gleichnis, sondern als welthistorischer Bericht verstanden wird, wenn auch mit Referenz auf ein hermetisches *illud tempus*, das ist unabhängig davon wahr und widerspricht der aufgestellten These in keiner Weise.

Es geht ja nicht um die Rolle, die dem Mythos in der Selbstinszenierung einer spezifischen Kultur zugewiesen wird, sondern um die objektiven Gründe dafür, warum er unbeirrbar weltweit dieselben Geschichten erzählt. Diese Geschichten können eben nicht beliebig variieren, weil die menschliche Natur, an die sie sich anpassen müssen, um sie zu kontrollieren, überall auf der Welt dieselbe ist.

Es sollte deutlich geworden sein, daß man in dem behandelten Problemkomplex zwei qualitativ verschiedene Anpassungsprozesse unterscheiden muß. Erstens ist da der Organismus mit seinem System der Verhaltensregulation, das die Ethologen bei Tieren »Instinkte« und die Psychologen beim Menschen die »Motivdynamik« nennen. Dieses System ist in der Evolution in Anpassung an die natürliche Ökologie der Species entstanden. Zweitens dient es nun aber auch seinerseits als Anpassungsvorlage, und zwar für die Vorstellungsinhalte, Traumsymbole und mythischen Chiffren, die die schöpferische Phantasie des Menschengeistes erdacht hat, um mit eben dieser Motivdynamik und ihren Spannungsquellen und Gefahrenherden besser umgehen zu können.

Der erstgenannte Anpassungsprozeß vollzieht sich nach derzeitigem Kenntnisstand nach den Grundregeln der DARWINschen Evolutionstheorie. Könnten dieselben Regeln vielleicht auch auf den anderen Prozeß, auf die Evolution der Ideen, verständnisfördernd angewandt werden? Mit dieser Frage hat sich Richard DAWKINS am Schluß seines Buches »The Selfish Gene«[13] beschäftigt. Die Quintessenz seiner Überlegungen lautet: Wenn gewisse recht allgemeine Voraussetzungen erfüllt sind, verhalten sich tatsächlich auch immaterielle Strukturen wie Gene. DAWKINS nennt sie »Meme«.

Meme sind Ideen, Vorstellungsinhalte oder Verhaltensmuster, die sich durch Mitteilung und Nachahmung von ihrem materiellen Träger, einem menschlichen Gehirn, auf andere Träger ausbreiten können. Sie sind also *vermehrungsfähig,* und das ist die erste Voraussetzung für die Anwendbarkeit des darwinistischen Modells. Der Vermehrung dienen normalerweise Hilfsstrukturen: Gleich Genen, die zunächst einen Organismus konstruieren, um sich mit seiner Hilfe effizienter fortpflanzen zu können, haben manche Mythensysteme Super-Organismen in Gestalt von Institutionen geschaffen – Kirchen, Parteien und Bünde mit ihren Dogmen und Ritualen, die allesamt geeignet sind, den fundierenden Ideen das Fortleben zu erleichtern.

Eine zweite Voraussetzung der biologischen Evolution ist die *Variabilität* des genetischen Materials, wie sie durch Mutationen und sexuelle Rekombination gewährleistet wird. Auch Meme sind natürlich wandelbar, sie können bei jeder Weitergabe umgestaltet werden.

Allerdings darf die Variation ein Optimum nicht überschreiten, wenn sie nicht in Chaos ausufern, wenn erreichte Anpassungen nicht immer wieder in Diffusion untergehen sollen. Die Evolutionsbiologen sprechen hier vom Prinzip der *Kopiertreue.* Bei Genen wird diese vermutlich durch Selbstorganisationsprozesse gewährleistet; und es erscheint plausibel, bei Memen dem Prägnanzprinzip eine ähnliche Rolle zuzuweisen.

Die vierte und letzte Bedingung für einen Evolutionsprozeß ist die *Selektion.* Sie setzt ungleiche »Fitness« der Varianten voraus. Meme haben in der Tat unterschiedlich große Chancen, weitergegeben zu

---

[13] DAWKINS (1976)

werden oder aber in Vergessenheit zu geraten; und diese Chancen beruhen wesentlich auf ihrem Inhalt. Es gibt in diesem Sinne »erfolgreiche« und »erfolglose« Ideen. Ein Mem ist umso erfolgreicher, je besser es dazu beitragen kann, Gleichgewichtszustände im paradoxen Kräftespiel der menschlichen Affektivität zu finden und zu stabilisieren. Wenn ein Mythos seine Nische in *dieser* Ökologie gefunden hat, dann hat er gute Aussicht zu überdauern, Aussicht darauf, daß ihm Tempel und Altäre errichtet, Jungfrauen geweiht, menschliche Herzen geopfert werden, daß er in Hymnen unsterblich gemacht, in Felsen gemeißelt wird, daß Märtyrer von ihm Zeugnis ablegen, Fundamentalisten über seinen Wortlaut wachen und missionierende Konquistadoren die Welt in Trümmer legen, um ihn in Millionen unterjochter Gehirne triumphieren zu lassen.

Nicht zu allen Zeiten und nicht bei allen Völkern gleichen sich freilich die typischen seelischen Spannungsmuster. Hier ist die Stelle, wo die »geographischen Provinzen« zu ihrem Recht kommen. Seßhafte Bauern werden sich mit anderen Problemen auseinanderzusetzen haben als Jäger und Sammler, und wir Einwohner von Megalopolis hegen vielleicht auch unsere ganz spezifischen mythischen Bedürfnisse.

Darüber hinaus interagieren Meme auch untereinander, so wie sich auch Gene auf komplizierte Weise wechselseitig beeinflussen. Der vorherrschende Stil der Kindererziehung, die Form der Ehe, die Akzentsetzungen der geltenden Moral – all das sind ja auch »Meme«, und diese können bewirken, daß selbst allgemeinmenschliche Triebkonflikte von einer Gesellschaft zur anderen in unterschiedlichen Varianten auftreten.

Und schließlich unterliegt sogar innerhalb derselben Sozietät das psychische Klima schleichenden Wandlungen und gelegentlich auch dramatischen Umschlägen. Das Kraftfeld der Mythen ist also seinerseits keine fest vorgegebene Invariante, und ein Symbol, das heute optimal in das seelische Klima der Trägergruppe paßt, kann in hundert Jahren ein funktionsloser Atavismus geworden sein. So wie ein Archäologe noch Skelette von Organismen findet, die längst keine Gene mehr weiterzugeben vermögen, können wir dann auch noch kulturelle Fossilien entdecken – verstaubte Schriften, versteinerte Institutionen, starre dogmatische Gerippe, aus denen der Mythos längst entwichen ist und die gleichwohl noch Hunderte von Jahren überdauern,

bis sie unter dem Aufkommen neuer, vitalerer Ideen in Trümmer zerfallen. So wie die Quader eines heidnischen Tempels in eine christliche Basilika eingebaut worden sein mögen, kann man dann vielleicht
noch Bruchstücke alter, vergessener Mythen in aktuelleren Erzählungen wahrnehmen. Die wenigsten der Mythen, über die wir heute in Büchern lesen, sind
in dem Volk, das sie geschaffen hat, noch unmittelbar erfahrbare
Glaubenswirklichkeit. Wir können ihren spezifischen Gehalt daher
kaum noch deuten, denn das psychische Klima des Trägervolkes in
der Zeit, in der sie noch lebendige Tradition waren, sind für uns in
der Regel nicht mehr rekonstruierbar. Was der Interpretation allein
zugänglich bleibt, ist, wenn wir Glück haben, die kulturübergreifende, *allgemein-menschliche* Grundstruktur. Aber das ist, unter psy-
chologischem Blickwinkel betrachtet, auch eigentlich das Interessan-
teste daran.

Parallelen zwischen Mythen und Organismen

1. Erklärungsprinzipien für Formverwandtschaft

• **Homologie**

Trotz Divergenz erhalten gebliebene Ähnlichkeit wegen *Abstammung von gemeinsamer Vorform*

→ auf **Mythen** angewandt:

Übertragungstheorie (»geographische Theorie«)

• **Analogie**

Durch *Konvergenz* entstandene oder verstärkte Ähnlichkeit

Konvergenzprinzipien:

(1) Attraktion durch eine Zielvorgabe *(Vitalismus)*
(2) Einpendeln in ein Gleichgewicht *(Selbstorganisation)*
(3) Anpassung an gleiche Umweltbedingungen *(Darwinismus)*

→ auf **Mythen** angewandt:

(ad 1) *Theorie der Elementargedanken (»psychologische Theorie«)*
(ad 2) *Gestalttheorie*
(ad 3) *Theorie der »Meme«*

2. Bedingungen für die Anwendbarkeit des Selektionsprinzips

• **Vermehrung**

Organismen: Fortpflanzung
Mythen: Mündliche Tradition

• **Variation**

Organismen: Mutation, sexuelle Rekombination
Mythen: Phantasietätigkeit, Gedächtnistäuschungen

• **Kopiertreue**

Organismen: Dynamische Stabilität genetischer Selbstorganisation
Mythen: Gesetz der guten Gestalt (»Prägnanzprinzip«)

• **Ökologische Nische**

Organismen: Ein Ausschnitt aus der unbelebten und belebten Natur
Mythen: Konfliktpotential der Motivdynamik

• **Selektion**

Organismen: Unwirtlichkeit der Umwelt
Mythen: Desinteresse des Hörers

3. Kapitel
Phänomen und Transzendenz

Fließende Übergänge

Seit HEIDEGGER gehört es unter Philosophen, die etwas auf sich halten, zur Pflichtroutine, über René DESCARTES und die katastrophalen Folgen seiner Philosophie zu lamentieren. Zweierlei insonderheit sei diesem anzulasten. Zum einen habe er eine widernatürliche Kluft zwischen Leib und Seele getrieben, indem er sie für zwei verschiedene *Substanzen* erklärte, wesensfremd und unvermischbar wie Öl und Wasser. Als *res extensa* und *res cogitans* definierte er die beiden, was soviel besagen soll wie, daß allem Materiellen, und nur ihm, das Merkmal der »Ausgedehntheit«, also der Räumlichkeit zukomme, während Psychisches ebenso exklusiv durch ein ganz anderes Attribut, die »cogitatio«, gekennzeichnet sei, was sich am ehesten mit »Bewußtheit« übersetzen läßt. Durch dieses gnadenlose Entweder-Oder wird der Seele also das Merkmal der Unräumlichkeit, der Ausdehnungs-Unfähigkeit zugewiesen; und das ist der zweite Vorwurf.

Nun stimmt das, was DESCARTES da lehrt, in der Tat kaum mit dem Selbstzeugnis der Phänomene überein. Schon indem man, was ja häufig geschieht, den Dualismus von Leib und Seele in den Metaphern von »außen« und »innen« veranschaulicht, weist man dem Seelischen doch zumindest metaphorisch eine Ortsbestimmung zu, selbst wenn diese so vage bleibt wie, auf anderer Ebene, die mythologische Zeit. Aber eigentlich ist auch diese Raumsymbolik noch viel zu kategorisch. Carl Gustav JUNG kommt da der unmittelbaren Erfahrungswirklichkeit erheblich näher. Für ihn gehen Seelisches und Leibliches unmerklich gleitend ineinander über, und das Naturgeheimnis »draußen« und das seelische Kräftespiel im eigenen »Innern« liegen eigentlich in derselben Dimension, die sich, wenn es schon ein räumliches Bild sein soll, am ehesten mit »Tiefe« umschreiben läßt.

Das ist nicht so abwegig, wie es klingt. Was mag wohl in dem Abiturienten vorgehen, der sich an der Universität für das Fach Astronomie einschreibt? Was bewegt ihn, sich für die Dauer eines Lebens dem Studium von Felsbrocken und Gasbällen zu widmen, die er für immer nur aus abstrakter Ferne betrachten, denen er sich nie auf Reichweite wird nähern können? Gewiß, die Astrophysik verfügt im Zeitalter der Satellitentechnik über interessante Methoden, und die Themen der Kosmologie sind längst zusammengewachsen mit Kernfragen der physikalischen Grundlagenforschung. Aber die Faszination, die vom Weltall ausgeht, läßt sich so allein nicht erklären. Hinter den irisierenden Schleiern der kosmischen Nebel, Tausende von Lichtjahren entrückt, erahnen wir noch immer die Antwort auf Rätsel, die die Physik überschreiten: Die Tiefe des Alls, in die unsere Sehnsucht vorstoßen möchte, ist zugleich auch die Tiefe der Seele.

So muß man es wohl verstehen, wenn JUNG Bewußtsein und materielle Welt als zusammengehörig auffaßt wie zwei aufeinander angewiesene Pole. Der obere Pol ist das im grellen Lichtkegel des Bewußtseins auf sich selbst reflektierende Ich, sein charakteristisches Merkmal die Individualität. Ihm steht am unteren Ende, eben in der »Tiefe«, die reine Materie gegenüber, wobei man das Bild vom »Pol« hier nicht im Sinne eines isolierten Punktes, sondern eines ins Unendliche sich dehnenden Feldes verstehen muß. Der Stoff sei nämlich, im Unterschied zum persönlichen Bewußtsein, prinzipiell anonym, universell. Das Wort »Kohlenstoff« etwa, sagt JUNG, ist kein Eigenname sondern nur ein Kollektivbegriff.

Zwischen den Polen der Individualität und der Universalität vermittelt eine stetige Übergangsreihe von Zustandsformen. Entlang dieser Reihe werden die Grenzen des Ich immer weiter, verschwimmender und durchlässiger; gleichzeitig geht auch die Helle der Bewußtheit ständig zurück, und das Erleben versinkt im Dunkel der reinen Stoffnatur. Die Seele nimmt immer »kollektivere« Form an, bis sie schließlich in der bewußtlosen Stofflichkeit universal wird und zugleich erlischt. »Zuunterst« ist daher die Psyche überhaupt »Welt«[1]. Bei solcher Betrachtungsweise wird es im Grunde müßig, zwischen Welt und Seele unterscheiden zu wollen. Die Natur *ist* auch Seele; nur die Wissenschaft von der Natur weiß nichts davon. In der Symbolik der Mythen aber ist die ursprüngliche Einheit beider Pole noch enthalten.

Naiver Realismus

Es ist ein schöner Gedanke, daß eigentlich eine große, universale Partizipation die Welt beherrschen soll, in der kein cartesischer Schnitt unbarmherzig die Seelen von ihrer Welt und voneinander trennt. Wenn dem Mythos das Meer, der Wald, die ganze Natur von Göttern erfüllt ist, wenn in jedem Bach eine Nymphe atmet, wenn ich mich selbst verwachsen weiß mit den Geistern von Haus und Heimat, so kommt das doch auch meiner Urerfahrung so nahe, daß ich mich vom unbarmherzigen Richtspruch der Wissenschaft zwar widerwillig eines anderen belehren lasse; aber die Ahnung, bei dieser Absage an das naive Weltverständnis nicht etwa einer Täuschung zu entrinnen, sondern ein Stück Wirklichkeit zu verlieren, bleibt doch in mir lebendig.

> Nichts ist drinnen, nichts ist draußen:
> Denn was innen, das ist außen.
> So ergreifet ohne Säumnis
> Heilig öffentlich Geheimnis!

heißt es in GOETHES »Epirrhema«, womit auf die von jedermann zu machende Erfahrung verwiesen werden soll, daß die Natur immer auch für Seelisches transparent ist. Wir vermögen die freundliche Wärme oder die niedergeschlagene Stimmung des Gesprächspartners, die gespannte »Atmosphäre« unter den Anwesenden im eben betretenen Raum, den mystischen Tiefsinn eines Gregorianischen Chorals, die Erhabenheit des nächtlichen Sternenhimmels oder die Heiterkeit einer

---

[1] JUNG & KERÉNYI (1942), S. 134

Sommerlandschaft ebenso unmittelbar zu spüren wie eine leibhaftige Empfindung, einen Duft, die abendliche Kühle oder sonst irgendein Angerührtwerden unserer Sinne. Seele ist überall, sie erfüllt die ganze Welt, und die Metapher des »Inneren« ist ebenso wie die der »Tiefe« nur ein Notbehelf; denn was innen, das ist außen, und das in der Tiefe verborgene Geheimnis ist ein öffentliches, das man ohne Säumen ergreifen kann.

Photographieren läßt es sich freilich nicht, aber die Künstler können es darstellen. Der Photoapparat vermöge eben deshalb nicht mit Pinsel und Palette zu konkurrieren, weil man ihn nicht in der Hölle oder im Himmel verwenden könne, hat Edvard MUNCH einmal gesagt, ein Meister der Kunst, Seele wahrnehmbar zu machen.

Der Wahrnehmungsakt aus naiv-realistischer Sicht. Die Seele erscheint kontinuierlich mit dem Leib verwoben, das Auge wird zum Organ pathischer Selbstpreisgabe, den nach Verschmelzung verlangenden Sog spüren beide Partner auch ohne sensorische Vermittlung (»Anziehung«. Lithographie von MUNCH).

Wenn hier vom »Wahrnehmen« die Rede ist, so hat das freilich wenig mit dem zu tun, was die Lehrbücher der Sinnesphysiologie darunter verstehen. Wir reden vielmehr so, als verträten wir einen Standpunkt, der in der Erkenntnistheorie *naiver Realismus* heißt, »naiv« deshalb, weil er gar nicht bemerkt, daß das wahrzunehmende Objekt und seine bewußte Erscheinung zwei verschiedene Sachen sind. Wahrnehmung ist für den naiven Realisten ein Akt der Begegnung: Hier bin ich, und dort ist die Welt; ich brauche nur die Augen wie Fenster weit zu öffnen, und die sinnlich-seelische Fülle der Welt strahlt so, wie sie ist, in mein Inneres, wie auch umgekehrt mein Inneres sich dann der Welt preisgibt, – weshalb ich denn auch, sofern ich etwas zu verbergen habe, den Blickkontakt mit meinem Gegenüber tunlichst meide.

Zweifel an der »Innenwelt«

Redefiguren solcher Art bewegen sich freilich, wie bereits festgestellt, im Vorfeld der Wissenschaftlichkeit. Der empirische Forscher wird sie tolerieren, wenn er ihnen in der schöngeistigen Literatur begegnet. Er hütet sich jedoch, sie in seine Naturbeschreibung aufzunehmen. »Ich habe schon viele Körper aufgeschnitten, dabei jedoch noch nie eine Seele vorgefunden«, soll irgendein chirurgischer Gemütsmensch um die Jahrhundertwende zu Protokoll gegeben haben. Solche Argumente sind auf lästige Weise primitiv, aber sie enthalten doch einen Wahrheitskern.

Lassen wir die Naturgötter einmal beiseite und beschränken wir uns auf den Fall, in dem die Beseelung des Leiblichen noch am ehesten diskussionswürdig erscheint, nämlich auf den Mitmenschen. Kann ich das, was ein Anderer erlebt, wirklich unmittelbar wahrnehmen, habe ich jemals im vollen Wortsinn daran teil?

Mir kann doch auch schließlich, wie Erich von HOLST zu sagen pflegte, grundsätzlich nie der Zahn eines Anderen wehtun! Ich vermag mich an eigene ähnliche Empfindungen zu erinnern, der Betroffene kann mir leid tun, aber es ist und bleibt *mein* Mitleid, das ich dann verspüre.

Niemals werde ich in Erfahrung bringen, wie ein Farbenblinder eine Rose erlebt. Er verwechselt, soviel steht fest, ihr Rot mit dem Grün mancher Blätter, und auch ein graues Glanzpapier vermag ihn zu täuschen. Die drei Farben haben für ihn dieselbe Qualität. Aber welche? Gleicht ihre einheitliche Erscheinung in seiner Welt meinem »Rot«, meinem »Grün«, meinem »Grau« oder noch einem ganz anderen meiner Sinneseindrücke? Bienen können Ultraviolett wahrnehmen; wie mag diese Farbe für sie aussehen? Kann ich wissen, wie Fische, die elektrische Felder spüren, die Welt erleben? Ob eine Käferlarve Schmerz leidet, wenn die Brut der Schlupfwespe sie von innen auffrißt? Was empfinden Libellen beim Liebesspiel? Oder Hühner? Oder Schimpansen? Oder – der eigene Partner?

Im letztgenannten Falle sei das etwas anderes? Aber Vorsicht: Eines Tages könnten besessene Techniker aus synthetischem Eiweiß einen Computer basteln und so programmieren, daß er sich täuschend ähnlich wie ein Mensch verhielte. Er würde lachen, weinen, fluchen und beten. Er könnte bei Erfolg überschnappen und bei Mißerfolg Selbstmord begehen. Hätte dieser Computer eine Seele? Behaupten würde er es; aber was wäre damit bewiesen?

Denkt man lange genug über solche Fragen nach, so endet man bei der unbehaglichen Einsicht, daß sie schlicht unbeantwortbar sind. Aussagen aber, über die sich prinzipiell nicht auf entscheidbare Weise streiten läßt, haben in der Wissenschaft keinen Platz.

Das gilt auch für die Psychologie. Die Schulrichtung, die aus dieser Erkenntnis die radikalste Konsequenz gezogen hat, kommt aus Amerika und ist unter der das Sprachgefühl beleidigenden Bezeichnung »Behaviorismus« bekannt geworden. Gegenstand der Psychologie, so wird hier gelehrt, kann grundsätzlich allein das objektive Verhalten sein, allenfalls noch dessen physiologische Begleitprozesse, aber nie das subjektive Erleben. Und damit der Forscher gegen diese goldene Regel auch ja nie verstößt, sollte er das Prinzip befolgen, immer nur den *Anderen*, nie sich selbst zum Gegenstand seiner Forschung zu machen. Was ein anderer tut und redet, kann ich beobachten, und das so Beobachtete kann ich mit Kollegen diskutieren; wenn ihre Daten von meinen abweichen, können wir uns streiten und den Streit schlichten. Was ich indessen im eigenen Erleben vorfinde, ist meine Privatsache, hier gibt es keine Zeugen, die mir über die Schulter direkt ins Bewußtsein blicken und meine Eindrücke bestätigen oder bezweifeln könnten; und daher ist hier eben auch keine Wissenschaft möglich.

Hat es im Rahmen einer solchen Psychologie noch irgendeinen Sinn, von »Wahrnehmung« zu reden? Durchaus. Aber dieser Akt erscheint

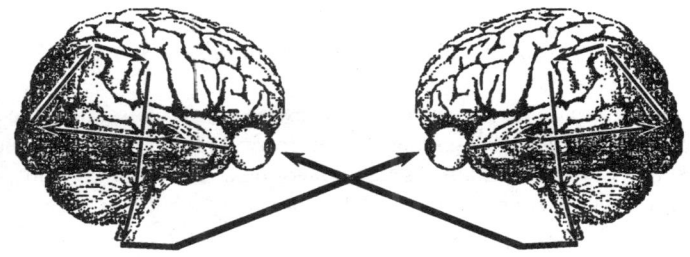

Der Wahrnehmungsakt aus physikalistischer Sicht. Von der Sinnerei-
zung über die Nervenerregung bis zur motorischen Aktivität verläuft
ein einsinnig gerichteter kausaler Prozeß, in den nirgends psychische
Zwischenglieder eingehen. In der Kontaktnahme zweier Organismen
wird die Teilhabe durch Feedback ersetzt.

dann nicht länger als »Dialog«, sondern nur noch als Glied einer
wechselwirkungsfreien Kausalkette, die bei Reizen beginnt und in
Verhalten mündet. Lichtwellen oder andere Formen physikalischer
Energie treffen dabei auf Sinnesorgane und lösen dort Nervenerregungen aus, die das elektrochemische Geschehen im Gehirn beeinflussen; dieses wiederum setzt Muskelkontraktionen in Gang, beispielsweise im Sprechapparat, der dann schließlich Schallwellen
erzeugt und so auf die Außenwelt zurückwirkt. Vielleicht läßt die Versuchsperson auch eine sogenannte »emotionale Reaktion« erkennen
– heftige neuronale Aktivität in ihrem Stammhirn, verbunden beispielsweise mit Hautwiderstandsänderungen, Herzklopfen oder Trä-
nensekretion. Aber das ist es dann eben auch. Der ganze Vorgang verläuft grundsätzlich über materielle Vermittlungsglieder, weshalb man
diese Betrachtungsweise in der Wissenschaftstheorie auch als *Physi-*
kalismus bezeichnet. Nirgendwo klafft eine kausale Lücke, an der
psychische Instanzen in den Prozeß eingreifen müßten oder könnten.
Die »Innenwelt« des Fremdseelischen bleibt für den Außenbetrachter
jenseits unüberschreitbarer Erkenntnisgrenzen verborgen. Er kann
allenfalls – als Privatperson, nicht als Wissenschaftler – *glauben*, daß
sie existiert.

Zweifel an der »Außenwelt«

Auf den ersten Blick scheint mit diesem rigorosen Kahlschlag, wenn auch um den Preis einer schmerzlichen Entzauberung, eine tragfähige Basis für wissenschaftliche Arbeit gewonnen. Aber denkt man ein wenig weiter, so stellt man fest, daß es mit der Logik hier nicht weit her ist.

Auch wer seine Psychologie asketisch auf das Verhalten anderer beschränkt, muß doch zugeben, daß er selbst als Beobachtender ein Subjekt ist, daß die letzte Evidenz, auf die er sich persönlich verläßt, wenn er wissenschaftliche Aussagen macht, sein privater Bewußtseinsinhalt ist.

Alles, was ich überhaupt unmittelbar vorfinde, ist Bewußtseinserscheinung oder, vom griechischen *phainesthai* (= erscheinen) hergeleitet, »Phänomen«: Die Welt der Dinge »da draußen« nicht minder als ich selbst, meine eigene Leiblichkeit nicht minder als die Regungen meines Seelenlebens, die Meßinstrumente, die ich ablese, nicht minder als die anderen Beobachter, mit denen ich mich darüber »intersubjektiv« verständige. Zumindest theoretisch wäre denkbar, daß ich das alles momentan nur träume.

Damit aber stehen wir vor einem Problem, das die abendländische Philosophie seit Beginn der Neuzeit nicht mehr losgelassen hat: Wenn alle Erkenntnis letztinstanzlich ein privater Akt ist, woher will ich dann wissen, wie das beschaffen ist, was außerhalb meines Bewußtseinshorizontes liegt, ja ob da »draußen« überhaupt noch *irgendetwas* existiert? Gleich dem Besucher eines modernen Spielsalons, der eine Computerbrille aufgesetzt hat und nun glaubt, »virtual reality« leibhaftig vor sich zu sehen, habe doch auch ich nur so etwas wie einen Bildschirm vor mir, über den die Phänomene flimmern; weiß Gott, aus welcher Software die stammen mögen! Vielleicht habe ich Glück und jener »Monitor«, mein Bewußtsein, ist wirklich an eine »Videokamera« angeschlossen, die auf irgendeine »Realität« gerichtet ist; aber wie will ich das zweifelsfrei beweisen? Daß jenseits der Kulisse unmittelbar erfahrbarer Erscheinungen noch ein »Ding an sich« existiert, das »Lichtwellen« zu einem Paar »Augen« gesandt, dort »Nervenprozesse« in Gang gesetzt und schließlich in einem – immer noch erlebnisjenseitigen! – »Gehirn« auf eine physikalisch ohnehin ganz unerklärbare Weise Anlaß zum Auftreten meiner Bewußtseinsinhalte gegeben hat – das alles kann ich nicht wissen, sondern wiederum nur *glauben*. Der Philosoph, der diesen Glauben ein für allemal um seine Naivität gebracht hat, war Immanuel KANT. Das eben erwähnte »Ding an sich« entstammt seinem Begriffsinventar. Es ist KANTs Chiffre für eine subjektunabhängige Wirklichkeit, von deren rätselhafter Existenz meine Sinnesorgane wirre Einwirkungen aufnehmen, so wie ein Astronom, der aus einem dunklen Winkel des Alls eine unbekannte Strahlung registriert. Er mag darin Signale außerirdischer Intelligenzen vermuten und allerlei Regelmaß in die flackernden Impulsfolgen hineinlesen; aber was auch immer er in ihnen zu erkennen meint, es ist nur der Niederschlag seines eigenen Ordnungssinnes.

Genauso kann, sagt KANT, auch die Reizung meines Sensoriums von sich aus nicht viel mehr als ein Rohmaterial chaotischer Empfindungen bereitstellen. Wenn sich die Erscheinungswelt gleichwohl als ein sinnvolles Ganzes präsentiert, dann muß das also an mir selbst liegen: Mein eigener Anschauungsapparat schafft Ordnung im »Gewühl der Sinne«, durch selbstkonstruierte Schablonen wie »Einheit« und »Vielheit«, »Raum«, »Zeit«, »Kausalität« oder die im letzten Kapitel schon erörterte »Identität«.

KANT nennt seine Betrachtungsweise »transzendental«, und damit meint er eine Analyse der Erscheinungswelt hinsichtlich der Formen und Kategorien, die unser Anschauungsapparat ihr aufgeprägt hat. Der Ausdruck darf nicht mit »transzendent« verwechselt werden. »Transzendent« im Sprachgebrauch KANTs ist die Welt des Ding an sich; und diese Welt ist mir für immer verschlossen. Wenn ich hinter die eben angestellten erkenntniskritischen Überlegungen zurückfallen und die Ordnung der Phänomene naiv dem Ding an sich zuschreiben würde, dann hätte ich »transzendent« statt »transzendental« gedacht.

Play Kant

KANTs Erkenntnistheorie wird wohl mit Recht als eine »kopernikanische Tat« gewürdigt. Aber es ist mühsam, so zu denken; der naive Realismus bricht sich immer wieder Bahn. Ständig muß KANT daher neu entdeckt werden. Gerade gegenwärtig werden wir Zeuge einer publizistisch sehr aktiven Denkmode, die in seinem Kielwasser segelt, allerdings auf einem Argumentationsniveau von HAECKELscher Schlichtheit. Das neue Zauberwort heißt »radikaler Konstruktivismus« und wird von einer Gruppe von Amateurphilosophen verbreitet, die wohl irgendwann einmal durch ein Damaskus-Erlebnis aus dem naiven Realismus geworfen wurden und nun, im Vollgefühl geläuterter Heilsgewißheit, den Ungetauften ihre Wahrheit künden.

Ein Wissenschaftler, der sich heute noch immer als »Entdecker« von Naturgeheimnissen fühlt, kommt in den Augen dieser neuen Denker schlecht weg: Er habe einfach seinen KANT nicht gelesen. Die Welt sei doch schließlich »eine Erfindung des menschlichen Geistes«, und »es gibt überhaupt keine objektive, vom Beobachter unabhängige Realität«. »Die erfundene Wirklichkeit« heißt bezeichnenderweise ein Buch, in dem sie ihre Ideen gesammelt haben[2].

Man wundert sich nicht, daß auch CAPRA mit dieser Fastfood-Philosophie sympathisiert. Der euklidische Raum etwa und seine Trennung von der Zeit sind seiner Meinung nach willkürliche Konstruktionen griechischer Philosophie, eine illusionäre Pseudo-Realität, der die alten Chinesen nie aufgesessen wären, während bei uns erst EINSTEIN damit aufgeräumt hat.

An solchen Aussagen läßt sich recht gut deutlich machen, woran dieser angeblich so radikale Konstruktivismus krankt: Er kann sich gar nicht darauf einlassen, konsequent zu sein. Wenn CAPRA damit recht hätte, daß »die Strukturen und Phänomene, die wir in der Natur beobachten, nichts als Schöpfungen unseres messenden und kategorisierenden Geistes«[3] sind, warum sollen wir dann überhaupt noch eine Theorie der anderen vorziehen? Inwiefern ist die relativistische Physik oder die mythische Naturauffassung »angemessener« als das eukli-

---

[2] WATZLAWICK (1981)   [3] CAPRA (1975), S. 292

dische Denken, wenn doch eine objektive Realität, die hier allein als Richtmaß fungieren könnte, in Nichtigkeit entrückt wird? Tatsächlich geht die Inkonsequenz noch viel weiter. Wenn man schon die subjektunabhängige Welt zur Illusion erklärt, wieso dann nicht auch die Existenz weiterer unabhängiger Subjekte? Ich weiß doch nur, daß ich selbst und die von mir »konstruierte« Welt existiert; was oder wen meine ich dann eigentlich, wenn ich blauäugig weiterhin von »Wir« rede wie irgendein dahergelaufener naiver Realist? Macht man es sich nicht doch zu einfach, wenn man die Wirklichkeit zwar mit dem geringschätzigen Lächeln dessen, der es besser weiß, in Anführungszeichen setzt, sie zwischen den Zeilen aber als unverzichtbare Basis des Gesprächs mit einer nach wie vor als real vorausgesetzten Lesergemeinde weiterbenützt?

Der einzig konsequente Ausweg aus dem Dilemma bestünde darin, ohne Wenn und Aber allein das eigene Subjekt als wirklich gelten zu lassen und den Rest zu leugnen. Dieser erkenntnistheoretische Standpunkt ist im 19. Jahrhundert tatsächlich formuliert worden; man hat ihn als »Solipsismus« bezeichnet. Ob er damals ernstgemeint war oder als Parodie, ist nicht ganz sicher; die Konstruktivisten jedenfalls spielen unablässig mit dieser Denkfigur, erklären sich aber empört für mißverstanden, wenn man sie dabei erwischt.

Sie ziehen sich dann eilends auf eine Position zurück, die eigentlich gar nicht mehr originell ist sondern nur noch ein postmodern verpopter Kantianismus. Das Sensorium, so sagt man, ist zwar einem ständigen Bombardement von Reizen ausgesetzt; aber diese Reize bedeuten nichts, sie sind sinnloses Rauschen, ein bloßer Kitzel, der keine andere Funktion hat, als den Organismus zu eigenschöpferischer Aktivität anzuregen.

Der Leser fragt sich dann freilich, wozu die Natur Wunderwerke wie das Auge erschaffen hat, mit zahllosen, wohlabgestimmten technischen Details wie einer akkomodierbaren Linse und einer auf Bogenminuten präziser Blickmotorik, wenn die Lichtreize schließlich doch nur zur Kneipp-Massage unserer Phantasie benötigt werden. Es ist aber charakteristisch, daß solche naheliegenden Einwände in den konstruktivistischen Zirkeln überhaupt nicht diskutiert werden, noch nicht einmal zum Zwecke ihrer Widerlegung.

93

Die Rekonstruktion des Mesokosmos

Nun trifft freilich zu, daß die Phänomene oft ganz anders aussehen als die Reizverteilung am Sinnesorgan. Das Netzhautbild, um wenigstens ein Beispiel anzuführen, ist nur zweidimensional, der Wahrnehmungsraum aber hat plastische Tiefe. Wenn man sich fragt, wo die plötzlich herkommt, darf man jedoch nicht vergessen, daß die Wahrnehmung gar nicht das Reizmuster selbst abbilden soll, sondern den Sachverhalt, von dem es stammt.

Auf dem Weg vom Objekt zum Sinnesorgan ist die Reiznachricht aber einer Fülle von störenden und verzerrenden Einflüssen ausgesetzt. Wenn nun der Wahrnehmungsapparat die Sinnesdaten nicht einfach passiv hinnimmt, sondern aktiv bearbeitet und umgestaltet, so liegt doch nahe, daß er dies tut, um die Meldung zu entschlüsseln, also aufgetretene Übertragungsfehler wieder zu kompensieren. Die scheinbar autonome Konstruktion der Wahrnehmungswelt wäre dann eigentlich eine *Rekonstruktion*.

Einer der ersten, der das klar erkannt und ausgesprochen hat, war Konrad LORENZ. Er veröffentlichte bereits 1941, übrigens unter lebhafter Zustimmung von Max PLANCK, einen Aufsatz mit dem Titel »Kants Lehre vom Apriorischen im Lichte gegenwärtiger Biologie«[4]. Dieser Artikel legte das Fundament zu dem, was man heute als »Evolutionäre Erkenntnistheorie« bezeichnet[5].

LORENZ argumentierte im Prinzip folgendermaßen. Wenn KANT darauf beharrt, daß unsere Erkenntniswerkzeuge »apriorisch« sind, das heißt vor aller Erfahrung, so hat er damit recht, sofern er vom einzelnen Individuum redet. Betrachtet man indessen die gesamte Stammesgeschichte, so erscheinen dieselben Kategorien als »aposteriorisch«, als eben doch erfahrungsbedingt: Sie sind das Ergebnis einer überindividuellen Erfahrung, die unsere Species und deren Vorfahren mit der bewußtseinsjenseitigen Realität gemacht haben, und zwar der härtesten Erfahrung, die man überhaupt machen kann: der natürlichen Selektion.

Falls es – was KANT ja nicht in Abrede stellt – ein außersubjektives

---

[4] LORENZ (1941)   [5] VOLLMER (1975)

An-sich gibt, so *könnten wir uns gar nicht leisten,* dieses nicht zu erkennen; wir würden unsere Ignoranz nämlich einfach nicht überleben. Wer dem Ding an sich ein buntes Gewand von Kategorien und Anschauungsformen überwürfe, das mit dessen wahrer Natur nichts zu tun hat, wäre ähnlich dran wie einer, der sich, randvoll mit LSD gepumpt, heiter ans Steuer seines Porsche setzt und halluzinierten blauen Pferden hinterherrast.

Wir haben im ersten Kapitel gesehen, daß es physikalische Ereigniskonfigurationen wie beispielsweise Wellenkämme oder Elementarpartikel gibt, die in unserer Wahrnehmungswelt gleichsam widerrechtlich von der Identitätskategorie vereinnahmt werden, wofür sie sich dann durch allerlei Erkenntniskonflikte rächen. Solche Beispiele belehren uns, daß KANT eben *nicht* Recht hatte, als er die Subjektivität für unentrinnbar erklärte: Wäre das so, dann müßte unsere Erfahrungswelt stimmig aufgehen wie ein System tautologischer Gleichungen, dann könnten wir niemals die Paradoxe und Komplementaritäten erfahren, die uns die moderne Physik beschert: Hier bekennt auf einmal doch das Ding an sich Farbe, indem es sich gegen die Schablone unserer transzendentalen Kategorien *zur Wehr setzt.*

Warum sträubt sich die unbekannte Realität da draußen indessen nur so *selten* gegen die Bearbeitung, die wir ihr angedeihen lassen? Warum decken sich Phänomen und Transzendenz so gut, daß wir es uns im Alltag leisten können, naive Realisten zu sein? Das kann, sagt LORENZ, nur daran liegen, daß sich im Verlaufe der runden Jahrmilliarde, in der unser Erkenntnisapparat zu dem wurde, was er heute ist, seine angeborenen Verarbeitungskategorien der »Welt an sich« ständig immer besser angepaßt haben.

Dabei durfte freilich die Kirche im Dorf bleiben. An Dimensionen der Wirklichkeit, die wir nicht verstehen müssen, um zu überleben, brauchte sich unsere Kognition auch nicht anzupassen. Unser natürliches Bewegungstempo beispielsweise liegt deutlich unterhalb der Lichtgeschwindigkeit; relativistische Effekte haben auf unsere Wahrnehmungskategorien also nie einen Selektionsdruck ausgeübt. Genau aus diesem Grunde ist der euklidische Raum nicht nur für die alten Griechen, sondern auch für den taoistischen Weisen die einzige *anschauliche* Geometrie.

Gerhard VOLLMER hat hier das Wort vom »Mesokosmos« geprägt

– vom Kosmos mittlerer Größenordnung, an den allein die angeborenen Formen möglicher Erfahrung angepaßt sind. Wenn wir diese Größenordnung verlassen, im »Makro-« und im »Mikrokosmos« also, müssen wir mit Überraschungen rechnen nach Art derer, mit denen sich die moderne Physik konfrontiert sieht. Solche Mißweisungen am *Rande* unseres kognitiven Anpassungsbereichs können eine Ahnung vermitteln von der stupenden Genauigkeit in dessen *Mitte*, wo allenfalls noch ein paar optische Täuschungen übrig bleiben, um uns daran zu erinnern, daß unsere Wahrnehmung eben doch keine passive Widerspiegelung, sondern eine kongeniale Rekonstruktion aus nur wenigen Stichworten ist, die uns vom Epos des Weltgeschehens erreichen.

Kritischer Realismus

Mit der Erkenntnistheorie ist es eine eigentümliche Sache. Einseitigkeit bekommt ihr nicht. Wenn ich rigoros meine Selbsterfahrung ausblende und nur auf den *Anderen* starre, so gerinnt seine Realität zu bloßer Körperlichkeit, zu seelenloser Physis. Ziehe ich mich ebenso konsequent auf *mich selbst* zurück, verflüchtigt sich umgekehrt alles, was jenseits meines Bewußtseins liegt; letztlich bleibt dann nur noch Psyche übrig.

Eigentlich besteht doch aber zwischen mir selbst und dem Anderen eine anthropologische Symmetrie; was mir recht ist, sollte ihm billig sein, und umgekehrt. Und sobald ich dieser Einsicht Raum gebe, gewinnen sowohl die Physis jenseits meiner Subjektivität als auch die fremden Erlebniswelten jenseits der Physis ihren Wirklichkeitscharakter zurück.

Damit sind wir schließlich wieder bei einem realistischen Standort, der nun allerdings nicht mehr naiv zu heißen verdient; man nennt ihn »kritischen«, manchmal auch »hypothetischen Realismus«. Er akzeptiert eine objektive, für alle verbindliche Wirklichkeit, bestimmt diese aber als transzendent, berücksichtigt also, daß sie jenseits aller Bewußtseinshorizonte liegt und keinem von uns unmittelbar zugänglich ist. Sie wird vielmehr in ungezählten *phänomenalen Welten* rekonstruiert, von

denen es soviele gibt wie Organismen, die über ein geeignet struktu-
riertes Nervensystem verfügen. Jede solche Rekonstruktion erscheint
dem zugehörigen Subjekt dabei aber nicht etwa als Abbild, sondern als
die einzig überhaupt existierende »Welt für uns alle«.
Auch im kritischen Realismus hat der Begriff der *Wahrnehmung*
seinen guten Sinn. Der ist zunächst derselbe wie im physikalistischen
Denkmodell: Objekte der materiellen Welt wirken über Reize auf Sinnesorgane ein und erzeugen dort Nervenentladungen, die ihrerseits
das Gehirn zu komplexer Aktivität anregen, unter anderem zu Kom-
mandos an Muskeln und Drüsen. Die dabei ausgelösten Reaktionen
sind im Prinzip so organisiert, daß sie mit den reizaussendenden
Objekten in sinnvoller Weise interagieren: Der Organismus sorgt für
Nahrung, vermeidet Gefahren, bekämpft Rivalen, optimiert seinen
Vorteil, tut denen Gutes, die ihm nahestehen, erweitert seine Autonomie und entfaltet seine Kompetenz. Er verhält sich also typischerweise *adaptiv*, das heißt auf eine Weise, die dem Selektionsdruck der
Objektwelt möglichst wenig Angriffsfläche bietet.

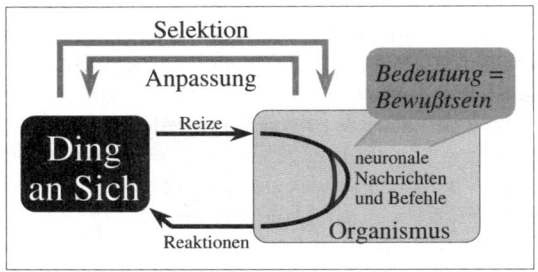

*Grundannahmen der evolutionären Erkenntnistheorie. Die Objektwelt
(»Ding an Sich«) übt auf den Organismus einen Selektionsdruck aus,
an den er sich anpaßt, indem er Reize durch zweckmäßige Reaktionen
beantwortet. Die zentralnervösen Prozesse, die zwischen Reiz und
Reaktion vermitteln, lassen sich als bedeutungshaltig (»Nachrichten«
und »Befehle«) interpretieren. Ihr Bedeutungsgehalt wird dem Subjekt
als Phänomen bewußt.*

Weil dies aber so ist, weil das durch die zentralnervösen Prozesse in
Gang gesetzte Verhalten als *zweckmäßig* angesprochen werden darf,
können wir die rein physikalistische Sprache verlassen und das
Geschehen auch auf einer *semantischen* Ebene beschreiben: Wir kön-

nen sagen, die Gehirnvorgänge seien so etwas wie eine »Sprache«, eine Sequenz von »Nachrichten« oder »Befehlen«, denen eine *Bedeutung* zukommt. Die Zeichentheorie belehrt uns nämlich, daß wir physikalischen Ereignissen immer dann einen Bedeutungsinhalt zuweisen dürfen, wenn sie dazu beitragen, daß sich das System, in dem sie ablaufen, adaptiv verhält[6].

Die semantische Interpretation zentralnervöser Prozesse erlaubt uns nun, etwas zu tun, was sich der reine Verhaltensphysiologe versagen muß: Aussagen über das subjektive *Erleben* zu machen. Der Kunstgriff besteht hierbei darin, die gesamte phänomenale Welt des betreffenden Subjekts, alles das also, was über den »Monitor seines Bewußtseins« flimmert, als den *Bedeutungsgehalt von Nachrichten und Befehlen in seinem materiellen Gehirn* aufzufassen. Dieser Bedeutungsgehalt *meint* das reizaussendende Objekt, ist mit ihm aber natürlich nicht identisch; denn er kann es ja verfehlen, was bei jedem Irrtum und jeder Wahrnehmungstäuschung tatsächlich geschieht. Für das erlebende *Subjekt* allerdings präsentiert sich der Bewußtseinsinhalt so, als sei er selbst das Objekt, während sich dieses seinerseits in den transzendenten Seinsmodus eines nur noch *gedachten*, aber nicht mehr unmittelbar erlebbaren Ding an sich zurückzieht.

Das Denkmodell ist nicht ganz einfach nachzuvollziehen; wir wollen uns also die Zeit nehmen, es von verschiedenen Seiten zu beleuchten. Die Abbildung auf der folgenden Seite soll dabei behilflich sein.

Zunächst muß man sich klarmachen, daß grundsätzlich zwei Wirklichkeitsebenen zu trennen sind, die wir hier mit griechischen Großbuchstaben markieren. Φ bezeichnet die *physische* Ebene; auf ihr gelten die Gesetze, die der Naturwissenschaftler zu ergründen sucht, und Immaterielles kommt in ihr nicht vor. Ψ steht für *psychisch*, und zwar im Sinne von *bewußt*.

Zu den Inhalten der Φ-Welt gehören auch menschliche Körper mit ihren Gehirnen. Unter den physiologischen Vorgängen in diesen Gehirnen sind einige auf besondere Weise ausgezeichnet: Sie – und nur sie – haben die Eigenschaft, daß ihr *Bedeutungsgehalt* zugleich als Phänomen *bewußt* wird, also eine Ψ-Welt aufspannt. Der Gestaltpsychologe Wolfgang KÖHLER hat die Gesamtheit solcher Prozesse das

---

[6] BISCHOF (1995), Kap. 10

Psychophysische Niveau des betreffenden Zentralnervensystems genannt; denn man kann von ihnen tatsächlich sagen, sie seien nicht allein »physisch«, sondern eben »psycho-physisch« – von außen betrachtet sind sie Nervenerregung, für das Subjekt selbst aber Bewußtseinsinhalt. Sie haben eine komplementäre ΨΦ-Natur, die sich unserem evidenzhungrigen Verstehenwollen freilich ebenso entzieht wie die Doppelnatur von Korpuskel und Welle.

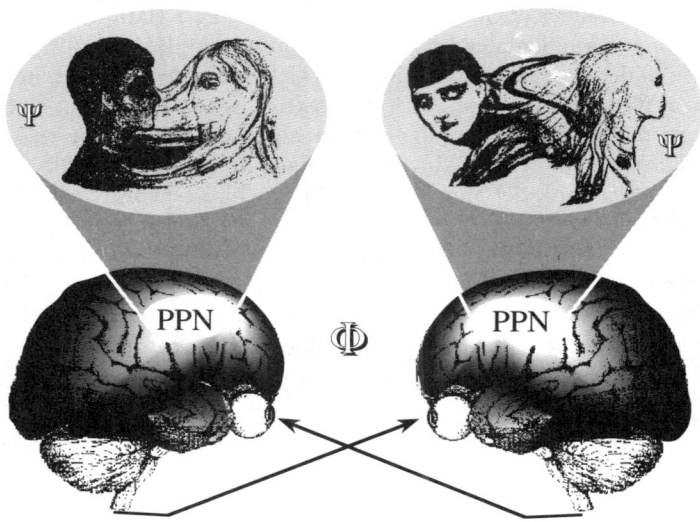

Der Wahrnehmungsakt aus der Sicht des kritischen Realismus. Synthese der beiden Denkmodelle von Seite 86 und 89. – Φ (Physis) = Transzendente Welt; Ebene der physikalischen bzw. neuronalen Signalübertragung. Ψ (Psyche) = Phänomenale Welten, in denen sich die Semantik der Nervenerregungen im psychophysischen Niveau (PPN) des jeweiligen Träger-Gehirns manifestiert. Zur Ψ-Welt gehören sowohl leibliche als auch seelische Erfahrungen, wobei zwischen den erlebenden Subjekten keine Übereinstimmung zu herrschen braucht.

Man bezeichnet den eben umrissenen Denkansatz auch als *psychophysischen Parallelismus*. Sein heuristischer Wert gründet in seiner rigorosen Konsequenz: Es darf ihm zufolge schlechterdings nichts in der phänomenalen Welt eines Subjekts geben, das ohne ein zentralnervöses Pendant von gleichem Komplexitätsgrad wäre. Er zwingt uns also, nach diesem Pendant zu suchen. Der ganze Reichtum des Erlebens muß sich umkehrbar eindeutig oder, wie es in der Mathematik heißt, »isomorph« auf Gehirnvorgänge abbilden lassen. Dabei darf man sich den Begriff der Abbildung freilich nicht zu simpel vorstellen. Nicht nur das Faksimile einer Urkunde, auch die rätselhaften Interferenzmuster einer Holographie sind für den Mathematiker eine »Abbildung«, und es sieht so aus, als wäre das letztgenannte Beispiel noch das beste Modell für die Relation zwischen zentralnervösen Signalen und deren phänomenaler Bedeutung[7]. Mit alldem ist selbstverständlich das Geheimnis des Bewußtseins in keiner Weise entschleiert. Auch die elektronischen Abläufe in einem Computer haben »Bedeutung«, denn auch er verhält sich zweckmäßig; trotzdem mögen wir nicht glauben, daß er ein »Subjekt« ist, dem die Semantik der Signale seiner Mikrochips bewußt wird. Warum manche neuronalen Prozesse auf »psychophysischem Niveau« ablaufen, sodaß sich ihre Bedeutung in Bewußtseinserscheinungen konkretisiert, und worin sie sich vom übrigen Hirngeschehen unterscheiden, wissen wir nicht: Auch der Leib-Seele-Zusammenhang liegt nun einmal außerhalb des VOLLMERschen »Mesokosmos« und verschließt sich daher unserer unmittelbaren Einsicht.

Leib und Seele

Zu den transzendenten Objekten, mit denen ich mich auseinanderzusetzen habe, gehören nicht nur die Vorgänge in meiner Umwelt, sondern auch mein *eigener Körper*. Auch von ihm könnte ich nichts wissen, solange er nicht Phänomen geworden ist; dazu aber muß ich auch ihn zunächst einmal wahrnehmen, und das heißt, aus Sinnesdaten rekonstruieren.

Bei jeder Berührung erfahre ich nicht nur das ertastete Objekt, sondern werde zugleich der betroffenen eigenen Gliedmaßen inne; Wärme, Kälte, Schmerz und Wohlgefühl vermitteln immer auch die Erfahrung der eigenen Leiblichkeit. Darüberhinaus gibt es in Muskeln,

---

[7] BISCHOF (1966), S. 349–356

Gelenken und sonstwo im Körper eine eigene Klasse von Sinnesorganen, die sogenannten *Propriozeptoren*, die ausschließlich oder vorwiegend dazu dienen, die Sensationen von Kraft, Spannung und Schwung, die Stellung der Gliedmaßen und ihre Lage im Schwerefeld zur Wahrnehmung zu bringen. Alles das fließt zu einem reich gegliederten, wenn auch schwer in Worte zu kleidenden Akkord zusammen, den man das »Leibgefühl« nennen könnte.

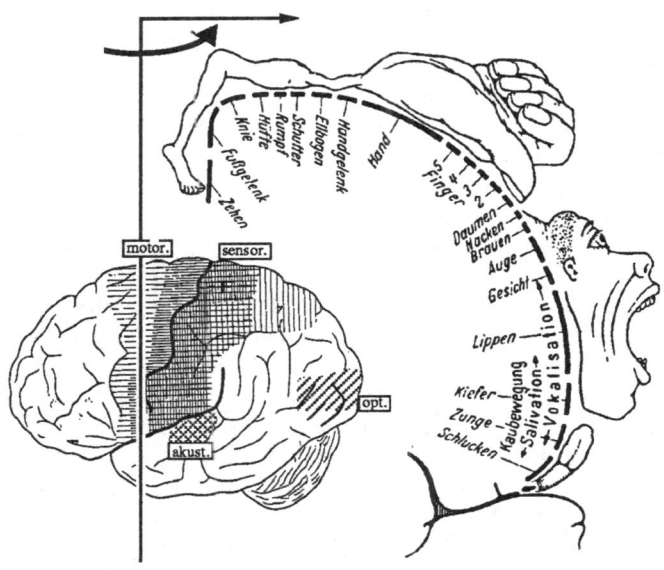

Repräsentation des Körpers im Gehirn. – Links unten: Längsschnitt durch das menschliche Gehirn (nach links blickend). Horizontal schraffiert: Ursprungsstätten motorischer Bahnen. Vertikal schraffiert: Projektionsfelder propriozeptiver Bahnen. Zum Vergleich sind auch die Projektionsfelder optischer und akustischer Bahnen eingezeichnet. In der Gegend des akustischen Projektionsfeldes befindet sich das Sprachzentrum, das asymmetrisch lokalisiert ist, d.h. (bei Rechtshändern) nur auf der linken Hirnhemisphäre. – Rechts oben: Motorischer Homunculus, an der eingezeichneten senkrechten Schnittebene nach rechts ausgeklappt. Der sensorische Homunculus befindet sich im vertikal schraffierten Gebiet.

Aber nicht nur dynamische Impressionen, auch das statische *Erscheinungsbild* des Leibes gehört zu meiner Selbsterfahrung und muß daher im Zentralnervensystem eine Grundlage haben. Auf der Großhirnrinde und im Hirnstamm gibt es Gebiete, in denen, wunderlich verzerrt, die Körpergestalt topographisch repräsentiert ist. Man könnte dort kleine Männchen, sogenannte *Homunculi,* auf die Hirnoberfläche zeichnen. Wir wissen noch nicht, welche von ihnen auf psychophysischem Niveau liegen; feststeht aber immerhin, daß sich, wenn man den Körper eines Menschen irgendwo berührt, an den entsprechenden Stellen der Homunculi Nervenerregungen registrieren lassen, und daß man umgekehrt reale Körperbewegungen auslösen kann, indem man solche Hirnareale elektrisch reizt. Wird dem Menschen ein Glied amputiert, so bleiben die Homunculi natürlich unversehrt und dementsprechend auch der phänomenal repräsentierte Leib: Der Patient erlebt ein sogenanntes »Phantomglied«; er meint, das fehlende Körperteil noch zu besitzen.

Bei so verwickelten Verhältnissen tut die Wissenschaftssprache gut daran, klare terminologische Unterscheidungen bereitzustellen. Wenn also nachfolgend von *Physis* oder der *Φ-Ebene* die Rede ist, so soll damit immer die Gesamtheit der transzendenten Objekte, das Ding an sich in seiner ganzen Reichweite gemeint sein. Auch mein eigener Organismus einschließlich seines Gehirns gehört zur Φ-Ebene, und genau für ihn reservieren wir das Wort *Körper.* Von *Leib* hingegen wollen wir nur reden, wenn der zugehörige Erlebnisinhalt auf der Ψ-Ebene gemeint ist. Während also etwa beim Amputierten dem »Körper« ein Glied fehlt, ist sein »Leib« noch intakt. Entsprechend halten wir es mit den Adjektiven *körperlich* und *leiblich*, wobei im letzteren Fall als Gedächtnisstütze zuweilen noch die ausführlicheren Formen »anschaulich-leiblich« oder »phänomenal-leiblich« verwendet werden können.

Eine ähnliche Unterscheidung muß auch getroffen werden, wenn von der »Seele« die Rede ist. Den Begriff *psychisch* werden wir im erkenntnistheoretischen Sinne verwenden, also für alles, was übrigbleibt, wenn wir das Ding an sich wegdenken: die Ψ-Ebene in ihrer vollen Weite, das Insgesamt der *Bewußtseinsinhalte* eines Subjekts, seine *phänomenale Welt.* Der erlebte *Leib* gehört ersichtlichermaßen auch dazu, ist also in dieser Sprechweise »psychisch«. Nun erscheint jedoch, wie wir bereits festgestellt haben, in meinen Leib auch mein Ich eingewoben; die Selbsterfahrung schließt eine Fülle immaterieller Phänomene ein. Auch das Du erfahre ich nicht nur leiblich sondern als Träger von Gefühlen, Gedanken, Leidenschaften, die Welt ist erfüllt von Stimmungen und Anmutungen. Für all das reservieren wir den Ausdruck *seelisch*, wobei gelegentlich wiederum auch ausführlicher »anschaulich-seelisch« oder »phänomenal-seelisch« stehen soll. Die »Seele« ist also neben dem »Leib« ein Teilinhalt des »Psychischen«.

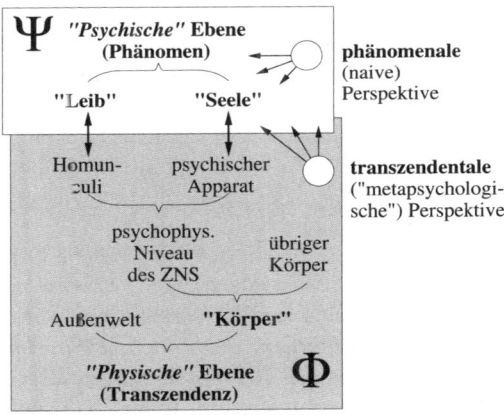

Begriffliche Differenzierung im Kontext des psychophysischen Problems. »Physis«(Φ) = *bewußtseinsunabhängige Wirklichkeit; umfaßt den Körper und seine Außenwelt. Der Körper seinerseits enthält als Teilbereich das Psychophysische Niveau des Zentralnervensystems und innerhalb desselben speziell die Homunculi als Grundlage des erlebten Leibes und den Psychischen Apparat als Grundlage der erlebten Seelenregungen. Leib und Seele gemeinsam bilden die »psychische« Ebene (Ψ), also die phänomenale Welt, alles, was dem Subjekt zum Bewußtsein kommt. – Für die Inhalte der Ψ-Ebene existieren zwei Betrachtungsperspektiven: die phänomenale (naive) und die transzendentale (metapsychologische).*

Falls der psychophysische Parallelismus recht hat, müssen sowohl die leiblichen als auch die seelischen Erlebnisinhalte eine Grundlage im psychophysischen Niveau des zugehörigen Körper-Gehirns haben. Für die hirnphysiologischen Parallelkorrelate des phänomenalen *Leibes* können wir die schon eingeführte Bezeichnung *Homunculi* benützen; auch der Ausdruck »Körperschemata« ist unter Neurologen in Gebrauch. Eine analoge Bezeichnung für die Hirngrundlage der anschaulich *seelischen* Erlebnisse existiert nicht. Indessen hatte Sigmund FREUD wohl genau das im Auge, als er den Begriff *Psychischer Apparat* in Umlauf brachte; und wenn dieser Ausdruck auch arg mechanistisch klingt, ist es vielleicht doch am besten, ihn weiterzuverwenden, da er nun einmal da ist.

Man weiß bereits einiges über den Psychischen Apparat, die Φ-Prozesse also, die der Dynamik der Triebe und Interessen, der affektiven Einfärbung der Welt, den in uns selbst oder an unseren Mitmenschen erlebten Gefühlen und Stimmungen, den Gedanken und Vorstellungen, kurzum der anschaulichen Seelenerfahrung zugrundeliegen. Neben dem Cortex dürften dabei vor allem der Hypothalamus und der phylogenetisch älteste Teil des Großhirns, das sogenannte »limbische System«, eine wichtige Rolle spielen.

Allerdings ist wiederum nicht bekannt, welche Prozesse des Psychischen Apparats auf psychophysischem Niveau ablaufen. Etliche davon werden vermutlich rein physiologischer Natur sein und keine oder nur ganz verschwommene phänomenale Parallelkorrelate haben. Sie sind genau das, was die Tiefenpsychologen als »das Unbewußte« bezeichnen: verhaltensregulierende Teilmechanismen, die mit dem psychophysischen Niveau interagieren, aber selbst nicht mehr direkt zu ihm gehören. In der Abbildung auf Seite 99 sind sie durch dunklere Schattierung rund um den Bereich »PPN« angedeutet.

Wir können an dieser Stelle eine Brücke zum Beginn dieses Kapitels schlagen: Die von heller Bewußtheit zu tiefer Bewußtlosigkeit changierende Gleitskala, von der Jung redet, existiert demnach im Φ-Raum tatsächlich, nur eben nicht in der Welt draußen, sondern innerhalb des Psychischen Apparates.

In dem eben skizzierten Denkmodell kann nun auch der karge Wahrheitsgehalt geortet werden, der für manche den *Konstruktivismus* so attraktiv macht. Tatsächlich stimmen ja die Ψ-Welten mehrerer Individuen, die sich in derselben objektiven Φ-Situation befinden, nie völlig überein; schließlich werden sie alle durch verschiedene Gehirne vermittelt. Angesichts anschaulich-*leiblicher* Inhalte fällt das meist nicht weiter auf; bei der *seelischen* Erfahrung kann es aber erhebliche Ausmaße annehmen. Die Beziehung zwischen zwei Partnern etwa mag, wie in der Abbildung auf Seite 99 angedeutet, dem einen noch als Bindung erscheinen, während der andere sie innerlich schon aufgekündigt hat. In einem trivialen Sinn sind beide Erlebniswelten »wahr«; schließlich erfährt sie ja jeder so. Aber dabei wird es nur selten bleiben können; denn im allgemeinen hat solche Diskrepanz Auswirkungen auf den Stil der Kommunikation. Die Partner tauschen Signale aus, die nicht zueinander passen. Dem können sie sich eine Zeitlang verschließen, aber irgendwann wird die Spannung zu groß, und ihre Weltbilder müssen sich, vielleicht dramatisch, umorganisieren. So stellen sich in wechselseitigem Feedback schließlich bei beiden neue Sichtweisen der Beziehung ein, die dann immer noch abweichende Momente enthalten mögen, aber besser imstande sind, das Paarsystem zu stabilisieren.

Muß man hier tatsächlich sagen, die beiden hätten, gemeinsam oder jeder für sich, ihre Wirklichkeiten »konstruiert«? In gewissem Sinne stimmt das natürlich. Aber die Partner haben eben nicht nur ihre subjektiven Welten kreativ verändert, sondern damit auch die Φ-Wirklichkeit ihrer Beziehung auf einen neuen Boden gestellt. Und die Beliebigkeitsillusion, die bei allem konstruktivistischen Smalltalk wie billiges Parfüm in der Luft hängt, ist überhaupt nicht gerechtfertigt: Es gibt auch hier eine vorgeordnete Realität, die in der Individualität der beteiligten Personen wurzelt und darüber entscheidet, was möglich ist und was nicht, zu welchen Perspektiven beide finden müssen, wenn die Beziehung Bestand haben und sich weiterentwickeln soll.

Die phänomenale und die transzendentale Perspektive

Wir haben vorhin die cartesische Zwei-Substanzen-Lehre erwähnt. Sie ist gewiß überholt, und es liegt mir fern, sie zu verteidigen; aber HEIDEGGERs Einwand, sie sei unphänomenologisch, hat sie gleichwohl nicht verdient. Diese Kritik beruht nämlich auf naiv-realistischen Begriffsvermengungen. Wenn DESCARTES von »res extensa« und »res cogitans« spricht, so meint er natürlich das, was wir als »Physis« (Φ) und »Psyche« (Ψ) unterschieden haben. »Leib« und »Seele« jedoch sind Bewußtseinsinhalte, also Bestandteile der Ψ-Welt; und es ist überhaupt kein Widerspruch, zwischen Physis und Psyche strikte, komplementäre *Parallelität* zu fordern, zugleich aber zu akzeptieren, daß Leib und Seele als Phänomene die interagierenden Pole eines *Kontinuums* bilden.

Und was das Problem mit der *Räumlichkeit* angeht, so stoßen wir hier einmal mehr an die Grenzen unserer Wahrnehmungskategorien. Wir haben leider nur einen einzigen Anschauungsraum zur Verfügung und können uns daher nicht gleichzeitig zwei voneinander wirklich unabhängige Räume vorstellen. Für den kritischen Realismus haben aber Phänomen und Transzendenz, Ψ und Φ, tatsächlich ihren je eigenen Raum, und diese beiden Räume sind »inkommensurabel«, was soviel heißt wie, daß es keine Elle gibt, mit der sich beide gemeinsam messen ließen. Solange ich mich im phänomenalen Raum vernünftig bewege, rennt sich auch mein »Körper an sich« in der »Welt an sich« nicht den »Schädel an sich« ein: das ist so ziemlich alles, was ich sagen kann. Wenn ich mir das alles nicht nur denken, sondern auch vorstellen will, so kommen dabei nur sinnlose Fragen heraus wie etwa, warum wir trotz verkehrter Netzhautbilder die Dinge aufrecht sehen, oder wie die weite Welt in unserem Kopf Platz haben könne, – Fragen, die ungefähr so sinnvoll sind wie die nach der Distanz zwischen einer Schraube in meinem Fernsehgerät und dem Jumbo-Jet, der in der »Tagesschau« jetzt gerade »weit draußen auf dem Rollfeld« zur Landung ansetzt.

Erkenntnistheorie ist nun einmal ähnlich anschauungsfern wie Kernphysik. Am ehesten findet man hier noch den rechten Zugang, wenn man sich ein für allemal klarmacht, daß zwei verschiedene Perspektiven zur Verfügung stehen, unter denen ich den Phänomenen begegnen kann, und die ich in einem und demselben Denkakt tunlichst nicht vermengen sollte.

Die erste, ursprünglichere Haltung ist die, aus der heraus ich das Gegebene zunächst einmal deskriptiv erfasse, so wie ich es eben erlebe, mit allen Widersprüchen und Paradoxen und ohne jede Angst vor vermeintlicher »Unwissenschaftlichkeit« der Ausdrucksweise. Die Umgangssprache, eingeschlossen deren verfeinerte Ausformung im Munde der Dichter, ist das Darstellungsmittel, das dieser Aufgabe am ehesten gerecht wird. Man nennt dies die *phänomenale* Erkenntnisperspektive.

Phänomenal betrachtet bin ich selbst, der Boden, auf dem ich stehe, Sonne und Regen, Meeresrauschen und Straßenlärm, Blumen und Tiere, die anderen Menschen und überhaupt alles, was ich mit den Augen sehen und mit den Händen greifen kann, leibhaftig da. Wir können einander im Wege stehen, einander verdecken, uns aneinander stoßen. Ich finde das alles vor, bilde es mir nicht nur ein, es ist keine »Repräsentation« von irgendetwas »Eigentlichem«, Dahinterliegendem, sondern die letztgültige Wirklichkeit selbst. Phantasievorstellungen habe ich *außerdem.* All dieses leiblich Für-wahr-Genommene ist zugleich, in abgestufter Intensität, mit Seelischem durchwoben. Seelisches begegnet mir in der Welt draußen, in der Natur, in den Mitmenschen, im Du. Ebenso trage ich es in mir selbst, es konzentriert sich im Ich. Oft gelingt es, diese Konzentration auch räumlich zu lokalisieren. Den meisten Befragten erscheint es nicht als sinnlose Zumutung, angeben zu sollen, wo an ihrem Leib sie das »Zentrum« ihres seelischen Ich verspüren; höchstens wenden sie ein, daß es mehrere solcher Zentren gibt. Die Yoga-Sekten und andere Meditationslehren haben sich dazu genauer geäußert; wir haben keinen Grund, solche Zeugnisse verfeinerter Selbstbeobachtung unbesehen zurückzuweisen.

Soviel zur phänomenalen Perspektive. Nun ist es mit ihr allein aber noch nicht getan. Es bleibt dann immer noch die Aufgabe, die Hintergründe der Phänomene aufzudecken, gewissermaßen in die Werkstatt hineinzuleuchten, in der sie Gestalt annehmen, die »Rückseite des Spiegels« zu untersuchen, wie LORENZ[8] sich ausdrückt. Für diese Perspektive aber paßt ziemlich genau der auf Seite 91 eingeführte Begriff »transzendental«, den KANT in der Einleitung zur »Kritik der reinen Vernunft« geprägt hat und der zu schade ist, um im Keller der Philosophiegeschichte zu verstauben.

Um noch einmal zu einem vorhin schon benutzten Gleichnis zurückzukehren: Da ist einerseits der Fernsehfilm, der über die Mattscheibe läuft, den ich allerdings – hier müssen wir das Bild korrigie-

---

[8] LORENZ (1973)

ren – nicht etwa vom Sessel aus betrachte, sondern in dem ich selbst als Person agiere. Das ist die *phänomenale* Ebene. Zu diesem »Film« kann ich aber auch gedanklich auf Distanz gehen, hinter die Mattscheibe blicken, das Gerät aufschrauben und der Ordnung in seinen Transistoren, Widerständen und Drähten nachspüren. Dann nehme ich die *transzendentale* Perspektive ein.

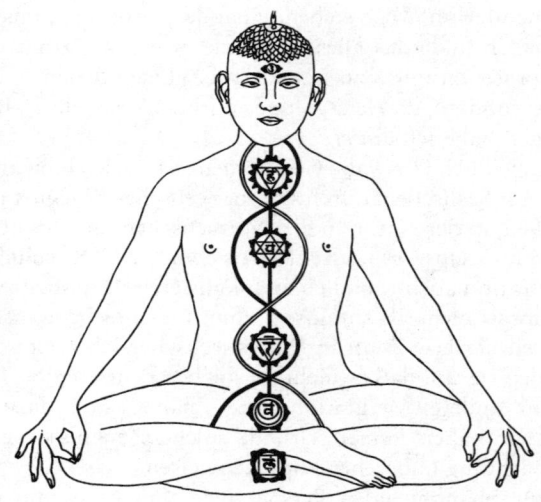

Lokalisation seelischer Zentren (»Chakras«) an Damm, Blase, Nabel, Herz, Kehle, zwischen den Augen und über der Schädeldecke. Nach der Lehre des Kundalini-Yoga zirkuliert seelische Energie auf einer Schlangenlinie zwischen den Zentren.

Aus dieser sieht die Welt freilich ganz anders aus als aus der phänomenalen. Was eben noch als handfeste, öffentliche, in sich selbst gründende, nicht mehr hinterfragbare Realität vor mir stand, begreife ich nun als ein Spiel auftauchender, verschwindender, beharrender und sich wandelnder *Bewußtseinsinhalte*, die *mir*, und mir *allein*, zugänglich sind. Alles Erscheinende, sei es vorgestellt oder schlicht wahrgenommen, ist nun bloß noch Abbild, das auf ein transzendentes Ding an sich verweist, ohne mit ihm identisch zu sein.

Die gesamte phänomenale Welt samt allem, was sie an leiblichen oder seelischen Inhalten beherbergt, muß also unter transzendentalem Aspekt als immateriell und in diesem Sinne als *psychisch* bestimmt werden.

Dieser Ψ-Wirklichkeit steht, jenseits einer unüberschreitbaren Erkenntnisschranke, eine *Physis* Φ gegenüber, genauer gesagt, ein Gehirn mit einem psychophysischen Niveau; und in diesem Gehirn ist das Psychische nun wiederum »lokalisiert«, aber ganz anders als die Yoga-Lehren dies meinen. »Polarität«, »Wechselwirkung« oder »Teilhabe« wären hier die falschen Begriffe; es bleibt nur das abstrakte Bild des Parallelismus von Nachricht und Bedeutung.

Das Gehirn seinerseits aber ist in einen Körper eingebettet, und der wiederum lebt mit anderen Körpern gemeinsam in einer dunkelgeheimnisvollen Welt an sich, die uns alle trägt und die für unsere Anschauung doch auf ewig transzendent bleiben wird. Das Bild, das wir uns von ihr machen und das wir im Alltag naiv mit ihr identifizieren, ist gut genug, um in ihr bestehen zu können. Nur an den Rändern, wo der Mesokosmos zuende geht, verzerrt es sich und fängt an zu flimmern und zu springen: erstaunlich genug, daß wenigstens noch die Mathematiker, unerschrockene Astronauten in den Dimensionen jenseits der Vorstellbarkeit, ihre Netze ein Stück weit ins Unendliche auswerfen können. Wie weit ihre Antennen reichen und was dahinter kommt, wird nie jemand erfahren.

Dem Leser mag die Trennung einer phänomenalen von einer transzendentalen Perspektive zunächst noch etwas abstrakt klingen. Sie wird sich aber später, vor allem im 5. Kapitel, mit Inhalt füllen. Der Vollständigkeit halber sei vermerkt, daß das Begriffspaar auf die *Gestalttheorie* zurückgeht; statt »transzendental« steht dort allerdings der Ausdruck »funktional«[9], den wir wegen seiner Vieldeutigkeit besser vermeiden. Auch FREUD hat für den transzendentalen Aspekt einen eigenen Namen, jedenfalls soweit es sich um anschaulich-*seelische* Phänomene handelt, die aus der Arbeitsweise des »psychischen Apparates« erklärt werden sollen: Er spricht dann von einer *metapsychologischen* Betrachtungsweise. Auch darauf wird zurückzukommen sein.

---

[9] BISCHOF (1966), S. 318

Die beiden Zeitachsen

Zu Beginn dieses Buches haben wir das Ärgernis angesprochen, daß der Aussagegehalt von Mythen so oft in hoffnungslosem Widerspruch zum wohletablierten Bestand des wissenschaftlichen Weltbildes steht. Am härtesten erleben wir das wohl bei den kosmogonischen Mythen, den Berichten von der Entstehung der Welt. Nicht nur, daß dafür in der Regel irgendwelche Geistwesen als Schöpfer oder Demiurgen verantwortlich gemacht werden, für die der Physiker keine Verwendung hat; auch die Angaben, was woraus und in welcher Reihenfolge hervorgegangen sein soll, haben meist keinen empirisch interpretierbaren Sinn.

Diesen Widerspruch können wir jetzt auflösen. Der ganze Streit geht tatsächlich um ein Scheinproblem, das wiederum dem naiven Realismus entstammt. Um das zu verstehen, müssen wir nunmehr allerdings nach dem Raume auch die *Zeit* einer reflektierteren Betrachtung unterziehen.

Was Zeit auf der Φ-Ebene eigentlich bedeutet, ist eine äußerst schwierige Frage, über die die Physiker heute vertieft nachdenken[10]. Zur Diskussion steht, ob und bejahendenfalls wieso sie irreversibel ist, ob Mikroprozesse in ihr auch »rückwärts ablaufen« können, ob sie einen Anfang und ein Ende hat. Alldas brauchen wir hier indessen nicht zu erörtern. Wir müssen uns nur klar machen, daß die Dimension, die in der Physik meist mit einem kleinen t bezeichnet wird, jedenfalls nicht mit der erlebten Zeit unserer Ψ-Welt identisch ist. Wie schon der phänomenale und der transzendente Raum nicht ineinander einbettbar sind, so haben wir es auf beiden Ebenen auch mit verschiedenen Zeitachsen zu tun.

Die Ψ-Zeit ist eine Anschauungsform, in der sich die Inhalte des Bewußtseins organisieren. Auf der Φ-Achse sind diese Inhalte alle *simultan*: Egal ob es sich um aktuelle Wahrnehmungen, um Erinnerungen an Längstvergangenes oder Antizipationen der Zukunft handelt – wenn es Phänomene sind, die innerhalb der Bewußtseinseinheit miteinander in erlebbarer Beziehung stehen, dann müssen die ihnen

---

[10] HAWKING (1988)

zugrundeliegenden neuralen Ereignisse gleichzeitig stattfinden. Transzendental betrachtet ist der Unterschied zwischen Vergangenheit, Gegenwart und Zukunft ein Unterschied von *Speicheradressen.*

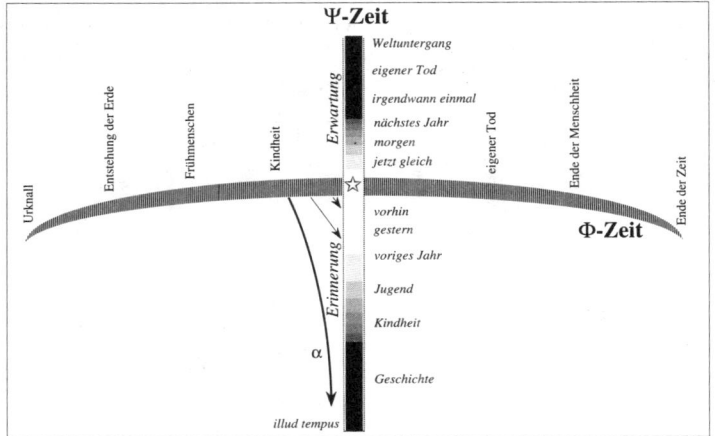

Physikalische (Φ) und erlebte (Ψ) Zeit. Die Φ-Zeit erstreckt sich von der Entstehung bis zum Ende des Kosmos; die individuelle Lebensspanne bildet einen (unproportional vergrößert dargestellten) Abschnitt auf dieser Achse. Die Ψ-Zeit ist ein um den Punkt »Jetzt« (☆) zentriertes System von Speicheradressen. Φ-Ereignisse während der vergangenen Lebensspanne korrespondieren (Pfeile) mit Erinnerungsmarken auf der Ψ-Achse. Die Zeitadresse dieser Marken braucht aber, insbesondere bei Erlebnisspuren aus der frühen Kindheit (α), nicht mit der Φ-Zeit des Ereignisses übereinzustimmen.

Hieraus folgt, daß die Achsen der Ψ- und der Φ-Zeit sich nur in einem Punkte schneiden. Dieser wird auf der Ψ-Achse als »Jetzt« erfahren. Wie man ihn physikalisch definieren soll, weiß niemand zu sagen; denn die Φ-Zeit hat keinen natürlichen Nullpunkt, der »Gegenwart« zu heißen beanspruchen könnte. Ein solcher Punkt müßte die Zeitachse entlang wandern wie der Funken an einer Zündschnur – aber wenn wir »wandern« sagen, denken wir ein zeitliches Bezugssystem mit, das unabhängig von jener Achse ist, und das wäre natürlich eine unzulässige Verdoppelung der Zeit!

Gäbe es kein Bewußtsein, so wäre die physikalische Zeit eine Raumdimension, nichts sonst. Die Welt wäre ein vierdimensionaler Kristall in ewiger Gleichförmigkeit. Alle Unruhe in ihr stammt aus dem Ψ. Indem ich »Jetzt« erfahre, zeichne ich im vierdimensionalen Raum-Zeit-Kontinuum einen Bereich als mein aktuelles psychophysisches Niveau aus. Niemand – kein Philosoph, kein Psychologe und kein Physiker – hat bislang verstanden, wie dies zugeht.

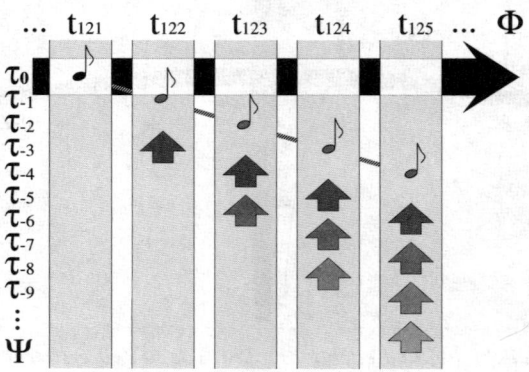

Retrograde Entstehung der geträumten Vorgeschichte zu einem Weckreiz. Abszisse: Physikalische Zeit t mit beliebig wählbarem Bezugssystem (hier symbolisiert durch die willkürliche Indizierung von 121 bis 125). Ordinate: Psychische Zeitskala τ mit vorgegebenem Nullpunkt (erlebte Gegenwart) und einer Serie von Vergangenheitsmarken. Notensymbol: Wahrnehmung (t_{121}) bzw. (ab t_{122}) Erinnerung des Weckreizes. Nach oben weisende Pfeile: Nachträglich hinzukomponierte Vorgeschichte. Graue Vertikalstreifen: Die im jeweiligen Φ-Zeitpunkt t gerade erlebte Gesamt-Bewußtseinslage.

Es ist nicht leicht, mit der Unabhängigkeit der beiden Zeitachsen kognitiv umzugehen. Eine immer wieder berichtete Erfahrung mag dabei ein wenig helfen. Mancher Leser wird schon erlebt haben, daß er ein alarmierendes Geräusch, das ihn zur Unzeit aus dem Schlaf riß, vor dem Erwachen noch rasch in seinen Traum eingebaut hat. Dabei kann es geschehen, daß sich dem Weckreiz eine Traumgeschichte von ansehnlicher Länge vorausspinnt; und mancher hat sich schon staunend gefragt, wie es dem Gehirn möglich sei, in den bis zum Erwachen verfügbaren Sekundenbruchteilen eine solche Kette von Phantasmen zu durcheilen, die noch dazu unter Umständen erst auf raffinierten Umwegen zu jenem Weck-Ereignis hinführen, gleich als ob dem zentralnervösen Dramaturgen auch noch Muße für genialische Kapriolen geblieben wäre. Nun weiß gewiß bisher noch niemand, was in solchen Fällen tatsächlich geschieht. Es ist aber jedenfalls nicht nötig, nach exotischen Erklärungprinzipien zu greifen. Eine relativ einfache und mit dem gegenwärtigen neurophysiologischen Wissen problemlos zu vereinbarende Interpretation zeigt die nebenstehende Schemazeichnung. Demnach würde das Gehirn in dem Moment, wo der Weckreiz (♪) es erreicht, eine Vorgeschichte auf die Weise aufzubauen beginnen, daß es ihm zunächst ein unmittelbar verursachendes Ereignis voransetzt. In der Φ-Zeit entsteht dieses Phantasma tatsächlich *später* als der Reiz; dessenungeachtet wird ihm jedoch auf der Ψ-Achse eine Zeitmarke in der *Vergangenheit* angeheftet. Und dieser Prozeß kann dann so weitergehen, wobei sich die verwickelte Ψ-Geschichte also in der Φ-Zeit tatsächlich rückwärts aufbaut. Bevor man sich aber die Augen gerieben hat, ist dieser ganze aktualgenetische Vorgang längt Φ-Vergangenheit geworden, und nun wissen wir nichts mehr von seiner retrograden Entstehung; denn alles, was ihm noch an temporaler Information anhaftet, sind die Zeitadressen seiner Glieder, und diese beteuern in aller Unschuld, daß die Handlungskette, wie sichs gehört, vom Anfang zum Ende hin abgelaufen sei.

Ana kushi was

Erlebte Dauer, so lautet die Quintessenz aus den eben angestellten Erwägungen, ist alles andere als ein unmittelbares Innewerden der physikalischen Zeitdimension. Das muß man sich klar gemacht haben, wenn man daran gehen will, die *mythische* Zeit zu analysieren. Ein Bild wie das von der *Entstehung der Welt* kann nur dem naiven Realisten auf triviale Weise evident erscheinen; tatsächlich ist es jedoch von subtiler Vieldeutigkeit.

Beschränkt man sich auf die Φ-Achse, gibt es hier allerdings noch keine Mißverständnisse. Man redet dann eben von der *Kosmogonie.* Die Zeit, und mit ihr die Welt, entspringt demnach in einer Singularität, dem sogenannten Urknall, erstreckt sich von dort über etliche Milliarden Jahre und kollabiert schließlich, erleidet den »Wärmetod« oder tut sonst etwas, was wir mit unseren mesokosmischen Anschauungskategorien nicht einmal in Gleichnisse fassen können. Zwischendrin treibt sie für eine kurze Weile das organische Leben und insbesondere die Gattung Homo hervor und irgendwann auch die kosmischen Sekundenbruchteile meiner individuellen Existenz. Soweit also herrscht Eindeutigkeit. Schwieriger wird es jedoch, wenn wir die Ψ-Achse einbeziehen. Physikalisch betrachtet, müssen alle Erfahrungen, die sich auf ihr eintragen, aus meiner Lebenszeit stammen, aus jener lächerlich winzigen Spanne, die mit dem ersten Aufdämmern des kindlichen Bewußtseins ihren Anfang nimmt, ein kurzes Lebensalter lang wächst und welkt und schließlich mit dem persönlichen Tod endet. Selbst meine frühesten Erinnerungen beziehen sich also auf Φ-Zeitpunkte, die erst wenige Jahrzehnte zurückliegen.

Damit ist aber überhaupt noch nicht gesagt, unter welcher *Zeitadresse* sie abgespeichert werden. Der Vorrat dieser Adressen ist nämlich aus Gründen, die wir erst im 17. Kapitel ventilieren werden, durchaus nicht nur auf die biblischen 120 Lebensjahre ausgelegt. Wir können uns unter Jahrmilliarden zwar nichts, was der Realität nahekäme, vorstellen, doch dehnt sich unser Weltgefühl unbeirrbar nach unten und oben hin in unauslotbare Ewigkeiten.

Wie nun das Traumbeispiel lehrt, wäre es naiv, zu fordern, daß die Zeitadresse erinnerter Erlebnisinhalte stets mit dem physikalischen Moment der zugehörigen Φ-Ereignisse korrespondieren müsse. Nehmen wir stattdessen einmal an, gewisse Eindrücke aus Kindheit und Jugend würden sich, wie es der Pfeil α in dem Schema auf Seite 112 andeutet, so ins Gedächtnis eintragen, als stammten sie aus einer Vorzeit der Welt. Dabei ist nicht in erster Linie an konkrete Ereignisse gedacht; denn die, das wissen wir, können mit recht realistischer Datierung erinnert werden. Gemeint sind vielmehr *seelische* Grundkonstellationen, die sich anläßlich solcher Ereignisse erstmals erschlossen und seitdem als Bedeutungsgehalte, als anthropologische Existenzradikale verselbständigt haben – Sinnzusammenhänge von

Bindung und Trennung, Schuld und Strafe, Verlockung und Rebellion, Grenze und Verschmelzung, Versagen und Bewährung, für die die konkreten Anlässe nur als symbolische Vehikel dienten.

Der untere Ast der Ψ-Zeit wäre dann geladen mit dunklen Spuren rational undurchschauter, emotional aber höchst bewegender Begegnungen mit dem Leben, die aber eben nicht die altersgemäße Zeitmarke, sondern die einer unvorstellbar weit zurückliegenden Vergangenheit tragen, und die gleichwohl fordernd und sinngebend die Gegenwart in ihren Bann schlagen. Wie anders als in Mythenform sollten wir uns solcher Eindrücke erinnern?

Der Mythos als eine symbolische Reflexion des *erwachenden Weltbewußtseins*, als Niederschlag der Erinnerung an jene phänomenale Weltentstehung, bei der jeder von uns einmal selbst zugegen und mit Leib und Seele beteiligt war – das ist, auf eine kurze Form gebracht, die Grundidee, die in den folgenden Kapiteln mit Inhalt zu füllen und auf ihre Tragfähigkeit zu prüfen sein wird.

Falls sie sich bewährt, hätten wir uns mit ihr dem zu Beginn angesprochenen Geheimnis des *Ana kushi was* schließlich doch auf Sichtweite genähert. Das *Es war einmal*, das in jedem Augenblick gegenwärtig ist, das *Be reshit* der Genesis oder Mircea ELIADEs *Illud tempus*, aus dessen Fortdauer das Jetzt seinen Sinn empfängt – all das stünde, dieser Deutung zufolge, für die nachleuchtende Morgendämmerung unseres eigenen Bewußtseins, deren Reminiszenz zugleich die Marke des Längstvergangenen und des zeitlos Gültigen trägt und uns als intuitive Orientierung angesichts der Frage, woher wir kommen und wohin wir gehen, ständig präsent bleibt.

Die dramatischen Umstände, unter denen unser eigenes Weltbewußtsein erwachte und Gestalt annahm, schlummern ja schemenhaft, aber unauslöschlich und jederzeit weckbar in den Tiefen unserer Erinnerung. Wir tragen die durch nichts zu beirrende Gewißheit in uns, daß sie irgendwann einmal wirklich stattgefunden haben. Nur *wann* – daran erinnern wir uns nicht mehr. Eine korrekte Zeitadresse hat ihnen nie angehaftet, und wenn, so ist sie längst verlorengegangen. Sie liegen auf der Ψ-Achse weit zurück, viel weiter, als wir denken können – das ist alles, was wir noch wissen. Eine ganz andere Ära muß das gewesen sein, von der solche Ahnungen künden – eben »jene Zeit«, in der die Grundfesten der Welt errichtet wurden.

Andererseits freilich haben die aufklärenden Einflüsse, denen wir seit der Schulzeit ausgesetzt waren, längst ein rationales Raster von Φ-Historie wie ein dichtes kartographisches Netz über den zurückliegenden Ast der Ψ-Zeit geworfen. Nirgendwo in dessen Maschen ist das »illud tempus« unterzubringen. Der Mythos weiß ja eben nicht, daß die Zeit, die er abbildet, nicht die Zeit ist, von der er kündet. Im Gegenteil: Daß er nur Erfahrungen der eigenen Kindheit aufbewahrt haben soll, erscheint absurd; denn die Aura der Grandiosität, in der die Ereignisse dem Kind erschienen waren und in der sie demgemäß auch erinnert werden, kontrastiert allzu sehr mit der Bedeutungslosigkeit, die die rückschauende Lebenserinnerung des Erwachsenen dem kindlichen Weltverständnis zubilligt.

Es ist nie die *Funktion* des Mythos gewesen, die Stadien der Bewußtseinsentwicklung zu interpretieren. Nicht am Subjektiven ist er interessiert, er blickt auf das Absolute. Was die Menschheit beunruhigte, war immer die Frage nach Herkunft, Dauer und Sinn der *objektiven* Fundamente unserer Existenz. Solange die Naturwissenschaft hier noch nicht mitzureden hatte, und solange eine naiv-realistische Weltsicht gar keine Handhabe zur Unterscheidung von Phänomen und Transzendenz bot, mußte aber die dunkle Erinnerung an die eigene Psychogenese mit ihrem unmittelbar erfühlbaren Wahrheitsgehalt fast zwangsläufig auch zur Quelle kosmologischer und historischer Sinndeutungen werden.

Mit dem Erstarken der empirischen Wissenschaften freilich gerät die intuitive Gewißheit dieses Geschichtsbildes in ständig wachsende Bedrängnis. Es wird immer schmerzlicher spürbar, daß hier Wahrheit gegen Wahrheit steht. Den Ausweg aus diesem Dilemma hätten wir ohne die Reflexionen dieses Kapitels nicht finden können. Erst der kritische Realismus entbindet uns ein für allemal von der Verpflichtung, die phänomenale Evidenz dem Richtmaß der Wissenschaften vom Ding an sich zu unterwerfen.

Erkenntnistheoretische Voraussetzungen

1. Psychophysische Grundunterscheidung

Ψ = **Phänomenale Welt.** Erscheinungswelt. Bewußtsein.
  Inhalte: Leib, Seele, Anschauungsraum, erlebte Zeit.
Φ = **Transzendente Welt.** Ding an sich.
  Inhalte: Körper, Psychischer Apparat, Raum-Zeit-Kontinuum.

2. Erkenntnistheoretische Standorte

- **Naiver Realismus:**
  Erlebte (Ψ) und objektive (Φ) Wirklichkeit sind miteinander identisch.
- **Physikalismus:**
  Nur die Φ-Welt ist möglicher Gegenstand kontrollierbaren Wissens.
  Die Ψ-Welt der Anderen ist nicht erforschbar, die eigene nicht mitteilbar.
- **Konstruktivismus:**
  Nur die (eigene) Y-Welt ist unbezweifelbare Erkenntnisgrundlage.
  Sie ist Produkt subjektiver Konstruktion.
  Die F-Welt (das »Ding an sich«) ist daran nur unspezifisch beteiligt und
  daher in ihrem So-Sein unerreichbar.
- **Kritischer Realismus:**
  Phänomen (Ψ) und Transzendenz (Φ) bilden unabhängige, aber aufein-
  ander bezogene Seinsbereiche.
  Die phänomenale Welt ist eine Rekonstruktion der physikalischen.

Psychophysischer Parallelismus:
  Die phänomenale Welt ist eine eineindeutige (»isomorphe«) Abbildung
  von Prozessen im Psychophysischen Niveau.
Evolutionäre Erkenntnistheorie:
  Die Kategorien der zentralnervösen Reizverarbeitung sind in der Lage,
  einen überlebenswichtigen Ausschnitt aus der Transzendenz
  (den »Mesokosmos«) so zu rekonstruieren, daß die
  Phänomenale Welt mindestens diesen Bereich adäquat abbildet.

3. Phänomenale und transzendentale Erkenntnisperspektive

- **Phänomenale Perspektive:** Deskription des Naiv-Gegebenen.
  Leib und Seele *interagieren* und gehen kontinuierlich ineinander über.
- **Transzendentale Perspektive:** Phänomene sind Bewußtseinsinhalte.
  »Leib« und »Seele« sind beide »psychisch« (= Bestandteile der
  Ψ-Wirklichkeit) und bedürfen einer Erklärung aus zugrundeliegenden
  (Φ-)Hirnprozessen.
  Zwischen »Psyche« (Ψ) und »Physis« (Φ) besteht keine Interaktion und
  kein gleitender Übergang, sondern Parallelismus.

Synonyma für »*transzendental*«: – »*funktional*« (Gestalttheorie)
                                   – »*metapsychologisch*« (Psychoanalyse)

4. Kapitel

Figur und Medium

Archetypen und Auslöseschemata

Am Beginn des vorigen Kapitels ist der Name C. G. JUNG aufgetaucht, und wir werden ihm in diesem Buch noch mehrfach begegnen. Bei unserem Thema ist dies kaum zu vermeiden. Kein Psychologe hat sich intensiver als JUNG mit Mythologie beschäftigt, und die wissenschaftliche Sorgfaltspflicht gebietet daher, sich mit ihm auseinanderzusetzen. Es ist möglich, wäre aber nicht das Schlimmste, wenn man dabei hier und dort in seine Ideenwelt etwas mehr Prägnanz hineinsieht, als sie hergibt. JUNG ist nun einmal nicht unbedingt das, was er selbst einen »Denktyp« nennen würde. Man findet bei ihm seitenlange Anläufe, sein Begriffswerkzeug zu »definieren«, das heißt, mit immer wieder neuen Assoziationen zu paraphrasieren. Versucht man ihm dabei zu folgen, so fühlt man sich alsbald von der Vision der Laokoon-Gruppe heimgesucht. Begriffe sind für JUNG eben nichts anderes als Kondensationskerne für Gedankenspiele, von denen man gar nicht erst erwarten sollte, daß sie untereinander stimmig sind. Andererseits verhält es sich mit seinen Schriften wie mit einem der selten gewordenen Trödlerläden alten Stils. Man stößt, wenn man sich die Zeit zum Wühlen nimmt, immer wieder auf kleine Kostbarkeiten; zwar oft in falsche Regale eingeordnet und unter allerlei Plunder begraben, aber immerhin: Es lohnt sich, auf die Suche zu gehen. So manche Psychologenschule könnte stolz sein, wenn sich ähnliches auch von ihr sagen ließe.

Einen der Fundgegenstände, auf den man bei dieser Suche unweigerlich stößt, werden wir etwas genauer zu betrachten haben, da er als unmittelbarer Nachfahre von BASTIANS »Elementargedanken« auftritt und bei der Mythendeutung eine Schlüsselrolle spielt. Es ist der Begriff »Archetyp«.

Was JUNG hierüber zu sagen hat, klingt stellenweise verwirrend »biologisch«. Man darf ihn da nicht sehr genau beim Wort nehmen. Er behauptet schon einmal gern, er wolle einen Beitrag zu einer Naturwissenschaft der Seele leisten; tatsächlich spielt er aber lediglich mit biologischen Metaphern. Er konstruiert seine Psychologie nicht *aufbauend* auf der Biologie, sondern in *Analogie* zu ihr. In diesem Sinne finden sich bei ihm dann Passagen, in denen er von den Archetypen als »Organen der Seele« redet, so als sei die Seele selbst ein Lebewesen, das sich unabhängig vom physischen Körper auch noch seinerseits an die Außenwelt anpassen mußte. Dem Licht, heißt es etwa, begegne der Organismus, indem er Augen hervorbringt; und ganz entsprechend setze der Geist dem Mond und der Sonne ein »symbolisches Bild« entgegen, »das den Naturvorgang ebenso erfaßt, wie das Auge das Licht«[1].

Es gibt aber auch noch konkretere Passagen. Da ist etwa davon die Rede, die Seele des Kindes komme mit »angeborenen Bereitschaften« zur Welt, das Material der Sinnesreize nach Maßgabe von »Niederschlägen der vieltausendjährigen Erfahrungen des Anpassungs- und Daseinskampfes«[2] bildhaft zu interpretieren; und diese »in den ererbten Instinkten« gründenden Gestaltungstendenzen eben seien die Archetypen.

Einige unter JUNGs Schülern haben gemeint, im solcherart Beschriebenen jene reizfilternden Sinnesdetektoren entdecken zu können, die in ethologischer Fachsprache »*Auslöseschemata*« oder »*angeborene Auslösemechanismen*« heißen. Vor allem Anthony STEVENS, selbst der Ethologie und der Tiefenpsychologie gleichermaßen nahestehend, hat gemeint, durch die simple Identifikation der beiden Konstruktebenen alle Probleme aus der Welt schaffen zu können[3].

Die Parallele entpuppt sich aber als windschief, sobald man nur einmal die Probe aufs Exempel macht. Nehmen wir beispielsweise das

---

[1] JUNG (1940), S. 311   [2] ebd., S. 600   [3] STEVENS (1982)

Symbol des *Kindes*. Dieses spielt ja nicht nur in der JUNG-Schule eine hervorragende archetypische Rolle, sondern es wurde, unter der Bezeichnung »Kindchenschema«, auch von ethologischer Seite gründlich analysiert.

»Kindchenschema« nach K. LORENZ. *Links: Gesichtsproportionen, die beim menschlichen Betrachter optimal geeignet sind, Aggressionen zu hemmen und Pflegeimpulse zu wecken. Rechts: Die jeweils zugehörige Adultform, die keine vergleichbaren Anmutungen weckt.*

Das Kindchenschema ist ein Auslöser, der zu Brutpflegehandlungen anregt und Aggressionen hemmt; in Rituale eingebunden kann es daher friedliche Absichten ausdrücken und beschwichtigend wirken[4]. Von all dem ist beim Kind-Archetyp keine Rede. Dieser ist nach JUNG ein Spezialfall des Motivs der »schwer erreichbaren Kostbarkeit« und als solcher »beinahe unbegrenzt auswechselbar« mit anderen Symbolen wie etwa dem des »Edelsteins«, der »Perle«, der »Blume«, des »Gefäßes«, des »goldenen Eies«, und so fort[5].

---

[4] EIBL-EIBESFELDT (1987)   [5] JUNG & KERENYI (1942)

»Kind-Archetyp«. Von JUNG *verwendete Illustration des »göttlichen Kindes« in der Geborgenheit des mütterlichen Uterus (nach einer venezianischen Darstellung aus dem Jahre 1524).*

Zwischen diesen Interpretationsmustern liegen Welten. Worauf die Unvereinbarkeit beruht, wird deutlich, wenn man sich die bildliche Darstellung der beiden Vergleichsobjekte anschaut. Für das ethologische Konzept steht offenkundig die *physiognomische Erscheinung* der Kindgestalt im Mittelpunkt des Interesses. Es geht hier um ganz bestimmte *Formeigenschaften*, die wie ein Schlüssel ins Schloß jenes Wahrnehmungsfilters passen müssen, der Pflegehandlungen auslösen soll. Dazu gehören Merkmale wie vor allem ein im Verhältnis zum Rumpfe großer Kopf, ein relativ zum Gesichtsschädel stark überwiegender Hirnschädel mit vorgewölbter Stirn, runde, vorspringende Pausbacken sowie große Augen, die tief bis unter der Mitte des Gesamtschädels liegen.

Wie die Lebenserfahrung lehrt, ist der Wahrnehmungsdetektor unspezifisch genug, auch noch auf nicht-menschliche Auslöser, wenn sie nur die genannten Proportionen aufweisen, mit anzusprechen. Auch hier also läßt sich das prototypische Bild durch andere ersetzen, die ähnliches bewirken. Aber mit einer »Blume« oder »Perle« würden die Ethologen das Kind gewiß nicht zusammenwerfen – die Vergleichsperspektive ist offensichtlich eine völlig andere.

Betrachten wir wiederum eine bildliche Darstellung, wie sie JUNG zur Illustration des Kind-Archetyps heranzieht. Was gegenüber den ethologischen Schemata als erstes ins Auge springt, ist der geringe Stellenwert der physiognomischen Erscheinung. Das Jesuskind im Schoß Mariens weist, soweit erkennbar, kaum Merkmale des »Kindchenschemas« auf. Das liegt natürlich auch an der Unbeholfenheit des Künstlers; aber JUNG hätte dieses Bild nicht gewählt, wenn er auf Gesichtsproportionen Wert gelegt hätte.

Tatsächlich geht es ihm um etwas ganz anderes, nämlich um die *Raumsymbolik*: Das Kind ist ein Bedeutungsträger, von dem überhaupt nicht interessiert, wie er aussieht, sondern nur, daß er sich im *Mittelpunkt* des Bildes befindet und von einer bergenden, uterinen Hülle allseitig *umschlossen* wird. Man kann sich recht gut vorstellen, daß ein Diamant in einer Schatulle, eine Perle in einer Muschel, ein kostbares Elixier in einer Retorte ähnliche Anmutungen hervorrufen, und daher werden diese Bilder von JUNG eben auch als zulässige Alternativen genannt.

Wahrgenommene Grenzen

Um dem Geheimnis dieser Raumsymbolik auf die Spur zu kommen, müssen wir uns bei einem scheinbar weit abliegenden Themengebiet der Psychologie kundig machen, nämlich bei der Wahrnehmungslehre.

KANTs Erkenntnis, daß die Erscheinungsweise der Lebenswelt von subjektiver Verarbeitungstätigkeit geprägt ist, gilt nicht etwa nur für anspruchsvollere kognitive Kategorien wie Identität und Kausalität, sondern auch schon für einfachste Leistungen der Gestaltwahrnehmung. Bekanntlich setzt sich die Netzhaut des Auges aus winzigen Sinneszellen zusammen, deren jede für sich nur einen punktförmigen Lichteindruck aufzunehmen vermag. Wenn wir also einen Gegenstand anblicken, so entsteht auf der Netzhaut zunächst einmal ein Raster einzelner Reizereignisse, nicht unähnlich einem pointillistischen Gemälde.

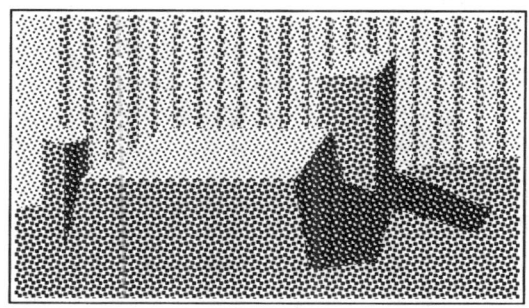

Uneindeutigkeit des Netzhautmusters. Die Lichtrezeptoren im Auge liefern ein Mosaik punktueller Einzelerregungen. Grenzverläufe angeblickter Gegenstände müssen vom Wahrnehmungssystem aus unstetigen Farb- und Helligkeitsübergängen zwischen benachbarten Netzhauterregungen erschlossen werden.

Ein Teil dieses Mosaiks stammt von dem angeblickten Gegenstand, der Rest von seiner Umgebung. Damit stellt sich für den Wahrnehmungsapparat das Problem, welche Reizpunkte zusammengehören. Auf einheitliche Färbung oder Helligkeit ist hier kein Verlaß: Die meisten Gegenstände unserer Lebenswelt sind fleckig, gemasert oder gemustert; außerdem sorgt der Lichteinfall für komplizierten Schattenwurf. Das alles hat zur Folge, daß im Netzhautbild Unstetigkeiten auftreten, die nicht auf Dinggrenzen verweisen, oder umgekehrt fehlen, wo in Wirklichkeit Dinge zu trennen wären.

Nach welchen Kriterien der Wahrnehmungsapparat hier Ordnung schafft, haben die Gestaltpsychologen im einzelnen erforscht. Sie haben dabei allerlei amüsantes Demonstrationsmaterial zusammengestellt, an dem man jedenfalls erkennen kann, daß die Rekonstruktion ausgedehnter Wahrnehmungseinheiten keineswegs immer von den lokalen Reizverhältnissen abhängt. Bald einmal nehmen wir einen

Farbwechsel zwischen zwei Netzhautstellen einfach als belanglose Textur auf der Oberfläche eines einzigen Dinges wahr, bald wieder trennen sich vor unserem Auge zwei verschiedene Bereiche, ohne daß an der betreffenden Stelle irgendwelche Reizunterschiede dazu Anlaß geben. Entscheidend für die Gruppierung sind offenbar immer die Verhältnisse im ganzen.

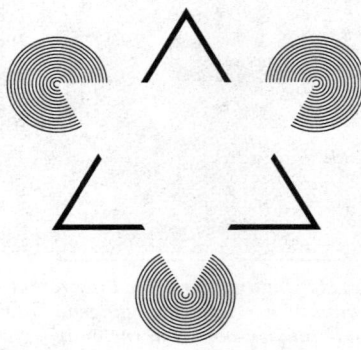

Grenzbildung als aktive Leistung des Wahrnehmungsapparates. Die Konturen des auf der Spitze stehenden weißen Dreiecks verlaufen anschaulich durch Gebiete, in denen die Netzhaut völlig homogen gereizt wird. Umgekehrt werden von den konzentrischen Kreisen an den Ecken dieses Dreiecks nur die jeweils äußersten als Kontur, die übrigen jedoch als Textur der drei Scheiben wahrgenommen.

Schon unsere scheinbar so triviale Fähigkeit, kompakte *Dinge* wahrzunehmen, beruht also auf einer Rekonstruktionsleistung. Die hierfür zuständigen zentralnervösen Instanzen müssen zu diesem Zweck in das Reizmuster etwas hineinretuschieren, was diesem an sich fremd ist – nämlich *Grenzen*, welche die Dinge von ihrer Umgebung trennen.

Eine eigentümliche Asymmetrie

Solche Grenzen sind mehr als bloß eindimensionale Linien im Sinne der Geometrie. Der konkrete Prototyp einer Kurve, die zwei Orte verbindet, ist der *Weg* von einem Startpunkt zu einem Ziel. So ein Weg hat keine »Seiten«; er ist gewissermaßen blind gegen das, was rechts und links von ihm liegt. Wahrgenommene Grenzen aber haben in der Regel eine »Außen-« und eine davon verschiedene »Innenseite«, vor allem dann, wenn sie gekrümmt oder geknickt verlaufen.

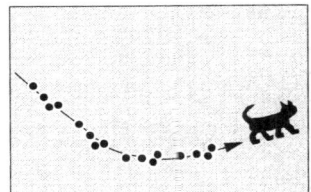 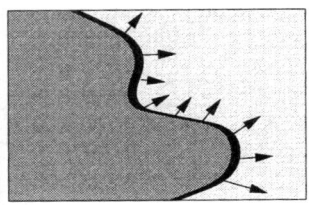

Unterschiedlicher Bedeutungsgehalt einer Linie. Links: Weg, in Längsrichtung orientiert, eine Spur hinterlassend. Rechts: Grenze, lateral (asymmetrisch) orientiert, Figur von Hintergrund scheidend.

Das Gebiet auf der Innenseite – und nur dieses – wird, wiederum durch eine spontane Leistung des Wahrnehmungssystems, mit etwas ausgefüllt, das sich am ehesten mit »Substanz« umschreiben läßt. Es erscheint als ein stabiles, zeitbeständiges Gebilde, als eine Einheit, die aus sich selbst existieren kann, die Träger eines eigenen »Wesens« ist. Im Gegensatz dazu wirkt der Bereich an der Außenseite der Kontur eigentümlich dichtelos und uncharakteristisch, und er läßt auch keine klare Lokalisation in der Tiefe erkennen, außer daß er auf vage Weise »hinter« dem umgrenzten Gebiet zu liegen scheint.

Die Psychologen bezeichnen das eben beschriebene Phänomen seit Anfang unseres Jahrhunderts als die Trennung von *Figur* und *Grund*[6]. Dieses Begriffspaar eignet sich besonders bei flächenhaften Zeichnungen, etwa in einem Buch oder an einer Wandtafel. Die Gegen-

---

[6] METZGER (1975)

stände, mit denen wir im Alltag umzugehen haben, sind im allgemeinen allerdings dreidimensional, und der »Hintergrund« erscheint hier eher als ein alles umschließendes, raumfüllendes *Medium*. Die Gestaltpsychologen Fritz HEIDER und Kurt LEWIN haben es daher vorgezogen, statt von »Figur« und »Grund« lieber von »Ding« und »Medium« zu reden[7].

Es ist in unserem Kontext ziemlich gleichgültig, welcher dieser Ausdrucksweisen man den Vorzug gibt. »Ding« klingt mehr nach kompakter, zeitüberdauernder Stabilität; »Figur« hingegen verweist auf einen anderen wichtigen Umstand: Die von Konturen umschlossenen Gebilde haben eine mehr oder minder charakteristische *Gestalt*, eine Art Physiognomie, an der man sie wiedererkennen kann.

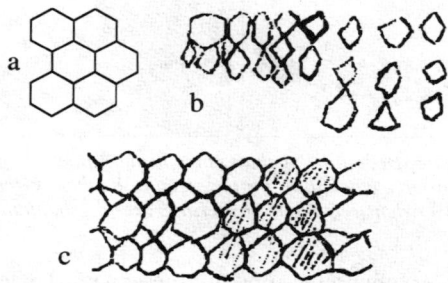

Einseitigkeit phänomenaler Grenzen. Bei der Aufgabe, ein Wabenmuster (a) in freier Zeichnung fortzusetzen, versagen Vorschulkinder oder geistig Behinderte, weil sie nicht in der Lage sind, eine Linie als zweiseitige Grenze aufzufassen: Jede Kontur ist durch die Begrenzung einer einzelnen Zelle soweit ausgelastet, daß sie nicht zugleich noch die Aufgabe der Begrenzung einer Nachbarzelle übernehmen kann. Leistung (b) eines schwachen und (c) eines weniger behinderten Sonderschulkindes.

Die gestaltbildende Kraft der Grenzkontur wirkt nur nach *außen* hin. Medien haben keine vorzeigbare Außenseite und daher auch keine Gestalt. Wenn ein Medium an Hüllflächen stößt, so werden diese meist bereits von Dingen als *deren* Außenseiten mit Beschlag belegt,

---

[7] HEIDER (1927)

oder aber es handelt sich von vornherein um konkave Innenseiten wie die Wände einer Höhle. Ein Medium ist irgendwo, und woanders ist es nicht; aber wo genau die Übergangszone ist, an der es aufhört, fällt kaum auf. Es ist amorph und eben daher auch anonym.

Aus dem Gesagten ergibt sich schon, daß das Medium nicht etwa dort endet, wo die Dinge sind. Der Grund wird als etwas wahrgenommen, was hinter den Figuren weitergeht, was sie einbettet und durchdringt. Es wäre ja auch absurd, wenn etwa aus dem blauen Himmel überall dort ein Loch ausgestanzt erschiene, wo ein Objekt sich vor ihn schiebt und ihn hindert, Lichtreize zur Netzhaut zu senden. Die Einseitigkeit der Grenze ist ein Erfordernis adäquater Rekonstruktion der Φ-Wirklichkeit.

Unscheinbare Bezugssysteme

Manche transzendenten Gebilde wie etwa die eben erwähnte Himmelwölbung taugen von vornherein nur dazu, als Medien wahrgenommen zu werden. Bei anderen steht aber nicht unwandelbar fest, in welche der beiden Erscheinungskategorien sie einzuordnen sind. Die Almhütte etwa, die der Bergwanderer hoch über sich als Ziel erblickt, erscheint ihm zunächst im figuralen Modus. Hat er sie aber erreicht, so umfängt sie ihn mit der wohligen Wärme des Kaminfeuers, ihre Wände kehren ihm die Innenseite zu, und sie verliert ihren Gestaltcharakter: Sie wird zum Medium.

Dieser kategoriale Wechsel verändert nachhaltig ihre Anmutungsqualität. Zuvor, beim Aufstieg, war sie so etwas wie ein magischer Blickfang gewesen, ein heller Fleck von unverbrauchbarer Leuchtkraft. Ist man aber in sie eingetreten, so nimmt man höchstens ganz zu Anfang wahr, wie golden doch eigentlich das Licht ist, das die Petroleumlampe verbreitet; nach ein paar Minuten hat man sich an die Raumbeleuchtung gewöhnt, und sie erscheint einfach farblos. Medien sind »unscheinbar«, sagt der Gestaltpsychologe Wolfgang METZGER[8].

---

[8] METZGER (1954)

Das bedeutet freilich keineswegs, daß sie auch belanglos wären. Auch und gerade, wenn man sie *nicht* beachtet, beeinflussen sie nachhaltig die Erscheinungsweise der Dinge, die in sie eingebettet sind. Wir haben auf Seite 76ff bereits den Begriff des psychologischen *Bezugssystems* eingeführt. Medien sind klassische Beispiele für Bezugssysteme.

Auch das hat einen wichtigen Stellenwert bei der Rekonstruktion der Objektwelt. Ein einzelner Baumstamm kann zufällig schief gewachsen sein; die tausend Bäume eines Waldes aber nicht. Ihre *durchschnittliche* Längsachse liegt so gut wie sicher in der physikalischen Lotrechten. Wenn ich in diesem Medium spazierengehe, sehe ich zwar »den Wald vor lauter Bäumen nicht«. Aber die vorherrschende Wuchsrichtung in diesem Gewirr von Stämmen polarisiert doch, ohne daß ich es merke, mein Wahrnehmungsfeld: Sie bestimmt, was ich als »vertikal« oder »schräg« wahrnehme.

Wirkungsweise von Bezugssystemen. Die Aufmerksamkeit fällt bevorzugt auf die drei Männer. Sie erscheinen figural. Das Gefüge von Fluchtlinien im Hintergrund bleibt unscheinbar. Gleichwohl bestimmt es nachhaltig die Erscheinungsweise der Männer: Diese sind objektiv gleichgroß, werden aber in unterschiedlicher Größe wahrgenommen.

Medien kann man selbst kaum an irgendeinem Merkmal festmachen, sie verhüllen diskret ihre Identität. Dafür vermögen sie aber den Dingen in ihrem Einflußbereich Eigenschaften aufzuzwingen, an denen diese ganz unschuldig sind. Wenn in der Innenkabine eines Schiffes, das sich im Seegang wiegt, das Handtuch am Halter langsam hin und her pendelt, so kann ich nur *wissen*, aber nicht *sehen*, daß das Tuch tatsächlich völlig regungslos dahängt, während allein die Kabine es ist, die schaukelt. Mein Gleichgewichtsorgan vermag sich nicht durchzusetzen und rächt sich höchstens mit Seekrankheit. Das Auge aber bleibt unbeirrt: Medien bewegen sich eben nicht, sie ordnen sich nicht in Raum und Zeit ein, sondern spannen erst ihrerseits diese Bezugssysteme auf. Medien offenbaren keinen Charakter und haben kein Schicksal; sie *sind* Schicksal.

Wesenseigenschaften

Im 3. Kapitel haben wir erörtert, daß der Raum der Ψ-Welt neben leiblichen auch seelische Phänomene enthält. Allerdings waren die Beispiele, die dies veranschaulichen sollten, alle von einer bestimmten Art: Es handelte sich darum, daß Seelisches irgendwo an Leibhaftigem verankert ist, daß es also punktuelle Kerne oder ausgedehnte Bereiche gibt, an denen sich bestimmte seelische Gehalte verdichten. Diese Gehalte selbst aber blieben, ähnlich wie Gerüche, vorerst rein qualitativ bestimmt.

Nun besteht aber zwischen Seele und Raum auch noch eine andere, etwas schwieriger zu fassende, nämlich *symbolische* Beziehung. Diese macht es möglich, raumbezogene Kategorien auch zur Charakterisierung, Strukturierung und Unterscheidung emotionaler Komplexe selbst heranzuziehen. Interessanterweise ist unsere Erlebniswirklichkeit nämlich so organisiert, daß bestimmte seelische Qualitäten und bestimmte leibliche Formen intuitiv zwingend zusammengehören.

Die Gestalttheoretiker haben versucht, in ihrer Wahrnehmungslehre auch diese komplizierte Relation terminologisch einzufangen[9]. Sie

---

[9] METZGER (1954), S. 64 ff

hoben an den Wahrnehmungsinhalten eine besondere Klasse von Merkmalen hervor, die sie »Wesenseigenschaften« nannten; damit waren eben solche seelischen Gehalte gemeint, die sich in einem leiblichen Gebilde kraft seiner Erscheinungsform unmittelbar verständlich ausdrücken. Die »Glätte« einer Bewegung etwa, die »Hohlheit« einer Stimme, die »Kraft« oder »Welkheit« eines Pinselstriches, die »Heiterkeit« einer bukolischen Landschaft oder auch das ganze Bündel von Vortragsanweisungen für Musikstücke, von »Adagio« bis zu »feierlich, aber nicht schleppend«, die ja emotionale Gehalte zum Ausdruck bringen, aber nur einen Sinn ergeben, wenn das Orchester sie letztlich in akustische, auf Schallplatten gepreßte oder in einer Digitalplatte mit Laserstrahlen abtastbare Objektivität umzusetzen vermag – all das sind Wesenseigenschaften, Bindeglieder zwischen nur qualitativ erfahrbarer seelischer Intensität und der Struktur raumzeitlicher Extension.

Diese Struktur ist nicht auf eine bestimmte Konkretisierung festgelegt, ja noch nicht einmal auf eine einzige, etwa die visuelle, Sinnesmodalität. Wolfgang KÖHLER[10] hat auf die unbeirrbare Evidenz hingewiesen, mit der erwachsene Versuchspersonen alle in gleicher Weise reagieren, wenn man sie fragt, auf welche von zwei sinnlosen Strichfiguren der Phantasiename »Maluma« besser passe und welche eher eine »Takete« sei. Offenbar sind »t«, »k« und »e« ähnlich »spitz« und »schneidend« wie die rechte Figur, und eine entsprechende Gestaltverwandtschaft scheint zwischen »l«, »m« und »u« und den weichen, bauchigen Formen links zu bestehen.

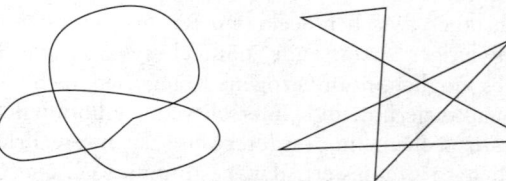

Intermodale Gefüge- und Wesenseigenschaften: »Maluma« (links) und »Takete« (rechts) nach Wolfgang KÖHLER.

---

[10] KÖHLER (1933)

Die beiden Figuren verkörpern zugleich gewisse Wesenseigenschaften: die rechte wird zum Beispiel als vergleichsweise »intellektuell« und »herausfordernd« erlebt, die linke eher als »mild« und »träge«. Dasselbe gilt für die zugeordneten Lautgebilde. Daß sich dieselbe emotionale Qualität in zwei verschiedenen Sinnesmodalitäten äußern kann, zeigt bereits, daß nicht etwa zu jedem Wesen nur ein einziges, je ganz bestimmtes Symbol existiert. Im übrigen könnte man natürlich auch noch beliebig viele andere Figurenpaare und Kunstworte hinmalen, die denselben Wesensgegensatz verkörpern. Gemeinsam wäre ihnen allen lediglich, daß im einen Fall das Gestaltradikal des »Abgerundeten«, im anderen das des »Eckigen« das Erscheinungsbild der Figur bzw. die Vokalisierung und das Konsonantenprofil des Wortgebildes bestimmt.

Was dem emotionalen Wesensgehalt und dem leibhaftigen Gestaltradikal als Gemeinsamkeit zugrundeliegt, kann man wohl letztlich überhaupt nicht in Reinform destillieren und für sich in Worte fassen. Der einheitliche Kern, die geheime Klammer zwischen dem seelischen und dem leiblichen Phänomenbezirk, bleibt selbst unanschaulich und verborgen. Wenn man nun zusammenstellt, was JUNG über die »Archetypen« geäußert hat, so will es scheinen, als habe er dabei am ehesten an solche allgemeinen, *einen Gefühlskomplex und dessen Gestaltsymbolik verklammernde Bedeutungsgehalte* gedacht. Er bezeichnet Archetypen bündig als »Bereitschaftssysteme, die zugleich Bild und Emotion sind.«[11] Als solche seien sie lediglich »formal«, nicht aber »inhaltlich« bestimmt, also nicht etwa eine Art unbewußter »Vorstellungen«.

»Inhaltlich bestimmt ist ein Urbild nachweisbar nur, wenn es ... mit dem Material bewußter Erfahrung ausgefüllt ist. Seine Form dagegen ist ... etwa dem Achsensystem eines Kristalls zu vergleichen, welches die Kristallbildung in der Mutterlauge gewissermaßen präformiert, ohne selber eine stoffliche Existenz zu besitzen. Letztere erscheint erst in der Art und Weise des Anschießens der Ionen und dann der Moleküle. Der Archetypus ist ein an sich leeres, formales Element, ... eine a priori gegebene Möglichkeit der Vorstellungsform. ... Er kann im Prinzip benannt werden und besitzt einen invariablen Bedeutungskern, der stets nur im Prinzip, nie aber konkret seine Erscheinungsweise bestimmt.«[12]

---

[11] ZIT.N. JACOBI (1957), S. 43   [12] JUNG (1976), S. 95 f

Eine linguistische Parallele

Wir brauchen hier nicht der offenen Frage nachzugehen, ob alle oder nur einige ausgezeichnete Gestaltradikale auch Wesenseigenschaften ausdrücken. Nicht zu bezweifeln ist jedenfalls, daß das zu Beginn dieses Kapitels diskutierte Phänomen der *Grenze* und die dadurch grundgelegte Unterscheidung von *Figur* und *Medium* in der Tat archetypisch sind. Sie spielen demgemäß eine überaus wichtige Rolle bei der Ausgestaltung der seelischen Erlebnisdimension.

Ein scheinbar fernabliegendes Fachgebiet, in dem dieser Umstand seit längerem diskutiert wird, ist die *Linguistik*. Für etliche Sprachen, so etwa die slawischen, ist eine Eigentümlichkeit bekannt, die man unter den Rubriken »Aspekte« oder »Aktionsarten« abzuhandeln pflegt. Wer beispielsweise Russisch lernt, muß sich für jedes Verb zwei verschiedene Vokabeln einprägen, eine »imperfektive« und eine – meist um eine Vorsilbe erweiterte – »perfektive« Form. Wo wir im Deutschen einfach »Ich schrieb einen Brief« sagen, muß man dort zwei verschiedene Worte verwenden je nachdem, ob man zum Ausdruck bringen will »ich war mit Briefeschreiben beschäftigt« (*ja pisal*) oder aber »ich schrieb einen Geburtstagsbrief an einen Freund« (*ja napisal*). Um diesen Unterschied zu charakterisieren, bedienen sich auch die Linguisten des Bildes von der *Grenze*: Im erstgenannten, imperfektiven Fall wird das Tätigkeitsprofil gewissermaßen von innen heraus erlebt; man befindet sich im Vollzug der Handlung wie in einer Höhle. Im letzteren, perfektiven Fall betrachtet man die Tätigkeit von außen und nimmt so ihre Kontur wahr, kraft deren sie in spezifischer Weise auf Objekte, hier etwa auf den produzierten Brief, einwirkt.

Mit diesen beiden Aktionsarten sind auch typische Unterschiede im Zeiterleben verbunden: Tätigkeiten im imperfektiven Aspekt schweben in der Zeit; es bleibt unbestimmt oder erscheint nicht beachtenswert, wann genau sie stattfinden. Perfektive Vollzüge haben ihren festen Ort in historischen Verläufen. Und da bei Handlungen im allgemeinen erst ihr Abschluß profilbildend wirkt, haftet dem perfektiven Aspekt immer auch ein wenig die Betrachtung aus dem Rückblick an. Aus diesen Gründen lassen sich die Aspekte in Sprachen, die keine grammatischen Tempora in unserem Sinne kennen, auch dazu verwenden, Präsenz und Perfekt zu unterscheiden, ja es heißt sogar, daß die Trennung der Aspekte sprachgeschichtlich urtümlicher sei als die der Tempora.

Ein Anflug dieses Sprachempfindens findet sich zuweilen übrigens im Behördendeutsch: Wenn eine Dienststelle neue Räume braucht, so werden diese nicht einfach »gemietet«, sondern »angemietet«: Ohne diese Vorsilbe würden sich unnötig konkrete Assoziationen einstellen von verschwitzt riechenden Männern in Schonärmeln, die verhandeln, Vorschriften zitieren, mit Papieren rascheln und Formulare unterschreiben. Das »an-« vor dem vulgären »mieten« hingegen stylt die Handlung zu einem instrumentellen Vollzug, bei dem es nur noch auf den durch sie letztlich bewirkten Effekt ankommt.

Stimmungen und Gefühle

Im Bereich der *Emotionspsychologie* spielt die Figur-Grund-Trennung eine zentrale Rolle, wenn es darum geht, »Stimmungen« von »Gefühlen« zu unterscheiden. Stimmungen sind *Hintergrund*emotionen ohne klar gezeichnete Kontur, Impressionen, die eine spezifische seelische Färbung über die gesamte Erlebniswelt gießen – sie sind seelische *Medien*. Bezüglich der »Gefühle« ist der Sprachgebrauch weniger einheitlich; sie heben sich aber vergleichsweise doch eher *figural* voneinander ab wie die Motive einer polyphonen Komposition.

Von Edvard MUNCH stammt ein bekannter Holzschnitt mit dem Titel »Der Schrei«. Er konfrontiert den Betrachter mit der hilflosen Angst der kauernden Person, aber er tut dies auf eine Weise, die es dem, der sich auf das Bild einläßt, nicht erlaubt, Distanz zu wahren. Das Grauen bleibt nicht innerhalb der Grenzen des Gegenübers, sondern ist über diese hinausgequollen, es füllt die ganze Welt bis zum Horizont, bis hinauf zu den ominösen Schlieren der Wolken. Die Angst wird hier zum Medium, sie wird allgegenwärtig, saugt den Betrachter ein und löst die Membran auf, hinter der sich seine eigene Seele schützen will.

Man bezeichnet diesen Ansteckungseffekt als *Stimmungsübertragung*; sie spielt schon im Tierreich eine wichtige Rolle bei der Syn-

---

⁶ BISCHOF (1995), Kap. 10

chronisation des Sozialverhaltens. Wenn ein einzelnes Gruppenmitglied eine Gefahr erkennt und seinem Schreck in einem Schrei Luft macht, überträgt sich diese Stimmung blitzschnell auf die übrigen: Panische Flucht bricht aus, und die Angst, die dazu treibt, steckt in jedem; keiner ist sich bewußt, daß er sie von einem anderen übernommen hat.

Edvard MUNCH: *»Schrei«. Lithographie*

Die Ethologen nennen den Schreckschrei »Warnruf«; aber dieser Ausdruck ist mißverständlich. Er kennzeichnet allein die biologische *Funktion*; hingegen wäre es ein falscher Anthropomorphismus, wollte man aus ihm auch eine individuell verspürte *Absicht* herauslesen. Einen anderen bewußt warnen heißt nämlich soviel wie begreifen, daß *für ihn* eine Gefahr besteht, daß *er* also in Angst geraten sollte, ganz unabhängig davon, wie man selbst sich fühlt. Hierzu sind nach derzeitigem

Kenntnisstand allein wir Menschen und die anthropoiden Affen fähig. Um so etwas zu können, ist erforderlich, daß mir fremde Angst *als solche* zum Phänomen wird, abgesondert von meiner eigenen Stimmungslage. Sie muß in meiner Ψ-Welt innerhalb der Grenzen des wahrgenommenen Gegenübers bleiben und sich wie eine *Figur* von meinem Erlebnishintergrund absetzen, ohne mit diesem zu verschmelzen.

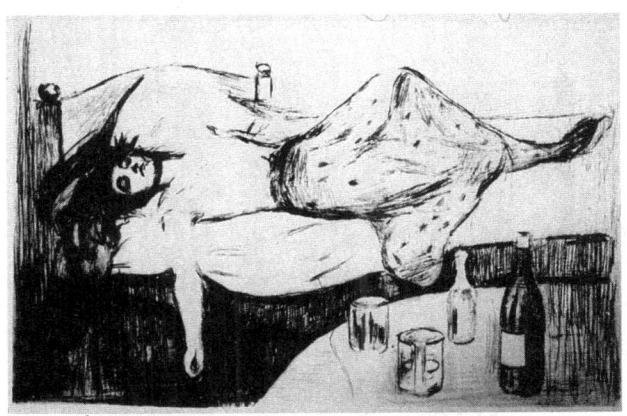

Edvard MUNCH: *»Der Tag danach«. Kaltnadelradierung und Aquatinta*

Das Phänomen der *Empathie*, der »Einfühlung«, basiert genau auf dieser figuralen Ausgrenzung von Fremdseelischem[13]. Mitleid beispielsweise setzt voraus, daß ich erlebe, wie ein Anderer traurig ist. In meiner phänomenalen Welt ist also »Traurigkeit« präsent; aber gleichwohl bin nicht ich selbst es, der trauert – im Gegenteil, vorhin ist ein langersehnter Brief gekommen, und die Freude darüber klingt noch nach. Ich kann gleichzeitig zwei widersprechende Emotionen erleben, meine eigene Freude und die fremde Traurigkeit, und zwischen beiden zieht sich eine emotionale *Grenze*, die verhindert, daß sie sich durchdringen und vermischen: Meine Freude ist wie ein Hintergrund, vor dem sich die miterlebte Trauer des anderen als Figur abhebt.

    Wir können uns auch diesen Effekt anhand eines Werkes von

---

13 BISCHOF-KÖHLER (1989)

MUNCH veranschaulichen; es trägt den Titel »Der Tag danach«. Auch diese Darstellung ist expressiv, atmet intensive emotionale Gehalte – ein Gemisch von Verhängnis, Erschöpfung, Triumph und Unwiderruflichkeit. Aber all das bildet nun einen *Gegenpol* zum betrachtenden Subjekt, es gehört zu jener anderen Person, die dort drüben auf dem Bett liegt. Es bleibt *ihre* Angelegenheit, greift nicht auf den Betrachter über, behält Distanz zu allem, was sonst noch an Gefühlen und Stimmungen seine phänomenale Welt durchwebt.

Edvard MUNCH: *»Eifersucht«. Lithographie*

Emotionale Abgrenzungen dieser Art sind nicht nur zwischen Kunstwerk und Betrachter möglich, sondern können auch selbst das Motiv künstlerischer Darstellung abgeben. Das läßt sich an einer dritten Graphik desselben Künstlers demonstrieren, die insofern lehrreich ist, als sie zeigt, daß sich die Figur-Grund-Trennung im emotionalen Bereich keineswegs immer mit der im leiblichen decken muß. Rein graphisch steht das männliche Antlitz figural vor dem Treiben im Hintergrund. Emotional aber ist es umgekehrt. Das Bild heißt »Eifersucht«; und diese Leidenschaft hat zwar ihren Herd in den starren Augen jenes Gesichts, aber sie schlägt in ihrer Maßlosigkeit den ganzen Raum in ihren Bann und bildet so ihrerseits das emotionale Medium, von dem

136

sich das schamlose Glück des Paares in der rechten Bildhälfte mit dem Kontrast einer emotionalen Figur abhebt.

Das Gesicht im Spiegel

Gefühle und Stimmungen ordnen sich in unserer Erlebniswelt meist mehr oder minder deutlich einem Subjekt zu. Bald sind sie mit der Erlebnisqualität des *Eigenen,* von mir Herrührenden, mich selbst unmittelbar Angehenden, in mir selbst Verankerten geladen, bald wieder tragen sie den Index des einem *Anderen* Zugehörigen, von fremden Intentionen Beherrschten und zu Verantwortenden, fremdem Nießbrauch Zustehenden. Wir fassen die Gesamtheit der solcherart als »eigen« oder »fremd« erfahrenen Seelenregungen unter den Inbegriffen »Ich« und »Du« zusammen. Es ist nun für die nachfolgenden Ausführungen von grundlegender Wichtigkeit, daß die Eigenschaft, Grenzen auszubilden, nicht nur für Gefühle gilt, sondern auch für deren phänomenale Subjekte.

Im Allgemeinen erlebe ich mich als raumgreifend. Mein Ich füllt einen ausgedehnten Bereich; aber irgendwo endet dieser, und das Du oder auch seelisches Niemandsland beginnt. »Ich« habe eine *Grenze.* Oft deckt sich diese mit der leiblichen Haut: »Mîn lîp«, mein Leib, sagte man im Mittelalter kurzerhand, wenn man sich selbst als Person meinte. Manchmal reicht das Ich aber auch noch weiter als der Leib, so vielleicht, wenn ich Auto fahre und mit meinem Wagen derart »verwachsen« bin, daß seine kraftvolle Beschleunigung meiner eigenen Vitalität zu entstammen scheint und die Beule an der Motorhaube meine eigene Ehre kränkt.

Auch das Umgekehrte kommt vor. Wenn ich hochgradig erschöpft bin oder unter Drogen stehe, kann mein Ich unter Umständen so schrumpfen, daß es den Leib anschaulich nicht mehr ausfüllt; eigene Glieder wirken dann wie Fremdkörper. In ähnliche Richtung weist die schöne Geschichte von dem Expeditionsleiter, der eine Safari zu überhöhtem Tempo antrieb, um seinen Zeitplan einzuhalten. Wann immer die Träger Rast machen wollten, scheuchte er sie alsbald wieder auf, und sie folgten diesem Druck mit wachsendem Unmut. Bis es ihnen schließlich zuviel wurde: Sie setzten sich nieder und waren nicht mehr zum Aufstehen zu bewegen. Sie seien nun tagelang so schnell gelaufen, daß ihre *Seelen* hinter ihnen zurückgeblieben wären; nun müßten sie warten, bis jene sie wieder eingeholt hätten.

Obwohl Seele und Leib oft genug zu einer untrennbaren Erlebniseinheit verschmelzen, kann das Ich sich zuweilen also eben doch auch selbständig machen, abhanden kommen, seinen eigenen Ort im Raum einnehmen, zu etwas werden, dem man von außen begegnen, auf das man »zurückblicken« kann. Ähnlich, eine alltägliche Erfahrung, ist es beim Blick in den *Spiegel*, der ja nicht nur die Anatomie des eigenen Gesichtsschädels reflektiert, sondern auch eine Begegnung meines Ich mit sich selbst stiftet.

Damit ist eine interessante Frage aufgeworfen. Wenn »Ich« eine Grenze hat, ist diese dann eine Außen- oder eine Innengrenze? Bin ich Kern oder Hülle meiner selbst, bin ich der König im Schachspiel meiner Existenz – oder das ganze Brett? Bin ich *Ding* oder *Medium*?

Die Antwort lautet: Ich bin beides. Die menschliche Urerfahrung der Reflexion läßt mich mir selbst gegenübertreten und mich *dinglich* erleben, als *Figur*, von außen also, als etwas, das eine Form, eine Kontur, einen Charakter hat. Nicht mein leibliches Antlitz ist hier gemeint, sondern das, was der chinesische Begriff des »Gesichts« umschreibt, jenes Gesichts, das ich in jeder Lebenslage zu wahren mich bemühe und das ich verliere, wenn mir etwas Beschämendes widerfährt. Es ist eine von ihrem Außenaspekt her erlebte *psychische* Grenze, die mich abschirmt von meinem Gegenüber, die dieser – etwa durch Vermeidung bestimmter Gesprächsthemen – respektiert, die er vielleicht aber auch durch eine vertrauliche Geste durchbrechen möchte.

Die prägnanteste Erlebnisgrundlage meines figuralen Ich ist mein bewußtes, autonomes *Wollen*, in dem ich mir selbst Grenzen ziehe und so meinen eigenen Charakter gestalte. Philipp LERSCH kleidet diese Erfahrung in ein Bild, dem wir später noch einmal in Form eines mythischen Motivs begegnen werden. Im Wollen erhebe sich, phänomenologisch gesehen, das bewußte Ich wie das Festland einer Insel aus dem bewegten Meer der emotionalen Erlebnisse, schreibt er in seinem Buch »Aufbau der Person«[14].

---

[14] LERSCH (1952), S. 409

Tat tvam asi

Mein Ich ist also dinglich, figural. Aber das ist doch nur die halbe Wahrheit. Die andere Hälfte ist schwerer in Worte zu fassen, aber mindestens ebenso bedeutsam. Wie erfahre ich mich, wenn mich *keine* Reflexion meiner selbst erreicht? Wenn ich einfach *bin* – ohne jeden Seitenblick auf meine Erscheinung im Spiegel, oder im Auge der Anderen? Wie erlebt eine Figur ihre eigene Grenze? Wie fühlt sich meine Haut von innen an? Greifen wir für einen Moment diesen Hinweis auf das Leibgefühl auf.

Das sogenannte *Biofeedback* ist eine Technik, in der mein Herzschlag, meine Schweißsekretion oder die Alphawellen meiner Hirnaktivität elektrisch registriert und dann, etwa über einen Summton, meinen Fernsinnen zugänglich gemacht werden. Damit wird bestimmten Aspekten meines Selbstinnewerdens, etwa meiner latenten Verspanntheit oder Erregung, ein reflektierbarer, dem Wollen unterwerfbarer, kurz also ein figuraler Charakter gegeben, den sie *normalerweise nicht* aufweisen. Indem ich physiologische Körperzustände sichtbar oder hörbar mache, rücke ich ihre »Außenseite« ins Wahrnehmungsfeld.

Wie aber waren sie mir *vorher* erschienen? Waren sie ganz unbewußt? Gewiß, ich hätte sie nicht artikulieren können, und erst recht nicht willkürlich steuern. Aber gespürt habe ich sie doch; ich hätte nur nicht sagen können, wo und wie. Sie waren, mit einem vorhin eingeführten Wort, »unscheinbar«. Sie waren *medial*.

Und dasselbe gilt nun eben auch für mein Ich-Erleben. Auch hier ist dem Feedback der Reflexion immer schon vorgeordnet ein schlichtes Selbstverständnis, ein welteinbettendes Bezugssystem der Subjektivität, ein mediales Ich. Alle Dinge um mich herum sind in seine Farben getaucht; die ganze Welt verschattet sich, wenn ich traure, und wird bunter, wenn ich liebe. Wo immer ich mich hinwende, stets begegne ich geheimen Spuren, die meine eigenen sind. *Tat tvam asi*, »Das bist Du selbst«, lehrt die brahmanische Weisheit von allen Dingen, die uns in der Welt begegnen.

Die japanische Sprache kennt ein eigenes Wort für das mediale Ich; es heißt
ki. Verschiedenerlei kann von diesem ausgesagt werden[15] – so etwa, daß es
beim Ängstlichen »klein«, beim Ungenierten »leicht«, beim heiteren »hell«,
beim Traurigen »vergiftet« sei. Man kann das *ki* »fallen lassen« so wie man
bei uns den Mut »sinken« läßt. Vom Gleichgültigen sagt man, sein *ki* sei gar
nicht vorhanden, was an Redewendungen wie »geistesabwesend« anklingt. Es
ist also eine recht bunte Palette von Attributen, die dem *ki* zukommen können. Einige davon beziehen sich auf räumliche Qualitäten wie »groß« und
»klein«, »oben« und »unten«; aber keines macht Gebrauch von den Metaphern Grenze oder Gestalt.

Ebensowenig, wie das mediale Ich im Raume Form annimmt, bindet
es sich an die Zeit. Nur das figurale Ich ist dauernd unterwegs, schüt-
telt immerfort Vergangenheit ab und spannt sich hoffend oder be-
fürchtend seiner Zukunft entgegen. Das mediale Ich ist aus der Zeit
heraus- oder vielmehr nie in sie eingetreten; es steht im ewigen Jetzt.
Es kann sich selbst daher auch nie historisch werden; dazu muß es
reflektieren, und wenn es das tut, wird es zur Figur.

Wie alle Bezugssysteme ist das mediale Ich unscheinbar, aber hoch
wirksam. Allerdings beruht diese Wirksamkeit nicht auf erfahrbarer
Kausalität. Kausal wirken nur »Dinge« aufeinander: Eines stößt,
zieht, drängelt am anderen, will etwas von ihm, trifft auf Widerstand,
erzwingt dennoch sein Ziel oder verfehlt es vielleicht. Nur das figurale Ich hat daher »Absichten«, trifft »Entscheidungen«, krampfhaft,
hastig, gewaltsam. Die Wirksamkeit von Bezugssystemen ist von
anderer Art. Sie entfaltet sich im Stillen, gelassen und unbeirrbar, mit
schicksalhafter Selbstverständlichkeit.

Oder wie Romano GUARDINI es in der bündischen Sprache der
frühen dreißiger Jahre ausdrückte[16], als er davon sprach, daß es *zweierlei Arten von Willen* gebe:

»Einmal jenen, der auf ein gewußtes Ziel zugeht. Er hat etwas vom Pfeil an
sich, vom scharfen Geradeaus. Er spricht: Das soll sein! Was dazwischen liegt,
ist Hindernis, oder Mittel zum Zweck. ... Neben diesem 'hellen' Willen gibt
es auch noch den dunklen. ... Die Erde ist dunkel, in welcher die Wurzeln liegen; ... dunkel sind die Gründe des Gemütes und die Bewegungen des lebendigen Werdens. Es gibt einen Willen, der von gleicher Art ist. ... Aus der Tiefe des konkreten Lebens kommt immerfort ein unmerkliches Geschehen. Eine

---

[15] KORNADT & TROMMSDORFF (1994)   [16] GUARDINI (1950), S. 30 und 34

verborgene Gestalt dringt hervor und sucht ins Klare zu gelangen. Eine stille, aber unbeirrbare Ordnung waltet. Eine Mitte macht sich geltend und sendet überallhin leise Weisungen.«

Und dann noch einmal einige Seiten später, wenn es darum geht, wie die zur Meditation unerläßliche innere Ruhe herbeizuführen sei:

»Nicht mit Gewalt, nicht zwingen, sondern still zu sich selbst sagen: ›Ich bin hier; ruhig und gesammelt hier.‹ Ganz drinnen muß ich das sagen; ich selbst zu mir selbst; still durchdringend durch das innere Gewoge meines Wesens. ›Ich will‹ – ist wie ein schroffer Griff in die erregten Nerven, daß sie sich noch mehr empören; ›ich bin‹ – legt den Willen in ein Bild, das Bild senkt sich ins Gemüt und sucht sich selbst seinen verborgenen Weg in die Verwirklichung.«

Nicht nur die Mystiker aller Religionen haben um diese Doppelnatur des Selbstseins gewußt. Man mag es kaum für möglich halten, aber auch in der akademischen Seelenkunde hat dieses Wissen eine erstaunlich lange Tradition. Bereits vor der Jahrhundertwende unterschied der Altmeister der amerikanischen Psychologie, William JAMES, zwischen dem, was er »Ich als Subjekt« und »Ich als Objekt« nannte und an den beiden englischen Ausdrücken »I« und »Me« festmachte[17]. Gemeint ist damit eben das Grunderlebnis, daß ich selbst als Person im Rampenlicht meiner Erlebnisbühne stehe und doch zugleich auch der Regisseur und Betrachter, der Nutznießer und Leidtragende des Dramas auf dieser Bühne bleibe – diskret verborgen hinter den Kulissen oder im Dunkel des Zuschauerraumes, nirgendwo und überall.

Die bunten Glaskugeln

Atmosphärische Inhalte dieser Art lassen sich nur in unvollkommenen Modellen veranschaulichen. Es ist etwa so, als säße ich in einer Kugel, einer Sphäre aus gefärbtem Glas. Die Kugel ist mein Ich, ihre Farbe entspricht meiner Stimmung. Solange ich von dieser Kugel nichts weiß, solange ich nicht in Gedanken neben sie trete, erscheint mir die ganze Welt bunt.

---

[17] JAMES (1890)

Nun bin ich aber eben auch fähig, auf mich selbst zu reflektieren: Es gibt da einen geistigen Spiegel, den irgendein Dämon mir vorhält. Und in diesem Spiegel erkenne ich, daß die Farben, in die die ganze Welt getaucht ist, eigentlich meine eigenen sind.

Andererseits kann ich mich nun aber mit anderen vergleichen; und dabei werde ich gewahr, daß die Welt da draußen doch auch noch ihre eigenen Farbnuancen hat, die an meinem Spiegelbild fehlen. Dem Ich steht ein *Du* gegenüber, oder besser gesagt deren viele: meine Eltern und Kinder, meine Freunde und Partner, meine Nachbarn, meine Feinde und viele namenlose Fremde. Sie alle erscheinen als kleine Glaskugeln, so wie mein Ich im Spiegel auch; ich erkenne sie als meinesgleichen. Sie alle haben selbst ein »Gesicht«, eine seelische Hülle, und einen Intimbereich privater Gefühle und Stimmungen, den diese begrenzt: Insofern sind auch ihre Seelen figural, dinglich, sind »Objekte«, wie die Psychoanalyse sie sachlich, wenn auch nicht eben poetisch benennt.

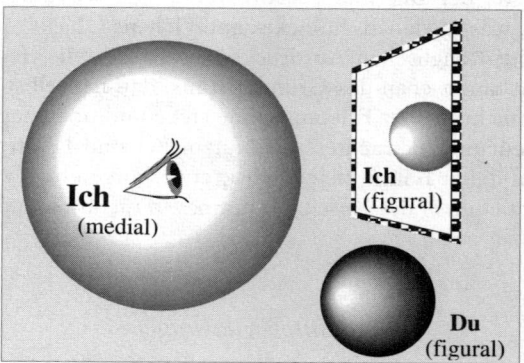

Modell zur Unterscheidung von figuralem und medialem Ich. Ohne Spiegelung bezieht das Ich die Einfärbung der eigenen Glaskugel auf die Umgebung. Im Spiegel erkennt es, daß es sich um seine eigene, von der des Du abweichende Farbe handelt.

Aber auch das ist nur die halbe Wahrheit. Wenn an meinem Ich eine figurale von einer medialen Perspektive unterschieden werden muß, so gilt dasselbe auch vom *Du*.

Im Japanischen sagt man von jemandem, der sich von einem anderen Menschen genötigt fühlt, er müsse »zwei *ki* auf einmal übernehmen«. Und wenn jemand etwas Unrechtes getan hat, so tritt ihm sein *ki* als eine Instanz gegenüber, die ihm »Vorwürfe« macht, ähnlich dem FREUDschen Über-Ich, in dem ja eigentlich die elterliche Autorität fortlebt.

Wir müssen das Modell von der gläsernen Sphäre also erweitern: Nicht immer ist es die Wand des *eigenen* Seelenraumes, die meinen Welt-Hintergrund einfärbt. Die phänomenologische Evidenz zeigt, daß ich durchaus auch in den Bannkreis des *Anderen* eindringen oder eingesogen werden kann.

In einer fremden Wohnung etwa, deren Atmosphäre stark vom Stilgefühl des Besitzers geprägt ist, begegne ich diesem, auch wenn er selbst gar nicht anwesend ist, in jedem Möbelstück, in jedem Bild an der Wand, in der nachlässigen Selbstverständlichkeit der herrschenden Unordnung, im spezifischen Hausgeruch, in den tausendfältigen Spuren seiner Lebensart: Alle Winkel seines leiblichen Wohnmediums beherbergen »Hausgeister«, die Seele des Besitzers ist in ihnen allgegenwärtig.

Wer je ernstlich erkrankt in einem Hospital gelegen hat, der weiß, daß Ärzte und Schwestern so etwas wie ein Kraftfeld bilden können, ein unaufdringlich geschäftiges, allgegenwärtiges Gewebe, in das man willenlos hineingegeben ist, das einen trägt, unnahbar, wohlwollend und allmächtig. Man kann auf Ehen stoßen, bei denen der eine Partner im anderen wie im Fruchtwasser schwimmt – oder die daran scheitern, daß der andere ihm dies aus verständlichen Gründen verweigert. Wo immer der Partner zu etwas namenlos Selbstverständlichem wird, dem man sich unter Preisgabe des eigenen Wollenkönnens anheimgibt, und von dem man dafür grenzenloses Verstehen und Hilfe in allen Nöten erwartet, dort wird das Du zum Medium.

Ein anderes Beispiel für ein mediales Du ist die Menschenmasse, in der ich in Panik oder Begeisterung aufgehe, und überhaupt alle übergreifenden sozietären Einheiten bis hin zu »den gesellschaftlichen Verhältnissen«.

Beim kleinen Kind ist vor allem die *Familie* ein mediales Du. Die Eltern haben noch keine *Biographie*. Ihnen fehlt die historische Dimension. Sie sind immer schon so gewesen, wie sie sind, und es ist nicht vorgesehen, daß sie sich jemals wandeln werden. So wie Jahwe in ewigem Präsens von sich spricht »Ich bin, der Ich bin«, so war auch das Elternmedium nie jung, und es wird nie altern.

Darstellung des Elternmediums im Comic strip

Auch sein *Charakter* bleibt eigentümlich vage. Charakter heißt wörtlich übersetzt »Gepräge«, unverwechselbare Gestalt, und setzt insofern eben jene Begrenztheit voraus, die ein Medium nicht hat. Begrenztheit bedeutet immer auch Unvermögen und Einseitigkeit. Das Elternmedium aber ist vollkommen. Fehler, Mängel, Unzulänglichkeiten sind an ihm nicht vorgesehen.

Wer vollkommen ist, hat keinen Namen. »Papa« und »Mama« sind im Grunde genauso farblos-anonyme Bezeichnungen wie »Herrgott«. Fortschrittliche Eltern, die ihre Kinder darauf dressieren, sie mit ihrem Eigennamen anzureden, machen sich etwas vor. Ihren Kindern ist das gleichgültig; sie begreifen »Volker« und »Elke« gleichwohl als Chiffren für das Elternmedium. Schlimmstenfalls könnten sie verunsichert werden; denn zunächst *brauchen* sie das mediale Du.

Mediale Eltern sind allwissend und vor allem allmächtig. Sie verfügen über unerschöpfliche Kräfte und bedürfen daher keiner fremden Hilfe. Menschliche Schwächen zu haben, würde ihrem Wesen widersprechen; wo solche Schwächen unübersehbar werden, bedrohen sie demgemäß die mediale Schutzfunktion und erzeugen Verwirrung und panische Angst.

Ewig, allmächtig, vollkommen – wir könnten die Liste fortsetzen: So ziemlich alle Attribute, die im Religionsunterricht dem Lieben Gott zugeschrieben werden, sind dem Kind deshalb so leicht plausibel zu machen, weil sie der Phänomenologie des Elternmediums entlehnt sind.

Die Gotteserfahrung des gläubigen Menschen wäre demnach ursprünglich medial: die Vision einer ungreifbaren, grenzenlosen Kraft, in die man sich werfen kann und die einen trägt. Es gibt gewiß auch den personalen, also figuralen Gott, vor dessen Antlitz ich trete; aber älter und tiefer ist der pantheistische Impuls, dem Göttlichen in allen Dingen zu begegnen. »Gott ist eine unendliche Kugel, deren Zentrum überall, deren Peripherie aber nirgends ist«, heißt es in den Büchern der Alchimisten.

Die meiste Zeit des Lebens bin ich von einer Hierarchie einander einschließender Seelensphären umfangen, im Stimmungsmedium meiner Welt mischen sich normalerweise duhafte und ichhafte Komponenten. Das mediale Du ergreift mich eher von außen, das Ich-Medium mehr aus der eigenen Tiefe; aber die Übergänge sind fließend. Wenn ich nicht eigens darauf reflektiere, verschmelzen beide immer wieder zu einer ungeschiedenen medialen Einheit. *Brahman* und *Atman*, göttlicher Logos und der Atemhauch der Seele, das mediale Du und das mediale Ich, sind im Grunde eins.

Der Universumstulp

Wir sind in diesem Kapitel auf den subtilen phänomenologischen Tatbestand eingegangen, daß sich auch in der Weise, wie wir Seelisches erfahren, Figur und Hintergrund unterscheiden lassen. Da im Folgenden von dieser Differenzierung noch ausgiebig Gebrauch zu machen sein wird, wollen wir einen kurzen Fachausdruck dafür einführen. In lockerer Anlehnung an einen bekannten physikalischen Begriff soll künftig vom figuralen oder medialen *Aggregatzustand* anschaulich-seelischer Gehalte die Rede sein.

Dabei ist die Frage noch offen, welchen Nutzen unser kognitiver Apparat eigentlich aus dieser kategorialen Gliederung zieht. Bei der

Wahrnehmung der *materiellen* Welt liegt der Erkenntnisvorteil der Figur-Grund-Trennung auf der Hand; der transzendente Mesokosmos ließe sich anders nicht aus dem Reizmosaik auf der Netzhaut rekonstruieren. Aber welcher Wahrheit kommen wir näher, wenn wir Seelisches genauso verdinglichen wie das Dreieck in der Abbildung auf Seite 124? Feststeht, daß der *figurale* Aggregatzustand von Ich und Du eine phylogenetisch sehr späte Errungenschaft ist. Außer uns vermögen nur noch die Menschenaffen ihre eigenen Gefühle von denen ihrer Partner zu trennen, und sie allein unter allen Tieren sind auch fähig, sich selbst im Spiegel zu erkennen. Der Sinn dieser Differenzierung, so nimmt man heute an, liegt in einer Erweiterung der *sozialen Kompetenz.* Kooperation bei gemeinsamen Aufgaben setzt offenbar voraus, daß eigene Intentionen sich mit fremden zu einem sinnvollen Ganzen fügen; dazu aber muß man beide wahrnehmen können. Und auch wenn es darum geht, andere so zu beeinflussen, daß sie etwas tun, was einem selbst genehm ist, wird man gut daran tun, ihre Absichten, Stimmungen und Animositäten in die eigene Verhaltensplanung einzubeziehen. Das alles erfordert offenbar, daß eben nicht nur mein eigener Stimmungshintergrund unreflektiert und global für die emotionale Farbnuance in meiner Ψ-Welt sorgt, sondern daß ich mehrere und an verschiedenen Akteuren verankerte Gefühle selbständig nebeneinander erfahren und zueinander in Beziehung setzen kann.

Was auch immer die Gründe gewesen sein mögen, die die Natur veranlaßt hat, ihre höchstentwickelten Geschöpfe mit der Fähigkeit zu seelischer Grenzziehung auszustatten, feststeht jedenfalls, daß die Qualität der Ich-Grenze beim Menschen ein empfindlicher Indikator psychosozialer Gesundheit ist. Bei schwerwiegenden Persönlichkeitsstörungen, vor allem in der Psychose, stößt man gehäuft auf eine pathologische Schwäche des Ich, sich gegenüber dem Du als Figur zu behaupten. Hier wird deutlich, daß die seelischen Häute und Hüllen, mit denen wir uns selbst und unsere Mitmenschen umschließen, eine lebensnotwendige *Schutzfunktion* ausüben.

Ein Ich, das nicht figural ist, wird ständig von affektiven Kraftfeldern, die von der Mitwelt ausgehen, wie ein nicht isolierter Leiter durchströmt. Nur ein Kleinkind, das durch pflegemotivierte Familienmitglieder vor Widrigkeiten abgeschirmt ist, kann sich das leisten.

Es kann seelisch noch verwachsen bleiben mit der Plazenta des mütterlichen Mediums, vertrauend auf permanenten Zustrom von lebendiger Substanz, von elterlichem Wohlwollen, das es ummünzen kann in eigenes Kraftgefühl. Die Einflüsse, denen es ausgesetzt ist, erfährt es insgesamt als »gut«, einer vertrauensvollen Einnistung in der Welt förderlich.

Die Personen jedoch, mit denen wir als Erwachsene im Alltag zurechtkommen müssen, sind nicht länger in mystischer Einhelligkeit darauf bedacht, uns zu pflegen. Sie gehen, achtlos und ohne Rücksicht, ihren eigennützigen Interessen nach, unverbindliche Höflichkeit ist noch das äußerste, was man erwarten darf; oft genug aber begegnet man außerdem handfester Rivalität, ständig lauert die Bereitschaft zu Übervorteilung und Ausbeutung, vielleicht gar offene Feindseligkeit und blinder Haß. Wenn wir keine Kinder mehr sind, brauchen wir klare Grenzen.

Das psychotische Ich aber hat Grenzen, die zu dünn und zu durchlässig sind, um Schutz spenden zu können. Warum das so ist, darüber gehen die Lehrmeinungen auseinander. Manche behaupten, wie immer seien die Eltern schuld, andere, in seinem Gehirn würden ein paar Tropfen irgendeines Neurotransmitters fehlen; beides würde sich übrigens nicht widersprechen. Was auch immer die Gründe sein mögen: Offenkundig leiden Psychotiker unter der Selbstauflösung in einem Medium, das als »böse« empfunden wird – nicht als gute Mutter, die seelische Nahrung spendet, sondern als grauenerregendes Monstrum, das Lebenskraft absaugt und Gift einströmen läßt. Die Patienten fühlen sich medial beeinflußt, man flüstert hinter ihrem Rücken, Strom quillt aus allen Steckdosen durch ihren Körper, ihre Gedanken werden von anderen »gemacht«, und ihr »Saft« wird ihnen von geheimen Mächten entzogen.

Bildnereien von Geisteskranken drücken die mangelnde Kraft des Ich, eine stabile Kontur aufrechtzuerhalten, zuweilen in erschütternder Weise aus. Da stellt etwa ein Patient »Wilhelm Tell und seinen Sohn« in einer Bildserie dar; es ist beklemmend, zu verfolgen, wie sich die Konturen des Kindes zunehmend in denen des Vaters auflösen.

»Wilhelm Tell und sein Sohn«. Serie von vier Zeichnungen eines schizophrenen Patienten mit Verfolgungswahn.

In der umfangreichen Sammlung von PRINZHORN[18] findet man eine Buntstiftzeichnung, die von ihrem Urheber, ebenfalls einem männlichen Schizophrenen, als »Universumstulp« tituliert wird. Sie zeigt links unten eine menschliche Gestalt in einer gekachelten Badewanne. Die übrige Bildfläche ist vor allem formal aufschlußreich: Es häufen sich konkave Linienführungen, die die kleine liegende Figur in verschiedenen Schichten umschließen, sich gleichsam über sie »stülpen«. Zu der Darstellung ist eine ausführliche Eigeninterpretation des Patienten dokumentiert; in dieser heißt es:

»Das ist das Verbrechen, das an mir verübt worden ist – ein ganzes Volk vernimmt meine Stimme und weiß, daß ich seit 13 Jahren hier bin. ... Links unten ist meine Person im Bad, das ist schrecklich, was man da durchmachen muß. Zum Erleben wars nicht und daß man nicht sterben könnte, wurde man mit einem Walfisch verbunden. ... Es handelt sich um die Porenernährung des Universums, jede Pore ist das Arschloch einer anderen Person. Da liegt man fünf Tage im Bad und ein altes, verdorbenes Essen schwimmt oben drauf, die Salatsäure dringt durch die Poren ein, dazu die Orangensäure, wenn man eine Orangenschale auf den Kopf kriegt – bespritzt man eine Stubenfliege damit, macht sie einige Umdrehungen und stirbt. Das Universum überstülpt sich, so daß die ganze Außenfläche eine Magenfläche wird. – Wenn man das mitgemacht hat – der Universumstulp ist schlimmer als ein sterbender Christus.«

Wenn wir verstanden haben, was seelische Figur-Grund-Trennung bedeutet, vermögen wir diesen Text zu lesen wie ein offenes Buch; es ist nichts »Ver-rücktes« mehr an ihm, das sich dem intuitiven Nachvollzug verschließen würde.

---

[18] PRINZHORN (1968), S. 266

»*Universumstulp*«. *Zeichnung eines schizophrenen Patienten von* PRINZHORN.

Der Sinn des ch'i

Auch wenn Psychiater in ihrem Klinikjargon durchaus einmal von festen oder schwachen »Ich-Grenzen« reden, haben Konstrukte dieser Art in der akademischen Psychologie bislang keine Chance. Die Naturkatastrophe des Behaviorismus, von der wir uns eben erst zu erholen beginnen, hat eine Verkarstung des deskriptiven Feingefühls hinterlassen, die noch längst nicht wieder aufgeforstet ist, am wenigsten bei den »kognitivistischen« Contras, die inzwischen die Macht übernommen haben. Allein die eigentlich primär an Wahrnehmungsforschung interessierten Gestalttheoretiker haben Pionierarbeit geleistet, die hier weiterhelfen könnte; aber wer liest die heute schon noch.

Ins Gewicht fällt auch, daß die Phänomenologie, die im vorliegenden Zusammenhang benötigt wird, nicht eben trivial ist. Ausgedehnte Bereiche dessen, was bei FREUD »psychischer Apparat« hieß, hat der anthropoide Kognitionsapparat überhaupt nicht dem Mesokosmos im Sinne VOLLMERs einverleibt. Wir verstehen uns selbst nur an der Oberfläche; und nur das, was wir verstehen, nehmen wir in unsere reflektierte Selbstrepräsentation auf, in unser figurales Ich also. Der größere Teil des Eisbergs aber verbleibt im medialen Dunkel.

Gleich den physikalischen Vorgängen in der Rätselwelt der Elementarteilchen oder nahe der Lichtgeschwindigkeit sind also auch die Tiefen der Seele ein Wirklichkeitsbereich, den wir nur um den Preis von Paradoxen und Komplementaritäten in das technomorphe Kategoriensystem unserer alltäglichen Lebensbewältigung pressen können. Die figuralen Repräsentationen von Ich und Du, an denen wir unsere Identität festmachen und deren kausale Transaktionen wir auf herkömmliche Weise verstehen, sind nur Inseln in einem mysteriösen Feld unreflektierter Motivkräfte.

Schlagen wir den Bogen noch einmal zum 1. Kapitel zurück. Wir hatten dort zunächst nur Vorbehalte gegen CAPRAS Analogisierungsversuche angemeldet. Jetzt können wir einen Schritt weitergehen und eine konkrete Gegenposition beziehen.

Eine wichtige Rolle in CAPRAS Argumentation spielt das neokonfuzianische Symbol des *ch'i*, was wörtlich soviel wie »Gas« oder »Äther« heißt[19]. Es hat vermutlich auch beim vorhin besprochenen *ki* der Japaner Pate gestanden. Im alten China bezeichnete *ch'i* den Lebensodem, die vitale Energie, die den Kosmos beseelt: Eine feinstoffliche, unwahrnehmbare, das All ausfüllende Essenz, die sich in rhythmischem Wechsel bald zu festen Formen kondensiert und bald wieder im Leeren verflüchtigt.

---

[19] CAPRA (1975), S. 224

CAPRA kennt aus seinem naturwissenschaftlichen Studium nur eine einzige Realität, die er in diesem Bilde wiederzufinden vermag: das Quantenfeld der modernen Physik. Dem Leser aber wird inzwischen deutlich sein, daß wir unsere Verständnishilfen gar nicht so weit herzuholen brauchen: Alles, was vom *ch'i* berichtet wird, deutet vielmehr darauf hin, daß es einfach *als Gleichnis für das seelische Medium* zu verstehen ist!

Das Tao und wohl alle Weisheitslehren sind Versuche, Orientierungshilfen im Umgang mit jenen Tiefen der Seele zu bieten, die nicht ohne weiteres Figur werden können oder dürfen. Auch diese Tiefen liegen außerhalb des Mesokosmos; aber um zu ihnen vorzudringen, muß man in andere Himmelsrichtungen wandern als auf dem Weg zum Quantenfeld der modernen Physik.

Die Materie und die Seele haben eben beide ihre *je eigenen* Mysterien. Unser Verstehenwollen mag sich zum Teil derselben kategorialen Werkzeuge bedienen, um diese Mysterien auszuloten; aber das allein bringt sie einander nicht näher. Das Tao hat nicht nötig, seine Legitimation aus der Physik zu erborgen. Die Analogien, die man hier allenfalls konstruieren kann, sind fadenscheinig und oberflächlich, verglichen mit der Sinnfülle, die sich entfaltet, wenn wir das seelische Medium für sich selbst sprechen lassen.

Zur Phänomenologie des Anschaulich-Seelischen

1. Figurale und mediale Phänomene

- **Beispiele aus dem leiblichen Bereich**

Figur	*Medium*
Haus von außen,	Haus von innen,
Gesicht,	Menschenmenge,
Baum,	Wald,
isolierbare Dinge.	Himmel,
	Nebel,
	Wind,
	Meer,
	Nacht.

- **Beispiele aus dem seelischen Bereich**

Figur	*Medium*
Reflektierbare eigene Gefühle,	Stimmungen,
empathisch miterlebte fremde	persönliche Atmosphäre,
Gefühle.	Zeitgeist,
	»gesellschaftliche Verhältnisse«.

2. Unterscheidungskriterien

- **Formperspektive**

Figur	*Medium*
Auffällig,	Unscheinbar,
konturiert,	amorph,
physiognomisch identifizierbar,	anonym,
lokalisierbar.	allgegenwärtig.

- **Zeitperspektive**

Figur	*Medium*
Variabel,	Unveränderlich,
entwicklungsfähig,	zeitlos,
geschichtlich.	ahistorisch.

- **Wirkungsperspektive**

Figur	*Medium*
Aktivität erscheint willkürbedingt,	Aktivität erscheint gesetzmäßig,
zufallsabhängig,	schicksalhaft,
widersprüchlich,	durchgehend sinnvoll,
wankelmütig,	von innerer Notwendigkeit,
unvollkommen,	unfehlbar,
Widerständen ausgesetzt.	allmächtig.

3. Anwendung auf das Ich

- **Formperspektive**
  Figur
  Charakter,
  (zu wahrendes) Gesicht,
  »Ich«.

  Medium
  Sinnstiftender Hintergrund
  der eigenen Subjektivität,
  »Selbst«, »Es«.

- **Zeitperspektive**
  Figur
  Auf der Zeitachse beweglich,
  Pläne für die Zukunft,
  vergangenheitsbezogene
  Verantwortungsgefühle.

  Medium
  Zeitlose Präsenz,
  »ewiges Leben«.

- **Wirkungsperspektive**
  Figur
  »Heller« Wille,
  Aktivität erscheint beabsichtigt,
  wetterwendisch, fehlbar.

  Medium
  »Dunkler« Wille,
  Aktivität erscheint sinnvoll,
  aus innerer Notwendigkeit
  heraus »gemußt«.

4. Anwendung auf das Du

- **Formperspektive**
  Figur
  Eigenname,
  individueller Charakter,
  persönliche Mängel und Vorzüge.

  Medium
  Anonym,
  vollkommen,
  allgegenwärtig, allwissend.

- **Zeitperspektive**
  Figur
  Durch persönliche Biographie
  geprägt,
  wandlungsfähig.

  Medium
  Ungeworden,
  unveränderlich,
  zeitlos.

- **Wirkungsperspektive**
  Figur
  Unberechenbar,
  willkürlich,
  nur begrenzt zuverlässig.

  Medium
  Allmächtig,
  etwas, dem man ausgeliefert ist,
  Aktivität erscheint schicksalhaft,
  absolut konsequent (aber
  nicht unbedingt wohlwollend).

Zweiter Teil

Das Chaos

Falls die vermutete Parallele zwischen Mythologie und Entwicklungspsychologie tatsächlich besteht, müßte es möglich sein, das mythische Material korrespondierend zur Ontogenese in eine chronologische Reihenfolge zu bringen. Den Anfang machen dabei notgedrungen die am wenigsten artikulierbaren und daher unsichersten Phasen des kindlichen Weltinnewerdens. Wir werden uns zunächst darüber informieren, was die Kinderpsychologie aus Verhaltensdaten über die Entfaltung des Gefühlslebens und des Erkenntnisvermögens in den ersten drei Lebensjahren erschließen zu können glaubt. Hernach wollen wir den halbverwischten Spuren nachgehen, die diese Entwicklungsstadien in der Symbolsprache der Mythen hinterlassen haben. Die dabei gewonnenen Einsichten sollen dann schließlich einer ersten Bewährungsprobe unterworfen werden, indem wir versuchen, mit ihrer Hilfe die frühesten direkten Zeugnisse gestalterischer Phantasie, die spontanen Kinderzeichnungen, zu entschlüsseln.

5. Kapitel

Das ozeanische Gefühl

Ein folgenreicher Briefwechsel

Auf den ersten Seiten seiner Schrift »Das Unbehagen in der Kultur«[1] setzt sich Sigmund FREUD mit einer Darlegung seines Brieffreundes Romain ROLLAND auseinander, in der dieser von einem besonderen Gefühl berichtet, das er das »ozeanische« nennt und als eine Ahnung von Ewigkeit, ein Aufgehen im Grenzenlosen und Unendlichen umschreibt. Dieses Gefühl, so ROLLAND, sei die Basis jeder echten Religiosität, gleichgültig, ob der von ihm ergriffene außerdem an einen Gott und an ein persönliches Fortleben glaube oder nicht.

Wir erkennen in dem so beschriebenen Erlebnis unschwer die Aufhebung der Ich-Grenzen wieder, die Verschmelzung von Ich und Du im *ch'i*, im psychischen Medium. Insofern bestätigt uns der phänomenologische Feinsinn des Dichters nur, was wir schon wissen. Aber sein Briefpartner erlebte diesen Gedanken als eine Herausforderung; denn für das »ozeanische Gefühl« war in der psychoanalytischen Theorie kein Platz vorgesehen. Gleichwohl konnte sich offenbar auch FREUD nicht der Faszination dieses Konzeptes entziehen. Die Äußerung seines verehrten Freundes ROLLAND, so räumt er ein, bringe ihn in erhebliche Schwierigkeiten. Er für seine Person könne dieses »ozeanische« Gefühl bei sich nämlich nicht entdecken. Als objektiver Wis-

---

[1] FREUD (1930)

senschaftler müsse er dessenungeachtet mit der Möglichkeit rechnen, daß andere für dergleichen Erlebnisse zugänglicher seien als er selbst.

Und dann macht er sich darüber Gedanken, wie ein solches Gefühl wohl zustandekommen könne. Normalerweise erlebten wir uns als nach außen hin abgegrenzt. Aber zumindest im Zustand hochgradiger Verliebtheit drohe doch, im Widerspruch zu »allen Zeugnissen der Sinne«, die Grenze zwischen Ich und Objekt zu verschwimmen. Auch in psychopathologischen Zuständen könne diese Grenze unsicher werden. Und schließlich sei wohl auch beim kleinen Kinde das Ich-Gefühl noch nicht so klar konturiert wie später beim Erwachsenen. »Ursprünglich«, heißt es wörtlich, »enthält das Ich alles, später scheidet es eine Außenwelt von sich ab. Unser heutiges Ich-Gefühl ist also nur ein eingeschrumpfter Rest eines weitumfassenden, ja – eines allumfassenden Gefühls, welches einer innigeren Verbundenheit des Ichs mit der Umwelt entsprach.«

FREUD fragt dann weiter, ob dieses »ozeanische Gefühl« wirklich als die Quelle der religiösen Bedürfnisse angesehen werden könne. Er ist da skeptisch, und das ist die zweite Stelle, an der wir einen intimen Einblick in seine Theoriewerkstatt erhalten. Die religiösen Bedürfnisse, sagt er, könnten doch wohl von nichts anderem herleitbar sein als »von der infantilen Hilflosigkeit und der durch sie geweckten Vatersehnsucht«.

Verzichten wir darauf, auszuloten, warum hier »Vater« und nicht »Mutter« steht. Wesentlich ist, daß er diese Verfassung schutzbedürftiger Hilflosigkeit in keinerlei Verbindung mit ROLLANDs Impressionen zu bringen vermag. Das »ozeanische Gefühl« könne daher höchstens »nachträglich« in Beziehung zur Religion geraten sein. Eigentlich entspringe es aber einer ganz anderen Triebkraft als dem Schutzverlangen, nämlich dem Streben nach »Wiederherstellung des uneingeschränkten Narzißmus«. Und damit sind wir beim Stichwort für die wohl vitalste Wuchszone der psychoanalytischen Lehre nach FREUD.

Narzißmus

Der Ausdruck »Narzißmus« war etwa um die Jahrhundertwende in psychiatrischen Texten aufgetaucht, ursprünglich im engeren Sinne einer perversen Fixierung sexuell getönter Zärtlichkeit auf den eigenen Körper. In der Folgezeit dehnte sich der Begriff dann auch auf allgemeinere Erscheinungsformen von Selbstbewunderung und Eitelkeit aus, die es schwer machen, sich erotisch an einen anderen zu binden. Diesem Wortgebrauch schloß sich FREUD zunächst an, wobei er die so bezeichnete Seelenverfassung bald, wie er es ja auch bei anderen sexuellen Aberrationen tat, zugleich als einen ganz »allgemeinen und ursprünglichen« frühkindlichen Zustand interpretierte.

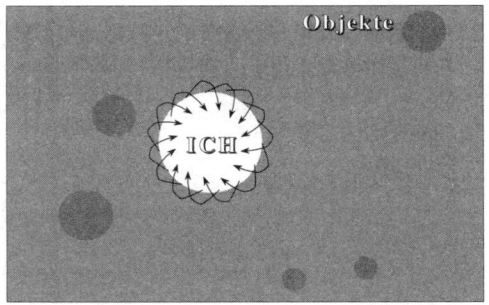

Narzißmus in der Symbolsprache FREUDs. Erstes Denkmodell: Die im Ich entspringende Libido (Pfeile) bleibt auf ihre Quelle bezogen, ohne irgendwelche Objekte in der Welt zu »besetzen«.

Für diesen sei charakteristisch eine »Fixierung der Libido an den eigenen Leib und die eigene Person anstatt an ein Objekt«. Mit »Libido« meint FREUD bekanntlich ein energetisches Fluidum, das die Erlebniswelt durchströmt und Inhalte, an denen sie sich verdichtet, zu ersehnenswerten Lustspendern macht. Sie soll ihren Ursprung im »Ich« haben, und solange sie, wie also beim Narzißten und beim kleinen Kind, von dieser Quelle nicht loskomme, bleibe das Ich »objektlos«, weil ihm andere belanglos und keiner Bindung wert erscheinen.

Versucht man dieses Denkmodell graphisch darzustellen, käme so etwas wie die obige Abbildung heraus. Die Pfeile bezeichnen dabei den Fluß der »Libido«, die sich also ständig zu ihrer Quelle zurückwendet und die Welt der Objekte ignoriert. Unverkennbar hat dabei der mythologische Bezug Pate gestanden: Narkissos verliebte sich bekanntlich in sein eigenes Spiegelbild und hatte für nichts sonst noch Augen. Spiegelung aber konstituiert allemal ein *figurales* Ich, und es ist nicht sehr überzeugend, die Ich-Entwicklung in einem überwertig figuralen Status beginnen zu lassen. FREUD muß das wohl gespürt haben; jedenfalls ventiliert er auch noch eine andere Idee, die er an einem zoologischen Gleichnis veranschaulicht.

»Denken Sie an jene einfachsten Lebewesen, die aus einem wenig differenzierten Klümpchen protoplasmischer Substanz bestehen. Sie strecken Fortsätze aus, Pseudopodien genannt, in welche sie ihre Leibessubstanz hinüberfließen lassen. Sie können diese Fortsätze aber auch wieder einziehen und sich zum Klumpen ballen. Das Ausstrecken der Fortsätze vergleichen wir nun der Aussendung von Libido auf die Objekte, während die Hauptmenge der Libido im Ich verbleiben kann, und wir nehmen an, daß unter normalen Verhältnissen Ichlibido ungehindert in Objektlibido umgesetzt und diese dann wieder ins Ich aufgenommen werden kann.«[2]

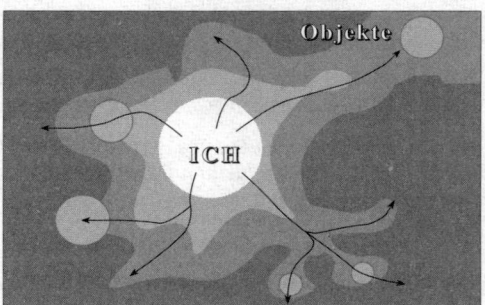

Narzißmus in der Symbolsprache FREUDs. Zweites Denkmodell: Das Ich entsendet seine Libido (Pfeile) ungehemmt wie die Pseudopodien einer Amöbe in die Objektwelt und verleibt sich diese ein.

---

[2] FREUD (1917), S. 431 ff

Dieses Bild weckt kaum mehr *figurale* Assoziationen. Eine Amöbe hat im Unterschied zu anderen Einzellern keine Haut und keine feste Form. Sie gleitet konturlos dahin, und was sie haben will, das umschließt sie und verdaut es. Ein nach diesem Denkmodell gebildetes Ich ist *medial*; seine »Objektlosigkeit« beruht nicht darauf, daß es in seliger Selbstgenügsamkeit die Welt abgeblendet hätte, sondern daß sie immer schon sein Eigentum ist.

Phänomenologie und »Metapsychologie«

Die beiden skizzierten Metaphern decken sich nicht. Man könnte das als eine der zahlreichen Unschärfen in FREUDs System auf sich beruhen lassen. Tatsächlich lohnt es sich aber, dem Widerspruch genauer auf den Grund zu gehen, da er uns mit einer epistemologischen Falle konfrontiert, vor der wir uns auch selbst hüten müssen. Wir haben das Thema bereits auf Seite 105 ff angesprochen; es geht um die Unterscheidung von *phänomenaler* und *transzendentaler* Betrachtungsweise.

Im Unterschied zu den Behavioristen, die die Psychologie auf Verhaltensforschung reduzieren wollten, schöpft FREUD das Material seiner Theoriebildung vornehmlich aus der Beschreibung sei es eigener, sei es fremder *Erlebnisse*. Gleichwohl ist er nicht eigentlich ein Phänomenologe, der seelische Nuancen um ihrer selbst willen in liebevollen Pastelltönen nachzuzeichnen sich die Zeit nimmt. Sein eigentliches Anliegen ist es, *hinter* die Kulissen des Bewußtseins zu schauen und die verborgenen Mechanismen freizulegen, die dem Erleben seine Inhalte liefern. Diese Betrachtungsweise, die wir im Anschluß an KANT *transzendental* genannt haben, bezeichnet er als »*metapsychologisch*«.

Die Gefahr liegt nun darin, daß phänomenale und transzendentale Perspektive durcheinandergeraten können; und wo dies geschieht, tut es keiner von beiden gut: Das Phänomen wird dann im Korsett theoretisch zurechtgedachter Konstrukte deformiert, und es mystifiziert seinerseits die Theoriesprache durch poetische Bilder, die sich keiner logischen Verbindlichkeit fügen. Es sind vor allem drei Ordnungsformen des Denkens, bei denen eine solche Kontamination unbedingt vermieden werden sollte. Zwei davon, *Raum* und *Zeit*, haben wir bereits diskutiert; eine dritte bleibt jetzt noch zu besprechen. Es ist die *Kausalität.*

Wir greifen zur Veranschaulichung auf das schon früher verwendete Gleichnis vom Fernsehapparat zurück, bei dem der in die Betrachtung des Filmes versunkene Zuschauer die phänomenale Perspektive repräsentiert, während der Techniker, der die Spulen und Platinen im Innern des Geräts prüft und dabei zur Kontrolle die begleitenden Lichteffekte auf dem Bildschirm verfolgt, eine transzendentale Haltung einnimmt.

Angenommen nun, auf dem Bildschirm erscheint ein roter Billardball, der an einen grünen stößt, sodaß dieser davonrollt. Können wir in diesem Fall wirklich sagen, daß das, was wir »roten Ball« nennen, jenes Geflimmer aus rötlichen Lichtpixeln also, den Ortswechsel jener grünen Lichtpunkte *verursacht* habe? Bei transzendentaler Betrachtung jedenfalls nicht. Die wahre und einzige Ursache für das gesamte Geschehen waren Magnetfelder an der Kathodenstrahlröhre, die, unsichtbar im Hintergrund wirkend, gleichermaßen den roten wie den grünen »Ball« *und* den anschaulichen Eindruck einer Ursache-Wirkungs-Beziehung zwischen beiden erzeugt haben.

Ganz entsprechend haben wir zu unterscheiden auf der *einen* Seite Ich und Du als phänomenale Gegebenheiten, seien sie medial oder figural, sowie das Erlebnis ihrer anschaulichen Wechselwirkung, auf der *anderen* aber die zentralnervösen Strukturen, die unser Verhalten und Erleben tatsächlich kausal organisieren – das, was wir auf Seite 104 im Anschluß an FREUD als den »psychischen Apparat« bezeichnet haben.

Diesen Apparat denkt sich FREUD in relativ selbständige Partialsysteme zerlegt, sogenannte »Instanzen«, was ganz in Ordnung wäre, wenn er denen dann nicht Namen wie »Ich« oder »Es« gegeben hätte, Namen also, die phänomenale Assoziationen wecken, obwohl sie transzendental gemeint sind. Das Ergebnis ist, daß die Psychoanalyse über diese Instanzen sowohl räumliche (sogenannte »topische«) als auch kausale (»dynamische«) Aussagen macht, bei denen sich Phänomenologie und Metapsychologie unentwirrbar mengen.

In FREUDs Aufsatz »Das Ich und das Es« findet sich eine Abbildung, die das angesprochene Problem recht gut verdeutlicht. Der Autor interpretiert sie mit den folgenden Worten:

»Ein Individuum ist für uns ein psychisches Es, unerkannt und unbewußt, diesem sitzt das Ich oberflächlich auf, aus dem W(=Wahrnehmungs)-System als Kern entwickelt. ... Das Ich umhüllt das Es nicht ganz, sondern nur insoweit das System W dessen Oberfläche bildet, also etwa so wie die Keimscheibe dem Ei aufsitzt. Das Ich ist vom Es nicht scharf getrennt, es fließt nach unten hin mit ihm zusammen. Aber auch das Verdrängte fließt mit dem Es zusammen, ist nur ein Teil von ihm. Das Verdrängte ist nur vom Ich durch die Verdrängungswiderstände scharf geschieden, durch das Es kann es mit ihm kommunizieren. ... (Hinzuzufügen ist noch), daß das Ich eine »Hörkappe« trägt, nach dem Zeugnis der Gehirnanatomie nur auf einer Seite. Sie sitzt ihm sozusagen schief auf.«[3]

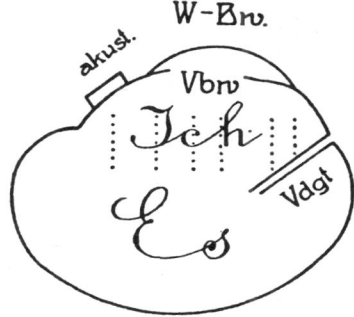

Die »Topik des psychischen Apparates« nach FREUD. – W-Bw: *System Wahrnehmung-Bewußtsein. Vbw: Vorbewußtes. Vdgt: Verdrängtes.*

Diese Schilderung verbindet in einer einzigen Denkfigur einerseits phänomenologische Bilder, zum Beispiel den – offenkundig dem vorerwähnten »Protoplasmatierchen« verwandten – Vergleich des Ich mit einer auf dem medialen »Es« schwimmenden »Keimscheibe«, andererseits ausschließlich transzendental zu verstehende Aussagen wie etwa die von der schiefsitzenden »Hörkappe«, die offensichtlich auf die linksseitige Sprachzone in der Großhirnrinde anspielt.

---

[3] FREUD (1923), S. 251 f

Transzendental gemeint ist es auch, wenn dem »Ich« und dem »Es« allerlei »Funktionen« zugewiesen werden[4]. Vom »Ich« heißt es zum Beispiel, es habe die triebhaften Ansprüche des »Es« mit den moralischen Forderungen des »Über-Ich« und mit der äußeren Realität in Einklang zu bringen. Ferner müsse es Wahrnehmung und Motorik, die beiden Brücken zur Außenwelt, »koordinieren« und »kontrollieren«. Es errichte hierfür zum Beispiel eine schützende Schranke gegen übermäßige Reize und dämpfe stark triebbesetzte Vorstellungen soweit ab, daß sie nicht zu Halluzinationen werden. Es ersetze ungehemmte motorische Entladungen durch organisierte Handlungen, indem es die Aktivität zunächst auf die Phantasieebene verlagere. Für all diese Aktivitäten benötige das Ich »Energie«, die es aus einem eigenen, quantitativ beschränkten Reservoir schöpfe.

Kein Zweifel – dieses »Ich« ist transzendentale »Instanz«, nicht Phänomen. Es hätte nahegelegen, hier auch terminologisch Marken zu setzen. Zuweilen wurde dies tatsächlich versucht. So hat etwa Heinz HARTMANN vorgeschlagen, »das *Selbst* (die eigene Person) im Gegensatz zum Objekt« und »das *Ich* (als ein psychologisches System) im Gegensatz zu den anderen Teilstrukturen der Persönlichkeit« zu unterscheiden. Damit hat er jedoch, biblisch gesprochen, Perlen vor die Säue geworfen. LAPLANCHE und PONTALIS jedenfalls kritisieren diesen Vorstoß gnadenlos und nennen es allen Ernstes eine »Gefahr«, wenn man »ohne weiteres verschiedene Bedeutungen in ebensovielen voneinander unterschiedenen Worten ausdrücken will«. FREUD habe das eben gerade nicht gemacht; »er verwendet auf diesen verschiedenen Ebenen den gleichen Ausdruck *Ich*, ja er spielt sogar mit der Vieldeutigkeit dieser Verwendung«[5]. Wenn derart wackere Museumswächter FREUDs Nachlaß verwalten, wird also wohl noch eine ganze Weile alles beim Alten bleiben.

Nicht, daß es anderswo besser wäre. Genau dasselbe Problem begegnet uns auch bei Carl Gustav JUNG. Man kann bei ihm lesen, das Ich sei »nur ein Bewußtseinsteilchen, das auf dem Ozean der dunklen Dinge schwimmt«[6], was dasselbe Bild ist wie FREUDs »Keimscheiben«-Analogie und, gleich dieser, seine intuitive Evidenz daher

---

[4] HARTMANN (1972), S. 120   [5] LAPLANCHE & PONTALIS (1986), S. 186
[6] JUNG (1971), S. 30

bezieht, daß man darin das figurale Ich auf seinem Hintergrund wiedererkennt. Dieser Hintergrund, poetisch als die »dunklen Dinge« umschrieben, wird meist als »das Unbewußte« bezeichnet; er ist aber auch gemeint, wenn in der JUNG-Schule vom »Selbst« die Rede ist.

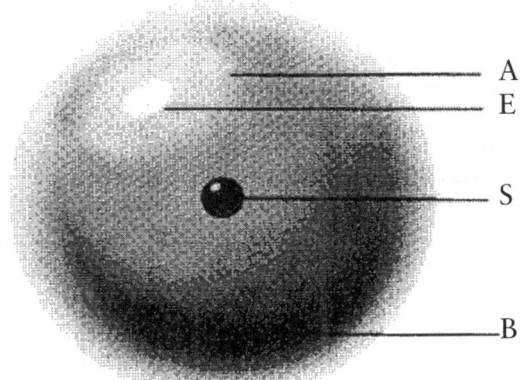

A
E
S
B

Symbolische Darstellung der Seele in der JUNG-Schule. A = »Bewußtsein«. E = »Ich«. – Das »Selbst« erscheint doppelt: einmal als die gesamte Sphäre (B), zum anderen als deren Zentrum (S).

Solche Metaphern appellieren an phänomenologische Evidenz, werden aber, genau wie bei FREUD, immer zugleich auch als transzendentale Erklärungsprinzipien in Anspruch genommen. So findet man beispielsweise bei Marie-Louise von FRANZ[7] eine Graphik, die das »Selbst« als Kugelsphäre deutet, auf deren Oberfläche man, etwas exzentrisch, das figurale Ich als hellen Fleck erkennt – eine ästhetisch ansprechend gestaltete Figur-Grund-Beziehung. Zugleich soll das »Selbst« aber auch noch identisch mit dem *Kern* dieser Sphäre sein. Denn es sei das »Regulationszentrum«, unter dessen Ägide das seelische Wachstum sich vollzieht. Auch könne man es »den Erfinder, den Organisator und die Quelle der Traumbilder« nennen. Es sei »eine Art

---

[7] VON FRANZ (1934), S. 131

›Atomkern‹ in unserem seelischen System«. Das versteht zwar kein Mensch, es kann aber jedenfalls nur transzendental gemeint sein.

»Trieb« und »Selbst«

An der Vermengung von phänomenaler und transzendentaler Betrachtungsweise liegt es letztlich auch, wenn die beiden auf Seite 159 und 160 dargestellten Narzißmus-Metaphern einander widersprechen. Beide scheitern an dem Versuch, die »Libido«, die eigentlich ein metapsychologisches Konstrukt ist, in die Phänomenologie zu integrieren. Das Denkmodell einer psychischen »Energie«, die vom »Ich« nicht loskommt, obwohl sie eigentlich zu einem »Du« strömen und dieses »besetzen« sollte, bildet keine unmittelbare Erlebniswirklichkeit ab; falls es sich denn überhaupt bewährt, können damit nur Prozesse und Stationen im »psychischen Apparat« gemeint sein. Dann aber wäre es kein Widerspruch, wenn sich derselbe Vorgang auf der *phänomenalen* Ebene in ganz anderen Bildern bekundet, beispielsweise darin, daß das erlebte Ich grenzenlos zerfließt und die Welt in ozeanischer Omnipotenzillusion vereinnahmt.

Moderne Theoretiker der Psychoanalyse, die vor allem versuchen, das Narzißmuskonzept auszubauen, haben zwar die fällige Trennung von Erlebnisbeschreibung und Metapsychologie noch immer nicht in voller Konsequenz vollzogen, aber sie werden der Phänomenologie der erlebten Ich-Du-Beziehung doch inzwischen besser gerecht als FREUD.

Heinz KOHUT[8] zum Beispiel bestreitet FREUDs Annahme, die normale psychische Entwicklung verlaufe von der Selbstliebe hin zur Objektliebe, mit dem Argument, es gebe doch im Erleben des Säuglings überhaupt noch weder ein Selbst noch Objekte, die von Libido besetzt werden könnten. Beim Säugling bestünde das Selbst vielmehr nur aus dem Gefühl, ein unabhängiges Zentrum eigener Initiative und Wahrnehmung zu sein. Es besitze jedoch noch keine Konturen, weshalb es zunächst die ganze Welt und insbesondere die Mutter »narzißtisch besetzt« halte.

---

[8] KOHUT (1981)

Die Mutter habe dann erst die Aufgabe, dem Kind zu Ich-Grenzen zu verhelfen, und zwar durch *positive Spiegelung* – eine Kombination von unterstützender Bestätigung und realitätskonformer, optimal dosierter und daher nicht traumatisierender Frustration. Hierdurch werde das Kind allmählich dazu veranlaßt, die »narzißtische Besetzung« vom Objekt abzuziehen und »ins Selbst zurückzunehmen«. In dem Maße, wie das gelingt, könne Anteilnahme, Fürsorge und Mitgefühl für das Objekt entstehen.

All das läuft auf die Idee hinaus, daß das kindliche Ich sich eben zu Anfang nur medial erfährt und dann irgendwann Grenzen ausbildet. Das wäre einfach genug in Worte zu fassen. Die mitgelieferte Metapsychologie klingt freilich ziemlich exotisch: KOHUT, und noch konsequenter ARGELANDER, erweitern die »Libido« um eine weitere, nämlich eben »narzißtische«, Energiequalität. Statt von libidinöser und narzißtischer Energie ist häufig auch von »Trieb« und »Selbst« die Rede; man weiß dabei nicht so recht, ob das »Selbst« nun eine »Instanz« oder eine »Energieform« ist. Jedenfalls soll es, gleich der Libido und unabhängig von ihr, unterschiedliche Regionen des Erlebnisraumes »besetzen« können. Während sich die »libidinöse Besetzung« in Lust- und Spannungszuständen kundtue, spüre man gegenüber den »narzißtisch« besetzten Objekten ein Gefühl unendlicher Harmonie und unauflösbarer Zusammengehörigkeit. Narzißtische Besetzung löst somit *Grenzen* auf, woraus sich aus Symmetriegründen die Konsequenz ergibt, daß libidinöse Besetzung umgekehrt Grenzen *erzeugt*. In diesem Sinn schreibt ARGELANDER[9]:

»Die libidinöse Triebbesetzung strebt ein menschlich konturiertes Objekt an. ... (Demgegenüber) verfolgt der primäre Narzißmus eine Tendenz, das ursprünglich menschlich konturierte Objekt durch Auflösung zu vergrößern, und zwar oft bis in kosmische oder elementare Dimensionen.«

Entwicklung wird dann folgerichtig als ein Übergang vom »narzißtischen« zum »libidinösen« Besetzungstyp gedeutet:

»Die Erreichung eines reifen Niveaus der Triebentwicklung garantiert ... die Umgangsfähigkeit mit dem konturierten Menschenbild und schließlich menschliches Umgangsverhalten. Die primärnarzißtische Objektbindung läßt die Wahrnehmung der natürlichen menschlichen Kontur nicht zu, sondern ver-

---

[9] ARGELANDER (1972), S. 23–28

zeichnet sie ins Ungeheuere, Dämonische und Unmenschliche. Triebentwicklung und narzißtische Entwicklung müssen daher abgestimmt aufeinander erfolgen.«

Der Grundgedanke verdient festgehalten zu werden: Er postuliert einen Prozeß, in dem korrespondierend zueinander das Ich seiner selbst innewird *und* zugleich das Du »Konturen« erhält, wodurch dann ein reifes, empathiefähiges Sozialverhalten möglich wird. Ob dieser Effekt wirklich durch den Antagonismus zweier »Energien« zustandekommt, bleibe allerdings dahingestellt. Wir werden alsbald sehen, daß hier noch andere, kognitive Prozesse eine wichtige, vielleicht die ausschlaggebende Rolle spielen.

Vorgeburtliche Reminiszenzen?

Wie auf Seite 158 festgestellt war FREUD nicht in der Lage gewesen, das Gefühl »ozeanischer« Entgrenzung mit dem Schutzverlangen des hilflosen Kindes in Zusammenhang zu bringen. Spätere Narzißmusforscher haben die offenkundige Verwandtschaft dieser beiden Erlebnisqualitäten dann freilich bald erkannt. Das Gefühl, in einer warmen Woge zu schwimmen, erinnert deutlich genug an die Geborgenheit in der Obhut der Mutter. So definiert etwa ARGELANDER den »primären Narzißmus« kurz und bündig als einen »Besetzungsvorgang an einem diffusen elementaren Objekt«, der ein »ozeanisches Gefühl« auslöse, und das Ganze habe das »Ziel, *Sicherheit* zu vermitteln«.

Sicherheit, durch ein Schweben im Flüssigen vermittelt, eingebettet in ein »diffuses«, also mediales Objekt – es verwundert nicht, daß sich dieses Bild alsbald an einer naheliegenden *leiblichen* Erfahrungsgrundlage festmachte. Schon FREUD selbst[10] hatte mit der Idee gespielt, der Narzißmus stelle eine Reminiszenz an jenen vorgeburtlichen Zustand des Organismus dar, in dem dieser »in seliger Isolierung« physisch-konkret im *Fruchtwasser* schwamm.

Ähnlich äußert sich ARGELANDER. Er macht geltend, daß die »nutritive Einheit des Fötus mit der Mutter«, wo Nahrungszufuhr, Aus-

---

[10] FREUD (1917), S. 432

scheidung, Körperpflege und ein konstantes äußeres Milieu unauffällig und kontinuierlich geregelt werden, eigentlich ein recht behaglicher Zustand sein müsse. Er biete »Sicherheit mit dem Gefühl eines unendlichen Wohlbehagens, einer Verbundenheit mit der ganzen Welt«.

In der nachgeburtlichen Lebensphase gehe diese nutritive Einheit nicht völlig verloren; ein Teil davon bleibe zum Beispiel in der Atmung erhalten; es gebe aber noch viel mehr Erlebnisse dieser Art. Ihnen allen sei gemeinsam die Abwesenheit eines menschlich konturierten Objektes, die Verbundenheit mit einem ganz diffusen Objekt elementarer Art und eine Aufhebung der natürlichen menschlichen Körpersphäre. Als Beispiel nennt er insbesondere die Urträume des Menschen, fliegen zu können, auf dem Wasser zu wandeln, durch Kontinente und Ozeane zu reisen oder sogar ins Weltall vorzustoßen, sowie Gefühle, wie sie das sanfte Schaukeln eines Schiffes vermittelt.

ARGELANDER versucht von solchen Erlebnissen zum intrauterinen Zustand eine *sinnesphysiologische* Brücke zu schlagen. Er behält nämlich die Gestaltwahrnehmung den Fernsinnen vor, die in der Tat erst nach der Geburt funktionsfähig werden, während er die Propriozeptoren, die den Erwachsenen ebenso wie den Fötus über die Stellung der Glieder, die Spannung der Muskeln, die Lage des Körpers und die Tätigkeit der Eingeweide orientieren, als Domäne objektlos medialer Erfahrung deutet.

Das reicht nun freilich als Begründung nicht aus; die Phänomenologie des anschaulich Seelischen ist zu reich, um sich an einer Unterscheidung von Sinnesorganen verankern zu lassen. Aber immerhin ist ARGELANDERs Argumentation Nüchternheit und Augenmaß zu bescheinigen.

Andere waren da weniger zurückhaltend. Die verwegensten Spekulationen findet man bei Béla GRUNBERGER, dem wir die Behauptung verdanken, die Bezeichnung »ozeanisches Gefühl« sei »direkt vom Fruchtwasser hergeleitet«[11]. Narzißmus, so erfährt man hier, sei einfach die *Erinnerung* an den »privilegierten, einzigartigen, erhabenerhebenden Zustand« im Mutterleib. Der Fötus erlebe, wie es ist, wenn man alles bekommt, ohne sich dafür anstrengen zu müssen;

---

[11] GRUNBERGER (1976), S. 29

auch seine Triebe brauche er noch nicht zu regulieren, und das alles rufe natürlich »Wohlbefinden« hervor. »Funktionslust« und »tiefe Harmonie« seien weitere Merkmale dieser Befindlichkeit, und so trügen denn auch mythische Stoffe wie Schlaraffenland, Paradies oder Goldenes Zeitalter »sehr deutlich den typischen Stempel pränataler Lebensbedingungen«. Was dann dem Glück des Menschen ein für allemal ein Ende setze, sei »das Auftreten des Apfels, d.h. der mütterlichen Brust« beim Übergang ins rauhe Klima des extrauterinen Stoffwechsels[12].

Schon möglich. Zweifel sind gleichwohl erlaubt. Es ist keineswegs ausgemacht, daß man in der vorgeburtlichen Existenzphase »Triebe« oder »Funktionslust« oder überhaupt irgendetwas *erlebt*. Grundsätzlich läßt sich das ohnehin weder beweisen noch widerlegen; plausibel wäre aber eher, daß der Fötus in tiefem, bewußtlosem Schlaf vegetiert. Er keimt wie eine Pflanze und ist seiner uterinen Umgebung auf Gedeih und Verderb ausgeliefert; mag sie ihn nähren oder traumatisieren – ihm sind noch keinerlei Möglichkeiten eingeräumt, sich ihr gegenüber zu *verhalten*. Wozu sollte ihn die Natur dann aber mit einer noch ganz funktionslosen Erlebnisfähigkeit ausgestattet haben? Würde er beispielsweise schon Angst empfinden können, so wäre er, unfähig zu fliehen oder auch nur um Hilfe zu schreien, diesem Streß in totaler Passivität ausgesetzt. Und selbst »paradiesisches« Wohlbefinden hätte als Erlebnissignal nur einen Sinn, wenn der Fötus gegen dessen *Ausbleiben* auch irgendwie zu protestieren vermöchte. In der Psychologie der *nachgeburtlichen* Entwicklung folgt man heute jedenfalls dem Prinzip, dem Kind nur solche Gefühle zuzubilligen, die es beim Reifezustand seines Verhaltensrepertoires wenigstens andeutungsweise auch schon in Handlungen umsetzen kann. Diese Maxime läßt wenig Raum für erinnerbar erlebte Emotionen im Mutterleib.

Eigentlich ist gegen die Theorie der Fruchtwasser-Reminiszenz aber ein viel grundsätzlicherer Einwand zu erheben, den wir sinngemäß auch schon gegen ARGELANDER ins Feld geführt haben. Ihre Verfechter wollen das »ozeanische« Gefühl – mit Recht – aus einer *medialen* Erfahrung in der ontogenetischen Frühzeit herleiten. Sie suchen aber – zu Unrecht – nur im anschaulich-*leiblichen* Bereich nach einem pas-

---

[12] GRUNBERGER (1976), S. 32

senden Erlebnismodell. Sie sehen nicht, oder glauben aus ihrem Wissenschaftsverständnis heraus nicht zur Kenntnis nehmen zu dürfen, daß es da eben auch noch den weiten Bereich der anschaulich-*seelischen* Erlebnisinhalte gibt, die beim Bild vom Schwimmen im Medium Pate gestanden haben können, und die den Vorteil besitzen, in eine nachgeburtliche und daher auch viel eher bewußtseinsfähige Lebensphase zu fallen.

Symbiose

Wenn die Psychoanalyse Aussagen über die Seelenverfassung von Kindern macht, so beruft sie sich meist auf Phantasieinhalte erwachsener Patienten, die als Erinnerungsspuren infantiler Konflikte gedeutet werden. Auch FREUDs Bild vom frühkindlichen Amöben-Ich macht da keine Ausnahme. Es ist offenkundig, daß eine so mittelbare Herleitung nicht ausreicht, sondern durch direkte Beobachtungsstudien an Kindern fundiert werden müßte.

Das haben auch Psychoanalytiker schon bald erkannt. Seit längerem erscheint eine eigene Zeitschrift mit dem Titel »Psychoanalytic Study of the Child«, und wenn diese Art von Forschung auch erkennbar durch die verinnerlichte Pflicht zu theoretischer Linientreue gegängelt wird, verdanken wir ihr doch Beobachtungen, die unser entwicklungspsychologisches Wissen bereichert haben.

Besonders gilt das von der amerikanischen Kinderpsychoanalytikerin Margaret MAHLER. Vor allem sie war es, die der Idee einer »ozeanischen« Verschmelzung des kindlichen Ich mit dem mütterlichen Du eine empirische Basis gegeben hat. Von ihr stammt auch der heute übliche Name für diesen Zustand: Sie spricht von einer *Symbiose* des Kindes mit der Mutter. Dieser Begriff ist eigentlich der Biologie entlehnt, wo er allerdings etwas anderes meint, nämlich die Interessengemeinschaft zweier ausgewachsener Individuen unterschiedlicher Species. Im Sprachgebrauch MAHLERs bezeichnet »Symbiose« hingegen einen Zustand, in dem das Ich keine Grenzen zwischen sich und dem Du spürt. Das Du kann dabei nur als weltfüllender Stimmungsgehalt erfahren werden; andererseits erlebt das Ich auch sich selbst als ein zum Horizont hin ohne klare Grenze auslaufendes Kräftefeld, das mit dem Du-Medium eine untrennbare Einheit bildet.

Beim Säugling sei das die ursprünglichste Erfahrungsform. Sobald er seine Fernsinne überhaupt gebrauchen könne – MAHLER glaubte noch, das sei erst ab dem zweiten Lebensmonat der Fall – verhielte er sich so, als wären er und seine Mutter eine »omnipotente Zweieinigkeit innerhalb einer gemeinsamen Grenze, der ›symbiotischen Membran‹«[13].

Der Fortschritt dieser Betrachtungsweise gegenüber FREUDs Modell vom »Protoplasmatierchen« besteht darin, daß nicht mehr bloß unbestimmt von »Objekten«, sondern konkret von der *Mutter* die Rede ist, die das kindliche Ich bergend umfängt und vor dem Rest der Welt in Schutz nimmt. Das wird durch die Metapher von der »symbiotischen Membran« zum Ausdruck gebracht, die allerdings phänomenologisch nicht sehr glücklich gewählt ist, weil »Membran« nach *Grenze* klingt, als solche aber nur aus der Perspektive des Außenbetrachters oder allenfalls der Mutter, aber nicht aus der des Kindes sichtbar wird. Der Säugling erlebt die Dualunion mit der Mutter noch nicht im figuralen Erfassungsmodus; er fühlt diese Symbiose noch nicht einer Welt konfrontiert, die außerhalb davon ihren eigenen Raum beansprucht: Die »Membran« wird nicht reflektiert, sondern von innen erfahren und hat daher keine figurprägende Potenz. Gemeint ist einfach, daß sich das Kind, wenn es sich ängstigt oder nicht wohlfühlt, im Kraftfeld der Mutter verkriechen kann wie in eine schützende Höhle.

Kontrollüberzeugungen

MAHLERs Entwurf einer frühkindlichen Erlebnisphänomenologie ist in der Folge nicht unwidersprochen geblieben. Beanstandet wurde vor allem, daß sie die chaotische Verschmelzung von Säugling und Mutter in einer zuwenig differenzierenden Begrifflichkeit beschreibt und damit das »ozeanische Gefühl« des ersten Lebensjahres homogener

---

[13] MAHLER et al. (1975), S. 291

erscheinen läßt, als es ist. Eine besonders pointierte Gegenposition hat hier der ebenfalls von der Psychoanalyse herkommende Kinderpsychologe Daniel STERN[14] bezogen. Er macht geltend, daß tatsächlich mit dem allerersten Aufdämmern des kindlichen Bewußtseins ein zwar rudimentärer, aber seine Unterscheidbarkeit vom Du schon spürender Ich-Keim angelegt ist.

Die Welt des Neugeborenen, sagt STERN, befindet sich in einem Prozeß ständig zunehmender Organisation. Der Säugling erfährt sich dabei nicht als rein passiver Zuschauer, sondern ihn beseelt alsbald auch das Gefühl, selbst an dem mitzuwirken, was da geschieht. Er spürt, daß der laufende Ordnungszuwachs seiner Welt von Kräften vorangetrieben wird, die aus zwei verschiedenen Quellen stammen – aus der Funktionslust des Selbst-bewirken-Könnens, und aus der Potenz der Dinge, sich von allein zu ereignen. Das, sagt STERN, sei die früheste Form, in der eine Ich-Du-Unterscheidung erlebbar wird, und diese Erfahrung falle noch weit in die Frühzeit der Periode, die MAHLER als »symbiotisch« auffaßt.

Mit all dem hat STERN vermutlich recht; er irrt freilich, wenn er darin einen Widerspruch zur Position MAHLERs sieht. Seine Überlegungen handeln nämlich gar nicht von Figuren und Medien, vom Grenzenziehen und Grenzenauflösen, von Symbiose und Individuation, sondern von einem ganz anderen Phänomen, das man in der Sozialpsychologie seit den sechziger Jahren unter dem Stichwort »*locus of control*« abhandelt, was zu deutsch meist mit »Kontrollüberzeugung« übersetzt wird[15]. Der Begriff soll spezifizieren, wo ein Mensch, der in irgendwelche bedeutsamen Ereigniszusammenhänge gerät, die Ursachen seines Schicksals verortet. Man redet von »*externaler*« Kontrollüberzeugung, wenn der Betreffende meint, das Ereignis sei von anderen Menschen, den »gesellschaftlichen Verhältnissen«, der Macht des Schicksals, einem Schutzengel oder schlicht dem Zufall – also heteronom – determiniert. Empfindet er es aber als das Resultat eigenen Herbeiwünschens, als die Frucht eigener Anstrengung und Kompetenz, als Produkt eigener Schöpferkraft, als Konsequenz eigengesetzlicher Sinngebung, so liegt »*internale*« Kontrollüberzeugung vor.

---

[14] STERN (1985), S. 70
[15] ROTTER (1966); vgl. auch TROMMSDORFF (1989), S. 102 ff

STERNs Argument besagt also letztlich nur, daß das Kind auch schon während seines symbiotischen Stadiums die qualitativ verschiedene Einfärbung internal und external kontrollierter Weltläufe erfühlt. Was ist es dann aber, was neu hinzukommt, wenn das Ich sich gegenüber dem mütterlichen Du figural *abgrenzt*?

Um diese Frage beantworten zu können, muß man sich klar machen, daß internale Kontrollüberzeugung nicht etwa dasselbe ist wie das Bewußtsein, sich *willkürlich* entscheiden zu können. Nicht überall nämlich, wo eine Ereignisfolge anschaulich im Ich entsprungen ist, erlebt sich dieses automatisch als *frei* in dem Sinne, daß es bei seinem Tun und Lassen auch eine andere Wahl gehabt hätte. Das Gefühl, innengeleitet zu sein, kann sich vielmehr auch einstellen, wenn man von Leidenschaft davongetragen wird oder im Banne eines »Hier stehe ich, ich kann nicht anders« einem unausweichlichen Gewissensbefehl Folge leistet. In solchen Fällen erlebt man sich als Ausführungsorgan medialer Ich-Impulse eher denn als aktiver Gestalter des eigenen Handlungsprofils. Gerade dem medialen Ich ist ja, wie auf Seite 140 schon ausgeführt, ein Widerstände überwindendes, im Sinne GUARDINIS »helles« Wollen noch gar nicht möglich.

Was zum bloßen Gefühl des *Selbst-Bewirkens* neu hinzukommt, wenn eine Ich-Grenze entsteht, ist das begleitende Bewußtsein, sich dabei *gegen Alternativen entschieden* zu haben. STERN und MAHLER können, so betrachtet, ohne weiteres *beide* Recht haben. Bevor im Laufe der Bewußtseinsentwicklung Ich und Du Figuren werden, baut sich schon ein zweipoliges Spannungsfeld zwischen ihnen auf, an dessen Kontrolle bald der eine, bald der andere Pol stärker beteiligt ist. Nur können sie noch nicht im Sinne eines Entweder-Oder aneinanderstoßen: Wenn sie in Konflikt geraten, löst sich dieser immer wieder auf, so wie gegenläufige Strömungen in einem Ozean sich zwar da und dort verwirbeln mögen, insgesamt aber zu einer gemeinsamen Resultierenden ausgleichen. Erst wenn Ich und Du in *figural* abgegrenzte Gefühlszonen entmischt sind, die selbständig nebeneinander bestehen können, löst sich die Symbiose auf, von der MAHLER spricht.

Landmarken

Während des zweiten Lebensmonats beginnen sich die Stimmungsgehalte der eigenen und der fremden Kontrolle an der Dimension
der *Leiblichkeit* festzumachen. Die Sinneswahrnehmung vermag jetzt
bereits Figur und Grund zu trennen; was man mit den Augen sehen
und mit den Händen greifen kann, wächst also schon zu kohären-
ten Gestalten zusammen, während alles, was sich nur *seelisch* erfüh-
len läßt, noch für längere Zeit im medialen Aggregatzustand ver-
harrt.

Die anschaulich-leiblichen Gestaltkeime haben anfangs sicher noch
keine »Permanenz«: Sie sind keine Dinge, die im Zeitverlauf ihre Identität wahren, sondern Schemen, die sich nur vorübergehend zu Figuren verdichten und dann wieder in Nichts auflösen. Experimentell
kann man dies an der *Lächelreaktion* des Säuglings demonstrieren,
die erstmals im Alter von etwa sechs Wochen auftritt, wenn sich ein
Mensch über das Bett des Kindes beugt. Voraussetzung ist dabei, daß
der Betrachter sein Gesicht frontal präsentiert; ein Profil genügt nicht,
um die Reaktion auszulösen.

Das erste Lächeln des Säuglings richtet sich unspezifisch gegen Mutter und Fremde gleichermaßen. Allmählich beginnt das Kind dann zu
registrieren, daß unter den Gesichtern einige sind, die wiederkehren.
Deren Details prägen sich ein; außerdem verbinden sich die verschiedenen Perspektiven derselben Gestalt bald auch zu einem zeitüberdauernd identischen Ganzen, sodaß die Mutter nun auch im Profil
erkannt wird. Seinen Höhepunkt erreicht dieser Prozeß mit etwa
einem halben Jahr. Jetzt sieht man dem Kind an, wie fasziniert es von
der Erscheinung der Mutter ist: Es zieht sie an den Haaren, an den
Ohren, an der Nase, es versucht, Nahrung in ihren Mund zu stopfen,
es entdeckt hier eine Halskette, da einen Ohrring an ihr. Hat die Mutter das Kind auf dem Arm, so dehnt es den Körper nun vielleicht von
ihr weg, um besseren Überblick über sie zu gewinnen.

STERN wertet solche Aktivitäten als Beweis, daß sich »Ich« und
»Du« hier bereits deutlich voneinander *abgrenzen*. Das ist aber eine
Überinterpretation, hervorgerufen durch Mangel an phänomenologi-
scher Differenzierung. Der figurale, konturierte Erlebnismodus, den

der Autor im Sinn hat, beschränkt sich in diesem Alter strikt auf die *leibliche* Erscheinung, während Ich und Du als *seelische* Erfahrungsinhalte noch medial bleiben. Wenn sie sich gleichwohl nicht völlig vermischen, so deshalb, weil sie an leiblichen Figuren in ungleicher Konzentration verankert sein können.

Versuch, den Erlebnismodus zu veranschaulichen, in dem sich für das etwa zweimonatige Kind sozialer Kontakt vollzieht. Die Schattierung symbolisiert anschaulich-seelische Gehalte; diese sind noch medial und füllen den Erlebnisraum, wobei sich die Eindrücke internaler und externaler Kontrolle (verschiedene Graustufen) ohne scharfe Kontur mischen und abwechseln. Anschaulich-leibliche Inhalte (horizontal schraffiert) gliedern sich bereits figural. Sofern sie relevanten Auslöseschemata entsprechen (z.B. Gesicht in Frontansicht), wirken sie als Kondensationskerne für die mediale Stimmung. Die drei Bilder geben, von oben nach unten gelesen, eine Ereignisfolge wieder, in der sich die Mutter aus dem Profil heraus dem Kind zuwendet. Die Lächelreaktion erfolgt allein im dritten Stadium.

Von solchen Landmarken sind einige stärker mit dem Gefühl eigener Kontrolle gesättigt, ein vom Betthimmel herabhängendes Mobile beispielsweise, das immer wackelt, wenn ich daranstoße; andere unterstehen eher externalen Einflüssen, wie etwa dasselbe Mobile, wenn es sich ohne mein Zutun von selbst bewegt. Feinanalysen des Blickverhaltens haben ergeben, daß Dreimonatige hier durchaus schon zu unterscheiden wissen[16].

Insgesamt bilden internale und externale Kontrolle, Selbstgewolltes und Außenbestimmtes, Ich und Du in diesem Alter aber noch kein Entweder-Oder. Meist überlagern sie sich eben doch. Die leibhaftige Mutter, die mit dem Kind spielt, die vielleicht die Finger kitzelnd das Bein hoch über den Bauch laufen läßt, zum krähenden Vergnügen des Kindes, macht diesem ein Wollen spürbar, das sich seinem unmittelbaren Einfluß entzieht, das einer Gegenwelt zugehört. Aber zugleich bejaht das Kind auch, was da geschieht, es wünscht seine Fortdauer herbei und nimmt den Prozeß so wieder in die mediale Ichhaftigkeit hinein.

Die leibliche Erscheinung der Mutter ist also keineswegs exklusiv dem Du-Erleben als Landmarke zugeordnet. Genausogut gehört sie auch noch zum eigenen Selbst. Wenn man Müttern zusieht, die mit ihrem etwa halbjährigen Baby spielen, kann man feststellen, daß sie fortgesetzt, ohne dies übrigens bewußt zu beabsichtigen, die Stimmungsäußerungen des Kindes bis in feine Nuancen hinein mimisch, vokalisch und in ihrer ganzen Körperhaltung *widerspiegeln*[17]. Auf diese Weise erlebt das Kind, wie seine Gefühle im Gesicht der Mutter ihren sinnlichen Niederschlag finden, und wird so in der Gewißheit bestätigt, daß diese Gefühle eben noch nicht Privatbesitz, sondern weltfüllendes Stimmungsmedium sind.

Das ist es, was mit der »Symbiose« vernünftigerweise allein gemeint sein kann. Als *leibliche* Gestalt fließt das mütterliche Gesicht wahrscheinlich nie mit meiner Hand zusammen, die sich ihm entgegenstreckt; aber *seelisch* sind beide noch nicht voneinander geschieden, liegen beide noch im selben bipolaren Kraftfeld. Sie sind daher auch vom Ich her gleich unmittelbar erreichbar – die Mutter materialisiert sich fast automatisch, wenn ich sie nur heftig genug herbeiwünsche; wenn Bedrohliches oder Schmerzhaftes mich erfüllt, wenn das Universum von den allerfüllenden Turbulenzen eines Weinkrampfes widerhallt, dann erscheinen fast mit Sicherheit auch jene zwei Augen, jene beruhigende Stimme, jene bergende Wärme, die alles wieder dämpfen und zur Ruhe bringen.

---

[16] PAPOUŠEK & PAPOUŠEK (1979) [17] ebd.

Bei einer einigermaßen sensiblen Mutter wird das Kind steuern können, wie stark der Du-Anteil in der medialen Gesamtstimmung werden darf; es kann wegblicken oder braucht, wenn das nicht ausreicht, notfalls nur unruhig oder weinerlich zu werden, und die Welt fügt sich wieder seinem Verlangen ein. Insofern haben die Psychoanalytiker nicht unrecht, wenn sie die symbiotische Zweieinigkeit, aus der Perspektive des Kindes gesehen, als »omnipotent« bezeichnen.

Soziale Vergewisserung

Der nächste Einschnitt in der kindlichen Entwicklung liegt etwa beim Alter von einem Dreivierteljahr. STERN meint, das Kind sei jetzt schon in der Lage zu begreifen, daß andere Menschen ein Innenleben haben, wohlunterschieden von seinem eigenen. Wenn etwa ein Kind mit auffordernden Lautäußerungen die Mutter bedränge, ihm den Keks zu geben, den sie in der Hand hält, so zeige das doch, daß es ihr einen »inneren seelischen Zustand« zuschreibt – nämlich die verständnisvolle Bereitschaft, der kindlichen Intention entgegenzukommen[18].

Das ist nun freilich eine Interpretation, die jedes Augenmaß vermissen läßt. Nach derselben Logik müßten auch futterbettelnde Jungvögel an ihren Eltern ein Innenleben wahrnehmen. Wenn STERN recht hätte, dann würde das neunmonatige Kind bereits über ein figurales Du verfügen; man sollte von ihm dann aber auch erste *empathische* Reaktionen erwarten können. Diese setzen jedoch nicht vor der Mitte des zweiten Lebensjahres ein.

Die Idee, das Kind könne derart früh eigene und fremde Gefühle figural trennen, stützt sich auf die Beobachtung, daß das Neunmonatige bereits mit der Hand auf interessante Objekte hindeutet, um die Mutter darauf aufmerksam zu machen. Aber da gilt es, wie die Entwicklungspsychologin Fabia FRANCO herausgefunden hat[19], eine feine Nuance zu beachten. Das Kind führt die Geste nämlich aus, *ohne die Mutter zuvor anzublicken.* Die Mutter besitzt also nach dem Motto »ein Auge ist, das alles sieht« noch die Allwissenheit eines göttli-

---

[18] STERN (1985), S.131   [19] BUTTERWORTH (1991), S. 230

chen Mediums; man muß sie gar nicht über etwas *informieren*, was ihr entgangen sein könnte. Die Intention, den eigenen Arm zu bewegen, ist eher ein Steuerimpuls der gemeinsamen Aufmerksamkeit im Gesamtverband der Mutter-Kind-Symbiose, ein Akt, der im Ich entspringt, die mütterliche Handlungsbereitschaft automatisch miterfaßt und deren Fokus auf das interessierende Objekt lenkt.

Soziale Referenz im Alter von 9 Monaten. Links: Situation aus der Perspektive des Außenbetrachters. Rechts: Situation aus der Perspektive des Kindes. Zeitablauf von oben nach unten. Das Kind deutet zuerst auf ein interessierendes Objekt und konzentriert damit »magisch« die Aufmerksamkeit des vereinigten Mediums auf diesen Fokus. Erst danach blickt es zur Mutter, um den medialen Stimmungsgehalt an deren Gesichtsmimik abzulesen.

Tatsächlich dauert es bis zum Alter von 16 bis 18 Monaten, ehe das Kind *zunächst* einmal zur Mutter blickt, um sich zu vergewissern, ob sie überhaupt herschaut, bevor es ihr etwas zeigt. Erst dann versteht es also, daß sich die mütterliche Aufmerksamkeit der symbiotischen Omnipotenz entzieht, daß sie nicht mit magischer Selbstverständlichkeit dem eigenen Hindeuten Folge leistet.

Nun blickt allerdings auch schon das Neunmonatige zur Mutter hin, wenn es ihr etwas zeigt, – aber nicht bevor, sondern *nachdem* der Finger ausgestreckt wurde. Dieser Unterschied ist wesentlich. Er hängt mit einem anderen Phänomen zusammen, das man in der Fachlitera-

tur als *soziale Referenz* bezeichnet, das letztere Wort im Sinne von »Rückfrage« oder »Empfehlung« verstanden[20].
Gemeint ist folgendes. Ein Kind kann sich im Alter von dreiviertel Jahren bereits, und sei es auf dem Bauche robbend, selbständig fortbewegen. Wenn es dabei in eine Situation gerät, die ihm bedenklich erscheint, dann sucht sein Blick das Gesicht der Mutter. Schaut diese heiter und beruhigt drein, setzt das Kind seine Exploration fort. Wirkt sie aber alarmiert, erlahmt sogleich auch seine Unternehmungslust.

STERN geht wiederum viel zu weit, wenn er soziale Referenz in dem Sinn deutet, das Kind »vergleiche« das Gefühl, das es selbst »innen« verspürt, mit dem, das es »an« oder »in« der Mutter wahrnimmt.

Figurale Ich-Du-Unterscheidung im Alter von 18 Monaten. Das Kind blickt zunächst zur Mutter, deren Informiertheit nicht mehr als selbstverständlich vorausgesetzt wird. Erst anschließend deutet es auf das Objekt, um die mütterliche Aufmerksamkeit darauf zu lenken.

Tatsächlich ist soziale Referenz nur ein weiteres instruktives Beispiel für die Rolle leiblicher Landmarken in einem seelischen Medium. Die besorgte Gesichtsmimik der Mutter kann in diesem Alter eben noch das gesamte Medium nachhaltig einfärben. Wir begegnen hier einmal mehr jenem phylogenetisch uralten und kognitiv entsprechend anspruchslosen Prozeß, den wir auf Seite 133 f als »Stimmungsüber-

---

[20] KLINNERT et al. (1983)

tragung« bezeichnet haben. Ehe es soweit ist, daß das Kind wirklich fremde und eigene Innenzustände trennen kann, muß noch ein entscheidender Entwicklungsschritt vollzogen werden.

Spiegelbild und Empathie

Dieser Schritt findet etwa um die Mitte des zweiten Lebensjahres statt. Mancherlei Anzeichen kündigen ihn an, und einem unter ihnen kommt dabei zentrale Bedeutung zu: Die Kinder beginnen, auffällig oder diskret, den Blick in den *Spiegel* zu *vermeiden*. Noch für die meisten fünfzehnmonatigen ist das Spiegelbild nichts als ein Spielgefährte, den man anlächeln, mit den Handflächen bepatschen, dem man Bälle zuwerfen, den man vielleicht auch hinter dem Spiegel suchen gehen kann, und der im übrigen nicht lange interessant ist, weil er immer nur dasselbe macht wie man selbst. Das ändert sich nun mit etwa 18 Monaten, und zwar so schubhaft und so unabhängig von Hilfestellungen oder Behinderungen durch die Umwelt, daß man nicht umhin kann, an einen Reifungsschritt zu glauben: Das eigene Gesicht macht nun befangen; es ist nicht länger ein anderes Kind, das da aus der Scheibe schaut; aber die aufdämmernde Ahnung, daß es niemand anderes sei als man selbst, ist noch allzu ungeheuerlich.

Lange läßt sich die Erkenntnis freilich nicht hinauszögern. Mit spätestens 20 Monaten erkennt das Kind unwiderruflich, daß es eine sichtbare Außenseite hat. Die anfängliche Scheu vor dem Spiegelbild macht von da an allmählich einem experimentellen Interesse Platz. Die Kinder beginnen, Manipulationen am eigenen Körper vor dem Spiegel auszuführen. Sie schmücken sich mit Schleiern oder Hüten und betrachten den Effekt. Oder es fällt ihnen irgendwo beim Spielen plötzlich ein, eine Grimasse zu schneiden, worauf sie diese mimisch festhalten und zum Spiegel laufen, um zu schauen, wie das aussieht. Malt man ihnen diskret einen dunklen Fleck auf die Wange, so fällt ihnen beim Blick in den Spiegel die Veränderung auf, und sie greifen an die betreffende Stelle im *eigenen* Gesicht.

Wir können aus solchen Veränderungen des Verhaltensstils schließen, daß jetzt, aber eben erst jetzt, der Moment gekommen ist, wo das Ich seine bislang nur mediale Existenz transzendiert, eine Grenze um sich zieht und zur Figur wird. Oder, im Gleichnis des letzten Kapitels: Wo die gläserne Seelensphäre erstmals ihrer Reflexion begegnet und sich als Schauplatz ihres eigenen Erlebens erkennt.

Wie auf Seite 142 schon angesprochen, wird zugleich damit auch der figurale Charakter des *Du* erlebbar. An sich wäre eine strenge zeitliche Koppelung hier nicht zwingend zu fordern; das Ich könnte Figur werden und sich gleichwohl noch längere Zeit von einem medialen Du umschlossen fühlen. Tatsächlich herrscht aber, wie Doris BISCHOF-KÖHLER in sorgfältigen Untersuchungen nachgewiesen hat, eine erstaunlich präzise zeitliche Koppelung: Kinder werden genau zu dem Zeitpunkt, in dem sie sich im Spiegel erkennen, auch fähig zum Mitgefühl mit anderen, zur *Empathie*[21].

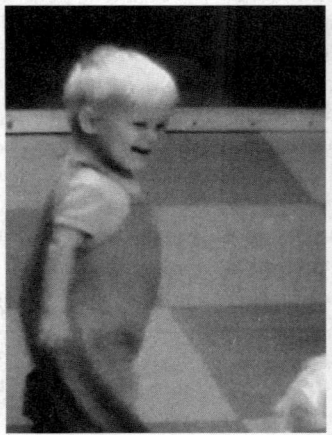

Experimentelle Untersuchung zum Selbsterkennen im Spiegel (Photos nach Videoaufnahmen von D. BISCHOF-KÖHLER). Zwei Jungen im Alter von 18 Monaten. Beiden wurde vor dem Experiment unbemerkt ein Fleck auf die Wange gemalt. Der linke kümmert sich nicht um den Fleck und behandelt das Spiegelbild als Spielgefährten. Der rechte untersucht den Fleck durch Manipulation am eigenen Gesicht.

---

[21] BISCHOF-KÖHLER (1989, 1994)

Die Experimente liefen meist in der Form ab, daß die Kinder sich zunächst mit einer Studentin im gemeinsamen Spiel vertraut machen konnten. Die Spielgefährtin ereilte dann ein »Mißgeschick«: Einem – zuvor natürlich entsprechend präparierten – Teddy riß ein Arm ab, worauf die Studentin in Schluchzen ausbrach und »nicht weiterspielen konnte«.

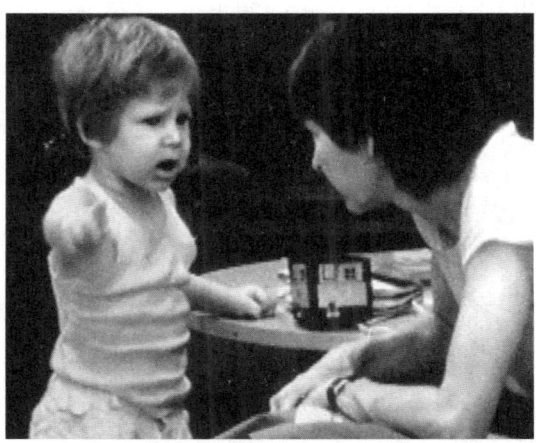

Experimentelle Untersuchung zur Empathie (Photo nach einer Videoaufnahme von D. BISCHOF-KÖHLER). Verhalten des Jungen auf der rechten Seite der vorhergehenden Abbildung angesichts der Notlage einer Spielgefährtin: Er versucht mit allen Mitteln, die Mutter zu helfendem Eingreifen zu veranlassen.

Kinder, die sich bereits im Spiegel erkannten, gerieten angesichts dieses Dramas in einen Zustand eindrucksvoller Betroffenheit. Dabei ließen sie sich von der Betrübnis der Gefährtin nicht einfach nur medial anstecken, sondern verstanden, daß es sich hier um Gefühle handelt, die die *Partnerin* angingen: Man konnte sie nicht aus der Welt schaffen, indem man selbst die Flucht ergriff oder Trost suchte, sondern nur, indem man etwas *an der Situation der Spielgefährtin* änderte – ihr etwa ersatzweise anderes Spielzeug anbot, die Mutter zu Hilfe holte oder kurzerhand versuchte, den Teddy selbst zu reparieren.

Kinder, die ihr eigenes Spiegelbild noch für eine Fremdperson hiel-

ten, reagierten in diesen Experimenten zwar auch selten mit Gefühlsansteckung, was vielleicht daran lag, daß die Spielgefährtin ihren
Kummer aus versuchsethischen Gründen nicht allzu dick auftrug.
Charakteristisch für die Nicht-Selbsterkenner war aber ausnahmslos,
daß sie dem Mißgeschick der Partnerin mit ungerührter Teilnahmslo-
sigkeit begegneten. Sie verloren alsbald überhaupt das Interesse an ihr
und beschäftigten sich mit etwas anderem. Nicht selten beobachtete
man bei ihnen eigentümlicherweise sogar Reaktionen, wie man sie in
der Ethologie als *Imponierverhalten* zu beschreiben pflegt.

*Der links abgebildete Junge bleibt in derselben Situation nicht nur unbe-
teiligt, sondern zeigt sogar Imponierverhalten.*

Kinder schließlich, die ihr Spiegelbild stark vermieden, was vermutlich einer Übergangsphase vor dem endgültigen Selbsterkennen entspricht, zeigten sich ebenfalls betroffen, waren nicht fähig, weiterzu-
spielen, standen aber da wie die sprichwörtliche Kuh, wenn es
donnert: Sie schienen nicht zu verstehen, was vorging. Wenn die Partnerin sich nach einigen Minuten wieder »faßte«, nahmen auch sie mit
erleichtertem Seufzen das Spiel wieder auf.

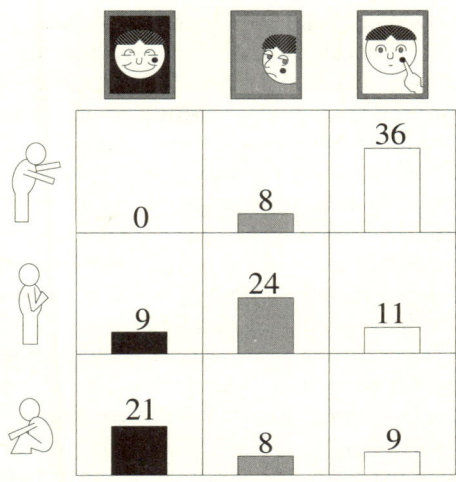

Ergebnisse der Untersuchungen von BISCHOF-KÖHLER *über den Zusammenhang von Selbsterkennen im Spiegel und empathischer Hilfeleistung bei 126 Versuchskindern. Linke Spalte: Kinder, die ihr Spiegelbild wie einen Spielkameraden behandeln. Mittlere Spalte: Kinder, die den Blick in den Spiegel vermeiden. Rechte Spalte: Kinder, die einen auf die Wange gemalten Fleck im Spiegel richtig lokalisieren. Obere Reihe: Kinder, die sich um Hilfeleistung bemühen, wenn ein Gefährte in Bedrängnis gerät. Mittlere Reihe: Kinder, die in derselben Situation ihr eigenes Spiel unterbrechen, aber verständnis- und tatenlos das Ereignis betrachten. Untere Reihe: Kinder, die ungerührt vom Mißgeschick des Partners weiterspielen.*

Die Wiederannäherungskrise

Auch nach den Beobachtungen Margaret MAHLERs wird sich das Kind um die Mitte des zweiten Lebensjahres der eigenen Besonderheit, der Abgrenzung vom Du bewußt. Sie betrachtet diesen Entwicklungsschritt allerdings vorwiegend unter der Perspektive, daß dabei die unreflektierte Symbiose mit der Mutter verlorengeht. Dem Kinde dämmere jetzt die Erkenntnis, »daß die Welt nicht seine Auster ist«.

Grenzen haben eben eine Doppelfunktion: Sie *armieren* das Ich, aber sie *distanzieren* es auch vom Du. Man entdeckt, daß man selbständig wollen kann, zugleich aber regt sich die Angst, die Geborgenheit im ozeanischen Gefühl dafür aufgeben zu müssen. Das Resultat ist ein Ambivalenzkonflikt. Ein erhöhtes Kontaktbedürfnis gegenüber der Mutter bahnt sich an, aber zugleich auch der rätselhafte Drang, sie zurückzuweisen, sich gegen sie zu sperren. MAHLER spricht von einer »Wiederannäherungskrise«.

Vielleicht liegt hier der Grund dafür, daß die Kinder ihr eigenes Spiegelbild zunächst zu meiden suchen, ja daß sie sich unter Umständen weinerlich sträuben, wenn man ihnen die Spiegelerfahrung aufdrängen will. Durch die Spiegel trete der Tod in die Welt, heißt es in »Orphée« von Jean COCTEAU. Das ist, mythologisch gesehen, nicht ganz zutreffend; das Bewußtsein eigener Sterblichkeit ist an die Vertreibung aus dem Paradies geknüpft, und die entspricht, wie wir sehen werden, einer späteren Entwicklungsphase. Aber beunruhigend sind die Geburtswehen der Ich-Figur gleichwohl, und zumindest ein Vorbote des Todes, der Verlust der *Unschuld,* begleitet sie in der Tat.

Hat man sich erst einmal selbst ins Auge geschaut, dann kann man nicht mehr so leicht der Verantwortung für schlimme Konsequenzen eigenen Mutwillens ausweichen wie zuvor im Stadium medialer Fusion, als noch ein gleitender Akzentwechsel genügte, um fast ohne Kraftaufwand innere Kontrolle in äußere umzudeuten. Und umgekehrt nährt nun auch nicht mehr jedwede angenehme Erfahrung eigene Omnipotenzillusionen. Im Unterschied zum ozeanischen Autonomiegefühl, bei dem das Wünschen bruchlos in die Verwirklichung hinübergleitet oder sich in Nichts auflöst, wenn es nachhaltig behindert wird, ist das nun entdeckte Wollen eine Erfahrung, die sich an Widerständen geradezu entzündet. Sein Symbol ist der *Randkontrast* des figuralen Ich.

Dieser Ausdruck entstammt eigentlich der Wahrnehmungspsychologie. Wenn im Gesichtsfeld zwei homogene Graustufen aneinanderstoßen und zur Entstehung einer figuralen Grenze Anlaß geben, beobachtet man eine eigentümliche Überhöhung des Helligkeitsunterschiedes in der Nachbarschaft der Berührungslinie: Der dunklere Ton erscheint dort noch ein wenig dunkler, der helle noch etwas weiter aufgehellt, sodaß bei einer abgestuften Aneinanderreihung, wie sie die folgende Abbildung zeigt, der Eindruck entsteht, jeder Streifen sei links heller als rechts – ein Effekt, der sogleich verschwindet, wenn man alle Streifen bis auf einen abdeckt.

Randkontrast. Wo zwei verschiedene Graustufen aneinanderstoßen, verstärkt sich in der Randzone der Helligkeitsunterschied.

Ähnliches läßt sich auch im Bereich der *seelischen* Figur-Grund-Differenzierung konstatieren. Wo das Ich gewahr wird, daß es von seiner Umgebung abgegrenzt ist, dort neigt es dazu, sein Anderssein überzubetonen, »Nein« zu sagen auch dort, wo ein Kompromiß ohne weiteres möglich wäre. Das Ich erfährt seine neu gezogene Grenze, indem es *anders* handelt als gemäß der Resultierenden aus den medialen Feldkräften. Das ist die Thematik, die diesem Entwicklungsabschnitt in der pädagogischen Psychologie den Namen *Trotzphase* eingetragen hat.

Trotz und Empathie sind, so betrachtet, strukturverwandte Phänomene. Und in den Versuchen von BISCHOF-KÖHLER konnte man in der Tat immer wieder eindrucksvoll beobachten, wie gut sie sich miteinander vertragen. Es gab Kinder, die das Spiel mit der Studentin unter dramatischen Affektausbrüchen verweigerten. Geriet sie aber in Not, unterbrachen sie unverzüglich den Trotzanfall und setzten dessen nun ungenutzte Energie voll ein, um die Mutter wütend zum Eingreifen zugunsten der Partnerin zu nötigen; nach vollzogener Hilfeleistung fuhren sie dann fort, sich weinend am Boden zu wälzen.

Die Welt in den ersten zwei Lebensjahren

Gegen Ende des 3. Kapitels haben wir die Grundidee dieses Buches formuliert: Wir verstehen die Vision einer mythischen Urzeit als das Produkt fehldatierter Rückerinnerung an frühkindliche Entwicklungsstufen unseres Welterlebens. Im 4. Kapitel wurde dann klarer herausgearbeitet, an welche Erfahrungsinhalte dabei zu denken ist: nicht sosehr an die Wahrnehmung der leibhaftigen Wirklichkeit, sondern an die Welt der Gefühle und Stimmungen, Anmutungen und Wesenserfahrungen, des Ich und des Du, die Welt der *seelischen* Medien und Figuren in ihrer Überlagerung und Entmischung, Verschmelzung und Ausgrenzung.

Um zu beurteilen, wieweit dieser Erklärungsansatz trägt, haben wir zunächst eine entwicklungspsychologische Bestandsaufnahme geleistet. Unnötig zu sagen, daß eine solche Phänomenologie hypothetisch bleiben muß. Der Säugling vermag ja noch nicht zu erzählen, was er erlebt. Man ist gezwungen, aus seinem vorsprachlichen Verhalten Schlüsse zu ziehen: zu registrieren, wann er weint oder jauchzt, wo er wie lange und wie aufmerksam hinblickt, wo er hingreift, welche Körperhaltung er einnimmt, wann er ruhig ist oder strampelt und was er bei alldem für eine Miene macht. Hieraus zu rekonstruieren, wie die anschaulich-seelischen Inhalte seiner Ψ-Welt aussehen, ist ein gewagtes Unterfangen. Man ist dabei jedenfalls auch auf Rückerinnerungen aus der Erwachsenenperspektive angewiesen; aber die sind naturgemäß vage, außerdem durch dazwischengeschichtete Erfahrung umgeformt und im übrigen grundsätzlich in eine Kategoriensprache übersetzt, die dem Kind eben gerade noch gar nicht zur Verfügung stand.

Dem sicher verdienstvollen Werk von Daniel STERN ist vorzuhalten, daß ihm in diesem unwegsamen Gelände verschiedentlich Überblick und Augenmaß abhanden kommen; wahrscheinlich stimmt auch die hier vorgelegte Alternative nur in Umrissen. Als deren Kernbestand kristallisiert sich die Annahme heraus, daß bis ungefähr zum 18. Lebensmonat die Kategorie der *psychischen Grenze* noch nicht verfügbar ist. Weder Ich noch Du werden demnach anfangs als unabhängige, in ihrem Wollen und Fühlen gegeneinander abgesetzte seelische *Figuren* erfahren; beide sind vielmehr zunächst nur *medial*

188

erlebbar. Ihre Mischung ist zwar nicht überall homogen; aber die Erfahrung, daß »Ich« genau dort aufhört, wo »Du« beginnt, ist noch nicht möglich.

Will man die zugehörige Erlebnisverfassung in ein Symbol kleiden, so bietet sich tatsächlich am ehesten Romain ROLLANDs Vision eines allerfüllenden Meeres an. Es war dieses Bild, das in der psychoanalytischen Theorie-Entwicklung für die meiste Unruhe gesorgt hat. Und genau diesem Bild werden wir auch an prominenter Stelle wiederbegegnen, wenn wir nunmehr einen ersten Blick auf die Versuche früher Kulturen werfen, die Weltentstehung *mythisch* zu interpretieren.

Theorien zur frühkindlichen Ich-Entwicklung

S. FREUD

1. Bild: Übergang vom *primären Narzißmus*,
bei dem die *Libido* auf das Ich fixiert bleibt,
zur libidinösen Besetzung von Objekten.

2. Bild: Ursprünglich *ozeanisches Gefühl*
mit omnipotenter Einverleibung der Welt,
das erst nachträglich Objekte aus sich entläßt.

H. KOHUT, H. ARGELANDER

Übergang von einer *narzißtischen* Besetzung,
die das Selbst mit seinen Objekten verschmelzen läßt,
zu einer *libidinösen* Besetzung,
die zwischen Selbst und Objekten Grenzen zieht
und damit Empathie möglich macht.

M. MAHLER

Übergang vom Stadium der *Symbiose* (auch *normaler Autismus* genannt)
vor dem 15. Lebensmonat
über eine *Wiederannäherungskrise* zur *Individuation*
mit etwa 18 Monaten.

D. STERN

Initiales Unterscheidungsvermögen zwischen Ich und Du,
Fähigkeit der Wahrnehmung fremden Seelenlebens
bereits ab dem 9. Lebensmonat.

Gemeint sind aber die Anfänge der erfühlten *Kontrolle*
mit den Polen *internal* (ichhaft) und *external* (duhaft).

D. BISCHOF-KÖHLER

Experimenteller Nachweis, daß das *Selbsterkennen* im Spiegel
und der Übergang von *Gefühlsansteckung* zu *Empathie*
zeitsynchron zwischen dem 15. und dem 20. Lebensmonat eintreten.

Folgerung, daß in diesem Alter die Kategorie der seelischen *Grenze* reift
und vorher daher sowohl Ich als auch Du
nur im *medialen* Aggregatzustand erlebt werden können.

6. Kapitel

Der kosmogonische Inzest

Der Uroboros

Das Motiv des »ozeanischen Gefühls« hat nicht nur Dichter und Psychoanalytiker fasziniert. Auch schon in den anonymen Produkten der mythenschaffenden Phantasie sind seine Spuren unübersehbar. Wo immer der Menschengeist es unternommen hat, sich das Rätsel der Weltentstehung verständlich zu machen, dort kehrt verläßlich die Vorstellung wieder, daß der Kosmos aus einem allumfassenden, schöpferischen Chaos hervorgegangen sei, dargestellt am häufigsten im Symbol eines grenzenlosen Meeres, der »Urflut«, von der auch unsere Bibel kündet.

Als sich beim Übergang vom mythischen zum philosophischen Weltbewußtsein, ein halbes Jahrtausend vor unserer Zeitrechnung, die gläubige Teilhabe am Mysteriendrama der Weltbildung zur reflektierenden Suche nach der *arché*, dem Elementarstoff der Welt, emanzipierte, war die Suggestivkraft des Bildes von einem kosmogonischen Urmedium noch ungebrochen. Der erste Philosoph des Abendlandes, THALES von Milet, konnte daher lehren, das elementare Prinzip, aus dem alle Formen hervorgehen, sei das *Wasser*. Sein Landsmann und Zeitgenosse ANAXIMANDER trieb denselben Gedanken bereits an die äußerste Grenze der Abstraktion und verstand jenes Prinzip als das *Apeiron*, das Unendliche und Unbestimmte, das Medium an sich, bar jeden bildhaft-konkreten Gehalts. Allerdings ließ sich dieser Höhenflug des philosophischen Geistes noch nicht recht durchhalten, und sein Schüler ANAXIMENES holte das Apeiron dann wieder in die Welt der Anschauung zurück, indem er es mit der *Luft* identifizierte. All das sind, wie wir unschwer erkennen, erste Versuche, eine mediale Urerfahrung auf den Begriff zu bringen.

Auch der Mythos hat zuweilen an die Stelle des Bildes von der Wasserwüste noch andere, verwandte Metaphern gesetzt: eine große Finsternis etwa, einen schleimigen Sumpf oder einen dichten, allerfüllenden Nebel. Es kommt allerdings auch vor, daß diese amorphe Masse sich zu einem Fabelwesen konkretisiert, einem Seeungeheuer etwa oder einer gewaltigen Schlange. Das Symbol als solches ist dann zwar figural, seine Attribute bezeugen aber noch immer einen eigentlich medialen Sinngehalt. Das Ungeheuer hat zum Beispiel viele Köpfe, sodaß es das All zu verschlingen vermag. Oder – so in der altgermanischen Mythologie – der Weltozean, der den »mittleren Garten« umrundet, verdichtet sich zur Midgardschlange, deren Unendlichkeit man daran erkennt, daß ihr Rachen wieder ihren eigenen Schwanz faßt.

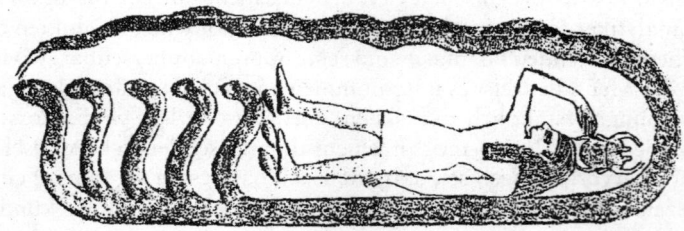

Vielköpfige Schlange als Symbol des bergenden Urmediums. Die Schlange »Vielgesicht«, die mit einem ihrer Mäuler das eigene Schwanzende faßt, umringelt bei der Nacht schützend den Leib des Sonnengottes. (Aus der 6. Stunde des Amduat: Ägyptische Grabmalerei um die Mitte des 2. Jahrtausends v. Chr.)

Besonders nahe liegen solche figuralen Gleichnisse dann, wenn sich mythologisches Gedankengut nicht in Worten, sondern in *graphischen Darstellungen* ausdrückt. Früh genug haben die Völker ihre numinose Erfahrung ja nicht nur erzählt, sondern auch gemalt. Und da die naive Ikonographie den Bildhintergrund wegen seiner Unscheinbarkeit noch nicht als Ausdrucksmittel beherrschte, mußte sie mediale Erlebnisgehalte hier notgedrungen ins Figurale übersetzen.

Einem charakteristischen Symbol dieser Art wird in besonderem Maße seitens der JUNG-Schule Beachtung gezollt; vor allem Erich NEUMANN feiert es in nahezu hymnischen Tönen. Wir haben es eben in Gestalt der Midgardschlange und in einer ägyptischen Grabmalerei kennengelernt: Es ist das bis zur Zeit der Alchimisten lebendig gebliebene Symbol des »*Uroboros*«, des hermaphroditischen Drachenwurms, der sich zum Kreis schließt, indem er seinen eigenen Schwanz verschlingt.

Die Vollkommenheit der Kreisform, die nahtlose Rückkehr von Omega in Alpha, der Zusammenfall der Gegensätze in der selbstbegattenden Zweigeschlechtlichkeit – das alles ist wohl in der Tat eine gültige Darstellung des initialen Mediums, und man wird NEUMANN daher zustimmen können, wenn er dieses Symbol mit dem mythischen Ozean schlicht gleichsetzt und als Chiffre für die Morgendämmerung des menschlichen Weltgefühls nimmt.

Sinn und Unsinn des Matriarchats

Erich NEUMANN war wohl der erste, der die Weltschöpfungsmythen im Sinne einer »Ursprungsgeschichte des Bewußtseins« gedeutet hat; eines seiner Hauptwerke trägt diesen Titel. Manches von dem, was wir nachfolgend genauer ausführen werden, findet sich auch schon in seinen Schriften, zumeist allerdings eigentümlich legiert mit Überzeugungen, die wir so nicht teilen. Ein Wort der Klarstellung ist also vielleicht am Platze.

Es ist nicht leicht, diesem Autor gerecht zu werden. Ahnungsvolle, feinsinnige Intuition muß ihm in hohem Maße zueigen gewesen sein; aber Disziplin, Kritik und vor allem Konsequenz gehörten nicht gerade zu den Stärken seines Denkstils. Kaum hat man sich entschlossen, ihm auf den hinausragenden Ast irgendeiner waghalsigen Behauptung zu folgen, hat er sich, schwerelos von Assoziation zu Assoziation hangelnd, schon wieder auf einen anderen Erkenntnisbaum geschwungen, dort eine neue Frucht gefunden, diese halbbenagt fallen gelassen und ist im Handumdrehen in der Dämmerung des Ur-Waldes verschwunden; inzwischen hockt man mutterseelenallein auf einer längst nicht mehr geltenden Prämisse und kann selbst sehen, wie man wieder festen Boden unter den Füßen gewinnt.

Aber immerhin: Verglichen mit der gewiß viel konturschärfer formulierten, aber nicht minder spekulativen Sexualmechanik FREUDS hat man bei NEUMANNS Mythenverständnis doch viel eher den Eindruck, daß er psychologischer Wirklichkeit auf der Fährte ist. Wenn er etwa[1] »Meer und Meeresgrund, Brunnen, See und Teich ebenso wie Erde, Unterwelt, Höhle, Haus und Stadt« als archetypische Symbole einer und derselben seelischen Wirklichkeit aufzählt und das Gemeinsame daran charakterisiert als das »Umfassende, Große, das ein Kleines enthält, umgibt, birgt«, so kann kein Zweifel sein, daß er damit das *seelische Medium* geortet hat, das die keimende Ich-Figur umschließt. Er verwendet nicht diese Begriffe; das unscheinbare Medium heißt bei ihm »das Unbewußte«, und er sagt »das Bewußtsein«, wenn er das figurale Ich meint, aber das kann man konzedieren.

Das Problem liegt woanders. Wie die meisten Vertreter der JUNG-Schule ist auch NEUMANN erkenntnistheoretisch naiv; der Mythos behält bei ihm den unreflektierten Anspruch auf transzendente Objektivität. Das äußert sich in einer aparten Variante der projektiven Zeit-Transformation, die wir anhand der Graphik von Seite 111 besprochen haben. NEUMANN reduziert die mythische Datierung gewissermaßen vom Jahrmilliarden- auf den Jahrmillionenmaßstab: Er wirft die Erinnerungsgewißheit eigener Kindheitseindrücke nicht mehr auf die Anfänge des Kosmos, wohl aber an den Beginn der Menschheit zurück. Die subjektive Genesis wird bei ihm zur »Psycho-Historie«.

Für NEUMANN ist klar, daß die individuelle »Ursprungsgeschichte« der kindlichen Weltschau die *historische Entfaltung des Menschheitsbewußtseins* erinnernd rekapituliert. Alle Kulturen begannen demnach in einem Frühzustand, in dem »das Bewußtsein« fast völlig »im Unbewußten« enthalten war. Im Originaltext klingt das so:

»So wie das kindliche Ich, diese Phase nachlebend, schwach entwickelt, leicht ermüdbar, nur in einzelnen Augenblicken inselhaft aus dem Dämmer des Unbewußten auftaucht und wieder in es zurücksinkt, so erfährt auch der Frühmensch die Welt. Klein, schwach und viel schlafend, d.h. meist unbewußt, schwimmt er im Instinktiven wie das Tier.«[2]

---

[1] NEUMANN (1949), S. 28   [2] NEUMANN (1983), S. 95

Solche Phantasmagorien tragen nicht dazu bei, die Psychologie als seriöse Basis anthropologischer Selbstbesinnung zu etablieren. Erwachsene Menschen hatten zu allen Zeiten erwachsene Probleme, sie sind, wie ihre tierischen Vorfahren auch schon, nach ihrer Kindheit durch die Reifezeit gegangen, haben sich, unterstützt vielleicht durch Initiationsriten, von ihrer Herkunftsfamilie gelöst, sie sind autonom und sexuell aktiv geworden, sie empfangen keine elterliche Pflege mehr, sondern spenden sie ihrerseits ihren Kindern: Wie sollte all das funktionieren, wenn sie in ihrer Seelenverfassung immer noch einem Säugling glichen? Wir müssen wirklich konsequent sein: Worüber uns der Mythos belehren kann, ist die Ursprungsgeschichte des *individuellen* Bewußtseins, und nichts sonst.

Wie sehr nüchternes Augenmaß hier nottut, wird vor allem an einem heute wieder modisch gewordenen Reizthema deutlich. Für das mediale »Unbewußte«, aus dessen schöpferischer Allmacht alles hervorgeht, hat NEUMANN nämlich noch eine konkretere Chiffre anzubieten; er identifiziert es mit dem Archetyp der »*großen Mutter*«.

Denkt man dabei an das *ontogenetische* Frühstadium eines Säugetierjungen, also auch des Menschenkindes, so erscheint diese Interpretation durchaus korrekt. Ortet man dieselbe Urerfahrung aber in der Frühzeit der Menschheit, so wird daraus eine kulturgeschichtliche Fiktion, die zwar völkerkundlich längst widerlegt ist, gleichwohl aber, genährt durch feministische Wunschträume, bis heute hartnäckig fortlebt: die Fabel, daß am Anfang aller Kulturen eine Epoche mütterlich-weiblicher Vorherrschaft, das sogenannte »Matriarchat«, gestanden haben soll.

Die Idee stammt eigentlich von dem spätromantischen Kulturphilosophen BACHOFEN, den NEUMANN denn auch als den wahren Entdecker der »psychischen Stufenschichten der Menschheitsentwicklung« feiert[3]. Aber da hat er sich einen Gewährsmann ausgesucht, der wenig Hemmungen hatte, Tatsachenforschung durch Mystifikation zu ersetzen.

Alle verfügbare Evidenz spricht dafür, daß der Urmensch als jagender und sammelnder Wildbeuter lebte. Diese Daseinsform hat sich in einigen Kulturen bis in historische Zeiten, ja bis in die Gegenwart hin-

---

[3] NEUMANN (1983), S. 95

ein erhalten. Und unter allen diesen recht gut dokumentierten Modellfällen findet sich kein einziges Beispiel für eine *Herrschaft* der Frauen über den männlichen Teil der Gruppe. Es ist auch nicht gerade umgekehrt; die Männer sind hier weder Softies noch Paschas. Die Gesellschaftsform der Wildbeuter ist ziemlich egalitär, die Arbeitsteilung weist Frauen und Männern getrennte Bereiche zu, bei denen das andere Geschlecht nicht dreinredet. Die Frauen genießen natürliche Achtung, und ihr Einfluß auf die alltäglichen Entscheidungen der Gruppe ergibt sich schon daraus, daß sie über 60 Prozent des Lebensunterhaltes beschaffen. Die Politik überlassen sie gleichwohl – wie bei allen anderen weltweit bekannten Kulturen – den Männern.

Beim Übergang zur seßhaften Lebensform der Ackerbauern geschah dann allerdings etwas, das sich, oberflächlich betrachtet, im Sinne einer Frauenherrschaft mißdeuten ließe: Jetzt geriet in einem Großteil der betroffenen Kulturen das *Erbrecht* in die weibliche Linie. Der Vater der Kinder verlor zudem weitgehend die faktische Exekutivgewalt bezüglich der Erziehung der eigenen Kinder, die fest in der Hand der mütterlichen Familiengruppe verblieb. Nur wurde sie dort nun nicht etwa von der Mutter, sondern von deren *Bruder* ausgeübt, also eben wieder von einem Mann. Das war die Realität des »Matriarchats«.

Ich schreibe dies alles nicht nieder aus der billigen Haltung sexistischen Triumphs. Es hat nur einfach keinen Zweck, sich eine ferne Vergangenheit zusammenzuphantasieren, in der das weibliche Geschlecht eine Prärogative auf politische Macht besaß oder auch nur beanspruchte. Eine solche Vergangenheit hat es nach allen verfügbaren Indizien nie gegeben. Was immer uns an einem solchen Zustand intuitiv plausibel erscheint, bezieht seine Überzeugungskraft aus der Reminiszenz an das einzige echte »Matriarchat«, das uns alle geprägt hat, nämlich die unhinterfragbare Allmacht der nährenden und sorgenden Mutter im Leben des Säuglings. Die Projektion ontogenetischer Frühstadien in die Kulturgeschichte speist uns mit Illusionen ab, die niemandem weiterhelfen, wenn es gilt, konkret anstehende gesellschaftliche Probleme zu lösen. Das ursprüngliche Matriarchat ist ein *Mythos*, und dabei sollte man es auch belassen.

Die erste Figur

Die Vision der weltfüllenden, mütterlichen Urflut ist der schwache Widerschein, der uns von der psychischen Werdezone erreicht, hinter die das flackernde Licht der mythischen Reminiszenz nicht zu dringen vermag, die Dämmerung, in der uns gerade noch, unartikuliert und verschwommen, die frühesten, symbiotischen Anfangszustände unserer individuellen Selbsterfahrung ahnbar werden.

Die eigentliche Dramaturgie des Mythos hebt dann erst mit der Entwicklungsphase an, in der die Dualunion des »primären Narzißmus« zerbricht: mit der *Figurwerdung des Ich* um die Mitte des zweiten Lebensjahres.

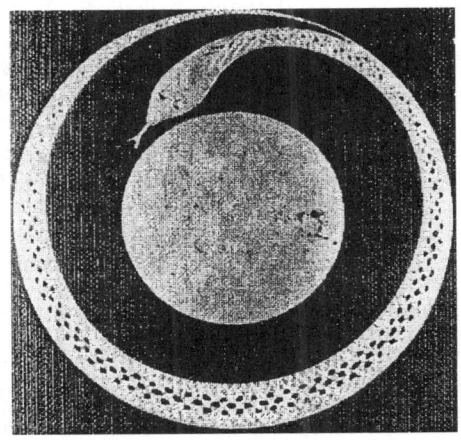

Indische Darstellung des sogenannten Shiva-Punktes, auch als »Goldkeim« oder »Goldenes Ei« bezeichnet. Es wird umschlossen von einem kosmogonischen Medium im Symbol der Schlange.

Am Anfang, so erzählen sich die Omaha-Indianer[4], existierten alle Wesen nur in Form von körperlos im Raum dahintreibenden Gedanken, auf der Suche nach einem Ort, an dem sie sich niederlassen und

---

[4] ELIOT (1976), S. 59

Fleisch werden konnten. Die Erde aber war ganz von Wasser bedeckt, sodaß sich keine geeignete Stelle finden ließ. Eines Tages geschah es indessen, da brach ein riesiger Fels aus der Tiefe durch die Wasseroberfläche. Wer oder was ihn dazu veranlaßte, ist nicht bekannt; offenbar vollzog sich die Eruption spontan, weil es eben an der Zeit dafür war. Der Vorgang wird dramatisch geschildert: Flammen lodern empor, das Wasser verkocht zu Wolken am Himmel. Auf dem aufgetauchten Land können sich die Geister dann niederlassen: zunächst die Pflanzengeister, dann die Tiergeister, zuletzt die Menschen.

Mythische Berichte dieser Art finden sich in reicher Zahl. Gemeinsam ist ihnen das Bild einer kompakten, in sich geschlossenen Figur, die an zentraler Stelle im räumlichen Bezugssystem aus einem Medium auftaucht. Im Idealfall ist diese Figur kreisrund, wie eben eine Insel, oder wie der vom Uroboros umschlungene »Midgard« in der altnordischen Mythologie.

Eine andere weltweit anzutreffende Veranschaulichung desselben Sinngehalts ist das *kosmische Ei*. In Sibirien und im indonesischen Raum erzählt man sich von einem göttlichen Vogel, der sein Ei einfach auf die Oberfläche des Urozeans legte; später ging daraus dann die sichtbare Natur hervor. In einem indischen Text heißt es dazu[5]:

Die Welt war ursprünglich im Dunkel versunken, unfaßbar, ohne trennende Kennzeichen. Sie schien vollkommen dem Schlaf anheimgegeben. Als die Lösung ihrem Ende nahe war, schuf Brahma zuerst das Wasser, in welches er seinen Samen niederlegte. Dieser Same entwickelte sich zu einem goldglänzenden Ei, leuchtend wie der tausendstrahlige Stern, und aus ihm wurde das höchste Wesen geboren in Gestalt des männlichen Brahma, des Ursprungs aller Dinge. Nachdem er in diesem Ei ein Götterjahr geruht hatte, teilte der Herr bloß durch seinen Gedanken das Ei in zwei Teile und bildete daraus Himmel und Erde; zwischen diese legte er das Luftmeer, die acht Sternenhimmel und den unermeßlichen Raum für das Wasser.

An dritter Stelle ist das Symbol der *Blüte* oder des *Pflanzensprosses* zu nennen. So ist etwa im japanischen Weltentstehungsmythos wiederum von einer chaotischen Urflut am Anfang die Rede. Das Land, so heißt es, war noch »jung«, noch ohne Form und Festigkeit; es trieb auf den Wellen wie schwimmendes Öl, wie Quallen, wie Schlamm,

---

[5] STAUDACHER (1968), S. 21

wie niedrige Nebelschwaden, die nirgends einen Stützpunkt haben. In der Mitte dieses Chaos nun entstand keimhaft ein Ding wie ein Schilfsproß: der Ursprung des Alls.

Alchimistische Darstellung der »Blume der Weisen« (flos sapientum), die aus dem Uroboros emporsprießt (16. Jhdt.).

In der indischen Mythologie heißt der kosmische Ozean *Vishnu*. Er wird auch in menschlicher Gestalt dargestellt, wie er auf dem Rücken der vielköpfigen Schlange *Ananta* (= »ohne Ende«) auf den Wassern schlafend dahintreibt. Aus seinem Nabel wächst eine Lotosblüte empor, der dann wiederum Brahma entsteigt[6].

Das Motiv der Ich-Geburt im Pflanzensproß ist weit verbreitet; wir begegnen ihm in vergleichbarer Symbolbedeutung noch in den alchimistischen Schriften des 16. und 17. Jahrhunderts als die »Blume der Weisen«, mit der die Uroboros, das chaotische Ausgangsmaterial des alchimistischen Prozesses, schwanger geht.

Die Rose der Alchimisten, manchmal auch durch ein eiförmiges Gefäß[7] vertreten, ist zugleich die Geburtsstätte des »filius philosophorum«, einer hermaphroditischen Kindgestalt. Damit sind wir beim

---

[6] IONS (1967), S. 50 f, Abb. S. 24   [7] JUNG (1972), S. 87

letzten Beispiel der hier zu besprechenden Symbolgruppe, dem *Göttlichen Kind.*

Das Sonnenkind, vom Uroboros umschlossen. Die beiden Löwen symbolisieren die beiden Aspekte der unendlichen Zeitfülle: Djet, das Vollendete, und Neheh, das Mögliche[8]*. Aus einem ägyptischen Papyrus um 1000 v. Chr.*

Wenn wir bereits auf Seite 120 darauf hingewiesen haben, daß die Deutung des Kindsymbols bei JUNG nichts mit dem »Kindchenschema« von LORENZ gemeinsam hat, so können wir diese negative Feststellung jetzt durch eine positive präzisieren: Das »Kind«, von dem die Mythen sprechen, meint nicht ein ontogenetisches Stadium der *Leiblichkeit,* sondern einen frühen Zustand der *seelischen* Entwicklung, nämlich das eben zur Reflexion erwachte figurale Ich.

---

[8] ASSMANN (1983)

Der Erdtaucher

Unter den vorangehend genannten mythologischen Motiven der Ich-Geburt dürfte die aus den Wassern auftauchende Insel am weitesten verbreitet sein. Ein in Mittel- und Nordasien, in Nordamerika, bei den Ureinwohnern des indischen Subkontinents sowie in Osteuropa anzutreffendes Motiv führt diesen Entstehungsprozeß auf die Aktivität eines Demiurgen zurück, eines Schöpfungsgehilfen also, der in der Fachliteratur als *Erdtaucher* bezeichnet wird.

Den Sinn dieser Bezeichnung verdeutlicht eine Geschichte der Burjäten aus dem Gebiete des Baikalsees. Einst bemerkte Sombol-Burkhan, der große Geist, als er auf die Urflut herabblickte, einen Wasservogel, der da mit seinen zwölf Jungen auf den Wellen schwamm. »Vogel«, sprach der Geist, »tauche hinab und bringe mir Erde empor: schwarzen Schlamm im Schnabel und roten an den Füßen.« Der Vogel gehorchte und wurde von Sombol-Burkhan mit dem ewigen Leben belohnt.[9]

Ähnlich klingt der Mythos bei einem anderen sibirischen Volk, den Ostjaken. In diesem Fall ist es ein großer Schamane namens Doh, der über den Wassern schwebte, in Gesellschaft einer Gruppe von Schwänen, Seetauchern und anderem Wassergeflügel. Er suchte vergeblich nach einem Platz, auf dem er sich niederlassen konnte. So beauftragte er einen aus der Schar seiner Begleiter, auf den Meeresgrund zu tauchen und von dort ein Stück Erde emporzuholen. Der Vogel mußte zweimal tauchen, ehe es ihm gelang, auch nur eine winzige Krume mitzubringen; der große Schamane aber vermochte daraus eine Insel im Meer zu formen.[10]

Bei den Huronen erzählt man sich, zu Anfang sei nichts als Wasser gewesen, ein weithin ausgedehnter Ozean, der von vielerlei aquatischen Lebewesen bevölkert war. Da geschah es, daß ein Weib, die Göttin Ataensic, von der Oberwelt herabfiel. Ihr Mann hatte sie herabgestoßen, da sie sich von einem namenlosen Wesen, einem Hauch aus der Unterwelt, hatte schwängern lassen. Zwei Seetauchervögel, die über das Wasser flogen, blickten zufällig empor und sahen sie fallen.

---

[9] CAMPBELL (1972a), S. 274   [10] ebd., S. 275

Um sie vor dem Ertrinken zu retten, gingen sie im Sturzflug herab und bildeten eine Art Kissen unter ihr. Dann riefen sie mit ihrer lauten, weittragenden Stimme andere Tiere zu Hilfe. Dies hörte auch die Seeschildkröte, die sich einverstanden erklärte, die Seetaucher von ihrer Last zu befreien. Sie nahm das Weib auf ihren Rückenpanzer, der rund aus dem Wasser ragte.

Sodann berief die Seeschildkröte eine Versammlung der übrigen Tiere ein, um zu beraten, wie das Leben der Göttin zu retten sei. Man entschied, daß sie Erde brauchen würde, um zu gedeihen. So wies die Schildkröte die anderen Tiere an, auf den Meeresgrund zu tauchen, um etwas Erdboden emporzuholen. Viele versuchten es, aber vergebens. Manche blieben solange unten, daß sie ertranken. Schließlich gelang es einer Kröte – nach einer anderen Version einer Bisamratte – etwas Erdreich im Maul mitzubringen. Die Göttin nahm es und ordnete es sorgsam am äußeren Rande des Schildkrötenpanzers an, dort wo er eben aus dem Wasser ragte. Auf diese Weise entstand fester Boden, der sich allmählich ausdehnte und schließlich zu einem großen Kontinent anwuchs. Im Zentrum aber trägt ihn noch immer die Seeschildkröte.[11]

Nun und das Sonnenkind

Besonders reich ist die Entstehung der ersten Figur in der altägyptischen Mythologie ausgeschmückt. Hier tritt in der Rolle des Urmediums die Gottheit Nun auf, ein Wasserchaos, das von Ägyptologen zuweilen als Reminiszenz an die jährlichen Nilüberschwemmungen gedeutet wird, das aber ganz offenkundig die Rolle eines seelischen Mediums spielt. So wird von ihm, alle anschauliche Erfahrung transzendierend, etwa gesagt, daß es keine Grenzfläche habe, sondern den gesamten Weltraum ausfülle. Ein häufig erwähntes Attribut des Nun ist ferner seine »Trägheit«, was auf die unbewegliche Ruhe, die ahistorische Dauer des Mediums anspielt, von der wir im 4. Kapitel gesprochen haben.

---

[11] ELIOT (1976), S. 60

Aus diesem Wasserchaos bricht nach übereinstimmendem Zeugnis der wichtigsten Überlieferungen am Beginn der Zeit ein Figursymbol hervor, das allerdings je nach Kultort und Zeitepoche in verschiedene Bilder gefaßt wird. Relativ weitverbreitet ist der Gedanke, daß diese Figur eine erste Insel, der »Urhügel«, war, wobei die betreffende Kultstätte meist für sich in Anspruch nahm, auf genau diesem Urhügel erbaut zu sein. Meist wird diese erste Figurwerdung darüber hinaus mit der Entstehung des Sonnenlichts in Zusammenhang gebracht; das Urchaos ist ja in Finsternis gehüllt.

Nach der Überlieferung von *Heliopolis*, die vor allem in in den sogenannten Pyramidentexten der 5. Dynastie aus der Mitte des 3. vorchristlichen Jahrtausends dokumentiert ist, taucht aus dem Urgewässer Nun ein Schöpfergott auf, der anfangs *Atum* heißt, alsbald aber mit der solaren Gottheit *Re* identifiziert wird. Seine Entstehung ist ein Mysterium, um das Hunderte von Texten kreisen. Die Überlieferung nennt ihn »den von selbst Entstandenen« und will damit zum Ausdruck bringen, daß er kraft eines eigenen Willensaktes ins Dasein trat, der auch als »Selbstverfestigung« umschrieben wird. Diese Attribute kommen offenkundig seiner Deutung als Symbol des figuralen Ich entgegen.

Atum-Re findet zunächst, ganz ähnlich wie in der zuvor mitgeteilten Indianermythe, keine Stelle auf dem Wasser, auf der er stehen könnte; daher erschafft er am Ort seines Auftauchens den *Urhügel*. Einer älteren Variante zufolge ist er mit diesem Urhügel identisch.

Wir begegnen an dieser Stelle auch einem Anklang an den Erdtauchermythos, und zwar in Gestalt des Skarabäus-Käfers, der bekanntlich kugelförmige Dungpillen vor sich herzurollen pflegt, und von dessen mythischem Pendant Chepri man sich vorstellte, daß er die junge, aufgehende Morgensonne emporhebt.

Der Name Chepri, der auch auf den Sonnengott selbst angewandt wurde, hat übrigens eine interessante Etymologie: Dem Wort *cheper*, einem Fundamentalbegriff der ägyptischen Philosophie, kommt nämlich ein Bedeutungsgehalt zu, der sich ziemlich genau mit »Figurwerdung aus medialer Konturlosigkeit heraus« umschreiben läßt[12].

---

[12] ELIADE (1980), S.46

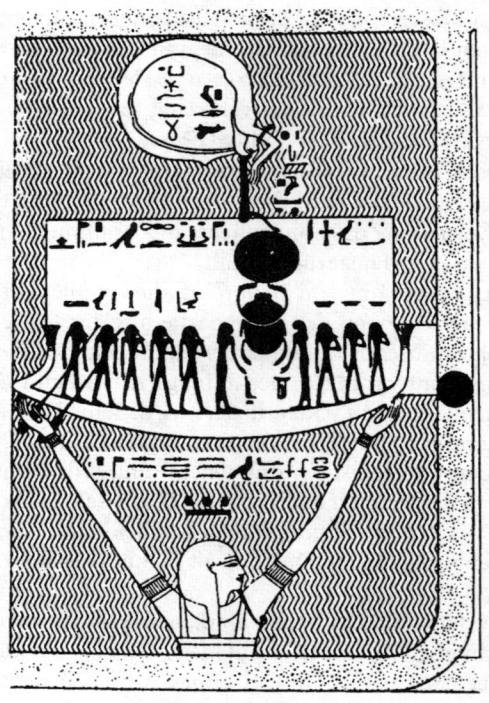

Der Sonnengott Re (von einem Skarabäus gehaltene Scheibe) taucht aus der Urflut Nun (hier sowohl durch die mediale Zickzackschraffur als auch durch eine Menschengestalt symbolisiert) auf. Nun hebt die Morgenbarke empor; Re wird durch die Himmelsgöttin Nut in Empfang genommen, die ihrerseits auf dem Haupte des uroborosförmig zurückgebogenen Unterweltgottes Osiris steht (aus dem »Pfortenbuch«).

Die Kosmogonie von *Hermopolis* gliederte das erste Medium in vier miteinander verwachsene Urelemente auf, deren jedes noch einmal in einen männlichen und einen weiblichen Aspekt zerfiel. Die Ausgangslage bildet hier also eine Achtfaltigkeit, bestehend aus dem Urwasser (männlich Nun, weiblich Naunet), dem unendlichen Raum (Huh und Hauhet), der Finsternis (Kuk und Kauket) und einer Art Apeiron (Amun und Amaunet), begrifflich gefaßt als »Verborgenheit«

oder »Luft«, in jüngster Überlieferung auch als »Leere«[13]. Die jeweils männliche Personifikation wurde mit einem Froschkopf dargestellt, die weibliche mit dem Kopf einer Schlange; von Amphibien und Reptilien nahm das damalige Naturverständnis an, daß sie nach der alljährlichen Überschwemmung von selbst aus dem Nilschlamm entstehen und also dessen Emanationen sind.

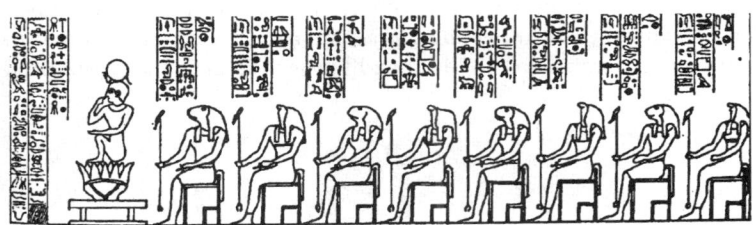

Darstellung der Ich-Geburt aus dem Urmedium nach der hermopolitanischen Version des ägyptischen Schöpfungsmythos. Links auf dem Urhügel die sich öffnende Lotosblüte, die das Sonnenkind Re freigibt; rechts die androgyne Achtheit, symbolisiert durch sitzende Götter, abwechselnd mit Frosch- und Schlangenköpfen.

Aus dieser chaotischen Achtheit bricht auch nach hermopolitanischer Lehre ein Urhügel hervor, »Insel der Flammen« genannt. Auf diesen Hügel legte die himmlische Gans, die als erste die vorweltliche Stille mit ihrem Schnattern durchbrach, ein kosmisches Ei, aus dem wiederum Re hervorging. Einer anderen Version zufolge erhob sich eine Lotosblüte aus dem Urgewässer, und ihre sich öffnenden Blütenblätter gaben das Sonnenkind Re frei.

Chaotische Ambivalenzen

Bei den genannten Symbolen der Ich-Geburt fällt auf, daß sie teilweise in ihrem figuralen Status nicht völlig konsistent sind. Sie können als Figur entstehen, dann aber zum Medium werden. Aus der hermo-

---

[13] ELIADE (1980), S.72 f

politanischen Achtheit etwa taucht der Urhügel zunächst als abgegrenzte Insel auf, bildet dann aber den Nährboden, auf dem sich eine Blüte entfaltet, welche sich ihrerseits wiederum als Hülle des Sonnenkindes zu erkennen gibt.

Effekte solcher Art sind besonders bei der Deutung des Bildes vom kosmischen *Ei* zu beachten. Dieses ist vom Sinngehalt her ein Keim und von der Gestalt her ein in sich geschlossenes Rundes; durch beide Merkmale erscheint es ideal prädestiniert, als Symbol des frühen figuralen Ich aufzutreten. Gleichwohl liegen die Dinge komplizierter.

Indische Darstellung der Weltschöpfung. Auf der Urflut schwebt das kosmische Ei, in dessen Innerem Prayâpati als kostbarer Keim heranreift. Derselbe Prayâpati erscheint in Menschengestalt in der Rolle des Brüters.

Die Eischale ist nicht so ausschließlich Außengrenze, wie man bei einer Figur voraussetzen müßte. Sie kann auch als Gefäßwand verstanden werden, die den eigentlichen Keim erst ihrerseits *enthält*. Ihr Bedeutungsgehalt erscheint daher zuweilen in changierender Ambivalenz.

Wir sind diesem Paradox bereits in der indischen Mythe auf Seite 198 begegnet, wo der aufmerksame Leser vielleicht gestutzt hat, als er las, daß Brahma hier das Weltei erzeugt, aus dem er dann erst selbst hervorgehen soll. Einer anderen indischen Kosmogonie zufolge existiert am Anfang der Zeit ein Weltei, das mit dem Urschöpfer Prayâpati identisch ist. Für Prayâpati ist wiederum charakteristisch, daß er sich selbst bebrütet, Embryo und Uterus zugleich ist: Er versetzt sich aus eigener Anstrengung in »Hitze« und gebiert so aus sich heraus die Welt des Vielfachen[14].

Im taoistischen Weltentstehungsmythos herrschte am Anfang Finsternis, und noch nichts hatte Gestalt. Himmel und Erde waren vermischt, Sonne und Mond noch eins. Das All, so heißt es, glich einem Hühnerei, in dem Dotter und Eiweiß sich ungeschieden mengten. In der Mitte dieses Chaos nun entstand, wie ein Keim, der Demiurg P'anku. Dieser wuchs und wuchs, bis er das Weltei, dem er entschlüpfte, selbst in den Händen halten konnte.

Die Ambivalenz, der wir im Mythos begegnen, wenn er sehr frühe Ich-Entwicklungsstadien reflektiert, beschränkt sich nicht auf Doppeldeutigkeiten im figuralen oder medialen Aggregatzustand der verwendeten Symbole. Ähnliche Effekte treten vielmehr auch in anderen Eigenschaftsdimensionen auf.

Eine besonders prominente Rolle spielt dabei die Polarität von *Gut* und *Böse*. Im ägyptischen Mythos spaltet sich zum Beispiel das werdende Ich in die Dualität des guten *Osiris* und des bösen *Seth*. Auch und vor allem das *mütterliche Medium* erscheint keineswegs nur schützend, sondern auch im Modus eines bösen, verschlingenden Ungeheuers. Weit häufiger als der Uroboros taucht in ägyptischen Darstellungen ein anderes Schlangenwesen auf, *Apophis* mit Namen, das den Sonnengott bei Tagesende zu verschlingen droht und von diesem in einem blutigen Kampf besiegt werden muß, wovon dann jeweils das Abendrot kündet. In der Regel vereinigen sich die positiven und die negativen Aspekte des Muttermediums zu einer einzigen numinosen Gestalt von hochgradig ambivalentem Charakter, etwa nach Art der indischen *Kali* oder der mexikanischen *Coatlicue*.

---

[14] JUNG (1977), S. 484

Die Urszene

Der chinesische Demiurg P'an-ku wuchs, wie wir soeben hörten, in einem Hühnerei auf, dessen Dotter und Eiweiß chaotisch miteinander vermengt waren. Was sich hinter dem Bilde dieser beiden Substanzen verbirgt, ergibt sich aus dem weiteren Verlauf des Mythos. Die beiden *trennen* sich nämlich irgendwann voneinander: Das reine und helle Eiklar drängt an den oberen Rand und bildet den Himmel. Das Trübere und Dunklere, Dottergleiche, fließt unten zusammen und wird zur Erde. Gründe dafür geben die Berichterstatter meist nicht an; allerdings wird der Urzustand eher als wüst und finster geschildert.

Man kann nicht sagen, daß dieser Prozeß der Naturbeobachtung entspräche; Eiweiß und Dotter verhalten sich in Wirklichkeit überhaupt nicht so. Sie sind in dem Ei, das die Henne legt, von Anfang an getrennt, und zwar im Sinne von Innen und Außen, nicht von Oben und Unten. Hier wurde dem natürlichen Vorbild offenbar eine Raumsymbolik aufgedrängt, die ihre Evidenz nicht aus ihm selbst, sondern von einer anderen Erfahrungsdimension herleitet. In der ältesten Quelle, die im 6. vorchristlichen Jahrhundert von Konfuzius redigiert wurde, deren Stoff aber bis ins 3. Jahrtausend zurückreicht, ist im selben Zusammenhang denn auch nicht von einer ursprünglichen Mischung, sondern von einem *Band* zwischen Erde und Himmel die Rede, das abgeschnitten werden mußte, »damit das Hinabsteigen der Götter aufhöre«[15].

Unzweifelhaft handelt es sich bei dem aufbrechenden Gegensatzpaar um die *Geschlechterpolarität*. Das Helle, das nach oben drängt, ist das männliche Prinzip *Yang*; der Dotter, den die Schwere nach unten zieht, verkörpert das weibliche Prinzip *Yin*.

Im kindlichen Erleben sind beide anfangs noch nicht klar voneinander abgesetzt. Das Kind erfährt schon früh, daß der Vater anders mit ihm spielt als die Mutter, und auch eine Vorahnung gleichgeschlechtlicher Identifikation läßt sich bis in die Mitte des zweiten Lebensjahres zurückverfolgen. Aber eine Trennung ist das eben doch noch nicht, und letztlich sind beide, Vater wie Mutter, noch Repräsentanten des einen

---

[15] STAUDACHER (1968), S. 22 f

pflegenden Prinzips, das seiner Natur nach prototypisch mütterlich ist. Auch hier hat Erich NEUMANN wieder recht, wenn er sagt:

»Die Urfrage nach dem Woher, als Anfangsfrage und als Frage nach dem Anfang, kann nur beantwortet werden mit der einen Antwort und den beiden Deutungen, die es zu diesen Fragen gibt. Die eine Antwort ist: Das Runde, die beiden Deutungen: Der Schoß und die Eltern ... Der Uroboros tritt auf als das Runde, das enthält, d.h. als mütterlicher Urschoß und Uterus, aber auch als die Einheit des mann-weiblichen Gegensatzes, als die Ureltern, als Vater und Mutter, die in dauernder Kohabitation miteinander verbunden sind.«[16]

Das soll heißen: Vorderhand sind *beide* Eltern in ihrer *leiblichen* Erscheinung Repräsentanten des *einen* medialen Du; aber in seinem *psychischen* Gehalt ist das Urmedium mütterlich-uterin.

Der Demiurg P'an-ku hält das Weltei, aus dem er selbst entstanden ist. Im Weltei erkennt man die entmischten Substanzen Yin und Yang. P'an-ku wuchs seit seiner Entstehung täglich etwa zehn Fuß, sodaß er schließlich den Raum zwischen Himmel und Erde gänzlich ausfüllte.

---

[16] NEUMANN (1949), S. 26

Der Mythos verwendet für diesen schwer beschreibbaren Zustand häufig Metaphern, die dem sexuellen Erfahrungsbereich entnommen sind, ohne deshalb, wie seitens der JUNG-Schule wohl zu Recht vermerkt wird, als Hinweis auf eine kindliche »Genitaltheorie« beanspruchbar zu sein. Am häufigsten begegnen wir dem Bild einer unaufhörlichen Umarmung des väterlichen und des mütterlichen Prinzips, in deren Mitte zuweilen das eben erst ahnbare Ich schon eingebettet ist wie der Embryo in einen Mutterschoß.

In der ethnologischen Literatur wird dieses Szenario zuweilen *hieros gamos*, »heilige Hochzeit« genannt[17]. Derselbe Begriff taucht jedoch auch noch in ganz anderem Zusammenhang auf, nämlich am Schluß des Heldenmythos, wo er das erfolgreiche Eingehen einer reifen Partnerbindung meint und ohne Zweifel besser am Platze ist. Ich vermeide ihn daher im vorliegenden Kontext und bezeichne die anfängliche Verschmelzung der Elternmedien in zulässiger Umdeutung eines psychoanalytischen Begriffs als die mythische *Urszene*.

Inzest und Hermaphroditismus

Für die Teilhabe des noch konturlosen Ich an der elterlichen Urszene verwendet NEUMANN noch eine weitere dem Sexualbereich entnommene Metapher: Er spricht vom »*Uroboros-Inzest*«. Auch hierzu eine leicht gekürzte Kostprobe:

»Der Uroboros-Inzest ist eine Form des Eingehens in die Mutter, die im Gegensatz steht zu späteren Formen des Inzests. Die Vereinigung des Uroboros-Inzestes ist lust- und liebesbetont nicht als etwas Aktives, sondern als Versuch, sich aufzulösen und aufgesogen zu werden; sie ist passives Fortgenommenwerden, Versinken, Vergehen im Lustmeer und Liebestod. Die Große Mutter nimmt das kindlich-Kleine in sich auf und zurück. Höhle, Erde, Grab sind die Symbole dieses Wiederverbindungsritus.« Es ist dies »die Inzestform des frühkindlichen Ich, das noch nicht zu sich selbst gekommen ist, aber es kann auch die Inzestform des kranken Ich beim Neurotiker sein und die eines späten und ermüdeten Ich, das wieder zur Mutter zurückkommt, nachdem es sich erfüllt hat.«[18]

---

[17] FISCHER (1932), S. 231 [18] NEUMANN (1949), S. 31

Damit ist natürlich einmal mehr das »ozeanische Gefühl« angesprochen, diesmal allerdings unter einer Perspektive, die den Verlust der Ich-Grenzen in eine besondere Beziehung zum *Tod* setzt. Diese Idee deckt sich weitgehend mit der Deutung des »Todestriebes« als einer theoretischen Travestie kindlicher Bindungsmotivation, den ich an anderem Ort[19] entwickelt und begründet habe.

Diskussionsbedürftig bleibt allerdings, warum NEUMANN dabei von »Inzest« redet. Der Ausdruck kann sich nur auf die entgrenzende Intimität mit dem elterlich-mütterlichen Medium beziehen; eine sexuelle Bedeutung hat er nicht. Das Ich erscheint ja zunächst in einer Gestalt, die zu sexuellen Aktivitäten noch gar nicht fähig ist, – etwa, wie der chinesische P'an-ku, als Keim, der in der Mitte eines Gemisches aus mütterlichem Dotter und väterlichem Eiklar schwimmt.

Inzestuöse Beziehungen tauchen nun freilich im Mythos häufig genug auch explizit auf. Das Thema gehört hier sogar zu den wichtigsten kulturübergreifenden Universalien. Clyde KLUCKHOHN hat in einer vergleichenden Untersuchung[20] festgestellt, daß von 50 repräsentativ ausgewählten Kulturen immerhin 39 in ihrem Mythengut vom Inzestmotiv Gebrauch machen. Man versucht aus diesem Sachverhalt zuweilen herzuleiten, es gebe so etwas wie einen universalen Inzestwunsch; der Philosoph und Psychiater Dieter WYSS hat sich sogar zu der Spekulation verstiegen, wenn »die Mythologeme von der Erschaffung der Menschheit ... diese in der überwiegenden Zahl aus einem Geschwisterpaar entstanden« sähen, so sei damit doch ein »Beweis erbracht, daß die ursprüngliche Familie endogam war und sich durch Geschwister fortpflanzte.«[21]

Solche mehr als kühnen Schlußfolgerungen nötigen uns, der Frage auf den Grund zu gehen, was es denn nun wirklich mit dem Inzestmotiv im Mythos auf sich habe, welche Auskunft über die Dynamik des Seelenlebens wir ihm guten Gewissens entnehmen können.

Betrachten wir genauer den Kontext, in dem wir diesem Bild begegnen. Der Inhaltsanalyse von KLUCKHOHN kann man entnehmen, daß die weitaus häufigste Spielart die *Geschwisterpaarung* ist. Diese hat im Gefüge der Fabel meistens die Funktion, die Weltentstehung zu begründen: Der mythische Inzest ist in der Hauptsache *kosmogonisch.*

---

[19] BISCHOF (1985), Kapitel 28   [20] KLUCKHOHN (1960)   [21] WYSS (1968)

Wir haben vorhin festgestellt, daß das elterliche Urmedium gern im Bilde eines unaufhörlichen Koitus seiner beiden Pole gezeichnet wird. Das väterliche und das mütterliche Prinzip artikulieren sich gleichzeitig aus dem einen ozeanischen Gefühl heraus. Ihre Relation ist daher vorgegeben: Sie kann nur eine *zwillingshafte* sein. Das ist ebenso natürlich wie ihre liebende Vereinigung, die somit zwangsläufig inzestuösen Charakter annimmt. NEUMANNs Redeweise vom »Uroboros-Inzest« läßt sich, so gesehen, durchaus akzeptieren.

Es wurde schon darauf hingewiesen, daß die sexuelle Komponente dabei vom Kind nicht unbedingt schon gespürt werden muß. Im mythischen Bild ist sie gleichwohl enthalten, denn den Mythos erzählen sich Erwachsene, die das kindliche Weltverständnis nacherlebend in ihre eigenen Erfahrungsdimensionen transformiert haben. Daraus erklärt sich die Unschuld, die diesem »Inzest« in den einschlägigen Weltentstehungsberichten zu eignen pflegt, und die sich unter anderem in der Beiläufigkeit äußert, mit der von ihm die Rede ist.

Urszene von Himmel und Erde vor ihrer Trennung (Sumerisches Rollsiegel aus dem frühen 3. Jahrtausend v.Chr.)

Daß die kosmogonische Geschwisterpaarung wenig mit jener Art von Inzest zu tun hat, die dann etwa im Ödipus-Mythos so tragische Konsequenzen nach sich zieht, zeigt sich auch daran, daß sie in fließendem Übergang zu einer weiteren, eigentümlicherweise auch rein biologisch verwandten Metapher verwendet wird: dem Motiv des Zwittertums, des *Hermaphroditismus*. Wir sind diesem Bild bereits auf Seite 60 im Zusammenhang mit BAUMANNs Theorie vom »Weltmythos« begegnet; KLUCKHOHN verzeichnet in seiner Bestandsaufnahme immerhin 7 Fälle von androgynen Gottheiten.

Das ägyptische Urwesen Nun gehört in diese Kategorie. Es wird zuweilen als »Vater der Götter« bezeichnet und, wie in der Abbildung auf Seite 204, als bärtiger Mann dargestellt. Andererseits ist der Vorgang, in dem Atum-Re aus Nun hervorgeht, Geburts- und Zeugungsakt in einem. Vor allem läßt die hermopolitanische Achtheit erkennen, daß der Ur-Ozean im Grunde zweigeschlechtlich ist.

In der heliopolitanischen Version der ägyptischen Kosmogonie wird von Atum-Re berichtet, daß er, wiederum ohne Mitwirkung einer Partnerin, seinerseits ein Zwillingspaar hervorbrachte: den Luftgott *Schu* und dessen Schwester *Tefnut*. Nach einer Lesart vereinigte sich Atum-Re hierzu mit seinem eigenen Schatten, nach einer zweiten vollzog er eine Art masturbatorischer Selbstbefruchtung. Denn auch er ist zweigeschlechtlich: »Der Große Er-Sie«, wie er zuweilen genannt wird.

Das Geschwisterpaar Schu und Tefnut in einer Darstellung, die ihre unvollständige Trennung betont.

213

Der Hermaphroditismus bleibt bei Schu und Tefnut noch partiell erhalten; denn beide haben gemeinsam nur eine Seele. Zugleich taucht nun aber auch das Bild einer Inzestbeziehung auf, die in der weiteren Genealogie das Bild vom Zwitter ablöst. Schu und Tefnut vermählen sich miteinander und zeugen ihrerseits ein Zwillingspaar: die Himmelsherrin *Nut* und den Erdgott *Geb*. Auch diese werden in ehelicher Beziehung vorgestellt, und aus ihrer Verbindung gehen wiederum zwei Geschwisterpaare hervor: *Isis* und *Osiris* auf der einen Seite, *Seth* und *Nephthys* auf der anderen.

Dieser Stammbaum, die »Neunheit von Heliopolis«, macht ein Stilprinzip der Mythenbildung deutlich, das die Interpretation erschweren kann, wenn man aus ihm falsche Schlüsse zieht. Warum, so kann man fragen, muß die Zeugung eines Zwillingspaares zweimal erfolgen? Daß eine hermaphroditische Einheit in die Geschlechterpolarität zerfällt, ist verständlich; aber warum in zwei aufeinanderfolgenden Generationen, und dann noch einmal verdoppelt in einer dritten?

Man wird gut daran tun, den psychologischen Deutungsaufwand nicht zu übertreiben, sondern die Möglichkeit im Auge zu behalten, daß hier denkästhetische Faktoren wirksam werden, wie sie auf Seite 64 ff besprochen wurden. LÉVI-STRAUSS hat mehrfach auf die Verwandtschaft zwischen Mythen und musikalischen Kompositionen hingewiesen. Falls diese Analogie auch im vorliegenden Zusammenhang gilt, handelt es sich beim generationenlangen Geschwisterinzest gewissermaßen um ein einziges Thema mit mehreren Variationen, die seine Bedeutung nur paraphrasieren, aber nicht erweitern.

Phallus und Nabelschnur

Als Gleichnis für die beiden Elternmedien hat sich der Menschheitsphantasie vor allem die Natursymbolik von *Himmel* und *Erde* angeboten. Meist verkörpert der Himmel dabei, wie etwa im Mythos von P'an-ku, das väterliche Prinzip; es gibt aber auch Ausnahmen, deren bekannteste die Paarung der ägyptischen Himmelsmutter Nut mit dem Erdvater Geb sein dürfte.

Die Esche Yggdrasil als Weltachse, die Unter- und Oberwelt verbindet. In der mittleren Ebene die Insel Midgard, von einem Uroboros, der Midgardschlange, umschlossen. Allegorische Illustration der Edda aus dem 18. Jahrhundert.

So wie uns Himmel und Erde alltäglich erscheinen, fällt es unserer Phantasie allerdings nicht ganz leicht, die beiden als miteinander vermischt vorzustellen. Der Mythos bedient sich daher zur Veranschaulichung der Urszene meist anderer Mittel.

In vielen Weltentstehungsmythen ist davon die Rede, Erdscheibe und Himmelsdach hätten anfangs noch dicht, von keinem Luftraum getrennt, aufeinander gelegen. Noch häufiger ist ein anderes Bild, bei dem Himmel und Erde in der gewohnten Distanz und doch in besonderer Weise miteinander verbunden erscheinen. Der Mythos führt hier eine besondere vertikale Struktur ein, die sich zwischen Himmel und

215

Erde spannt. Sie wird in der Literatur meist als »Weltachse« bezeichnet. Es handelt sich dabei um eine *Himmelsleiter* oder *Himmelsbrücke*, etwa in Form eines Seiles, einer Kette, einer Liane oder, wie in einer Bantu-Mythe, eines Spinnenfadens[22]. Gelegentlich erscheint auch der Regenbogen in dieser Funktion, zuweilen ein Berg, und am häufigsten ein Baum, etwa nach Art der Weltesche Yggdrasil.

In einer ägyptischen Darstellung der Urszene wird die Himmel-Erde-Verbindung kurzerhand als *Phallus* gedeutet. Und in einer Erzählung der assamesischen Khasi[23], aber auch in der Mythologie der Mayas[24] waren Himmel und Erde ursprünglich durch eine *Nabelschnur* verbunden. Phallus und Nabelstrang, geschlechtliche Vereinigung und physische Mutter-Kind-Symbiose sind wohl die beiden stärksten Organsymbole für die Einheit in der Dualität. Für die Vermischung der medialen Elterngeschwister sind die Metaphern der Partner- und der Mutterbindung beide noch gleich gut tauglich; aber das verweist nicht auf irgendwelche Inzestwünsche, sondern zeigt einfach, daß die Inzestproblematik auf dieser kindlichen Entwicklungsstufe überhaupt noch kein Thema ist, weil es zu der Art von Vertrautheit, die mit der Mutter besteht, zunächst gar keine Alternative gibt.

Links: Der Phallus des Erdgottes Geb überbrückt die Distanz zur Himmelsgöttin Nut (aus einem Papyrus um 1000 v. Chr.). Rechts: Der Maisgott der Maya steigt vom Himmel an einer Nabelschnur ins Erdinnere herab (aus dem Codex Peresianus).

---

[22] STAUDACHER (1968), S.6f   [23] ebd., S.26   [24] GIRARD (1969), S.240

Purusha und Viraj

Wir werden im dritten Teil dieses Buches sehen, daß es das Schicksal der Weltachse ist, im Zuge der weiteren Entwicklung zerstört zu werden. Tatsächlich ist die urszenische Verschmelzung ja eine Illusion; das Elternmedium ist dem unausweichlichen Schicksal unterworfen, sich irgendwann in ein väterliches und ein mütterliches Prinzip zersetzen zu müssen.

Korrespondierend dazu beobachten wir im Mythos auch eine zunehmende geschlechtliche Polarisierung in *nachgeborenen* Göttergenerationen, bei denen man Zweifel hegen kann, ob sie noch die Elternprinzipien oder bereits das zwischen den Eltern heranreifende *Ich* repräsentieren.

Beide Deutungen widersprechen einander freilich weniger, als daß sie sich ergänzen. Mit dem Auseinanderdriften von Vater und Mutter wird die Geschlechteralternative als ein Orientierungssystem aufgespannt, in dem das heranwachsende Kind künftig seine eigene Identität begreifen und bestimmen muß. Die Verschiedenheit der Eltern und die geschlechtliche Asymmetrie der eigenen Existenz kommen dem Kind gleichzeitig und in wechselseitiger Spiegelung zum Bewußtsein.

Der Mythos arbeitet zuweilen nur eine der beiden Perspektiven heraus. Bevorzugt handelt er von der Trennung der *Eltern*. Gelegentlich begegnet man aber auch Mythen, die die geschlechtliche Polarisierung ins *Ich* verlegen.

Einer indischen Kosmogonie zufolge war zu Anfang die Urflut, auf der »tausend Jahre lang« ein goldenes Ei trieb. Dieses bricht eines Tages auseinander; ihm entsteigt Purusha, der erste, ewige Mensch, der Herr des Universums[25]. Solange Purusha in dem Ei geschlummert hatte, war er frei von Angst gewesen; nun aber, als er auf die Weite des Urmeeres rund um sich blickte, wurde ihm einsam zumute. Um nicht mehr allein zu sein, teilte er sich in eine männliche und eine weibliche Hälfte; die letztere erhielt den Namen Viraj. Purusha und Viraj vereinigten sich in Liebe, und aus dieser Ver-

---

[25] Ions (1967), S. 28 f

bindung entsprang die übrige Menschheit und auch die gesamte Tierwelt.

Die Szene hat eine offenkundige Parallele im biblischen Bericht über die Erschaffung der Eva. Auch diese wird aus Adam abgespalten, sodaß die Ehe der beiden im Grunde einen ähnlich »inzestuösen« Charakter hat wie die von Purusha und Viraj – wiederum ohne daß der Mythos auch nur Notiz davon, geschweige denn Anstoß daran nehmen würde.

Es geht in allen diesen Fällen offenbar immer um dasselbe: Dem zutiefst beunruhigenden Ur-Erlebnis des geschlechtlichen Symmetriebruchs, gleich ob er sich eher im Elternmedium oder in der Ich-Figur ankündigt, soll durch die symbolische Klammer von Abstammungsidentität und sexueller Vereinigung die Bedrohlichkeit entzogen werden.

Izanagi und Izanami

Wir haben auf Seite 211 wohl mit Recht die Meinung zurückgewiesen, daß die gehäufte Geschwisterpaarung in kosmogonischen Mythen an eine urmenschliche Inzestpraxis erinnere. Konsequenterweise müßte man dann aus dem ähnlich verbreiteten Motiv der androgynen Schöpfergottheit nämlich auch folgern, die ersten Menschen seien alle Zwitter gewesen. Die hier vorgestellte *psychologische* Transkription von Inzest und Hermaphroditismus als Symbole des Zustandes *vor* der Einsicht in die Geschlechterasymmetrie vermeidet jedenfalls solche Kurzschlüsse und bringt die beiden Themenkreise zudem in einen plausiblen Sinnzusammenhang.

Allerdings schillert das mythische Inzestmotiv doch auch wieder in zuvielen Facetten, als daß es durch eine einzige Standardinterpretation erschöpfend abgehandelt werden könnte. Um einen Eindruck von der hier vorliegenden Vielgestaltigkeit zu gewinnen, wollen wir zum Abschluß dieses Kapitels einen Blick auf die kosmogonische Nationalmythe der Japaner werfen.

Auch hier entwickelt sich die Welt, wie wir auf Seite 198 hörten, aus einem meerartigen Urchaos. Aus diesem bricht zunächst ein

Schilf-Schößling hervor, der sich dann seinerseits alsbald in ein Götterpaar spaltet: Izanagi und seine Schwester Izanami. An dieses Paar ergeht die Weisung »Schaffet, befestigt und vollendet dieses umhertreibende Land« – ein Auftrag, der an das »Erfüllet und beherrscht, bebauet und bewahrt« der biblischen Paradiesgeschichte erinnert, nur daß der Gott der Genesis sich den eigentlichen Schöpfungsakt selbst vorbehält, während seine Entsprechung im japanischen Mythos, eine dreifaltige Weltgottheit, weitgehend im Hintergrund bleibt.

Izanagi und Izanami, gemeinsam die Insel Onogoro erschaffend.

Zu Beginn ihres Schöpfungswerkes standen Izanagi und Izanami auf dem Regenbogen, der »schwebenden Himmelsbrücke«, die Himmel und Erde noch ursprünglich-paradiesisch verband. Von hier aus stießen sie einen juwelenbesetzten Speer in den Ozean unter sich und rührten darin herum. Dadurch verdickte sich die Salzflut, und als sie den Speer herauszogen, tropfte von seiner Spitze geronnene Lake auf das Urmeer zurück und wurde zu einer Insel. Ihr Name war Onogoro.

Die phallische Symbolik des geschilderten Vorganges ist kaum zu übersehen und wurde auch von japanischen Kommentatoren lange vor Sigmund FREUD hervorgehoben, wenn auch zuweilen nur in der Form, daß man sie als »unsittlich« verwarf. Allerdings verdient Beachtung, daß das Geschwisterpaar den Speer *gemeinsam* handhabt. Eine sexuelle Rollenteilung ist hier also noch nicht erkennbar, das Wirken der Ureltern vollzieht sich noch im primären Medium, ohne figurale Artikulation. NUMAZAWA, dem wir die wohl gründlichste Analyse dieser Erzählung verdanken, nennt sie im Anschluß an andere Kommentatoren eine »Mythe der nächtlichen Vereinigung von Mann und Weib im chaotischen Ur-Anfang«[26].

In einer zweiten Strophe des Mythos lichtet sich sodann die archaische Atmosphäre des kosmogonischen Szenarios. Izanagi und Izanami steigen von der Himmelsbrücke auf die Insel Onogoro herab und errichten dort abermals eine Verbindungsachse zwischen Unten und Oben: den »Himmlischen Hehren Pfeiler«. Hierauf entspinnt sich zwischen ihnen der folgende Dialog:

Er fragte seine jüngere Schwester Izanami und sprach: »Wie ist dein Körper gebildet?« Sie antwortete und sprach: »Mein Körper wächst und wächst immerfort, aber eine Stelle ist vorhanden, die nicht immerzu wächst.« Da sprach Izanagi: »Mein Körper wächst immer und wächst, aber eine Stelle ist vorhanden, die im Übermaße wächst. Daher wird es gut sein, daß ich diese im Übermaße wachsende Stelle meines Körpers in die nicht beständig wachsende Stelle deines Körpers hineinstecke und so zeugend Länder hervorbringe.« Izanami antwortete: »Das wird gut so sein.«

Dieser Plan wird alsbald ausgeführt. Die beiden Geschwister verabreden, daß sie von zwei verschiedenen Seiten um den Himmlischen Hehren Pfeiler herumgehen wollen, um sich dann auf der anderen Seite zu treffen und die Paarung zu vollziehen. »Ach wie schön! Eine liebliche Jungfrau!« und »Ach wie schön! Ein hübscher Jüngling!« rufen

---

[26] NUMAZAWA (1946), S. 164

sie dann aus, als sie sich drüben begegnen, so als erblickten sie einander zum ersten Mal.

Dabei unterläuft zunächst noch eine Panne insofern, als die Jungfrau die Formel als erste vor dem Manne ausspricht, also gewissermaßen die Initiative bei der Werbung ergreift. Das gehört sich nicht. Aus der anschließend vollzogenen Paarung gehen daher Mißgeburten hervor, insbesondere das »Blutegelkind« Hiruko, an sich ein Sonnenheros, der aber von Geburt an einen Beindefekt aufweist und noch in seinem dritten Lebensjahr nicht stehen kann, sodaß man ihn schließlich in einem Schilfboot aussetzt. Hier deutet sich eine Parallele zum Ödipusmythos an, der wir später noch genauer nachgehen werden.

Nach diesem ersten, unvollkommenen Versuch gehen die beiden noch ein zweites Mal um den Himmlischen Hehren Pfeiler, und nun übernimmt, wie es sich ziemt, Izanagi die erste Anrede. Diesmal erzeugen die beiden respektable Nachkommenschaft: zunächst die japanischen Inseln, dann das Meer, ferner die Flüsse, die Berge sowie die Ahnen der Bäume und der Gräser und Kräuter.

Daß hier auch das »Meer« als Produkt des Urpaares erscheint, warnt uns erneut, in dem Wasserchaos, dem Izanagi und Izanami ihrerseits entstiegen sind, nur simple Natursymbolik am Werke zu sehen. Ich habe auf die Unzulänglichkeit derart direkter Deutungen bereits auf Seite 202 anläßlich des ägyptischen Nun hingewiesen.

Nach der Erschaffung der Landschaft folgt dann noch die Geburt der Sonnengöttin Amaterasu, des Mondgottes Tsukiyomi, des Sturmgottes Susano'o sowie weiterer, minder bedeutender Gottheiten. Als letzter kommt der Feuergott Kaguzuchi zur Welt. Bei seiner Geburt verbrennt sich die Mutter Izanami die Schamteile, woran sie verstirbt.

Der Mythos ist damit noch nicht zuende; tatsächlich nimmt er einen höchst bemerkenswerten weiteren Verlauf, auf den wir aber erst in einem späteren Kapitel eingehen werden.

Die drei Ebenen der Inzestbeziehung

Schon das bisher berichtete Geschehen ist aufschlußreich genug. Wir können feststellen, daß sich die Beziehung zwischen Izanagi und Izanami nacheinander auf drei Ebenen entfaltet.

Am Beginn der Erzählung erzeugen die beiden gemeinsam auf symbolisch verhüllte Weise die Insel Onogoro, das figurale Ich. Als Abkömmlinge des ersten Schilfsprosses sind sie freilich zugleich selbst Facetten des figuralen Ich. Dieses genealogische Paradox kennen wir nun bereits, es braucht uns nicht zu verwirren. Auf dieser frühesten Ebene verschränken sich die Alternativen eben noch chaotisch: Das Ich spiegelt sich im Elternmedium und umgekehrt, und in beiden Perspektiven bahnt sich eine Differenzierung des männlichen und weiblichen Prinzips gerade erst an. Das geschlechtliche Spannungspotential wird noch in der Einheit der Urszene aufgefangen; eine Rollenteilung zwischen Izanagi und Izanami ist noch nicht erkennbar.

Artikulierter schon geht es auf einer zweiten Ebene zu, in der die beiden Gottgeschwister die delikaten Unterschiede in ihrer Anatomie erörtern wie Sechsjährige, die Onkel Doktor spielen. Hier treten die beiden Protagonisten nicht mehr in der Rolle des Elternmediums auf, sondern als Repräsentanten des figuralen Ich, das sich seiner geschlechtlichen Besonderheit auch im Vergleich mit Altersgenossen bewußt wird.

Eine dritte Ebene ist schließlich dann erreicht, wenn die Beziehung der beiden Partner eine *erotische* Dimension erhält. Die Organsymbolik des Zeugungsaktes tritt nun in den Hintergrund. Die Paarung wird nicht mehr paraphrasiert oder reflektiert, sondern tatsächlich vollzogen. Damit dies geschehen kann, verschiebt sich der Handlungsschwerpunkt auf den Vorgang der Werbung: Die *Schönheit* des Partners ist nunmehr die Kraft, die das Geschehen vorantreibt.

Und genau an dieser Stelle, aber eben nicht früher, wird der Geschwisterstatus der beiden zum Problem: Um die Schönheit des Partners erkennen zu können, ist es nötig, daß man sich, von verschiedenen Seiten kommend, *erstmals* begegnet. Die Inzestvermeidung gibt sich so als eine Thematik zu erkennen, die erst in der Adoleszenzphase zum Tragen kommt.

Aber damit haben wir auf spätere Kapitel vorgegriffen. Bislang blieb unsere Analyse auf die erste der genannten Ebenen beschränkt. Bevor wir zur Adoleszenz kommen, müssen wir zunächst die zweite Deutungsebene behandeln. Zum Einstieg in diese soll wiederum eine entwicklungspsychologische Bestandsaufnahme verhelfen.

Mythische Symbole frühkindlicher Entwicklungsstadien

1. Symbiotisches Stadium (Geburt bis ca. 18. Monat)

- **Mediale Symbolik**
  Urflut
  Sumpf
  Nebel
  Kosmisches Ei (von innen gesehen)
- **Figurale Konkretisierung mit medialem Sinngehalt**
  Meeresungeheuer
  Vielköpfige Schlange
  Uroboros
- **Geschlechtsbestimmung**
  Weiblich (»Große Mutter«)
  Hermaphroditisch
- **Philosophische Reminiszenzen**
  Die *arché* der ionischen Naturphilosophen: – Wasser
                                                      – Luft
                                                      – Apeiron

2. Egozentrisches Stadium (ca. 18. Monat bis ins 3. Lebensjahr)

- **Figurales Ich**
  Insel (evtl. durch Erdtaucher emporgeholt)
  Urhügel
  Lotosblüte, Pflanzensproß
  Kosmisches Ei (von außen gesehen)
  Keimling im kosmischen Ei
  Sonnenkind
- **Mischung der Geschlechter**
  im Elternmedium:
  Urszene: Himmel und Erde in ewiger Kohabitation
  Weltachse: Himmel und Erde durch Vertikalstruktur verbunden
      – Baum
      – Leiter
      – Regenbogen
      – Spinnenfaden
      – Seil
      – Phallus
      – Nabelschnur
  im Ich-Keim:
      – Hermaphroditische Gottheit
      – »siamesisch« verwachsenes Zwillingspaar
      – Geschwisterpaar in inzestuöser Beziehung

7. *Kapitel*

Die Landung des Kopffüßlers

Die Sprache des Körpers

Es ist offenkundig, daß wir Zugang zur Innerlichkeit eines anderen Menschen immer nur über deren Äußerung gewinnen können. Wenn wir Fremdseelisches erkennen wollen, sind wir darauf angewiesen, daß es *sinnenfällig* wird.

Am direktesten gelingt dies natürlich mit dem Vehikel der *Sprache*. Schon bei kleinen Kindern lassen verbale Äußerungen Rückschlüsse auf die Erscheinungsweise der Seele zu, auch auf das, was wir den »Aggregatzustand« von Ich und Du genannt haben. Wenn etwa ein gerade anderthalbjähriges Mädchen, das Bauchschmerzen hat, sich beklagt, daß ihm »seine Mami« wehtue, so hat es mit den begrenzten Mitteln seiner noch unbeholfenen Sprache bereits durchaus erkennbar der Vermengung des Ich-Mediums mit dem Eltern-Medium Ausdruck verliehen.

Aber der Worte bedarf es gar nicht. Allein schon die *Körperhaltung* ist von subtiler Expressivität, wenn es darum geht, seelische Grenzen oder ihr Fehlen sichtbar zu machen. Die erlebte Leiblichkeit des Kindes ist zwar schon längst figural artikuliert; das hindert sie aber nicht daran, gegebenenfalls auch mediale Seelenerfahrung auszudrücken. Der Figurcharakter des Leibes kann ja abgeblendet oder symbolisch heruntergespielt werden, zum Beispiel indem das sensorische Gewicht von den artikulierenden Fernsinnen auf den eher diffusen Muskel- und

Tastsinn verlagert wird. In der Weise, wie sich ein Kind dann mit leerem Blick und schlaffer Muskulatur an die Mutter schmiegt, wird die seelische Symbiose zur unmittelbaren Sinneserfahrung.

Wo umgekehrt das Verlangen nach figuraler Abgrenzung vorherrscht, findet auch dieses seinen Ausdruck im Körpertonus, von leisen Anzeichen der Versteifung bis hin zu offenem Sich-Wegstemmen, übrigens auch auf Seiten der Mutter, die ja unter Umständen dem Verschmelzungswunsch des Kindes gar nicht so gern entgegenkommt, weil sie ihn tiefinnerlich als Parasitismus, ja Vampirismus empfinden mag.

Mit fortschreitendem Alter greift die Körpersymbolik zunehmend von der Haltungs- auf die *Handlungsebene* über. Der amerikanische Entwicklungspsychologe Martin HOFFMAN[1] berichtet von einem einjährigen Jungen, der die Angewohnheit hatte, wenn er müde oder niedergeschlagen war, den Daumen in den Mund zu schieben und mit der freien Hand sein Ohrläppchen zu greifen. Als er eines Tages bei seinem Vater eine traurige Verstimmung spürte, reagierte er auf eigentümliche Weise: Er steckte den Daumen in den eigenen Mund, ergriff aber mit der Hand das Ohr des Vaters! Auch diese geniale Geste übersetzt Seelisches in Körpersprache; man könnte die Szene mit »Geburt der Empathie aus der Gefühlsansteckung« betiteln.

Die Handlungssymbolik beschränkt sich selten auf das rein Prozeßhafte, sie neigt natürlicherweise dazu, sich in *szenischen Arrangements* zu vergegenständlichen. Kinder, die auf Grund der Umstände oder des Temperaments nur schwache Ich-Grenzen ausgebildet haben, können dadurch auffällig werden, daß sie sich immer wieder wie von einer heimlichen Sucht getrieben in kleine häusliche Unfälle verwickeln, bei denen irgendetwas verschüttet oder verschmiert wird. Und wem eine scharfe Ich-Kontur ein Bedürfnis ist, der zieht Zäune und schließt Türen auch im wirklichen Leben.

Hinweise auf die Robustheit der seelischen Grenzen lassen sich auch der Art und Weise entnehmen, wie jemand auf die Symbolwirkung *materieller* Medien reagiert, die den Charakter des Überflutenden, Erstickenden oder Zersetzenden tragen. Es sei hier nur an gewisse Auswüchse ökologischer Phobie erinnert, die sich in unproportiona-

---

[1] HOFFMAN (1976)

ler Erregtheit von Elektrosmog, Amalgam oder Holzschutzmitteln vergiftet wähnt. Die Betroffenen reden vom sterbenden Wald und meinen das eigene, viel zu mediale Ich. Und wenn sie ihre Heime mit Stanniolfolien auskleiden, versuchen sie in Wirklichkeit verzweifelt, die schwächliche Hülle der eigenen Seele zu armieren.

Für gewisse Phasen der kindlichen Entwicklung ist eine solche Erlebnisweise ganz natürlich. So fallen etwa im Alter von zwei Jahren Kinder zuweilen durch die Angst davor auf, mit dem Sog des Badewassers in namenlosen Tiefen zu verschwinden, wenn die Mutter den Abflußstöpsel der Wanne herauszieht. Im selben Alter regt sich das Kind auch auffallend heftig über Kratzer und Hautschürfungen auf; Selma FRAIBERG, der wir diese feinsinnigen Beobachtungen verdanken[2], spricht geradezu von einem »Stadium der Mullbinden und Heftpflaster«. In alldem dokumentiert sich erkennbar die Sorge um den unversehrten Bestand der eben erst neugebildeten und noch nicht auf ihre Haltbarkeit erprobten Ich-Grenze.

Klassisches Beispiel für Abgrenzungssymbolik ist schließlich die Art und Weise, wie wir unserer Leibesgestalt durch *Kleidung* Kontur verleihen. Natürlich soll das, was wir uns anziehen, zunächst einmal schützen und wärmen. Nachdem unsere Vorfahren, aus welchen Gründen auch immer, zu »nackten Affen« geworden waren, brauchten sie Ersatz für das verlorengegangene Fell. Aber damit allein ist keineswegs erschöpfend erfaßt, wie wir Kleidung erleben. Nicht von ungefähr findet sich in der Bibel noch eine ganz andere Deutung.

Unmittelbar nachdem Adam und Eva die verbotene Frucht vom Baum der Erkenntnis gebrochen hatten, erkannten sie, daß sie nackt waren. Und sie hefteten Feigenblätter zusammen und machten sich Schurze. Außerdem verbargen sie sich noch unter den Bäumen im Garten, um ihre Blöße nicht dem Blick des Herrn auszusetzen. Als Jahwe sie dort gleichwohl entdeckt und sein Urteil über sie gesprochen hatte, bekleidete er sie noch ein zweites Mal, nunmehr erst in der herkömmlichen, funktionellen Weise: Er machte ihnen Röcke aus Fell und legte sie ihnen um. So entließ er sie ins Leben.

Wenn der Mythos hier psychologische Realität abbildet, kommt vor der Schutzfunktion der Kleidung also noch eine weitere: Sie verhüllt

---

[2] FRAIBERG (1972), S. 11 u. 95

Nacktheit. Sie schließt sich um den Leib wie die Grenze um eine Figur.
Rein physisch wäre der Leib indessen durch seine Epidermis schon
genügend konturiert; die Blöße, die es abzuschirmen gilt, muß also
seelischer Natur sein. Es ist die Substanz des Ich, die durch die ver-
hüllende Bekleidung vor dem eindringenden und aussaugenden Blick
des Du geschützt werden muß.

Dabei mögen verschiedene leibliche Regionen ungleich sensibel für
die Preisgabe des Inneren sein. An oberster Stelle in der Rangfolge des
Verhüllenswerten stehen jene Körperteile, die dazu ausersehen sind,
im Vollzug der geschlechtlichen Vereinigung zum Epizentrum der Ich-
Auflösung zu werden.

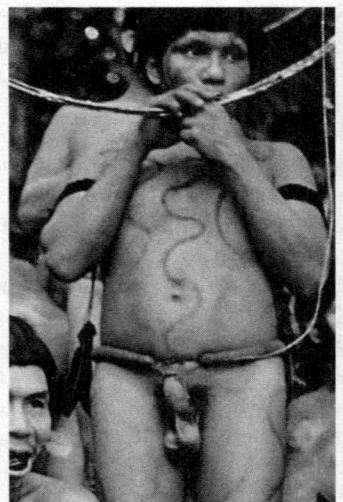

Yanomami-Bekleidung. Links: Mann mit hochgebundenem Penis.
Rechts: Mädchen mit Lendenschnur.

Was sonst noch assoziativ in diesen Bereich einbezogen wird, hängt
sehr von der jeweiligen Kultur ab. Frauenmode, bei der wir uns nicht
viel denken, gilt im Islam bereits als höchst unschicklich. Am anderen
Extrem steht die Praxis mancher Naturvölker, bei denen die Kleidung

ihrer Verhüllungsfunktion überhaupt nur noch symbolisch nachkommt. Dieser Grenzfall ist geeignet, uns daran zu erinnern, daß die
Abschirmung letztlich eben doch nicht dem Leib sondern dem Ich gilt.
Bezeichnend dafür ist eine Episode, die EIBL-EIBESFELDT von seinem
ersten Besuch bei den Yanomami am Orinoko berichtet[3].

»Die Frauen gingen für unsere Begriffe splitternackt. Sie trugen nichts außer
einer dünnen, fein gearbeiteten Schnur um den Leib. Ihre Scham war vollkommen unbedeckt. ... Die Frauen wähnten sich aber mit ihrer einfachen Lendenschnur durchaus züchtig bekleidet, das merkte ich, als ich bald darauf eine
solche Lendenschnur haben wollte. Zuerst verstanden sie mich nicht recht,
dann gab es ringsum ein Gekicher und Gelächter, und die befragte Schöne ver-
barg lachend ihr Untergesicht hinter einer Hand, neigte den Kopf zur Seite,
stieß dann ihre Nachbarin an, kurz, sie war höchst geniert. So lernte ich, daß
die Frauen und Mädchen sich ohne diese Schnur unanständig nackt fühlen,
was nicht hinderte, daß einige sie dann doch gegen weiße Glasperlen ein-
tauschten. Sie zogen sich allerdings sogleich eine andere an, um wieder ordent-
lich gekleidet zu sein. In ähnlicher Weise fühlten sich die Männer nackt, wenn
sie ihre Penisschnur lösten oder wenn sie von selbst aufging.«

EIBL schließt an diese Beobachtung eine Interpretation an, die sich
durchaus in den Rahmen unserer vorherigen Erörterungen fügt. Er
schreibt:

»Es handelt sich bei diesen Schnüren wohl um Überbleibsel einer Bekleidung,
denn nackt kamen die Ahnen der Yanomami ganz sicherlich nicht während
der Eiszeit über die Beringstraße. Hier im tropischen Regenwald legten sie die
Kleidung als unzweckmäßig ab, bis auf jenes Restchen, das sie brauchten, um
sich ›kultiviert‹ zu fühlen und vielleicht auch, um die Spannung der Kokette-
rie erleben zu können. In diesem Sinne ist die Bekleidung, rudimentär, wie sie
ist, doch funktionell, weil symbolisch.«

Die Sprache der Bilder

Wenn wir von den Möglichkeiten reden, Seelisches durch sprachun-
abhängige Symbolik sichtbar zu machen, so bleiben schließlich vor
allem die Produkte *bildnerischer Gestaltung* zu erörtern. Für die entwicklungspsychologische Grundlagenforschung ist diese Informa-

---

[3] EIBL-EIBESFELDT (1976), S. 99f

tionsquelle noch erstaunlich wenig ausgebeutet, obwohl im Alltags-geschäft der Kinderpsychotherapie Papier und Farbstifte seit je eine bevorzugte Rolle als Kommunikationsmittel gespielt haben.

Daß die wissenschaftliche Psychologie mit der spontanen Kinder-zeichnung so wenig anzufangen weiß, hat vor allem drei Gründe. Ei-ner davon ist ein rigider Methoden-Purismus, der sich weigert, ande-re als sogenannte »harte« Daten auch nur zur Kenntnis zu nehmen, und für den das Wort »Deutung« in der Wissenschaft nichts zu suchen hat.

Ein anständiger Forscher hat zu *messen*. Wenn man ein modernes Handbuch der Entwicklungspsychologie aufschlägt[4], wird man unter »Kinderzeichnung« höchstens noch den nunmehr sechzig Jahre alten sogenannten »Draw-a-Person Test« angeführt finden. Die Kinder wer-den dabei aufgefordert, eine menschliche Person zu zeichnen. Zur Aus-wertung wird berücksichtigt, ob das Gesicht schematisch oder expres-siv gestaltet ist, ob die Figur Anzeichen von Spannung und Bewegtheit erkennen läßt und wie reichhaltig das Bild ausgeschmückt wurde. Aus Punktwertungen auf solchen rein *formalen* Dimensionen wird dann vornehmlich auf die intellektuelle Differenzierung des Kindes ge-schlossen. Der *qualitative* Gehalt der Bilder, der möglicherweise Aus-kunft über den emotionalen Entwicklungsstand geben könnte, bleibt von vornherein außer Betracht.

Aber auch Forscher, die an sich bereit wären, sich auf die Unwäg-barkeiten der kindlichen Gefühlswelt einzulassen, können deren Spu-ren in den Bildnereien oft gar nicht entdecken, weil ihnen die erfor-derlichen erlebnisphänomenologischen Kategorien nicht zur Verfü-gung stehen. Ohne gründliche Vorarbeit, wie wir sie im 4. Kapitel ge-leistet haben, kommt man einfach nicht darauf, an so etwas wie *seeli-sche* Figuren und Medien zu denken und für möglich zu halten, daß diese in Kinderzeichnungen unmittelbar sichtbar werden könnten. Man deutet das Dargestellte vielmehr von vornherein so, als solle es, wie unbeholfen auch immer, nur *körperliche* Gegenstände abbilden; die psychologische Auswertung fällt damit automatisch wieder auf die mäßig interessante Frage zurück, wie genau das Kind beobachten und wie geschickt es das Beobachtete wiedergeben kann.

---

[4] z. B. MUSSEN (1983)

Der Forschung bleibt unter diesen Umständen nicht viel mehr übrig, als nach dem Vorbild der kalifornischen Kindergärtnerin Rhoda KELLOGG *Formelemente* von Kinderzeichnungen zu katalogisieren[5], wobei zudem noch die von aller gestaltpsychologischen Einsicht ungetrübte Überzeugung mitschwingt, diese Elementarzeichen bildeten eine Art »Vokabular«, das dann im Zuge des graphischen Entwicklungsfortschrittes allmählich zu bedeutungsträchtigen Kombinationen verbunden werde wie Worte zu einem Satz[6].

Dabei ist es taxonomischen Bemühungen dieser Art noch hoch anzurechnen, daß sie sich wenigstens um eine Bestandsaufnahme *spontaner* Produkte kindlicher Zeichenlust bemühen. Viele Psychologen huldigen demgegenüber der Überzeugung, Wissenschaft beginne erst dort, wo man in ein natürliches Geschehen manipulierend eingreift. Einem Kind die »standardisierte« Aufgabe zu stellen, es möge einen Menschen zeichnen, ist für sie akademisch legitim, geduldige Beobachtung dessen, was dem Kind von selbst hinzukritzeln einfällt, hingegen nicht. Das ist das dritte Handicap, durch das die entwicklungspsychologische Forschung gehindert wird, das Material der Kinderzeichnung effizient zu nutzen.

Meist verbindet sich dieser sachblinde Aktionismus noch zwanglos mit der offenbar unausrottbaren pädagogischen Überzeugung, man müsse Kindern erst beibringen, wie man erwachsen wird. Kunsterzieher fühlen sich demgemäß berufen, ihren Schutzbefohlenen so früh und rigoros wie möglich »Unarten« auszutreiben und statt dessen einzudrillen, wie man »richtig« zeichnet. Wenn ein Kind einen Menschen malt, dessen Arme und Beine direkt am Kopf ansetzen, dann mag sich, wie tatsächlich geschehen, eine überbesorgte Lehrerin bemüßigt fühlen, das Kind in den Bauch zu kneifen, um ihm klar zu machen, daß es bei seiner Darstellung einen umfangreichen Teil des Körpers »vergessen« habe. Auf diesem Weg kann man Kinder freilich in allerlei Schablonen zwängen, nur läßt sich denen nichts mehr entnehmen, was von entwicklungspsychologischem Interesse wäre.

Solche gutgemeinte Unvernunft hat andererseits auch Protestbewegungen auf den Plan gerufen, die sich dann, in teilweise verständlichem Trotz, unnötig sektiererisch gebärden und jedenfalls außerhalb

---

[5] KELLOGG (1970)   [6] GARDNER (1980)

der akademischen Welt anzusiedeln pflegen. Einer ihrer bekannteren Repräsentanten ist der französische Kunstpädagoge Arno STERN. Er ist der Begründer einer speziellen Form von Malateliers, die heute in Frankreich und der Schweiz florieren. Man kann in ihnen gegen moderates Entgelt unter kundiger, aber strikt nondirektiver Überwachung zwecks entspannender Psychohygiene kreative Farbzeichnungen anfertigen. Die Ateliergäste werden sanft, aber unerbittlich zu der Erkenntnis hingeleitet, daß es beim expressiven Malen kein »richtig« oder »falsch« gibt, sondern daß alles, was spontan in die Erscheinung drängt, durch seine innere Notwendigkeit legitimiert ist. Wenn sie das begriffen haben, stehen sie, Erwachsene neben Vierjährigen, von keiner Mode streng geteilt, jede Woche einmal zu fester Zeit an den Wänden eines spartanisch eingerichteten Kellerraumes und pinseln auf großen weißen Bögen versunken oder besessen ein Bild nach dem anderen.

Es gehört zu den unumstößlichen Gesetzen des Ateliers, daß die so zustandegekommenen Bilder dem Urheber nicht etwa psychologisch ausgedeutet werden; man meint, das würde ihn befangen machen und die kreative Atmosphäre irreparabel stören. Gleichwohl sind die Produkte derart selbstvergessener Tätigkeit natürlich von hoher psychologischer Relevanz; und dank des Entgegenkommens zweier Zürcher Atelierleiterinnen[7], die mir in ihr jahrelang gesammeltes Material Einblick gewährt haben, bin ich nun eben doch in der Lage, auch einigen Gewinn für die Grundlagenforschung daraus zu ziehen.

Vom Weg zur Grenze

Bei der psychologischen Interpretation von Kinderzeichnungen muß man berücksichtigen, daß deren Strukturniveau von zwei unabhängigen Faktoren abhängt: Einmal von der erreichten Differenziertheit des auszudrückenden Welt- und Ich-Erlebens, zum anderen aber auch vom Stand der zeichnerischen Kompetenz. Hinkt die letztere nach, so vermag die Kinderzeichnung die faktisch bereits erreichte Ent-

---

[7] Verena LUNIN und Helen I. BACHMANN

wicklungshöhe nicht adäquat auszudrücken. Tatsächlich entsprechen im allgemeinen die Bilder, die während der ersten drei Lebensjahre entstehen, psychisch bereits überwundenen Entwicklungsstufen.

Das Kind beginnt um die Mitte des zweiten Lebensjahres, mit Malstiften zu kritzeln, etwa zur gleichen Zeit also, da es erstmals sein figurales Ich spürt. Ein richtiger Gestaltungsvorgang ist das aber zunächst noch nicht; denn nichts deutet darauf hin, daß in der Realität oder in der Phantasie eine visuelle Vorlage existiert, der die Hand sich zu folgen bemüht. Aber daß das Schreibwerkzeug eine Spur hinterläßt, wird gleichwohl bemerkt und ist auch der Beweggrund für das ganze Unternehmen. Der Entwicklungspsycholo-ge Howard GARDNER[8] berichtet von seinem gerade 18 Monate alten Sohn, daß dieser einen ausgetrockneten Filzstift gegen einen intakten austauschte, als der offenbar erwartete sichtbare Effekt ausblieb.

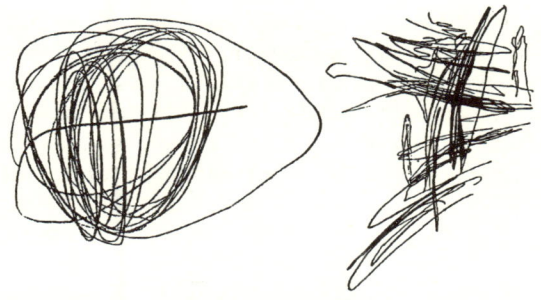

Früheste, noch vorwiegend motorisch bestimmte Kritzeleien im 2. Lebensjahr: »Urknäuel« und »Urkreuz«.

Welche Formen dabei zustandekommen, ist wohl in erster Linie motorisch bedingt: Einfache Hin-und-Herbewegungen sowie kreisförmige Wirbel sind die häufigsten Resultate. Außerdem sind allerdings auch Durchkreuzungen beliebt, bei denen wohl doch schon so etwas wie eine visuelle Zielvorstellung mitspielt.

Im großen und ganzen ist dem Kind jetzt jedoch noch ziemlich

---

[8] GARDNER (1980), S.18

gleichgültig, wie die Ergebnisse seiner Kritzelei aussehen. Wenn es ein neues Zeichenblatt verlangt, dann eher, weil das alte »voll ist«, als weil die Umsetzung einer Gestaltidee abgeschlossen wäre.

Während des folgenden Jahres wird die Formgebung dann aber immer zielstrebiger. Ein Strich ereignet sich jetzt nicht mehr einfach, sondern die erzeugende Bewegung wird unter Willenskontrolle begonnen und beendet. Was dabei zustandekommt, wirkt immer noch reichlich unbeholfen; aber man spürt, daß die graphische Aktivität nun allmählich unter die Regie von *Leitbildern* gerät.

Auf Seite 125 haben wir über den Unterschied zwischen einer geometrischen *Linie* und einer wahrgenommenen *Grenze* nachgedacht. Beide sind verschiedener Herkunft: Die Grenze ist eine Unstetigkeit, in der zwei fremde Substanzen aufeinander treffen; die Linie hingegen entstammt der Urintuition des *Weges*, der von einem Ort zum anderen führt. In der Ontogenese des Zeichnens ist der Weg älter als die Grenze: Die Bewegungsspur, die das Kind bis ins dritte Lebensjahr erzeugt, ist ihrem Typus nach ein Weg. Führt dieser im Kreise herum, dann kann natürlich ein Gebilde entstehen, das wie ein begrenztes Ding aussieht, und das Kind kann dann auch eine Benennung anbieten. Aber das ist nachträgliche Konfabulation, nichts, was im voraus intendiert worden wäre und das Resultat mitgestaltet hätte.

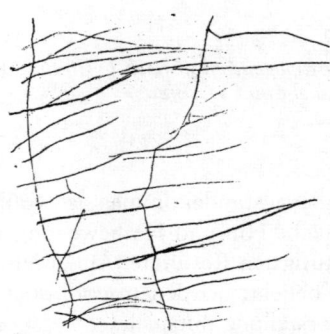

»Grätenbild« eines Mädchens im Alter von 3 Jahren und 2 Monaten.

Wirkliche Grenzkonturen werden dem Kind frühestens um den dritten Geburtstag herum zur gestalterischen Herausforderung[9]. Es bemerkt jetzt, daß ein gezogener Strich nicht nur eindimensional geradeausblickend seinem Ziel entgegenläuft, sondern auch noch einen Flankenaspekt hat und nach beiden Seiten hin so etwas wie Kraftfelder erzeugt. Diese Kraftfelder sind ein Faszinans, mit dem sich das Kind nun unermüdlich zu beschäftigen beginnt: Immer wieder zeichnet es Striche, von denen nach einer oder beiden Seiten hin grätenförmige Fortsätze ausgehen.

Die »Sensible Kugel«

Häufig gehen die »Gräten« symmetrisch nach beiden Seiten von der Hauptachse ab, wie Äste eines Baumes. Das ändert aber nichts daran, daß links- und rechtsgerichtete Fortsätze doch in der Regel gesondert an die Hauptachse angesetzt werden, also je von einer Seite her gedacht sind. Das unterscheidet sie von den dynamischen Durchkreuzungen nach Art der rechten Abbildung auf Seite 233.

Die Seitenperspektive tritt noch deutlicher bei einem zweiten Grundmotiv in Erscheinung, das neben der geraden Achse in allen daraufhin untersuchten Kulturen[10] am Beginn der Zeichentätigkeit von Kindern und auch ungeübten Erwachsenen steht. Es handelt sich um einen geschlossenen Linienzug, zuweilen etwas unbeholfen eckig ausfallend, aber wohl als *Kreis* intendiert. So wie die Grätenbilder mit der Erfahrung der Grenze an sich experimentieren, wird in der Kreisform erstmals die Figur an sich zum Thema.

Auch von dieser ersten Figur gehen typischerweise »Kraftlinien« aus, und zwar bevorzugt nach außen. Sie wirken hier wie Wimpern oder Tastarme; in der Fachliteratur bezeichnet man das ganze Gebilde demgemäß als »Tastkörper« oder »Sensible Kugel«[11].
Die Eltern sind meist geneigt, diese frühen Kunstwerke ihrer Jüngsten als »Sonne« zu deuten, und vielleicht gibt das Kind auch einmal selbst diese Benennung zum besten. Aber das besagt nicht viel; genauso gut

---

[9] GARDNER (1980), S. 46   [10] STERN (1989)   [11] BACHMANN (1985)

hätte es sich auch für einen »Mann«, einen »Wauwau« oder ein »Haus« entscheiden können, und vielleicht benennt es das Bild auch am nächsten Tag wieder ganz anders.

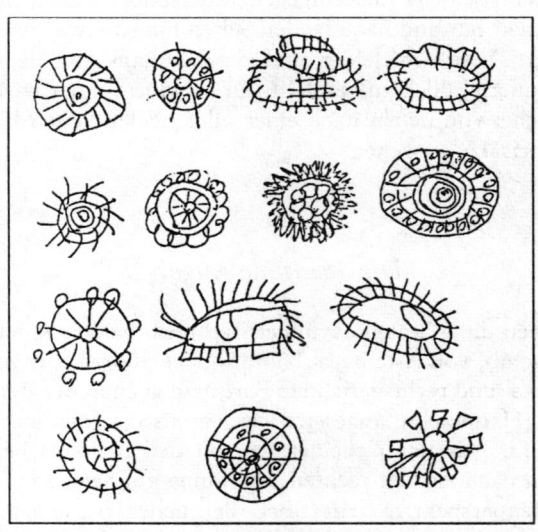

Typische Ausprägungen der »Sensiblen Kugel«. *Nach* KELLOGG *aus* GARDNER.

JUNG-Adepten andererseits, die überall, wo etwas Rundes auftaucht, gleich Vollkommenheit wittern, sehen in solchen Figuren eine Vorahnung des »Mandala«-Symbols, jener Kreisfigur mit kreuzförmig orthogonalen Symmetrieachsen, in der sich angeblich in Träumen und mystischen Erfahrungen die Persönlichkeit manifestiert, die zu sich selbst gefunden hat. Man macht sich nicht die Mühe, darüber nachzudenken, wieso ein Symbol höchster Reife ausgerechnet beim Dreijährigen auftreten soll. Im übrigen gehört zu einer richtigen Mandala, so wie JUNG sie beschreibt, typischerweise eine Gliederung in vier Quadranten oder ein Vielfaches davon. Bei der kindlichen Tastkugel ist die Anzahl der seitlich abgehenden Radien aber völlig willkürlich.

Yantra, eine im Yoga gebräuchliche Form der Mandala mit reicher Zahlensymbolik, bei der aber noch immer deutlich die charakteristische Vierzahl dominiert.

Auch KELLOGG und GARDNER[12] tun JUNG den Gefallen, die kindlichen Tastkugeln als »Mandalas« zu bezeichnen. Sie deuten sie allerdings zurückhaltender, nämlich als Ausdruck eines generellen »Suchens nach Ordnung und Harmonie«. Das klingt schon etwas erdnäher, erscheint jedoch für das Lebensgefühl eines Dreijährigen noch immer etliche Nummern zu groß.

Die meisten Psychologen, die in der Praxis mit Kinderzeichnungen zu tun haben, neigen zu der Ansicht, daß sich Kinder bis ins fünfte Lebensjahr hinein mit ihrem Erzeugnis *identifizieren.* Die Kugel mit dem Antennenkranz wäre demnach ein Selbstbildnis. Dem steht entgegen, daß sie einem Menschen so gar nicht ähnlich sieht. Aber sollte sie das? Wie, wenn die Darstellung gar nicht die leibliche Physiognomie, sondern die seelische Ich-Erfahrung meint? Diese nämlich präsentiert sich als *Figur im Medium;* und genauso sieht die »Tastkugel« eben auch aus.

Die Künstler der Gotik haben die Gesichter ihrer Heiligen mit einer

---

[12] GARDNER (1980), S. 43

Strahlenkugel, der Aura, umgeben und so in aller Naivität die seelische Ich-Figur in die leibliche Darstellung hineinkomponiert. Erst in der Renaissance wurde dieser ursprünglich räumlich gemeinte »Heiligenschein« in einen etwas lächerlich wirkenden zweidimensionalen, horizontal *über* dem Kopf schwebenden Ring umgedeutet, in der irrigen Meinung, die alten Meister hätten das auch schon so gemeint, aber mangels perspektivischer Technik nicht besser zuwege gebracht.

Aura mit Strahlenkranz in der Kunst der Gotik. Oberösterreichische Buchmalerei um 1320.

Der Erwachsene weiß, daß sich die Seele nicht ebenso unmittelbar wie Fleisch und Blut den Sinnen erschließt. Die gotischen Maler waren Erwachsene; es war ihnen selbstverständlich, Menschen in ihrer Leibhaftigkeit darzustellen. Nur noch beim Heiligen empfanden sie die Seele als so stark, daß sie sich gedrängt fühlten, auch sie bildlich in Erscheinung treten zu lassen. Das Kind hat den Dualismus von Leib und Seele noch nicht reflektiert; es malt ohne Umschweife das *erlebte* Ich und meint nebenbei den Leib mit. Es malt gewissermaßen nur die Aura; und eigentlich hat es recht, wenn es sie für den wichtigeren Teil hält.

Lichtfasern

Welche Bewandtnis hat es nun mit den vielen radiären Fortsätzen? Sie sind wohl kaum, wie die »Sonnen«-Deutung es unterstellt, als Strahlen zu interpretieren. Als solche müßten sie nämlich primär von ihrer Wirkung auf die *Umgebung* her empfunden sein; das Kind ist in diesem Alter aber noch zuwenig fähig, die Welt mit den Augen anderer zu sehen, als daß es sich veranlaßt fühlen könnte, den Außenaspekt seiner Existenz zum Thema bildlicher Darstellung zu machen. Es handelt sich bei den »Strahlen« also eher um die Manifestation der sensiblen Weltbeziehung, um Kraftlinien des eigenen Eindringens in die Welt, um Tastfühler, die die Figur ins umgrenzende Medium ausstreckt. In ihnen mag sich der Impuls bekunden, die Schroffheit der Abgrenzung zu überbrücken, das beengende Gefäß der eigenen Ich-Wände wieder zu sprengen.

Im Mythos scheint auf der Ebene der *Bildsymbolik* eine unmittelbare Entsprechung zu den Tasthaaren der Kinderzeichnung zu fehlen. Eine gewisse formale Ähnlichkeit besteht allenfalls zum Motiv des *Spinnenetzes*. So webt etwa im brahmanischen Weltsystem die Gauklerin Maja ewig ein Gespinst von Sinnestäuschungen und lockt uns so, aus unserer konzentrierten Mitte in die Äußerlichkeit zu diffundieren. Es gibt bildliche Darstellungen dieses Themas, die im Zentrum eines Radnetzes eine Ich-Figur im Medium erkennen lassen.

In einem Schöpfungsbericht der Garos beginnt die Zeit mit dem uns schon vertrauten Bilde von der weiten Wasserwüste. Nirgendwo war festes Land, und überall herrschte Finsternis. Die Erschaffung der Erde wurde einem weiblichen Demiurgen namens Nostu-Npantu übertragen. Die Frau bildete die Erde aus einer Handvoll Sand, den sie vom Himmel mitgebracht hatte, wobei sie als Bindemittel Lehm benötigte, den ihr nach mehreren vergeblichen Versuchen ein Käfer vom Meeresgrund emportauchte. Während dieser gesamten Prozedur saß sie in einem Spinnennetz, das sich über das Wasser spannte[13].

Sehr überzeugend sind alle diese Parallelen nicht. Man hat bei Betrachtung einschlägiger Kinderzeichnungen jedenfalls nicht den

---

[13] LONG (1963), S. 211

Eindruck, daß die »Tasthaare« irgendetwas halten oder miteinander verweben sollen. Sie sind nicht bipolar verankert, ihr äußeres Ende verliert sich im Nirgendwo. Sie wirken prozeßhaft, dynamisch, geben eher den Akt des Tastens als dessen ausführendes Organ wieder.

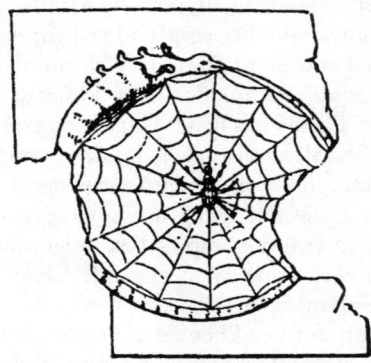

Maja in ihrem Netz, vom Uroboros umschlossen. Beschädigte Vignette vom Titelblatt einer brahmanischen Spruchsammlung.

Noch am nächsten kommt ihrer Bedeutung wohl eine nicht unmittelbar mythische, aber verwandtem Empfinden entspringende Vision, auf die Helen I. BACHMANN in ihrer Monographie über Kinderzeichnungen verweist[14]. Es geht dabei um veränderte Bewußtseinszustände nach Einnahme von Drogen; die Geschichte stammt aus einem der Kultbücher von Carlos CASTANEDA. Sein Gewährsmann, der Schamane Don Juan, gibt ihm die folgende Unterweisung:

»Der kleine Rauch wird dir helfen, die Menschen als Lichtfasern zu sehen.«
»Lichtfasern?«
»Ja, Fasern, wie weiße Spinnweben. Sehr feine Fäden, die zwischen Kopf und Nabel kreisen. Dann sieht der Mensch aus wie ein Ei aus kreisenden Fasern. Und seine Arme und Beine sind wie leuchtende Borsten, die in alle Richtungen abstehen.«
»Sieht jeder so aus?«

---

[14] BACHMANN (1985)

»Jeder. Außerdem steht jeder Mensch mit allen anderen Dingen in Berührung, doch nicht durch seine Hände, sondern durch ein Büschel langer Fasern, die aus dem Mittelpunkt seines Leibes sprießen. Diese Fasern verbinden den Menschen mit seiner Umgebung.«

Expansion und Rotation

Wenn sich zu den sensiblen Fasern der Kinderzeichnung im Mythos keine unmittelbar bildliche Entsprechung findet, müssen wir vielleicht in einer anderen Richtung suchen. Es ist ja anzunehmen, daß diese Fasern vom Kind weniger statisch-formal als vielmehr dynamisch empfunden werden. In diesem Fall hätte man zu prüfen, ob ihnen im Mythos nicht Objekte, sondern *Prozesse* entsprechen.

Betrachtet man die »Sensible Kugel« auf ihre Dynamik hin, so bemerkt man, daß vor allem zwei Bewegungsdimensionen das Raumgefühl dieser frühesten Kinderzeichnung beherrschen. Sie lassen sich als *Expansion* und *Rotation* charakterisieren.

Expansion und Rotation als vorherrschende Richtungsimpulse der »Sensiblen Kugel«. Links: Vielschalige Tastkugel (Mädchen, 4 Jahre; 7 Monate). Rechts: Hakenkugel, nachträglich als »Kälbchen« benannt (3-jähriges Kind).

Wie man schon der Übersicht auf Seite 236 entnehmen kann, lassen es Kinder oft nicht bei einer einzigen Kreiskontur bewenden. Sie gestalten die Figur vielmehr weiter aus, indem sie den Tentakelkranz mit einer zweiten Begrenzungslinie umschließen, von der wiederum neue

Radien ausgehen und so fort. Das Ich beschränkt sich also nicht auf ein enges Reservat, sondern meldet den Anspruch an, sich in konzentrischen Ringen immer weiter auszubreiten. Offenbar folgt der Impuls, zentrifugale Tastlinien zu zeichnen, und das ständige Ansetzen zu noch umfassenderen Umhüllungen einem und demselben Motiv.

Es bleibt dabei in der Schwebe, ob die Kreise, in denen sich immer wieder erneut das Ich artikuliert, dessen *figurale* Grenze oder aber die bergende Funktion des *Mediums* symbolisieren. Wir stoßen hier auf eine Parallele zum mythischen Bild vom Weltei, von dem wir auf Seite 206 ja ebenfalls festgestellt haben, daß sein Bedeutungsgehalt auf eigentümliche Weise zwischen Ich-Figur und medialer Hülle oszilliert. Die dortige Abbildung zeigt sogar einen an Tasthaare erinnernden Radienkranz an einer der inneren Eihüllen.

Damit sind wir nun bei der Suche nach dem mythischen Pendant zu den Radien in der Kinderzeichnung auf der richtigen Spur: Das Symbol der Ich-Geburt, die Figur im Zentrum des Mediums, wächst heran und expandiert. Dem winzigen Erdklumpen, der den Keim der Insel bildet, lagert sich Schicht um Schicht an, bis das Wasser an den Horizont gedrängt ist. Die Insel nimmt selbst die Dimensionen eines Mediums an, wird zum Nährboden für üppige Vegetation. Und die Tibeter meinen von ihrem mythischen Weltberg Meru, daß er immerzu breiter und höher wird. Sein Wachstum wird bildlich in der Form quellender Ströme dargestellt, die sich in Kaskaden entfalten – eine augenfällige Parallele zum Wechsel zwischen Radien und Schalen in der Kinderzeichnung.

Was hat dieser Wechsel zu bedeuten? Außengrenzen, so sagten wir im 4. Kapitel, definieren Charakter und Antlitz; Innengrenzen spannen mediale Bezugssysteme auf. Jede neu hinzukommende Schale der Ich-Aura entsteht als Umhüllende und wird dann zur Gestalt. Die Symbolik dieses Perspektivewechsels verweist auf einen Aneignungsprozeß, bei dem die Heilsgewißheit des familiären Geborgenseins ständig in die Erfahrung des kompetenten und autonomen Wollenkönnens hereingenommen wird.

Außer durch das *expansive* Raumgefühl ist die »Sensible Kugel« noch durch eine zweite dynamische Dimension gekennzeichnet. Häufig wirken die Figuren so, als wären sie vom Kind als *rotierend* empfunden. Dieser Eindruck drängt sich vor allem dann auf, wenn an den

»Tasthaaren« Haken angebracht sind, die alle in dieselbe Drehrichtung weisen. Auch in dem CASTANEDA-Zitat auf Seite 240 war übrigens von »kreisenden« Fasern die Rede.

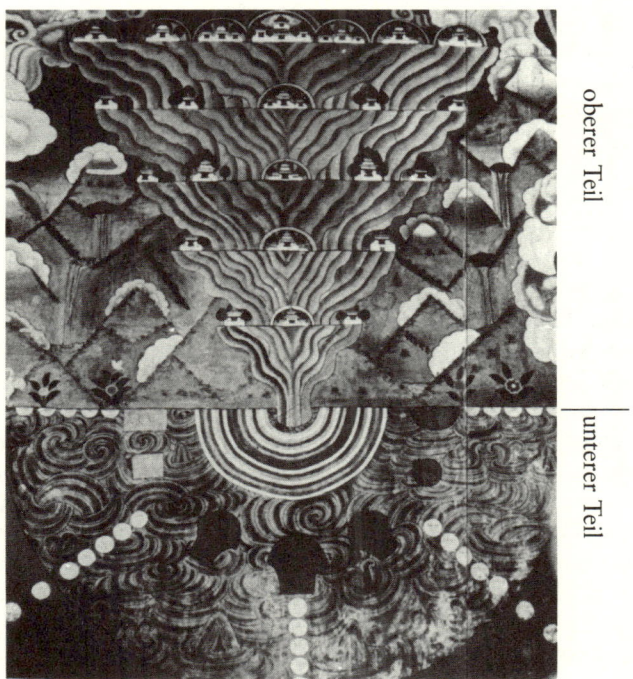

oberer Teil

unterer Teil

Tibetische Darstellung der Kosmogonie. Unterer Teil (Draufsicht): Inmitten des Urmeeres bildet sich die erste Insel. Oberer Teil (hochgeklappt zu sehen): Aus der zentralen Insel wächst der Weltenberg Meru empor, der sich in 5 Kaskaden ständig verbreitert.

Die Raumsymbolik der Rotation verbindet sich mit der der Expansion zu einer organischen Einheit, die am ehesten im Bild der *Spirale* faßbar wird. Rainer Maria RILKE hat diesem urtümlichen Existenzgefühl poetisch Ausdruck verliehen:

Ich lebe mein Leben in wachsenden Ringen,
Die sich über die Dinge ziehn.
Ich werde den letzten vielleicht nicht vollbringen,
Aber versuchen will ich ihn!

Diese zugleich wachsenden und kreisenden Ringe, in denen das Ich sein Leben lebt, ergreifen Besitz von den Dingen der Welt und binden sie in eine sinngebende Gravitation ein, die in der eigenen Existenz ihr Zentrum hat. Sie sind, in einer nicht abwertend gemeinten Ausdrucksweise, *egozentrisch*.

Egozentrische »Kaulquappen«

Dafür, daß die »Sensible Kugel« tatsächlich das Ich, zumindest aber einen Menschen darstellt, spricht auch ihre ontogenetische Metamorphose im Laufe der nächsten zwei Jahre. Sie erhält nämlich alsbald ein *Gesicht*. Außerdem vollzieht sich an ihr ein Differenzierungs- und Spezialisierungsprozeß, der an die biologische Evolution des Insektenbauplans aus dem des gleichmäßig segmentierten Ringelwurms erinnert: Aus den beliebig vielen und morphologisch ununterscheidbaren »Tasthaaren« wird eine reduzierte und festgeschriebene Zahl von *Extremitäten* – zwei Arme und zwei Beine. Diese allerdings set-

Kopffüßler, gezeichnet im Alter von 3 Jahren; 4 Monaten.

zen weiterhin direkt an der gesichtstragenden Kugel selbst an. Auf diese Weise entsteht ein Gebilde, das in der Fachliteratur als *Kopffüßler* beschrieben wird.

Zumindest bis zum vierten Geburtstag, oft auch noch weit darüber hinaus, bleibt diese Gestalt das charakteristische Produkt kindlicher Darstellungstätigkeit, und zwar, wie kulturvergleichende Untersuchungen ergeben haben, erstaunlich unabhängig von Zivilisationsform und Erziehungseinflüssen.

Was das *Raumgefühl* des Kopffüßlers anbelangt, so besteht gegenüber dem der »Sensiblen Kugel« kein wesentlicher Unterschied. Zentrifugal expandierende Gebilde werden zwar allmählich seltener, sie sind aber noch immer nicht als untypisch anzusprechen. Die folgende Zeichnung einer recht frühreifen Dreijährigen entfaltet sich in drei Schalen, deren innerste sogar bereits einen Rumpf aufweist, während die zweite als einfacher Kopffüßler gestaltet ist und die dritte sich auf eine bloße Kugel reduziert.

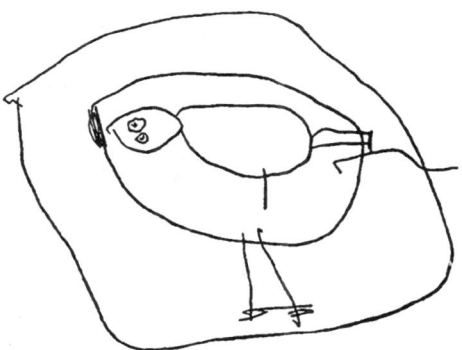

Vielschalige Selbstdarstellung. Mädchen, 3 Jahre; 1 Monat.

Außerdem fällt auf, daß die Beine der innersten Figur nach der rechten Seite, die des mittleren Kopffüßlers jedoch nach unten weisen. Zwischen den beiden Expansionsebenen hat also auch eine Rotation stattgefunden.

Auch wenn im allgemeinen die verlorengegangene Punktsymmetrie den Eindruck der Drehung dämpft, behalten die Kopffüßler doch zumindest einen eigentümlich *schwebenden* Charakter. Noch immer ist ihr Verhältnis zum Raum keiner in der Außenwelt verankerten Ordnung verpflichtet. Im Englischen bezeichnet man sie als »tadpoles«, als Kaulquappen. Und tatsächlich schwimmen sie wie Wasserbewohner im indifferenten Gleichgewicht, so als gäbe es kein Schwerefeld, in dem sie um Balance ringen müßten: Sie tragen, wie vormals die »Sensiblen Kugeln«, ihr Gravitationszentrum in sich selbst.

Auf die Erlebnis- und Verhaltensebene übertragen bedeutet das: Alles »dreht« sich wirklich noch um das kindliche Ego. Die Welt ist noch nicht in ein verwirrendes Netzwerk einander durchkreuzender Privatinteressen zerfallen, in dem ich selbst unwichtig werden und randständig bleiben könnte. Wo immer ich mit ihr in Berührung komme, dort bin ich gemeint.

Unter den auf Seite 181ff erwähnten Experimenten, die Doris BISCHOF-KÖHLER zur Untersuchung kindlicher Empathie durchführte, war auch das folgende Szenario. Ein Kind, im hier zu schildernden Fall ein achtzehn Monate alter Bub, und eine studentische Versuchsleiterin essen, nachdem sie eine Zeitlang miteinander gespielt haben, gemeinsam an einem Tisch eine Quarkspeise. Jeder von beiden hat vor sich einen Teller und natürlich seinen eigenen Löffel, aus Plastik. Ein dritter Löffel liegt derweil unbenützt und unbeachtet auf dem Tisch. Nach einer Weile widerfährt der Studentin ein Mißgeschick: Ihr zuvor unauffällig präparierter Löffel bricht am Stiel ab, was sie veranlaßt, zu jammern, sie könne nun nicht weiteressen. Der Bub steht wie vom Donner gerührt am Tisch und bringt keinen Bissen mehr zu Munde. Aber er unternimmt nichts, um zu helfen. Seine Hand mit dem eigenen Löffel zuckt unsicher ein wenig in Richtung der Partnerin, aber dabei bleibt es auch. Die Szene ist festgefahren. Schließlich rafft er sich auf und holt seine im Hintergrund sitzende Mutter herbei, damit sie Rat schaffe. Diese greift zwar nicht ein, aber sie macht ihn auf den Reservelöffel aufmerksam. Und was nun geschieht, ist von eindrücklicher Schlüssigkeit: Der Junge reicht der Studentin mit hörbarem Aufatmen *seinen eigenen Löffel* und ißt selbst mit dem dritten weiter!

Das ist gemeint, wenn wir von kindlicher Egozentrik reden: Das eigene Weiteressen steht für das Kind ganz und gar im Mittelpunkt des Handlungsfeldes. Der empathischen Reaktion tut dies keinen Abbruch – daß die Partnerin in Schwierigkeiten und emotional betroffen ist, kann durchaus wahrgenommen und mitgefühlt werden. Und daß sich diese Schwierigkeiten nur auflösen lassen, indem irgendetwas an der Situation der *Partnerin* repariert wird (und nicht etwa indem man sich selbst von der Mutter trösten läßt), gehört ebenfalls zum Erlebnisbestand. Aber der Handlungsappell richtet sich völlig gegen das Ego: Dem anderen helfen heißt selbst verzichten. Die egozentrische Perspektive läßt die Situation als Aufforderung erscheinen, die eigene Triebbefriedigung zugunsten der fremden zu opfern. Und weil das denn doch ein bißchen zuviel an seelischer Größe verlangt, kommt es eben zur Handlungsblockade. Egozentrik heißt also: entweder Ich oder Nicht-Ich. Was offenbar noch fehlt, ist die Fähigkeit, sich selbst und andere Menschen aus neutraler Warte als einander relativierende Nebensachen wahrnehmen zu können.

Auch der *expansive* Charakter der kindlichen Ich-Figuren, ihr vereinnahmender Ausgriff auf den Bildhintergrund, läßt sich leicht im Verhaltensstil wiederfinden. Er reflektiert wohl die *Allmachtsphantasien* dieses Alters. Die Kinderpsychiaterin Lieselotte ARNOLD-CAREY[15] berichtet von einem dreieinhalbjährigen Jungen, der in den Nachkriegsjahren beim Spaziergang an der Hand der Eltern auf Neubauten und Ruinen deutet und dazu lauthals kräht: »Das habe *Ich* gebaut! Das habe *Ich* kaputt gemacht!« Im Grunde hat er recht: Der mediale Garant dieses Omnipotenz-Spieles, die elterliche Fürsorge, ist ja draußen vor den Toren des um sich selbst kreisenden Ich, wenn es wirklich darauf ankommt, noch immer zuverlässig zur Stelle.

Die Dreigliederung des Bildraumes

Frühestens etwa um den vierten Geburtstag herum, oft aber auch erst beim Fünfjährigen, beobachten wir dann abermals einen Strukturwandel der Kinderzeichnung. Für ihn ist ein dreifacher Symmetriebruch charakteristisch, der im Vergleich der beiden folgenden Zeichnungen deutlich wird.

Zum einen beginnt sich nun der *Rumpf* auszugliedern. Die äußere Erscheinung des Leibes, so wie andere sie erleben, verdrängt jetzt das zentralsymmetrische Ich-Gefühl des Kopffüßlers. Der Schwerpunkt rückt in den Bauch und wird dort nicht selten noch eigens durch eine

---

[15] ARNOLD-CAREY (1972)

Nabelmarke betont. Der Kopf bleibt dabei zwar die »Haupt«-Sache, er gerät aber gleichwohl in eine exzentrische Position.

Aufeinanderfolgende Entwicklungsstufen der Kinderzeichnung bei zwei etwa gleichalten Mädchen. Oben: »Zum Landen ansetzender« Kopffüßler (3 Jahre, 10 Monate). Unten: Andeutung des Rumpfes, Einbindung in die Gravitation, laterale Dreigliederung des Feldes (4. Geburtstag).

Die zweite bedeutsame Neuerung ist die Entdeckung der *Schwerkraft*. Der Zeichenraum polarisiert sich nun in das Richtungsgefüge von Oben und Unten. Die Menschengestalt, die zuvor im indifferenten Gleichgewicht schwebte, setzt, wie Helen BACHMANN es anschaulich ausdrückt, zum »Landen« an und findet sich schließlich mit beiden Füßen auf dem Erdboden stehend vor. Die Eigenmasse, die beim Kopffüßler noch selbst das Gravitationszentrum der Welt bestimmte, wird nun ihrerseits durch ein Schwerefeld gebunden und in die Pflicht genommen.

Weniger auffällig, tatsächlich aber am bedeutsamsten, ist eine dritte Eigentümlichkeit, durch die sich die Kinderzeichnung aus dem Kopffüßlerstadium emanzipiert. Im unteren der beiden Bilder erscheint sie in einem kaum zu bemerkenden Detail – den beiden dick herausgearbeiteten Balken am rechten und linken Bildrand. Wie eine vergleichende Betrachtung lehrt, deutet sich darin ein dramatischer Reifungsschub an: Beim Kind erwacht jetzt das Interesse, neben Figuren auch *Medien* darzustellen.

Formal äußert sich das nahezu stereotyp in einer *horizontalen Dreigliederung* des Bildfeldes. Rechts und links ragen zwei mächtige Blöcke empor, Bergmassive, vielleicht auch Bühnenvorhänge, zwischen denen ein Mittelfeld klafft, das sie, je nachdem, freizugeben oder von beiden Seiten zu bedrängen scheinen.

Die häufigsten Erscheinungsformen der horizontalen Dreigliederung. Zusammengestellt von V. LUNIN, Zürich.

Die Faszination, die dieses Thema auf Kinder ab dem fünften Lebensjahr ausübt, läßt Zweifel daran aufkommen, ob ihm rein ornamentale Gestaltungsprinzipien zugrundeliegen. Wenn man das Material sichtet, drängt sich vielmehr die Idee auf, daß sich das Kind hier wirklich mit der medialen Erscheinungsweise seiner Erlebniswelt auseinandersetzt. Diese wird nun offenbar nicht mehr als homogen erfahren. Was kann das bedeuten?

In der für heilsame Regression förderlichen Atmosphäre der Malstudios, von denen ich auf Seite 232 berichtet habe, zeigen sich auch ältere Bildurheber noch vom Thema der horizontalen Dreigliederung fasziniert. Der formale Aufbau ist dann derselbe wie beim Fünfjährigen; aber Schulkinder verfügen inzwischen über die Fähigkeit, ihren Darstellungen auch emotionale Atmosphäre zu verleihen.

Rekapitulation der horizontalen Dreigliederung bei Schulkindern. Variationen des »Brücken«-Themas mit eher ominöser, unheilträchtiger Atmosphäre. Oben: Mädchen 11 Jahre; 1 Monat. Unten: Knabe 9 Jahre; 11 Monate.

Analysiert man nun solche Stimmungsgehalte, so begegnet man häufig einem ominösen, beunruhigenden, ja bedrohlichen Unterton. Nur gelegentlich erscheint dieser durch idyllische Motive ersetzt, bei denen man sich freilich fragt, ob sie nicht eher der Beschwichtigung dienen.

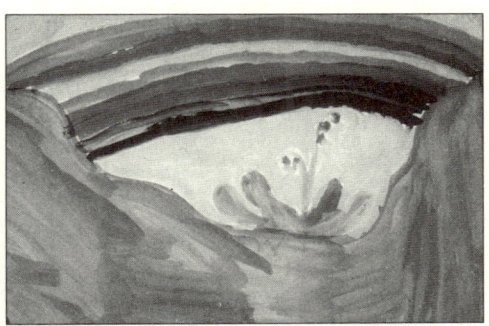

Rekapitulation der horizontalen Dreigliederung bei Schulkindern. Idyllische Atmosphäre. Mädchen 7 Jahre; 5 Monate.

Charakteristisch für diese Art von Bildern ist der Versuch, die beiden seitlichen Strukturen durch eine Brücke oder einen Weg wieder miteinander zu verbinden. Ihre Trennung wird offenbar als Problem empfunden, das eine harmonisierende Klammer wünschenswert macht. Wir begegnen hier einer unmittelbaren Entsprechung zu der auf Seite 215 f beschriebenen Weltachse, die in vielen Schöpfungsmythen den Zerfall von Himmel und Erde verhindern soll. Ob die Klammer hält, ist eine andere Frage; die thematische Ausgestaltung der Bilder durchkreuzt gar nicht so selten wieder den Versuch, eine heile Welt zu beschwören.

Das »Wutknäuel«

Insgesamt läßt die spontane Kinderzeichnung aber doch meist nur schwach ahnen, welche Spannungen es hier wirklich zu verarbeiten gilt. Ergiebiger ist da schon, wenn Erwachsene im Rahmen einer Psychotherapie Bildnereien produzieren, die auf diese Erlebnissphäre zurückgreifen.

Meine ehemalige Doktorandin Gertraud SCHOTTENLOHER, die inzwischen eine Professur an der Münchner Akademie der Bildenden Künste innehat und Kunsttherapeuten ausbildet, hat dazu instruktive

Beispiele geliefert, unter anderem das folgende[16]. Eine ihrer Klientin-nen, Akademikerin mittleren Alters, malte während der Therapie eine schwarz gefüllte Kreisscheibe, umgeben von einem roten Zackenkranz. Die ganze Figur war von einem engen roten Kreis eingeschlossen.

Zeichnung im Verlaufe einer Kunsttherapie: 1. Bild

Das Bild erinnert offenkundig an eine Tastkugel; allerdings fehlt ihm die expansive Offenheit. Tatsächlich äußerte die Klientin in diesem Stadium des Gestaltungsprozesses, daß es nun nicht mehr weitergehe. Der rote Kreis sei Schuld – er würde alles festhalten.

Die Therapeutin schlug vor, die Zeichnung noch einmal neu zu beginnen, diesmal aber den Kreis wegzulassen. Daraufhin materiali-sierten sich rechts und links zwei menschliche Gestalten, die ihren Blick der Sternkugel in der Mitte zuwandten. Der mediale Zwi-schenraum füllte sich mit Farbe.

Wiederum werden wir an die Motivwahl der Kinderzeichnung erin-nert, und zwar eben an die zuletzt besprochene horizontale Dreiglie-derung. Auch das Überbrückungsmotiv kehrt wieder, diesmal in Form der konfusen Verschränkung des Menschenpaares in der Beinregion. Anders als ein fünfjähriges Kind vermag die Patientin nunmehr aber auf die Bedeutung dessen zu reflektieren, was sie da hingezeichnet

---

[16] SCHOTTENLOHER (1989)

hat: Die beiden seitlichen Gestalten, so sagt sie, sollten ihre *Eltern* darstellen. Die Figur in der Mitte sei sie selbst. Sie kennzeichnete sich noch näher – als ein »Wutknäuel«.

Was wohl geschähe, wenn das Wutknäuel platzen würde, fragte die Therapeutin. Statt einer Antwort griff die Klientin erneut zum Stift und malte die Elternfiguren um: mit nach außen gewendeten Köpfen.

Damit liefert sie auch eine Deutung für den unheilschwangeren Spannungsgehalt, den wir in den dreigegliederten Bildern oft zu spüren meinen: Die beiden Eltern drohen, vom Ich zurückzuweichen. Die Patientin war krank geworden, weil sie viel zu lange geglaubt hatte, sie könnte den Bruch verhindern, wenn sie die bedrohte Harmonie nicht noch durch ihre eigenen, rätselhaft feindseligen Affekte belasten würde. Dadurch aber hatten sich diese zum »Wutknäuel« verdichtet, und nun konnte wirklich nur noch eine heilsame Katastrophe die Entwicklung vorantreiben.

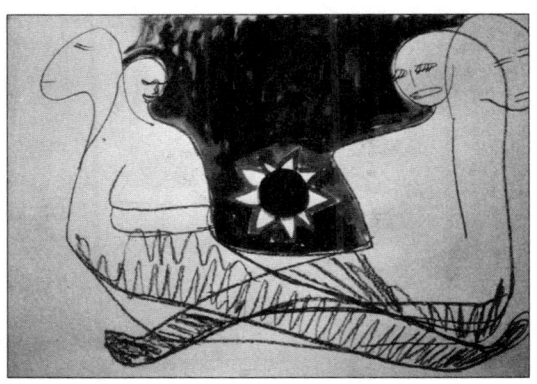

Zeichnung im Verlaufe einer Kunsttherapie: 2. Bild. Die seitlichen Figuren wenden den Kopf zunächst nur der Bildmitte zu. Erst in der Schlußphase der Darstellung werden zusätzlich zwei nach außen gewandte Köpfe eingezeichnet.

Das Seelendrama, das hier in klassischer Prägnanz auf knappstem Raum zur Darstellung gelangt, ist alles andere als ein pathologisches Sonderphänomen. Was die Klientin in die Psychotherapie trieb, war nur der Umstand, daß der Konflikt nicht schon in ihrer Kindheit gelöst werden konnte. Daher mußte erst in der Maltherapie aufgearbeitet werden, was andere bereits im Alter von 4 bis 6 Jahren durchmachen: eine dramatische Entwicklungskrise, auf die wohl FREUD als erster aufmerksam gemacht hat. Allerdings hat er sie in das Korsett einer Theorie gezwungen, die dem tatsächlich beobachtbaren Geschehen unnötig Gewalt antut: Er brachte sie in Beziehung zum Mythos von *Ödipus*, der seinen Vater erschlägt und seine Mutter heiratet.

Es wird zu zeigen sein, daß und warum dieser mythologische Bezug in die Irre führt. Stattdessen finden sich aber im Material der urvölkischen Erzählungen ganz andere Inhalte, die in der Tat in verblüffender Direktheit von den Ereignissen in jener Entwicklungsphase künden. Ihnen wollen wir uns im dritten Teil dieses Buches zuwenden.

Frühe Entwicklungsstadien der Kinderzeichnung

1. Dynamische Kritzelei

- **Bevorzugte Formen**
  Hin- und Her-Bewegungen
  zirkuläre Bewegungen (»Urknäuel«)
  dynamische Durchkreuzungen (»Urkreuz«)
- **Charakteristika**
  Strich als »Weg« aufgefaßt
  Sichtbare Spur wird intendiert, nachher aber nicht weiter beachtet
- **Frühestes Auftreten:** 2. Hälfte des 2. Lebensjahres
- **Im Reifestand korrespondierendes Lebensalter:** Erste 18 Monate

2. Sensible Kugel

- **Bevorzugte Formen**
  »Grätenbilder«
  Kreise mit Antennen, eventuell mehrschalig wiederholt
- **Charakteristika**
  Strich als »Grenze« aufgefaßt
  Graphisches Produkt wird als Figur intendiert
- **Frühestes Auftreten:** 3. Lebensjahr
- **Im Reifestand korrespondierendes Lebensalter:** 3. bis 4. Lebensjahr

3. Kopffüßler

- **Bevorzugte Formen**
  Kugel erhält ein Gesicht
  »Antennen« reduzieren sich auf vier Extremitäten
- **Charakteristika**
  Figurschwerpunkt bleibt in Kopfmitte
  Schwebendes Raumgefühl
- **Frühestes Auftreten:** 4. Lebensjahr
- **Im Reifestand korrespondierendes Lebensalter:** noch 3. bis 4. Lebensjahr

4. Dreigliederung

- **Bevorzugte Formen**
  seitliche Strukturen (Berge, Vorhänge, Häuser, Menschenfiguren)
  Kleinere (meist menschliche) Figur im Mittelfeld
  Hinzufügung des Rumpfes
- **Charakteristika**
  Kopf wird exzentrisch
  Figurschwerpunkt im Bauch (durch Nabel oder Knopfleiste markiert)
  Vertikale Polarisierung (»Landung«)
- **Frühestes Auftreten:** 5. Lebensjahr
- **Im Reifestand korrespondierendes Lebensalter:** 5. bis 7. Lebensjahr

DRITTER TEIL

Die Sünde

In diesem Teil des Buches wenden wir uns dem Szenario zu, das in den Weltentstehungsmythen der Völker am weitesten verbreitet ist und, in kaum verschlüsselter Form, auch dem biblischen Schöpfungsbericht zugrundeliegt. Seine kulturübergreifende Überzeugungskraft speist sich aus dem emotionalen Nachhall jener Entwicklungsphase, die Sigmund FREUD irrigerweise mit dem Ödipusmythos in Verbindung gebracht hat, bei der es aber in Wirklichkeit darum geht, daß die androgyne Einheit des weltfüllenden Urmediums zerreißt und die Geborgenheit in einem paradiesischen Glückszustand verlorengeht. Obwohl dabei nur eine Entwicklungsaufgabe erfüllt wird, der sich das reifende Ich gar nicht entziehen könnte, wird dieser Prozeß doch als zutiefst schuldhaft, ja als die Ursünde schlechthin erlebt.

8. *Kapitel*

Die Trennung von Himmel und Erde

Der Mythos von Ta'aroa

Im alten Tahiti stellte man sich die Entstehung der Welt als einen Prozeß in zwei Phasen vor. Die Berichterstatter[1] haben die Geschichte mit
zwei Schemazeichnungen illustriert, die so wirken, als wären sie eigens
zur Veranschaulichung der Entwicklungsschübe im 2. und 5. Lebensjahr entworfen.

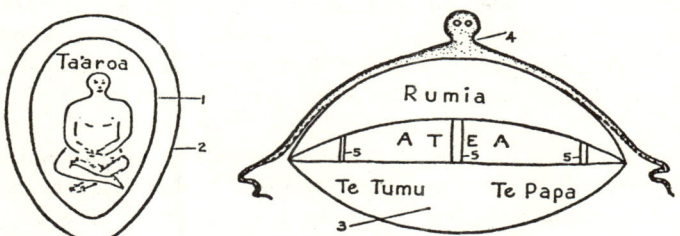

Die zwei Phasen des tahitischen Weltentstehungsmythos

Die erste Abbildung stellt den Hochgott *Ta'aroa* dar, von dem gesagt
wird, er sei aus eigener Kraft aus dem Nichts entstanden. Insofern
gleicht er dem ägyptischen Atum. Auch weiterhin klingen Motive an,

---

[1] Long (1963), S. 118

259

die uns aus den beiden vorangegangenen Kapiteln schon vertraut sind: Ta'aroa lebt zunächst einsam in einem kosmischen Ei, das im Zentrum eines endlosen Raumes in urtümlicher Finsternis um die eigene Achse rotiert.

Wenn der vorab entwickelte Deutungsansatz zutrifft, so haben wir es hier mit einer typischen Reflexion des Ich-Zustandes gegen Ende des zweiten Lebensjahres zu tun. Bemerkenswert ist allenfalls noch, daß das Ei von einer *doppelten* Schale umhüllt wird: einer inneren (1), die Tumu-iti genannt wird, und einer äußeren (2) namens Rumia.

Die Etymologie der beiden Bezeichnungen ist wenig explizit. Das Wort *Tumu* wäre etwa mit »Grundlage«, »Quelle«, »Ursprung«, auch »Einbettung« zu übersetzen; die Endung *-iti* hat diminutive Funktion. *Rumia* heißt soviel wie »konturlos«, entspricht also dem griechischen Apeiron. Letztlich deuten beide Namen nur an, daß es sich eben um *mediale* Sinngehalte handle; warum es zwei sind und worin sie sich unterscheiden, bleibt vorerst offen.

An diese erste Entwicklungsstufe schließt sich nun aber noch eine zweite. Ta'aroa sprengt irgendwann die Eischalen und formt die Welt um. Die zunächst zentralsymmetrische Raumsymbolik geht dabei in eine Oben-Unten-Polarität über: Die ehedem innere Schale gestaltet Ta'aroa zu *Tumu* um, dem Fundament (3), das auch mit *Papa*, dem festen Erdboden, identifiziert wird. *Rumia,* die äußere Schale, bestimmt er zum Himmelsgewölbe. Damit gewinnen wir einen Hinweis auf die Bedeutung dieser zwei Eihüllen: Nach den Erörterungen im 6. Kapitel liegt es nahe, in ihnen Repräsentanten der *Elternmedien* zu sehen.

Die Beziehung zwischen den beiden ist anfangs bedrückend eng. Der Mythos berichtet von einem gewaltigen Kraken (4), der mit seinen klammernden Armen den Himmel fest gegen die Erde gepreßt hält. Mit diesem Zustand findet sich Ta'aroa aber nicht ab. Er sorgt vielmehr dafür, daß Stützbalken (5) zwischen Papa und Rumia getrieben werden. In dem so entstehenden Freiraum breitet sich dann eine neue Gottheit aus, der Luftgeist *Atea.* Dieser übernimmt von da an die Rolle der zentralen Instanz; Ta'aroa selbst geht in die Unterwelt ein und wird fortan mit Te Tumu identifiziert.

Eine raumsymbolische Verlagerung

Der tahitische Mythos weist bedenkenswerte Parallelen zu den beiden Zeichnungen der Patientin auf, die wir am Ende des letzten Kapitels besprochen haben. Auch dort hatte die psychodramatische Handlung mit einem »Knäuel« im Zentrum begonnen. Dieses war geborsten und hatte seine – in diesem Falle aggressiven – Energien freigesetzt. Als Folge davon waren Vater und Mutter auseinandergewichen.

Ein Unterschied könnte freilich darin gesehen werden, daß die Elterntrennung sich nach rechts und links, die Anhebung von Rumia hingegen in der Lotrechten vollzieht. Das hängt indessen damit zusammen, daß die Zeichnung sich auf einer zweidimensionalen Papierfläche, der Mythos hingegen im dreidimensionalen Vorstellungsraum entfaltet. Beide Bezugssysteme weisen strukturelle Unterschiede auf, aus denen sich der angesprochene Richtungswechsel erklären läßt.

Die anschauliche Geometrie einer *Fläche* ist dadurch gekennzeichnet, daß sie uns von vornherein *zwei* etwa gleichgewichtige Hauptachsen, die Vertikale und die Horizontale, vorgibt. Im dreidimensionalen *Raum* hingegen beherrscht *eine* Ausrichtung, nämlich die, längs derer die Schwerkraft wirkt, nahezu konkurrenzlos das Erscheinungsbild. Der Horizont wird als Kreisfläche erlebt, in der, abgesehen vom eher gewußten als unmittelbar wahrgenommenen System der Himmelsrichtungen, keine kosmischen Achsen hervortreten.

Nur gelegentlich begegnen wir daher im Mythos von der Elterntrennung einem Anklang an die Rechts-Links-Thematik. Rechts entspricht dabei meist dem Himmel und dem männlichen Prinzip, links der weiblich gedachten Erde. So streckt etwa bei den ostafrikanischen Unyoro der Weltschöpfer Ruhanga seine rechte Hand aus und sagt: »Das ist der Himmel«; mit der Linken deutet er nach unten und spricht »das ist die Erde«[2]. Und auf Borneo erzählt man sich, daß früher einmal Riesen zwei Haufen von Exkrementen auf zwei Seiten eines Weges hinterlassen hätten, mit dem Auftrag, aus dem rechten Haufen den Himmel und aus dem linken die Erde zu machen[3]. Aber hier handelt es sich um Ausnahmen, die nicht ins Gewicht fallen.

---

[2] BAUMANN (1955), S. 301   [3] FISCHER (1932), S. 217

Bei der Zeichenfläche hingegen kann man wirklich zwischen zwei Achsen wählen. Von diesen ist die horizontale besser geeignet, eine *symmetrische* Beziehung zu symbolisieren, während »oben« und »unten« einander zwar auch polar ergänzen, außerdem aber noch in einem *hierarchischen* Verhältnis stehen. Wenn die beiden Eltern in balancierter Komplementarität dargestellt werden sollen, bietet sich also eher eine Plazierung auf der rechten und linken Bildseite an, eben nach Art der Abbildung von Seite 253.

Es kommt indessen nicht gar so selten vor, daß auch Kinderzeichnungen die Dreigliederung in die Vertikale verlegen. Die Rolle der beiden Massive rechts und links übernehmen dann, wie im Mythos, am unteren Bildrand der Erdboden und am oberen das Firmament in Gestalt eines kräftigen Striches oder üppiger Wolkenformationen.

Vertikale Dreigliederung. Selbstdarstellung eines Knaben (Alter: 5 Jahre; 1 Monat). Der genitale Akzent spiegelt die Wichtigkeit wieder, die der Konsolidierung der eigenen Geschlechtsidentität in diesem Alter zukommt.

Zuweilen gewinnt man den Eindruck, daß die Menschengestalt im Mittelfeld an der Teilung des oberen und unteren Bildmediums maßgeblich beteiligt ist, so wie bei Gertraud SCHOTTENLOHERs Patientin, wo die Elternschemen *auseinander*weichen mußten, damit sich das »Knäuel« in ihrer Mitte entfalten konnte. Im Mythos jedenfalls gehört dieses Motiv zur Standardform: Von den beiden medialen Welteltern wird regelmäßig berichtet, daß sie durch die Aktivität der zwischen ihnen sich breitmachenden expansiven Kräfte *getrennt* werden.

Luftgötter

Laut einem mesopotamischen Mythos[4], in sumerischer Keilschrift überliefert, ging die Welt aus einer Urflut hervor, aus *Nammu*, der »Mutter, die Himmel und Erde geboren hat«. Diese beiden sind Zwillinge und werden als kosmischer Berg dargestellt, mit der Erde als Basis und dem Himmel als Gipfel. Die Erde, *Ki* mit Namen, ist das weibliche Prinzip, während *An*, der Himmelsgott, von männlichem Geschlecht ist. Aus der Paarung von An und Ki entspringt *Enlil*, der Luftgott, dem eine Art Vorrangstellung im Pantheon zugebilligt wird. Enlil, »unerschütterlich entschlossen, zu tun, was nützlich war, dachte sich aus, An und Ki voneinander zu trennen«, wie es in einem Gedicht heißt. Die chaotische Verwachsung von Himmel und Erde wird also wiederum gelöst, indem sich die *Luft* zwischen ihnen breitmacht.

Daß »Luft« und »Himmel« verschiedene, ja zuweilen geradezu antagonistische Erlebnisfelder symbolisieren, ist ein universal anzutreffender mythischer Gedanke. Luft – das ist das im Windhauch oder auch im Sturm erfühlbare Medium, in das wir uns unmittelbar eingebettet erleben. Der Himmel hingegen ist die blaue Schale, die uns unerreichbar, weit draußen und hoch oben, überwölbt: das »feste Gewölbe«, das *steréoma*, das *firmamentum*, von dem die Bibel berichtet, – ein Medium höherer Art, das seinerseits noch die Luft umschließt.

Wir sind diesem Gedanken bereits beim tahitianischen Mythos in der Unterscheidung des Luftgottes Atea vom Himmelsgewölbe Rumia begegnet. In der mixtekischen Mythologie übernimmt *Quetzalcoatl*, wiederum ein Windgott, die Aufgabe, das Himmelsgewölbe abzustützen und so die Sterne vor dem Herabfallen zu bewahren.

Und im ägyptischen Mythos vom Welternpaar Nut und Geb, den wir auf Seite 214 ff schon kurz angesprochen haben, ist es wiederum ein medialer Luftgott, der die beiden trennt, indem er sich zwischen sie schiebt. Sein Name *Schu* bedeutet wörtlich soviel wie »Leere«. Nun ließe sich argumentieren, es sei schließlich ganz natürlich und

---

[4] KRAMER (1961)

Quetzalcoatl stützt das Himmelsgewölbe. Aus dem Codex Vindobonensis Mexicanus.

entspreche nur dem naiven Augenschein, daß der Raum zwischen Erdscheibe und Himmelsschale ein höchst potentes Kraftfeld birgt, das sich in Gewitterwolken und Sturmböen eindrücklich zu konkretisieren vermag. Wenn der Mythos also von einem Luftgott zwischen Himmel und Erde berichtet, so müßten wir deshalb allein noch nicht hellhörig werden. Der springende Punkt liegt indessen in der kulturübergreifend verbreiteten Idee, daß diesem uns vertrauten Zustand ein anderer *vorausgegangen* sei, in dem Erde und Himmel noch chaotisch miteinander verschmolzen waren, und zwar gerade deshalb, weil eben jenes mittlere Medium noch *keinen* Raum für sich selbst beansprucht habe.

Erst dieser gleichsam ohne Not postulierte Phasenübergang macht deutlich, daß der Mythos hier nicht einfach nur das augenfällige Naturgeschehen poetisch umschreibt. Wo aber Offenkundiges aus scheinbar Phantastischem hergeleitet wird, dort haben wir nach tieferliegenden Sinnzusammenhängen zu fragen.

Was also steckt hinter Luftgottheiten wie Atea, Enlil, Quetzalcoatl und Schu? Aus psychologischer Perspektive gedeutet, müßten sie wohl Ich-Repräsentanten sein; denn wie am paradigmatischen Fall der Patientin von Gertraud SCHOTTENLOHER ersichtlich wird, ist es ja das expandierende und sein Recht auf Autonomie einfordernde Ich, das »Schuld« daran trägt, wenn die Eltern auseinanderweichen.

Aber jene Zeichnerin hatte das »Wutknäuel« eindeutig *figural* dargestellt. Luft indessen ist selbst ein *Medium*. Dürfen wir also vermuten, daß die Windgötter eher dem *medialen Ich* nachempfunden sind? Angesichts dieser Frage wird ein bislang unbeachtet gebliebenes Detail interessant. Im Initialbild von Seite 252 hatte die Patientin nur die Ich-Figur dargestellt; der Bildhintergrund blieb unbeachtet, unscheinbar, eine weiß gelassene Papierfläche. Im zweiten Bild indessen, zu dem Zeitpunkt also, wo rechts und links die beiden Elternschemen auftauchen, verspürt die Zeichnerin auch das Bedürfnis, das Mittelfeld dunkel einzufärben; der Luftraum zwischen den Eltern tritt nun als ein von diesen freigegebenes Kraftfeld in Erscheinung. Es sieht so aus, als »markierte« das figurale Ich-Knäuel, ethologisch ausgedrückt, gegenüber den Elternmedien sein eigenes »Revier«.

Die Verselbständigung des medialen Ich

Was das konkret besagen könnte, erhellt am besten aus einem Vergleich mit der Trotzreaktion des Anderthalbjährigen, wie sie das erste Bild der Zeichnerin rekapituliert. Dort ging es einfach darum, daß die Ich-Figur sich im Randkontrast des Anders-Wollens gegen die konturauflösende Vereinnahmung durch mediale Mächte zur Wehr setzt und behauptet.

Der Prozeß, auf den die zweite Zeichnung verweist, greift tiefer. Jetzt macht sich, in einer auf Seite 140 verwendeten Metaphorik, nicht nur der »helle«, sondern auch der »dunkle Wille« selbständig. Hier äußert sich nicht mehr punktueller, im Grunde konzeptionsloser weil nur aus Reaktanz gespeister Eigensinn, hier trennt sich vielmehr erstmals der Ich-hafte vom Du-haften Anteil des Mediums: Die inneren Notwendigkeiten, aus denen eigenes Handeln sich ordnet, lösen sich aus dem vormals allgegenwärtigen Weltgesetz, in dem, wie wir auf Seite 145 sagten, Brahman und Atman noch eins waren.

Die Kinderpsychoanalytikerin Selma FRAIBERG hat diesen Übergang in zwei Episoden veranschaulicht[5]. Sie berichtet von dem dreijährigen

---

[5] FRAIBERG (1972), S. 134f

Robert, der im Kindergarten seine Spielgefährten mit der Erklärung beunruhigte, er sei Gott und könne machen, daß sie alle das tun müßten, was er wolle. Diese Fiktion entsprach wohl kaum seiner Lebenserfahrung; gleichwohl hielt er unbeirrt an ihr fest.

Kurz nach seinem sechsten Geburtstag hatte die Berichterstatterin Gelegenheit, sich erneut mit Robert zu unterhalten. Diesmal entwickelte er eine andere Idee: Er erkundigte sich, ob man den staatlichen Behörden Land abkaufen könne. Er wolle dort eine eigene Stadt gründen und in dieser als König und Gesetzgeber regieren.

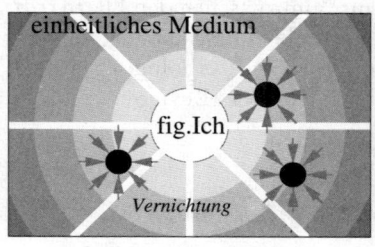 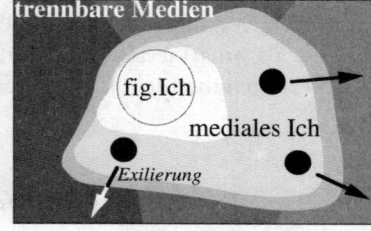

dreijährig   sechsjährig

Der Umgang mit »Feinden« vor (links) und nach (rechts) der Bewußtwerdung eines separaten Ich-Anteils im seelischen Medium.

In der Phantasie des dreijährigen Robert waren seine »Feinde« – Spielgefährten, die unangenehm aufgefallen waren, weil sie ihm einmal die Pistole weggenommen, mit Sand geworfen oder gespuckt hatten – in alttestamentarischer Gnadenlosigkeit von Krankheiten dahingerafft, von Einbrechern totgeschlagen oder durch Exekution umgebracht worden. Der Sechsjährige verhält sich seinen Widersachern gegenüber vergleichsweise human: Er verweigert ihnen nur das Wohnrecht in seiner Stadt. Die Strafe für mangelndes Wohlverhalten ist der sofortige Hinauswurf. Er erwägt auch, die Stadt durch eine Mauer gegen unbefugte Eindringlinge zu befestigen, begnügt sich dann aber mit dem Aufstellen von Verbotstafeln.

Beim Vergleich dieser Szenarien ist zunächst festzustellen, daß beide um die Grandiosität des Ich kreisen. Aber für den Dreijährigen erfüllt das Kraftgefühl eigenen Wollenkönnens noch schrankenlos die ganze Welt; und es verschmilzt identifikatorisch mit der ebenso allgegenwärtigen elterlichen Allmacht, die ja wohl das Muster dafür abgibt, was er sich unter »Gott« vorstellt. Und weil das Ich überall ist, bleibt für das, was ihm widerspricht, in dieser Welt kein Raum: Es hört erst dann auf zu stören, wenn man es vernichtet.

Der Sechsjährige glaubt nicht mehr, daß seine eigenen Handlungen und Gedanken selbst die magische Ursache der Ereignisse in seiner Außenwelt sind. Auch er träumt sich ein Revier, in dem er volle Autonomie genießt. Aber er hat mittlerweile etwas verstanden, was dem Dreijährigen noch verborgen blieb: Ein solches Revier, sollte es denn überhaupt zu verwirklichen sein, wäre auf jeden Fall von endlicher Reichweite: Es gibt andere, für die das Sinngesetz der eigenen Subjektivität nicht verbindlich wäre, deren Handeln sich nicht in die Matrix des eigenen »dunklen Willens« fügen würde. Um sich dagegen zu verwahren, daß sie die eigenen Kreise stören, kann man sie nicht mehr ohne weiteres vernichten; aber weil die eigene Sphäre eine endliche geworden ist, braucht man das auch nicht. Man kann sie verbannen: das heißt, als Wesen wahrnehmen, die außerhalb des Bezugssystems der eigenen Subjektivität in fremde Sinnzusammenhänge eingebettet sind, an denen man wiederum seinerseits keinen Anteil mehr hat.

Bevorzugter Schauplatz für die Entflechtung der Weltordnungen ist das Verhältnis zu den *Eltern*. Das mediale Ich, der handlungsleitende Hintergrund der eigenständigen Lebensgestaltung, erfährt sich nun als verschieden von dem vormals in der Dualunion der Eltern personifizierten medialen Du, dem in uneingeschränkter Machtfülle sinnstiftenden Schicksal. Und was zu dieser Ablösung drängt, ist die Enttäuschung darüber, daß in jenem medialen Du ein fundamentaler, seinen Anspruch auf Vollkommenheit Lügen strafender Widerspruch aufgetreten ist: Die Eltern erweisen sich als dem Antagonismus der *Geschlechtlichkeit* unterworfen.

Die Rolle des figuralen Ich

Das Ich der Zeichnerin von Seite 253 drückt sich selbstverständlich nicht *allein* in der Einfärbung des Zwischenmediums aus; es bleibt in der mittleren Sternkugel auch noch *figural* repräsentiert. Tatsächlich

war es ja eben die Aktivität dieses »Wutknäuels«, das die Eltern auseinandergetrieben und Raum für ein eigenes mediales Kraftfeld
geschaffen hatte. Ich-Figur und Ich-Medium waren in diesem Falle
gemeinsam, synergistisch wirksam.

Wenn wir bedenken, daß auch in den dreigeteilten Kinderzeichnungen oft noch eine kleine Menschengestalt auftritt, die das mittlere Medium bewohnt, gelangen wir zu der Frage, wie es in den
Mythen, die von der Trennung von Himmel und Erde handeln, um
die Repräsentation der Ich-Figur steht. Tatsächlich ist es auch dort
die Regel, daß der Anstoß zur Scheidung der Elemente von einer eher
figuralen Ich-Gottheit ausgeht. Bei der Trennung von Nut und Geb
gilt das zumindest indirekt: Der Luftgott Schu führt den Akt zwar
aus, aber der Begründungszusammenhang ist komplizierter.

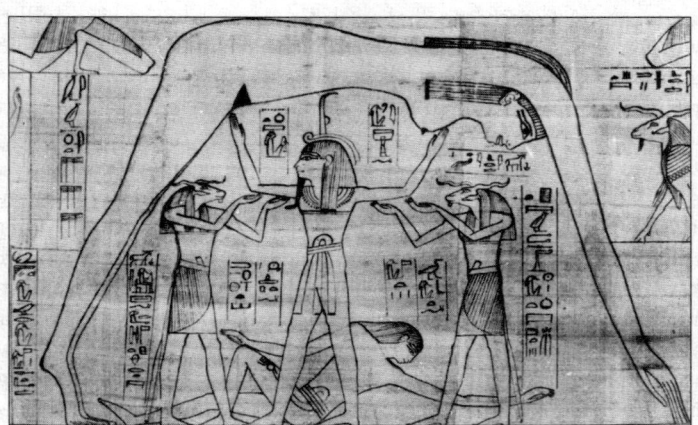

*Der Luftgott Schu trennt, unterstützt von zwei Widdergottheiten, die
Himmelsmutter Nut vom Erdvater Geb.*

Der Sonnengott Re, so heißt es in einer unter Tutanchamun nieder-
geschriebenen, im Kern aber wohl auf die Zeit kurz vor Beginn des
Mittleren Reichs zurückgehenden Fassung der Mythe[6], war alt und
gebrechlich geworden. Das merkten die Menschen und dachten sich

---

[6] STAUDACHER (1968), S. 9f

Böses gegen ihn aus. Re aber durchschaute ihre Gedanken und rief den Rat der Götter zusammen. Diese entsandten zunächst die Göttin Hathor zu einer verheerenden Strafexpedition gegen die Menschen. Re wollte das Menschengeschlecht aber nicht vollends ausrotten und hinderte Hathor daran, in ihrem Treiben fortzufahren. Freilich war er es leid, weiter bei den Menschen zu wohnen. Da griff Nun ein und rief seine Tochter, die kuhgestaltige Nut herbei; diese nahm Re auf ihren Rücken, hob ihn in die Höhe und bildete so den Himmel. Als sie jedoch herniederblickte, fingen ihre Glieder an zu zittern. Daher beauftragte Re den Schu, unter sie zu treten und sie zu stützen.

Auch hier also machen Ich-Figur und Ich-Medium gemeinsame Sache. Das ist indessen nicht immer so. Manche Mythen weisen dem Luftgott eine eher reaktive Funktion bei der Störung der Urszene zu; das mediale Ich hat gewissermaßen zu verarbeiten, was das figurale angerichtet hat. Wir wollen eine Erzählung genauer analysieren, in der das der Fall ist.

Der Weltentstehungsmythos der Maori

Es handelt sich um eine Weltentstehungsmythe, die Sir George GREY von einem Arawa-Häuptling in Neuseeland mitgeteilt bekam[7]. Sie erzählt von einem Urvater *Rangi*, der »aus der Weite des Himmels über uns« kam, und *Papa*, der Mutter »aus der Erde unter uns«.

Die beiden umfingen einander seit Anbeginn der Welt in ständiger Liebe. Aus dieser warmen, dunklen, engen Umarmung entsprangen alle Dinge und Wesen, und auch die Götter. Da sich die Eltern nicht trennen wollten, waren die Kinder in ewiger Finsternis. In Erinnerung an diese Zeit sagt man: »Von der ersten bis zur zehnten Nacht«, »von der zehnten bis zur hundertsten«, »von der hundertsten bis zur tausendsten« – was bedeuten soll, daß die Finsternis ohne Grenzen und das Licht noch nicht vorhanden war.

Allmählich konnten die immer zahlreicher werdenden Kinder die anhaltende Enge nicht länger ertragen. Vor allem begehrten sie end-

---

[7] GREY (1961)

lich, den Unterschied zwischen Licht und Finsternis, zwischen Tag und Nacht zu entdecken. Sie beratschlagten, was zu tun sei. Als erster ergriff *Tu* das Wort. Er war der Menschengott und trug viele Beinamen wie etwa: »der mit dem bösen Gesicht«, »der die Menschen verschlingt«, »der den Krieg liebt«. Tu machte den Vorschlag, die Eltern auf der Stelle zu töten. Dem widersprach der Gott des Waldes, *Tane*. Er regte statt dessen an, die beiden auseinanderzureißen. »Lasset den Himmel in die Höhe steigen«, sagte er, »und für uns ein Fremder werden; die Erde aber soll nahe bei uns bleiben und uns eine nährende Mutter sein.«

Sie berieten tausend Jahre lang, dann nahmen sie Tanes Vorschlag an. Sie versuchten nun der Reihe nach, den Plan auszuführen, aber alle scheiterten. Erst Tane selbst hatte Erfolg. Er konnte das Vorhaben allerdings nicht in der aufrechten Stellung vollbringen, dazu waren seine Arme zu kurz. Also stemmte er sein belaubtes Haupt gegen den Leib der Mutter, während er gleichzeitig mit den Füßen den Himmel nach oben preßte. Als seine Eltern merkten, was vorging, huben sie an, sich über seine Dreistigkeit zu empören und zu wehklagen: »Weshalb dieser Mord? Warum diese große Sünde? Warum willst du uns vernichten? Warum willst du uns trennen?«

Aber was kümmerte dies Tane? Er ließ sich nicht durch ihr Schelten und Jammern beirren und fuhr fort, mit seinen mächtigen Beinen aus Teakholz den Vater vollends emporzustoßen. In diesem Moment entstand das Licht, allerdings auch der Schatten.

Tawhiri und sein Vater

In der geschilderten Mythe ist die Trennung von Himmel und Erde Sache des figuralen Ich. Dieses erscheint dabei mehrfach, zumindest *doppelt* repräsentiert: durch Tane in Baumgestalt und Tu in Menschengestalt.

Außerdem tritt nun aber auch ein Repräsentant des *medialen* Ich auf, wiederum ein Luftgott. Er heißt *Tawhiri* und trägt den Beinamen *Matea*, was ihn als stammverwandt mit dem tahitianischen Atea ausweist, den wir schon auf Seite 260 kennengelernt haben. Auch Tawhiri war gemeinsam mit den anderen Göttern, seinen Geschwistern, in der Enge zwischen Rangi und Papa entstanden. Anders als in der ägyptischen Version, wo Schu und Re kooperieren, kommt es in der Maori-Mythe nun aber zu einer Opposition des medialen gegen das figurale Ich.

Vielleicht hängt das damit zusammen, daß die Entrückung der Nut mit deren Zustimmung erfolgt, während bei der Scheidung von Rangi und Papa das figurale Ich viel deutlicher in die Nähe von Tu und seinen Mordgelüsten gerät. Dadurch werden offenbar im medialen Ich Widerstände auf den Plan gerufen. Vom Windgott Tawhiri berichtet der Mythos jedenfalls, daß er sich als einziger nicht am Treiben der Brüder beteiligen wollte, und daß er, nachdem die Elterntrennung vollzogen war, aufs schärfste mißbilligte.

Was dann kommt, hört sich an wie eine Vorwegnahme der FREUDschen Theorie vom Über-Ich: Das mediale Ich vereint sich mit dem väterlichen Aspekt des medialen Du und macht sich dessen Anliegen zu eigen. Tawhiri, so berichtet der Mythos, folgte dem Vater empor in den Himmel, begierig, diesen zu rächen. Hierzu entfesselte er »wilde Böen, Wirbelwinde, dichte Wolken, dunkle Wolken, düster glimmende Wolken, glühende Wolken, wie sie dem Hurrikan vorauseilen«. Er verwüstete und entwurzelte die Wälder Tanes, dann fiel er über das Meer Tangaroas her und peitschte Sturmfluten auf.

Sein besonderer Grimm aber galt dem Menschengott Tu. Dieser war nämlich der einzige, der den tobenden Gewissensstürmen aufrecht stehend trotzte. Bei keinem seiner feigen Brüder fand der tapfere Sünder dabei freilich Unterstützung. Dafür rächte er sich dann wiederum an diesen: Er flocht Fallen und fing damit die Vögel aus Tanes Wäldern, jagte die Fische seines Bruders Tangaroa; auch Taumia, dem Pflanzengott, raubte er die Kinder, machte sie zu seinen »Gefangenen« und verzehrte sie. Auf diese Weise beschämte er seine Brüder, minderte ihr Prestige und begründete die Vorherrschaft des Menschen. Allein Tawhiri konnte er nicht herabsetzen, deshalb blieben die Stürme der Feind des Menschen.

Und gleichwohl, so endet der Mythos, nahm das Licht weiter zu, und alle Wesen fuhren fort, sich zu vermehren. Papa und Rangi aber kamen nie mehr zusammen. Nur der Nebel trägt ihr Seufzen zu ihm empor, und seine Tränen fallen als Tau zu ihr herab.

Unfreundliche Akte

Die Geschichte von Rangi und Papa ist in mehrfacher Hinsicht bemerkenswert, abgesehen davon, daß sie auf faszinierende Weise demonstriert, wie weitgehend mythische Motive bei Kulturen übereinstimmen können, zwischen denen es schwerlich je zu direkter Berührung gekommen ist.

Eine der ersten Fragen, die sich aufdrängen, richtet sich auf den unübersehbar aggressiven, ja destruktiven Charakter der Trennungshandlung. Zwar läßt sich diese, soweit es Tane betrifft, immerhin als entwicklungslogisch notwendiger und in der Form noch maßvoller Akt berechtigter Selbstentfaltung werten, unter der Perspektive des Tu erweist sie sich aber als beladen mit der Schuldlast des Elternmordes, und genauso wird sie von Rangi und Papa ja auch wahrgenommen.

In anderen Trennungsmythen ist die Symbolik noch deutlicher. Bei den nordostafrikanischen Nyaturu glaubte man, daß der Wolkenhimmel und die Erde ursprünglich dicht aufeinanderlagen, wodurch die letztere, von jenem durchdrungen, flüssig und weich gehalten wurde. Der erste Mensch aber begann, mit Pfeilen auf den Himmel zu schießen, sodaß dieser sich in die Höhe zurückzog. Die Folge war, daß die Erde trocknete und fest wurde[8].

Beliebt ist auch das Bild der fäkalen Belästigung. Einer griechischen Sage zufolge lagen Meer und Himmel ursprünglich als flache Scheiben dicht aufeinander. Sie trennten sich, indem sie sich gegenseitig abstießen, wobei das Meer sich in die Tiefe und der Himmel nach oben wölbte. Ursache für diese Reaktion war das Vergehen eines Menschen, der Ochsenmist an den Mond geschleudert hatte[9]. Und bei den sibirischen Wotjaken heißt es, eine Frau habe die schmutzigen Windeln eines Kindes auf den tief herabhängenden Himmel geworfen, worauf dieser nach oben zurückgewichen sei[10].

Eine Geschichte dieser Gruppe sei hier noch etwas ausführlicher wiedergegeben; sie stammt von den Ost-Toradja auf Sri Lanka[11]:

---

[8] STAUDACHER (1968), S. 7   [9] ebd., S. 11   [10] ebd., S. 21
[11] FISCHER (1932), S. 208

In der goldenen Zeit, als noch Gemeinschaft zwischen Himmel und Erde bestand, ließ sich Lasaeo, der Himmelsbewohner, an einer Liane auf die Erde herab, baute sich ein Haus und nahm eine Irdische namens Rumongi zur Frau. Eines Tages saß Lasaeo im Hause, während Rumongi Reis stampfte. Eines ihrer Kinder kotete in den Hausflur. Lasaeo rief seine Frau, daß sie den Flur reinige, doch diese entgegnete, sie habe zu tun, und er solle den Schmutz selbst mit einem Büschel Gras entfernen. Lasaeo tat wie geheißen, doch der Gestank belästigte ihn so, daß er mit dieser unreinen Erde nichts mehr zu tun haben wollte und an der Liane in den Himmel zurückkehrte. Dort angekommen, hackte er sogleich die Liane ab. Seine Frau, die ihm auf dem Fuße gefolgt war, konnte gerade noch einen Blick in den Himmel werfen; dann stürzte sie zusammen mit der Liane hinab und kam tot unten an. Sie wurde, samt der Liane, zu Stein. Seitdem ist die Gemeinschaft zwischen Himmel und Erde zerstört.

Aus den angeführten Beispielen geht hervor, daß die Figur, die die Trennung in Gang bringt, durchaus nicht immer männlichen Geschlechts sein muß. In vergleichender Zusammenschau gewinnt man den Eindruck, daß es sich wenigstens ebenso oft um eine Frau handelt[12].

Interessant ist dabei, daß sich dann, wenn der Protagonist weiblichen Geschlechts ist, die feindselige Handlung eindeutig gegen das *väterliche* Prinzip richtet[13]. Das ist nicht trivial; die Unfreundlichkeit könnte ja auch der Mutter gelten. Schon im Maori-Mythos protestiert immerhin auch Papa einhellig mit Rangi gegen die Trennung. Und wir werden etwas später Mythen kennenlernen, in denen sich die Aggressivität ganz eindeutig gegen das mütterliche Prinzip wendet. Der Angreifer ist dann aber immer ein Mann.

Die Rolle der Frau als Störerin der Urszene ist vielgestaltig. Zuweilen stiftet sie einen Mann an, das Trennungswerk zu vollbringen. Auf Samoa und auf Tonga erzählt man sich, wie eine Frau einem Mann einen Trunk Wasser unter der Bedingung reichte, daß er ihr dafür den Himmel emporstoße, sodaß sie nicht mehr gebückt gehen müsse[14]. Gibt es hier eine verborgene Beziehung zu Eva im Paradies, die den Adam überredet, die verbotene Frucht zu genießen? Im Moment haben wir noch keine Möglichkeit, diese Brücke zu schlagen; etwas später werden wir zu dieser Frage zurückkehren.

---

[12] NUMAZAWA (1946), S. 382 ff   [13] ebd., S. 412
[14] STAUDACHER (1968), S. 37 f

Wird die Frau selbst aktiv, so verwendet sie eigentümlicherweise oft ein Werkzeug, das die Psychoanalytiker »phallisch« nennen würden. Nach einem indonesischen Mythos ging eine Frau mit einem Messer in den Himmel hinauf und richtete dort eine solche Verwüstung an, daß der Gott Sirao den Himmel, der bis an die Dachfirste herabhing, unter Donnergrollen emporzog. Nach einer Variante konnte man mit Alang-Alang-Blättern das Fett vom Himmel schaben. Das wurde von einer Frau verdorben, als sie, erbost über den Auftrag ihres Mannes, Fett holen zu gehen, mit einem Beil in den Himmel hackte[15].

Weit verbreitet im gesamten pazifischen Bereich ist ferner der Gedanke, daß ein Weib den Himmel, der sie beim Reisstampfen behinderte, mit dem Stößel schlug, sodaß er nach oben zurückwich. Wieder begegnen wir dabei einem Instrument mit »phallischem« Charakter, der wegen der rhythmischen Bewegung des Stampfens zudem noch sexuell unterlegt sein könnte. Sehr klar, so wollen wir vorderhand festhalten, ist der Geschlechtsunterschied in dieser Handlungsphase jedenfalls noch nicht herausgearbeitet.

Emanzipatorische Trennungsmythen

Man kann die Ängste, die im Mythos von Tawhiris Rache beschworen werden, keineswegs als exotische Idiosynkrasien eines Südseevolkes abtun. Sie liefern uns vielmehr einen Schlüssel zu der auf Seite 250f schon konstatierten unheilschwangeren Stimmung, die zumindest Schulkinder häufig einfließen lassen, wenn sie dreigeteilte Bilder malen. Wie jedem Erziehungsberater wohlvertraut ist, häufen sich in Kinderphantasien, die um das fünfte Lebensjahr entstehen, Symbole des *beunruhigenden Mediums*, und zwar keineswegs nur bei Problemkindern. Die große Verdüsterung bricht da herein, und die Sonne scheint nicht mehr. Oder das Bild eines Flammenmeeres wird beschworen. Vielleicht auch das eines »normalen« Meeres, aber dann als etwas, das bedroht, in dem man ertrinken kann. Dichtes Schneetreiben setzt ein, ein Wirbelsturm tobt.

---

[15] STAUDACHER (1968), S. 27

»Merkst du, wie dein Haus wackelt?« sagt ein Fünfjähriger zu Liselotte ARNOLD-CAREY[16]. »Aus den Steckdosen kommt immer Strom raus, merkst du das, und der Strom geht dann durch meinen Bauch. Ich hab am Bauch so Angst.«

Man begegnet wilden Tieren, die einen umklammern, verschlingen. Und immer wieder taucht das Motiv der bodenlosen Tiefe auf, über der man schwebt, in die man stürzt oder jederzeit stürzen könnte, da sie von dünnem, trügerischem Eis bedeckt ist.

Die Scheidung der Elemente macht Angst und Schuldgefühle zugleich. Warum läßt man sich dann aber überhaupt darauf ein? Warum versucht man den Zustand des unentmischten Mediums nicht festzuhalten?

Wenn wir für die Antwort auf diese Frage wiederum den Mythos zu Rate ziehen, so finden wir den Urzustand darin in zwei verschiedenen Bildern beschrieben. Das eine Bild kennen wir schon: Die ursprüngliche Vereinigung von Himmel und Erde wird darin als beengend, bedrängend, erstickend empfunden. Man muß ständig gebückt gehen, oder man stößt beim Spinnen mit der Spindel, beim Reisstampfen mit der Mörserkeule dauernd am Himmel an.

Weitere typische Assoziationen sind Finsternis und in ihrem Gefolge Unfruchtbarkeit der Felder, oder auch, wie es in einer philippinischen Mythe heißt, unerträgliche Hitze wegen der niedrig stehenden Sonne, wodurch die Menschen dann wiederum gezwungen werden, sich tagsüber in tiefen Erdhöhlen zu verkriechen.

Die Finsternis wird meist mit der engen Vereinigung von Himmel und Erde begründet. Zuweilen leitet sie sich auch, indirekt, aus einem *Symbol* dieser Vereinigung her. Bei den Khasi in Nordostindien etwa gibt es zu der bereits früher erwähnten Vorstellung einer Himmel und Erde verbindenden Nabelschnur die Variante, daß einst ein gewaltiger Baum die Welt überschattete. Um das Licht zu gewinnen, mußte man ihn umhauen[17].

Nicht selten wird im Zusammenhang mit der Urszene auch das Bild eines kannibalischen *Ungeheuers* beschworen. In einer indischen Mythe ist von einem Drachen die Rede, der als »Verschlinger« bezeichnet wird. Von ihm heißt es, daß er »im Verborgenen hauste«, daß er

---

[16] ARNOLD-CAREY (1972)   [17] NUMAZAWA (1946), S. 338

»hemmend an den großen Wassern lag« und daß er »die beiden großen Welten fest zusammenhielt«. Der Gott Indra mußte mit ihm auf Leben und Tod kämpfen, um Himmel und Erde trennen zu können[18].

Die Ifugaos von Nordluzon identifizieren diesen Drachen mit dem väterlichen Prinzip selbst. Ursprünglich, so erzählt man sich, lag der Himmel nahe auf der Erde. Er war aber ein freßgieriger Kannibale und rottete das Menschengeschlecht allmählich aus. Man wandte sich an die Götter um Hilfe. Diese pflegen an sich eine sitzende Haltung einzunehmen. Einer von ihnen stand dann aber plötzlich auf und hob mit Kopf und Schultern den Himmel hoch[19].

Archetypische Darstellung der emanzipatorischen Trennungsmythen. Links: Zustand vor der Trennung. Das Ich wird vom Urmedium umschlossen und beengt. Die gleichmäßig helle Schattierung symbolisiert den vorherrschend mütterlichen Charakter des Mediums; die beiden Gesichter deuten an, daß es gleichwohl leiblich durch beide Eltern repräsentiert wird; in dieser Perspektive erscheint es im Mythos als hermaphroditisch. Rechts: Das Ich befreit sich, indem es den väterlichen (dunkel schattierten) und mütterlichen (hell schattierten) Aspekt des Mediums auseinandertreibt.

Bei den Miao in Südchina[20] schließlich ist von einem Baum die Rede, der Himmel und Erde verbindet. Diese Brücke wird aber von einem bösartigen Ungeheuer benützt, das von der Höhe zur Erde herabsteigt und die Menschen frißt. Im Bericht von der Behebung dieses Übels überlagern sich dann zwei Bilder, die einander zwar auf der Hand-

---

[18] VON SCHRÖDER (1914) [19] STAUDACHER (1968), S. 29
[20] NUMAZAWA (1946), S. 352

lungsebene widersprechen, auf der Symbolebene jedoch als sinnverwandt erkennbar sind. Nach dem einen Bild wird der Baum gefällt und so die Verbindung von Himmel und Erde unterbrochen; dem anderen zufolge gelingt es einer Frau, das Monster unschädlich zu machen, indem sie ihm mit einer Schere Hände und Füße abschneidet. Das führt – physikalisch nicht sehr sinnvoll, psychologisch nun aber unmittelbar einsichtig – dazu, daß das solcherart symbolisch kastrierte (wiederum wohl väterlich empfundene) Ungeheuer in die Höhe, zum Mond, entrückt wird und dort bleiben muß. Wir werden etwas später noch einmal aus vergleichender Perspektive zu diesem eindrucksvollen Bild zurückkehren.

Alle hier zusammengestellten Mythen haben gemeinsam, daß sie die Urszene als bedrückend und bedrohlich schildern. Der Akt der Trennung wird demgemäß als befreiend empfunden. Wir wollen sie daher gemeinsam mit der Etikette »emanzipatorisch« versehen.

Nostalgische Trennungsmythen

Auf Seite 272 war von einem sibirischen Trennungsmythos die Rede, demzufolge der Himmel aus Abscheu gegen Kotgestank nach oben zurückwich. Das hatte eine eigentümliche Folge: Während zuvor nämlich der Kornhalm von der Wurzel bis zur Spitze mit Ähren dicht besetzt war, treibt jetzt nur an der Spitze noch eine magere Ähre, und auch diese nur nach harter Arbeit.

Das klingt nicht gerade so, als sei die Himmel-Erde-Trennung ein begrüßenswertes Ereignis gewesen. Und tatsächlich lehrt die vergleichende Betrachtung, daß sich eine zweite Gruppe von Trennungsmythen aufweisen läßt, deren Stimmungsgehalt zu dem der emanzipatorischen Erzählungen insofern konträr ist, als hier die Urszene im Bilde eines *Paradieses* geschildert wird, das dann durch die Trennung unwiederbringlich verlorengegangen sein soll. Diese Trennungsmythen werden nachfolgend als »nostalgisch« bezeichnet. Hier herrschen bei der Schilderung der Urszene orale Motive vor; der Status des unentmischten Mediums ist der eines Schlaraffenlandes.

»Damals kehrte der reife Reis ganz von selbst ins Dorf zurück, wenn man faul war; er kam auch von selbst ins Haus«, erzählte man sich bei den Tai von dem Zeitalter, in dem Himmel und Erde noch dicht beieinander lagen[21]. Nach einer Mythe der Dajak von Südost-Borneo bestand der Himmel, als er noch tief hing, aus einer eßbaren, öligen Substanz. Man konnte mit den Reisstampfhölzern Stücke aus ihm herausstoßen und so sein Leben verlängern[22].

Auch hierzu wollen wir ein Beispiel in vollerem Wortlaut hören. Es stammt von den Akwampin aus dem Gebiet der Goldküste.

In alten Zeiten war der Himmel der Erde viel näher als heute. Wollte jemand Fische, so stupfte er mit einem Stecken den Himmel, und siehe, es regnete Fische herab. Man brauchte sie nur noch aufzulesen. Aber was geschieht? Ein Weib stieß einst Fufu mit einem Mörser. Aber es ging sehr schlecht, denn die Höhe genügte nicht. Sie sagte daher zum Himmel: »Erhebe dich ein wenig, ich·habe nicht Raum genug für einen Fufustößel!« Der Himmel gehorchte und fragte: »Bis hierher?« Sie aber sagte »Nein, noch weiter!« So tat er dreimal, endlich ließ sie ihn Halt machen. Deshalb steht der Himmel der Erde heute so fern, daß, wenn jemand ruft, er es kaum noch hört, und die Fische sind jetzt sehr rar. Wäre jenes Weib nicht gewesen, so würde man heute noch die Fische umsonst bekommen.[23]

Auch das Weltachsen-Motiv taucht in diesem Mythenkreis auf, diesmal aber unter freundlichem Aspekt: Wiederum als Baum oder Liane, als Himmelsleiter oder Regenbogenbrücke, über die die Menschen mit *guten* Himmelsmächten kommunizieren können[24].

FISCHER hebt an diesem Typus von Mythen eine Reihe gemeinsamer Merkmale hervor: Charakteristisch ist demnach vor allem, daß man im Urzustand ernährt und versorgt wurde, ohne arbeiten oder sonstige Gegenleistungen erbringen zu müssen. Man lebte in einem Zeitgefühl, für das Altern und Sterbenmüssen kein Thema war, und wußte auch nichts von Leiden, Schmerzen und Krankheit. Und schließlich konnten in dieser Phase die Irdischen noch ungehindert mit den Himmlischen verkehren.

Alle genannten Punkte sind unmittelbar als ontogenetische Remi-

---

[21] NUMAZAWA (1946), S. 340   [22] ebd., S. 317, FISCHER (1932), S. 217
[23] STAUDACHER (1968), S. 4   [24] NUMAZAWA (1946), S. 402ff

niszenzen an eine Kindheit zu verstehen, die eingebettet in ein fürsorgliches und in seiner Einheit noch nicht hinterfragtes Elternmedium erlebt wurde. Sogar die Schmerzfreiheit dürfte bei der Suggestibilität des Kindes noch weitgehend durch mütterliche »Heilriten« erzeugbar gewesen sein. Die »Unsterblichkeit« entspricht dem kindlichen Zeitgefühl. Der Verkehr der Himmlischen mit den Irdischen bringt den Zustand des noch unentmischten Mediums zum Ausdruck.

Archetypische Darstellung der nostalgischen Trennungsmythen. Links: Zustand vor der Trennung. Das Ich wird vom Urmedium umschlossen, kann sich aber mit diesem inflationär identifizieren. Rechts: Die Trennung des väterlichen vom mütterlichen Prinzip wird als Vertreibung aus dem Paradies empfunden.

FISCHER betrachtet sämtliche Mythen, die von einer ursprünglich engen Verbindung von Himmel und Erde berichten, als »Paradiesmythen«. Darin widerspricht ihm dann STAUDACHER entschieden, was sich aber daraus erklärt, daß dieser ausschließlich den emanzipatorischen Aspekt der Trennung betont und daher die ursprüngliche Urszene als beengend definiert. Er spaltet die »Paradiesmythen« daher als eine völlig andere Gattung ab. Dieser extreme Standpunkt wird aber dem Material nicht gerecht; wie wir noch sehen werden, gleichen sich die emanzipatorischen und die nostalgischen Varianten zwar nicht im Stimmungsgehalt, wohl aber in ihrer Handlungsstruktur viel zu sehr, als daß wir ihre Verwandtschaft übersehen könnten. Sie sind ganz offensichtlich zwei mögliche Aspekte desselben Geschehens.

Felix Culpa

Die ursprüngliche Vereinigung von Himmel und Erde wird in allen Formen des Trennungsmythos schließlich aufgehoben. Bei der *emanzipatorischen* Variante liegt die Motivation hierfür auf der Hand: Der Urzustand soll beseitigt werden, weil er als beengend empfunden wird. Er steht dem wachsenden Autonomieanspruch im Weg.

Am klarsten kommt dies in einer Zigeunermythe zum Ausdruck. Diese erzählt, wie Himmel und Erde ursprünglich als glückliches Ehepaar lebten. Sie zeugten fünf Söhne: den Sonnenkönig, den Mondkönig, den Feuer-, den Wind- und den Nebelkönig. Diese wurden, als sie heranwuchsen, immer unverträglicher. Das lag daran, daß Himmel und Erde allzu fest aneinanderhafteten und die Söhne in einem engen Hohlraum zwischen sich einschlossen. Schließlich kamen die fünf Könige überein, ihre Eltern zu trennen, *damit jeder von ihnen hinaus in die Welt ziehen und ein eigenes Heim gründen könne.*

Obwohl das, wie man meinen sollte, ein legitimes Anliegen ist, schildert der Mythos den Trennungsakt doch häufig als *schuldhaft*, ja als die Ur- und Erbsünde der Menschheit schlechthin. Rangi und Papa wehklagen von einer »großen Sünde« und stellen die Trennung auf eine Stufe mit dem Frevel des Elternmordes. Allerdings neigen die emanzipatorischen Trennungsmythen insgesamt eher dazu, den Schuldgedanken herunterzuspielen. Oft gewinnt man hier den Eindruck, als sei dem Himmel seine Lage an sich gleichgültig, und es bedürfe nur der Initiative von irgendwem, um ihn in eine erträglichere Position zu verfrachten. Zumindest genügt es, eine entsprechende Bitte auszusprechen, und ein Gott besorgt dann den Kraftakt. Oder die Trennung ereignet sich einfach eines Tages, wenn es an der Zeit ist, ohne daß irgendjemand speziell dafür verantwortlich wäre.

Die *nostalgischen* Mythen sind da weniger zurückhaltend. Bei ihnen geht es ja um den Untergang eines Goldenen Zeitalters, und der erfordert eine dramaturgische Legitimation. Zwar findet man auch hier Erzählungen, die es sich gewissermaßen leicht machen: Eines Tages war es eben zuende, niemand weiß mehr, warum. Aber in der Regel wird doch ein Grund angegeben, und da die Menschen kein Interesse daran haben können, daß der paradiesische Zustand ein Ende nimmt, wird die Initiative zur Trennung hier den göttlichen Mächten zugeschrieben. Und Götter machen so etwas nicht einfach aus Mutwillen, sondern weil irgendwer sie herausgefordert hat. Dabei müssen zwei an sich schwer vereinbare Gesichtspunkte zur Deckung gebracht werden. Einerseits ist der Verlust des Paradieses ein kollektives Verhängnis, das alle Menschen ohne Ausnahme ereilt. Andererseits empfindet man Schuld aber als individuell. Die Motivation der Trennung liegt daher irgendwo zwischen zwei Polen: Auf der einen Seite wird darauf verzichtet, die Schuld zu spezifizieren, und einfach festgestellt, die Götter hätten die Nähe der Menschenwelt nicht länger ertragen können. Am anderen Ende steht der Gedanke, daß ein einzelner – ein böser Mensch oder auch ein böser Geist – alles durch irgendeine Untat verdorben habe. Etwa in der Mitte liegt dann die Idee einer generellen moralischen Degeneration der gesamten Menschheit.

Häufig wird die hemmungslose *Vermehrung* der Menschheit als auslösendes Moment genannt. Dabei seien die Irdischen böse geworden, und ein Gott habe ihnen daher voller Zorn den Tod geschickt, indem er den Lebensbaum ausriß, wie man sich bei den Koko in Südkamerun erzählt[25].

Unbelehrbarkeit und *Halsstarrigkeit* der Menschen gehören ebenfalls zu den Ursachen des göttlichen Grimms. Das ist nur zu verständlich, wenn hier wirklich ein ontogenetischer Reifeschub reflektiert wird; denn dem kann man ja mit gutem Willen allein nicht entkommen. So heißt es etwa in einer westsudanischen Mythe, die Kinder des ersten Stammpaares hätten die Gebote des Patriarchen vergessen, worauf Gott ihnen den Tod geschickt habe. Dieser holte sich, pars pro toto, ein einzelnes Opfer. Nun unternahm Gott noch einen Versöhnungsversuch. Er ließ sich aus dem Himmel an einem Strick herab, grub den Toten aus, blies ihm Atem in die Nase und belebte ihn so aufs neue. Der Mensch hätte lediglich seine Schuld zuzugeben brauchen, aber er leugnete sie auf wiederholtes Fragen hartnäckig. Erst jetzt zieht Gott die endgültige Konsequenz: Er steigt mit ihm an dem Strick in den Himmel zurück, läßt ihn aber in der Mitte dieser Himmelsleiter abstürzen.

---

[25] BAUMANN (1936), S. 295

Wenn der Sündenfall inhaltlich spezifiziert wird, so finden sich als Motive nach FISCHER[26] am häufigsten allzu selbstbewußtes oder rücksichtsloses Auftreten, Mangel an Ehrfurcht, Ungeduld, Spottsucht, Übermut oder Verschwendungssucht genannt.

Das sind alles in der Tat moralisch bedenkliche Eigenschaften. Etwas komplizierter ist es indessen, wenn der strafbare Akt im Ausbruch aus der *Unmündigkeit* besteht. Der Mythos redet häufig davon, daß dem werdenden Ich in der paradiesischen Nestwärme eine *Erkenntnis* vorenthalten wurde. Auffallend häufig geht es dabei um die Kompetenz zur Reflexion auf ein *Bezugssystem*: Die Kinder von Rangi und Papa begehren, den Unterschied zwischen Licht und Finsternis zu entdecken; sie stehen offenbar vor demselben Dilemma wie Adam und Eva am Baum der Erkenntnis des Guten und des Bösen.

Der Akt, der diese Inkompetenz überwindet, hat dann oft den Charakter eines *Raubes*, einer *widerrechtlichen Aneignung*. Dieses Motiv kann sogar stark genug sein, um – wie eben etwa in der Geschichte vom biblischen Stammelternpaar – das Bild von der Himmel-Erde-Trennung völlig zu verdrängen und unmittelbar den Verlust des Paradieses auszulösen. Wir werden die in diese Rubrik fallenden Erzählungen nachfolgend als *Raubmythen* kennzeichnen. Mit den Trennungsmythen sind sie, wie das 11. Kapitel zeigen wird, strukturidentisch.

Es kommt auch gar nicht so selten vor, daß Raub und Trennung gewissermaßen in Tateinheit auftreten. So erzählt man sich etwa auf den südlichen Molukken, ein Kind habe, als Himmel und Erde noch nahe beieinander waren, seine Mutter um den Mond gebeten. Diese holte eine Stange und versuchte, der Bitte zu entsprechen, woraufhin sich der Himmel entfernte[27]. Und von den sudanesischen Mossi berichtet BAUMANN, daß sie einen Himmels- und Sonnengott namens Wende verehrten, der auch als Gatte der Erdgottheit Tinga aufgefaßt wurde. Ursprünglich lebte er noch nicht wie heute in den Wolken, sondern mitten unter den Menschen. Als er einmal eingeschlafen war, schnitten ihm die Menschen einen Teil aus seinem Körper, um ihn zu rösten und zu essen; denn sie wollten sich seine göttlichen Kräfte aneignen. Der beim Rösten entstehende Rauch trieb jedoch auf Wen-

---

[26] FISCHER (1932), S.239f   [27] STAUDACHER (1968), S.32

de zu und hüllte den Erzürnten in eine Wolke ein. In dieser wurde er zum Himmel entrückt[28].

Dieses Motiv erinnert wiederum an die Geschichte von der biblischen Ursünde, bei der ja auch ein Akt der Nahrungsaufnahme als Symbol für den frevelhaften Wunsch nach Gottgleichheit dient. Zugleich deutet sich ein in der Bibel kaum herausgearbeiteter Begründungszusammenhang an: Die Schuld der ersten Menschen liegt nicht allein, vielleicht überhaupt nicht, in der Anmaßung, so sein zu wollen wie Gott, sondern in dem Versuch, dieses Ziel mit illegitimen Mitteln zu erreichen – nämlich indem man die paradiesische Symbiose parasitierend ausbeutet. In ähnliche Richtung dürfte ein Khasi-Mythos weisen, demzufolge anfangs, als Himmel und Erde noch nahe beieinanderlagen, die Menschen zwischen beiden auf- und abwandern konnten. Als die Irdischen jedoch Anstalten machten, sich im Himmel festzusetzen und die Rückkehr zur Erde zu verweigern, ließ Gott den Weltbaum umhauen. Sobald er fiel, schnellte der Himmel empor[29].

In diesem Zusammenhang ist noch ein Detail bemerkenswert. Nach einer Mythe der Lao[30] schnitt Gott selbst die paradiesische Verbindung von Himmel und Erde wegen der Schlechtigkeit der Sterblichen ab. Zuvor aber wurden die Menschen noch im Ackerbau und in den mechanischen Künsten unterrichtet! Hierzu wiederum die Bibel: Als Gott Adam und Eva aus dem Paradies vertrieb, machte er ihnen zunächst noch eigenhändig Röcke aus Fell und legte sie ihnen um. Daß der Ackerboden den Menschen künftig Dornen und Disteln tragen soll, ist *eine* Seite des Fluchs; aber es ist auch Gottes Wille, daß sie sich solchen Unbilden gegenüber behaupten. Er will nicht ihren Untergang, er will, daß sie selbständig werden.

Der Schuld entkommen sie freilich auf keine Weise. Bei den Dajak von Südost-Borneo, die sich ihre Nahrung ursprünglich aus dem Himmel stampfen konnten, ging der paradiesische Zustand dadurch verloren, daß der Sohn des Hochgottes Mahatara die Menschen lehrte, Reis zu pflanzen. Hierüber erzürnte sich Mahatara, und er rückte den Himmel von der Erde fort.

Im Grunde können sie also machen, was sie wollen: Wenn sie sich

---

[28] BAUMANN (1936), S. 149   [29] STAUDACHER (1968), S. 26
[30] NUMAZAWA (1946), S. 313

die Kompetenz aneignen, ist es nicht recht, wenn sie sich auf die faule Haut legen, auch nicht. Schlimmstenfalls sündigen sie durch ein *Versehen*; man stößt etwa bei irgendeiner Verrichtung an den Himmel, ohne dies zu wollen. Allein dadurch, daß man überhaupt handelt, bekundet man schon den Anspruch auf Selbstbestimmung. Und wenn man gar nichts täte, dann läge die Schuld eben in der Unterlassung.

Eine subtile Variante dieses Grundgedankens wird von einer Erzählung der weißen Tai beigesteuert[31]. Diese läßt sich nicht ohne weiteres in die Dichotomie von emanzipatorischen und nostalgischen Trennungsmythen einordnen; sie bringt vielmehr zum Ausdruck, daß beide Motive ambivalent miteinander verknüpft sind, so wie ja auch die katholische Osternachtliturgie in kühner Vision von der Ursünde als von einer »felix culpa« spricht. Am Anfang, so geht der Bericht, waren Erde und Himmel so nahe beieinander, daß die Rinder die Wolken mit dem Rücken berührten. Die Menschen lebten wie im Paradies, ihre Nahrung bekamen sie von den Himmlischen. Aber dann heißt es weiter: »Es gab Herzen, aber sie kannten keine Liebe. Es gab Jünglinge, aber sie verstanden nicht, den Mädchen den Hof zu machen. Es gab Säbel, aber man verstand nicht zu töten.« Der Preis für ein Leben im Paradies ist die psychische Kastration! Diese läßt auch offenbar keine Kraft zum Sündenfall aufkommen; die Menschen müssen sich ihre Befreiung erbetteln: Man fleht im Tai-Mythos den Himmel an, daß er sich von selbst erheben möge, was er dann auch schließlich tut.

Inversionen und Katastrophen

Die mythische Trennung des männlichen und des weiblichen Prinzips findet unter gewissen symbolträchtigen Begleiterscheinungen statt, über die wir einen Moment nachdenken sollten.

Da ist einmal die eigentümliche Körperhaltung, die Tane im Maori-Mythos beim Trennungsakt einnimmt. Den Himmel ganz regulär

---

[31] NUMAZAWA (1946), S.405

durch die emporwachsenden Baumwipfel anheben zu lassen, wäre, so sollte man meinen, doch auch ein recht passables Bild gewesen; wozu also der Kopfstand?

Um einen Zugang zur Bedeutung dieses Bildes zu gewinnen, muß man sich zunächst umschauen, ob es auch anderswo vorkommt. Tatsächlich ist das Motiv des umgekehrten Baumes im pazifischen Raum wiederholt anzutreffen, so bei den Toradja, den Dajang und in der auf Ost-Borneo beheimateten Kenja-Kajan-Bahau-Gruppe der Dajak[32]. Die Bedeutung ist ziemlich klar: Ein Baum, der im Himmel wurzelt und mit seinen Zweigen die Erde berührt, bildet hier das Symbol der *Himmelsleiter*. Wenn zum Beispiel für die Bewohner eines ganzen Hauses gebetet werden soll, gräbt man einen Baum aus und richtet ihn vor dem betreffenden Haus wieder auf, aber so, daß die Wurzeln in die Luft ragen und die Zweige im Boden stecken. Man meint, auf diese Weise einen Kommunikationsweg mit den höheren Mächten herzustellen[33].

Vielleicht gehört, wenn auch mit einer vom Nostalgischen ins Emanzipatorische umgemünzten Bewertung, auch eine Erzählung der Tembé-Indianer aus dem Gebiet des oberen Rio Pindaré in diesen Ideenkreis. Zu Anfang, so sagt man hier, war der Himmel der Erde viel näher als jetzt. Da beschlossen die Vögel, ihn ein Stück höher zu heben. Nur die Fledermaus war zu faul und verweigerte die Hilfe. Seitdem muß sie mit dem Kopf nach unten schlafen[34].

Es sieht so aus, als bekunde sich im Bild der Inversion, bei dem Objekte ihre gewohnte oder erwartete Lage zur Schwerkraft in auffälliger Weise umkehren, ein Ambivalenzkonflikt des »landenden Kopffüßlers«, der dem Feld der Schwerkraft zwar bereits unterworfen ist, ihm gegenüber also nicht mehr die Freiheit der *Neutralität* genießt, der aber meint, ihm wenigstens durch *Negation* entkommen zu können. Tanes Haltung drückt diese Ambivalenz aus: Er nimmt just bei der Trennung von Himmel und Erde die Haltung an, die dieser Trennung widerspricht, die sie also in einem und demselben Akt zugleich vollzieht und ungeschehen machen möchte.

Dieselbe Ambivalenz begegnet uns auch in anderen Mythen dersel-

---

[32] FISCHER (1932), S. 212, 219f [33] ebd., S. 238 [34] STAUDACHER (1968), S. 43

ben Inhaltsklasse. Häufig signalisiert dabei die Bildsymbolik, daß die zuvor verschmolzenen Medien nun zwar schon als getrennt wahrgenommen werden können, daß es aber noch Schwierigkeiten bereitet, sie konsistent in übergeordneten Bezugssystemen relativ zueinander zu verorten. Eine Ahnung davon mag in der untypischen Position von Nut und Geb in der ägyptischen Kosmogonie anklingen. Deutlicher tritt diese Symbolik hervor, wo direkt von einer *Umlagerung* der Medien die Rede ist. So glauben etwa die Efe-Pygmäen, daß ursprünglich die Erde oben und der Himmel unten gelegen habe. Der oberste Gott Tore habe die Position dann umgekehrt, sodaß die Efe nicht mehr Hunger zu leiden brauchten[35].

Während in der Inversion von Oben und Unten immerhin noch eine halbwegs geordnete Schadensbegrenzung des Ambivalenzkonflikts zum Ausdruck kommt, deutet sich in einem anderen mythischen Bild ein akuter Zusammenbruch der Orientierung an. Die Himmel-Erde-Trennung wird nämlich häufig von *Naturkatastrophen* begleitet oder ausgelöst.

Einer ostafrikanischen Bantu-Mythe zufolge bauten die ersten Menschen einen Turm bis ins obere Land, um dort oben Krieg zu führen. Da erregte der Gott Kyumbi ein gewaltiges *Erdbeben*, der Turm barst in der Mitte entzwei und begrub die Arbeiter unter seinen Trümmern. Das obere Land aber, und damit auch seinen eigenen Wohnsitz, entrückte Kyumbi in solche Höhe, daß es von der Erde aus nicht mehr erreichbar war[36].

Am häufigsten taucht als chaotische Untermalung der Himmel-Erde-Trennungsmythen weltweit die Sage von der *Sintflut* auf[37]. So erzählen die Herero von einem ungeheuren Regen, der beinahe alles Volk getötet hätte. Dabei bedienen sie sich der Ausdrucksweise »der Himmel fällt ein«, sie glauben also, daß die Regenwolken als substantialisiertes Medium auf die Erde stürzen würden. Die Überlebenden mußten den »Alten im Himmel« ein Schaf opfern; daraufhin hoben diese den Himmel wieder in die Höhe. Aber die Himmelsalten stellten am Horizont, wo Himmel und Erde sich berühren, Wächter auf, damit die Menschen nicht in den Himmel aufsteigen konnten.

---

[35] BAUMANN (1936), S. 117 [36] ebd., S. 257 f [37] ebd., S. 307 ff

Maya-Darstellung der zerstörerischen Wasserflut, die aus der Himmelsschlange auf die Erde niederstürzt.

Die Maya glauben, daß in mythischer Zeit das Firmament infolge einer Sintflut eingestürzt sei und die Erde unter sich begraben habe. Nur vier Menschen hätten diese Katastrophe überlebt und den Auftrag erhalten, den Himmel wieder an seinen Ort zu stellen und zu stützen. In Erinnerung daran zelebriert man noch heute ein Ritual, bei dem zwei Priester und zwei Priesterinnen in vier Armsesseln, die die vier Ecken des Kosmos symbolisieren, Platz nehmen und dann gemeinsam den »Himmel hochheben«. Es kommt alles darauf an, daß sie dabei genau gleichzeitig von ihren Sitzen aufstehen. Anderenfalls nämlich entstünde eine Gleichgewichtsstörung der »Wolkenplatte«, und eine erneute Überschwemmungskatastrophe wäre die Folge.[38]

Natürlich läßt sich auch die biblische Sintflutgeschichte (1.Mos. 6-9) als Beispiel heranziehen. Sie hebt an mit der mißbilligenden Fest-

---

[38] GIRARD (1969), S.132

stellung, daß sich die Menschheit hemmungslos vermehrte, wobei zugleich eine wachsende Neigung zu Bosheit und Sünde ans Tageslicht kam. Da reute den Herrn sein ganzes Schöpfungswerk, und er beschloß, die Menschen samt allem, was da kreucht und fleucht, vom Antlitz der Erde wieder zu tilgen. Aber dann geht es ihm wie dem Re angesichts des Wütens der Hathor: Ganz vernichten will er seine Kreaturen nun auch wieder nicht. In diesem Fall findet wenigstens ein Menschenpaar Gnade. Noah erhielt Anweisung, die Arche zu bauen und seine Familie sowie von allen Tieren eine begrenzte Zahl von Pärchen zu retten.

Dann »brachen alle Brunnen der großen Urflut auf, und die Fenster des Himmels öffneten sich«. Vierzig Tage lang wütete die Sintflut, danach war alles Landleben erloschen. Nun zog sich die Flut wieder zurück, das Land wurde trocken, Noah und die Tiere konnten erneut beginnen zu wachsen, sich zu vermehren und sich die Erde untertan zu machen. Gott aber, der einsah, daß man die Menschen nun einmal nicht ändern könne, beschloß, nie wieder eine Sintflutkatastrophe anzurichten. Zum Zeugnis des neu mit den Menschen geschlossenen Bundes stellte er den *Regenbogen* in die Wolken, »der soll das Zeichen sein des Bundes zwischen mir und der Erde«.

Wie haben wir die Sintflutsage zu verstehen? Warum wird die Urflut, bislang eine bergende Mutter, plötzlich so virulent? Der ägyptische Nun war ein Mutterboden der Ich-Figur, die nicht befürchten mußte, in ihm zu ertrinken. Freilich – da sind auch die Erdtauchermythen, die davon zu berichten wissen, daß es gefährlich sein kann, dem Urchaos feste Konturen abzutrotzen. Aber im Sintflutmythos geht es um etwas anderes: Das Ich ist längst geboren, das Wasser längst gebändigt, da bricht es erneut hervor und verschlingt alles. Und die Regenbogenbrücke, die dann den fragil gewordenen Bund zwischen Himmel und Erde erneut bekräftigt, läßt erkennen, daß dieser Wiedereinbruch des Chaos etwas mit ebenjener Trennung von Oben und Unten zu tun hat, die zum Problem werden mußte, um die Sintflut auszulösen.

Die Geburt des Feuers

Im Rahmen von Raubmythen, aber keineswegs allein dort, tritt schließlich noch ein weiteres beachtenswertes Bild auf. Es ist der eigentümliche und auf den ersten Blick gar nicht in den Kontext passende Gedanke, daß bei der Trennung von Himmel und Erde auch das *Feuer* entstanden oder jedenfalls den Menschen zugänglich gemacht worden sei. Dieser Gedanke findet sich in weltweiter Verbreitung. So heißt es etwa in einem mongolischen Hochzeitsgebet, als Himmel und Erde sich voneinander trennten, sei das Feuer geboren worden[39].

Dieselbe Idee taucht in einer Variante des Maori-Mythos auf. Man sagt, Rangi habe sich, um der Trennung Widerstand zu leisten, an Papa festgeklammert. So blieb Tane nichts anderes übrig, als ihm die Arme abhauen zu lassen. Dann entriß Papa, die in dieser Version des Mythos mit den Söhnen gemeinsame Sache macht, ihrem Gatten die Reibhölzer, mit denen man das Feuer entfachen kann. Seitdem bedienen sich die Menschen dieses Werkzeugs. Wann immer sie es aber benützen, zitieren sie eine Formel, die auf die Trennung der Welteltern Bezug nimmt. Und dieselben Worte dienen hinfort dazu, eine *Ehescheidung* zu bekräftigen[40].

Etwas verschlüsselt begegnet uns dieses Motiv noch einmal in der japanischen Weltentstehungsmythe, deren Anfang wir auf Seite 218 ff kennengelernt haben. Auch hier spielt das Feuer eine dramatische Rolle insofern, als die Weltmutter Izanami bei der Geburt des Feuergottes Kaguzuchi zu Tode kommt. Izanami begab sich daraufhin in die Unterwelt. Ihr Bruder-Gatte Izanagi folgte ihr, Orpheus gleich, um sie zurückzugewinnen. Der weitere Verlauf sei im leicht gekürzten Wortlaut wiedergegeben[41].

Seine Männliche Hoheit sprach zu ihr: »Oh meine liebliche jüngere Schwester! Die Länder, die wir beide gemacht haben, sind noch nicht vollendet. Kehrt also zurück!« Und Ihre Weibliche Hoheit antwortete: »Es ist wirklich bedauerlich, daß Ihr nicht früher gekommen seid; denn ich habe bereits von der Nahrung der Unterwelt gegessen. Da ich jedoch von der Ehre Eures Besuchs

---

[39] STAUDACHER (1968), S. 21, Anm. 1   [40] ebd., S. 36
[41] CAMPBELL (1972b), S. 469 ff

überwältigt bin, verlangt es mich, zurückzukehren. Ich werde die Angelegenheit also mit den Geistern der Unterwelt besprechen. Ich muß Euch aber dringend ersuchen, mich nicht anzuschauen.« Und sie zog sich in ihren Palast zurück. Als sie aber allzulange dort verharrte, vermochte Seine Männliche Hoheit seine Ungeduld nicht länger zu zügeln. Er brach einen Zahn aus dem Kamm, der in seinem erlauchten Haar steckte, und zündete ihn an, sodaß eine Flamme hell aufloderte. Dann betrat er den Palast, um nach seinem Weib zu schauen. Da fand er sie. Sie war ein verwesender Leichnam, Maden bohrten sich durch ihren Körper. In ihrem Schädel und in ihrem ganzen Leib hausten acht furchtbare Donner-Geister. Seine Männliche Hoheit fuhr entsetzt zurück, und seine jüngere Schwester sprach zu ihm: »Ihr habt mich beschämt.« Da stürzte er in wilder Flucht davon, und sie ließ ihn verfolgen – zunächst vom häßlichen Nachtweib, dann von den acht Donnergeistern, zusammen mit tausendfünfhundert Kriegern aus dem Reich der Nacht. Seine Männliche Hoheit vermochte sich ihrer jedoch durch List und Stärke zu erwehren. Schließlich brach seine erlauchte Schwester selbst zu seiner Verfolgung auf. Als er sie sah, nahm er einen Felsbrocken, den aufzuheben es tausend Sterblicher bedurft hätte, und versperrte mit ihm den Verbindungsweg zwischen der Oberwelt und dem Reich der Nacht. Von beiden Seiten dieses Felsblocks aus sprachen beide dann die Ehescheidungsformel.

Wir begegnen hier dem Feuer zweimal: zunächst als dem Element, bei dessen Geburt die Geschwisterehe der Welteltern getrennt wird, und dann noch einmal im Bild des lodernden Hornkammes, in dessen Schein Izanagi die Unwiderruflichkeit der Trennung erkennt.

Was hat es mit dieser seltsamen Verbindung zwischen dem Feuer und der Scheidung der Geschlechter für eine Bewandtnis? NUMAZAWA[42], der sich seinerseits auf FROBENIUS bezieht, deutet das Feueranzünden natursymbolisch als eine Analogie des Morgengrauens. Beim Morgengrauen müsse der Mann sich von der Frau trennen. Aber mit dieser Art von Allegorie mögen wir uns nun nicht mehr begnügen. Wir erwarten, daß die Bildsymbolik auch eine psychologische Dimension hat. Das Feuer beginnt Kindern gerade in dem Alter zum Faszinans zu werden, auf das auch andere der hier besprochenen mythischen Motive Bezug nehmen. Es ist an der Zeit, uns wieder dem entwicklungspsychologischen Material zuzuwenden.

---

[42] NUMAZAWA (1946), S. 395

Emanzipatorische und nostalgische Trennungsmythen

1. Emanzipatorische Variante

• **Zustand vor der Trennung**
  Beengung, Behinderung
  Unmündigkeit
  Unfruchtbarkeit
  Finsternis
  Hitze
  Bedrohung durch Ungeheuer

• **Anlaß der Trennung**
  Initiative, Selbsthilfe
  Drachenkampf
  Bitte an die Götter
  Zeit ist reif

• **Konsequenz der Trennung**
  Gewinnung einer Erkenntnis
  Autonomie
  Erwerb des Feuers

2. Nostalgische Variante

• **Zustand vor der Trennung**
  Versorgung ohne Gegenleistung
  Unsterblichkeit
  Wohlbefinden: Freisein von Leid, Schmerz und Krankheit
  Regelmäßiger Verkehr der Irdischen mit den Himmlischen

• **Anlaß der Trennung**
  allzu selbstbewußtes oder rücksichtsloses Auftreten
  Mangel an Ehrfurcht
  Ungeduld
  Spottsucht und Übermut
  Verschwendungssucht
  Verlangen nach einem unerlaubten Besitz
  fäkale Belästigung
  schrankenlose Vermehrung
  Unbelehrbarkeit, Halsstarrigkeit

• **Konsequenz der Trennung**
  Vertreibung aus dem Paradies
  Leben in Mühsal
  Krankheit und Tod

9. Kapitel

Korrekturen am Ödipuskomplex

Die Entfremdung vom Vater

Das Bild der »Trennung« von Himmel und Erde läßt sich unterschiedlich deuten. In der einfachsten Lesart verweist es einfach auf die Erkenntnis, daß die beiden Elternprinzipien voneinander *verschieden* sind. Nimmt man hinzu, daß sie räumlich auseinandergetrieben werden, gerät zusätzlich der Gedanke ins Blickfeld, daß dabei eine urprüngliche Einheit *zerreißt* und damit als Garant für Geborgenheit fragwürdig wird.

Auf einer dritten Interpretationsebene schließlich wird die Trennung zum Zerwürfnis, zur *Zwietracht* zwischen den beiden Prinzipien selbst, womit sich oft der Gedanke verbindet, daß das Ich zugunsten eines der beiden, meist der Mutter, Partei ergreift. Dieses Motiv klang bereits in Tanes Vorschlag an, den Vater zum »Fremden« zu machen, während die Mutter eine Vertraute bleiben solle.

Im polynesischen Mythos ging dieser Plan nicht auf: Rangi und Papa blieben einander auch nach der Trennung in Sehnsucht zugetan. Es kann aber auch anders kommen, wie die wohlbekannte Geschichte vom Wolf und den sieben Geißlein zeigt. Die letzteren haben ja auffälligerweise keinen Vater; es ist also nicht weit hergeholt, wenn man vermutet, daß dieser sich in der Gestalt des Wolfs verbirgt.

Auf diese Interpretation hat mich ein vierjähriges Töchterchen aus meinem Bekanntenkreis gebracht. Sie nahm, als sie das in konventioneller Form erzählte Märchen kennengelernt hatte, spontan die Gewohnheit an, vom Vater der Familie nur noch als vom »Wolf« zu sprechen. Etwa beim Tischdecken: »Ißt der Wolf heut nicht mit uns zu Mittag?« Unverblümter ging es kaum.

Betrachten wir dazu noch eine konkrete Episode, die die Kinderpsychoanalytikerin Selma FRAIBERG[1] berichtet hat. Sie handelt von einem vierjährigen Jungen, den sie Christian nennt.

»Wenn ich groß bin«, sagt Christian am Mittagstisch, »werde ich Mami heiraten.« – »Christian ist verrückt!« ertönt die vernünftige Stimme der achtjährigen Petra. »Du kannst Mami nicht heiraten, und außerdem, was soll dann aus Papi werden?« – »Er wird dann alt sein«, sagt der Träumer, mit vollem Mund kauend. »Und er wird tot sein.« – Dann, entsetzt über die Ungeheuerlichkeit seiner Worte, fügt er hastig hinzu: »Aber er braucht gar nicht tot zu sein. Vielleicht heirate ich Anke statt dessen.«
Christian verbrachte den Rest des Abends in düsterer Laune und war äußerst reizbar. Zur Schlafenszeit wollte er, daß der Vater ihm eine Geschichte vorliest. Nein, diese Geschichte wollte er nicht. Dann diese vielleicht? Nein. Er wollte überhaupt keine Geschichte. Was wollte er denn? Jetzt Schallplatten. Würde der Vater ihm eine vorspielen? Nein, nicht die da, die andere. Nein, die doch nicht, sondern diese. Aber was wollte er wirklich? Und er schrie, daß alle gemein zu ihm wären, daß er dieses alte Haus hasse, daß er weggehen werde, um bei seinem Freund zu wohnen, und nie, niemals wiederkommen – dann schlug er in kalter Wut auf seinen Vater ein.
Die verdutzten Eltern wußten nicht, was sie von diesem Benehmen halten sollten. Schließlich sagte der Vater, er hätte jetzt genug von diesem Theater; Christian solle in sein Zimmer gehen, und heute abend gebe es weder eine Geschichte noch Schallplatten. Darauf schien Christian nun aber gerade gewartet zu haben. – »Du bist gemein! Du bist der gemeinste Vater in der ganzen Welt. Ich wollte, du wärest tot!« Und er stampfte mit dem Fuß, rannte in sein Zimmer und knallte die Tür hinter sich zu.
In jener Nacht wachte Christian aus einem schrecklichen Traum auf und schrie nach seinem Vater. Ein Tiger im Zoo war aus seinem Käfig ausgebrochen, kam durch das Wohnzimmerfenster und jagte Christian durch das Haus. Christian rannte in sein Zimmer und schlug die Tür zu. Der Tiger versuchte die Tür zu zertrümmern, um Christian zu töten; Christian versuchte die Tür zuzuhalten, und schrie und schrie nach dem Vater, aber niemand kam. Und Christian hatte Angst, der Vater wäre tot. Dann wachte er auf. Christians Vater konnte nichts anderes tun als das Kind trösten und beruhigen.

---

[1] FRAIBERG (1972), S. 147 ff

Kronos mit der Sichel

Die Autorin dieses Berichts ist psychoanalytisch orientiert; daher ist für sie der Fall klar: Christian erleidet einen typisch »ödipalen« Konflikt. Seine zuvor eher autoerotischen Impulse suchen sich erstmals ein externes Liebesobjekt, und das ist die Mutter. Aus solchem Inzestverlangen heraus phantasiert er sich den Tod des Vaters; gleichzeitig mit diesem Wunsch entsteht die Angst vor der väterlichen Rache, die sich dann im Traum entlädt.

Mit dem Ödipus-Mythos hat das alles, wie wir in einem späteren Kapitel sehen werden, wenig zu tun. Es gibt aber andere Mythen, die wirklich aus Reminiszenzen an die Erlebniswelt des Fünfjährigen schöpfen und diese in Gestalt des Mutter-Sohn-Inzests und der Vaterrivalität darstellen. Das ist insbesondere in jenen Berichten der Fall, denen zufolge der Vater seine zerstörende Potenz primär gegen die Mutter richtet, sodaß der Sohn dieser zu Hilfe kommen muß. Beispielhaft hierfür ist die griechische Sage von der Kastration des Uranos.

Auch diese Erzählung berichtet von einem Urelternpaar Himmel und Erde, Uranos und Gaia. Anders als in den bislang behandelten Varianten der Urszene aber herrscht zwischen den beiden Gatten keine Eintracht: Die Erdmutter Gaia schlägt sich hier auf die Seite der gegen den Himmelsvater rebellierenden Söhne, der Titanen, ja sie stiftet sie zum Aufstand geradezu an. Dem jüngsten von ihnen, Kronos, gibt sie eine Sichel in die Hand und verbirgt ihn in ihrem Bett. Als sich dann nachts der Himmel auf sie senkt, greift Kronos zu und entmannt den Vater.

Diese Geschichte ist so lupenrein »ödipal«, daß man sich fragen kann, warum FREUD nicht sie anstelle des Ödipusdramas zum Paradigma gewählt hat. Kronos vermählt sich anschließend allerdings nicht mit seiner Mutter, immerhin aber mit deren Tochter, seiner Schwester Rhea, die ebenfalls eine Variante der Erdgöttin darstellt.

Dieselbe Idee wiederholt sich dann noch in einer zweiten Kaskade: Auch Kronos wird seiner Söhne nicht froh. Man weissagt ihm, daß diese ihn entthronen werden. Das veranlaßt ihn, sie alle gleich nach der Geburt zu verschlingen, so wie Christians Tiger in Selma FRAIBERGS Geschichte. Wieder kommt es zu einem Komplott zwischen Mutter und Sohn: Anstelle des neugeborenen Zeus gibt Rhea dem

Kronos einen Stein zum Verschlingen. Zeus kann ungefährdet heran-
wachsen und schließlich den Kronos stürzen.

*Rhea überreicht Kronos einen Stein anstelle des Zeus. Vasenmalerei aus
dem 5. Jhdt. v.Chr.*

Der Kronos-Mythos weist psychologisch eine doppelte Parallele zur
Sagengestalt der Miao auf, von der wir auf Seite 276f gehört haben.
Das Ungeheuer, das am Stamm des Weltbaumes vom Himmel zur Erde
herabsteigt, um die Menschen zu verschlingen, erinnert unmittelbar
an den kinderfressenden Titanen. Und wenn das Weib diesem Ungeheuer mit einer Schere Hände und Füße abschneidet, so tut sie nichts
anderes als der junge Kronos, der mit der Sichel seinen Vater Uranos
entmannt.

Nur freilich: Im chinesischen Mythos obliegt die Kastration des
himmlischen Ungeheuers einer *weiblichen* Gestalt. Wer soll das sein?

Die Mutter selbst? Oder eine Tochter? Paßt das alles noch in das Theoriegebäude FREUDS?

Die Antwort lautet – ja. In diesem Gebäude sind viele Wohnungen, und es ist ziemlich erdbebensicher konstruiert. Wir kommen nicht daran vorbei, uns mit ihm etwas eingehender zu befassen.

Ödipus etc.

FREUD selbst hat die Theorie vom »Ödipus-Komplex« als das Kernstück seiner Lehre betrachtet. Der Begriff taucht in seinen Schriften erstmals im Jahre 1910 auf[2]. Zusammenfassend oder gar abschließend hat er sich aber an keiner Stelle geäußert; die Idee durchzieht, immer erneut abgewandelt, sein gesamtes Lebenswerk. Dabei wurde sie allmählich für alle vorkommenden Eventualitäten mit Zusatzannahmen und Deutungsoptionen soweit abgefedert, daß man sie heute kaum mehr empirisch widerlegen kann; sie hat damit freilich auch ihre prognostische Potenz weitgehend eingebüßt.

Es wurde schon oft genug moniert, daß die Ödipustheorie vor allem für das männliche Geschlecht konzipiert ist; über die Kindheit beim Mädchen hatte FREUD weniger klare Vorstellungen, und vielleicht hat sie ihn auch weniger interessiert. Zunächst einmal war er davon ausgegangen, die ödipale Entwicklung verlaufe bei beiden Geschlechtern in gleicher Weise, das heißt *spiegelbildlich* zueinander. Als JUNG diesen Gedanken aber aufgriff und, indem er parallel zum Ödipus-Komplex den »Elektra-Komplex« erfand, eigene Duftmarken auf dem geheiligten Territorium zu setzen begann, bahnte sich bei FREUD alsbald die Erkenntnis an, daß es mit dieser Symmetrie nicht weit her sei, daß der Ödipuskomplex vielmehr in Reinform eigentlich nur beim männlichen Kind zu beobachten sei, während die Entwicklung des Mädchens sehr viel komplizierter verlaufe.

Nur beim *Knaben* ist es demnach so, daß er den gegengeschlechtlichen Elternteil, die Mutter also, erotisch begehrt, wodurch der Vater zum Rivalen wird, den er beseitigen möchte. Solche Wünsche erzeu-

---

[2] NAGERA (1991), S. 151

gen aber Schuldgefühle und die bange Erwartung von Strafe. Angesichts der Beobachtung, daß es weibliche Wesen gibt, die ihres Genitales offenbar beraubt wurden, nimmt diese Befürchtung den Charakter der Kastrationsangst an. Diese, in Verbindung mit der Einsicht, bei der Mutter nicht landen zu können, führt schließlich dazu, daß der Knabe seine inzestuösen Wünsche aufgibt und sich mit dem Vater identifiziert, wobei er auch dessen Gebote und Normen verinnerlicht und so sein Über-Ich aufbaut, dem er dann weiterhin auch seine Kulturfähigkeit verdankt.

Beim *weiblichen* Kind, so lehrte FREUD ab etwa 1919, verlaufe dieser Prozeß nun aber nicht etwa so, daß man zu seiner Beschreibung einfach Vater und Mutter vertauschen könne. Am Anfang verhalte sich das Mädchen vielmehr genauso wie der Knabe: Auch hier ist die Mutter das erste libidinös besetzte Objekt. Demgemäß erlebt auch die Tochter den Vater zunächst als Rivalen, allenfalls etwas weniger intensiv als der Sohn. Das Mädchen sieht sich also als kleinen Jungen. Aus diesem Traum wird es dann allerdings gerissen, wenn es erstmals den kleinen Unterschied bemerkt. Der dadurch hervorgerufene Penisneid nährt eine Zeitlang die Phantasie, das vorenthaltene Statussymbol könne noch nachwachsen; aber irgendwann wird die Aussichtslosigkeit solcher Wünsche eingesehen. Das Mädchen empfindet sein eigenes, »kastriertes« Geschlecht von nun an als minderwertig. Statt mit der Mutter beginnt es sich daher mit dem Vater zu identifizieren. Die aufgegebene Hoffnung auf einen Penis wandelt sich dabei in den Wunsch, vom Vater ein Kind zu bekommen. Daraus wird natürlich auch nichts, und so kehrt die Tochter schließlich mehr oder minder resigniert zur Mutter zurück. Das alles verläuft weniger organisch als beim Knaben, sodaß sich letztlich auch das Über-Ich der Frau weniger prägnant entwickelt als das des Mannes.

Man erkennt leicht, daß diese Theorie eine latente Zweigeschlechtlichkeit beim Mädchen voraussetzt; und was ihr recht ist, muß dem Knaben billig sein: So wird also noch zusätzlich zum »positiven« ein »negativer« Ödipuskomplex postuliert, demzufolge in der Seele des männlichen Kindes auch der Impuls lebt, den Vater libidinös zu begehren und die Mutter als Rivalin zu bekämpfen. In einem so reichbestückten Theorien-Regal läßt sich am Ende wirklich für jede kasuistische Sonderfigur die passende Konfektionsgröße finden.

Insbesondere immunisiert die Erweiterung in den negativen Ödipuskomplex hinein die Psychoanalyse auch gegen den Einwand, Konflikte von der Art, wie Selma FRAIBERG sie schildert, müßten sich bei Gültigkeit der Theorie viel eindeutiger auf den *gleichgeschlechtlichen* Elternteil konzentrieren. Das tun sie nämlich in Wirklichkeit nicht; man beobachtet vielmehr alle denkbaren Konstellationen. Und auch das männliche Organ wird keineswegs immer nur als Statussymbol empfunden; es ist eher so, daß die unterscheidenden Merkmale am eigenen Leibe und am Leibe der anderen zunächst generell Konfusion und Unsicherheit hervorrufen.

Liselotte ARNOLD-CAREY hat dazu kasuistisches Material zusammengetragen[3]. Da besteht ein Mädchen beispielsweise darauf, mit einem Jungennamen angeredet zu werden; ein anderes bindet sich gar kurz entschlossen einen Babyschnuller an die bewußte Stelle. Ein Junge behauptet unbeirrbar, er habe gar kein »Pipi«, und zieht zum Beweis die Hose stramm über den Bauch, sodaß sich nichts mehr abzeichnet. Oder er hält trotz anderslautenden Augenscheins daran fest, daß auch Mädchen eines hätten. Ähnlich verworrene Vorstellungen bestehen in Hinsicht auf die diesbezügliche Ausstattung der Eltern. Auch die Angst des Knaben gilt durchaus nicht nur dem Vater: ARNOLD-CAREY berichtet von einem fünfjährigen Jungen, der sich weigerte, Tassen an den Mund zu führen, aus denen seine Mutter oder seine Schwester getrunken hatten. Diese Tassen, so fürchtete er, seien vergiftet.

All das läßt sich in der FREUDschen Theorie, wenn man deren »negative« Fassung mit zuläßt, irgendwie unterbringen. Wohl ist einem dabei freilich nicht. Man will sich in einem so interessanten Problemfeld auf die Dauer nicht mit beliebig dehnbaren Spekulationen begnügen. Das einzige aber, was hier weiterführen könnte, wäre eine subtile Bestandsaufnahme der empirischen Gegebenheiten. Die Psychoanalyse betreibt jedoch gerade zur »ödipalen« Phase kaum Grundlagenforschung. Margaret MAHLER[4] hat rechtzeitig vor diesem Entwicklungsabschnitt Schluß gemacht. Der Ödipuskomplex selbst behält zwar nach wie vor seinen Ehrenplatz im Pantheon FREUDscher Phantasiegestalten, aber seine empirische Basis beschränkt sich heute

---

[3] ARNOLD-CAREY (1972)   [4] MAHLER et al. (1975)

noch wie ehedem im wesentlichen auf Fallgeschichten *erwachsener* Patienten, aus denen dann auf dem Wege einer gewagten Rückprojektion die frühe Kindheit erschlossen wird.

Und wenn schon einmal über Befunde an Kindern berichtet wird, so hat man doch in aller Regel das Gefühl, daß es den Untersuchern dabei weniger um Erkundung als vielmehr um Bestätigung ging. Die Empirie dient hier nicht dazu, Theorie zu generieren, sondern die Theorie ist immer schon allgegenwärtig da, als das unhinterfragbare Ordnungsmuster, innerhalb dessen lediglich Ausgestaltung zur Debatte steht. Nirgendwo begibt sie sich selbst auf den Prüfstand der Legitimation.

Was uns also fehlt, ist ein empirisches Programm, das darauf angelegt ist, einfach einmal zu sehen, was in dem »ödipal« genannten Alter wirklich geschieht – ohne Voreingenommenheit für oder gegen die Theorien FREUDS, aber in wohlwollender Offenheit gegenüber ihren Anregungen.

Rangi und Papa im Labor

Bei dieser Sachlage bleibt einem nichts anderes übrig, als entsprechende Forschungsvorhaben selbst durchzuführen; und das geschieht an unserem Institut seit nunmehr etwa zehn Jahren. Den Beginn machte Maria Teresa DIEZ FERNANDEZ, die im Rahmen ihrer Dissertation[5] Einzelversuche von jeweils mehreren Stunden Dauer an 92 Kindern beiderlei Geschlechts in der Altersspanne von unter 3 bis 8 Jahren durchführte. Sie verzichtete auf standardisierte Tests und arbeitete statt dessen mit einer Batterie von selbstentwickelten, meist projektiven Verfahren.

Es lag zum Beispiel nahe, Kinder wirklich einmal direkt mit der Symbolik der Himmel-Erde-Trennung zu konfrontieren. Das Versuchskind wurde hierzu an eine etwa einen Meter im Quadrat messende Metalltafel geführt und erhielt drei flache, magnetisch haftende Plastikfiguren mit dem eher vage formulierten Auftrag, diese in der

---

[5] DIEZ FERNANDEZ (1989)

richtigen Weise an der Tafel anzubringen. Es handelte sich dabei um zwei Scheiben in Form je einer halben Ellipse, die den Himmel und die Erde darstellen sollten: Die eine war hellblau und mit einem Wolkenmuster versehen, die andere grün und braun gescheckt und mit Blümchen geschmückt. Als drittes kam noch eine Leiter hinzu.

Den meisten Kindern bereitete es keine Schwierigkeit, die Symbole richtig zu deuten. Nur ganz selten kam es vor, daß etwa die Himmelsscheibe als »See« verwendet wurde; insgesamt lieferten nur 4 Kinder in dieser Beziehung unbrauchbare Daten.

Die übrigen ordneten also Himmel und Erde irgendwie in Beziehung zueinander an. Natürlich war immer der Himmel oben und die Erde unten. Unterschiede ergaben sich indessen sehr wohl bereits hinsichtlich ihrer *Distanz*. Betrachten wir die Verhältnisse an Hand der nachfolgenden Graphik.

Auf der horizontalen Achse ist hier und in den folgenden Abbildungen stets das Alter der Kinder aufgetragen, in Klassen von je einem Jahr zusammengefaßt. Die jüngsten Kinder waren 2 3/4 Jahre alt; demgemäß zählt unsere erste Altersklasse von 2 3/4 bis 3 3/4 Jahren, und so geht es in fünf Jahrgängen weiter. Die älteste Klasse sollte demnach eigentlich bei 7 3/4 Jahren enden; einige Kinder waren aber noch geringfügig älter, sodaß die oberste Gruppe bis zum 8. Geburtstag reicht. Die senkrechte Dimension der Abbildung gibt den mittleren Abstand an, in dem die Kinder der betreffenden Altersklasse Himmel- und Erdscheibe spontan anordneten.

Betrachten wir zunächst den oberen Teil der Abbildung, der die Verhältnisse im männlichen Geschlecht veranschaulicht. Was hier sogleich auffällt, ist der Sprung um den vierten Geburtstag. Während 6 von den 7 Jungen der untersten Altersklasse Himmel und Erde nahtlos aneinanderlegten und der siebte es auch nur auf eine Distanz von 10 Zentimetern brachte, haben in der zweiten Klasse nur noch 3 der 10 Versuchskinder die Nulldistanz gelegt; hingegen machten bereits 3 andere von der ganzen Tafelhöhe Gebrauch und legten die Scheiben auf die größtmögliche Distanz von 50 Zentimetern. Die übrigen verteilten sich irgendwo dazwischen. Was auch immer es bedeuten möge: Mit vier Jahren, also in einem durchaus »ödipal« verdächtigen Alter, fangen die Jungen an, »Himmel und Erde zu trennen«.

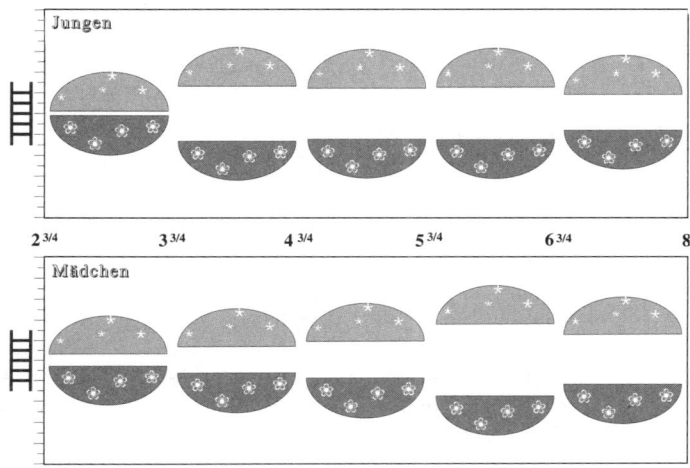

Spontane Anordnung der Symbole »Himmel« und »Erde« an einer Magnettafel durch 92 Kinder. Abszisse: Alter in Jahresstufen. Ordinate: Mittlere Distanz der zwei halbelliptischen Platten. Die Abbildung ist maßstabgetreu verkleinert; eine Skaleneinheit auf der Ordinate entspricht 5 cm. Links außen zum Vergleich die Größe der Leiter (30 cm).

Die Mädchen verhielten sich anders, wie der untere Teil der Abbildung erkennen läßt. Von einem Sprung zwischen den beiden jüngsten Altersklassen ist hier nichts zu sehen; die Distanz der beiden Scheiben nimmt vielmehr graduell mit dem Lebensalter zu, bis zu einem allerdings auch recht markanten Maximum bei den Sechsjährigen.

Die Art und Weise, wie die Kinder mit dem dritten Figurelement umgingen, paßte weitgehend zu der Anordnung von Himmel und Erde. Manche wußten mit der Leiter überhaupt nichts anzufangen, ließen sie einfach liegen oder hefteten sie ohne erkennbaren Zusammenhang irgendwohin. Andere wiesen ihr einen konventionell-konkreten Verwendungszweck zu, etwa die Äpfelernte. Noch andere aber interpretierten sie tatsächlich mythologisch, im Sinne einer *Verbindung* von Himmel und Erde. Generell galt nun, daß sich die Kinder um so eindeutiger für diese Lösung entschieden, je weiter sie Himmel und Erde auseinanderlegten.

Die Geschichte von den Himmelsmenschen
und den Erdmenschen

Der Versuch ging dann noch weiter. Nachdem das Kind die drei Figuren, wie auch immer, an die Tafel geheftet hatte, korrigierte die Versuchsleiterin die Anordnung so, daß für alle eine einheitliche Standardszene entstand: Himmel und Erde auf 30 Zentimeter Distanz, mit der Leiter senkrecht dazwischen. Dann nahm sie aus einer Schachtel je acht braune und blaue Menschenfiguren, etwa 10 Zentimeter groß, die sie der Farbe gemäß auf der Erde beziehungsweise am unteren Himmelsrand anordnete. »Vor ganz, ganz langer Zeit«, erzählte sie dazu, »hat es zwischen Himmel und Erde eine Leiter gegeben. Die Erdmenschlein haben in den Himmel hochgehen können, und die Himmelsmenschen sind auf die Erde herabgekommen.« Passend zu diesen Worten agierte sie mit den Menschenfiguren, sodaß sich schließlich Himmel wie Erde mit einer buntgemischten blauen und braunen Population bevölkerten. »Sie haben alle miteinander gespielt und getanzt, richtig schön haben sie's gehabt. Aber plötzlich an einem Tag ist etwas passiert.« Und damit ging die Initiative auf das Kind über, ausgelöst durch die Frage: »Was meinst du wohl, was da passiert ist?«

Die Fortsetzungen der Geschichte, die die Kinder erfanden, ließen sich nun grob in drei Kategorien einteilen. Eine erste Kategorie umfaßt alle Geschichten, die einen undramatischen Verlauf nahmen: Es passiert »gar nichts«, oder »etwas Gutes«, vielleicht »regnet es« auch nur, oder alle miteinander versammeln sich an einem Ort, oben oder unten, und zwar aus freien Stücken, oder jeder geht dahin zurück, wo er hergekommen ist, sodaß die ursprüngliche Ordnung wiederhergestellt wird. Diese Gruppe von Geschichten wurde als »*harmonisch*« bezeichnet.

Den Gegenpol zu den harmonischen Geschichten bildeten jene, die auf die eine oder andere Weise in eine *Trennung* des himmlischen und des irdischen Prinzips münden. Es gab Kinder, die direkt davon sprachen, daß Himmel und Erde »getrennt« worden seien. Andere stellten sich vor, die verbindende Leiter sei umgefallen, durch ein Unwetter umgerissen worden oder bei einem Streit zwischen Himmels- und

Erdmenschen entzweigegangen. Auch Antworten, die einen direkten Symmetriebruch zwischen Himmel und Erde thematisieren, gehören hierher: Die Himmelsmenschen fallen auf die Erde und müssen dann gegen ihren Willen unten bleiben oder brechen sich bei dem Sturz gar den Hals. Oder umgekehrt: Die Erdmenschen steigen zum Himmel empor und ersticken dort, oder sie müssen oben bleiben, weil plötzlich die Erde verschwunden ist. Schließlich rechnen wir zu dieser Kategorie wegen der hohen Korrelation mit den eben genannten Antworten auch noch, wenn Himmels- und Erdmenschen konsequent ihren Standort vertauschen.

Es gab dann noch eine dritte Antwortkategorie, die wohl als eine Übergangsform zu interpretieren sein dürfte. Zu ihr gehören alle Ge-

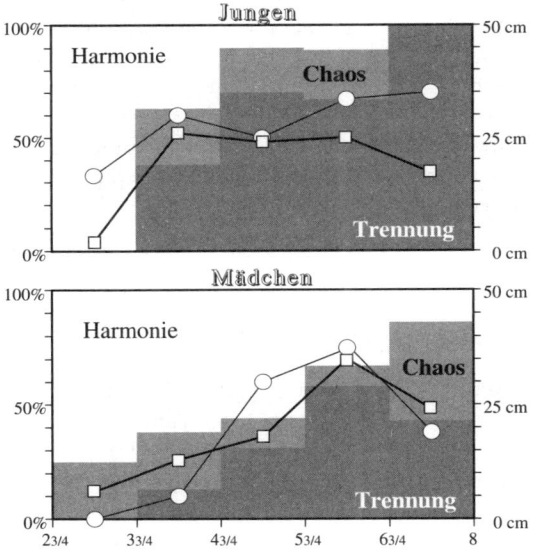

Ergebnisse des Himmel-Erde-Versuchs. Abszisse: Alter in Jahresstufen. Kurve mit quadratischen Symbolen: Himmel-Erde-Distanz (in diesem Fall gilt die rechte Ordinatenskala, in allen anderen die linke). Kurve mit runden Symbolen: Prozentuale Häufigkeit, mit der die Leiter zur Überbrückung der Himmel-Erde-Distanz verwendet wurde. Schattierung: Prozentuale Häufigkeit, mit der die Kinder harmonische, chaotische oder Trennungsgeschichten erzählten.

schichten, in denen sich eine Katastrophe ereignet, die eher den Charakter der Verwirrung als der Trennung trägt. In ihnen scheint eine Ahnung der *Sintflutmythen* anzuklingen. Hierher gehören etwa: Es treten Ungeheuer auf, die Erd- oder Himmelsmenschen oder alle beide auffressen. Oder der Himmel stürzt auf die Erde. Oder es bricht Finsternis herein, und die Menschen, die sich besucht haben, finden den Heimweg nicht mehr. Solche Antworten bezeichnen wir als »*chaotisch*«.

Die Abbildung auf Seite 303 zeigt anhand unterschiedlicher Schattierungen, wie sich die genannten drei Kategorien bei den beiden Geschlechtern auf die Altersklassen verteilen. Zum Vergleich ist noch einmal in der Kurve mit den quadratischen Symbolen der Informationsgehalt der Abbildung von Seite 301 eingetragen. Die Kurve mit den runden Symbolen stellt außerdem die vorhin erwähnte Tendenz dar, die Himmel-Erde-Trennung durch die Leiter zu überbrücken.

Das Gesamtbild spricht dafür, daß die »ödipale« Beunruhigung bei den Jungen pünktlich und einigermaßen schubhaft im 5. Lebensjahr einsetzt, während der Prozeß bei den Mädchen möglicherweise einen gedämpfteren Verlauf nimmt und seinen Höhepunkt erst zirka zwei Jahre später erreicht.

Das Bärenhaus

Außer dem Himmel-Erde-Szenario hatte sich Maria Teresa DIEZ noch eine ganze Batterie weiterer Versuchsanordnungen ausgedacht. Eine davon bestand darin, die Kinder mit einer Art Puppenhaus spielen zu lassen. Als Figuren standen, in hinreichend großer Anzahl, kleine Teddybären zur Verfügung, und zwar in zwei Größen, als Erwachsene und Kinder also, und zudem jeweils in zwei Farben: goldbraun und schwarz.

Die Kinder konnten sich frei entscheiden, welche Figuren sie wählen und wie sie den Spielablauf gestalten wollten. Üblicherweise spielten sie Familienszenen. Ich gehe hier nicht auf die Inhaltsanalyse ein; es genügt, zwei Teilbefunde zu besprechen. Die Versuchsleiterin fragte die Kinder *nach* dem Spiel, welche der Figuren »lieb« oder aber »nicht so lieb« gewesen seien. Häufig war, wie zu erwarten, unter den positiv Bewerteten wenigstens eines der beiden Elternteile. Bildet man nun eine Skala derart, daß ausschließliche Mutterbevorzugung den oberen Rand der Skala und ebenso hundertprozentige Vaterpräferenz das untere Skalenende markiert, während die Nullmarke anzeigt, daß gleichviele Kinder der betreffenden Altersgruppe Vater wie Mutter als »lieb« bezeichneten, so ergibt sich das in der folgenden Abbildung dargestellte Resultat.

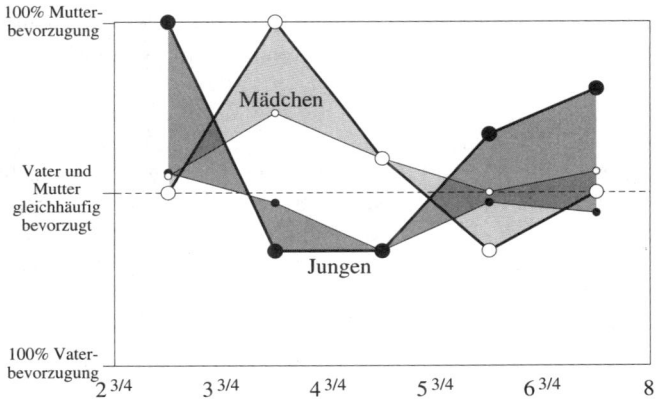

Relative Bevorzugung der Elternfiguren im »Bärenhaus«-Spiel. Abszisse: Alter in Jahresstufen. Ordinate: Bevorzugungsindex. Weiße Punkte: Mädchen. Schwarze Punkte: Jungen. Große Punkte, fette Linien: Bevorzugungsindex gemäß der Häufigkeit, mit der Vater bzw. Mutter als die »liebste« Spielfigur benannt wurde. Kleine Punkte, dünne Linien: Bevorzugungsindex gemäß der Seltenheit, mit der Vater bzw. Mutter durch schwarze Bären verkörpert oder überhaupt weggelassen wurden.

Betrachten wir zunächst die fetten Kurven mit den großen Punkten, von denen die weißen für die Mädchen und die schwarzen für die Jungen stehen. Interessant sind hier vor allem die Werte in der 2. und 3. Altersklasse, also bei den etwa 4- bis 5-jährigen. Wie man sieht, lehnen die Buben hier keineswegs den Vater ab, sondern sie bevorzugen ihn umgekehrt sogar vor der Mutter. Eine deutliche Präferenz der Mutter zeigen statt dessen in diesem Alter gerade die Mädchen.

Das ist nicht unbedingt das, was man nach psychoanalytischer Lehre erwartet. Wenn schon, dann müßte es wieder den »negativen Ödipuskomplex« anzeigen; aber warum sollte der so stark durchschlagen? Nun könnte man natürlich argwöhnen, daß die Kinder, ausdrücklich nach der liebsten Spielfigur gefragt, den Braten gerochen und sich aus dumpfen Schuldgefühlen heraus *kompensatorisch* zu ihren tiefinnerlich gefühlten Präferenzen geäußert hätten. Daß das aber kaum so ist, zeigt sich an einem anderen Befund.

Es wurde nämlich noch ein zweites Präferenzmaß berechnet, nunmehr aber auf indirekter Basis. Obwohl die Kinder Familienszenen spielten, machten sie dabei durchaus nicht immer von *beiden* Elternfiguren Gebrauch. Zuweilen tauchte der Vater oder die Mutter in dem Szenario gar nicht auf. Während die Kinder ferner ganz generell die goldbraunen Bären als Spielmaterial bevorzugten, kam es doch vor, daß die eine oder andere Einzelfigur – meist ein Fremder – in schwarz dargestellt wurde. Und gelegentlich wurde die schwarze Farbe auch für eine Elternfigur gewählt, bei im übrigen braunfarbiger Restfamilie.

Bildet man nun einen Index, dem zugrundeliegt, wie *selten* eine Elternfigur von Kindern der betreffenden Altersklasse in schwarz gehalten oder überhaupt »vergessen« wurde, so erhält man Verhältniszahlen, wie sie die dünnen Kurven mit den kleinen Kreissymbolen in der Abbildung wiedergeben. Wie man sieht, ist der Effekt hier zwar schwächer als bei den ausdrücklich erfragten Präferenzen, aber kompensatorisch ist er keineswegs, sondern er weist in den entscheidenden Altersphasen in dieselbe Richtung wie die Kurve mit den großen Kreissymbolen.

Die zwei Berge

Weitere Aufschlüsse lassen sich einem Experiment entnehmen, das zwei andere meiner Studentinnen, Ruth BISCHOFF-BRUNNER und Marianne SEILER, in Weiterentwicklung der DIEZschen Pilotstudie im Rahmen ihrer Diplomarbeiten durchgeführt haben. Die Anzahl der – wiederum je zur Hälfte männlichen und weiblichen – Versuchskinder betrug in diesem Falle nur 65. Dementsprechend wurde das Altersfenster eingeengt; das jüngste Kind war genau 3, das älteste 5 Jahre und 4 Monate alt.

Die methodische Idee basierte auf dem Motiv der horizontalen Dreiteilung. Die Versuchsleiterin zeigte zunächst eine Bildtafel, in deren Mitte ein Berg ähnlich dem Fujijama eine bukolische Wiesenlandschaft überragte. Dazu erzählte sie, daß auf dem Berg eine Bärenfamilie gelebt habe, zwei Eltern mit ihrem Söhnchen oder Töchterchen, je nach Geschlecht des Versuchskindes. Entsprechende Teddypuppen in der Größe von 8 bzw. 5 cm wurden gleichzeitig präsentiert.

Eines Tages, so ging die Geschichte weiter, sei dann der Berg in zwei Hälften zerbrochen. Das Kind wurde gefragt, warum dies wohl geschehen sei. Und dann begann der eigentliche Versuch. Für diesen wurde eine aus Styropor gefertigte und bunt bemalte Spielzeuglandschaft enthüllt, groß genug, um die Bärenfiguren darin agieren zu lassen. Sie stellte das Resultat der zuvor verbal geschilderten Katastrophe dar: rechts und links zwei eindrucksvolle Berghälften, getrennt durch eine tiefe Schlucht, auf deren Boden ein Wildbach floß.

Das Kind erhielt nun den Auftrag, die Mitglieder der Bärenfamilie in diese Landschaft zu plazieren. Außerdem bekam es, in einer Schachtel neben sich auf einem Stuhl, noch weitere Spielfiguren zur freien Verwendung: eine gute Fee, eine Hexe, einen lieben und einen bösen Zauberer, einen von der Versuchsleiterin neutral bewerteten Drachen, zwei Feuerstellen, ein Brett, das als Brücke über die mittlere Schlucht verwendet werden konnte, und noch einige andere Gegenstände.

Die Spiellandschaft für das Zwei-Berge-Experiment.

Mit alldem konnte das Kind nach Belieben spielen. Nach etwa 20 Minuten wurde der Versuch mit dem Hinweis, es werde nun Nacht und die Bären müßten schlafen gehen, sanft beendet, wobei sich meist noch wertvolle Hinweise aus den vom Kind gewählten Schlafgruppierungen ergaben. Das gesamte Geschehen wurde auf Video gefilmt und hinterher in allen Details über Computerprogramme codiert und ausgewertet.

Dieser Versuchsplan erwies sich als wahre Fundgrube. Fast alle Kinder lieferten nichttriviale, teilweise ausgesprochen eindrucksvolle Ergebnisse. Das Material läßt sich einigermaßen zwanglos um ein halbes Dutzend prototypischer Spielverläufe gruppieren. Diese trennen eindeutig zwischen den Geschlechtern; hingegen reicht wegen der relativ eng begrenzten Altersspanne und der individuellen Streuung des Entwicklungsstandes die Zahl der Versuchspersonen nicht aus, um sie auch in eine gesicherte *zeitliche Ordnung* zu bringen.

Inzwischen erhärtet sich aber in Folgeuntersuchungen mit erweitertem Zeitfenster, daß bei den jüngsten Kindern vorwiegend problemlos-harmonische Familienszenen, bei den älteren hingegen solche mit Trennungskonstellationen zu erwarten sind. Die Befundlage spricht also dafür, daß die gefundenen Verlaufstypen nicht nur die Besonderheiten der individuellen Familiensozialisation spiegeln, sondern auch unterschiedlichen Reifestadien entsprechen. Dabei zeichnet sich die in der nächsten Abbildung skizzierte ontogenetische Reihenfolge ab.

Der »präödipale« Anfangszustand wäre demnach bei beiden Geschlechtern durch eine Spielhandlung vom Typus der *Harmonie* gekennzeichnet (Kategorie A). Das familiäre Medium wird hier noch als bergende Einheit empfunden, auch wenn darin Vater oder Mutter leicht bevorzugt werden können. Alle Familienmitglieder haben das gleiche Schicksal, unternehmen oft, wenn auch nicht ständig, etwas gemeinsam und sind auch immer wieder eng beisammen.

Dieser Spieltypus spiegelt einen Zustand wieder, in dem das Kind seine Eltern und sich selbst noch kaum geschlechtlich polarisiert wahrnimmt. Die Weltatmosphäre erscheint ungetrübt, die Beziehung zu beiden Elternteilen ist eng und gut. Man weiß zwar, daß es Männer und Frauen gibt und daß diese Unterscheidung auch auf die Eltern anwendbar ist; mit dieser Tatsache kann man aber noch sorglos umgehen. Das liegt wohl weitgehend daran, daß das Kind anfänglich das eigene Geschlecht noch nicht als unveränderbar erfährt und sich somit noch nicht zwingend und ausschließlich einem der beiden Elternpole zugewiesen sieht. Es treten daher auch noch keine Verlustängste bezüglich des anderen Elternteils auf.

Der harmonische Zustand kann nun aber nicht unbegrenzt aufrechterhalten werden. Irgendwann, der Häufungspunkt scheint im 5. Lebensjahr zu liegen, polarisieren sich die Eltern, und es kommt zur *Krise*. Den treibenden Keil bildet dabei der Vater, der sich in seiner radikalen Andersartigkeit zu erkennen gibt, während die Mutter vorerst weiterhin die amputierte Restmasse des geborgenheitsstiftenden Mediums von ehedem verwaltet.

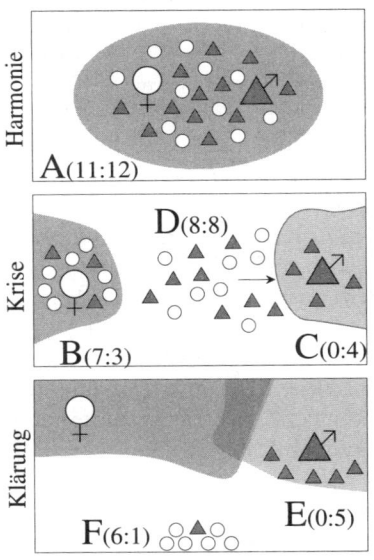

Mutmaßlicher Entwicklungsgang des bevorzugten Spieltypus im Zwei-Berge-Experiment (von oben nach unten). Kreise = weiblich, Dreiecke = männlich; groß = Eltern, klein = Kinder. Medien sind durch Grauschattierung angedeutet. Die Buchstaben bezeichnen Reaktionskategorien, die im Text erläutert werden. Die Zahlenpaare dahinter geben das Verhältnis von Mädchen zu Jungen an, die gemäß der betreffenden Kategorie gespielt haben.

Mit der Erfahrung, daß die sicherheitsspendende Einheit des Elternmediums in die Opposition zweier Geschlechter zerfällt, gehen Mädchen und Jungen tendenziell verschieden um. Die *Mädchen* fühlen sich von ihrer nunmehr verbindlich werdenden Geschlechtsidentität her auf die Mutter verwiesen (*B*). Da diese die Färbung des ehedem Trost und Geborgenheit spendenden Urmediums beibehält, können sie bei ihr zumindest noch für eine Weile die Illusion der heilen Welt bewahren – allerdings nur unter Preisgabe der Vaterbindung. Der männliche Elternpol muß ausgeschlossen werden, da er von jetzt an durch sein Anderssein die symbiotische Harmonie stört. Der enge Anschluß an die Mutter ist also tatsächlich auch eine Angstreaktion, und das zeigt sich in den Spielverläufen darin, daß die Geschlechtertrennung enorm rigide aufrechterhalten werden muß und keine Annäherung an den Vater zugelassen werden kann.

Wie die Mädchen erschrecken auch die *Knaben* vor der zuvor so nicht wahrgenommenen Fremdartigkeit des Vaters. Einige von ihnen versuchen es zunächst ebenfalls mit der weiblichen Strategie (*B*), den Vater zugunsten einer bedingungslosen Mutterbindung als Bösewicht zu outen. Dieser Ausweg fordert von ihnen aber, die aufdämmernde Einsicht in die eigene Geschlechtsidentität zu unterdrücken. Letztlich bleibt ihnen also doch nichts anderes übrig, als die mütterliche Geborgenheit zu verlassen und sich dem fremden Mann, der das Urmedium offensichtlich zerstört hat, auf Gedeih und Verderb anzuschließen. Das löst bei denen, die es wagen (*C*), Angst und Verunsicherung aus, weshalb sich die Beziehung zum Vater hier zunächst eher ambivalent entwickelt; gegenseitige Hilfe und Aggression liegen dicht beieinander. Um die Konstellation zu stabilisieren, müssen einige dabei auch die Mutter ähnlich rigide ausgrenzen wie die Mädchen den Vater.

Ein großer Teil der Kinder beiderlei Geschlechts bemüht sich zunächst um Schadensbegrenzung (*D*). Man versucht, den fremd gewordenen Vater irgendwie zu reintegrieren, ohne daß dies allerdings gelingt. Die Spielverläufe dieses Typs zeigen deutliche Auseinandersetzungen mit *beiden* Elternteilen, ein Hin- und Herpendeln, wobei in beiden Geschlechtern das Bemühen um den *Vater* dominiert. Die Kinder umwerben ihn, suchen seine Nähe und Anerkennung, die Jungen knüpfen Kontakt über gemeinsam zu bestehende Abenteuer, die

Mädchen bedienen sich auch der Strategie, in Gefahr zu geraten, dann zu weinen und sich vom Vater helfen zu lassen. Das alles nützt aber nicht viel; der Vater läßt sich zwar ein, soweit nötig, bleibt aber im Grunde unfreundlich, autoritär und unnahbar. Oft entzieht er sich, indem er selbst zur Mutter geht oder das Kind zu ihr bringt. Die Mutter hat bei dieser Gruppe keinen hohen Stellenwert; von den Jungen wird sie eher als Notbehelf behandelt, den Mädchen erscheint sie manchmal auch als Konkurrenz.

Allmählich bahnt sich dann eine *Klärung* an. Diese äußert sich beim *Jungen* am eindeutigsten: Er identifiziert sich jetzt mit dem Vater (*E*). In diesen Spielverläufen gelingt der Anschluß an den Vater, die Beziehung zu ihm wird partnerschaftlich, ein Männerbund, der an die Junggesellenkohorten der sozialen Säugetiere[6] erinnert. Die geschlechtliche Polarisation des familiären Mediums scheint positiv verarbeitet zu sein, was sich im Spiel unter anderem darin zeigt, daß auch die Mutter wieder aktiv in die Handlungsgemeinschaft einbezogen werden kann. Vater und Sohn schlafen dann beispielsweise getrennt von der Mutter, gehen sie aber gemeinsam zum Frühstück besuchen. Auf einer höheren Ebene ist die Familie hier wieder eine Einheit geworden.

Was anfangs als Handicap der Knaben erschienen war, stellt sich jetzt als Vorteil heraus: Für sie ist die geschlechtliche Identifikationsfigur nicht auch die primäre Bezugsperson der frühkindlichen Symbiose. Identifikation mit dem Vater bedeutet nicht gleichzeitig ein Zurück in die Konturlosigkeit des »ozeanischen Gefühls«. Genau hier liegt jedoch das Problem beim *Mädchen*. Dieses kann sich daher nicht vergleichbar unbekümmert an die Mutter anschließen. Die Spiele der Mädchen wirken in diesem Entwicklungsabschnitt daher so, als ob sich das Kind *weder* beim Vater *noch* bei der Mutter wirklich »zuhause« fühlt (*F*). Die Mutter läßt die Tochter allein, woraufhin diese nostalgische Rückkehrphantasien in die Symbiose entwickelt. Oder sie sucht die Nähe des Vaters, was aber nicht etwa einen »ödipal« werbenden Eindruck macht; der Vater wird eher als Ersatzmutter betrachtet, ohne daß die Beziehung zu ihm faszinierende und weiterführende Aspekte erkennen läßt. Letztlich endet die Konstellation für die Mäd-

---

[6] BISCHOF (1985), Kap. 14

chen damit, daß sie ganz allein sind. Wobei einige von ihnen diesen Zustand immerhin auch positiv gestalten: Das Bärenkind distanziert sich dann aktiv und emanzipatorisch von den Eltern und geht eigene Wege. Ob und wann bei den Mädchen eine Phase der positiven geschlechtlichen Identifikation mit der Mutter möglich wird, läßt sich anhand der vorliegenden Stichprobe nicht beantworten.

Soweit also die Befundlage. Sie zeigt einmal mehr, daß man FREUDS Bemerkungen zum kindlichen Seelenleben nicht als rundum absurd abtun kann. Problematisch erscheint eher der hochspekulative Theorierahmen, in den er seine Beobachtungen einbettet. Tatsächlich läßt sich das empirische Material auf dem Boden der modernen Entwicklungspsychologie auch noch anders und schlüssiger interpretieren.

Die Wanderungen der Libido

FREUD hat sich zur kindlichen Entwicklung bekanntlich eine Modellvorstellung zurechtgelegt, die zwar weniger in der akademischen Diskussion, wohl aber in der Amateurpsychologie des Bildungsbürgertums und natürlich in den Hauspostillen der Psychoanalytiker noch fortlebt: die Lehre von den Wanderungen der Libido durch die »erogenen Zonen« des Leibes.

Die kindliche Entwicklung verläuft danach in drei Phasen, die sich darin unterscheiden, daß die Libido jeweils andere Regionen des erlebten Leibes »besetzt«. In einer ersten, der »oralen« Phase soll der Mundbereich Träger der Lusterlebnisse sein. Mit etwa anderthalb Jahren folge sodann die »anale« Phase, in der Sensationen der Afterzone die meiste Aufmerksamkeit auf sich ziehen. Schließlich soll sich in der »phallischen«, auch »ödipal« genannten Phase etwa um das fünfte Lebensjahr die Libido an dem Ort verdichten, der ihr entwicklungslogisch letztlich auch vorbestimmt ist: der Genitalzone. An diese drei frühen Entwicklungsphasen schließen sich dann noch einmal drei weitere an: eine etwa mit dem Schuleintritt einsetzende »Latenzphase«, in der das Streben nach libidinösem Lustgewinn zugunsten einer Zuwendung zur Sachwelt in den Hintergrund tritt, dann die Pubertät, die das Konfliktpotential der ödipalen Phase in verschärfter Form wieder aufnimmt, und schließlich die *Adoleszenz*, in der sich die Beziehung zu einem Partner formt und die Sexualität in ihr funktionelles Stadium eintritt.

Vergleicht man diese Konstruktion mit der in den vergangenen Kapiteln entfalteten Phänomenologie der seelischen Medien und Figuren, so vermißt man auf den ersten Blick jede Beziehung. Nun entbehren bei FREUD aber selbst die waghalsigsten Spekulationen selten eines intuitiv erahnten Wahrheitskernes. So ist es auch hier. Inbegriff der »Oralität« ist doch der Säugling an der Brust der Mutter: eine Situation, in der intensivster Haut-, ja Schleimhautkontakt hergestellt wird, damit körpereigene Substanz aus dem Leib der Mutter in den des Kindes herüberströmen kann. Auch im Kuß, der aus der Mund-zu-Mund-Fütterung hervorgegangen sein dürfte, klingt derselbe Erlebnisgehalt an. Die Mundöffnung taugt also wohl in der Tat recht gut als Organsymbol der *medialen Fusion*.

So betrachtet erscheint die Hauptthematik der »analen« Phase, die *Reinlichkeit*, als direkte Antithese zur »Oralität«. Hier nämlich geht es gerade umgekehrt um *Abgrenzung*. Die Umgangssprache hält eine Fülle einschlägiger Bilder parat, bis in Themenbereiche hinein, die niemand auf den ersten Blick mit Kot in Verbindung bringen würde. Man sagt etwa, daß man zwei Begriffe »säuberlich« unterscheiden müsse – so als würden sie sich wechselseitig beschmutzen, wenn man sie miteinander »vermengt« oder ihren Unterschied »verwischt«. Logisches Denken ist eben in erster Linie eine Sache der Grenzziehung, und wo immer Grenzen wichtig werden, dort stoßen wir tatsächlich auch auf »anale« Metaphern.

Im übrigen ist oft gerade das Toilettentraining das Feld, auf dem das Kind erstmals ernsthafteren Kraftproben mit seinen Erziehern ausgesetzt ist; man könnte also auch von der Trotzreaktion her eine engere Beziehung zwischen der analen Thematik und der Armierung von Ich-Grenzen konstruieren. Aber sehr überzeugend ist das nicht. Konfrontationen ergeben sich, wenn sie erst einmal in der Luft liegen, genauso gut auch im Zusammenhang mit dem Essen: Es sei nur an das jedenfalls zu FREUDs Zeiten noch wohlvertraute Bild von dem zusammengekniffenen Mund erinnert, der sich dem spinatgefüllten Löffel verweigert. Ein Geschehen wird eben nicht eigentlich dadurch »oral«, daß es sich am Mund abspielt, sondern vielmehr dadurch, daß dieser sich *öffnet*, daß er seine Bereitschaft bekundet, aufzunehmen und sich einzuverleiben. Ganz entsprechend erweist sich als das entscheidende Organ des Analbereichs der *Schließ*muskel. Es kommt nicht auf die Anatomie als solche an, sondern darauf, was man mit ihr macht.

Soweit also läßt sich immerhin noch eine Brücke zur Gedankenwelt der Psychoanalyse schlagen. Wie steht es nun aber mit der Entwicklungsphase, die »phallisch«, »genital« oder »ödipal« genannt wird? Auch hier verdanken wir FREUD eine wesentliche Einsicht. Man muß es ihm hoch anrechnen, daß er in der prüden wilhelminischen Zeit erkannt hat und zu sagen wagte, welche Rolle die Geschlechtlichkeit in der Phantasie des Fünfjährigen spielt. Unbehaglich wird es einem dann erst angesichts all der Spekulationen über Ödipus und das natürliche Inzestverlangen, die Urhorde und den Vatermord. Man wünscht sich ein schlüssigeres, mit der modernen Verhaltensforschung besser in Einklang zu bringendes Verständnis der Vorgänge in diesem faszinierenden Lebensalter. Und hier kommen nun unerwartete Aufschlüsse aus einem ganz anderen, zunächst eher an kognitiven Vorgängen interessierten Sektor der Entwicklungspsychologie.

Theory of Mind

Im Jahre 1978 erschien im ersten Heft der damals gerade neu gegründeten renommierten Fachzeitschrift »The Behavioral and Brain Sciences« eine paradigmatische Veröffentlichung aus der Feder eines der kreativsten Ideenlieferanten der modernen psychologischen Grundlagenforschung, David PREMACK[7]. Die Arbeit trug den seltsamen Titel »Does the Chimpanzee have a Theory of Mind?«, und sie löste eine Flut von Experimenten und theoretischen Erörterungen aus – auch in der Primatologie, vor allem aber in der Entwicklungspsychologie[8]. Es empfiehlt sich nicht, den Begriff »Theory of Mind« wörtlich ins Deutsche zu übertragen; wir lassen ihn am besten als Fachausdruck stehen; auf diese Weise schieben sich wenigstens keine unkontrollierten Nebenbedeutungen über seine exakte Definition.

---

[7] PREMACK & WOODRUFF (1978)   [8] PERNER (1991)

Ein dreijähriges Kind beobachtet, wie ein Junge ein Stück Schokolade in eine Büchse steckt und anschließend den Raum verläßt. In seiner Abwesenheit wird, wiederum vor den Augen des Kindes, die Schokolade aus der Büchse entfernt und in eine Schublade gelegt. Dann kommt der Junge zurück, um seine Schokolade zu holen. Wo wird er sie wohl als erstes suchen? Fast alle so befragten Dreijährigen erwarten, daß er sogleich die Schublade aufziehen werde! Sie können sich noch nicht vorstellen, daß der Junge ja gar nichts von der Umlagerung *wissen* kann. Sie sind naive Realisten in Reinform, Wirklichkeit ist für sie das, was sie wissen, und wenn sie es wissen, weiß es jeder. Etwas anders gewendet: Sie verstehen noch nicht, daß man von Tatsachen ein *falsches* Bild haben kann. Auch von sich selbst können sie sich das nicht vorstellen. Wenn man vor ihren Augen eine Keksdose öffnet, die zu ihrer deutlichen Enttäuschung nur Bleistifte enthält, und sie dann fragt, was sie *zuvor* für einen Inhalt erwartet hätten, geben sie unbeirrbar »Bleistifte« an. Wie sollte man je Kekse in einer Dose vermutet haben, von der man doch weiß, daß Bleistifte drin sind!

Erst ein gutes Jahr später, durchschnittlich mit etwa viereinhalb Jahren, sind die Kinder solchen Aufgaben gewachsen. Es sieht so aus, als hätten sie inzwischen einen kognitiven Entwicklungsschub durchlebt, der es ihnen nun zu verstehen erlaubt, daß Wirklichkeit nicht dasselbe ist wie das Bild, das man sich von ihr macht, daß verschiedene Menschen diese Wirklichkeit auf verschiedene, widersprüchliche, gegebenenfalls unzutreffende Weise erleben und für wahr halten können. Diese Erkenntnis ist gemeint, wenn man von »Theory of Mind« redet[9].

Wenn wir die phänomenologischen Kategorien der »figuralen« und der »medialen« Erscheinungsweise des Anschaulich-Seelischen zu Hilfe nehmen, können wir den Phasenübergang auch folgendermaßen charakterisieren. Woran es dem Dreijährigen noch fehlt, ist das Verständnis dafür, daß verschiedene Personen denselben Gegenstand unter verschiedenen *Perspektiven* sehen können. Perspektive aber ist nur ein anderes Wort für *Bezugssystem*, und das wiederum ist eine der Chiffren, unter denen wir das Phänomen des seelischen *Mediums* begriffen haben. Bei der Theory of Mind geht es also letztlich darum,

---

[9] ASTINGTON & GOPNIK (1991)

Objekte *gleichzeitig in mehrere Medien eingebettet zu erleben*, verschiedene Bezugssysteme simultan und ohne gegenseitige Störung dieselben Inhalte bestimmen zu lassen.

Für den Mathematiker ist das kein Problem. Einige Leser werden sich vielleicht noch an den Gymnasialunterricht in analytischer Geometrie erinnern, zu dessen Pflichtpensum die Prozedur der *Koordinatentransformation* gehörte. Der Ort eines Punktes in einer Ebene wird bekanntlich durch die Angabe von Abszisse (x) und Ordinate (y) definiert. Diese Maße aber hängen von der Wahl des Koordinatensystems ab, und das ist nach Belieben austauschbar. Ein und derselbe Punkt P kann also, wie die Abbildung andeutet, zugleich die Koordinaten (x,y) und (ξ,η) haben.

Das können auch schon Kinder ab etwa dem 4. Lebensjahr verstehen, wenn man die Situation altersentsprechend gestaltet. Etwa so: Zwei Kinder sitzen sich gegenüber, vor ihnen auf dem Tisch liegt das Bild einer Schildkröte. Für den einen Betrachter steht diese auf ihren Beinen, für den anderen liegt sie auf dem Rücken. Wenn das Kind nun in der Lage ist, sowohl die aufrechte Schildkröte, die es selbst sieht, als auch die liegende, als die sie dem anderen Kind erscheinen muß, gleichzeitig *interferenzfrei* zu denken – dann sagen wir, es habe eine »Theory of Mind«.

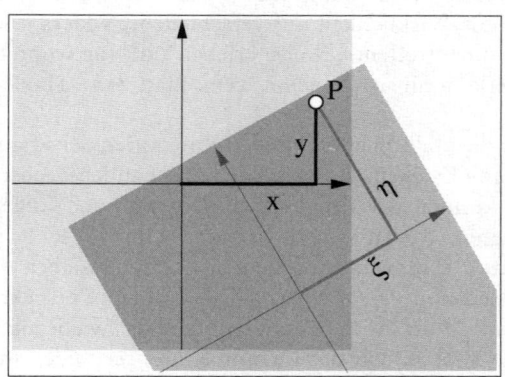

Bezugssystemtransformation in der analytischen Geometrie. Derselbe Punkt P läßt sich ohne logischen Widerspruch gleichzeitig durch die Koordinaten (x,y) und (ξ,η) beschreiben.

Ein Bewußtsein, das in der Lage ist, auf mehrere Medien gleichzeitig zu reflektieren, muß diese keineswegs zu *Figuren* machen. Sie können durchaus atmosphärisch bleiben, ihre Trennung bedarf nicht irgendwelcher Außengrenzen, sondern wird durch einen eigentümlichen Akt der *Abhebung*, des Auseinandernehmens gewährleistet. Theory of Mind ist *Mediendissoziation*!

Schuld und Scham

Warum dieser Exkurs in die scheinbar ganz andere Welt der kognitiven Entwicklung? Weil seelische Bezugssysteme eben nicht nur beim Denken eine Rolle spielen, sondern auch und vor allem in der Welt der Gefühle, Triebe und Gestimmtheiten. Vor allem ein Phänomenbereich, von dem man zunächst meinen würde, er gehöre in ein völlig anderes Kapitel der Psychologie, erweist sich als strukturell eng mit der Theory of Mind verbunden: die affektive Basis der *Moral*.

Moralisch nennen wir Verhaltensweisen, deren Unterlassung in uns Gefühle der *Schuld* oder der *Scham* hervorruft. Es fällt nicht leicht, diese beiden Erlebnisfelder zu trennen. Die Umgangssprache ist hierfür nicht konsequent und die akademische Psychologie nicht subtil genug. Unter der Fülle der zu berücksichtigenden Facetten spielt in unserem Zusammenhang vor allem ein Kriterium eine zentrale Rolle: Schuld hat etwas mit der *Armierung* der Ich-Kontur zu tun; Scham ereilt mich, wenn ich meine Grenzen unzulässig *auflöse*.

Wir haben auf Seite 181 ff gesagt, *Empathie* setze voraus, daß Ich- und Du-Zustände als voneinander abgegrenzt erfahren werden können. Empathie aber zieht unmittelbar Schuldgefühle nach sich. Kinder im Stadium des Spiegelerkennens spüren nicht nur den unüberwindlichen Drang, bei einer Diskrepanz zwischen eigenem Wohlbefinden und fremder Betrübnis Hilfe zu leisten, sondern sie meinen oft auch fälschlich, am Mißgeschick des anderen selbst schuld zu sein.

Das ist übrigens eine Reaktionsweise, die auch Erwachsenen nicht fremd ist. Man spricht hier in der Moralphilosophie von »existentieller Schuld«. Gemeint ist das Phänomen, daß Überlebende einer Flutkatastrophe oder gerettete KZ-Häftlinge nicht davon loskommen, sich den Verstorbenen gegenüber schuldig zu fühlen, so als ob sie ihr eigenes Überleben vor den vom Schicksal Geschlagenen verantworten müßten. Es ist einfach die Erfahrung des affektiven Ungleichgewichts, die das Gefühl wachruft, man schulde dem anderen den Ausgleich – egal, wer auch immer dieses Ungleichgewicht verursacht haben mag.

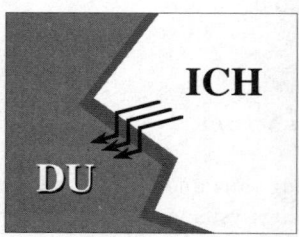

Zum phänomenologischen Unterschied von Schuld und Scham. Links: Bei klarer Abgrenzung von Ich und Du entsteht gegebenenfalls ein Gefälle zwischen eigenem Wohlbefinden (weiß) und fremdem Leid (grau), das zu ausgleichender Hilfeleistung (Pfeile) verpflichtet. Rechts: Bei Auflösung der Grenze verschwindet das Gefälle und sein Motivationsdruck. Dafür muß jetzt die Scham der Entblößung in Kauf genommen werden.

Wenn das so ist, dann gäbe es freilich ein elegantes Mittel, um sich von aller Verantwortung zu befreien. Es ist ja die *Ich-Grenze*, die den Stau zwischen eigenem Glück und fremdem Leid aufrechterhält. Man könnte der ganzen Beunruhigung also aus dem Wege gehen, indem man seine Grenze *öffnet*. Dann nämlich würden eigene und fremde Gefühle ununterscheidbar. Entweder würde man sich, gemeinsam mit dem Anderen, in larmoyantem Selbstmitleid auflösen, oder das eigene Wohlbefinden würde das fremde Leid überblenden und nicht mehr wahrnehmen lassen. Auf jeden Fall wäre man der Zwangslage entkommen, helfen zu müssen.

Dieser billige Ausweg bleibt nun aber normalerweise versperrt. An der Ich-Grenze steht ein Wächter, der nicht zuläßt, daß sie nach Belieben geöffnet wird; und dieser Wächter ist eben die Scham. So ist also kein Entkommen: Wenn ich der Schuld entfliehen will, laufe ich der Scham in die Arme, und umgekehrt – mir bleibt keine andere Option als die des moralischen Handelns.

Wenn wir nun zu ergründen suchen, warum die Scham diese Wächterfunktion ausübt, so helfen uns die Überlegungen zur Theory of Mind weiter. Schlüsselidee ist dabei die Fähigkeit zur Reflexion auf Bezugssysteme. Fragen wir zunächst anders herum: Warum sollte man denn seine Grenze *nicht* auflösen? Gewiß – das wäre mit Autonomieeinbuße verbunden. Wer ranghoch sein will, muß zeigen, daß er sich vom Du abgrenzen kann, und das erzeugt zwangsläufig ein gewisses Maß an empathischem Gefälle. Insofern nötigt der Anspruch auf soziales Ansehen zur Fürsorge für Schwächere. Größe verlangt Großzügigkeit.

Das ist ein Motivzusammenhang, den man andeutungsweise auch schon bei Schimpansen beobachten kann, den ersten Lebewesen, die überhaupt Ich-Grenzen entwickeln können. Von Moral läßt sich bei ihnen gleichwohl noch nicht reden; diese entsteht erst, wo der Antagonismus von Schuld und Scham greift. Dafür aber ist Theory of Mind erforderlich. Wer Bezugssysteme als solche wahrzunehmen vermag, ist sich nicht nur seines figuralen, sondern auch seines medialen Ich bewußt. Das heißt aber, daß das Ich nicht mehr aus der Befangenheit des Selbstbewußtseins entlassen wird, sobald es seinen figuralen Status aufgibt. Es bleibt vielmehr auch im medialen Aggregatzustand noch potentiell im Fokus der eigenen und der mitgespürten fremden Aufmerksamkeit. Und zwar in all der schneckenweichen Ungeschütztheit, die ein Seiendes hat, das ohne feste Konturen existiert und fremdem Wollen kein »Bis hierher und nicht weiter« entgegenzusetzen vermag. Dieser Zustand ist unbehaglich, und ihn sucht die Scham zu vermeiden.

Es ist also nicht verwunderlich, daß bei Kindern echte Schamreaktionen erstmals gerade in dem Alter auftreten, in dem sie auch die Theory of Mind erwerben. Als Anlaß kommt sicher auch schon geschlechtliche Befangenheit in Betracht, vor allem und typischerweise aber das Ertapptwerden bei *Heimlichkeiten*, etwa beim Lügen oder Naschen – also eben die Erfahrung, daß das Bezugssystem des eigenen Wissens und Wünschens, das man vor anderen verbergen wollte, diesen offenbar geworden ist.

Ein Phänomen, das in der Fachliteratur immer wieder mit Scham verwechselt wird, sei hier noch erwähnt. Es ist die Reaktion auf offenbar werdende eigene *Inkompetenz*[10]. Kinder, die bei einem Wettspiel unterliegen, reagieren bis zum Alter von etwa 3 Jahren traurig und weinerlich, danach mit einem Ausdrucksverhalten, das ethologisch am ehesten als »Demutsgeste« zu interpretieren ist: Der Körper sackt zusammen, der Kopf senkt sich und der Blick wird niedergeschlagen. Wirkliche Schamreaktionen beobachtet man in solchen Situationen erst nach dem Erwerb einer Theory of Mind, wenn das Versagen auch als Bloßstellung erlebt wird.

Die Scheidung der Elemente

Das Bild beginnt sich nun zu runden. Am Anfang der Bewußtseinsentwicklung wird Seelisches nur medial erfahren, als »ozeanisches Gefühl«, in dessen unhinterfragter Einheit man sich geborgen weiß. Sein Du-Aspekt ist insbesondere noch nicht nach Geschlechtern polarisiert. Er ist allerdings auch nicht eigentlich geschlechtslos, sondern eingebunden in ein geniales Paradox: einerseits von der Qualität der pflegenden Fürsorge erfüllt, also eine uterine *Muttergottheit*, andererseits doch leiblich durch die Dualunion *beider* Eltern repräsentiert, also hermaphroditisch.

Es mag dann wirklich einer affektiven Katastrophe gleichkommen, wenn dem Kind jene Einsicht dämmert, die in einem uralten alchimistischen Bild angesprochen ist: daß die »Elemente« sich scheiden und ihre Mutter, die *prima materia*, der Zersetzung preisgeben, daß der Uroboros-Inzest seine Basis verliert und die hermaphroditische Ganzheit des Mediums für immer verlorengeht – »gleich wie ein kes niemer zu milch wird«, wie Paracelsus es handfest veranschaulicht. Das ist das Verhängnisvolle an der »Theory of Mind«: Sie vertreibt uns aus einem Paradies der Selbstverständlichkeiten in eine Welt, in der man die Dinge so oder auch anders sehen kann, in dem die Punkte je nach Bezugssystem ganz verschiedene Koordinaten haben. Solche Bezugssysteme relativieren sich gegenseitig; man kann sich darin nicht mehr so wie früher behaust fühlen.

In der Kinderzeichnung ziehen sich die nunmehr unterscheidbar gewordenen elterlichen Perspektiven wie Vorhänge, wie Gebirgsmas-

---

[10] Geppert & Küster (1983)

sive nach rechts und links zurück. Den Raum in der Bildmitte geben sie für das mediale Selbst frei, in dem dann wiederum, meist als kleine Menschengestalt, die Ich-Figur wohnt. Aber nicht mehr in egozentrischer Position: Der Sinn des Weltgeschehens besteht nicht mehr darin, den eigenen Bedürfnissen zuzuarbeiten oder zuwiderzulaufen, sondern er erschließt sich als ein Konzert vieler prinzipiell gleichgewichtiger Interessenpole, die alle primär auf sich selbst bezogen sind und erwarten, daß man seinerseits Rücksicht auf sie nimmt. Das Ich wird exzentrisch.

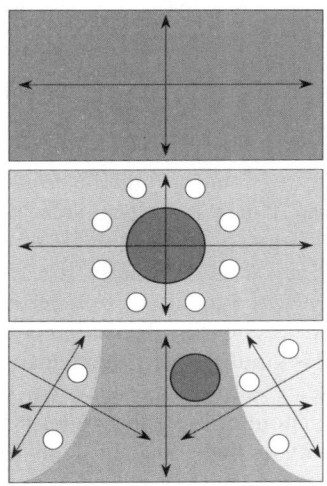

Versuch einer graphischen Darstellung der von Freud als »oral«, »anal« und »ödipal« bezeichneten Entwicklungsphasen. – Oben (Zustand bis etwa zur Mitte des 2. Lebensjahres): Mediale Symbiose von Ich und Du. Egozentrik. – Mitte (bis ins 4. Lebensjahr): Figurwerdung von Ich (dunkelgrau) und Du (weiß). Weiterbestehende Egozentrik. Weiterhin undifferenziertes Medium. – Unten (ab etwa dem 5. Lebensjahr): Entmischung des Mediums in einen väterlichen, einen mütterlichen und einen Ich-Anteil. Die Ich-Figur wird exzentrisch.

Außerdem hat es nun einen anderen Stellenwert. Solange nur das eine, ungeteilte, allerfüllende Medium existierte, war dieses im strikten Sinne unbewußt – unscheinbar, wie die Gestalttheorie zu sagen pflegte.

Löste das figurale Ich seine Grenzen auf, blieb von ihm nichts mehr übrig, es versank in die vollkommene Selbstvergessenheit, um die wir Kleinkinder oder auch Tiere zuweilen beneiden. Sobald jedoch das Medium reflektierbar wird, verliert das Lebensgefühl jene Unbefangenheit. Wenn das Ich jetzt ohne Kontur dasteht, hat es sich deshalb noch längst nicht vergessen, es fühlt stattdessen die Scham der Entblößung. Also bleibt es zu einer Existenz in Grenzen verurteilt, damit aber wiederum auch dem Schulderleben ausgesetzt.

Hinzukommt, daß die Dissoziation des Mediums Trennungsangst weckt. Angst aber macht aggressiv. Man sucht einen Sündenbock. Irgendwie, das spürt man sehr wohl, ist man selbst derjenige, der aus der heilen Welt hinausdrängte und sie dabei zerstörte. Die nostalgischen Mythen reflektieren diesen Umstand im Bild des Sündenfalls.

Aber der Kausalnexus ist komplizierter. Wenn das Urmedium entzweibricht, bleibt seine weibliche Hälfte das, was sie immer schon war, eben mütterlich. Allerdings büßt sie nun ihre Omnipotenz ein und verliert ihre Allgegenwart. Sucht man jemanden, dem man die Schuld hierfür zuschieben kann, so ist der, zumindest für die Mädchen, schnell gefunden: Es ist die männliche Hälfte, die nunmehr in ihrer Andersartigkeit erkannt und damit als fremder Eindringling verstanden wird – der Vater der sieben Geißlein entlarvt sich als der schwarze, böse Wolf, der sich das kindliche Vertrauen mit Verstellungen erschlichen hat. Er hat Kreide gefressen, sodaß man seine Fremdartigkeit zunächst nicht wahrgenommen und ihn arglos als Mitglied der Familie behandelt hat; erst jetzt bemerkt man seine Gefährlichkeit.

Den Jungen steht eine solche Konstruktion als Ausweg nicht offen. Wenn sie die Identifikation mit dem Vater und damit das Hineinwachsen in ein geschlechtsintegriertes Selbstverständnis nicht aufs Spiel setzen wollen, bleibt ihnen nichts anderes übrig, als mit dem väterlichen Fremden gemeinsam ins Exil zu gehen. Der Reifungsschub wird den Jungen in diesem Alter also viel unausweichlicher aufgezwungen als den Mädchen.

Natürlich fällt es den Jungen nicht etwa leicht, das Paradies zu verlassen. Aus solcher Motivation heraus ist es, um auf Selma FRAIBERGS Geschichte zurückzukommen, zu verstehen, wenn der kleine Christian seine Mutter heiraten will. Denn bei allem Respekt vor der genitalen Entwicklung des Vierjährigen wird man wohl doch davon ausgehen müssen, daß »heiraten« für ihn jetzt noch etwas anderes bedeutet als später mit fünfundzwanzig. In erster Linie geht es einfach darum, daß Christian die Mutter nicht *verlieren* möchte. Und dennoch muß er sie loslassen, und auch für die Tochter gilt letztlich dasselbe. Denn der Verbleib der ursprünglichen Symbiose würde verhindern, daß das Kind autonom wird. Die Schuld des Vaters mag es sein, ins Urmedium einzubrechen und Geborgenheit in Angst zu verwandeln. Aber ist diese Geborgenheit selbst nicht trügerisch, ist sie nicht eine tödliche Falle? Ist die Urmutter, die ihr Kind nicht losläßt, nicht der Archetyp der Todesgöttin?

Auch in dieser Hinsicht ist FREUDs Theorie einseitig; der Mythos blickt hier weiter. Die aggressive Komponente der Ablösung richtet sich in den Trennungsmythen häufig genug gegen *beide* Elternteile. An diesen Umstand wird uns das folgende Kapitel noch einmal in einem ganz anderen Zusammenhang erinnern.

Affektive Entwicklung in der »ödipalen« Phase

1. Psychoanalytische Interpretation

- **männliches Geschlecht**
  Der Knabe begehrt die Mutter erotisch.
  Er entwickelt Rivalitätsgefühle gegen den Vater und wünscht dessen Tod.
  Er befürchtet Kastration als Strafe.
  Er fühlt sich beschämt durch Zurückweisung seitens der Mutter.
  Er gibt seine Inzestwünsche auf und identifiziert sich mit dem Vater.

- **weibliches Geschlecht**
  Das Mädchen begehrt die Muter erotisch.
  Es entwickelt Rivalitätsgefühle gegen den Vater und wünscht dessen Tod.
  Es erkennt die eigene Penislosigkeit und deutet sie als Kastration.
  Es betrachtet sich als minderwertig und verachtet die Mutter.
  Es identifiziert sich ebenfalls mit dem Vater.
  Es hofft, von diesem ein Kind als Penis-Ersatz zu bekommen.
  Es wendet sich resigniert zur Mutter zurück.

2. Entwicklungspsychologische Interpretation

- **männliches Geschlecht**
  Der Knabe ist emotional an beide Eltern gebunden und erlebt sie noch nicht als gegensätzlich.
  Die Geschlechter trennen sich, der Vater wird zum Fremden, der die Symbiose zerstört. Die Erkenntnis der eigenen Geschlechtsidentität zwingt den Knaben, die Geborgenheit im Muttermedium aufzugeben und, zunächst zögernd und verunsichert, mit dem Vater ins Exil zu gehen.
  Die Beziehung zum Vater ist vorerst ambivalent und schwankt zwischen Kooperation und Aggression. Der Vater wird als jemand erlebt, der sich dem Identifikationswunsch verweigert. Die Beziehung zur Mutter genügt ebenfalls nicht mehr. Der Knabe fühlt sich zwischen beiden hin und hergestoßen.
  Die Identifikation mit dem Vater gelingt und nimmt partnerschaftliche Züge an. Das gibt dem Knaben genügend Sicherheit, auch wieder zur Mutter eine Beziehung anzuknüpfen.

- **weibliches Geschlecht**
  Die Tochter ist emotional an beide Eltern gebunden und erlebt sie noch nicht als gegensätzlich.
  Die Geschlechter trennen sich; der Vater wird zum Fremden, der die Symbiose zerstört. Die Tochter reagiert darauf, indem sie den Vater ins Exil schickt und sich in die Geborgenheit des Muttermediums zu retten sucht.
  Die Tochter leidet unter der Trennung vom Vater und versucht, ihn in seiner Schutzfunktion zurückzugewinnen, ohne daß ihr das gelingt. Gegenüber der Mutter empfindet sie Überdruß. Die Beziehung ist also zu beiden Eltern unbefriedigend; die Tochter erlebt sich von ihnen ab- bzw. zurückgestoßen.
  Die Tochter separiert sich sowohl vom Vater, dessen Geschlechtsverschiedenheit eine Identifikation verbietet, als auch von der Mutter, die zur Symbiose verführen und die Autonomieentwicklung verhindern würde.

10. *Kapitel*
Die biblischen Schöpfungsberichte

Die Vorwelt

In den vergangenen Kapiteln bestand wiederholt Anlaß, auf Parallelen zur alttestamentarischen Schöpfungsgeschichte hinzuweisen. Dies geschah zunächst mehr beiläufig, ohne besondere Reflexion darauf, welche Tragweite solche Vergleiche haben und wieweit sie überhaupt berechtigt sind. Jetzt ist es an der Zeit, das Zurückgestellte nachzuholen.

Den Schlüssel dazu haben wir im 3. Kapitel vorbereitet: Die »Welt«, von deren Entstehung die Bibel gleich anderen Schöpfungsmythen ohne es zu wissen, aber mit erstaunlich treffsicherer Detailzeichnung berichtet, ist nicht der Makro-, sondern der Mikrokosmos. Sie weiß nichts vom Urknall, von Galaxien, von der Doppel-Helix und vom Neandertaler; aber sie erinnert sich gefühlssicher an das Aufdämmern und die allmähliche Ausgliederung der anschaulich-seelischen Gehalte in der Erlebniswelt des heranreifenden Bewußtseins.

Gestützt auf das inzwischen zusammengetragene Material, können wir diese Aussage nun noch weiter präzisieren: Der Schöpfungsbericht, wie er uns am Anfang des Buches Genesis überliefert ist, fällt unter die Mythen, die die *Scheidung der Elemente* zum Thema haben; die Erfahrungsgrundlage, aus der er seine Überzeugungsstärke bezieht, stammt aus der Entwicklungsphase, die FREUD die »ödipale« genannt hat.

Im Anfang schuf Gott den Himmel und die Erde.
Die Erde war wüst und öde,
und Finsternis lag auf der Urflut,
und der Geist Gottes schwebte über den Wassern.

Soweit der Beginn des Buches Genesis in herkömmlicher Übersetzung. Auf den ersten Blick spricht nichts dafür, daß es sich hier um einen Trennungsmythos handelt: Schließlich ist von der *Erschaffung*, nicht vom Auseinanderreißen des Himmels und der Erde die Rede.

Der Text ist uns in Umrissen aus dem Religionsunterricht geläufig; über die Details pflegte man hinwegzulesen. Bei genauerem Zusehen werden wir indessen gewahr, wie dunkel er in Wirklichkeit ist. Er gibt bis zum heutigen Tag den Exegeten Rätsel auf[1].

Die Probleme beginnen schon beim Ausdruck »erschaffen«. Für die christliche Theologie ab dem 3. Jahrhundert bedeutet er soviel wie »etwas aus dem Nichts ins Dasein rufen« – *creatio ex nihilo*. Der Begriff bricht hier das Gesetz von der Erhaltung der Substanz. Die frühen Theologen unterschieden den »Schöpfer«, der Etwas aus Nichts zu machen weiß, vom bloßen »Demiurgen«, der beim Bau der Welt auf Ausgangsmaterial angewiesen ist, das er dann lediglich wie ein Handwerker zusammenfügt.

Zur Zeit indessen, als die ersten Verse des Buches Genesis geschrieben wurden, etwa ein halbes Jahrtausend vor unserer Zeitrechnung, war der Gedanke der Erzeugung aus dem Nichts weder dem hebräischen noch dem griechischen Denken geläufig. Und auch noch heutzutage kommt man zu anderen Assoziationen, wenn man dem Sprachgefühl folgt. Im deutschen Wort »Schöpfung« etwa klingt das Bild einer Tasse oder Kelle an, mit der man aus einem Kessel oder vielleicht auch aus dem Ozean etwas zu Tage fördert, das zuvor schon unter der Oberfläche verborgen bereitlag – ein Bild, das uns in den Erdtauchermythen begegnet ist.

Das hebräische Wort für den Schöpfungsvorgang lautet *bara*. Dieses aber hat tatsächlich den Nebensinn »teilen« oder »scheiden«. Es bedeutet zwar auch soviel wie »etwas durch einen Willensakt ins Dasein rufen«; aber eben auf die Weise, daß man es *unterscheidbar* und dadurch benennbar macht. Auch im Deutschen haben wir die

---

[1] vgl. zum Folgenden BAUKS (1995)

eigentümliche Sprachverwandtschaft zwischen den Vollzügen des Wollens und des Scheidens, erkennbar etwa in der Rede vom »Sich-Entscheiden«, die daran erinnert, daß jeder Willensakt eine Trennung zwischen Alternativen, ein Entweder-Oder, die Überschreitung eines Rubikon bedeutet. Möglicherweise besteht eine ähnliche Verwandtschaft auch im Lateinischen zwischen den Verben *creo* und *cerno* (Pfkt. *crevi*), zwischen »erschaffen« und »unterscheiden« also. Wie auch immer – im Hebräischen ist es jedenfalls in der Tat so; der erste Vers der Genesis läßt sich auch lesen »Im Anfang machte Gott Himmel und Erde unterscheidbar«.

Wenn wir diese Deutung akzeptieren, stellt sich die Frage nach dem Zustand *vor* dem Schöpfungswerk. Die Antwort darauf gibt die zweite Verszeile, derzufolge die Welt »wüst und öde« gewesen sei, auf hebräisch *tohû wa bohû*. Nach vorherrschender Meinung der Exegeten muß man den ersten Vers nämlich als eine Art Motto oder Überschrift lesen; ich habe ihn demgemäß im Eingangszitat durch Kursivschrift abgehoben. Anderenfalls hätte man von einer Schöpfung in zwei Stufen auszugehen, bei der Elohim zunächst einmal ein Tohuwabohu geschaffen und dieses anschließend geordnet hätte, was psychogenetisch wenig Sinn macht und auch den Theologen gar nicht gefällt. Diese neigen daher mehrheitlich der Annahme zu, daß der Schöpfungsakt im biblischen Verständnis von einer *Vorwelt* ausgeht. Der Gefahr, den Schöpfer damit zu einem Demiurgen zu degradieren, suchen sie dann dadurch zu entgehen, daß sie die sprachlich schwierig zu deutende Form *tohû wa bohû* nicht etwa als Ausgangsmaterial im Sinne des ionischen Urstoffs, sondern als »Nichtigkeit« deuten, als totale Negation von Sinn. Die Welt entbehrte vor der Schöpfung aller Struktur, lag daher brach und war zu nichts zu gebrauchen. Wir begegnen hier der üblichen Schwierigkeit, das seelische Urmedium in Worte zu fassen: Was immer man auch für Bilder verwendet, ob »Wüste« oder »Öde«, ob »Apeiron« oder »Chaos«, immer wird sich ein Schriftgelehrter finden, der anhand irgendwelcher anderer Textstellen nachweist, daß damit die ideale Nuance eben gerade nicht getroffen sei. In Wirklichkeit stimmen sie alle und sind alle gleich unzulänglich.

In Genesis 1 selbst finden sich noch drei weitere Anschauungshilfen. Zwei davon – *Finsternis* und *Urflut* – verstehen wir ohne weite-

Das elterliche Medium (tohû wa bohû) und das mediale Ich (rûaḥ ælohîm) in der Bildsprache der Genesis.

re Erläuterung. Interessanter ist das dritte Bild: *rûaḥ ælohîm*, der »Geist Gottes«, der über den Wassern schwebt. Rûaḥ ist eigentlich der Windhauch, der Atem; er wird von den Exegeten direkt mit Enlil und Schu in Verbindung gebracht; im Sinne unserer psychogenetischen Lesart verweist er auf das *mediale Ich*. Sein medialer Charakter wird noch durch das Verbum unterstrichen, das statt mit »schweben« besser mit »träge lagern« zu übersetzen wäre. Und die Ichhaftigkeit ergibt sich aus der Spezifikation, es handle sich um den Geist »Elohims«; denn Elohim, das werden wir sogleich sehen, ist eindeutig ein Ich-Gott.

Die oberen und die unteren Wasser

Der Text der Bibel fährt, von unwesentlichen stilistischen Kürzungen abgesehen, wie folgt fort.

Und Gott sprach: Es werde Licht! Und es ward Licht. Und Gott schied das Licht von der Finsternis. Und Gott nannte das Licht Tag, und die Finsternis nannte er Nacht.
Und Gott sprach: Es werde eine Feste (firmamentum) inmitten der Wasser, und sie scheide die Wasser voneinander! Und es geschah also. Gott machte die Feste und schied die Wasser unter der Feste von den Wassern über der Feste. Und Gott nannte die Feste Himmel.

Mit diesen Versen wird nun wirklich der Beginn des Schöpfungswerkes beschrieben; und zwar eindeutig im Bild zweier Scheidungsakte. Dabei wird übrigens nicht das Verb *bara*, sondern ein anderes benutzt, das eindeutig mit »trennen« zu übersetzen ist.

Der erste Akt besteht darin, daß Gott den verschwommenen Dämmerzustand der Urzeit in die klare Alternative von Licht und Dunkel zerlegt. Das Bild erinnert unmittelbar an den Maori-Mythos aus dem 8. Kapitel, wo ja das Bedürfnis, endlich den Unterschied zwischen Licht und Schatten zu erleben, die Ich-Götter zur Trennung von Himmel und Erde motivierte. Allerdings war dieses Motiv dort implizit als frevelhaft dargestellt worden, wovon beim Schöpfungsakt Elohims keine Rede sein kann.

Am klarsten wird die Trennung dann schließlich in der Szene gestaltet, wo Elohim ein Firmament errichtet, das die »oberen« von den »unteren Wassern« scheidet – das himmlische Wolkenreich also, aus dem der Regen herabfällt, vom irdischen Grundwasser, das aus den Quellen bricht. Die Frage, warum hier das seltsame Bild von den beiden »Wassern« gewählt wurde, wollen wir noch für einen Moment hintanstellen.

Als nächstes begegnen wir dem Mythologem der aus den Fluten auftauchenden Insel, aus der alsbald Pflanzen zu sprossen beginnen:

Und Gott sprach: Das Wasser unter dem Himmel sammle sich an einem Ort, daß das Trockene sichtbar werde. Und es geschah also. Und Gott nannte das Trockene Land, und die Ansammlung der Wasser nannte er Meer. Und Gott sprach: Die Erde lasse sprossen junges Grün: Kraut, das Samen trägt, und Fruchtbäume. Und es geschah also.

Die Szene mag vielleicht ein wenig pleonastisch anmuten: Elohim, der die Wasser trennt, ist ja seinerseits schon dem Bilde des Ich nachgefühlt, das zwischen den Elternmedien seine Macht entfaltet. Das Ich ist also schon Figur geworden, – wozu jetzt noch der Urhügel und der Pflanzensproß? Aber so pedantisch darf man an den Mythos nicht herangehen. Auch wenn wir seine psychische Kosmogonie ernst nehmen, heißt das doch nicht, daß sein Duktus der eines wissenschaftlichen Berichts wäre. Viel eher, darauf werden wir noch zu sprechen kommen, präsentiert er seine Themen nach Art einer musikalischen Komposition; und für diese ist es charakteristisch, daß wichtige Leitmotive variiert wiederkehren, damit sie sich dem Hörer einprägen. Der Leser sei hier an den hermopolitanischen Mythos von Seite 205 f erinnert, bei dem der Reihe nach der Urhügel, der Lotos, das Kind und die Sonne auseinander hervorgehen, und das alles doch nur dazu dient, die Botschaft der einen Ich-Geburt zu vermitteln. Der Mythos wendet sich nun einmal nicht an die Ratio, sondern an das Gefühl, und er spricht so, daß er von diesem verstanden wird.

Im folgenden nimmt die biblische Erzählung den Faden von vorher wieder auf, ordnet den Medien von Tag und Nacht die figuralen Symbole Sonne und Mond zu, bevölkert Wasser, Luft und Erde mit Tieren und konvergiert schließlich auf den Höhepunkt: die Erschaffung des ersten Menschenpaares.

Und Gott sprach: Lasset uns Menschen machen nach unserem Bilde, uns ähnlich; die sollen herrschen über die Fische im Meer und die Vögel des Himmels, über das Vieh und alles Wild des Feldes und über alles Kriechende, das auf der Erde sich regt. Und Gott schuf den Menschen nach seinem Bilde, nach dem Bilde Gottes schuf er ihn; als Mann und Weib schuf er sie. Und Gott segnete sie und sprach zu ihnen: Seid fruchtbar und mehret euch und füllet die Erde und machet sie euch untertan.

Das Weltbild des Indienfahrers

Soweit also der Beginn des biblischen Schöpfungsberichtes. Er hat, wie nicht anders zu erwarten, das frühchristliche Weltbild nachhaltig beeinflußt und seine Spuren auch im geographischen Schrifttum hinterlassen.

Um das Jahr 550 verfaßte in einem Sinai-Kloster ein gewisser Kosmâs mit dem Beinamen Indikopleustes, der Indiensegler, eine zwölfbändige, reich illustrierte Pergamenthandschrift, die eine ins Detail ausgearbeitete Kosmologie zum Inhalt hatte[2]. Das Original ist verschollen; aber es existieren drei gut erhaltene Abschriften aus dem 9. bzw. 11. Jahrhundert.

Der Autor legitimiert sich aus der Bibel und der Unterweisung durch

---

[2] HUBER (1980), S. 56-115

den angesehenen nestorianischen Kirchenlehrer Mâr Abâ. Der Titel der Schrift lautet »Christliche Topographie«. Sie stellt den von apologetischem Eifer angetriebenen Versuch dar, das ptolemäische Weltbild zu widerlegen, wie es hellenistische Gelehrte im nahen Alexandria lehrten.

Dieses war, wie man weiß, geozentrisch; aber darum ging es Kosmâs nicht. Stein des Anstoßes war für ihn vielmehr eine andere Implikation jener Kosmologie – die Annahme, daß die Erde eine *Kugel* sei. Wenn diese gleichmäßig von Menschen bevölkert wäre, müßte man nämlich logischerweise auch die Existenz von *Antipoden* fordern. Dafür aber fand sich nirgendwo in der Bibel ein Beleg; im Gegenteil schien doch aus dem Schöpfungsbericht zu folgen, daß die Erde als Scheibe auf der Urflut schwimmt. Antipoden würden dabei unweigerlich unter die Urflut geraten und müßten ertrinken. Kosmâs polemisiert fanatisch und mit beißendem Hohn gegen die, wie er meint, »heidnische Irrlehre« der Ptolemäer, wobei er im Einsatz scheinbarer Vernunftargumente nicht eben wählerisch ist. Eine (leicht gekürzte) Leseprobe sei als Beispiel angeführt:

»Wenn einer die Frage nach den Antipoden gründlich überdenkt, so kann er ihre Altweibergeschichten mit Leichtigkeit aufdecken. Denn angenommen, die Füße eines Menschen stünden den Füßen eines anderen gegenüber, wie könnten dann beide Menschen als aufrecht bezeichnet werden? Wie kann man desweitern vom Regen sagen, wenn er auf die beiden fällt, er falle auf beide hernieder? Flösse er nicht im einen Fall von oben nach unten und im anderen Fall von unten nach oben? Solche lächerlichen Hypothesen, die ungereimtes, verworrenes und naturwidriges Zeug erschallen lassen, sind zu Recht dem Spott preisgegeben.«[3]

Wenn fundamentalistische Glaubensgewißheit gegen naturwissenschaftliche Welterklärung zu Felde zieht, bleiben Stil und Argumentationsniveau auf der Strecke; daran hat sich bis heute nichts geändert. Freilich gilt dies auch für die Gegenseite. In einer 1910 erschienenen religionsgeschichtlichen Würdigung heißt es:

»Jeder, der die Entwicklungsgeschichte der physikalischen Geographie im Mittelalter auch nur in den Hauptzügen überblickt, kennt die verbohrte Polemik, die der syrische Kauffahrer und spätere Mönch Kosmâs ... gegen das Pto-

---

[3] HUBER (1980), S. 94

lemäische Weltbild richtet. Beigegebene Zeichnungen von gutgemeinter, aber deshalb nicht weniger aufreizender Albernheit sollen die Lehre ... von den Antipoden ... in den Augen der Schriftgläubigen lächerlich machen.«[4]

Aus solcher Kritik spricht keine geringere Borniertheit als aus dem beanstandeten Text. Die Möglichkeit, daß Kosmâs zwar in seiner Polemik irren, sein Weltbild aber gleichwohl einer ahnungsvollen Einsicht verdanken könnte, wird überhaupt nicht erwogen. Tatsächlich ist die Kosmologie, die er entwirft, keine andere als die uns nun schon wohlbekannte Teilung der Elternmedien.

Das Weltbild des Kosmâs Indikopleustes aus dem 6. Jahrhundert. In der Mitte die Erde in Gestalt des Urhügels. Oberhalb des Firmaments (στερεωμα = stereoma) die »oberen Wasser«, das Himmelreich. Unten der okeanos, die Urflut.

Herzstück seiner Lehre war die Idee von den beiden *Katastasen.* Das sind zwei Bereiche oder »Stockwerke« der Welt, eine »untere« und eine »obere«. Die untere Katastase enthält die aus der Urflut aufge-

---

[4] EISLER (1910), S. 621

tauchte Erdscheibe, aber auch noch den Luftraum bis hinauf zum Firmament, dem *stereoma*, an dem die Himmelskörper angebracht sind. Dieser Bereich steht unter dem Fluch der Erbsünde und ist letztlich dem Tod verfallen. Die obere Katastase ist das Himmelreich der Seligen; es liegt jenseits des Firmaments.

Kosmâs hat von eigener Hand Illustrationen seiner Ideenwelt geliefert, die weiter tradiert wurden. Eine davon ist auf Seite 332 wiedergegeben. Wir erkennen darin unmittelbar die Teilung der Wasser, mit der Erde als einer Art Urhügel im Zentrum. Die Säulen, die das Firmament tragen, scheinen hier ebenfalls aus Wasser zu sein. Es gibt aber Darstellungen, die rechts und links solide Pfeiler einzeichnen.

Bei der Lehre von den zwei Katastasen fällt auf, daß zwischen den »unteren Wassern« und der Erde keine Trennung angenommen wird; eine Unterwelt wird nicht erwähnt und schon gar nicht als dritte Katastase abgegrenzt. Erst in einer Niederschrift aus dem 11. Jahrhundert holt ein Illustrator das Versäumte nach: Hier wird die Katastasenlehre durch eine dreigliedrige Miniatur veranschaulicht.

Dreistufige Miniatur aus dem Codex Laurentianus der Christlichen Topographie (11. Jhdt.). Die drei Stockwerke sind wie folgt beschriftet: Ourania (himmlische Wesen), Epigeia (Irdische), Katachthonia (Unterwelt).

333

Die nestorianische Auffassung, der Kosmâs nahesteht, faßte offenbar die Erdmutter und die Menschen zu einer Einheit zusammen und stellt sie dem vergöttlichten väterlichen Prinzip gegenüber. Das ist eine Variante der Trennungsmythen, die uns immer wieder einmal begegnet ist: »Lasset uns Rangi zum Fremden werden und Papa eine Mutter bleiben«, hatte es bei den Maori geheißen. Der Ablösungsprozeß erreicht offenbar erst in seiner letzten Stufe die Einsicht, daß die Mutter auch die Todesgöttin ist und symbiotische Ich-Auflösung die Hölle bedeuten kann.

Die Priesterschrift und der Text des Jahwisten

Was am Bericht von Genesis 1 auffällt, ist sein unbefangen expansiver Zug. Die ersten Menschen dürfen, ja sollen die ganze Welt erfüllen und beherrschen; man fragt sich, wie dieser Auftrag eigentlich mit der nachfolgenden Paradiesszene und ihrer Atmosphäre von Verboten, Einschränkungen und Schuldverstrickungen zusammenpaßt. Um das zu verstehen, müssen wir auf eine Eigentümlichkeit der jüdischen Bibel eingehen, die außerhalb der theologischen Seminarien wenig bekannt ist.

So wie die Lebensgeschichte Jesu in vier Evangelien beschrieben wird, sind auch die Berichte des Alten Testamentes teilweise parallel überliefert. Anders als bei den Evangelien werden diese verschiedenen Versionen nun aber nicht in ihrem jeweiligen Gesamtbestand hintereinander erzählt. Als sie im 5. vorchristlichen Jahrhundert zusammengestellt wurden, entschied man sich vielmehr für eine andere Technik: Man zerlegte die Einzelberichte in kurze Abschnitte und fügte diese dann nach dem Prinzip zusammen, daß möglichst alles, was vom gleichen Thema handelt, auch beieinander steht, egal, von wem und aus welcher Zeit der Textteil stammt. Das Alte Testament ist eine Art Collage.

In den ersten Kapiteln der Bibel lassen sich wenigstens zwei Erzählungen isolieren, die aus Quellen sehr verschiedenen Alters stammen dürften. Genesis 1, 1-31, die Schöpfungsgeschichte, die wir soeben betrachtet haben, ist einer dieser beiden Berichte, und zwar der jüngere. Aus Gründen, die hier nicht zu diskutieren sind, bezeichnet man ihn als die »Priesterschrift«.

An diesen Text schließt sich im 2. und 3. Kapitel ein zweiter, wesentlich älterer an. Gott heißt hier nicht *Elohim*, sondern *Jahwe*; der Verfasser wird daher von den Exegeten kurz »der Jahwist« genannt. Diese Erzählung handelt von Paradies und Sündenfall; zuvor aber entwirft auch sie das Bild einer Kosmogonie, und zwar mit einigen bemerkenswerten Unterschieden zur Priesterschrift.

Als es auf Erden noch kein Gesträuch des Feldes gab und noch keine Pflanzen auf den Fluren gewachsen waren, weil Jahwe noch keinen Regen auf die Erde hatte fallen lassen, und auch noch keine Menschen da waren, um den Boden zu bebauen, ließ Jahwe einen Wasserschwall aus der Erde aufsteigen und tränkte alles Land.

Da bildete Jahwe den Menschen aus dem Staub der Ackererde und blies ihm den Lebensodem in die Nase; so wurde der Mensch zu einem lebenden Wesen. Hierauf pflanzte Jahwe einen Garten in Eden nach Osten hin und versetzte dorthin den Menschen, den er gebildet hatte. Dann ließ Jahwe allerlei Bäume aus dem Erdboden hervorwachsen, lieblich anzusehen und gut zu essen, und den Baum des Lebens mitten im Garten, und den Baum der Erkenntnis des Guten und des Bösen.

Hier folgt ein Einschub über die geographische Lage des Gartens und die Art seiner Bewässerung. Dann fährt der Bericht fort:

Und Gott nahm den Menschen und setzte ihn in den Garten Eden, daß er ihn bebaue und bewahre. Und er gebot dem Menschen und sprach: Von allen Bäumen im Garten darfst du essen; aber vom Baum der Erkenntnis des Guten und des Bösen darfst du nicht essen; denn sobald du davon ißt, mußt du sterben.

Hierauf sagte Jahwe: Es ist nicht gut für den Menschen, daß er allein ist; ich will ihm eine Hilfe schaffen, die zu ihm paßt. Da bildete er aus der Ackererde alle Tiere des Feldes und alle Vögel des Himmels und brachte sie zu dem Menschen, um zu sehen, wie er sie benennen würde. Und ganz wie der Mensch sie nennen würde, so sollten sie heißen.

Keines dieser Geschöpfe eignet sich indessen als Gefährtin für den Menschen, sodaß Jahwe sich schließlich veranlaßt sieht, ein Weib aus der Rippe des schlafenden Adam zu formen. Diese endlich wird von Adam als passende Ergänzung akzeptiert und entsprechend benannt: »Sie soll ›Männin‹ (*ischscha*) heißen, denn vom Mann (*isch*) ist sie genommen!«

Soweit der Text des Jahwisten. Er wurde mutmaßlich im 10. vorchristlichen Jahrhundert verfaßt, jedenfalls lange vor dem babylonischen Exil der Juden, das man auf den Zeitraum von 586 bis 539 datiert. Diese Zäsur ist wichtig, denn die Priesterschrift stammt aus einer Zeit kurz *nach* der intensiven Kontaktnahme der israelitischen Oberschicht mit der babylonischen Kultur.

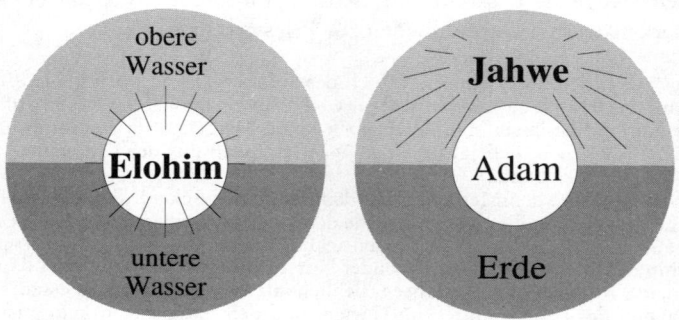

Die Dreigliederung der Welt in der biblischen Schöpfungsgeschichte. Der Strahlenkranz bezeichnet das jeweils göttliche Prinzip. – Links: Priesterschrift. Obere und untere Wasser als Elternprinzipien, Elohim als Ich-Gott. – Rechts: Jahwist. Jahwe als Vatergott, die Erde (adama) als Mutter. Der Mensch Adam in Ich-Position.

Die Priesterschrift, so haben wir gesehen, schildert das Werk eines Gottes Elohim, der die Polarität von Himmel und Erde, von Licht und Finsternis, von Regen und Grundwasser »erschafft«, indem er sie trennt. Nach dem psychogenetischen Deutungsprinzip, dem wir bisher gefolgt sind, repräsentiert dieser Elohim also, analog zu Tane bei den Maori, das *Ich* zwischen den Elternmedien.

Vergleicht man hiermit den Bericht des Jahwisten, so stellt man fest, daß dieser sein Gottesbild an einem anderen Fokus des psychogenetischen Dramas festmacht. In diesem Text fehlt ein Hinweis auf die *Erschaffung* der Erde durch Jahwe – sie ist präexistent gleich ihm. Zunächst ist sie unfruchtbar, aber das ändert sich, als Jahwe seinen »Regen« auf sie fallen läßt, was zugleich bewirkt, daß die Wasser aus ihr hervorbrechen. Was die Bibel hier schildert, ist eine veritable *Urszene*, mit Jahwe und der Erde in einer Rolle wie Rangi und Papa vor der Trennung. Jahwe *befruchtet* die Erde – und dann zeugt er gemeinsam mit ihr den Menschen, aus ihrem Stoff und seinem Atem. Dieser Jahwe, kurzum, ist kein Ich-Gott wie Elohim, er verkörpert vielmehr unverkennbar das *väterliche* Prinzip. Die Stellung des Ich nimmt hier der erste Mensch ein, wobei dieser übrigens, als müsse ein Gegengewicht gegen den übermächtigen Vater geschaffen werden, wiederum in besonders inniger Beziehung zur Erdmutter erscheint: Das »Erdreich«, aus dem Adams Leib geformt wird, heißt hebräisch *adama*.

Jahwe, Elohim und der erste Mensch

Zwischen dem jahwistischen Text und der Priesterschrift hat somit eine bemerkenswerte Verschiebung des theologischen Bezugssystems, eine Umzentrierung des Gottesverständnisses stattgefunden. Wenn wir die archetypische Raumsymbolik der beiden Schöpfungsmythen vergleichen, so entspricht Elohim dem ersten Menschen des jahwistischen Textes; die Polarität von Jahwe und der Erde wiederum erscheint in der Priesterschrift als das Gegenüber der Oberen und Unteren Wasser. Dem Urmenschen*paar* kommt in beiden Texten also ein verschiedener Stellenwert zu.

Am einfachsten liegen die Verhältnisse hier in der späteren Variante, also der Priesterschrift. Da in Elohim das geschlechtlich noch undifferenzierte Ich erscheint, bringt er das Urpaar folgerichtig als eine spätere Repräsentation seiner selbst aus sich hervor: Er schafft Mann und Weib »nach seinem Bild«. Die beiden treten damit, in vollendeter Symmetrie, recht eigentlich als Gotteskinder hervor; von ihrer Schuld weiß der Text nichts zu berichten.

Anders verhält es sich beim jahwistischen Text. Hier muß Adam selbst das Substrat für eine geschlechtliche Polarisierung abgeben; aus seiner Präexistenz leitet sich ein Vorrang ab – die Frau heißt »Männin«. Den Namen »Eva«, das heißt »Mutter alles Lebendigen«, erhält sie erst nach dem Sündenfall, also nach Erlangung der Mündigkeit.

Aus der Doppelnatur des Menschen Adam erschließt sich auch die Bedeutung eines subtilen Details, das man sonst leicht als belanglos

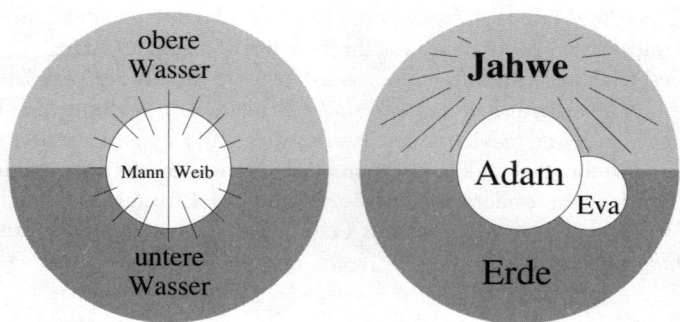

Die Entstehung der Menschen nach der Priesterschrift (links) und dem Jahwisten (rechts). In der Priesterschrift treten Mann und Weib symmetrisch in identifikatorischer Apotheose an die Stelle Elohims. Beim Jahwisten bleibt Jahwe Vatergott. Die Präexistenz Adams als Ich-Repräsentant bedingt hier eine Asymmetrie zuungunsten des Weibes.

zu übersehen geneigt wäre. Wir begegnen im jahwistischen Bericht, abweichend von der Priesterschrift, einer eigenwilligen Inversion der phylogenetischen Reihenfolge, was von Bibelkritikern natürlich entsprechend beanstandet worden ist: Jahwe erschafft *erst* den Menschen, *danach* die Pflanzen- und Tierwelt.

Ein Blick auf die folgende Abbildung läßt uns den Sinn dieser Reihenfolge verstehen. Die erste, geschlechtlich noch unpolarisierte Manifestation des Ich nämlich, mit der der Jahwist den Menschen beginnen läßt, fällt in die Zeit, die die Psychoanalytiker die »anale« Phase nennen. Seiner geschlechtlichen Besonderheit wird das Kind hingegen erst im »ödipalen« Alter inne, und wenn die Priesterschrift den Menschen sogleich »als Mann und Weib« entstehen läßt, so setzt sie damit bei dieser späteren Phase an.

Falls nun das mythologische Bild von der Erschaffung der Pflanzen und Tiere eine Entwicklungsstufe der kindlichen Welterfassung beschreiben würde, die gerade zwischen den beiden genannten Phasen liegt, so wäre die Reihenfolge in beiden Fällen trotz ihres scheinbaren Widerspruches durchaus folgerichtig. Tatsächlich bedarf es aber an dieser Stelle überhaupt keines Deutungsaufwandes. Der jahwisti-

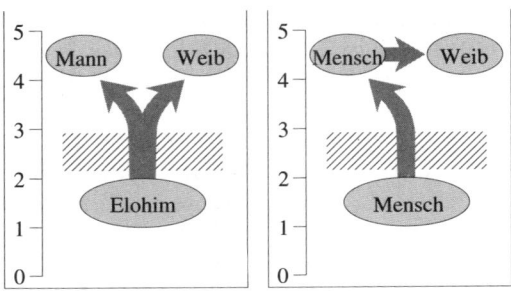

Erklärung für die Umkehr der phylogenetischen Reihenfolge beim Jahwisten (rechts) gegenüber der Priesterschrift (links). Zeitmaßstab: Ontogenetisches Alter in Jahren. Schraffierter Bereich: Fragealter, bzw. im Mythos Erschaffung und Benennung der Pflanzen- und Tierwelt.

sche Text legt seinen Sinn hier ganz unverschlüsselt dar: Gott bringt die niederen Geschöpfe, kaum daß er sie gemacht hat, sogleich zum Menschen, damit dieser sie *benenne*. Nun fällt aber in die fragliche ontogenetische Spanne zwischen Trotz- und ödipaler Phase der Höhepunkt des Spracherwerbs und insbesondere das sogenannte »erste Fragealter«, in dem das Kind sich unermüdlich nach dem Namen von allem erkundigt, was seine Aufmerksamkeit erregt. Die »naturwissenschaftlich korrekte« Abfolge der Schöpfungsakte in der Priesterschrift erweist sich somit als eine Belanglosigkeit; psychologisch ist sie ebenso wahr wie die umgekehrte Chronologie beim Jahwisten.

Zentripetale und zentrifugale Wertvorstellungen

Im weiteren Verlauf beider Texte bekommen die Stammeltern von ihrem Schöpfer *Aufgaben* übertragen. Auch diese sind auf charakteristische Weise verschieden, und das hängt wiederum mit der besprochenen Akzentverlagerung zusammen.

Der Jahwist, so hatten wir gesehen, versteht seinen Gott als einen Repräsentanten väterlicher Autorität. Dementsprechend erscheinen die an die ersten Menschen ergehenden Weisungen einengend, konservierend, *zentripetal*: Der den Menschen zugewiesene Wohnsitz ist eine kleine Oase, ein eingezäunter Schrebergarten, eine Art Kinder-Laufstall; und diesen sollen sie »bestellen und behüten« – nichts weiter. In der Mitte dieser Idylle erhebt sich der Welt-Baum, dessen Früchte sie nicht anzurühren haben. *Sie dürfen nicht so werden wie Gott.*

Ganz anders ist der Duktus der Priesterschrift. Schon der Beginn mit dem Elohim, der Himmel und Erde auseinandertreibt, klingt kraftvoll, expansiv, *zentrifugal*. Und dieser Tenor überträgt sich auch auf seine beiden Menschengeschöpfe. Diese sind, als seine Ebenbilder, *von vornherein so wie Gott*. Demgemäß sollen sie wachsen und sich vermehren und nichts geringeres als »die ganze Welt erfüllen und sich untertan machen«. Hier haben die babylonischen Götterheroen Pate gestanden; und vielleicht bildete auch die Aufbruchstimmung des wiedererstarkenden Judentums nach der babylonischen Gefangenschaft einen besonders fruchtbaren Nährboden für diese ausgleichende Ergänzung der jahwistischen Betrachtungsweise. Man braucht nur einmal die Darstellung des jahwistischen Textes von der Erschaffung der Eva in der Lutherbibel mit der an der Priesterschrift orientierten Schöpfungsszene von SCHNORR VON CAROLSFELD auf Seite 29 zu vergleichen, um unmittelbar zu spüren, was es mit dem Unterschied zwischen dem zentripetalen und dem zentrifugalen Weltgefühl in den beiden Varianten der Genesis auf sich hat.

Die Gegenüberstellung läßt deutlich erkennen, daß der jahwistische Text zu den *nostalgischen*, die Priesterschrift hingegen zu den *emanzipatorischen* Mythen zu rechnen ist. Dabei braucht uns nicht zu beirren, daß das Motiv der Scheidung von Himmel und Erde beim Jahwisten überhaupt nicht explizit angesprochen ist. Wenn Adam und seine Gefährtin die Frucht vom tabuierten Baume brechen, so mag das allenfalls noch entfernt als »Verletzung der Weltachse« zu verbuchen sein. Eigentlich aber hat der paradiesische Sündenfall doch eine andere Thematik, es geht nicht um Trennung, sondern um widerrechtliche Aneignung: Der jahwistische Text ist, wie auf Seite 283 schon vermerkt wurde, ein Raubmythos.

*Die Erschaffung der Eva. Aus Luthers Großem Katechismus. Holz-
schnitt aus der Schule Lukas Cranachs d.Ä. Die Darstellung zeigt das
Paradies als allseitig umschlossenes Geborgenheitssymbol.*

Das Enuma Elisch

Was der Übergang vom jahwistischen Vater- zum pristerschriftlichen
Ich-Gott zu bedeuten hat, muß offenbleiben. Die kulturpsychologi-
sche Grundlagenforschung ist noch längst nicht auf einem Stand, der
erlauben würde, diesen Perspektivenwechsel wirklich zu verstehen,

und das heißt, zu anderen Metamorphosen der kulturellen Identität Israels in der ersten Hälfte des vorchristlichen Milleniums in Beziehung zu setzen. Wir können aber immerhin ein historisches Argument ventilieren, das vielleicht nicht allein, aber doch als ein Faktor unter mehreren an dem angesprochenen Bedeutungswandel beteiligt gewesen sein dürfte.

Zwischen den beiden Texten liegt nämlich, wie erinnerlich, das babylonische Exil, ein Zeitraum immerhin so lang wie die deutsche Teilung nach dem Zweiten Weltkrieg, also ausreichend, um zwei Generationen der israelitischen Bildungsschicht zu einer Auseinandersetzung mit der Kosmogonie des Gastlandes zu zwingen.

Von dieser Kosmogonie künden Keilschriftplatten aus der Bibliothek des assyrischen Königs Ashurbanipal; der mythische Text wird nach seinen beiden Anfangsworten als »Enuma Elisch« bezeichnet. Das Dokument stammt aus dem 7. vorchristlichen Jahrhundert; der Inhalt selbst ist vermutlich ein gutes Jahrtausend älter. Hören wir seinen Anfang[5]:

> Als droben die Himmel nicht genannt waren,
> Als unten die Erde keinen Namen hatte,
> Als selbst Apsu, der uranfängliche, der Erzeuger der Götter,
> Mummu, Tiâmat, die sie alle gebar,
> Ihre Wasser in eins vermischten,
> Als das abgestorbene Schilf sich noch nicht angehäuft hatte,
> Rohrdickicht nicht zu sehen war,
> Als noch kein Gott erschienen,
> Mit Namen nicht benannt, Geschick ihm nicht bestimmt war,
> Da wurden die Götter aus dem Schoß von Apsu und Tiâmat geboren.

Die Erzählung schildert den Anfangszustand, als Himmel und Erde »noch keine Namen hatten« und daher noch nicht unterscheidbar waren, im Bilde einer chaotischen Urflut, aus der sich allmählich zwei Prinzipien verdichteten, *Apsu* und *Tiâmat* mit Namen.

Apsu ist ein väterliches Element; er inkarniert sich im süßen Grundwasser, auf dem der Erdboden schwimmt und aus dem sich alle Flußläufe speisen. Tiâmat ist mütterlich; ihr Leib ist der Salzwasserozean. Mutter und Vater sind hier also, ähnlich wie in der tahitiani-

---

[5] ELIADE (1980)

schen Darstellung links auf Seite 259, konzentrisch angeordnet. Apsu umfaßt die Erdscheibe wie ein kreisförmiger Fluß und erscheint seinerseits in die allumfassende Tiâmat eingebettet.

Apsu und Tiâmat »vermischen ihre Wasser«, woraus mehrere Generationen von Göttern hervorgehen: *An-Schar* und *Ki-Schar*, was ziemlich wörtlich übersetzt »himmlischer« und »irdischer Urstoff« bedeutet, und eine Reihe von Ich-Göttern, insbesondere die noch eher medial aufgefaßten *Anu* und *Enlil* sowie *Ea* als erster Repräsentant des figuralen Ich.

Eas Kampf mit dem Vater

Die jungen Götter, so erzählt das Schöpfungslied weiter, beginnen sich zu regen und ungehörig zu betragen. Was sie im einzelnen tun, kann man dem Text nicht mehr entnehmen; das Dokument ist an dieser Stelle lückenhaft. Gewisse Anzeichen deuten auf sexuelle, vielleicht inzestuöse Unbotmäßigkeiten hin; der Reifezustand der Götter paßt offenbar nicht mehr in das uterine Gespinst dieser Kernfamiliensymbiose.

> Sie verwirrten Tiâmats Gemüt,
> Da sie tanzend umhersprangen inmitten der Himmelswohnung.
> Sie dämpften ihr Geschrei nicht einmal inmitten des Apsu.
> Tiâmat schwieg angesichts ihrer (Ausschweifung),
> Doch ihr Treiben war (Apsu) peinlich,
> Ihr Wandel mißfiel ihm, (denn sie waren erwachsen).
> Da begann Apsu, der Vater der großen Götter,
> Mummu, seinen Boten, zu rufen und sagte zu ihm:
> »Mummu, mein Bote, der du mein Herz erfreust,
> Komm, zu Tiâmat wollen wir gehen!«

Dieser Plan wird ausgeführt. Apsu trägt Tiâmat mit lauter Stimme seine Beschwerde vor:

> »Unerträglich ist mir ihr Verhalten.
> Tagsüber kann ich nicht ruhen, nachts kann ich nicht schlafen.
> Ich will sie vernichten, um ihrem Treiben ein Ende zu machen.
> Stille soll herrschen, damit wir (endlich) schlafen können!«

Damit ist Tiâmat nun aber zunächst überhaupt nicht einverstanden. Wütend nimmt sie Partei für ihre Kinder und verlangt von Apsu verständnisvolle Zurückhaltung. An dieser Stelle greift *Mummu*, der als der »Bote« Apsus eingeführt wird, in das Geschehen ein. Er bestärkt durch arglistige Einflüsterungen Apsu in seinem Vorhaben:

> »Zerstöre, Vater, diese trüben Umtriebe,
> Damit du tagsüber ruhen, damit du nachts schlafen kannst.«
> Als Apsu dies hörte glänzte sein Antlitz.
> Böses gegen die Götter, seine Söhne, planend,
> Umarmte er Mummu,
> Nahm ihn auf seine Knie und küßte ihn.

Apsus Mordkomplott wird jedoch den Söhnen hinterbracht. Sie geraten in Bestürzung. Nur Ea bleibt furchtlos. Er ersinnt eine »Form«, die vor Apsu schützt. Einige Übersetzer[6] deuten diese Form als Kreis; jedenfalls klingt wohl an, daß es einer Kontur bedarf, um die jungen Götter vor dem Ertrinken zu bewahren. Sodann versetzt Ea den Vater in tiefen Schlaf, fesselt den solcherart machtlos gewordenen und erschlägt ihn schließlich vollends.

Wir begegnen hier wiederum einer Form des Raubmythos: Vom toten Apsu übernimmt Ea die königlichen Gewänder und die Tiara, also die Insignien der vatergöttlichen Macht. Die Episode schließt mit einem bedeutsamen Hinweis auf den medialen Charakter des väterlichen Du: Ea schlägt seine Wohnung im Vater auf, sein geweihtes Gemach nennt er »Apsu«. Er identifiziert sich mit dem symbolisch getöteten, würde FREUD sagen. Offenbar geht das auch ganz ohne Schuldkomplex.

Marduks Kampf mit der Mutter

In seiner neuen Behausung lebt Ea in Herrlichkeit mit Damkina, seiner Gemahlin; und alsbald wird den beiden das Sonnenkind *Marduk* geboren, bei dessen Schilderung sich der Mythos in Superlativen ergeht:

---

[6] EBELING (1926)

Prächtig war seine Gestalt, funkelnd der Blick seiner Augen.
Erwachsen bei seiner Geburt, besaß er von Anbeginn all seine Macht.
Als Anu ihn sah, der seinen Vater erschaffen hatte,
Erglänzte frohlockend sein Herz, wurde freudevoll.
Er vollendete ihn, gab ihm ein doppelt göttliches Sein.
Gewaltig erhöht über sie ist er, beherrscht sie nach allen Seiten.
Unbegreiflich kunstvoll waren seine Formen,
Er überstieg das Verstehen, man konnte ihn kaum ansehen.
Vierfach war sein Blick, vierfach sein Gehör.
Wenn seine Lippen sich bewegten, erglühte Feuer.
Vierfach wuchs in ihm das Verständnis,
Und seine Augen ebenso erschauten alles.
Erhob er sich, so überstieg seine Gestalt die der Götter,
Mit riesenhaften Gliedern überragte er sie alle an Größe.
»Mein Kind, mein Kind!
Mein Sohn! Sonne! Sonne des Himmels!«

Anu, der Großvater, der diese Worte spricht, ist ein Windgott gleich Schu und Tawhiri, also wohl eine Inkarnation des medialen Ich. Er erschafft vier gewaltige Stürme und legt sie in die Hände Marduks. Aber er verknüpft damit eine Delegation: Marduk soll die Elementarkräfte, mit denen er da ausgestattet wird, gegen die Urmutter Tiâmat einsetzen.

Von dieser war im Kampf zwischen Ea und Apsu kaum die Rede gewesen. Sie hatte sich wortlos beiseite gehalten; im Innern billigte sie die Rebellion der Götter gegen das väterliche Prinzip. Wir wissen ja, daß das Ich bei der Sprengung des Elternmediums häufig der Illusion verfällt, es sei möglich, den Vater zu isolieren und die Symbiose mit der Mutter aufrechtzuerhalten.

Aber diese Illusion hält nicht stand: Irgendwann bricht die Erkenntnis durch, daß auch diese Symbiose tödlich wäre, verderblicher noch als der väterliche Machtanspruch. Tiâmat, aufgewühlt durch die Stürme Anus, entschließt sich nun auch ihrerseits zur Vernichtung ihrer rebellischen Kinder. Sie gebiert elf Arten entsetzlicher Ungeheuer: giftgefüllte Schlangen, wütende Drachen, die Sphinx, Dämonen, Skorpionmenschen und ähnliches Gewürm, unwiderstehlich und schonungslos.

Der Mythos zeichnet Tiâmat entschieden gefährlicher als Apsu, der schon überwältigt ist, bevor er überhaupt begonnen hat, seinen Plan in die Tat umzusetzen. Aber Tiâmat ist eben auch mehr als nur ein weibliches Pendant zu Apsu. In anderen Texten erscheint sie selbst als hermaphroditisch[7]. Außerdem ist sie auf eigentümliche Weise zugleich keimhaft und überproportioniert, eine Art Welt-Embryo von ungeheuren Dimensionen. Sie repräsentiert das Elternmedium in der urmütterlichen Erscheinungsweise, die es *vor* seiner Teilung hat.

Weder Ea noch Anu wagen es, dieser furchtbaren »Abgrund-Mutter« entgegenzutreten. Verzweifelt bitten die Götter den Marduk, sie zu verteidigen; dieser willigt ein, fordert aber als Preis die Vormachtstellung im Pantheon.

Assyrische Darstellung des Kampfes zwischen Sonnengott und Chaosungeheuer. Aus dem Königspalast zu Kalhu, 9. Jhdt. v.Chr. Die Identität des Sonnengottes ist hier von Marduk auf den einheimischen Nationalgott, vermutlich Assur, übergegangen.

Zwischen Marduk und Tiâmat kommt es nun zu einem urweltlichen Showdown. Zunächst versucht es die Mutter mit heuchlerischer Freundlichkeit, dann aber, als er ihre Täuschung durchschaut und nicht darauf eingeht, stürzt sie sich »außer sich« und »mit Gebrüll« auf ihn, und der Kampf entbrennt. In den Bildern, unter denen der

---

[7] BAUMANN (1986)

Mythos die Handlungen Marduks schildert, häuft sich dabei unverkennbar die Symbolik des Spaltens und Zerreißens.

> Als Tiâmat das Maul auftat, um ihn zu verschlingen,
> Warf er den Sturm hinein,
> Damit sie ihre Lippen nicht wieder schließen könne.
> Die grimmigen Winde füllten ihren Leib.
> Ihr Leib blähte sich auf, und ihr Maul blieb offen.
> Er schoß einen Pfeil ab, zerriß ihr den Bauch,
> Ihr Inneres zerriß er und durchbohrte ihr Herz.
> Als er sie bezwungen hatte, tilgte er ihr Leben aus,
> Ihren Leichnam warf er zu Boden und stellte sich darauf.
> ...
> Es stellte der Herr seinen Fuß auf Tiâmats Kreuz,
> Mit seinem schonungslosen Dolch
> Spaltete er ihren Schädel,
> Durchschnitt ihre Adern,
> Und der Nordwind entführte das Blut in die Ferne.

Dann folgt eine sehr aufschlußreiche Szene. Marduk teilt den Leichnam Tiâmats »wie einen getrockneten Fisch« in zwei Hälften, ein erneuter Hinweis auf Tiâmats archaisch-androgynen Charakter. Die eine Hälfte verbleibt unten; aus ihr läßt Marduk später Euphrat und Tigris entspringen. Aus der anderen macht er das Himmelsgewölbe und setzt Wächter ein, die dafür sorgen sollen, daß »die Wasser nicht herausfließen«. Hier liegt ohne Zweifel die Motivquelle für die Scheidung der Wasser oberhalb und unterhalb des Firmamentes in der hebräischen Priesterschrift.

Mummu

Der Text des Enuma Elisch berichtet noch von zwei interessanten Nebenfiguren. Die eine haben wir schon kennengelernt: Mummu, den »Boten« Apsus. Wer oder was hier gemeint sein soll, ist bis heute umstritten[8]. Die Argumente der Interpreten beschränken sich meist auf etymologische Herleitungen, ein Zugang, bei dem sich das Bewußt-

---

[8] HEIDEL (1948)

sein streng wissenschaftlichen Vorgehens zwar besser aufrechterhalten läßt als beim Wagnis psychologischer Deutung, der für sich allein genommen aber nicht sehr weit führt. Einige deduzieren das Wort »Mummu« beispielsweise von einem Stamm, der »Mutter« heißt, und sehen darin dann einfach einen Beinamen der Tiâmat – angesichts des Handlungsablaufs nicht eben schlüssig.

Wir haben es wohl doch mit einem dritten Prinzip neben Apsu und Tiâmat zu tun. Einige Autoren erwägen als Deutung »Nebeldunst über den Urgewässern«[9]. Jedenfalls ist Mummu eine hochgradig mediale Instanz, die an der urszenischen »Vermischung der Wasser« teilhat. Den Apsu redet er mit »Vater« an; CAMPBELL[10] hat also wohl recht, wenn er Mummu als den Erstgeborenen des Urelternpaares versteht. Hinzuzufügen wäre dabei nur, daß ihm definitiv jeder figurale Anklang fehlt. Mummu wird nicht gezeugt, sondern ist so zeitlos wie die Eltern. Er ist das *mediale Ich* in seiner archaischsten Form, der rûaḥ ælohîm, noch völlig symbiotisch aufgelöst in der Urszene. Anders als seine jüngeren Brüder nimmt er an der Rebellion gegen Apsu daher auch nicht teil. Er geht nicht auf Distanz zum Vater, hetzt diesen vielmehr umgekehrt gegen die unbotmäßigen Ich-Repräsentanten auf.

Es ist lehrreich, sich in diesem Zusammenhang an den Mythos von Rangi und Papa aus dem 8. Kapitel zu erinnern. Ein Vergleich dieser beiden Erzählungen ist gut geeignet, uns ein Gefühl für die kulturspezifische Variationsbreite der hier auftretenden archetypischen Muster zu vermitteln.

Mummu hat gewisse Züge mit dem Windgott Tawhiri gemeinsam. Beide sind »reaktionäre« oder, wie wir sagen wollen, *nostalgische* Ich-Medien, die beim Emanzipationsakt die Partei des Vaters ergreifen. Während Tawhiri jedoch hernach als Rächer auftritt, den eine Atmosphäre moralischer Legitimität umgibt, wird Mummu als Versucher, als ränkevoller Einflüsterer geschildert, von Charakter eher schwächlich, träge und inaktiv. Während Ea und Apsu miteinander ringen, heißt es von ihm, er sei unfähig gewesen, sich zu bewegen. Später wird er zum Sklaven erniedrigt; Ea sperrt ihn in eine Art Kellerverlies und legt ihm einen Nasenring an, wie es orientalische Potentaten mit ihren unterworfenen Feinden zu tun pflegten.

---

[9] ELIADE (1980), S. 124   [10] CAMPBELL (1972c), S. 78

Tawhiris Strafgericht ist legitim und unvermeidbar; aber der Mythos hat auch Verständnis für Tu, der dieser Heimsuchung trotzt. Auf der psychologischen Ebene ist die heroische Schuld, die das Ich mit der Elterntrennung auf sich lädt, eine unumgehbare Entwicklungsaufgabe. Vor dieser zurückzuschrecken wäre nicht minder sündhaft, und dazu noch verächtlich: Das ist der Sinn der Demütigung des Mummu.

Kingu

Auch in der Auseinandersetzung zwischen Marduk und Tiâmat tritt eine Figur mit einer Rollenfunktion ähnlich der des Mummu auf. Tiâmat erwählt einen ihrer Söhne, *Kingu* mit Namen, zum Anführer ihrer dämonischen Rotte.

> Unter den Göttern, ihren Erstgeborenen, die ihren Anhang bildeten,
> Erhöhte sie Kingu, machte ihn groß unter ihnen,
> Voranzuziehen an der Spitze des Heeres, die Truppe zu führen,
> Die Waffe zum Kampfbeginn zu erheben.
> ...
> Sie ließ ihn in der Ratsversammlung sitzen (und sagte):
> »Ich habe einen Zauber über dich gesprochen,
> In der Versammlung der Götter dich erhöht!
> Du seist erhaben, mein Gatte, Auserwählter du!«

Wenn Mummu die Kriecherei vor der väterlichen Autorität repräsentierte, so begegnet uns nun in Kingu die verweigerte Ablösung von der Mutter: Tiâmat versichert sich der Hilfe ihres Sohns, indem sie sich inzestuös mit ihm vermählt.

Kingu wird, gleich Mummu, im Trennungskampf durch den siegreichen Ich-Gott bezwungen und in Fesseln geworfen. Aber dabei läßt es der Mythos nicht bewenden. Seine Botschaft scheint zu sein, daß nicht, wie es die Theorie FREUDs nahelegt, der Rangkampf mit dem Vater, sondern die Lösung aus der mütterlichen Symbiose den Kerngehalt des ödipalen Dramas ausmacht.

Kingu ist es nämlich, von dem die Menschheit abstammt. Marduk faßt nach dem großen Kampf den Plan, »ein Gewebe von Blut und

Akkadische Darstellung einer Muttergöttin mit ihrem Sohn. Basaltsiegel aus dem 3. Jahrtausend. Kingu steht zu Tiâmat in ähnlichem Verhältnis.

Gebein zu bilden«, das den Göttern künftig zu dienen habe. Hierzu, so entscheidet der um Rat befragte Ea, müsse aber ein Opfer gefunden werden, das zu sterben habe, damit die Menschheit entstehen könne. Marduk versammelt daraufhin »die großen Götter« um sich und spricht zu ihnen:

> »Sagt mir die Wahrheit und schwört:
> Wer ist es, der den Krieg erregt,
> Tiâmat zur Revolte aufgereizt, den Kampf begonnen hat?
> Wenn der am Kriege Schuldige mir ausgeliefert wird,
> Will ich ihm seine Strafe auferlegen,
> Ihr aber sollt in Frieden bleiben.«

Die Szene ist nicht so einfach zu deuten. Wer sind die Götter, die da aus ihrer Mitte einen Sündenbock liefern müssen, um selbst ungeschoren davonzukommen? Tiâmats Ungeheuer können schwerlich gemeint sein. Es muß sich also wohl doch um die Götter der Mitte handeln, um verschiedene Facetten und Aspekte des nach Autonomie und Identität strebenden Ich; und man wird bei dieser Gelegenheit gewahr, daß sie alle ein wenig mit der inzestuösen Nestwärme geliebäugelt haben und insofern schuldig geworden sind. All diese heimlichen Wünsche und Schwächen verdichten sich aber in der Gestalt des Kingu, und in seinem Opfer gelangen sie zur Katharsis. Die großen Götter denunzieren Kingu als den Schuldigen.

Als sie ihn gebunden hatten, brachten sie ihn vor Ea.
Sie ließen ihn seine Strafe erleiden,
Seine Adern durchschnitten sie.
Aus seinem Blute schuf er die Menschheit.
Er schrieb ihr den Dienst der Götter vor,
Um diese (davon) zu befreien.

Versuchen wir wiederum die Brücke zum polynesischen Mythos zu schlagen. Auch dort findet sich, wie wir im nächsten Kapitel sehen werden, eine Parallele zu Kingu, *Whiro* mit Namen. Mit der Menschheit hat dieser aber nichts zu tun; deren Ursprung und Inbild ist vielmehr Tu.

Zwischen Tu und Kingu besteht ein gewichtiger Unterschied. Während der polynesische Mythos, der in den unauflösbaren Streit zwischen Tu und allen seinen Brüdern ausklingt, einen Aspekt der emanzipatorischen Ich-Kraft als Menschengott identifiziert, nimmt das babylonische Schöpfungslied, das doch die ganze Zeit über so siegestrunken tönte, dann doch ein eher pessimistisches Ende: Gerade der konturschwache Repräsentant des *nostalgischen* Ich-Poles wird zum Ausgangsmaterial der Menschen, und deren Aufgabe ist der Sklavendienst für die Götter. Ein eigentümlicher Bruch, der uns ahnen läßt, daß die im 8. Kapitel getroffene Unterscheidung von emanzipatorischen und nostalgischen Trennungsmythen keine echte Alternative, sondern nur eine im Grunde nicht auflösbare Ambivalenz wiedergibt, bei der auch dann, wenn einer der Aspekte im Vordergrund steht, doch der andere stets schattenhaft gegenwärtig bleibt.

Tehom und die Schlange

Indem die Bibel den nostalgischen Text des Jahwisten mit dem emanzipatorischen der Priesterschrift legiert, tut sie im Grunde dasselbe, was im emanzipatorischen Enuma Elisch durch die Erschaffung des Menschen aus dem nostalgischen Prinzip Kingu erreicht wird: Der Gesamtmythos wird so der letztlich unauflösbaren Ambivalenz des ödipalen Reifungsschrittes gerecht. Aus dieser Ambivalenz folgt dann auch die Unentrinnbarkeit einer *schuldhaften* Verstrickung.

Die Schuld wird jeweils dem Antipoden der göttlich markierten Gestalt zugewiesen. Der Jahwist ortet sie beim Urmenschenpaar, dem Ich also; sie trägt den Charakter der Anmaßung und des Ungehorsams: Der Akt der *Expansion* ist sündhaft. Im Enuma Elisch liegt die Schuld umgekehrt auf der Seite der *Eltern*prinzipien Apsu und Tiâmat; sie besteht in dem Versuch, die Expansion des Ich zu *behindern* und so den Fortgang der Weltentwicklung aufzuhalten.

In der Priesterschrift scheint das Schuldmotiv vordergründig zu fehlen. Anders als Apsu und Tiâmat werden hier die Wasser des Urchaos von vornherein als machtlos geschildert; sie leisten ihrer Trennung durch Elohim keinen erkennbaren Widerstand. Dieser Elohim hat vergessen, mit wieviel Mühe und unter wievielen Ängsten er Himmel und Erde trennen mußte; er braucht daher nach Vollendung des Schöpfungswerkes auch niemanden anzuklagen.

Es gibt aber andere Stellen im Alten Testament, in denen das ursprüngliche Bild noch deutlich durchscheint. Im Buche Hiob, im 74. und im 89. Psalm, alle ebenfalls nach der babylonischen Gefangenschaft entstanden, erscheint die Urflut noch unter dem Bild eines furchtbaren Ungeheuers, das den Namen Leviathan trägt.

> Du hast das Meer durch Deine Kraft gespalten,
> Die Häupter des Drachen auf den Fluten zerschellt.
> Du hast Leviathans Köpfe zermalmt,
> Zum Fraß ihn hingegeben den Haien des Meeres!

heißt es im 74. Psalm in Würdigung des *Schöpfungswerkes*. In diesem Ungeheuer erkennt man unmittelbar Tiâmat wieder. Die Fachleute streiten sich darüber, ob diese Parallelsetzung auch etymologisch untermauert werden könne; die »Urflut« der Priesterschrift heißt nämlich auf hebräisch *tehom*. Das braucht uns aber nicht zu bekümmern; vom Bildgehalt her ist die Analogie auf jeden Fall unverkennbar.

Der drachengestaltige Leviathan wird von Bibelexegeten gern mit der Schlange des Paradieses gleichgesetzt, und beide mit dem Teufel der christlichen Theologie. Aber das ist ein sinnleeres Spiel mit erbaulichen Allegorien; als archetypische Funktionsträger haben Tiâmat und die Schlange des Jahwisten nichts miteinander gemein. Im Bilde der Urflut erscheint die verschlingende, symbiotische Mutter. Die Schlange im Paradies indessen gehört derselben Kategorie an wie der polynesische Tu: Sie repräsentiert jene Ich-Regungen, die gegen die Tyrannei des von den Eltern erlassenen Infantilitätsgebotes die Entwicklung vorantreiben und dabei auch mutwillig Schuld in Kauf nehmen.

Allerdings stößt man gegen Ende der jahwistischen Geschichte vom Sündenfall noch auf eine dunkle Passage, die sich nicht so einfach einordnen läßt. Jahwe spricht da zur Schlange:

>Feindschaft will ich setzen zwischen dir und dem Weibe und zwischen deinem Nachwuchs und ihrem Nachwuchs; er wird dir nach dem Kopfe treten, und du wirst ihm nach der Ferse schnappen.«

Das mag ein wenig an den ewigen Kampf im polynesischen Mythos erinnern, ausgetragen zwischen dem Sturmgott Tawhiri, der die Sünde seiner Ich-Brüder rächen will, und dem trotzigen Tu, dessen böser Rat die Brüder für diese felix culpa reif gemacht hatte. Aber warum wird die Schlange auf einmal gegenüber Eva polarisiert? Offenbart sich in ihr nun doch jener phallisch-maskuline Charakter, den ihr die Jünger FREUDs schon immer so bereitwillig zugeschrieben haben? Es bedarf einer umfassenderen *vergleichenden* Betrachtung, um diesen abermaligen Bedeutungswandel verstehen und einordnen zu können. Mit dieser wollen wir uns im folgenden Kapitel befassen.

Hebräische und babylonische
Weltentstehungsmythen

1. Der Schöpfungsbericht des Jahwisten

- **Entstehungszeit**
  vorexilisch; 10. oder 9. Jhdt. v. Chr.

- **Charakter**
  nostalgischer Raubmythos

- **Inhalt**

  Väterliches Prinzip: *Jahwe*

  Mütterliches Prinzip: *Erde (adama)*

  Ich-Prinzip:
  - Der erste Mensch (figural)
  - Das erste Menschenpaar (figural)

  Vorwelt:
  - *Jahwe* läßt Regen auf die Erde fließen,
    aus dieser brechen Wasserquellen hervor
  - Der Garten Eden

  Klimax: Das erste Menschenpaar raubt die Frucht von der Weltachse

2. Der Schöpfungsbericht der Priesterschrift

- **Entstehungszeit**
  nachexilisch; 5. Jhdt. v. Chr.

- **Charakter**
  emanzipatorischer Trennungsmythos

- **Inhalt**

  Väterliches Prinzip: Obere Wasser

  Mütterliches Prinzip: Untere Wasser

  Ich-Prinzip:
  - *Rûah Elohîm* (medial)
  - *Elohîm* (figural)
  - Das erste Menschenpaar (figural)

  Vorwelt:
  - Urflut, Finsternis, *Tohû wa bohû*
  - *Leviathan*

  Klimax: *Elohîm* trennt die oberen und unteren Wasser

3. Der babylonische Weltentstehungsmythos »Enuma Elisch«, Erster Teil

- **Entstehungszeit**
  wahrscheinlich erste babylonische Dynastie, 1900-1700 v. Chr.
  älteste erhaltene Dokumente aus dem 7. Jhdt. v. Chr.

- **Charakter**
  emanzipatorischer Raubmythos

- **Inhalt**

  Väterliches Prinzip: *Apsu*

  Mütterliches Prinzip: *Tiâmat*

  Ich-Prinzip:
  - *Mummu* (medial)
  - *Lachmu, Lachamu, Anschar, Kischar* (medial)
  - *Anu* (medial)
  - *Ea* (figural)

  Vorwelt:
  - Himmel und Erde sind namentlich nicht unterscheidbar
  - *Apsu, Tiâmat* und *Mummu* vermischen ihre Wasser

  Klimax: *Ea* tötet *Apsu* und raubt ihm die Insignien seiner Macht

4. Der babylonische Weltentstehungsmythos »Enuma Elisch«, Zweiter Teil

- **Entstehungszeit**
  wie 3.

- **Charakter**
  emanzipatorischer Trennungsmythos

- **Inhalt**

  Väterliches Prinzip: Obere Wasser (Regen)

  Mütterliches Prinzip: Untere Wasser (Euphrat und Tigris)

  Ich-Prinzip:
  - *Anu* (medial)
  - *Marduk* (figural)

  Vorwelt:
  - *Tiâmat* als hermaphroditischer Welt-Embryo

  Klimax: *Marduk* tötet *Tiâmat* und teilt sie wie einen Stockfisch

11. Kapitel
Die Struktur der Trennungsmythen

Morphologie des Märchens

In den letzten Kapiteln wurde noch wenig Wert auf Systematik gelegt; sie waren in erster Linie narrativ, anekdotisch. Wir haben Beispiele betrachtet und anhand derselben die eine oder andere verallgemeinernde Aussage gemacht. Aber das Material, das man auf solche Weise zusammenträgt, häuft sich bald einmal zu einer verwirrenden Sammlung an, einem schlecht verwalteten Museum vergleichbar, in dem der Besucher keinen Überblick gewinnen kann. Das Bedürfnis nach ordnender Abstraktion beginnt sich zu regen. Ähnlich ist es auch in der vergleichenden Mythenforschung gegangen; und das Zauberwort, das aus dieser Verwirrung heraushelfen sollte, hieß »Strukturalismus«.

Im Jahre 1928 erschien in Leningrad eine Arbeit des russischen Literaturwissenschaftlers Wladimir J. PROPP, die den Titel »Morphologie des Märchens« trug[1]. Der Autor gilt als einer der Begründer oder doch wenigstens Vorläufer der strukturalistischen Mythenforschung.

Heute pflegt man den Strukturalismus vornehmlich mit dem Namen von Claude LÉVI-STRAUSS zu verbinden; und der Leser wird an dieser Stelle vielleicht eine Auseinandersetzung mit dem Werk des französischen Anthropologen erwarten. Ich muß ihn diesbezüglich indessen noch ein wenig vertrösten: Es wäre nur verwirrend, mit LÉVI-STRAUSS

---

[1] PROPP (1975)

zu beginnen. Sein Zugang zum Sinnverständnis der Mythen ist so eigenwillig, daß allzuviele offenbleibende Fragen den Mitvollzug erschweren. Bei PROPP hat man es da leichter, und es ist daher nützlich, wenn wir uns zunächst auf seine Vorgehensweise konzentrieren.

Den Begriff »Morphologie« im Titel seines Hauptwerks hat PROPP, als Zeichen der Verehrung, von GOETHE entlehnt. Wie dieser ist er davon überzeugt, daß es Gesetzmäßigkeiten gibt, die in der organischen Natur und im Bereich der geistigen Gebilde gleichermaßen gelten, und die etwas mit der *Form* dieser Gebilde zu tun haben.

Im speziellen Fall eines Märchens liest sich diese Form dann etwa folgendermaßen:

$$ABC\!\uparrow \quad SchHZ \quad WKSL \quad [M]\!\downarrow VR \quad A \quad XU[PLö]EÜSt \quad TH_*^*$$

Dabei stehen die einzelnen Buchstaben und Symbole für elementare Handlungsmuster wie etwa »Zufügung eines Schadens«, »Bestehen einer Prüfung« oder »Erwerb eines Zaubermittels«. PROPP nennt sie »*Funktionen*«. Die Aussagen seiner Theorie betreffen die Kombinations- und Abfolgeregeln solcher Handlungselemente.

Die »Struktur« der Märchen und Mythen entfaltet sich für PROPP also auf der *Handlung*sebene; sie ist eine *Zeitgestalt*. Es ist dieser dynamische Aspekt, der die Betrachtungsweise des russischen Folkloristen zu einem so geeigneten Bezugsrahmen für eine psychologische Interpretation macht. Dabei ist sogleich anzumerken, daß PROPP selbst wenig Lust erkennen läßt, sich auf den schwankenden Boden der Psychologie zu begeben. Sofern er überhaupt die Bedeutungsfrage diskutiert, denkt er an historische Herleitungen aus Glaubensinhalten und Ritualen archaischer Religionen. Wir werden in dieser Hinsicht andere Wege gehen.

Vor allem aber gilt, daß sich PROPPs Analyse auf eine Erzählgattung beschränkt, die wir vorerst noch überhaupt nicht behandelt haben, nämlich das sogenannte *Zaubermärchen*. Auch dieses erschließt sich, wie noch zu zeigen sein wird, einer psychogenetischen Interpretation; es behandelt die Thematik der Adoleszenz. Indessen lohnt es sich durchaus, PROPPs Methode auch auf Trennungsmythen anzuwenden, und das soll in diesem Kapitel geschehen. Daß wir dabei den etwas ungewöhnlichen Weg beschreiten, die Nachbildung vor dem Original einzuführen, wird der Leser angesichts der Notwendigkeit entschuldigen, die ontogenetischen Entwicklungsstufen in ihrer natürlichen Reihenfolge abzuhandeln.

Urszene und Protagonist

PROPP geht von der Voraussetzung aus, es müsse möglich sein, für einen bestimmten Erzähltypus eine endliche Liste von Grundfunktionen anzugeben, die ausreicht, sämtliche Exemplare der betreffenden Gattung erschöpfend zu beschreiben. Diese Grundfunktionen, so fordert er weiterhin, brauchten dann zwar nicht in jedem Einzelfall auch sämtlich vorzukommen; wenn sie aber überhaupt auftreten, dann immer – nun gut, *fast* immer – in der gleichen, charakteristischen Reihenfolge. So wie ein künstlerisch begabter Zoologe aus vielen individuellen Exemplaren, sagen wir, einer Schmetterlingsart, deren jedes die eine oder andere Unvollkommenheit aufweist, den Idealtypus der Species in einer Farbzeichnung zu kondensieren vermag, läßt sich dann auch im Mythenvergleich durch vollständige Aufreihung der Grundfunktionen so etwas wie der Prototyp der betreffenden Mythenstruktur rekonstruieren.

Verfährt man auf diese Weise mit den Trennungsmythen, so wäre als zeitlich früheste Funktion wohl das anzusetzen, was NUMAZAWA (Seite 220) die »nächtliche Vereinigung von Mann und Weib im chaotischen Uranfang«, NEUMANN (Seite 210) den »Uroboros-Inzest« und wir selbst (Seite 210) die *Urszene* genannt haben. Wir kennzeichnen sie mit dem Buchstabensymbol U.

Die archetypische Idee ist dabei die enge Berührung oder Vermischung eines väterlichen und eines mütterlichen Prinzips; als prägnantestes Gleichnis dafür dient das Bild vom niedrigstehenden Himmel. Unter Umständen sind Himmel und Erde auch noch in einem Ei, einer Kalebasse oder sonst einem runden Gefäß eingeschlossen.

Der Mythos von Rangi und Papa beginnt mit dieser Grundfunktion und überhaupt alle Berichte, die von einer uranfänglich engen Verbindung von Himmel und Erde handeln. Aber auch die Initialphase des jahwistischen Berichtes, in der Gott seinen Regen auf die Erde strömen läßt und ihm aus ihr ein Wasserschwall entgegenbricht, fällt unter dieselbe Kategorie.

Ebenfalls der Funktion U zuzurechnen ist das Bild von der chaotischen Urflut, vor allem dann, wenn sie androgyne Züge trägt. Aber auch wenn ihr Geschlecht unbestimmt bleibt oder wenn sie als »Große Mutter« eingeführt wird, läßt sich ihre zwitterhafte Potenz meist noch daraus erschließen, daß aus ihr im späteren Verlauf der Mythenhandlung Himmel und Erde hervorgehen. In diesem Sinne ist auch die Urflut *Tehom* der Priesterschrift, bzw. das vorweltliche *Tohu wa bohu* vor der Scheidung der oberen und der unteren Wasser, ein Repräsentant der Urszene.

Nicht selten erscheint diese auch versinnbildlicht durch eine vertikale *Weltachse* in Gestalt eines Baumes, eines Berges oder Menhirs, einer Kette, Treppe oder Leiter, einer Liane, eines Spinnenfadens, des Regenbogens oder schließlich auch der Vereinigungssymbole Phallus und Nabelschnur. Wenn also am Anfang eines Mythos von einem in den Himmel ragenden Baume die Rede ist, so äußert sich darin zumeist die Funktion U, auch wenn ein Hinweis auf den niedrigen Stand des Himmels fehlt.

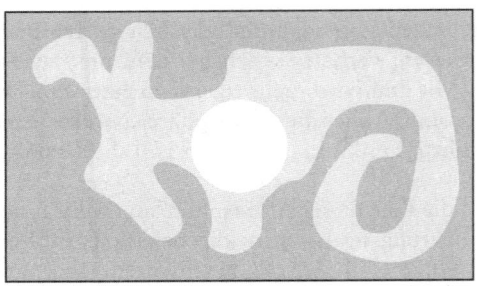

Artikulation des Protagonisten P in figuraler (weiß) und medialer Form (hellgrau) innerhalb der Urszene U (dunkelgrau).

Als nächstes führen die Trennungsmythen üblicherweise ein oder mehrere Wesen ein, die aus der urszenischen Umarmung keimhaft hervorgehen und sich mitten im Elternmedium einnisten. Wir wollen diese Funktion als »Artikulation des *Protagonisten*« bezeichnen und mit dem Buchstaben P symbolisieren. Es kann sich dabei um eine figurale Wesenheit, etwa die Sonne, handeln; häufiger noch weist der Protagonist zunächst mediale Züge auf, und zwar erscheint er meist als Luft- oder Sturmgottheit. Er besitzt noch keine polarisierte Geschlechtsidentität, ist also seinerseits hermaphroditisch oder ein Geschwisterpaar, oder sein Geschlecht bleibt paradigmatisch für das Menschsein als solches.

In diesem Sinne fällt die Erschaffung des ersten Menschen Adam beim Jahwisten unter die Kategorie P. Die Priesterschrift berichtet vom Protagonisten sowohl in medialer Form – im Bilde des träge über der Urflut lagernden *rûaḥ ælohîm* – als auch figural in der Gestalt des aktiven Weltschöpfers. Der Prozeß seiner Artikulation wird zwar nicht deutlich herausgearbeitet, sie erscheint aber zumindest angedeutet im Wechsel von der vorweltlich medialen in die schöpfungsgeschichtlich figurale Existenzweise Elohims.

Das zwielichtige Paradies

Während die beiden vorgenannten Zeichen aktive Bestandteile der Handlung betreffen, verhält es sich bei dem nun zu besprechenden etwas anders. Mit ihm wird nicht eigentlich eine neue Handlungseinheit angefügt, sondern eher die Atmosphäre charakterisiert, in die eine bereits eingeführte Funktion, in diesem Fall die Urszene, eingebettet erscheint.

Wir können die Pole dieser Atmosphäre an zwei Zitaten aus der romantischen Dichtung festmachen, die beide das Bild der engen Berührung von Himmel und Erde beschwören, aber mit konträrem Anmutungsgehalt. Auf der einen Seite drückt EICHENDORFF in seinem Gedicht »Die Einsame« die Stimmung der vertrauensvoll akzeptierten Geborgenheit aus:

> Wär's dunkel, ich läg' im Walde,
> Im Walde rauscht's so sacht,
> Mit ihrem Sternenmantel
> Bedecket mich da die Nacht.

Auf der anderen Seite steht die Schilderung einer depressiven Symbiose in der »Stimme des Regens« von Nikolaus LENAU:

> Und Erd und Himmel haben keine Scheide,
> In eins gefallen sind die nebelgrauen,
> Zwei Freunden gleich, die sich ihr Leid vertrauen,
> Und Mein und Dein vergessen traurig beide.

Beide Stimmungspole kehren im Mythos wieder. So spielt es zum Beispiel für die Geschichte des Jahwisten eine wesentliche Rolle, daß der Protagonist die symbiotische Verbundenheit mit dem ungeteilten Elternmedium als *angenehm* empfindet. Der Inbegriff dieser Zuständlichkeit ist das *Paradies*. Generell wird man sagen können, daß die Urszene in all jenen Trennungsmythen wenigstens andeutungsweise als ein goldenes Zeitalter beschrieben sein sollte, die wir im 8. Kapitel als »nostalgisch« gekennzeichnet haben. Wir wollen das in der Signatur durch ein tiefgestelltes n zum Ausdruck bringen, das wir an das Symbol der Urszene anhängen. Wo immer also Mythen die Epoche des niedrigstehenden Himmels mit Phantasien vom Schlaraffenland assoziieren, handelt es sich um Beispiele der Funktion U_n.

In der »emanzipatorischen« Gruppe hingegen würde eine positive Deutung von U die Handlungslogik stören, und es ist daher nur konsequent, wenn beispielsweise die Priesterschrift nichts dergleichen berichtet. Auch im Maorimythos, ebenfalls klar als emanzipatorisch einzustufen, ist nicht davon die Rede, daß sich die protagonistischen Götter zwischen Rangi und Papa ganz zu Anfang erst einmal besonders wohl gefühlt hätten.

In allen diesen Fällen begegnen wir gerade umgekehrt mehr oder minder deutlich ausgesprochenen Vorbehalten gegen den Anfangszustand. Die Priesterschrift bezeichnet ihn als wüst und nichtig, in anderen Mythen wird der Mangel an Freiraum, an Erlebnismöglichkeiten oder auch direkt an Unterscheidungskriterien hervorgehoben. Besonders häufig stoßen wir auf die Klage über eine fehlende Trennung von Licht und Schatten. Die Urszene ist, wofern nicht überhaupt in bedrückende Dunkelheit, so in ein ungewisses Zwielicht getaucht, das alle Klarheit der Entscheidung paralysiert. Man hat bei den täglichen Verrichtungen nicht genug Bewegungsfreiheit, die Menschen können sich nur auf allen Vieren wie das Vieh vorwärtsbewegen. Die Erde ist durch ständigen Regen aufgeweicht und schlammig; die Jagdgründe werden verdorben, das Volk siecht und hungert. Die Menschheit wird vom Himmel direkt kannibalisiert oder, wie in der tahitianischen Abbildung von Seite 259, von einem Kraken gewürgt. Die Sonne existiert noch nicht, oder sie kann sich nicht bewegen und erzeugt Hitzekatastrophen. Unter Umständen empfinden auch Himmel und Erde selbst den Zustand als beengend und unbehaglich. In allen solchen Fällen werden wir, analog zur Notation der nostalgischen Trennungsmythen, die Urszene mit U_e signieren, wobei das e hier für »emanzipatorisch« steht.

Wachstum und Differenzierung

Die Kraft, die da im Zentrum keimt, expandiert unaufhaltsam. Dieses Motiv ist uns bereits in den Erdtauchermythen begegnet, wo ja auch aus einem meist nur winzigen Partikel schließlich ein horizontfüllender Kontinent heranwächst. In den Trennungsmythen kommt dieser Gedanke meist darin zum Ausdruck, daß der Protagonist nicht singularisch sondern als ein durch fortgesetzte Zeugung anwachsendes *Ensemble* von Göttern auftritt. Stellt man in Rechnung, daß im Hebräischen die Endung »-im« die Pluralform bezeichnet, erscheint sogar eine strikt monotheistische Reduktion »des« Elohim der Priesterschrift hinterfragbar.

Häufig macht der Mythos bei der Differenzierung des Protagonisten von der Dualität der *Geschlechter* Gebrauch. Die Ich-Götter werden häufig in Paaren geboren, die durch die Symmetrie der Namengebung aufeinander bezogen bleiben. Die ersten Nachkommen von Apsu und Tiâmat heißen zum Beispiel *Lachmu* und *Lachamu*. Beim Jahwisten tritt der erste Mensch als das Urpaar von *Isch* und *Ischscha* in Erscheinung.

Es wäre falsch, hierin bereits ein konfliktgeladenes Einseitigwerden der Geschlechter zu sehen. Die ersten Protagonistenpaare sind, wie etwa die Genealogie der heliopolitanischen Neunheit von Seite 213 zeigt, noch halbwegs hermaphroditisch. Auch die Beziehung der biblischen Stammeltern ist – wohlverstanden, *vor* dem Sündenfall –

durchaus von der Harmonie der unschuldigen Inzestbindung noch unerweckter Geschwisterkinder.

Differenzierung D des Protagonisten

Im Zuge einer eingehenden Analyse wäre es sicher geboten, die verschiedenen Formen der progressiven Erweiterung des zentralen Kraftfeldes durch unterschiedliche Symbole zu spezifizieren. Für einen ersten Entwurf, um den es sich hier allein handeln kann, möge an dieser Stelle aber eine einzige Funktion genügen, die wir mit dem Buchstaben D, für »Differenzierung«, kennzeichnen. Wir setzen dieses Symbol in eckige Klammern, wenn, wie in der Gestalt »des« Elohim, die Pluralität nur angedeutet bleibt.

Beengung und Unruhe

Je breiter sich der Protagonist macht, desto mehr wächst die Spannung. Gleichgültig, ob die Nestwärme als angenehm empfunden wird oder nicht: Auch in den nostalgischen Mythen müssen dafür Einschränkungen in Kauf genommen werden. Das erste Menschenpaar mag sich im Paradies wohl gefühlt haben; aber die Einladung, die ganze Welt in Besitz zu nehmen, blieb ihm versagt. Man hatte Bestehendes zu bewahren und die Finger vom Baum der Erkenntnis zu lassen.

Erst recht gilt dies natürlich für die emanzipatorischen Mythen. Die Kinder zwischen Rangi und Papa oder die Menschen, die wegen des niedrigen Himmels stets gebückt herumlaufen müssen, fühlen sich unbehaglich. Der äußere Druck erzeugt *Spannung*. Wir wollen diese Funktion mit dem Symbol S kennzeichnen.

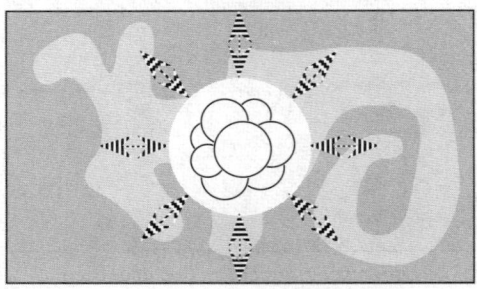

Spannung S zwischen dem Protagonisten und den symbolischen Repräsentanten des elterlichen Mediums

In der Regel bleibt die Spannung auf Seiten des Elternmediums nicht unbemerkt, ja sie kann sogar, wie etwa im Enuma Elisch, primär aus der Perspektive der Eltern geschildert werden: »Unerträglich ist mir ihr Verhalten; tagsüber kann ich nicht ruhen, nachts nicht schlafen!«

Bei alldem handelt es sich nicht nur um eine Unbequemlichkeit. Es geht um ernstere Dinge: Wir haben auf Seite 275 gehört, daß Unfruchtbarkeit der Felder und sengende Hitze die Folge des lastenden Himmels sein können, oder daß bösartige Ungeheuer am Stamme des Weltbaumes herabsteigen, um die Menschen zu vernichten.

Mit ähnlichem Unheil muß im Glauben der Naturvölker gerechnet werden, wenn das *Inzestverbot* übertreten wird[2]. Auch hier werden nicht nur kausal begründete und daher real erfahrbare Effekte wie Mißbildungen und Erbkrankheiten erwartet, sondern es erscheint dem Volksverstand auch plausibel, daß der Frevel Flutkatastrophen heraufbeschwört, die Ernte vernichtet und das Vieh des Dorfes unfruchtbar macht. Dergleichen Implikationen sind naturwissenschaftlich natürlich unfundiert; gleichwohl bekundet sich darin die psychologisch feinsinnige Erkenntnis, daß ein Versagen vor dem Entwicklungsauftrag der »ödipalen« Phase mit einer Asthenie der persönlichen Identität bezahlt werden müßte.

---

[2] BISCHOF (1985), S. 87

Auch die Funktion S gehört zu den integrierenden Bestandstücken des Trennungsmythos. Es ist allemal auffällig, wenn sie unterdrückt wird, wie etwa in der priesterschriftlichen Schöpfungsgeschichte. Vielleicht soll hier Elohim ausdrücklich vom babylonischen Marduk abgehoben werden, der immerhin seine Mühe mit Tiâmat hatte. Im übrigen wird die Spannung an anderen Stellen der Priesterschrift sehr wohl noch erinnert, wo vom Kampf mit Leviathan die Rede ist. Wenigstens ein eingeklammertes [S] wird also auch hier zu signieren sein.

Die Verführer

Vom Maori-Mythos existiert, zusätzlich zu der bisher berichteten Version, noch eine esoterische Variante, die Geheimlehre eines kleinen Priesterzirkels. In dieser Fassung kommt ein Gott namens *Whiro* vor, der Anführer einer Gegenpartei, die die Heldentat Tanes hintertreiben möchte. In gewisser Hinsicht gleicht er darin dem offenbar auch etymologisch verwandten Windgott Tawhiri; aber seine Motivation ist eine andere. Tawhiri verkörpert das schlechte Gewissen angesichts der unbestreitbar sündhaften Aspekte des Trennungsaktes; Whiro aber, so heißt es, wollte lieber in der dunklen Nestwärme zwischen den Eltern bleiben als sich der Kälte draußen auszusetzen. Er gilt in der esoterischen Lehre als der Gott der Finsternis und des Todes, als das böse Prinzip überhaupt.

Wir werden hier erneut auf den psychodynamischen Tatbestand aufmerksam gemacht, daß der Mut zur »ödipalen« Schuld einer Entwicklungsaufgabe gerecht wird, der man sich nur um den Preis der Selbstauflösung im mütterlichen Medium, also des psychischen Todes, entziehen kann. Das Verlangen nach Geborgenheit in den Armen der mütterlichen Pflegeperson ist eben nur beim kleinen, biologisch wirklich schutzbedürftigen Kind funktional; in späteren Entwicklungsstadien muß ihm der Wille zur Autonomie, die Faszination durch das Abenteuer des Andersseins die Balance halten, weil anderenfalls der Symbiosewunsch zum Todestrieb und die Große Mutter zur Göttin der Unterwelt pervertiert[3]. In der individuellen Lebensentwicklung

---

[3] BISCHOF (1985), Kap. 28

bahnt sich eine Ahnung dieser Dramatik offenbar erstmals beim Fünfjährigen an.

Im polynesischen Mythos wird die dunkle Seite der Urmutter stellvertretend von ihrem inzestuösen Sohn Whiro übernommen. Eine
ähnliche Rolle spielt im Enuma Elisch offenkundig der Sohn-Gelieb-
te Kingu. Solche Nebenakteure, die nicht als Protagonisten auftreten,
sondern das Geschehen eher durch Beeinflussung anderer oder auch
als willfährige Handlanger in der einen oder anderen Richtung vor-
anzutreiben suchen, sind im Mythos keine Seltenheit. Sie werden
nachfolgend als *Verführer* bezeichnet und mit V signiert.

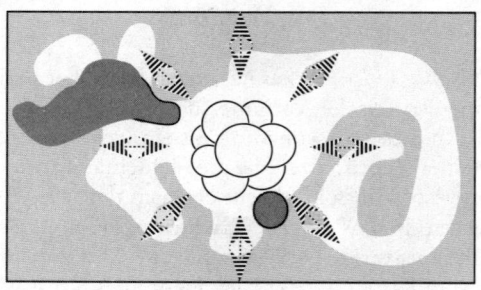

Auftreten medialer oder figuraler Verführer V (dunkelgrau)

Im Enuma Elisch ist die Verführerfunktion am deutlichsten in der
Gestalt von Apsus »Boten« Mummu verkörpert. Gleich Kingu oder
Whiro geht sein Trachten dahin, den Emanzipationsprozeß aufzuhalten oder rückgängig zu machen. Wir wollen in solchen Fällen von
einem *nostalgischen* Verführer reden und die Signatur V_n verwenden.

Damit ist bereits ausgesagt, daß es auch einen Funktionsträger mit
entgegengesetztem Vorzeichen, einen *emanzipatorischen* Verführer
gibt, der dann analog mit V_e zu signieren wäre. Dem dramatischen
Höhepunkt der Erzählung geht nämlich häufig eine Phase voran, in
der die Aktion zunächst geplant, vorerwogen wird. Und dort tritt oft
eine Gestalt auf, die den eigentlichen Helden der Handlung dazu überreden, ermutigen oder eben verführen muß. Emanzipatorische Verführer tragen meist figurale Züge, während nostalgische eher medial
oder als Figuren mit unsicheren Grenzen gezeichnet werden.

Auf Seite 273 haben wir gehört, daß in einem Südsee-Mythos eine Frau die Rolle der Versucherin spielt. Sie verspricht einem Mann einen Trunk Wasser, wenn er ihr dafür den Himmel emporhebe. Dasselbe Motiv begegnet uns verdoppelt in der biblischen Paradiesgeschichte, wobei Eva, die den Adam verführt, ihrerseits zuvor der Versuchung der Schlange erliegt.

Man hat den Eindruck, als wollten beide Mythen das aufdämmernde *Geschlechtsinteresse* als Motor des Sündenfalles identifizieren. Das mag hier zutreffen, muß aber nicht notwendigerweise so sein. Wenn wir den Maori-Mythos zum Vergleich heranziehen, so nehmen wir in der Versuchergestalt des Tu keine sexuelle Symbolik wahr. Wir haben es hier stattdessen mit der Gewissenlosigkeit eines unersättlichen und nicht vor Mord zurückschreckenden *Machtverlangens* zu tun. Tatsächlich besteht allerdings eine positive Rückkoppelung zwischen Autonomieanspruch und Sexualität, deren systemtheoretischen Stellenwert ich an anderem Ort[4] zu entwickeln versucht habe, und vielleicht spiegelt sich diese ja in den genannten beiden mythischen Motivgruppen.

Der Vollständigkeit halber sei erwähnt, daß nostalgische und emanzipatorische Verführer in einem und demselben Mythos auftreten können. Im ersten Teil des Enuma Elisch etwa fungieren als Randfiguren sowohl die beratenden Götter, die dem Ea Mut machen, als auch Mummu als Ränkeschmied auf Seiten Apsus. In solchen Fällen ist die Signatur V_{en} angebracht.

Trennung und Raub

Der dramatische Höhepunkt aller Trennungsmythen besteht in dem Akt, der die Spannung S löst. Es handelt sich dabei im typischen Fall um eine *aggressive* Handlung des Protagonisten, die sich entweder gegen eines der beiden Elternprinzipien allein oder gegen beide gemeinsam richtet. Wir wollen sie durch das Funktionssymbol A charakterisieren.

In der Regel wird der aggressive Charakter der Handlung entweder im Mythos klar ausgesprochen, oder er ist zumindest aus der Handlungssymbolik ablesbar – so etwa, wenn ein Mann einen Pfeil in den

---

[4] BISCHOF (1985)

Himmel schießt. Auch die Mörserkeule, von der wir verschiedentlich im 8. Kapitel hörten, rechtfertigt noch immer wenigstens die eingeklammerte Signatur [A].

Aggressive Handlung A des Protagonisten gegen das Elternmedium

Einen Sonderfall stellt wiederum die Priesterschrift dar, die den kämpferischen Aufwand Elohims tendenziös herunterspielt: Aus der Schlacht mit einem tödlich gefährlichen Leviathan wird die gewissermaßen mit der linken Hand vollzogene Schöpfung der Welt. Wir haben hier ein weiteres Mal von der Klammer Gebrauch zu machen.

Weil im afrikanischen Mythos ein Mann seinen Pfeil in den Himmel schoß, wich dieser nach oben zurück. Die unmittelbare Folge des aggressiven Aktes ist die *Trennung der Elemente*. Ein anderes häufig anzutreffendes Motiv besteht darin, daß der Strang, der Himmel und Erde verbindet, durchschnitten wird. Diese Raumsymbolik soll hier piktographisch durch das Zeichen # wiedergegeben werden.

In der Priesterschrift ist das von den eigentlich dramatischen Funktionen die erste, die nicht in rudimentierter Form auftritt; die Transkription würde hier also bis zur Trennung der Wasser lauten:

$$U_e[P][D][S] \sim [A] \#$$

Das Zeichen »~« steht für die *Auslassung* einer an der betreffenden Stelle idealtypisch zu erwartenden Funktion. Im vorliegenden Fall wäre hier eigentlich ein Verführer zu erwarten; der kommt aber in der Priesterschrift nicht vor.

Der Jahwist erzählt die vorbereitende Handlung, wie wir wissen, viel breiter. Hier aber begegnet uns ein anderes Problem, das im Vorangehenden schon angesprochen worden ist. Wir können die Paradiesgeschichte eigentlich nicht als »Trennungsmythos« bezeichnen; schließlich fehlt darin doch jeder offenkundige Hinweis darauf, daß das Stammelternpaar das Bedürfnis verspürt hätte, Himmel und Erde auseinanderzuschieben!

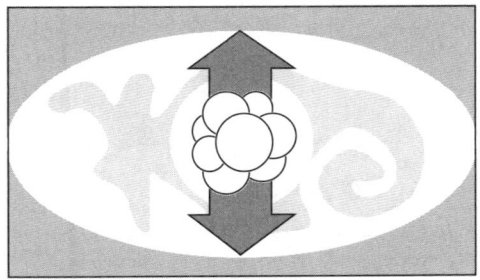

Trennung # des Elternmediums

Allerdings ist zu bedenken, daß gewisse, wenn auch indirekte Anklänge an einen Trennungsakt eben doch erkennbar sind. Zumindest ist von einem Baum die Rede, der zur Bewahrung des Bestehenden unversehrt zu halten sei; und wenn seine Frucht gebrochen wird, so wirkt das immerhin wie ein Rudiment des umgehauenen Weltbaumes der Miao, von dem wir auf Seite 276 hörten. Auch zum Wunsch nach Unterscheidung von Gut und Böse ließe sich das eine oder andere assoziieren. Ein zumindest eingeklammertes [#] wird man dem jahwistischen Bericht also vielleicht zubilligen dürfen.

Aber der eigentliche Kerngehalt des Sündenfalles ist damit nicht getroffen. Dieser bekundet sich vielmehr als ein Akt des *Raubes* oder *Diebstahls*. Wir führen hierfür eine eigene Funktionsbezeichnung *Widerrechtliche Aneignung* ein und ordnen dieser das Zeichen § zu. Die Handlungsfolge beim Jahwisten bis zum Genuß der verbotenen Frucht wäre demgemäß folgendermaßen zu signieren:

$$U_n PDSV_e A[\#]\S$$

Die beiden Symbole # und § können somit gegebenenfalls kombiniert auftreten. Das ist aber nicht die Regel. Im Normalfall werden sie füreinander *substituiert* – die Motive der widerrechtlichen Aneignung und der Trennung von Himmel und Erde stehen *stellvertretend* füreinander.

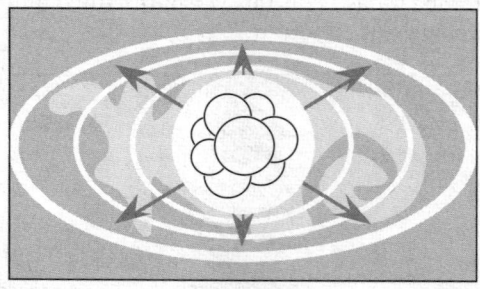

Widerrechtliche Aneignung § des Elternmediums durch den expandierenden Protagonisten

Eine Andeutung in dieser Richtung findet sich bereits im Enuma Elisch. Wir müssen dazu einen bisher noch nicht erwähnten Gesichtspunkt einbeziehen, der bei PROPP breiter herausgearbeitet wird. Eine Handlungssequenz *wiederholt sich* demzufolge nicht selten in mehreren »Strophen«, wobei wie bei einem Musikstück Variationen und Auslassungen zu beobachten sind.

Zwei solche Handlungsstrophen stellen im Enuma Elisch die Überwindung des Apsu und der Tiâmat dar. Im letzteren Fall folgt der Aggression Marduks tatsächlich ein Trennungsakt – er teilt die Tote Tiâmat ja »wie einen Stockfisch« in eine obere und eine untere Hälfte. Beim Kampf des Ea gegen Apsu hingegen geht es anders zu:

> Er goß einen Schlaf über Apsu aus, der sanft schlummerte.
> Er betäubte ihn, da er den Schlaf über ihn ausgoß.
> ...
> Er beraubte ihn seiner Kleider, zog ihm die Tiara ab,
> Seinen Glanz nahm er weg und bekleidete sich damit.
> Nachdem er Apsu gefesselt hatte, erschlug er ihn.
> ...
> Und auf Apsu schlug er seine Wohnung auf.

Schreibt man diese beiden Handlungssequenzen in den einander entsprechenden Teilen untereinander, so sieht die Transkription folgendermaßen aus:

$$U_e \quad P \quad D \quad S \quad V_{en} \quad A \quad \S \quad \dots$$
$$[U_e] \quad \sim \quad D \quad S \quad V_{en} \quad A \quad \# \quad \dots$$

Wenn hier A vor $\S$ notiert wird, so deshalb, weil die Angriffshandlung Eas gegen Apsu bereits einsetzt, wenn er diesen durch ein Schlafmittel wehrlos macht. Das setzt ihn in den Stand, dem Vater durch den Raub der Insignien göttlicher Macht vollends den »Glanz« zu nehmen. Der abschließende Tötungsakt ist dann nicht mehr als ein Gnadenstoß.

Die Büchse der Pandora

Mit dem Trennungsakt oder dem Raub hat der Protagonist eine *Schuld* auf sich geladen, jedenfalls in den Augen der Elternprinzipien. Der Mythos artikuliert dies durch eine *strafende* oder *rächende* Handlung, üblicherweise von elterlicher Seite: Jahwe vertreibt Adam und Eva aus dem Paradies und verurteilt sie zu einem Leben in Mühsal, an dessen Ende der Tod steht. Im Maori-Mythos übernimmt das Über-Ich Tawhiri die Rolle der strafenden Instanz. Wir bezeichnen diese Wendung des Handlungsablaufs mit dem Symbol X. Inhaltlich läuft die Strafe meist auf den Verlust der angemaßten Omnipotenz hinaus, eine Entthronung des Protagonisten aus seiner Position im Mittelpunkt des Universums.

Ein Problem ergibt sich, wenn der Mythos den Protagonisten so weitgehend glorifiziert, daß seine Inkriminierung handlungslogisch nicht mehr sinnvoll wäre. Hier bietet sich als Ausweg an, die Strafe nicht ihn, sondern die Elternprinzipien als die Behinderer seiner Emanzipation treffen zu lassen. Wir werden ein Beispiel dafür im folgenden Kapitel kennenlernen. Eine andere Möglichkeit besteht darin, das moralische Problem überhaupt zu verdrängen, wie im Falle von Elohim und seinen beiden menschlichen Ebenbildern, von deren Schuld und Sühne die Priesterschrift einfach nichts zu berichten weiß.

Eine noch etwas andere Lösung wählt das Enuma Elisch. Die Strafe wird hier wohl vollzogen, aber sie richtet sich gegen eine Nebenfigur, den nostalgischen Verführer Kingu.

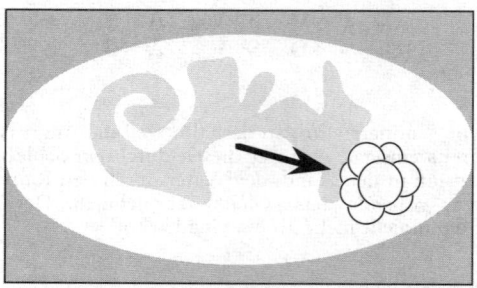

Exzentrischwerden des Protagonisten als häufigste Form von Strafe X.

Über die *Art* der Strafe machen die Mythen verschiedene Angaben. Im babylonischen Mythos werden die Abkömmlinge Kingus zum Frondienst der Götter verurteilt. Der Jahwist verheißt den Menschen »Dornen und Disteln« und die allbekannten Mängel und Beschwernisse, die mit unserer Natur verbunden sind: die im Katechismus aufgezählten Folgen der Erbsünde, vor allem den Tod.

Häufig klingt jedoch auch noch ein Grundmotiv an, das in seinem Sinngehalt den Charakter einer Strafe transzendiert und wegen seiner besonderen Bedeutung genauer analysiert werden soll. Wir ziehen hierfür einen schon halbwegs literarischen Mythos heran, der allerdings wohl auf älterem Material fußt. Er steht bei PLATO im »Gastmahl« und behandelt die Entstehung der *Zweigeschlechtlichkeit*.

Am Anfang der Menschheit, so geht die Geschichte, hat ein sagenhaftes *androgynes* Geschlecht die Welt bevölkert. Jedes dieser Wesen war janushaft gebaut, mit zwei Gesichtern und acht Extremitäten:

»Die ganze Gestalt jedes Menschen war damals rund, und der Rücken und die Seiten bildeten eine Kugel... Der Mensch ging zwar aufrecht wie heute, aber nach vorwärts und nach rückwärts, ganz wie ihm gefiel. Und wenn er laufen wollte, dann machte er's wie die Gaukler, die kopfüber Räder schlagen: er lief dann mit allen acht Gliedern, und so im Rade auf Händen und Füßen kam er allerdings schneller vorwärts als wir heute.«

Die Schilderung atmet das Lebens- und Raumgefühl des *Kopffüßlers*, sie gemahnt nachgerade an die auf Seite 241 abgebildete Hakenkugel, und wenn wir uns das klar machen, verliert sie auch ihre skurrile Unverbindlichkeit. Von diesen Wesen heißt es nun, daß sie frevelten, indem sie unrechtmäßige Ansprüche stellten:

»Groß und übermenschlich war ihre Stärke, ihr Sinnen war verwegen, ja sie versuchten sich sogar an den Göttern ... Sie wagten den Weg zum Himmel hinauf und wollten an den Göttern sich vergreifen. Und Zeus und alle Götter erwogen, was sie dagegen tun sollten. ... Da fiel es aber Zeus ein, und er rief: ... Ich habe das Mittel gefunden, die Menschen leben zu lassen und doch ihrem Übermut für immer ein Ende zu machen: Ich werde jeden Menschen in zwei Teile schneiden. ..Und wie Zeus sprach, so handelte er auch: er nahm die Menschen her und schnitt jeden in zwei Teile, wie man Birnen, um sie einzukochen, entzwei schneidet. ... Als nun auf diese Weise die ganze Natur entzwei war, kam in jeden Menschen die große Sehnsucht nach seiner eigenen anderen Hälfte.«

Beim Gleichnis von der geteilten Birne drängt sich die Erinnerung an Marduk auf, der Tiâmat wie einen Fisch halbiert. Dort handelte es sich um die Trennung des Elternmediums in eine »väterliche« und eine »mütterliche« Hemisphäre, hier um das Gewahrwerden der unwiderruflichen Einseitigkeit der eigenen Geschlechtsidentität.

Damit ist die Frage aufgeworfen: Hängen die beiden Teilungsakte möglicherweise zusammen, folgt der von PLATO geschilderte vielleicht unausweichlich aus dem, von dem das Enuma Elisch redet? Spiegelt sich im einen nur der andere?

Noch an einer anderen Stelle der griechischen Mythologie tritt uns derselbe Gedanke entgegen. Bei HESIOD lesen wir, daß ehedem die himmlischen Götter und die irdischen Menschen gemeinsam zu speisen pflegten (U). Ein Protagonist in Gestalt des Titanen *Prometheus* (P), dem im Zuge der Differenzierung (D) ein argloserer Bruder *Epimetheus* zuwuchs, beging dann, nachdem im Streit über das rechte Opferritual Spannung (S) entstanden war, den Frevel, das von Zeus den Menschen vorenthaltene Feuer aus dem Himmel zu stehlen (§). Zur Strafe (X) wurde Prometheus an einen Felsen geschmiedet. Aber damit nicht genug: Zeus ließ auch noch das Urweib *Pandora* erschaffen, das er, samt einem Faß voll mit allen Übeln dieser Welt, dem dümmlichen Epimetheus als Gefährtin anbot, woraufhin das Unheil seinen Lauf nahm.

Altphilologische Kommentatoren haben allen Ernstes über der Frage gebrütet, ob dieser Mythos denn behaupten wolle, die Menschheit sei vor der Pandora ohne Frauen ausgekommen. Bei einer ontogenetischen Deutung sind wir dieses Problems enthoben. Kinder vor dem fünften Lebensjahr sehen kein Problem darin, später einmal wahlweise »eine Mutti« oder »ein Papi« zu werden ganz ohne Rücksicht auf ihr eigenes Geschlecht, das sie im übrigen auch noch leicht wechseln können, indem sie einfach Kleidung, Haartracht oder Spielzeug ändern. Was sie als »Strafe« für die Scheidung der Elternmedien ereilt, ist die Erkenntnis, unwiderruflich auf die eigene Geschlechtsidentität festgelegt zu sein. Indem Zeus dem Epimetheus Pandora schenkte, machte er ihm seine Hälftenhaftigkeit bewußt.

Die Rollentrennung der Geschlechter

Wenn wir nun noch einmal zum Jahwisten zurückkehren, so bemerken wir dort eine auffällige Parallele zum Racheakt des Zeus. Auch in der Bibel bestraft Jahwe den menschlichen Ungehorsam ja keineswegs nur mit der Vertreibung aus dem Paradies in ein Leben der Entbehrung. Sein eigentlicher Fluch besteht vielmehr darin, daß er dem in »Mann« und »Männin« zwar bereits differenzierten, aber noch in Harmonie lebenden Protagonisten Einseitigkeit, Rollentrennung und Zwietracht auferlegt.

Wir haben auf Seite 353 bereits die Passage zitiert, in der Jahwe Feindschaft zwischen »der Schlange« und »dem Weibe« setzt. Der Text geht wie folgt weiter:

Und zum Weibe sprach er: »Mit Schmerzen sollst du Kinder gebären. Nach deinem Manne wirst du verlangen, er aber soll dein Herr sein!«
Und zum Menschen sprach er: »Weil du auf des Weibes Stimme gehört hast, so ist um deinetwillen der Erdboden verflucht. Dornen und Disteln soll er dir tragen. Im Schweiße deines Angesichts sollst du dein Brot essen, bis du wieder zur Erde kehrst, von der du genommen bist.«
Und der Mensch nannte sein Weib Eva, das heißt die Mutter aller Lebenden.

Die Schlange erscheint hier wohl wirklich als Repräsentant phallischbegehrender Männlichkeit, »auf dem Bauche kriechend«, »Staub fressend«, dem Weibe nachstellend und von ihr mit dem Fuße getreten. Das Verhältnis der Geschlechter verliert die Unschuld des Uroboros-Inzests und polarisiert sich in aggressiv-erotischer Ambivalenz. Dem Weibe wird das »Verlangen nach dem Mann« eingepflanzt, auf das dieser mit der Geste des Machismo antworten wird. Jahwe verurteilt beide zu jeweils *geschlechtsspezifischen* Beschwernissen: das Weib zum Gebärschmerz, den Mann zur Dreckarbeit. Und – ein feinsinnig eingefügtes Begleitmotiv – die Möglichkeit, in der Muttersymbiose Trost zu finden, bleibt Adam nun endgültig verwehrt: Die Erde, *adama*, wird ihm fortan nur noch Dornen und Disteln tragen; erst der Tod wird ihn wieder mit ihr vereinigen.

Wie wichtig die Bibel diesen Wandel im Geschlechtsverständnis nimmt, zeigt sich daran, daß sie ihn in einem Namenswechsel verdichtet: Aus der paradiesischen Zweieinheit von *Isch* und *Ischscha* wird der Antagonismus von *Adam* und *Eva*. Wir wollen dem dadurch Rechnung tragen, daß wir eine eigene Funktion, *Rollentrennung der Geschlechter*, einführen und diese mit dem Symbol Ø signieren.

Ein Grund, diese Funktion von X zu unterscheiden, liegt darin, daß sie gar nicht immer als Ahndung eines Vergehens aufgefaßt wird. In der Priesterschrift wird das erste Menschenpaar *nach* dem Trennungsakt # erschaffen; der Vorgang entspricht also nicht dem Stadium Isch/Ischscha, sondern Adam/Eva und ist dementsprechend nicht mit D, sondern mit Ø zu signieren, offenkundig ohne eine Konnotation der Bestrafung. Ähnlich verhält es sich mit der ersten Strophe des Enuma Elisch. Dort tritt Ea vor der Aneignung § der Insignien Apsus nur als Einzelperson auf. Danach aber, wenn er seinen Wohnsitz im erschlagenen Apsu gegründet hat, gesellt ihm der Mythos sogleich eine Gattin zu, Damkina, mit der er »in Herrlichkeit« lebt und den Marduk zeugt. Hier klingt zumindest ein Rudiment der Funktion »Geschlechtsrollentrennung« an, das wir dementsprechend mit [Ø] signieren. Mit einer Strafe ist es wiederum nicht verbunden.

In der Maori-Mythe scheint das Element Ø zu fehlen. Dieser Eindruck wird jedoch korrigiert, wenn man weitere Varianten der Erzählung heranzieht. Ihnen zufolge berieten die Söhne Rangis und Papas nach dem großen Kampf mit Tawhiri, wie das menschliche Leben – im Unterschied zum übernatürlichen – hervorgebracht werden solle. Tane fiel die Aufgabe zu, einen geeigneten Fortpflanzungspartner zu finden. Von Rangi erhielt er den Rat, sich auf der Erde umzusehen; der Himmel nämlich sei das Reich des Lebens, das Unglück aber wohne auf der Erde. Dort müsse man das weibliche Prinzip suchen, denn es besitze die Macht der Zerstörung und der Unreinheit.

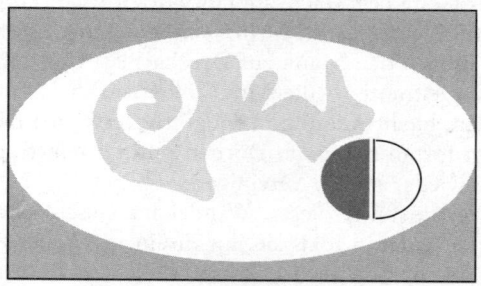

Geschlechtlicher Symmetriebruch Ø beim Protagonisten.

Tane vereinigte sich zunächst mit verschiedenen weiblichen Formen der Natur; er zeugte so aber nur Pflanzen, Tiere, Steine und Wasser. Nach diesen Mißerfolgen beschließen die Götter, die erste Frau selbst zu erschaffen. Tane formt sie aus roter Erde nach seinem Bild und bläst ihr Atem ein, sodaß sie niesend zum Leben erwacht. Ihr Name ist Hine.

Armierung und Fortschritt

Es gehört zu den Grundvoraussetzungen der PROPPschen Strukturanalyse, daß die Funktionen eines bestimmten Erzählungstyps eine feste Reihenfolge einzuhalten haben. Nun hat allerdings schon PROPP selbst bei seinen Zaubermärchen diese strikte Forderung gelegentlich lockern müssen. Auch bei den Trennungsmythen ist das Postulat der irreversiblen Funktionenfolge in zweierlei Hinsicht einzuschränken. Zum einen kann es vorkommen, daß zwei Funktionen, die eigentlich aufeinander folgen müßten, in einer einzigen Handlung zusammenfallen. Der aggressive Akt kann beispielsweise eben darin bestehen, daß der Protagonist eigenhändig den Weltbaum umschlägt. Wir notieren in solchen Fällen gleichwohl beide Symbole nacheinander.

Der zweite Fall betrifft bestimmte Funktionengruppen, bei denen die Aufeinanderfolge der Glieder nicht eindeutig festgelegt ist. In unserem Material begegnet uns dieses Phänomen vor allem im Zusammenhang mit der Bestrafung X. Diese kann der Rollenteilung der Geschlechter vorangehen, sie kann, wie wir hörten, mit ihr zusammenfallen, und sie kann auch darauf folgen.

Ähnliches gilt noch für eine dritte Funktion, die zwar der Geschlechtsrollentrennung Ø im allgemeinen vorausgeht, in Bezug auf die Bestrafung X aber keine fixe Position einnimmt. Der Mythos berichtet im Anschluß an den Sündenfall häufig von einer affektiven Reaktion, bei der sich der Protagonist auf irgendeine Weise seiner Ichkontur bewußt wird und diese zu betonen sucht. Wir nennen diese Funktion »*Armierung der Ich-Grenze*« und signieren sie mit @.

Das klassische Beispiel ist die *Scham*. Adam und Eva erkennen, daß sie nackt sind, und bedecken ihre Blöße notdürftig mit Feigenblättern. Wo die Ich-Grenze so exponiert erfahren wird, liegt der Verdacht nahe, daß das Symbioseverlangen noch keineswegs aufgegeben ist. Diese Art von Befangenheit paßt also eher zum Stimmungsgehalt der *nostalgischen* Mythen; wir signieren demgemäß $@_n$.

Am Gegenpol steht die Reaktion des Tu im Maori-Mythos, von dem wir auf Seite 271 lasen, daß er im Gegenzug seine *Brüder*, also die Repräsentanten der außermenschlichen Natur, beschämte und ihr Prestige herabsetzte. Das ist die sthenische, emanzipatorische Variante $@_e$ derselben Funktion. Auch der Triumph Eas, der nach dem Kampf seinen Wohnsitz im Schoße des erschlagenen Apsu bezog, oder Elohims, der »sah, daß es gut war«, sind emanzipatorische Armierungen des protagonistischen Ich. In jedem Fall geht es um das Thema des »Gesichts«, das sich als »angesehen« erfährt – entweder entblößt, beschämt und gedemütigt oder geachtet, triumphierend und glorifiziert.

Neben den *subjektiven* Reaktionen der Akteure hat die »ödipale« Tat schließlich auch *objektive* Konsequenzen, mit deren Angabe der Mythos dann in der Regel endet. Die emanzipatorischen Mythen malen am Schlusse aus, daß nun alles viel besser sei als zu Beginn. Die Belästigungen sind beseitigt. Die Erdbewohner sind befreit und können sich unbehindert entfalten. Die Erde wird fruchtbar, neues Leben kann entstehen. Der Hunger hört auf, die todbringende Regenflut hat ein Ende. Vor allem wird nun die Sonne sichtbar, und es wird Licht. Wir bezeichnen diese Funktion als *Forschritt* und signieren sie mit **F**.

Am deutlichsten tritt dieser Gedanke am Ende der Apsu-Episode, also der ersten Strophe des Enuma Elisch, sowie in der Schöpfungsgeschichte der Priesterschrift hervor. Der Fortschritt wird hier emanzipatorisch als Befreiung oder Selbstbestätigung erlebt; wir signieren daher F_e. Auch am Ende der Mythe von Rangi und Papa heißt es, daß das Licht unvermindert weiter zunahm und alle Wesen fortfuhren, sich zu vermehren. Andererseits ist nun aber auch der Schatten in die Welt getreten, und eine nicht mehr aufhebbare Melancholie hat sich über die Beziehung der getrennten Elternmedien gesenkt. Hier mischt sich also ein nostalgischer Zug in den Fortschrittsgedanken, wodurch die Signatur F_{en} nahegelegt wird.

Noch gedämpfter tönt der Fortschrittsgedanke am Ende der Paradiesgeschichte des Jahwisten. Wenn Jahwe sagt: »Siehe, der Mensch ist geworden wie unser einer, daß er weiß, was gut und böse ist«, so muß man das zwar nicht als Ironie verstehen, aber wirklich froh kann das Stammelternpaar über diesen »Fortschritt« ebenso wenig werden wie Epimetheus angesichts der offenen Büchse der Pandora. Wir können hier nur F_n notieren.

Im Verständnis der nostalgischen Mythen findet also zwar ebenfalls ein Fortschritt statt, aber er hat, konsequenterweise, einen pessimistischen Klang. Die Erde trägt Dornen und Disteln, die Menschen müssen sterben, die Sitten verfallen und die Rechtssicherheit geht verloren[5]. Auch die zweite Strophe des Enuma Elisch endet mit der Erniedrigung der Menschheit im Gefolge Kingus, also mit der Funktion F_n.

---

[5] FISCHER (1932), S. 216

Der Idealtyp des Trennungsmythos

Die nachfolgende Tabelle stellt noch einmal die wichtigsten bisher behandelten Erzählungen dieser Gruppe in Form ihrer Transkription zusammen.

U_e	[P]	[D]	[S]	~	[A]	#	$@_e$	~	Ø	F_e	*Priesterschrift*
U_n	P	D	S	V_e	A	[#]§	$@_n$	X	Ø	F_n	*Jahwist*
U_e	P	D	S	V_{an}	A	§	$@_e$	~	[Ø]	F_e,	*Enuma*
[U_e]	~	D	S	V_{an}	A	#	$@_e$	[X]	~	F_n	*Elisch*
U_e	P	D	S	V_{an}	A	#	$@_e$	X	Ø	F_{an}	*Maori*
U_n	P	D	S	~	A	§	$@_e$	X	Ø	F_n	*Prometheus*

Der Vergleich läßt erkennen, daß es in der Regel nicht möglich ist, Trennungs- bzw. Raubmythen *eindeutig* als »emanzipatorisch« oder »nostalgisch« zu klassifizieren. Hierfür wäre erforderlich, daß die Elemente U, @ und F einen und denselben Index tragen; auch V sollte eindeutig, aber entgegengesetzt indiziert sein. Das trifft lediglich für die beiden biblischen Schöpfungsmythen zu, aber es ist eben auch kein Zufall, daß sie von den Kompilatoren der Genesis zu einer *einzigen* Geschichte zusammengesetzt wurden, sodaß sie sich in ihrer Einseitigkeit kompensieren.

Am Anfang dieses Kapitels haben wir das Beispiel des Schmetterlingsforschers herangezogen, der aus Dutzenden je individuell beschädigter Exemplare nicht etwa durch statistische Mittelung, sondern vielmehr durch vergleichende Ergänzung den makellosen Typus der Spezies gewinnt. Dasselbe, meinte PROPP, müsse bei Anwendung seines Verfahrens auch für Mythen möglich sein. Tatsächlich läßt sich aus der obigen Matrix unmittelbar eine allgemeine Strukturformel destillieren; sie lautet

$$U \; P \; D \; ; \; S \; V \; A \; \S/\#; \; @\overset{\leftrightarrow}{X} \; Ø \; F$$

Die Semikolons dienen dabei der Abgrenzung größerer thematischer Untereinheiten, so wie man etwa ein Drama in Akte segmentiert. Der Trennungsmythos hätte demnach drei Akte, die sich etwa mit *Exposé, Klimax* und *Erfüllung* überschreiben lassen; ihr jeweiliger Prägnanzkern liegt in den Elementen U, §/# und F. Der Schrägstrich zwischen § und # verweist auf deren Substituierbarkeit. Der Doppelpfeil über X soll andeuten, daß dieses Element seine Position sowohl mit @ als auch mit Ø tauschen kann.

Verbal ausformuliert ergibt die Formel den folgenden Handlungsverlauf. Am Anfang herrscht ein Zustand, in dem zwischen einem väterlichen und einem mütterlichen Prinzip noch eine enge Verbindung besteht, ein unklar entgrenztes Verwachsensein: die *Urszene*. An dieser hermaphroditisch-inzestuösen Einheit kann zunächst auch der keimhaft angelegte *Protagonist* des Mythos noch symbiotisch teilnehmen. Dieser Zustand ist jedoch ambivalent. Auf der einen Seite bietet er Geborgenheit, Friede, Wärme, Nahrung im Überfluß und ohne geforderte Gegenleistung. Auf der anderen ist er mit einem empfindlichen Mangel an Freiheit, Kompetenz, Unterscheidungsvermögen und Erlebnisfähigkeit verbunden.

Je mehr der Protagonist heranreift und sich in vielerlei Gestalten fächert, je weiter also seine *Differenzierung* voranschreitet, desto spürbarer wird diese Ambivalenz; die *Spannung* wächst. Der Protagonist selbst erlebt sie als einengend oder bedrohlich; den Repräsentanten der Urszene erscheint sie als Belästigung oder Herausforderung.

In dieser Situation treten *Verführer* auf den Plan: Anwälte *emanzipatorischer* Wünsche, die den Protagonisten zu überreden trachten, sich die Einengung seiner Bewegungsfreiheit nicht länger gefallen zu lassen, und die die Elternprinzipien zur Duldung auffordern – oder aber Repräsentanten der *Nostalgie*, die vor dem Verlust des Paradieses warnen oder die Eltern zur Repression aufhetzen.

Gleich wie die Verführer auch reden, in jedem Fall entschließt sich der Protagonist letztlich zu einem Akt der *Aggression* gegen die Elternprinzipien: Er übertritt deren Verbot, verletzt das, was sie vereint, oder bringt sie überhaupt um. Anschließend oder in Tateinheit damit vollzieht er eine *widerrechtliche Aneignung*, indem er ein Symbol der elterlichen Vormacht raubt, oder er bewirkt, daß die Einheit der Urszene zerreißt *(Trennung der Elemente)*.

Diese Tat hat Konsequenzen, sowohl subjektiver als auch objektiver Art. Beim Protagonisten selbst löst sie emotionale Reaktionen aus, die die *Selbstaufmerksamkeit* thematisieren und wiederum eher nostalgischer oder emanzipatorischer Art sein können: Gefühle von Scham und Entblößung im einen Falle, von Triumph und Prestigegewinn im anderen. Die betroffenen Eltern reagieren mit einer *Bestrafung*, meist indem sie dem Schuldigen die Mühsale und Mängel der Menschennatur aufbürden. Außerdem vollzieht sich ein *Symmetriebruch der Geschlechtsidentität*, der den Protagonisten in seine Einseitigkeit als Mann oder Frau entläßt. Mit alldem, und damit schließt der Mythos, nimmt der *Fortschritt* seinen unaufhaltsamen Lauf; aber auch dieser hat ein Janusgesicht: Die Menschheit gewinnt an Kompetenz und an Unterscheidungsvermögen, aber auch das Leid nimmt zu, und die Schatten der Melancholie werden länger.

Der Leser sei an dieser Stelle eingeladen, zu Seite 39 zurückzublättern und noch einmal die gnostische Spekulation SCHELLINGs auf sich wirken zu lassen. Was dort zunächst nur als wirre Ausgeburt romantischer Phantasie erschien, offenbart nunmehr innere Stringenz. Wir können SCHELLINGs Theogonie ohne weiteres mit $U_ePDS\#F_e$ signieren – sie ist ein Trennungsmythos.

Synergetik der Emotionen

Es fällt nicht schwer, in der eben umrissenen Struktur die emotionale Entwicklung des Kindes im Vorschulalter wiederzuerkennen. Ein Problem stellt dabei nur die eigentümliche Parallelführung des Trennungsmotivs mit dem der widerrechtlichen Aneignung dar.

Man könnte die Funktion § mit den präödipalen Omnipotenzwünschen in Zusammenhang bringen. Die Botschaft des Mythos wäre dann, daß diese Wünsche oder ihre Überreizung mit dem Zerfall # des Elternmediums in einer ursächlichen Verbindung stehen, die eng genug ist, um eine symbolische Identifikation beider zu rechtfertigen.

Das ist erlebnisphänomenologisch nicht ohne weiteres plausibel. Nun müssen freilich nicht alle psychischen Wirkungszusammenhänge anschaulich evident sein. Es gibt auch eine metapsychologische Kausalität, die einfach in der Arbeitsweise des psychischen Apparates gründet und als solche überhaupt nicht einsichtig zu werden braucht. Was wir über die Struktur und Funktionsweise des Zentralnervensystems wissen, läßt erwarten, daß die dort ablaufenden Prozesse weitgehend auf nichtlinearen Kumulationen einer sehr großen Zahl von Minimalwirkungen beruhen. Solche Interaktionen bezeichnet man heute als *Selbstorganisation*, die zugehörige mathematische Disziplin heißt *Synergetik*[6].

Synergetische Überlegungen können hilfreich sein, um der psychologischen Intuition auf die Sprünge zu helfen. So läßt sich beispielsweise mit wenigen und relativ einfachen Grundannahmen ein synergetisches Simulationsmodell entwickeln, das den Zusammenhang der Funktionen § und # interpretiert und nebenbei auch noch die in diesem Kapitel geschilderten Phasenübergänge formal recht genau nachbildet[7]. Das ist natürlich vorerst nur eine unverbindliche Analogie; wir wissen noch viel zu wenig, um hier ernstgemeinte Erklärungsmodelle vorstellen zu können. Worauf es ankommt, ist nur, einen Eindruck von der Art der Effekte zu vermitteln, die sich mit solchen Modellen generieren lassen.

Stellen wir uns vor, in einem großräumigen Felde wären drei feinstoffliche, nebelartige Substanzen gleichmäßig verteilt. Sie sollen das Ich und das mütterliche und väterliche Du repräsentieren, und zwar zunächst als pure Stimmungsgehalte in medialer Vermischung.

So wie ein Nebel aus vielen unsichtbar kleinen Tröpfchen besteht, muß man diese Substanzen auf dem Bildschirm des Computers in einzelne, durch Farb- oder Graustufen unterschiedene Lichtpunkte, sogenannte »Pixel«, zerlegen. Das ist aber nur ein technisches Hilfsmittel; wir interpretieren nicht die einzelnen Punkte, sondern nur die *Dichte*, mit der sie sich im Raum verteilen.

Um die Vermischung der drei Qualitäten zu gewährleisten, müssen die Punkte einem *Diffusionsprozeß* unterworfen sein. Sie sollten also in einer Art Brownscher Bewegung ständig verfließen wie ein Farbtropfen in einer Wasserschüssel oder Rauch im Wind. Das ist die erste Modellannahme; ins Psychologische übersetzt würde sie besagen, daß artikulierten Gefühlen die Neigung innewohnt, in konturlose Stimmungen zu irradiieren.

---

[6] HAKEN (1981)   [7] BISCHOF (1990b)

Als zweite Annahme postuliert das Modell die Existenz von Gegenkräften, die gerade umgekehrt eine *Entmischung* der Qualitäten anstreben und damit ihrer Figurwerdung Vorschub leisten. Ähnlich den als »kognitive Dissonanz« bezeichneten Widerständen, die sich regen, wenn dem Subjekt zugemutet wird, zwei einander widersprechende Aussagen gleichzeitig für wahr zu halten, unterstellt das Modell also auch eine »emotionale Dissonanz«, die dann eintritt, wenn Ereignisse gleichzeitig von Vater, Mutter und Ich kontrolliert zu werden scheinen.

Das Computerprogramm muß demnach zwischen *verschiedenfarbigen* Pixeln auch *Abstoßungskräfte* wirksam werden lassen. Diese Kräfte dürfen recht schwach angesetzt werden, und sie brauchen im Lauf der Entwicklung auch nicht anzuwachsen. Außerdem können sie mit steigender Entfernung schnell abklingen; bei unendlich hoher Pixelzahl könnte ihre Reichweite infinitesimal schrumpfen.

Im Urzustand macht sich die Abstoßung allerdings noch nicht bemerkbar. Die Nebel sind gleichmäßig dünn über den ganzen Raum verteilt; jedes Element ist daher auf allen Seiten von andersfarbigen Elementen umgeben, deren Kräfte sich ungefähr die Waage halten. Überwiegt doch einmal der Druck aus einer Richtung, wird er im nächsten Moment von der Diffusion wieder überrollt.

Wenn dieser Zustand sich je ändern soll, muß mindestens noch eine dritte Kraft wirken, und diese muß *Konzentrationsunterschiede* erzeugen können. Erst wenn in der Verteilung einer Farbe ein Gefälle entsteht, können sich nämlich die von ihr ausgeübten Abstoßungskräfte genügend summieren, um den nivellierenden Einfluß der Diffusion zu überwinden und makroskopische Gestaltungsvorgänge in Gang zu setzen. Emotionale Dissonanz kann also Klärungsprozesse nur dann auslösen, wenn das Feld inhomogen geworden ist.

Einflüsse, die so ein Konzentrationsgefälle erzeugen, bezeichnet man in der Synergetik als *Kontrollparameter*. Sie wirken in der Regel von außen auf das System ein, und ihr allmählicher Anstieg bewirkt dann, obwohl er ganz kontinuierlich erfolgt, plötzliche Umschläge in der makroskopischen Konfiguration, sogenannte *Phasenübergänge*.

In unserem Fall müßte der Kontrollparameter die »widerrechtliche Aneignung« erklären. Er müßte sich deuten lassen als das Verlangen der Stammeltern, die verbotene Frucht zu essen, oder als der prome-

theische Griff nach dem Feuer der Götter. Solche Wünsche dürfen
nicht mit der auf Seite 173 erwähnten »internalen Kontrollüberzeugung« verwechselt werden. Diese besagt nur, daß ich mich als Ursache gewisser Ereignisse erfahre, aber sie läßt offen, ob ich das auch so
wünsche. Ich könnte mich ja fremdbestimmt und gleichwohl ganz zufrieden fühlen; das Andere muß nicht das Böse sein. Im Gegenteil: In
der Urerfahrung des Beschenktwerdens erfährt man seine Existenz als
durch eine gnädige Macht fremdbestimmt, wie auch umgekehrt im Bewußtsein der Schuld die Selbstbestimmtheit zum Fluch werden kann.

Wenn es nun also nicht die internale Kontrolle ist, die ich unter allen
Umständen anstrebe, so gibt es doch etwas anderes, in dem sich mein
Selbst mit wachsender Entwicklungsreife immer unbedingter durchzusetzen tendiert. Dieses andere hat weniger mit dem eigenen Wohl-
ergehen zu tun, um so mehr aber mit der Gewißheit eigener Wichtigkeit und Bedeutung. Es ist der Anspruch, der Sinn des Weltgeschehens,
gleich ob selbstbestimmt oder vom Schicksal gefügt, habe dem eigenen Selbst einen zentralen Platz zuzuweisen, schärfer gesagt, niemand
anderes als man selbst sei Quelle und Garant dieser Sinngebung. Philosophen haben diesen von Kindheit an in uns allen schlummernden
Größenwahn von seiner Anstößigkeit zu befreien versucht, indem sie
ihn ins Anthropologische objektivierten, die Spezies *homo sapiens*
also zum »Maß aller Dinge« oder zum Zweck der göttlichen Schöpfung erhoben.

Im 15. Kapitel werden wir ein Motivationsmodell kennenlernen, in
dem dieses Verlangen nach selbstbezogener Sinngebung *Autonomieanspruch* heißt. Er fungiert dort als zentraler Treiber der Persönlich-
keitsreifung; es wird unterstellt, daß er in Kindheit und Jugend ständig anwächst. Dieser Autonomieanspruch nun spielt in unserem
Simulationsmodell die Rolle des Kontrollparameters. Für seine Darstellung definieren wir auf dem Bildschirm ein System von Polarko-
ordinaten und interpretieren die Nähe zum Mittelpunkt als Maß für
autonome Sinngebung. Der diesbezügliche *Anspruch* wäre dann
modelltechnisch zu übersetzen in ein mit dem Lebensalter kontinuierlich wachsendes Kraftfeld, das alle Nebelpartikel, gleich welcher
Färbung, zentripetal attrahiert.

Solange diese zentripetale Kraft noch schwach ist, vermag sie nicht,
die Homogenität der Urszene zu zersetzen. Auf dem Bildschirm er-

scheint dann eine Verteilung wie in der folgenden Abbildung (*a*). Die Konzentration der drei Sorten von Pixeln ist so dünn, daß ihnen die Macht fehlt, sich gegenseitig zu verdrängen; die Impulse zu lokaler Trennung werden immer wieder durch Diffusionskräfte ausgeglichen. Das entspräche dem Stadium, das der Mythos in das Bild des ersten Ozeans, des Urnebels kleidet.

Im Laufe der Zeit gewinnt dann das zentripetale Kraftfeld allmählich an Stärke. Die drei Nebel beginnen, unter der Attraktion des Zentrums zur Mitte zu streben. Dadurch ballen sie sich aber auch mehr zusammen, und im gleichen Maße wächst ihre Kraft, einander abzustoßen. Die Folge ist, daß sie miteinander um den Platz im Zentrum zu konkurrieren beginnen.

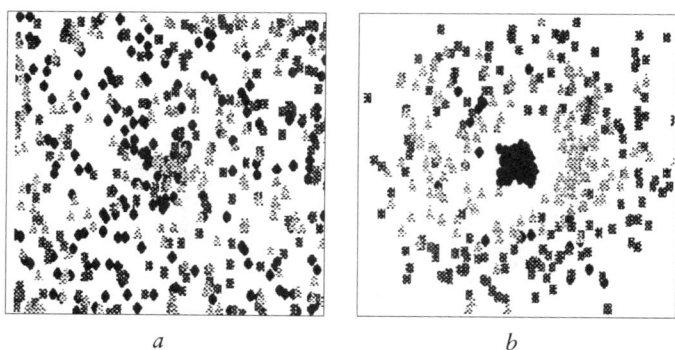

a　　　　　　　*b*

Simulation eines Modells affektiver Selbstorganisation. (a) Mischung von ichhafter (schwarz), mütterlicher (dunkelgrau) und väterlicher Qualität (hellgrau) in medialer Diffusion bei schwachem zentripetalem Kraftfeld. (b) Stärker werdendes zentripetales Kraftfeld. Ballung eines Ich-Kernes im Zentrum, konzentrische Peripheralisierung der Elternmedien.

Nur einer von ihnen kann diese zentrale Position wirklich behaupten. Wenn dies nicht dem Zufall überlassen bleiben soll, müssen sie sich in der Masse unterscheiden; derjenige mit den meisten Pixeln gewinnt dann das Rennen zur Mitte. Wenn wir unterstellen, daß das immer das Ich ist, so müssen wir also postulieren, daß dieses von Anfang an, auch schon im symbiotischen Zustand, ein wenig intensiver gespürt wird als das väterliche und das mütterliche Du jeweils für sich: Der *rûaḥ ælohîm* in der Abbildung von Seite 328 sollte etwas stärker sein als die Komponenten des *tohû wa bohû*.

Als erste prägnante Zwischenphase zieht sich das Ich im Zentrum zu einem kompakten Klumpen zusammen *(b)*. Mythologisch gesprochen taucht die erste Insel aus dem Urozean auf. Diese Ich-Insel erlebt das Weltgeschehen aus konsequent egozentrischer Perspektive; ihre räumliche Konzentration grenzt sie auch figural vom Elternmedium ab, das seinerseits an die Peripherie gedrängt ist und das Ich ringförmig umgibt. Sein väterlicher und mütterlicher Anteil sind noch teilweise vermischt; allerdings bemerkt man eine gewisse konzentrische Gliederung wie in der tahitianischen Darstellung auf Seite 259 links.

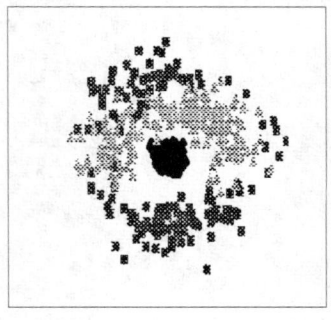 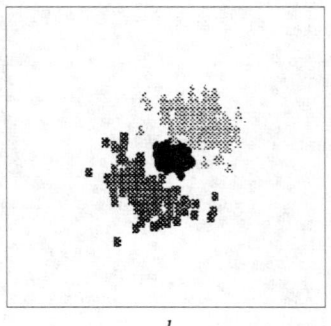

c   d

Zustand bei fortschreitender Verstärkung des zentripetal wirkenden Kontrollparameters. (c) Beginnende Entmischung der Elternmedien. (d) Opposition der Elternmedien.

Wenn der Kontrollparameter weiter zunimmt, entmischen sich dann auch die beiden Elternprinzipien endgültig *(c)*, bis zu jenem prägnanten Zustand, in dem sie wie zwei Halbmonde das Ich zwischen sich nehmen *(d)*. Die zentrale Symmetrie weicht nun einer axialen, so wie in den Kinderzeichnungen der schwerelos schwebende Kopffüßler »landet« und sich in das typische dreigegliederte Bild einordnet. In der mythischen Parallele werden jetzt Himmel und Erde getrennt.

Gegen Ende des Prozesses zeigt sich nun aber, ähnlich wie im Märchen vom Fischer und seiner Frau, daß unter dem ständig weiter steigenden Autonomieanspruch gerade die zuvor subjektiv erlebte Omnipotenz wieder verlorengeht. Das Ich wird aus dem Zentrum herausgedrängt oder, mythologisch ausgedrückt, aus dem Paradies vertrieben (*e,f*). Es muß seine Autonomie teilweise an die beiden Elternprinzipien abgeben, und schließlich steht niemand mehr im Zentrum des Autonomieraumes, sondern ein Dreieck der Interessen bestimmt in freischwebender Balance den Sinn des Weltgeschehens. »Dezentrierung« nennen die Schüler PIAGETs diese kognitive Struktur.

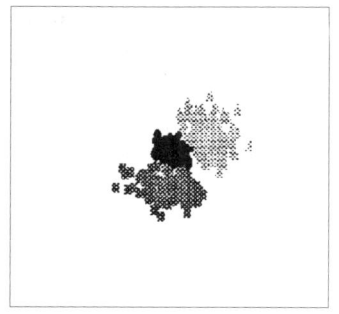 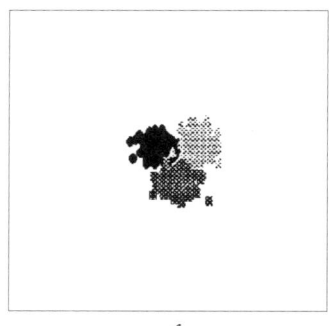

e   *f*

Zustand bei fortschreitender Verstärkung des Kontrollparameters. (e)
Beginnende Exzentrizität des Ich. (f) Symmetrische Triangulation.

Nochmals: Der dargestellte Prozeßtypus ist nur einer aus einer großen Familie von Alternativen. Er soll auf Denkmöglichkeiten aufmerksam machen, noch nicht konkret erklären. Dafür wäre er unzureichend, denn er arbeitet mit viel zu groben Prämissen und Analogisierungen und bildet auch nur einen Teil der auftretenden Phänomene ab. Zum Beispiel sagt er nichts über Grenzen und Randkontrast, bietet keinen Raum für die Koexistenz von figuralem und medialem Ich oder Du und macht auch nicht die asymmetrische Entfremdung des Vaters und überhaupt die Vorgänge beim Erwerb der Geschlechtsidentität verständlich. Die Zeit ist noch nicht reif für diese Art von Theoriebildung; aber sie kann schneller kommen, als man glaubt.

Zu erwähnen bleibt noch, daß das Modell in seiner mathematischen Struktur mit den auf Seite 46 abgebildeten WEISSKOPFschen Atommodellen verwandt ist, an denen CAPRA seine physikalistische Deutung des *Ch'i* illustrieren wollte und die ja in der Tat den hier präsentierten Computergraphiken formal ähneln. Man versteht nur bei CAPRA nicht so recht, was solches Bildmaterial eigentlich besagen soll; denn im Kontext ist ja immer nur von der allerfüllenden Einheit die Rede, sinngemäß also vom homogenen Medium der Urszene (*a*). Tatsächlich entfaltet sich aber, wie wir gesehen haben, bei der ontogenetischen Differenzierung dieses Mediums ein bunter Fächer archetypischer Strukturen. Und auch wenn das alles mit Atomphysik gewiß nichts zu tun hat, könnte es sich vielleicht wirklich eines Tages herausstellen, daß dieselbe oder eine ähnliche Mathematik dazu taugt, die Schicksale sowohl des Quantenfeldes als auch des ozeanischen Gefühls zu beschreiben.

Elementare Handlungsmuster in Trennungsmythen

1. Exposé

• **Urszene (U)**

- Androgynes Urmedium
- Kohabitation von Himmel und Erde
- niedrig stehender Himmel
- Weltachse
- harmonische Ehe der Welteltern
- enge Gemeinschaft von Himmlischen und Irdischen

U_n **Paradies**

- reichlich Nahrung
- keine Anstrengung
- Sicherheit
- Friede
- Wärme

U_e **Gefängnis**

- Finsternis
- Unfreiheit
- Behinderung
- Mangel an Unterscheidung
- Licht/Schatten
- Gut/Böse
- Mangel an Erlebnismöglichkeiten
- Inkompetenz

• **Artikulation des Protagonisten (P)**

- Geburt oder Erschaffung einer (noch undifferenzierten)
  Filialgeneration von Göttern oder Helden
    - Singular oder Plural
    - medial oder figural
    - hermaphroditisch
    - Geschwisterpaar
    - »Mann« als Prototyp für »Mensch«

• **Differenzierung des Protagonisten (D)**

Vermehrung der Götter und Helden
symmetrische Zweigeschlechtlichkeit

2. Klimax

- **Wachsende Spannung (S)**

  Protagonist:
  – Beengung durch die Eltern
  – Unfruchtbarkeit
  – Epidemien
  – Bedrohung durch Ungeheuer

  Eltern:
  – Belästigung durch den Protagonisten
  – Herausforderung
  – Gleichheitsanmaßung
  – inzestuöse Wünsche

- **Einflußnahme des Verführers (V)**

  – Auftreten einer Nebenfigur,
  die die Akteure zu einer Tat überredet,
  in ihrer Absicht bestärkt
  oder von etwas abzuhalten sucht

  V_e emanzipatorischer Verführer

  → *Protagonist:* – Anstiftung zur Rebellion gegen die Eltern

  → *Eltern:* – Ermahnung zur Duldung des Protagonisten

  V_n nostalgischer Verführer

  → *Protagonist:* – Ermahnung, die Rebellion zu unterlassen

  → *Eltern:* – Anstiftung zur Bekämpfung des Protagonisten

- **Kämpferische Auseinandersetzung (A)**
  – Tötung von Vater und/oder Mutter
  – Übertretung eines Verbots
  – Verweigerung eines Gebots
  – Verletzung der Eltern (durch phallische Werkzeuge)
  – Anschlag auf die Weltachse

- **Trennung der Elemente (#)**
  – Anhebung des Himmels
  – Zerfall der Weltachse
  – Entrückung eines Elternteils
  in den Himmel

- **Widerrechtliche Aneignung (§)**
  – Raub elterlicher Machtinsignien
  – Genuß verbotener Speise
  – Raub des Feuers
  – Raub anderer Kulturgüter

3. Erfüllung

- **Armierung der Ich-Grenzen (@)**
  - Verlust der Naivität
  - distanzierende Selbstaufmerksamkeit

  @$_n$ nostalgisch
  - Scham
  - Täuschungsversuch, Heimlichkeit

  @$_e$ emanzipatorisch
  - Selbstpreisung
  - Selbstoffenbarung

- **Bestrafung (X)**
  - Tötung des Angreifers
  - (Fron)Dienst der Götter
  - Mühe und Arbeit
  - Schwangerschaft
  - Kriege
  - Naturkatastrophen
  - Krankheit, Altern und Tod

- **Spaltung der Geschlechtsidentität (Ø)**
  - nachträgliche Erschaffung der Frau
  - Asymmetrie der Geschlechter

- **Fortschritt (F)**
  - Unwiderruflicher Wandel der Existenzbedingungen
  - Heraufkunft eines neuen Lebensgefühls

  F$_n$ Degeneration
  - Verfall der Sitten
  - Anarchie
  - Rechtlosigkeit
  - Zunahme des Leides

  F$_e$ Wachstum
  - Befreiung
  - Selbstbestätigung
  - Unterscheidungsvermögen
  - Kompetenz

12. *Kapitel*

Bilder und Spiegelbilder

Vergleich und Deutung

Alle Wissenschaften, die die *Form* zum Thema haben, prototypisch
angeführt von der Biologie, bedienen sich der Methode des *Vergleichs*.
Das unterscheidet sie von der Physik und ihren Derivaten, die von den
Gesetzen des *Stoffes* handeln. Diese gehen nicht vergleichend, sondern
paradigmatisch vor, gemäß der schönen Formel des PARACELSUS also,
daß eine einzige Blume genug sei, um die ganze Schöpfung zu verstehen[1].

Auch die Mythenforschung ist eine Formwissenschaft; auch sie
sammelt also nicht nur eine einzige, sondern Aberhunderte von Blumen und hält sie prüfend nebeneinander, um zu sehen, was sie gemeinsam haben und worin sie sich unterscheiden.

Nun ist Vergleichen immer eine Sache der Perspektive. Die aber
kann gerade in der Mythologie sehr verschieden gewählt werden. Es
ist jetzt an der Zeit, uns mit der Frage zu befassen, worin sich die
Methode PROPPs, der wir bisher gefolgt sind, von anderen Ansätzen,
insbesondere den Systemen von C.G. JUNG und Claude LÉVI-STRAUSS,
unterscheidet. Dabei wird sich zeigen, daß die teilweise kaum überbrückbaren Gegensätze zwischen diesen Autoren gerade in der Weise
begründet liegen, wie und worauf hin sie Vergleiche anstellen.

---

[1] BISCHOF (1990a)

Der Erkenntnisschritt, der in der Regel auf den Vergleich folgt und durch diesen vorbereitet werden soll, ist die *Interpretation*. In der Philologie versteht man darunter eine *Übersetzung*. Ich substituiere beispielsweise »Baum« durch das englische »tree«. Dazu bin ich berechtigt, wenn beide Worte dasselbe »Designat« haben, also auf dasselbe Objekt verweisen.

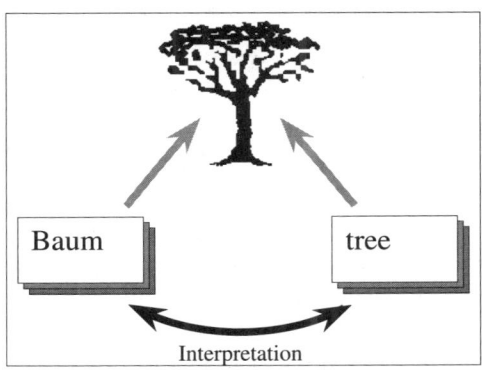

Interpretation in der Linguistik. Ein Wort wird für ein anderes substituiert, wenn beide auf dasselbe Designat verweisen.

Bei der Interpretation eines mythischen Bildes liegen die Dinge indessen komplizierter. Dort würden wir den Baum beispielsweise, falls er in der Funktion der Weltachse auftritt, als Symbol für das ungeteilte *Elternmedium* deuten. Ein gemeinsamer Gegenstand, auf den beide Beziehungsträger verweisen, ist dabei nicht von vornherein offenkundig; er wird vielmehr im Akt der Interpretation gerade erst aufgedeckt.

Wenn »Baum« und »Elternmedium« etwas gemeinsam haben sollen, so kann es sich dabei jedenfalls nur um ein Merkmal auf sehr hoher Abstraktionsstufe handeln. Um dieses Merkmal darzustellen, muß von fast allem abgesehen werden, was einen Baum anschaulich zum Baum macht. Übrig bleibt schließlich seine Eigenschaft, in der Erde zu haften und in den Himmel zu ragen. Insofern kann man in ihm eine »Verbindung von zwei in Opposition stehenden Medien« erkennen. Ebenso läßt sich die präödipale Nestwärme beschreiben, und diese schmale Gemeinsamkeit legitimiert dann die semantische Zuweisung.

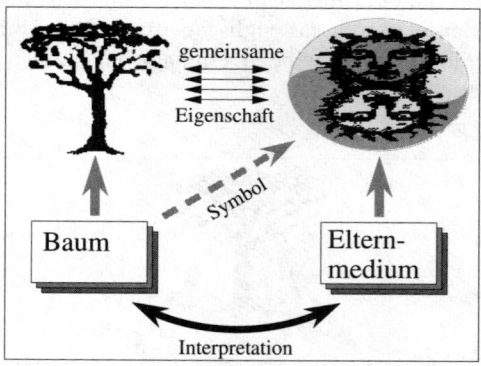

Psychologische Mytheninterpretation. Ein Wort kann dem Designat eines anderen Wortes als Symbol zugeordnet werden, wenn sein eigenes Designat mit jenem eine abstrahierbare Eigenschaft gemeinsam hat.

Das solcherart hervorgehobene Merkmal ist nun aber nur eines von vielen, mit denen man einen Baum auch noch – und teilweise viel treffender – charakterisieren könnte. Offensichtlich brauchen wir eine Abstraktionshilfe, die uns auf das jeweils gerade deutungsrelevante Merkmal hinführt, bevor wir nach seiner Entsprechung im Psychischen suchen können. Und diese Abstraktionshilfe gewinnen wir eben aus dem *Vergleich*.

Der hermeneutische Zirkel

Rekapitulieren wir zunächst die uns bereits bekannte Vergleichsmethodik von PROPP. Hier geht es um die »Funktion«, die als »Aktion einer handelnden Person, *verstanden unter dem Aspekt ihrer Bedeutung für den Fortgang der Handlung*« definiert ist[2]. Diese Definition

---

[2] PROPP (1975), S. 26f

verdient genaue Beachtung. Es wäre ungenügend, wollte man sie allein an dem grammatischen Gegensatz von Prädikat und Subjekt festmachen und etwa meinen, PROPP interessiere sich dafür, was die Märchengestalten *tun*, während die handelnden Personen, die Schauplätze, die Objekte und Vehikel der Handlung in den Hintergrund treten. Man muß den Unterschied schärfer fassen.

Erinnern wir uns dazu an die Besprechung des Nibelungenliedes auf Seite 55 ff. Bei der historischen Weitergabe dieser Erzählung wurden zwei Handlungen ausgetauscht – der Ritt durch einen Flammenwall, der eine schlafende Jungfrau umgibt, und ein sportlicher Wettkampf mit ebendieser Jungfrau. Die konkrete Physiognomie der Tätigkeit ist in beiden Bildern verschieden; das war aber offenbar nicht wichtig genug, um die Substitution zu verhindern. Worauf es ankam, war allein die dramatische Wirkung, die das Geschehen auf den Fortgang der Handlung ausübt. Wir haben diese Wirkung auf Seite 66 als »Bestehen einer schwierigen Probe bei der zu erobernden Jungfrau« umschrieben, und genau das wäre eben die »Funktion« im Sinne PROPPs.

Um erzählbar zu werden, muß diese Funktion natürlich in ein konkretes Bild gegossen werden. Das wird von PROPP nicht ignoriert; allerdings ist er an solchen Konkretisierungen, er spricht von »Beispielen«, nicht sonderlich interessiert. Hier liege, sagt er, eine ähnliche Beziehung vor wie in der Biologie zwischen Gattungen und Arten; eine Analyse der Arten aber sei nicht mehr »Gegenstand einer allgemeinen Morphologie«[3]. Die eigentlichen Funktionen signiert er durch Schriftzeichen in normaler Größe, die »Beispiele« durch hochgestellte Zahlenindizes. Wären wir ihm in diesem Detail gefolgt, so hätten wir etwa bei der Funktion #: »Trennung der Elemente« die wichtigsten Prototypen noch durchnumerieren müssen – etwa #[1]: »Durchschneiden der Himmelsleiter«, #[2]: »Zerteilung des Weltdrachen«, #[3]: »Verlagerung des Vaters in den Himmel« und so fort.

Konkrete Bildinhalte sind nur lose an ihre jeweilige Funktion gebunden; schon bei der nächsten Variante derselben Erzählung können sie durch andere Gestalten ersetzt werden und dafür vielleicht ihrerseits eine andere Funktion übernehmen. Wenn ein Mythos beispielsweise davon berichtet, daß die Menschheit Mühsale zu erdulden hat,

---

[3] PROPP (1975), S.31

so kann es sich dabei um eine Schilderung der »Urszene« unter emanzipatorischer (U_e), aber auch des »Fortschrittes« unter nostalgischer Perspektive handeln (F_n).

PROPPs Methode ist verhältnismäßig objektiv. Allerdings überläßt sie es dem Untersucher, zu entscheiden, welche Erzählungen er überhaupt einem Vergleich unterwerfen will. So haben wir etwa die *Paradies-* und sogar die *Raubmythen* mit den *Trennungsmythen* zu einer gemeinsamen Vergleichsklasse zusammengefaßt. Wie auf Seite 279 vermerkt wurde, bevorzugt zum Beipiel STAUDACHER eine wesentlich engere Definition.

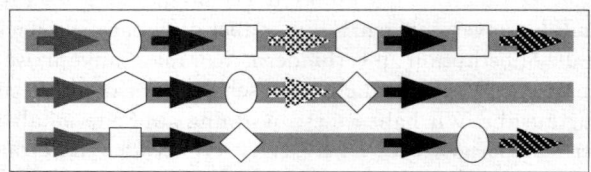

Die Vergleichsperspektive bei Vladimir PROPP. *Mythen werden hinsichtlich ihres dramatischen Verlaufs parallelisiert. Dieser zerfällt in eine Folge von Schritten, sogenannten »Funktionen« (Pfeile), deren Art und Aufeinanderfolge den Typus der Erzählung bestimmt. Die konkreten Träger dieser Handlungen (unterschiedlich geformte Figuren) sind weitgehend austauschbar.*

Das alles sind Vorentscheidungen, die sich aus keiner Theorie ergeben, sondern letztlich der intuitiven Gestaltwahrnehmung des Interpreten überlassen bleiben. Diese erkennt bei einem provisorischen Vergleich einer Gruppe von Erzählungen zunächst eine gewisse Verwandtschaft. Unter Umständen wird die Harmonie dann aber durch scheinbare Nichtübereinstimmung einiger Details wieder gestört. Das kann dazu führen, daß man einige Erzählungen aus dem Kanon der Vergleichsobjekte ausschließt. Vielleicht muß man aber auch nur die Funktionen irgendwie umdefinieren. Oder man macht von der Möglichkeit der Substitution Gebrauch, wie wir dies bei den Funktionen § und # getan haben.

Für diese Art der Annäherung ist charakteristisch, daß dabei das Vergleichsergebnis nicht nur vom Vergleichskriterium abhängt, sondern auch auf dieses zurückwirkt. Das ist nun nicht etwa ein methodisch unzulässiger Zirkelschluß, sondern entspricht eher dem, was man in der Systemtheorie eine negative Rückkopplung nennt. In der Fachsprache nennt man es einen *hermeneutischen Zirkel.*

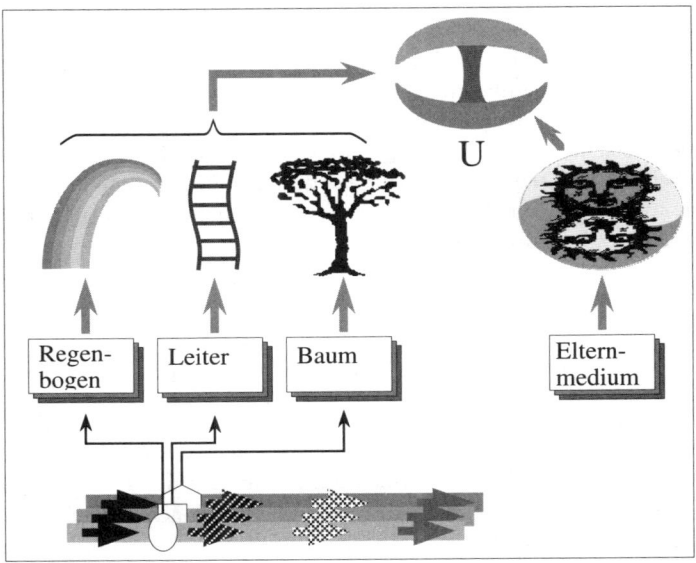

Vergleich und Deutung. Drei in der Abfolge PROPP*scher Funktionen strukturverwandte Erzählungen weisen an derselben Stelle unterschiedliche konkrete Bildinhalte (Regenbogen, Leiter und Baum) auf. Aus der gemeinsamen Einbettung in die Ereigniskette wird ihr Bedeutungsgehalt (Urszene, U) abstrahiert und einem bedeutungsverwandten psychologischen Sachverhalt (Elternmedium) semantisch zugeordnet.*

Veranschaulichen wir uns dieses Vorgehen an einem Beispiel. Man bemerkt beispielsweise beim Vergleich von Trennungsmythen, daß der Zustand vor der Scheidung der Elemente nicht nur durch einen Baum charakterisiert wird, sondern vielleicht auch durch eine Leiter oder einen Regenbogen. Fragt man nun, was jedes dieser Objekte an der betreffenden Stelle zum dramatischen Verlauf beiträgt, so konvergiert der hermeneutische Zirkel schließlich auf die Funktion »ursprüngliche Verbindung zwischen Oben und Unten, die dann später verletzt oder zerstört wird«; wir haben sie, wie erinnerlich, als *Urszene* (U) bezeichnet. Es handelt sich dabei um einen relativ abstrakten Wesensgehalt, der sich graphisch höchstens noch durch ein formales Piktogramm darstellen läßt, eigentlich aber bereits unanschaulich ist.

Bis zu dieser Stelle reicht die Methode PROPPs. Eine psychologische Deutung versagt er sich. Wenn wir die Funktion U aber erst einmal in der angegebenen Form abstrahiert haben, ist es kein weiter Schritt mehr, auch noch nach einer passenden Konkretisierung im frühkindlichen Seelenleben Ausschau zu halten. Auf diese Weise kommt dann schließlich die Deutung des Baumes, der Himmelsleiter usw. als Symbole für die präödipale Erlebnisweise der ungeschieden medialen Präsenz beider Eltern zustande.

Amplifikation

Wenn wir mit dem eben umrissenen Deutungsverfahren nun die Vorgehensweise JUNGs und seiner Schule vergleichen, so fallen zunächst einige verwandte Züge ins Auge. Zur Unterscheidung zwischen der abstrakten Funktion (z.B. U) und deren Konkretisierung (z.B. *Baum*) existiert dort beispielsweise eine Parallele in der Gegenüberstellung von *Archetyp* und *Symbol*.

Vom Archetypen heißt es, er sei unanschaulich, ja sogar »an sich leer und daher unvorstellbar«. Erst durch Eintritt ins »Bewußtsein« erhalte dieses »Rohmaterial« dann »Körper«, »Stoff« und »plastische Gestalt« und werde so zu einem vorstellbaren Bild, eben dem *Symbol*. Als solches könne es beispielsweise in menschlichen, tierischen oder pflanzlichen Figuren, aber auch eher formal als Kreis, Würfel, Kreuz oder Kugel, oder vielleicht in Prozeßform anschaulich werden[4].

Wir sind nun freilich gut beraten, wenn wir dem intellektuellen Harmonieverlangen nicht allzusehr nachgeben. Die Analogie zwischen PROPP und JUNG bricht rasch zusammen, sobald man die spezifische Vergleichsmethode genauer unter die Lupe nimmt, mit der JUNG zu seinen »Archetypen« gelangt.

---

[4] JACOBI (1957), S. 87 f

Er nennt diese Methode *Amplifikation*. Der Begriff stammt aus der Alchimie. Die Adepten dieser Kunst hatten ihren Gegenstand nicht, wie heutzutage die Pharmaindustrie, auf pure Stofflichkeit reduziert, sondern die seltsamen Farbumschläge, Erhitzungen, Ausfällungen, Explosionen und sonstigen Verwandlungen ihrer Reagenzien als Offenbarung von Geistern und Dämonen verstanden. Projektion würde man das heute nennen; aber dahinter verbirgt sich eine durchaus ernstzunehmende Realität, nämlich die Dynamik seelischer Kräfte im Innern des Meisters. Diese ließ sich nicht so einfach in Worte fassen wie das sinnlich erfahrbare Geschehen in der Retorte. Um sie einzufangen, bedurfte es einer Kombination von Analogien, »die oft aus aller Welt hergeholt worden sind«, wie JUNG kommentiert. Und dieses Bemühen, dunkle Erlebniskeime durch Anreicherung ihres psychologischen Kontextes verstehbarer zu machen, ist eben die *amplificatio*.

Ähnlich, sagt JUNG, verfahre auch die Psychologie, vor allem bei der Traumdeutung, »denn der Traum ist für das Verständnis eine zu spärliche Andeutung, welche deshalb durch assoziatives und analoges Material angereichert und bis zur Verständlichkeit verstärkt werden muß.«[5] Amplifikation ist somit eine Art *Brainstorming*, und wie bei diesem scheint auch hier verpönt zu sein, je »nein« zu sagen. Man darf und soll sich seine Amplifikationen »aus aller Welt herholen«, aus persönlichen Einfällen und Assoziationen, aus dem Kontext der früheren Träume des Patienten, aus der Kenntnis der bewußten Situation des Träumers, aus dem Gespräch mit Kollegen und nicht zuletzt aus einem profunden Wissen über mythische Symbole möglichst vieler Kulturen.

Genauso habe man dann auch zu verfahren, wenn man Mythen deutet. Man müsse, sagt beispielsweise die JUNG-Adeptin Marie-Louise von FRANZ, eine Erzählung immer in ihre einzelnen Bildelemente zerlegen und diese dann der Reihe nach abarbeiten, indem man zu jedem Inhalt Parallelen aus anderen Geschichten zusammenstellt, in denen dasselbe oder ein ähnliches Bild, vielleicht in ganz anderem Kontext, ebenfalls vorkommt.

---

[5] JUNG (1972), S. 333

»So könnte es z.B. ein Märchen geben, in dem sich eine weiße Taube schlecht benimmt. Und Sie sagen, die weiße Taube repräsentiere eine Hexe oder einen Zauberer. Nun, in dieser Geschichte kann das so sein, wenn Sie aber nachschlagen, was eine weiße Taube normalerweise bedeutet, werden Sie überrascht sein. In der Regel bedeutet die weiße Taube in der christlichen Tradition den heiligen Geist, und im Märchen bedeutet sie im allgemeinen eine liebende Frau, eine Venus-ähnliche Frau. Deshalb müssen Sie fragen, weshalb etwas, das gewöhnlich ein Symbol für positiven Eros ist, in dieser besonderen Geschichte negativ zu sein scheint.«[6]

Oder an einer anderen Stelle[7]:

Kommt zum Beispiel im Märchen eine Maus vor, so müsse man wissen, »daß Mäuse die Seelen der Toten oder der Hexen darstellen, daß sie das Tier des Teufels sind, daß sie Apollos Tier in seinem Winteraspekt sind, sie sind die Bringer der Pest, und sie sind auch Seelentiere, weil, wenn jemand stirbt, eine Maus aus seiner Leiche herauskommt.«

In solchen Anweisungen wird die Verschiedenheit, ja der geradezu diametrale Gegensatz zu PROPP offenkundig: Vergleichsprinzip ist hier eben *nicht* der Stellenwert in der Handlungsstruktur, sondern die bildhafte Erscheinung in ihrer vollen Konkretheit.

Wir wollen uns das an einem Beispiel klar machen. Die *Schlange* etwa tritt im Paradies zunächst als Verführer V auf; später, wenn von der Feindschaft zwischen ihr und dem Weibe die Rede ist, spielt sie die Rolle des männlichen Pols in der Funktion der Geschlechterspaltung Ø. Im Enuma Elisch wird, wie ein assyrisches Rollsiegel bekundet, auch Tiâmat im Kampf mit Marduk als Schlange dargestellt; hier hilft sie also, als Kontrahentin des Protagonisten, die Funktion A zu verkörpern. Als Uroboros wiederum ist sie Symbol der paradiesischen Urszene U; und wenn man lange genug Ausschau hält, wird sich kaum eine Funktion in irgendeiner Mythenklasse finden lassen, in der nicht auch einmal eine Schlange als Handlungsträger auftreten kann.

Das Verfahren stimmt skeptisch. Es ist nicht nur uferlos, sondern kann auch schnell in subjektivistische Schieflagen geraten. Solange es dabei um *Traumdeutung* geht, existiert allerdings ein Korrektiv: Die schließlich gegebene Interpretation muß nicht nur dem Therapeuten, sondern auch und vor allem dem *Träumer* einleuchten, und zwar nicht

---

[6] VON FRANZ (1986), S. 34   [7] ebd. S. 5

nur rational, sondern auch emotional: Sie muß durch dessen nachfolgende Träume *bestätigt* werden. Bei der Interpretation von *Mythen* entfällt jedoch eine solche Rückmeldung; der Mythos kann sich ja nicht wehren, wenn er falsch gedeutet wird.

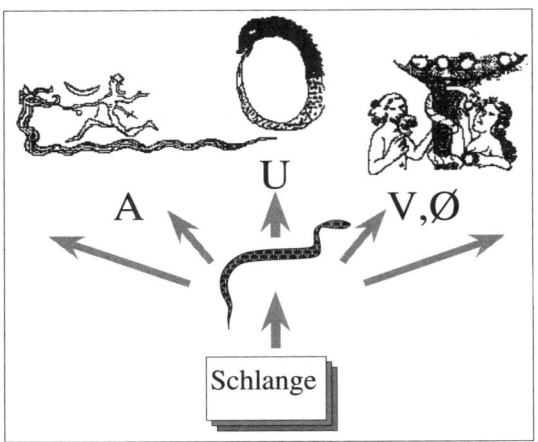

Amplifikation zum Begriff »Schlange« nach JUNG. *Neben anderen stellen sich als Assoziationen ein:* A: *die Schlange als aggressiver Widersacher (Tiâmat im Kampf mit Marduk),* U: *als Symbol der Urszene (Uroboros),* V,Ø: *als emanzipatorischer Verführer bzw. als Symbol der Männlichkeit (Schlange im Paradies).*

Oder doch? Marie-Louise von FRANZ empfiehlt ernsthaft, bei der Interpretation von Märchen darauf zu achten, was *man selbst* anschließend träume!

»Wenn ich eine Erzählung nicht oder nicht genügend verstanden habe, dann kommen immer Träume herauf. ... Ich habe noch nie jemanden ein Märchen mit einer gewissen Begeisterung interpretieren gesehen, ohne daß sein Unbewußtes darauf reagiert hätte.«[8]

Das kann ich aus eigener Erfahrung bestätigen, nur – es wäre naiv, so

---

[8] VON FRANZ (1986), S. 37

etwas mit wissenschaftlicher Objektivität zu verwechseln. Wer die Ostereier findet, die sein eigenes Unbewußtes versteckt hat, ist seiner Subjektivität deshalb noch längst nicht entkommen. Man wird bei der Mythendeutung eine wesentlich größere *methodenimmanente* Disziplin zu fordern haben als bei der therapeutischen Traumarbeit.

Subtraktive und additive Mischung

Aber selbst wenn die amplifizierende Assoziation einigermaßen vollständig und vorurteilsfrei war, und *gerade* da, kommt noch ein anderer Einwand zum Tragen. In der physikalischen Farbenlehre unterscheidet man zwischen *subtraktiver* und *additiver* Mischung. Läßt man weißes Licht nacheinander durch zwei verschieden gefärbte Gläser fallen, so bleibt nur der Spektralanteil übrig, den beide *gemeinsam* haben; überstrahlen sich hingegen die Lichter aus zwei farbverschiedenen Quellen, so resultieren alle Frequenzen, die in *wenigstens einer* der beiden enthalten sind. Komplementärfarben mischen sich subtraktiv zu Schwarz, additiv zu Weiß.

Die Methode PROPPs läßt sich nun mit der subtraktiven Farbmischung vergleichen. Er kopiert verschiedene Erzählungen so übereinander, daß nur übrigbleibt, was in zwar nicht allen, aber doch hinreichend vielen Exemplaren *übereinstimmt* – nämlich eben die handlungslogische Abfolge der Funktionen. Vergleich ist hier also eine Methode des Weglassens.

Bei der Amplifikation JUNGs ist es gerade umgekehrt. Sie entspricht einer additiven Mischung: Alles, was sich überhaupt assoziieren läßt, soll ja gleich ernstgenommen werden. Dabei entsteht notgedrungen eine ständig dichter werdende Assoziationswolke, bei der schließlich alles mit allem verschmilzt und die typusbildende Gemeinsamkeit der Komponenten sich in Trivialität auflöst.

Das Symbol der Himmel-Erde-Trennung beispielsweise illustriert dann, wiederum nach Marie-Louise von FRANZ[9], nur noch die Idee, daß »jeder psychologische Prozeß auf ein Paar polarer Gegensätze

---

[9] VON FRANZ (1990), S. 187 ff

gegründet« sei. Aus der reichen Ereignisfülle, die der Trennungsmythos beschwört, bleibt also letztlich – die Zahl Zwei übrig. Sie verkörpere »eines der grundlegendsten archetypischen Bilder« und liege »den meisten bewußten Unterscheidungsprozessen zugrunde: der Unterscheidung vom Ich und dem Rest der Psyche, oder von Subjekt und Objekt, von außen und innen, und allen anderen Gegensätzen«. Typisch dafür sei das Verlangen nach Entdeckung des Unterschiedes zwischen Licht und Dunkel im Maori-Mythos. Er verweise darauf, daß man nichts »erkennen oder realisieren« könne, ohne zu unterscheiden.

Das Deutungsnetz ist hier so grob, die Generalisierung so ausdünnend, daß sich der psychologische Gehalt fast völlig verflüchtigt. Wer ein wenig über die Dinge nachgedacht hat, ist einfach nicht mehr bereit, die Schale, die das Weltei vom umgebenden Ozean abgrenzt, das Auseinanderrücken der oberen und unteren Wasser, den Symmetriebruch der Geschlechtsidentität bei den ersten Menschen und dazu noch die Erkenntnis von Gut und Böse oder Licht und Dunkel in einer einzigen vagen Idee von »Dualität« verschwimmen zu sehen.

Konsequentes Amplifizieren muß letztlich in einer gigantischen Kontamination aller Archetypen überhaupt enden. Marie-Louise von FRANZ hat das am Symbol des *Baumes* vorexerziert. Zunächst stellt sich die Assoziation der *Sonne* ein, die in irgendeinem Mythos morgens im Osten aus einem Baum geboren wird. Dann gibt es Bilder, die zeigen, daß auf Bäumen Kinder wachsen, daher sei der Baum auch die *Große Mutter*. Ferner zimmert man aus Bäumen Särge, und es gibt Baumbestattungen, also führt ein Assoziationsfaden auch zum *Tod*. Nach einigen weiteren Einfällen dieser Art resultiert schließlich das nachfolgend abgebildete Schema.

Damit ist die Amplifikation natürlich noch immer nicht zuende; es kann auf diese Weise unbegrenzt weitergehen, und so ergibt sich schließlich als Resumé:

»Im Unbewußten sind eben alle Archetypen miteinander kontaminiert. Es ist so, als wären mehrere Photographien teilweise übereinander kopiert; sie können nicht entwirrt werden. Das hat wahrscheinlich mit der relativen Zeit- und Raumlosigkeit des Unbewußten zu tun. Es ist wie ein Bündel von Darstellungen, die alle gleichzeitig vorhanden sind.«[10]

---

[10] VON FRANZ (1986), S. 18

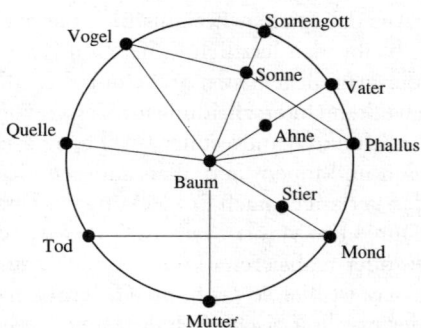

Amplifikation zum Stichwort »Baum« nach M. L. VON FRANZ[11]. Die interessante Asymmetrie der Radien erweckt den Eindruck der Nichtbeliebigkeit, ist aber in Wirklichkeit völlig bedeutungslos.

Das Bild von den übereinanderkopierten Photographien spielt auf einen Verlust der *räumlichen* Trennschärfe an. Nun ist in dem Zitat aber zudem von der »*Zeitlosigkeit* des Unbewußten« die Rede. Damit sind wir bei einer letzten Implikation der JUNGschen Hermeneutik, der für uns wichtigsten vielleicht, da sich aus ihr die pointierteste Antithese zu PROPP ergibt.

Reduktion und Synthese

Man muß zunächst sehen, daß JUNG und seine Schüler den Begriff »Archetyp« nicht nur rein phänomendeskriptiv verwenden; sie verdinglichen ihn vielmehr, wie wir auf Seite 166 schon ansprachen, immer auch transzendental zu einem Bestandteil des psychischen Apparates. Der Archetypus ist »Energieträger« oder, banaler gesagt, er vermag zu *wirken*.

Von dieser Wirkungsweise nun wird beteuert, sie sei nicht etwa *kausal* zu verstehen. Dabei verwendet JUNG den Kausalitätsbegriff in jenem eingeengten Sinn, in dem er in den Geisteswissenschaften gern mißverstanden wird, nämlich gleichbedeutend mit »mechanisch« – so

---

[11] VON FRANZ (1986), S. 17

als gäbe es nicht auch eine psychologische Kausalität, derzufolge beispielsweise die nicht gewagte Ablösung von der Mutter Bindungsunfähigkeit oder Impotenz im Gefolge hat, oder der Umstand, daß der Held am Kreuzweg den falschen Weg wählt, dazu führt, daß er in einem Kerker endet. Das alles ist natürlich keine mechanische Kausalität, sondern intentionale, sinngetragene Folgerichtigkeit; aber das ändert nichts daran, daß eben gleichwohl eine Ursache-Wirkungs-Beziehung vorliegt.

Warum JUNG das nicht sieht oder sehen will, hängt mit einer seiner Lieblingsideen zusammen, derzufolge man in der Wissenschaft eine »reduktive« und eine »synthetische« Vorgehensweise zu unterscheiden habe. Das hat etwas mit dem Gegensatz von »mythischem« und »historischem« Zeitgefühl zu tun, den wir in der Abbildung auf Seite 27 schematisch dargestellt haben, soll aber wohl vor allem der Abgrenzung von FREUD dienen.

»Reduktive« Erklärungen leiten einen gegenwärtigen Sachverhalt aus seiner Vorgeschichte her. Sie setzen das *historische* Bewußtsein voraus, demzufolge alles Konstatierbare seine Unwiderruflichkeit aus einer in irreversiblem Zeitablauf zur Tatsache gesinterten Vergangenheit bezieht. Notwendigkeit und Zufall sind hier die Erklärungsprinzipien: Jede Tatsache folgt naturgesetzlich aus weiter zurückliegenden Tatsachen, bis sich die Ursachenkette in der Belanglosigkeit unkontrollierter Anfangsbedingungen verliert. So würde etwa FREUD ein neurotisches Symptom kausal auf ein Kindheitstrauma zurückführen, das eingetreten ist, weil die Familienkonstellation eben gerade so war, wie sie war.

Alldem stellt JUNG nun seine »synthetische« Betrachtung entgegen. Bei dieser erklärt sich ein Ereignis aus seiner Einbettung in Bedeutungszusammenhänge, die nicht mehr punktuell auf der Zeitachse zu lokalisieren sind. Wenn wir im 1. Kapitel gesagt haben, daß die *mythische* Zeit aus der »Vergangenheit« heraus in die Zukunft wachse, so war dies ja nicht so zu verstehen, als würde das Frühere nur kraft seiner Faktizität die Zukunft determinieren. Der wirklichkeitsstiftende Sinn herrscht vielmehr »in illo tempore« und insofern *jenseits* aller Zeit; er ist daher in jedem Moment gleich gegenwärtig. Er sorgt dafür, daß in der Vergangenheit, in der Gegenwart und in der Zukunft *zueinander passende* Ereignisse eintreten, deren Beziehung unter anderem auch eine kausale sein kann, aber nicht muß. Will man Gegenwärtiges verständlich machen, dann kann man genausogut in der Vergangenheit wie in der Zukunft die zugehörigen Passungen entdecken.

Der Gedanke einer die Zeit transzendierenden Sinnquelle stammt ursprünglich aus der Theologie; JUNG säkularisiert ihn aber insofern, als er jene Quelle im »kollektiven Unbewußten« ortet. Somit sind es letztlich die Archetypen selbst, die für zeitlos erklärt werden; sie schieben sich im Unbewußten nicht nur *räumlich* übereinander, sondern man würde ihren Sinn auch vergebens in der *Reihenfolge* suchen, in der sie sich manifestieren. Marie-Louise von FRANZ[12] glaubt zu wissen, »daß das ganze Märchen nicht eine weitschweifige Geschichte, sondern tatsächlich *eine* Botschaft ist, aufgespalten in viele Facetten«. Hier wird die Irreversibilität des Zeitpfeils durch eine räumliche Metapher relativiert: So wie man einen Diamanten nach allen Seiten wenden kann, ohne die vollendete Symmetrie seiner Facetten zu stören, fügen sich auch die Bilder einer mythischen Erzählung im Grunde zu einem wunderbaren Kristall, angesichts dessen alles Fragen nach »vorher« und »nachher«, nach einem dramatischen Fortschritt der Erzählhandlung und damit auch nach einer »Funktion« im Sinne PROPPs gegenstandslos wird.

Aus dem Geiste der Musik

In der Absage an die Irreversibilität der Zeit berührt sich JUNG erstaunlicherweise mit einem Autor, zu dem im übrigen nur ein beiderseits immer in Gefrierpunktnähe gehaltenes Verhältnis besteht – dem Exponenten des französischen Strukturalismus, Claude LÉVI-STRAUSS.

Das ist gleichwohl nicht die einzige Parallele zwischen beiden. Gemeinsam ist ihnen auch, daß ihre Lektüre als Zumutung empfunden werden kann. Was JUNG betrifft, so vermag jedenfalls ich persönlich immer noch eher und nicht ohne eine gewisse Hochachtung die entwaffnende Chuzpe FREUDs zu goutieren, wenn er wieder einmal, besorgten Blickes die Wahrheit und nichts als die Wahrheit im Sinn,

---

[12] VON FRANZ (1986), S. 19

seine Leser über den Tisch zieht, als daß ich über Hunderte von Seiten hinweg die Gedankenfluchten seines abtrünnigen Kronprinzen ertrage, bei denen man immerzu im lauwarmen Brackwasser unverbindlicher Evidenzgefühle watet, ohne Gefahr zu laufen, sich den Fuß an Klippen wundzustoßen oder in wirkliche Tiefen gerissen zu werden.

Ganz anders zwar, aber ähnlich unbefriedigend, wirken die Texte von LÉVI-STRAUSS auf den Leser. Hier begegnet man einer Sprache von hoher stilästhetischer Anziehungskraft, feinsinnig gefügt in einem Filigran kristallklarer Metaphern. Aber diese Wortkunst ist nicht wirklich transparent, sie schärft der Wahrheit nicht die Konturen, sondern bricht sie tausendfach und ständig anders. Wann immer der Blick an einer Stelle zur Ruhe kommen will, verwirrt sich gerade das dort Angeschaute, während die Peripherie auf umso suggestivere Weise Prägnanz verheißt. Die Statik des verbalen Skeletts vermag nicht den gleitenden Gestaltwandel der Begriffe festzuhalten, Bilder tauchen auf, durchkreuzen einander, brechen sich und verschwimmen, bevor man sie dingfest machen konnte – bis man an der unerfüllbaren Verpflichtung zum kritischen Mitvollzug resigniert, das geistige Auge schließt und der Versuchung erliegt, den Texten zu lauschen wie einem Musikstück.«So ist dieses Buch über die Mythen in seiner Weise auch ein Mythos« urteilt LÉVI-STRAUSS hellsichtig über sein Werk »Das Rohe und das Gekochte«[13].

Die Analogie zum Musikgenuß ist hier keine unverbindliche Metapher. Daß eine »tiefgreifende, auf den ersten Blick überraschende Affinität zwischen Musik und Mythen«[14] bestehe, ist eine Grundthese des Autors, und er geht so weit, das ebengenannte Buch nicht etwa in Kapitel einzuteilen, sondern wie ein musikalisches Opus zu gliedern: in Abschnitte, die »Sonate«, »Symphonie«, »Kantate«, »Präludium« oder »Fuge« heißen, und natürlich auch »Thema mit Variationen«.

Gleich die »Ouverture« des Werkes preist Richard WAGNER als den »unabweisbaren Vater der strukturalen Mythenanalyse«. Der erklärte Gegenpol zu diesem Musikverständnis sei das der *seriellen* Musik. Und wir kommen LÉVI-STRAUSS näher, wenn wir einen Blick auf seine subtile Auseinandersetzung mit der Musik SCHÖNBERGS und seiner Jünger werfen[15].

---

[13] LÉVI-STRAUSS (1980), S. 17 [14] ebd., S. 30 [15] ebd, S. 41 ff

Das klassische tonale Denken, sagt Pierre BOULEZ in einem von LÉVI-STRAUSS zitierten Text, gründe auf einem »von der Gravitation und der Anziehungskraft definierten Universum«, das serielle Denken hingegen auf einem »sich ständig ausdehnenden Universum«. Die serielle Musik sei ohne »vorgefaßte« Tonleiter und Form. Das klingt nach kopernikanischer Wende; die Metapher der Gravitation steht für ein überindividuelles Bezugssystem, das der Bewegung Form aufzwingt und Sinn verleiht, indem es ihr einen absoluten Ruhepunkt zuweist. Von dieser »Gravitation« will sich die serielle Musik freimachen, und das gelingt ihr durch einen Trick, den LÉVI-STRAUSS scharfsichtig durchschaut: Er basiert auf dem zweideutigen Ausdruck »vorgefaßt«, der die Willkür und Künstlichkeit *jeder* Harmonielehre insinuiert, woraus sich dann freilich deren beliebige Austauschbarkeit rechtfertigt.

Die serielle Musik gleiche einem »Schiff ohne Segel, das sein Kapitän ... aufs offene Meer gesteuert hat, in der geheimen Überzeugung, daß er, wenn er das Leben an Bord den Regeln eines minutiösen Protokolls unterwirft, die Besatzung von der Sehnsucht nach einem Heimathafen und einer Bestimmung ablenken wird«[16]. »Heimathafen« und »Bestimmung« oder die früher erwähnte »Gravitation«, der individuellen Wahlfreiheit vorgeordnete Bezugssysteme also, sind für LÉVI-STRAUSS in der Musik ebenso wie in der Mythologie unverzichtbar. In beiden Domänen gebe es so etwas wie »gemeinsame geistige Strukturen«, denen man »eine objektive Grundlage jenseits des Bewußtseins und des Denkens« zuerkennen müsse.

Das klingt uns zunächst recht vertraut; die allgemeinen Motivstrukturen und ihre lebensgeschichtlichen Szenarien, die wir als das überindividuelle, weil durch die Natur des Menschen aufgespannte Kraftfeld der Mythen auszumachen uns bemühen, sind auf ihre Weise zweifellos »jenseits des Bewußtseins und des Denkens«. Aber wären sie im Sinne unseres Autors noch mit den Gravitationskräften zu vergleichen, die er vor der Willkür der Neutöner retten möchte?

---

[16] LÉVI-STRAUSS (1980), S. 43

Absage an die Amateure

Diese Frage ist entschieden zu verneinen. In seinem Buch »Strukturale Anthropologie« schreibt LÉVI-STRAUSS[17], die Religionsethnologie hätte es der eigenen Nachlässigkeit zuzuschreiben, wenn auf Feldern, die sie habe brachliegen lassen, sich jetzt »Amateure verschiedener Herkunft« tummelten, deren »Ausschweifung« nun mit der eigenen »Enthaltsamkeit« unvorteilhaft kontrastierte. Bei der weiteren Lektüre wird schnell klar, auf wen die Sottise zielt: nicht allein vielleicht, aber doch an erster Stelle auf Carl Gustav JUNG und seine Schüler. Gegen deren Art, mit Mythen umzugehen, hat LÉVI-STRAUSS zweierlei einzuwenden. Das eine Argument entspringt einem auch anderwärts bei Kulturwissenschaftlern verbreiteten antipsychologischen Affekt. LÉVI-STRAUSS beklagt, »daß die moderne Psychologie sich allzu wenig für die Bewußtseinsphänomene interessiert und das Studium des Gefühlslebens vorzieht.« Es sei lächerlich, »zu glauben, aus konfusen Emotionen könnten klare Ideen entstehen.« Mythische Denkprozesse mögen von den unseren verschieden sein, sie seien aber »genauso bewußt« wie diese. Um sie zu erfassen, hätte man »den Rahmen unserer Logik erweitern müssen; ... stattdessen hat man versucht, sie auf formlose und unaussprechliche Gefühle zurückzuführen.«

So abschätzig haben sich sogar die eingefleischtesten Kognitivisten selten über die Welt der Emotionen geäußert. Kein Zweifel: Die Ordnung der Mythen hat für LÉVI-STRAUSS *nichts* mit der Dramaturgie der Triebschicksale zu tun, und sie entstammt nicht, wie er verächtlich sagt, »Träumereien des Kollektivbewußtseins«. Sie gründet in einem *Denkprozeß*, einem anderen zwar als dem uns gewohnten, aber jedenfalls einem Denken, das »Form« hat und »aussprechbar« sein muß, was beides für Gefühle offenbar nicht zutreffen soll.

Nun ja. Der zweite Einwand ist ernster zu nehmen. Er richtet sich gegen JUNGS *Archetypenlehre*. Mit dieser verhalte es sich gerade so wie mit jenen veralteten Sprachtheorien, die geglaubt hätten, man könne an einzelnen Lautgruppen bestimmte Sinngehalte festmachen. Tatsächlich hafte die Bedeutungsfunktion der Sprache aber nicht

---

[17] LÉVI-STRAUSS (1978), S. 226 f

an den Elementen, sondern allein an der Weise, wie diese miteinander *kombiniert* würden. Dasselbe gelte auch für den Mythos. In diesem sei einfach jede denkbare Beziehung möglich, jedes Subjekt könne jedes beliebige Prädikat haben. Es führe »fast zwangsläufig zum Jungianismus«, wenn man den einzelnen Bildelementen des Mythos »absolute Bedeutung unterschieben« und diese Bedeutung »außerhalb des Mythos« selbst suchen würde[18]. Die Bedeutung eines Symbols liege nicht in einer Ebene, die die des Mythos transzendiert, sondern müsse anhand des *Kontextes* und mithilfe des *Vergleichs* aus dem mythischen Material selbst herausgearbeitet werden.

Struktur und Form

Das wiederum klingt an PROPP an. Nun fällt es LÉVI-STRAUSS aber schwer, fremde Götter neben sich zu dulden. Er setzt sich daher auch von seinem russischen Kollegen ab, in einer Schrift, die den Titel »Struktur und Form« trägt und in der er seinem Opfer bald patronisierend auf die Schulter klopft, bald zielsicher unter die Gürtellinie tritt und zwischendurch devote Komplimente einschiebt, die deplaziert genug sind, um nicht befürchten zu lassen, daß der Leser sie sich aneignen könnte.

PROPP, darin läßt sich das Verdikt zusammenfassen, sei überhaupt kein »Strukturalist«, sondern nur ein »Formalist«. Er konstruiere nämlich einen Gegensatz zwischen dem konkreten *Inhalt* und der abstrakten *Form* eines Mythos und wolle nicht wahrhaben, daß beide in Wirklichkeit von »gleicher Natur« seien.[19] PROPP habe seine »Funktionen« ganz unabhängig vom Inhalt definiert und dann erst nachträglich, »zweifellos unfreiwillig«[20], wieder Anleihen beim Inhalt gemacht, um die leere Form füllen zu können. Daher schwanke seine Analyse »zwischen einer formalen Aussage, die so allgemein ist, daß sie sich unterschiedslos auf alle Märchen anwenden läßt ..., und einer bloßen Restitution der nackten Materie, von der anfangs behauptet

---

[18] LÉVI-STRAUSS (1980), S. 81 [19] LÉVI-STRAUSS (1975), S. 199
[20] ebd., S. 200

wurde, daß einzig ihre formalen Eigenschaften von explikativem Wert seien.« Auf diese Weise »vernichte« der Formalismus »seinen eigenen Gegenstand«.

PROPP hat sich seinerseits in einer maßvoll-verärgerten Replik gegen diese verzerrte Wiedergabe seiner Intention verwahrt[21], was LÉVI-STRAUSS dann zum Anlaß nahm, in der Attitüde vornehmer Gekränktheit die Diskussion ganz abzubrechen.

Beide Kontrahenten appellieren an den Leser, er möge sich sein eigenes Urteil bilden. Dabei hat PROPP wohl doch die besseren Karten. Es trifft einfach nicht zu, daß sich unter seiner Analyse der Inhalt der Erzählung verflüchtigen würde. Natürlich abstrahiert er, sogar ziemlich radikal; aber das tut jede Wissenschaft, und das tut, wie wir sehen werden, auch LÉVI-STRAUSS. Nur ist eben das *Prinzip* der Abstraktion oder, wie wir vorhin sagten, die *Vergleichsperspektive* verschieden. Da aber LÉVI-STRAUSS nicht willens ist, sich auch nur hypothetisch auf die Optik PROPPs einzulassen, bleibt ihm auch die inhaltliche Dimension verborgen, die dieser sehr wohl herausarbeitet.

Die symmetrische Zeit

Wenn wir nun fragen, worin der Unterschied der beiden Perspektiven liegt, werden wir auf die vorhin bereits angesprochene Bedeutung der *Zeitdimension* verwiesen. Die Funktionen, sagt PROPP[22], seien dann richtig identifiziert, wenn sie sich zu einer *folgerichtigen* Erzählung zusammenfügen. Der Sinn der Elemente erschließt sich hier also aus ihrer nicht permutierbaren Anordnung in einer irreversiblen Entwicklungskette von Bedingungen und Konsequenzen.

Wie radikal anders LÉVI-STRAUSS an das Thema herangeht, wird am besten an einer Metapher deutlich, die er in seinen Büchern wiederholt bemüht. Für ihn gleicht das Material des Mythenforschers einer *Orchesterpartitur*.

Tatsächlich drängt sich bei einer Matrix nach Art etwa des Schemas auf Seite 379 dieser Vergleich geradezu auf. Im Unterschied zum

---

[21] PROPP (1975), S. 215-239   [22] ebd., S. 31

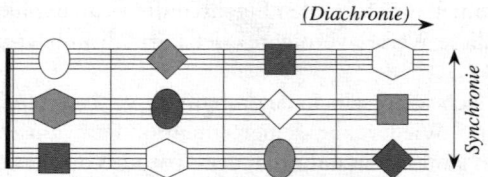

Das Gleichnis der Partitur. Gegenüber der Betrachtungsweise PROPPS *tritt die funktionale (diachrone) Betrachtungsweise in den Hintergrund, während der synchrone Vergleich zum Modell für beide Raumachsen avanciert. Die einzelnen mythischen Inhalte (Figursymbole) treten in verschiedenen Transformationen (Graustufen) auf, die nach gewissen, vom Forscher aufzufindenden Permutationsregeln ein zweidimensionales Muster bilden.*

Text einer Buchseite kann man eine Partitur *zweidimensional* lesen, horizontal erschließt sich dabei die *Melodik*, vertikal die *Harmonie* des Musikstücks. Ähnlich erlaubt auch eine in parallele Strophen gegliederte mythologische Strukturformel eine doppelte Blickrichtung: zeilenweise und spaltenweise oder, wie LÉVI-STRAUSS sagt, »*diachron*« und »*synchron*«. Diese Begriffe heißen wörtlich soviel wie »sich in Zeitlichkeit entfaltend« und »gleichzeitig«. Man muß aber wissen, daß sie der Sprachphilosophie entlehnt sind und dort einen etwas weiteren Bedeutungshof haben. Bei »Diachronie« klingt hier auch »historische Zufälligkeit« an, während man »Synchronie« so verwendet, als verweise sie platonisierend auf überzeitliche Sinngehalte.

Und damit sind wir beim Kern dessen, worauf LÉVI-STRAUSS mit seinem Partitur-Gleichnis zielt. Es geht ihm darum, die »diachrone« Lesart zugunsten der »synchronen« zu relativieren. Was ihn an der Diachronie stört, ist ihre einseitige Orientierung, die Unumkehrbarkeit von Ursache und Wirkung. Folgerichtigkeit erscheint ihm belanglos und akzidentell. PROPP, so suggeriert er dem Leser, befragt die horizontale Dimension der mythischen Partitur auf ein irrelevantes Kriterium hin.

Die Achse der *Synchronie* hingegen zwingt dem Betrachter keine Richtung auf, sie ist, mathematisch gesprochen, isotrop, so wie der Raum der klassischen Physik. Als einen solchen – zweidimensionalen – Raum faßt LÉVI-STRAUSS nun auch die Mythentranskription auf. Er unterdrückt den temporalen Bedeutungsgehalt der horizontalen Achse und liest sie als eine andere Form von Synchronie. Wenn solcherart die Folgerichtigkeit als Ordnungsprinzip ausgeschaltet ist, stellt sich die Frage, woraufhin denn die mythischen Inhalte überhaupt noch verglichen werden können. Das Modell für die Antwort liefert wiederum die Musik. Eine Melodie bleibt noch immer gut erkennbar, wenn man sie von C-Dur nach fis-Moll transponiert. Man kann sie sogar »umkehren«, indem man konsequent alle Aufwärts- und Abwärtsintervalle vertauscht, sie gewissermaßen an einer horizontalen Achse spiegelt. Im Muster solcher Variationen läßt sich dann so etwas wie eine kompositorische Struktur des gesamten Musikstücks erkennen. Und ganz entsprechend könne man auch die Bildelemente eines Mythos auf ihre wechselseitigen Transformationen und Symmetriespiegelungen hin analysieren.

Umkehrung des Schicksalsmotivs im 1. Satz der 5. Symphonie BEETHO-VENs. Die Melodie bleibt erkennbar, obwohl die fallende Terz mit einer aufsteigenden Quart vertauscht wurde.

Diese Möglichkeit, sagt LÉVI-STRAUSS, müsse schon PROPP geahnt haben; denn auch er habe bereits begonnen, die Funktionen aus ihrer Isolierung zu lösen und zu *Gegensatzpaaren* zu verknüpfen. Aber tragischerweise habe er solche erfolgversprechenden Spuren allzu halbherzig verfolgt.

Tatsächlich stehen Funktionen teilweise in *Opposition* zueinander. Bei den Trennungsmythen könnte man etwa als paarweise zusammengehörig auffassen die Urszene U und deren Zerreißung #, die Spannung S und den Fortschritt F, nicht zu vergessen die Polarität der Subskripte e und n. Andere Funktionen, wie etwa # und §, sind füreinander *substituierbar*. Und schließlich hat auch PROPP bereits beobachtet, daß in manchen Märchen eine Funktion durch eine solche ersetzt sein kann, die zu einem *negativen* oder *konträren* Ergebnis führt; er signiert sie durch die Subskripte **neg** und **contr**. Als Negation gilt, wenn der durch die Funktion bezeichnete Effekt einfach nur aus-

bleibt, als konträr, wenn sein Gegenteil eintritt. Eine Negation wäre
also zu signieren, wenn im Nibelungenlied Gunther die »schwierige
Prüfung bei der Jungfrau« eben *nicht* besteht. Konträr hingegen wäre
es, wenn statt einer Funktion »Belohnung des Helden« dessen Bestrafung einträte.

Was LÉVI-STRAUSS unter »Struktur« versteht, ist ein kompositori-
sches Ordnungsmuster von inhaltlichen Spiegelungen der angedeuteten Art, wobei die Symmetrieachse in der mythologischen Matrix
beliebig vertikal, horizontal oder diagonal verlaufen kann. Das Ideal
besteht darin, die PROPPschen Funktionen so in Gegensatzpaare – und
Paare von solchen Paaren – umzuinterpretieren, daß sie schließlich als
Transformationsgruppe einer einzigen Funktion erkennbar würden.
»Statt des chronologischen Schemas von PROPP, in dem die Reihenfolge der Ereignisse eine Eigenschaft der Struktur ist«, hätte man dann
eine »atemporale, matrixähnliche Struktur, deren Form in der Tat
konstant ist«[23].

LÉVI-STRAUSS veranschaulicht diesen Gedanken an dem folgenden
Schema:

w	−x	1/y	...
−w	1/x	1−y	...
1/w	1−x	y	...
...	...	...	...

Idealisiertes Strukturschema eines hypothetischen Mythos nach LÉVI-
STRAUSS. *Die Buchstaben stehen für Elemente nach Art der* PROPPschen
Funktionen, die mathematischen Symbole für Transformationen wie
»*Negation*«, »*Gegenteil*« *usw.*

Solchen furchteinflößenden Gebilden, die PROPPs Formelsprache vergleichsweise harmlos erscheinen lassen, verdankt LÉVI-STRAUSS, daß
ihn manche für eine Art EINSTEIN der Kulturanthropologie halten. Er
selbst hat allerdings vorsorglich abgewiegelt, man solle seine »logico-
mathematisch aussehenden Symbole nicht allzu ernst nehmen«[24]. Dieser Aufforderung empfiehlt es sich vollinhaltlich nachzukommen,

---

[23] LÉVI-STRAUSS (1975), S. 205 f   [24] LÉVI-STRAUSS (1980), S. 51

denn solchen Formalismen fehlt das Kennmal aller mathematischen Symbolsprache, eindeutig definiert zu sein und konsequent verwendet zu werden.

Tatsächlich sollen die Operationszeichen in der obigen Matrix nur verschiedene Ebenen der Gegensatzbildung andeuten: Wenn etwa ein »Verbot« mit **x** zu bezeichnen wäre, so könnte man darin auch die »negative Transformation eines *Gebotes*« sehen und dieses dann etwa mit **–x** bezeichnen. Andererseits ist aber auch die *Verletzung* eines Verbotes dessen »Umkehrung«, nur eben in einem anderen Sinn, der dann vielleicht durch **1/x** auszudrücken wäre.

Überflüssig zu sagen, daß sich die abgebildete Matrix nicht etwa auf irgendeinen empirischen Mythos bezieht; sie ist Programm oder, nüchterner ausgedrückt, Wunschtraum. Wohin dieser aber zielt, wird immerhin deutlich: Die Anordnung der Elemente folgt einem *regelmäßigen Muster*, das die horizontale und die vertikale Dimension zu einem die Diachronie transzendierenden Raum-Zeit-Kontinuum verknüpft. Was zum Ausdruck gebracht werden soll, ist eine *Symmetrisierung der Zeit*, die Aufhebung ihrer Irreversibilität.

Der Strukturalismus sichert sich nicht zuletzt durch solche Gedankenspiele das ungebrochene Interesse beeindruckter Laien, und er gleicht darin überraschend der von ihm so bekämpften JUNG-Schule: Beide suggerieren dem Leser, daß sie das Rätsel des *Ana kushi was*, der mythologischen Zeit, durchschaut und gelöst haben, wobei im Falle von LÉVI-STRAUSS noch der – wenn nicht ausdrücklich, so doch in diskreten Andeutungen aufrechterhaltene – Anspruch hinzukommt, dies streng wissenschaftlich, gewissermaßen *more geometrico*, zu leisten.

Das Rohe und das Gekochte

Wieweit solche Verheißungen tragen, läßt sich nur an konkreten Exempeln prüfen. Wir wollen es wiederum so halten, daß wir uns zunächst einmal auf die neue Ideenwelt einlassen und also zusehen, ob die von LÉVI-STRAUSS benutzte Technik der inhaltlichen Spiegelungen und Transformationen vielleicht nützlich sein könnte, um gewisse Aspekte der Mythen auszuloten, die wir mit unserem bisherigen, einfacheren Verfahren nicht in den Griff bekommen haben.

In dem bereits erwähnten Werk »Das Rohe und das Gekochte« vergleicht LÉVI-STRAUSS knapp 200 südamerikanische Indianererzählungen[25]. Hierauf in extenso einzugehen, würde den Rahmen dieses Kapitels sprengen. Für einen exemplarischen Einblick in die Ideenwerkstatt des Autors genügt jedoch auch ein kleinerer Ausschnitt.

Aus hier nicht zu diskutierenden Gründen räumt LÉVI-STRAUSS einem Text aus seinem Material eine prototypische Stellung ein; er bezeichnet ihn als »Referenzmythos«[26]. Diese Geschichte, bei ihm unter der Signatur M1 geführt, stammt von den Bororo-Indianern Zentralbrasiliens.

Eine Frau geht in den Wald, um Material zur Herstellung der Penisbeutel zu suchen, die den Jünglingen bei der Initiation übergeben werden. Ihr Sohn folgt ihr heimlich und vergewaltigt sie. Der Vater schöpft Verdacht, sinnt auf Rache und beauftragt ihn mit einer Reihe gefahrvoller Besorgungen; der Junge holt sich aber jeweils Rat bei seiner Großmutter und entkommt der tödlichen Bedrohung. Daraufhin nimmt ihn der Vater wütend mit zur Jagd auf Aras, einer Papageienart, die in hochgelegenen Felswänden nistet. Er läßt ihn an einer Stange zu einem solchen Nest emporsteigen; dann schlägt er diese um und geht davon. Der Knabe hat gerade noch Zeit, einen – wiederum von der Großmutter stammenden – Zauberstab in einen Spalt zu stecken; an dem hängt er dann und schreit um Hilfe. Zum Glück entdeckt er eine Liane, an der er sich vollends zum Gipfel emporzieht; dort fertigt er sich aus Zweigen einen Bogen und Pfeile. Es folgt eine Reihe dramatischer Erlebnisse, in denen der Knabe zunehmend selbständig agiert. Zunächst allerdings behängt er sich mit erbeuteten Eidechsen, die rasch verfaulen und solchen Gestank verbreiten, daß er ohnmächtig wird. Im Schlaf wird er von Aasgeiern attackiert, die seine Hinterbacken annagen, ihn allerdings auch an den Fuß des Berges zurücktragen. Da sein Körper nun aber keinen Schließmuskel mehr hat, verliert er alle Nahrung unverdaut. Schließlich knetet er sich ein künstliches Hinterteil und stellt so seine geschlossene Körperform wieder her. Dann kehrt er in Gestalt einer Eidechse ins Dorf zurück; dort gibt er sich schließlich seiner Großmutter und seinem jüngeren Bruder zu erkennen. In dieser Nacht bricht ein stürmisches Gewitter aus, das alle Feuerstellen des Dorfes löscht, ausgenommen die der Großmutter, zu der am folgenden Morgen alle Dorfbewohner kommen und um Glut bitten, vor allem die zweite Frau des mörderischen Vaters. Diese erkennt den Stiefsohn und berichtet dem Vater, der den Sohn willkommen heißt, als wäre nichts geschehen. Der Sohn wendet nun seinerseits, in Komplizenschaft mit seinem jüngeren Bruder, gegen den Vater eine List an und tötet ihn; dann rächt er sich auch an dessen beiden Frauen.

---

[25] LÉVI-STRAUSS (1980), S. 94 ff   [26] ebd., S. 57

Mit dieser Erzählung kontrastiert LÉVI-STRAUSS nun die übrigen Exemplare seiner Sammlung. Wir greifen aus diesen speziell zwei Mythen der Gé-Sprachgruppe heraus, die unter den Signaturen *M7* und *M8* laufen. Sie ähneln einander bis auf unwesentliche Details, sodaß wir sie hier zu einer einzigen Geschichte zusammenfassen können.

Ehedem hatten die Menschen noch kein Feuer. Wenn sie Wild töteten, trockneten sie das Fleisch an der Sonne. Sie nährten sich auch von faulem Holz. Eines Tages entdeckt ein Mann zwei Aras, die aus einem Felsspalt fliegen. Um ihr Nest auszuheben, läßt er seinen jungen Schwager, den Bruder seiner Frau, an einer Baumleiter hochklettern. Aber es liegen nur runde Steine in dem Nest. Hieran schließt sich eine Auseinandersetzung zwischen den beiden Männern an, in deren Verlauf der Jüngling, von seinem Schwager provoziert, die Steine nach diesem wirft und ihn verletzt. Daraufhin wirft der ältere die Leiter um und geht davon. Der Junge leidet Hunger und Durst, sodaß er seinen Kot essen und seinen Urin trinken muß. Er besteht schließlich nur noch aus Haut und Knochen. Da sieht er unten einen Jaguar vorbeigehen, der Bogen und Pfeile sowie ein erlegtes Wildschwein auf den Schultern trägt. Er wagt nicht, ihn um Hilfe anzurufen. Der Jaguar erblickt zunächst nur seinen Schatten und versucht ihn zu fangen. Schließlich bemerkt er den Jungen selbst. Er verhält sich aber wohlwollend zu ihm, repariert die Leiter und fordert ihn auf, herabzusteigen. Nach längerem Zögern ermannt sich dieser, und der Jaguar schlägt ihm vor, auf seinen Rücken zu klettern und mit ihm zu kommen, um »gegrilltes« Fleisch zu essen, ein Wort, dessen Bedeutung der Jüngling noch nicht versteht. Die beiden gelangen zur Behausung des Jaguars und treffen auf dessen Frau. Diese lehnt den Jüngling ab und nennt ihn einen »fremden Sohn«, einen »Ausgesetzten«. Der Jaguar aber beschließt, ihn zu adoptieren, zu nähren und stark zu machen. Jeden Tag geht er auf die Jagd und läßt den Adoptivsohn mit seiner Frau allein, die diesen zunehmend haßt; sie gibt ihm nur altes, zähes Fleisch und Blätter zu essen. Beschwert sich der Knabe, so zerkratzt sie ihm das Gesicht. Vergeblich rügt der Jaguar seine Frau. Schließlich schenkt er dem Jüngling Bogen und Pfeile und lehrt ihn, sie zu gebrauchen, notfalls auch gegen seine Frau. Eines Tages tötet der Jüngling diese wirklich. Entsetzt flieht er, wobei er seine Waffen sowie ein Stück gegrilltes Fleisch mitnimmt. Mitten in der Nacht kommt der Totgeglaubte in seinem Dorf an, tastet sich noch aus Haut seiner Mutter, gibt sich ihr zu erkennen und verteilt das Fleisch. Man ruft ihn ins Männerhaus, wo er seine Geschichte erzählt. Die Indianer beschließen, sich des Feuers zu bemächtigen. Als sie beim Wohnsitz des Jaguars ankommen, ist niemand da; und da die Frau tot ist, ist das am Vortag getötete Wild noch roh. Die Indianer braten es und nehmen das Feuer mit. Zum ersten Mal kann man nachts Licht machen, gekochtes Fleisch essen und sich am Herd wärmen. Aber der Jaguar, erzürnt über den Diebstahl seines Adoptivsohnes, bleibt voller Haß gegen das menschliche Geschlecht. Nur der Widerschein des Feuers glüht noch in seinen Augen. Er jagt mit seinen Fangzähnen und frißt sein Fleisch roh, denn er hat dem gegrillten Fleisch abgeschworen.

Die Trennung von Gut und Böse

Bevor wir darauf eingehen, was LÉVI-STRAUSS selbst zu diesen Ge-
schichten zu sagen hat, wollen wir sie zunächst aus der Perspektive
PROPPS betrachten. Es ist nicht auf den ersten Blick klar, welcher
Mythenklasse sie angehören. Immerhin erkennt man aber in beiden
Erzählungen das Motiv der umgeworfenen Leiter # und in der Gé-
Mythe zudem den prometheischen Feuerraub §. Es lohnt sich also zu
prüfen, ob sich die Geschichten vielleicht »ödipal« interpretieren las-
sen.

Vorweg ist festzustellen, daß sowohl die Bororo als auch die Gé-
Stämme in *matrilinearen* und *matrilokalen* Sozialstrukturen leben. Ein
Sohn identifiziert sich demnach mit der Familiengruppe seiner Mutter, nicht seines Vaters. Und wenn er heiratet, wechselt er in den Wohn-
bezirk seiner Frau. Man wird erwarten dürfen, daß sich diese starke
Gewichtung des weiblichen Elementes auch in der »ödipalen« Entwicklung bemerkbar macht und dieser teilweise andere Konfliktmöglichkeiten und Lösungswege eröffnet, als wir sie aus unserem Kultur-
kreis gewohnt sind. Wir haben uns also auch in der Mythologie auf
etwas ungewohnte Akzentsetzungen gefaßt zu machen.

Im Bororo-Text treten drei Frauengestalten auf: die leibliche Mutter des Knaben, seine Großmutter und die Stiefmutter. Unter diesen
fungiert die Großmutter eindeutig als hilfreiches, sicherheitsspenden-
des Muttermedium, als Hort des Urvertrauens. Die Stiefmutter hat
negative Konnotation; sie ist die Verbündete des mörderischen Vaters.
Die leibliche Mutter bleibt blaß und ambivalent. Man erfährt nichts
über ihre Motive und Affekte; sie handelt überhaupt nicht. Der
Mythos weiß nur zu berichten, daß der Knabe sich an ihr zu Beginn
vergeht und am Schluß »rächt«. Den sexuellen Übergriff des Knaben
nimmt sie lakonisch hin; sie verrät die Affäre auch nicht dem Vater,
als dieser Verdacht schöpft. Er allein ist es, der sich darüber empört.

Im Duktus der Erzählung rangiert der Inzest nicht als gegen die
Mutter gerichteter aggressiver Akt, sondern gerade umgekehrt als
Ausdruck einer eigensinnig festgehaltenen symbiotischen Bindung –
er trägt die Züge einer nostalgischen Urszene U_n. Der Protagonist
nimmt daran von vornherein maßgeblich teil, die Erzählung setzt sei-

ne Existenz also bereits voraus. Ferner ist das Elternmedium mütterlich akzentuiert. Mutter und Vater sind zwar Eheleute; aber den Vater scheint der Sohn gar nicht zu beachten, woraus sogleich eine *Spannung* S entsteht.

Im Folgenden geht der Vater *aggressiv* gegen den Protagonisten vor. Das mißlingt allerdings insofern, als der Sohn unter dem Schutz der Großmutter den gestellten Fallen entgeht. Wir begegnen hier in unserem Material erstmals dem von PROPP mit **neg** signierten Phänomen einer *negativen Funktion.* Um Subskripthäufungen zu vermeiden, ziehen wir ein hochgestelltes und auch kürzeres Symbol vor und schreiben A⁻.

Es wäre zu überlegen, ob der Mißerfolg des Vaters mit dessen genereller Kompetenzeinbuße zusammenhängt, in der sich, wie zuvor angedeutet, vielleicht die Matrilinearität der Bororo-Sozialstruktur spiegelt. Auch daß der Vater von der sonst üblichen Rolle des souveränen Dulders in die des erregt Agierenden gedrängt wird, würde dazu passen. Die Aggression **A** geht ja normalerweise vom *Protagonisten* aus und richtet sich gegen ein Elternprinzip. Hier aber ist es umgekehrt. Und das setzt sich noch fort: Es ist auch der *Vater*, der die Leiter umstürzt, also die Funktion # ausführt.

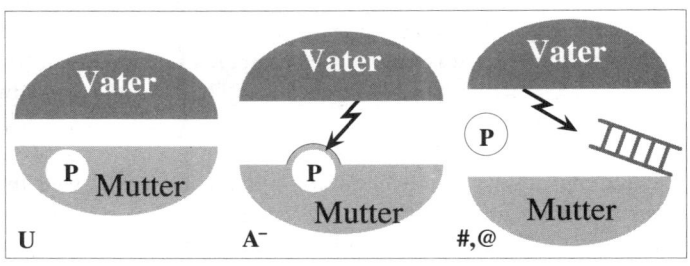

Archetypische Darstellung der ersten Strophe des Bororo-Mythos. U: Der Protagonist in inzestuöser Symbiose mit der Mutter. Der Vater bleibt dabei unbeachtet. A⁻: Der Vater versucht den Protagonisten zu attackieren, der aber durch das positive Muttermedium (die Zaubermittel der Großmutter) immunisiert wird. #,@: Der Vater stürzt die Himmelsleiter um; der Protagonist ist auf sich allein gestellt und festigt seine Ich-Grenzen.

Das Bild impliziert allerdings, daß sich die Geschlechterpolarität im Elternmedium vertikal interpretieren läßt. Das ist aus der hier mitgeteilten Erzählung nicht klar zu entnehmen; es gibt jedoch andere Bororo-Mythen, die das männliche Element dem Himmel, das weibliche der Erde zuordnen. Falls diese Raumsymbolik auch im vorliegenden Mythos als Verständnishintergrund mitgedacht ist, trennt der Akt des Vaters also den Sohn von der Mutterbindung.

Diese Maßnahme ist offenbar wirksam: Der Jüngling ist nun auf sich allein gestellt, eine Situation, der er sich anfangs kaum gewachsen sieht. Die Bildsymbolik unterstreicht zunächst die Schwäche seiner Ich-Grenze. Fäulnis und Gestank umwehen ihn, seine Haut wird angenagt und das Organ analer Abgrenzung wird ihm verstümmelt. Es gelingt ihm jedoch, seine aufgelösten Konturen zu stabilisieren (@). Wir können hier durchaus eine Parallele zu der widerstandsfähigen Fellkleidung sehen, die Adam und Eva bei der Vertreibung aus dem Paradies von Jahwe umgelegt erhielten.

Anschließend kehrt der Jüngling in sein Heimatdorf zurück, allerdings in Tiergestalt, sodaß man ihn zunächst nicht erkennt. Untersuchungen zur Theory of Mind, von der wir auf Seite 314ff hörten, haben ergeben, daß Kinder erst in dem Alter, in dem sie Bezugssysteme trennen können, auch in der Lage sind, andere zu täuschen oder ihnen etwas zu verheimlichen. Nimmt man hinzu, daß die *Scham*, der prototypische Affekt der Funktion @, bei Kindern vornehmlich im Zusammenhang mit dem Ertapptwerden bei Heimlichkeiten auftritt, werden wir also auch in der Befähigung des Helden, sein Inkognito zu wahren, einen Erweis seiner nunmehr intakten Ich-Grenze sehen dürfen.

Der Jüngling nimmt jetzt erneut Kontakt mit dem positiven mütterlichen Prinzip auf, in einer Weise allerdings, die nichts Inzestuöses mehr an sich hat. Nach der Handlungslogik der Trennungsmythen wäre an dieser Stelle eigentlich die Funktion »geschlechtliche Polarisierung des Protagonisten« Ø zu erwarten. Läßt sich die Heimkehr in diesem Sinne deuten?

Werfen wir zunächst noch einen Blick auf eine weitere Erzählung, die LÉVI-STRAUSS unter der Signatur *M12* anführt. Sie deckt sich inhaltlich weitgehend mit den eingangs referierten Gé-Mythen *M7* und *M8*. Auch bei ihr bekundet der junge Held die Armierung seiner Ich-Grenzen dadurch, daß er sich zunächst versteckt und sein Inkognito nur selektiv lüftet. Adressaten sind in diesem Fall aber seine beiden *Brüder*, erst von ihnen wird dann auch die Mutter benachrichtigt. Dieser Mythos stammt von den Sherenté, und die Pointe ist, daß diese im Unterschied zu den Gé und Bororo *patrilinear* und *patrilokal* sind.

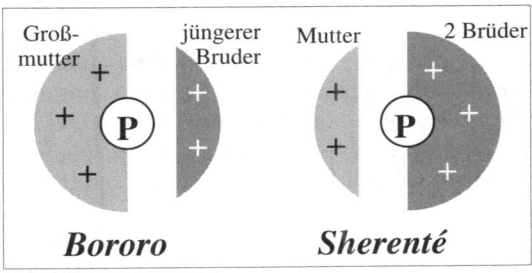

Geschlechtliche Polarisierung nach Armierung der Ich-Grenze. Der Protagonist gibt sich bei den Bororo primär der Martrilinie, bei den Sherenté primär der Patrilinie zu erkennen, sekundär auch dem positiven Repräsentanten des jeweils anderen Geschlechtspols.

Nun führt auch der Bororo-Mythos im Zusammenhang mit der Selbstkundgabe noch einen Bruder ein. Dieser ist jünger, ja sogar noch ein Kind, und er wird später zum Komplizen des Helden; er ist also in jeder Hinsicht das Gegenteil des Vaters. Zwischen dem Sherenté- und dem Bororo-Mythos besteht eine Symmetrie, wie sie die obige Abbildung schematisch darstellt. Adressat der Selbstoffenbarung ist hier wie dort die Polarität einer weiblichen und einer männlichen Instanz, beide *positiv* bewertet, aber in einer *Rangordnung* stehend: Es gibt jeweils einen *primären* Ansprechpartner – bei den Bororo die Großmutter, bei den Sherenté die Brüder – und eine hierzu gegengeschlechtliche *Nebenfigur*, den jüngeren Bruder bzw. die Mutter. In der Selbstoffenbarung klingt also tatsächlich die Einordnung Ø in das Rollensystem der Geschlechter an, wobei die Gewichtsunterschiede möglicherweise die Besonderheiten der Matri- bzw. Patrilinearität reflektieren.

Nun findet die Kontaktnahme des gereiften Jünglings mit dem Paar Großmutter-Kindbruder allerdings unter eigentümlichen Begleitum-

ständen statt: Ein nächtliches *Gewitter* bricht herein, das die Großmutter in den alleinigen Besitz des *Feuers* versetzt. Das Feuer wird
weltweit gern als Objekt eines prometheischen Raubes dargestellt; es
wäre also zu prüfen, ob hier die Funktion § anklingt. Tatsächlich erhält die Großmutter durch das Unwetter das Monopol über ein wertvolles Gut, und mit ihr der heimgekehrte Held. Das ist zweifellos eine
Art von »Aneignung«, nur daß diese nicht »widerrechtlich« erfolgt,
sondern im Gegenteil ganz legitim. Wie früher schon vermerkt, hat
PROPP die Umkehr einer Funktion in ihr Gegenteil mit dem Subskript
contr signiert. Wir ziehen auch hier ein kürzeres Zeichen vor und
notieren §[†]. Die Frage, was die rechtmäßige Aneignung eines wertvollen Gutes mit dem Erwerb der Geschlechtsidentität Ø gemeinsam
hat, stellen wir noch für einen Moment zurück.

Im weiteren Verlauf wird der Protagonist ein zweites Mal erkannt,
diesmal von der bösen Stiefmutter. Die Funktion @ wiederholt sich
also. Unmittelbar darauf tötet er den Vater und dessen Frauen, also
die negativen Aspekte der Elternmedien. Das wird so geschildert, als
sei es eine ganz legitime Strafaktion, wir hätten hier also **X** zu signieren. Es ist dies ein Fall, wo die Strafe nicht den Protagonisten, sondern die Eltern trifft.

Wie die Geschichte ausgeht, wird in der Version *M1* nicht weiter geschildert. LÉVI-STRAUSS erwähnt aber noch eine ältere Version[27], derzufolge der Held am Schluß erklärt, er wolle nicht länger in seinem
Heimatdorf leben, da man ihn dort schlecht behandelt habe. Dann
führt er seine Großmutter in ein fernes, schönes Land. Seine ehemaligen Landsleute aber sucht er, Tawhiri vergleichbar, mit Wind, Kälte
und Regen heim, um sich an ihnen und an seinem Vater zu rächen.

Es ist lehrreich, diese Szene mit dem *Jahwisten* zu vergleichen. In
beiden Fällen handelt es sich um die Funktion *Fortschritt* in ihrer
nostalgischen Variante F_n. Beide spielen in zwei mythologischen Ter-
ritorien entgegengesetzten Vorzeichens, einem Heimatbereich und
einer fernen Welt. Der nostalgische Charakter der Erzählung entsteht
dadurch, daß die heutige Menschheit jeweils mit dem negativen Pol
identifiziert wird: das eine Mal mit dem exilierten Stammelternpaar,
das andere Mal mit den Daheimgebliebenen.

---

[27] LÉVI-STRAUSS (1980), S. 59

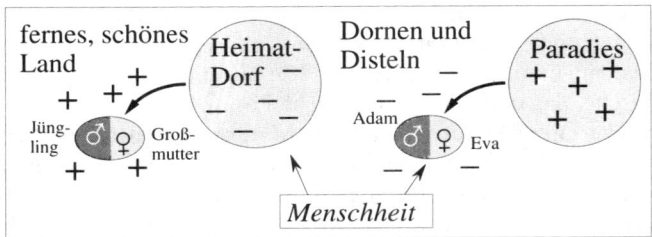

Nostalgische Variante der Funktion Fortschritt F_n im Bororo-Mythos (links) und im jahwistischen Schöpfungsbericht (rechts).

Zusammenfassend läßt sich der Bororo-Mythos also, wenn wir die Elemente des Trennungsmythos zugrundelegen, wie folgt signieren:

$$U_n \quad S \quad A^- \quad \# \quad @ \quad \varnothing,$$
$$\S^\dagger \quad @ \quad \sim \quad X \quad F_n$$

Wie man sieht, müssen wir, ähnlich wie beim Enuma Elisch, die Handlung in »Strophen« aufgliedern, wenn wir die vorgeschriebene Reihenfolge der Funktionen nicht verletzen wollen.

Die Gé-Mythe

Genauso verhält es sich mit der nun zu besprechenden Gé-Erzählung. Die kulturelle *Inkompetenz*, mit deren Schilderung diese Mythe beginnt, könnte auf eine emanzipatorisch gefärbte Urszene (U_e) verweisen. Allerdings müßten dann noch Anzeichen einer Symbiose der Elternmedien hinzukommen. Nun beginnt die Geschichte zwar nicht mit Mann und Frau, sondern mit zwei Schwagern. LÉVI-STRAUSS weist aber eigens darauf hin, daß es sich bei dem jüngeren in sämtlichen Varianten dieser Mythenhandlung um den Bruder der Ehefrau des älteren, also um einen Repräsentanten der *Matri*linie handelt. Nimmt man noch hinzu, daß die beiden zunächst einvernehmlich handeln, so

423

kann man den Leiterbaum also in der Tat als Brücke zwischen der väterlichen und der mütterlichen Familiengruppe deuten. Das weibliche Element nimmt hier allerdings, wie allgemein bei den Gé[28], die himmlische, das männliche die irdische Position ein.

In wiederum allen Varianten dieses Mythos ist ferner der Altersunterschied zwischen den beiden Schwagern erheblich; sie könnten Vater und Sohn sein. Darin deutet sich an, und die ganze weitere Mythenhandlung bestätigt es, daß der jüngere Schwager zugleich auch der Protagonist ist. Er ist nur zunächst noch weitgehend mit der Mutter identifiziert.

Auch in der Gé-Mythe fühlt sich der Vater durch den Sohn herausgefordert, diesmal durch den aggressiven Steinwurf des zum Nest emporgestiegenen Jünglings (**A**). Wiederum ist es der Vater, der selbst die Weltachse zerstört #. Anders als im Bororo-Mythos leitet dieser Akt aber noch keine Verselbständigung des Protagonisten ein. Der jüngere Schwager wird dadurch ja nicht vom mütterlichen Prinzip getrennt, sondern diesem umgekehrt noch bedingungsloser ausgeliefert. Dementsprechend wird die nun fällige Armierung der Ich-Grenze durch deren Gegenteil @[†] ersetzt: Der Jüngere nimmt seine eigenen Exkremente wieder in sich auf und magert auf besorgniserregende Weise ab.

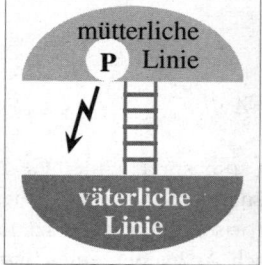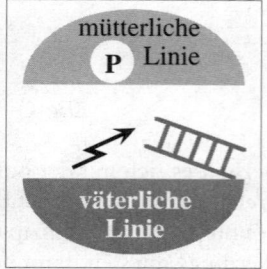

*Archetypische Darstellung der Vogelnest-Episode des Gé-Mythos. Der jüngere, matrilineare Schwager auf der Leiter repräsentiert den Protagonisten **P** in Symbiose mit dem mütterlichen Medium. – Links: Aggressiver Akt **A** gegen den älteren Schwager als Repräsentanten des negativen väterlichen Prinzips. Rechts: Trennung #.*

---

[28] Lévi-Strauss (1980), S. 424

Hieran schließt sich die zweite Episode an, in der der Jaguar ins Spiel kommt. Auch dieser ist eine *väterliche* Figur, die nunmehr aber neben negativen auch positive Eigenschaften hat. Zunächst attackiert er den jungen Helden, aber ohne Erfolg, da er nur dessen Schatten jagt; wir haben also A^- zu notieren. Und gleich danach richtet er die Himmelsleiter wieder auf, kehrt also deren Abbruch um: $\#^\dagger$. Damit beginnt der zweite Akt der Handlung. In diesem richtet sich, ähnlich wie im Enuma Elisch, die Aggression des Knaben gegen die Frau des Jaguars, also die *Mutter*.

Zunächst wird der Jüngling als Protagonist **P** in die eheliche Gemeinschaft des Jaguarpaares eingeführt und aufgefordert, »gegrilltes Fleisch« zu essen – eine paradiesische Vision $[U_n]$, die aber irreal bleibt, weil von Anfang an Spannung **S** zwischen der Mutter und dem Jungen aufkommt. Die Bedrohung geht von der Mutter aus; einer anderen Variante zufolge fühlt sich diese durch die geräuschvollen Tischmanieren des Jünglings belästigt, was wiederum an das Enuma Elisch erinnert.

Die Spannung entlädt sich in einem aggressiven Akt **A**: Der Jüngling tötet die Adoptivmutter, nicht ohne dazu vom Jaguar selbst, in der Rolle des emanzipatorischen Verführers V_e, angestiftet worden zu sein. Anschließend flieht er und nimmt, gleichsam als Warenprobe, gegrilltes Fleisch mit, nach anderen Varianten auch etwas Glut. Ein Feuerraub großen Stils ist das noch nicht, sonst müßte dieser nicht anschließend noch von allen Dorfbewohnern nachgeholt werden, aber doch schon dessen vorwegnehmende Andeutung [§].

Sodann folgt wieder die Rückkehr ins heimatliche Dorf mit selektiver Selbstoffenbarung @, diesmal gegenüber der leiblichen Mutter, nach einer der Varianten auch einer Schwester. Wie in der Bororo-Parallele nähert sich der Protagonist also mit gefestigten Ich-Grenzen dem positiven mütterlichen Prinzip, um es in seine matrilinear empfundene Geschlechtsidentität zu integrieren. Außerdem ruft man ihn, wie zum Ausgleich, ins Männerhaus; in der Balance beider Akte realisiert sich die Funktion Ø.

Die männlichen Stammesmitglieder repräsentieren nun den positiven Aspekt des väterlichen Prinzips. Dadurch, daß sie gemeinsam das Feuer rauben §, bewirken sie aber zugleich, daß der Jaguar »böse« wird. Der Feuerraub läßt sich also auch als eine Handlung interpre-

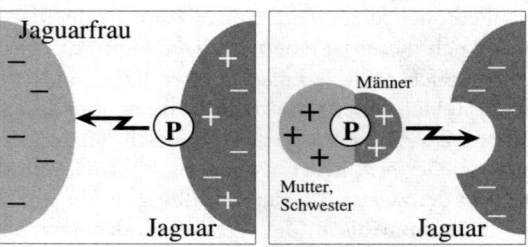

Archetypische Darstellung der Jaguar-Episode des Gé-Mythos. Links: Aggressiver Akt A gegen das Jaguar-Weib als Repräsentantin des negativen mütterlichen Prinzips. Rechts: Erwerb der Geschlechtsidentität Ø zwischen den positiven Aspekten des weiblichen (Mutter, Schwester) und männlichen Prinzips (Männerhausbewohner). Die Herauslösung des positiven Anteils aus dem väterlichen Vermächtnis und seine Beanspruchung für die Identitätskonstruktion des Protagonisten wird zugleich durch den Feuerraub § symbolisiert.

tieren, die den positiven Anteil aus der väterlichen Ambivalenz herauslöst und für die Identitätskonstruktion des Protagonisten beansprucht.

Die Geschichte endet, ähnlich wie der Maori-Mythos, mit der unaufgelösten Ambivalenzspannung zwischen dem Jaguar als strafender Instanz X und dem Menschenvolk, das nunmehr das Feuer und damit den Fortschritt F_e in Besitz genommen hat.

Die gesamte Mythenhandlung hat demnach die folgende Transkription:

U_e	~	~	~	A	#	@†,			
				A^-	#†,				
$[U_n]$	P	S	V_e	A	[§]	@	Ø,		
				§	~	~	X	F_e	

Feuer und Anti-Feuer

Die vorangehenden Etüden sollten in erster Linie dazu dienen, uns mit der Art des Materials vertraut zu machen, mit dem LÉVI-STRAUSS seinen eigenen Interpretationsansatz belegt. Sie zeigen immerhin, daß bei den besprochenen Texten auch die Methode PROPPs gangbar ist, und daß wir hier speziell mit den Funktionen der Trennungs- und Raubmythen auskommen. Allerdings mußten wir die Handlung mehrfach abbrechen und eine neue »Strophe« beginnen. Dieser Kunstgriff, wenngleich bereits durch PROPP legitimiert und von LÉVI-STRAUSS noch exzessiver angewandt, schränkt die Falsifizierbarkeit der Deutung ein, da er gestattet, auch Abläufe, die der vorgeschriebenen Reihenfolge der Funktionen *widersprechen*, noch immer in dem Ablaufschema unterzubringen. Was man auf diese Weise an diachroner Ordnung rettet, bürdet man der synchronen Achse als Ballast auf. Es wäre also in der Tat höchst wünschenswert, wenn sich zeigen ließe, daß auch im synchronen Muster des Mythos ein Ordnungsprinzip waltet.

Nach solchen Ordnungsprinzipien sucht LÉVI-STRAUSS. Seine zentrale These lautet ja eben, daß die Handlungsträger in den Funktionen nicht beliebig, sondern nur nach festen Transformationsregeln austauschbar seien. Damit wirft er auf jeden Fall ein ganzes Bündel interessanter Fragen auf. Warum etwa hat das so emanzipatorisch beginnende Enuma Elisch einen derart nostalgischen Schluß? Wie schafft es die biblische Priesterschrift, die triumphale Apotheose des Protagonisten uneingeschränkt durchzuhalten? Wäre der Text vielleicht längst ein anderer, wenn er auf die Begleitstimme des nostalgischen Jahwisten hätte verzichten müssen? Läßt sich geltend machen, daß ein Abbruch des Handlungsstranges in den eben besprochenen Indianermythen bevorzugt an Funktionen mit negativer oder konträrer Signatur nötig wird?

Auf solche Fragen kennen wir keine fundierte Antwort. Daß man sie freilich auch bei LÉVI-STRAUSS vergebens sucht, wird rasch klar, wenn man verfolgt, wie er selbst mit dem Material umgeht.

LÉVI-STRAUSS möchte den Nachweis führen, daß es sich bei der Bororo- und der Gé-Erzählung »um denselben Mythos« handelt[29]. Auf den ersten Blick könne man zwar meinen, daß die beiden Erzählungen nur die Episode am Vogelnest gemeinsam hätten. Beachte man indessen die Möglichkeiten der Transformation, träten noch viel tiefergehende Übereinstimmungen zutage. So käme in beiden Versionen der Gebrauch von *Pfeil und Bogen* vor. Im Gé-Mythos erhalte der Held diese vom Jaguar; im Bororo-Mythos improvisiere er sie selbst; beide Erzählungen lassen anklingen, daß diese Waffen dem Menschen noch unbekannt waren. Beide seien also in Bezug auf die *Jagdwerkzeuge* als Ursprungsmythen anzusehen.

Die Gé-Mythe hat außerdem den Ursprung des *Feuers* zum Thema. Wie nun steht es damit in der Bororo-Version? Dort heißt es, daß in der Nacht nach der Rückkehr des Helden ein heftiges *Unwetter* ausbricht, das alle Feuerstellen bis auf eine auslöscht. Damit sei klar, sagt LÉVI-STRAUSS, daß der Bororo-Text dasselbe Thema behandelt; allerdings gehe es hier um die Entstehung von *Regen und Wind*, und diese seien einfach das *Gegenteil* des Feuers, da sie es ja auslöschten: »gewissermaßen das Anti-Feuer«.

Die Parallelen reichen noch weiter. Das Unwetter löscht alle Feuerstellen außer der, an die sich der Held geflüchtet hat. Er befindet sich also vorübergehend in der Situation des Jaguars in der Gé-Mythe: Nun ist er der Herr des Feuers, und alle Dorfbewohner erhalten es neu von ihm. Insofern beziehe sich also auch der Bororo-Mythos auf den Ursprung des Feuers.

Ein wichtiger Kontrapunkt läge ferner darin, daß im Bororo-Mythos die Mutter dem Helden durch die Inzestbeziehung »nahe« sei, während ihm der rachsüchtige Vater »fern« stehe. In der Gé-Version hingegen sei der Jaguar-Vater dem Sohn »nahe«; denn er schütze ihn gegen die Mutter, die ihm in ihren Mordabsichten ihrerseits »fern« stehe. Offensichtlich spielt LÉVI-STRAUSS hier auf die Dimension an, die wir in Anlehnung an psychoanalytischen Sprachgebrauch als »positive« und »negative« Aspekte der Elternmedien unterschieden haben. LÉVI-STRAUSS versäumt übrigens herauszuarbeiten, daß auch *innerhalb* beider Mythen das männliche und das weibliche Prinzip in je einen positiven und einen negativen Aspekt zerfällt; von der Großmutter im Bororo-Mythos ist bei ihm überhaupt nicht die Rede.

Ein weiterer Vergleich dehnt den zuletzt angeführten noch aus[30].

---

[29] LÉVI-STRAUSS (1980), S. 183   [30] ebd., S. 113 ff

Der vorherrschende Zug an beiden Erzählungen sei eine charakteristische *Gleichgültigkeitshaltung*. Die Bororo-Mythe bekunde Gleichgültigkeit gegenüber dem *Inzest*: Der Mutterschänder tritt als Opfer auf, während der gekränkte Vater für seine Rachepläne bestraft wird. Dem entspreche in den Gé-Mythen die Gleichgültigkeit des Jaguars gegenüber dem *Muttermord*, dem genauen Gegenteil des Inzests.

Es geht in diesem Stil noch weiter, und der Eindruck wird dabei nicht besser: Dieses Verfahren ist erstens so *willkürlich*, daß man sich an die hemmungslosen Assoziationsorgien JUNGscher »Amplifikationen« erinnert fühlt, und zweitens leistet die Methode eben nicht, was sie zu leisten vorgibt: nämlich die Einheit in der Vielfalt deutlich zu machen.

»Die Probe auf die Analyse liegt in der Synthese« schreibt LÉVI-STRAUSS[31]. Das geht gegen PROPP; in Wirklichkeit spricht er damit aber das Urteil über seine eigene Methode. Er übersetzt im Grunde nur Singuläres wiederum in Singuläres. Am Ende hat er, obwohl er dies vehement bestreitet, soviele verschiedene Strukturformeln wie Mythen, und vergeblich sucht man die übergreifenden Gesetze, die mächtig genug wären, irgendwelche Vorhersagen zu generieren. Seine Abstraktionen sind nur magerer, aber nicht allgemeingültiger als das Material, aus dem sie gewonnen wurden.

Ordnung und Organisation

Um die Gründe für diesen Mißerfolg würdigen zu können, muß man sich verdeutlichen, was LÉVI-STRAUSS eigentlich meint, wenn er von »Struktur« spricht. Nach umgangssprachlichem Vorverständnis ist Struktur eine Versammlung von Elementen, bei denen die Frage vernünftig erscheint, warum sie so und nicht anders angeordnet sind. Auf diese Frage haben wir auf Seite 70 zwei komplementäre Antwortmöglichkeiten herausgearbeitet und an den Stichworten *Harmonie* und *Zweckmäßigkeit* festgemacht. Der Verhaltensbiologe Colin PITTENDRIGH[32] hatte dasselbe im Auge, als er »Ordnung« und »Organisa-

---

[31] LÉVI-STRAUSS (1975), S. 202ff   [32] PITTENDRIGH (1958)

tion« als die beiden möglichen Sinnprinzipien von Strukturen bestimmte.

»Organisation« ist immer auf irgendetwas bezogen, das *außerhalb* der betreffenden Struktur liegt. Eine Armee ist organisiert in Bezug auf mögliche Gegner, ein Arbeitsplatz in Bezug auf eine Tätigkeit, ein Zeichensystem in Bezug auf die darzustellenden Sachverhalte. »Ordnung« hingegen besitzt keine vergleichbare externe Referenz; die Elemente der jeweiligen Mannigfaltigkeit orientieren sich hier wechselseitig *aneinander*. »Ordnung« herrscht, wenn die Soldaten im Gleichschritt marschieren und die Papiere auf dem Schreibtisch parallel zur Tischkante angeordnet sind.

Fragt man, was die Ordnung zur Ordnung macht, so stellen sich unvermeidlich Assoziationen ein wie, daß die Teile wechselseitig gut zueinanderpassen, sich »nicht beißen«, miteinander harmonieren, einander »fordern«, kurz: Es sind Attribute, wie man sie auch verwendet, um ein gelungenes Kunstwerk zu kennzeichnen. Es sind *ästhetische* Attribute.

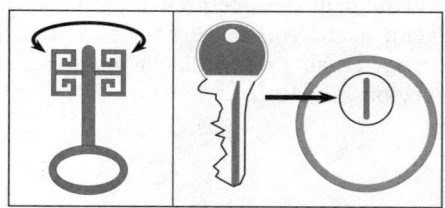

Ordnung und Organisation. Links: Ein ornamentaler Schlüssel (z.B. als heraldisches Motiv). Das Sinnprinzip ist die Symmetrie. Rechts: Der häßliche Zackenrand eines funktionellen Schlüssels. Das Sinnprinzip ist die Passung zum Schloß.

Demgegenüber muß etwas, was konsequent durchorganisiert ist, nur *zweckmäßig* sein; schön ist es deshalb noch längst nicht, auch wenn das manche Architekten nicht wahrhaben wollen. Organisation hat keinen Platz für narzißtische Selbstreferenz, sie fordert *Anpassung*. Der Bart eines Schlüssels, der funktionieren und nicht etwa nur als Ornament dienen soll, ist weder regelmäßig noch sonstwie ästhetisch an-

---

[32] PITTENDRIGH (1958)

sprechend; aber er paßt genau ins Schloß. Das ist *sein* Sinnprinzip, und man kann es ihm nicht ansehen, solange man ihn allein betrachtet. Wie verhält es sich nun mit der Struktur der Mythen? Ist sie ein Beispiel für Ordnung oder für Organisation? PROPP geht auf diese Frage nicht explizit ein. Immerhin äußert er die Überzeugung[33], bei Märchen sei die Ableitung von Strukturgesetzen »ebenso gut möglich wie bei Organismen«. Diesen Vergleich lotet er nicht weiter aus; aber es fällt auf, daß er bei der Deutung der Märchenstruktur nie das Harmonieprinzip bemüht. Seine Vorgehensweise kommt einer adaptationstheoretischen Betrachtung also wenigstens unreflektiert entgegen.

Eindeutiger ist die Position, die LÉVI-STRAUSS hier bezieht. Für ihn verbietet es sich, wie wir auf Seite 410 hörten, die Bedeutung des Mythos »außerhalb« desselben zu suchen. Die mythische Struktur ist für ihn nicht als »Organisation« zu begreifen; ihr Sinn liegt allein in ihrer *inneren Stimmigkeit*. Und deshalb kann er ihn auch nur in *ästhetischen* Kategorien fassen: Symmetrien, Gegensatzpaare, Transformationsgruppen, Permutationen – das alles sind letztlich Ausdrucksformen von *Ordnung* und *Harmonie*.

Der Standpunkt, den ich selbst in diesem Buch vertrete, räumt dem Sinnprinzip der *Organisation* den Primat ein. Wer Mythen als »Meme« begreift, sieht sie in Analogie zu Organismen; sie haben für ihn daher in erster Linie einen *externen* Sinnbezug. Dieser wurde genauer als Anpassung an die Kraftlinien eines sich diachron entfaltenden anthropologischen Konfliktpotentials bestimmt, in dem sich Mythen als spannungsreduzierende Deutungsmuster behaupten müssen, um »überleben« zu können.

Ebenso allerdings, wie man die Schönheit einer Orchideenblüte oder eines Schmetterlings, ja schon die Symmetrie eines simplen Grashalms nicht restlos aus Zweckmäßigkeitserwägungen erklären kann, sind sicher auch bei den Produkten menschlicher Phantasie *zusätzlich* noch ästhetische Ordnungsprinzipien am Werk. Aus ihnen *allein* wird man Mythen aber schwerlich erklären können.

---

[33] PROPP (1975), Vorwort

Das Schiff ohne Hafen

Wenn Lévi-Strauss jeden externen, insbesondere psychologischen Sinnbezug der Mythen hartnäckig in Abrede stellt, so kontrastiert das eigentümlich mit dem auf Seite 408 zitierten Gleichnis, in dem er die serielle Musik kritisiert – der Geschichte vom Kapitän, der die Passagiere durch ein ausgeklügeltes internes Reglement über die verlorene Orientierung an der Schiffsroute hinwegtröstet. Wieso merkt Lévi-Strauss nicht, daß er selbst diesem Kapitän zum Verwechseln gleicht? Die Parabel, so sollte man meinen, klagt doch eben den externen Sinnbezug ein: Der Plan, vom Heimat- zum Bestimmungsort zu gelangen, würde das Geschehen an Bord *organisieren*; das Protokoll des Kapitäns vermag dagegen nur *Ordnung* zu setzen.

Wie sehr die Kritik unseres Autors in Wirklichkeit ihn selbst trifft, wird nirgendwo deutlicher als bei seiner Absage an die *Diachronie* auf der Basis einer räumlichen und daher richtungsneutralen Umdeutung der Zeit. Verblüffend ähnlich argumentiert nämlich ausgerechnet Arnold Schönberg. Um die starre Vorschrift aufzulockern, jede Melodie müsse alle 12 Stufen der Tonleiter durchlaufen, läßt er als Variationsmöglichkeit nicht nur die »vertikale« Umkehrung der Intervalle zu, die wir auf Seite 413 angesprochen haben, sondern auch den sogenannten »Krebs«, also eine Inversion des *zeitlichen* Ablaufs. Nun ist es richtig, daß auch Barockmusiker gelegentlich mit diesem Mittel experimentierten, um neue melodische Effekte zu erzielen. Sie haben aber nie behauptet, beim Rückwärtsabspielen einer Melodie bleibe deren Charakter und Wiedererkennbarkeit erhalten. Es entsteht einfach ein völlig neues Gebilde, dessen Herkunft aus der Ursprungsmelodie man nur *wissen*, aber nie fühlen oder empfinden kann. Genau das aber will Schönberg nicht wahrhaben. Von ihm ist der Ausspruch überliefert, ein Hut bleibe schließlich auch ein Hut, gleich von welcher Seite aus man ihn betrachte. Damit wird in einem eleatischen Gewaltakt die Zeit in eine räumliche Metapher gezwungen, um ihre Umkehrbarkeit behaupten zu können.

Genauso argumentiert auch Lévi-Strauss. Nur die Logik unseres profanen Alltagsdenken, so meint er, basiere auf »diachroner« *Folgerichtigkeit*. Die Logik des Mythos hingegen sei urtümlicher; sie ori-

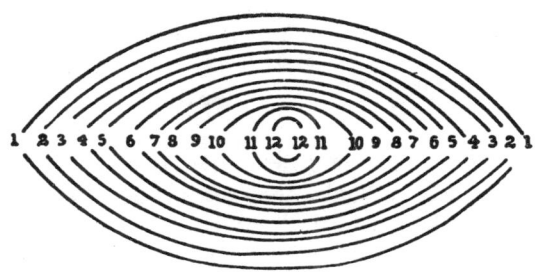

SCHÖNBERGS *Darstellung von Grundgestalt, Umkehrung, Krebs und umgekehrtem Krebs einer Zwölftonfolge. Man erkennt in dieser Graphik die auch bei* LÉVI-STRAUSS *hervortretende Tendenz, den qualitativen Unterschied zwischen den Dimensionen Zeit (Diachronie) und Tonhöhe (Synchronie) durch Umdeutung in ein räumliches Koordinatensystem zu neutralisieren.*

entiere sich an »synchroner« *Symmetrie:* Wie wir auf Seite 413 hörten, beruft er sich hierfür sogar auf PROPP, der ja auch schon wenigstens einige seiner Funktionen paarweise aufeinander bezogen habe.

Es ist doch aber offensichtlich, daß solche Funktionenpaare alles andere als *symmetrisch* sind und daher auch keineswegs zeitliche Reversibilität implizieren. Die Durchtrennung der Nabelschnur zwischen Himmel und Erde mag gewiß so etwas wie eine »Umkehr« der Urszene sein; und wer will, hätte dafür statt # das Symbol −U oder 1/U oder 1−U verwenden können so wie LÉVI-STRAUSS in dem Schema von Seite 414. Die Handlungslogik würde aber niemals zulassen, die *Reihenfolge* dieser beiden Elemente zu vertauschen.

Man kann LÉVI-STRAUSS nur zustimmen, wenn er die Wesensverwandtschaft der Mythen mit der Musik betont. Musik aber, die erlebbar bleiben soll und nicht nur am Reißbrett konstruiert wurde, ist immer diachron; sie trägt unveräußerlich die Nichtumkehrbarkeit des Zeitpfeils in sich. Und diese Irreversibilität bricht die Harmonie, nach der LÉVI-STRAUSS sucht. In dem Buch »Das Rohe und das Gekochte« findet sich eine Stelle, an der der Autor den Sinngehalt aller dort verglichenen Indianermythen in einem sehr allgemeinen Schema kondensiert. Es lautet:

»Eine übertriebene Auffassung der Familienbeziehung zieht die Trennung von normalerweise verbundenen Elementen nach sich. Die Verbindung stellt sich dank der Einführung eines Zwischenterminus wieder her, dessen Ursprung der Mythos vergegenwärtigen will.«[34]

Das klingt überraschend ähnlich wie unsere Notierung U-#-F. Aber in dem entscheidenden Punkt, wenn er nämlich den Endzustand als »Überbrückung des zuvor Getrennten« interpretiert, unterdrückt LÉVI-STRAUSS die mythische Phänomenologie selbstherrlich zugunsten einer rationalistischen Konstruktion: Es trifft eben *nicht* zu, daß der »Fortschritt« die Verbindung zwischen Himmel und Erde wiederherstellen würde.

Genau darin bekundet sich die Schwäche einer Betrachtungsweise, die Folgerichtigkeit durch Harmonie ersetzen möchte. Die Versuchung, in geistvoll phantasierten Mustern zu verbinden, was real nichts miteinander zu tun hat, wird übermächtig, wenn man keine Möglichkeit mehr sieht, auch der *Unähnlichkeit*, der *Asymmetrie*, der *inneren* Beziehungslosigkeit einen Sinn zu geben – der dann natürlich nur ein externer sein kann. Lassen wir dahingestellt, ob und wie auch ästhetische Ordnungsprinzipien ihren Beitrag zur Aufhellung der Mythenstruktur leisten können. Wenn wir Mythen aber primär lesen, um in ihr motivationales Ökosystem einzudringen, bleibt die PROPPsche Funktionsanalyse bis auf weiteres wohl doch der Königsweg.

---

[34] LÉVI-STRAUSS (1980), S. 90

Methodische Zugänge zu einer vergleichenden Mythologie

C. G. Jung

- **Vergleichsperspektive**
  »Amplifikation«:
  Zum konkreten Bildinhalt werden sinnverwandte Inhalte frei assoziiert.

- **Reduktionsprinzip**
  fehlt! Stattdessen:
  Kumulation durch additive Überlagerung;
  führt zu Kontamination aller archetypischen Inhalte.

- **Strukturprinzip**
  externe Sinngebung:
  Mythische Bilder als Symbole von Archetypen.

- **Deutungsprinzip**
  Mythen als Abbildung der Struktur der Seele.

- **Zeitperspektive**
  »synthetische« Erklärung:
  Verweist auf akausale, überzeitliche Sinnzusammenhänge.

C. Lévi-Strauss

- **Vergleichsperspektive**
  konkrete Bildinhalte werden auf Symmetrien, Umkehrungen
  und andere Transformationen hin analysiert.

- **Reduktionsprinzip**
  weder reduktiv noch kumulierend.

- **Strukturprinzip**
  rein interne Sinngebung:
  Symmetrien und andere ästhetische Ordnungsmuster.

- **Deutungsprinzip**
  Absage an psychologische Interpretation.
  Mythen als Widerspiegelung des Übergangs von Natur zu Kultur.

- **Zeitperspektive**
  Abwertung der Diachronie.
  Zeit als reversible Raumdimension.

- **Vergleichsperspektive**
  elementare Handlungsmuster: Funktionen.

- **Reduktionsprinzip**
  reduktiv (subtraktive Mischung):
  Abstraktion typischer dramatischer Abläufe.

- **Strukturprinzip**
  externe Sinngebung angedeutet.

- **Deutungsprinzip**
  Vermeidung psychologischer Interpretation.
  Historische Herleitung.

- **Zeitperspektive**
  Folgerichtigkeit als Sinnprinzip.

- **Vergleichsperspektive**
  elementare Handlungsmuster: Funktionen.

- **Reduktionsprinzip**
  reduktiv (subtraktive Mischung):
  Abstraktion typischer dramatischer Abläufe.

- **Strukturprinzip**
  Primär:
    externe Sinngebung durch Bezugnahme auf Motivstruktur.
  Sekundär:
    gestalttheoretische Ordnungszusammenhänge (Prägnanzdruck).

- **Deutungsprinzip**
  psychogenetische Interpretation.

- **Zeitperspektive**
  Folgerichtigkeit als Sinnprinzip.

VIERTER TEIL

Der Schelm

Mit dem Lebensabschnitt zwischen dem Erwerb der Geschlechtsidentität und der Pubertät hat FREUD nicht viel anzufangen gewußt. Er bezeichnete ihn als »Latenzperiode« – ein Ausdruck, der die Thematik dieses Stadiums nur sehr verkürzt und eigentlich falsch wiedergibt. Die moderne Entwicklungspsychologie hat hier viel Interessantes nachzutragen und manche Fehleinschätzung zu berichtigen. Auch dieses Alter hat seinen Mythos. Dessen Duktus ist verschieden von allem, was bisher besprochen wurde. Wir erleben hier, daß feierlicher Ernst unerwartet in Ausgelassenheit umschlägt, daß eine Posse das Weltdrama unterbricht und im sakralen Hain ein faunisches Gelächter erschallt – ein Gelächter, das allerdings auch frösteln macht und die Geister der Toten weckt.

13. *Kapitel*

Tricks or Treats

Frühreif und unmündig

Wir haben nun lange genug bei der »ödipalen« Phase verweilt. Überflüssig war das nicht; es gibt in der Kindheit keinen vergleichbar interessanten Lebensabschnitt. Aber die Entwicklung ist damit natürlich noch längst nicht abgeschlossen.

Die Trennungsmythen allerdings, auch die biblischen Schöpfungsberichte, geben keine weitere Auskunft. Das Tor des Paradieses ist hinter Adam und Eva zugefallen. Cherubim mit flammenden Schwertern verwehren für immer die Rückkehr. Mit dem Notdürftigsten ausgestattet, treten die ersten Menschen ihre Wanderschaft an. Aber diese Wanderschaft übergeht der biblische Bericht: Adam und Eva gelten nun ohne Umschweife als Erwachsene; man erfährt über sie nur noch, daß sie Kinder zeugten und starben. Psychogenetisch klafft hier eine Lücke: Der Achtjährige ist noch keineswegs erwachsen, mag er immerhin aus seinem präödipalen Paradies vertrieben sein.

Es ist hilfreich, für einen Moment die Verhältnisse im Tierreich vergleichend heranzuziehen, wobei ich den Leser für eine detailliertere Darstellung wiederum auf mein Buch »Das Rätsel Ödipus«[1] verweisen muß. Bei vielen sozialen Säugern schiebt sich – und zwar ausschließlich im *männlichen* Geschlecht – zwischen die Trennung von

---

[1] Bischof (1985), Kap. 14

439

der Herkunftsfamilie und den Beginn der eigenen Fortpflanzungsaktivität eine Art Moratorium, dessen Kennzeichen darin besteht, daß man sich mit Gleichaltrigen zu einem lockeren Rudel, einer sogenannten *Kohorte*, zusammenschließt. Man streunt gemeinsam durch die Gegend und bereitet sich darauf vor, ernst genommen zu werden. Der Übergang zum Erwachsenenstadium wird dann häufig durch den erstmalig erhobenen Anspruch auf eigenes Territorium markiert.

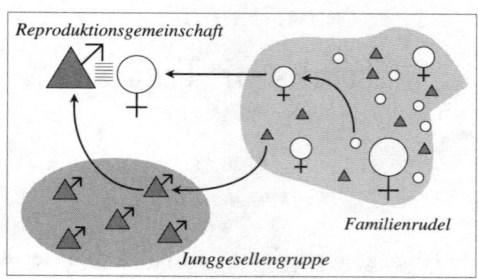

Typischer Reifungsverlauf bei sozialen Säugetieren. Dunkle Dreiecke: Männchen. Helle Kreise: Weibchen. Kleine Symbole: infantiles Stadium, mittelgroße Symbole: subadultes Stadium, große Symbole: adultes Stadium. Die Zeichen ♂ und ♀ deuten physiologische Geschlechtsreife an. Diese wird aber im subadulten Stadium noch psychisch unterdrückt.

Die Formulierung »ausschließlich im männlichen Geschlecht« ist dabei, wie alle prinzipiellen Aussagen in der Biologie, eher idealtypisch als strikt empirisch zu verstehen. Ich habe selbst gesehen, wie bei einer Kohorte halbwilder Camargue-Hengste eine junge Stute mitlief; andere Forscher haben ähnliche Beobachtungen beim afrikanischen Buntbock gemacht. Solche Fälle bleiben jedoch Ausnahmen und ändern nichts am Grundsätzlichen. Reine Weibchenkohorten sind bisher nie beobachtet worden.

An die Stelle der Kohortenbildung kann auch ein *solitäres* Stadium treten; besonders für monogame Säugetiere ist das charakteristisch, und hier betrifft es in balancierter Symmetrie *beide* Geschlechter. Aber in jedem Fall führen die juvenilen und subadulten Tiere eine eigenartig paradoxe Zwischenexistenz: frühreif und unmündig zugleich, wenn man es anthropomorph ausdrücken will.

Bei manchen Arten verbringen die Jungtiere diese Entwicklungsphase im Familienverband, sodaß sich dann wirklich die Abwanderung und die Gründung einer eigenen Fortpflanzungsgemeinschaft fast nahtlos aneinanderschließen. Krallenaffen, darunter auch die an unserem Institut untersuchten Weißbüscheläffchen, sind ein Beispiel hierfür. Sie müssen Gelegenheit haben, das hier aus verschiedenen Gründen besonders mühsame Geschäft der Kinderaufzucht an ihren jüngeren Geschwistern gründlich einzuüben, bevor sie sich selbst ohne Hilfestellung darauf einlassen können.

Auch beim Menschen hat das postödipale Kind von den erwachsenen Mitgliedern seiner Familie noch viel zuviel zu lernen, als daß es sich allein oder mit Gleichaltrigen zusammen schon völlig von der Herkunftsgruppe lösen könnte. Und so bleiben die Tendenzen der Jugendlichen zur Kohortenbildung oder gar zur Einzelgängerei in der menschlichen Gattung rudimentär. Aber auch hier sind sie, durch gesellschaftlichen Überbau nur nachgeformt und kaum verdeckt, noch mit Leichtigkeit zu erkennen.

Fahrende Junggesellen

Im vorindustriellen Europa, bis zur Mitte des 18. Jahrhunderts etwa, war es in breiten Bevölkerungsschichten üblich, daß Kinder, und zwar beiderlei Geschlechts, schon mit sieben oder acht Jahren von ihren Familien getrennt wurden. Sie kamen als Lehrlinge, Diener oder Hausmädchen in die Abhängigkeit fremder Familien, wovon heute noch die Nebenbedeutung der Ausdrücke »Boy« oder »Garçon« im Sinne von »Bediensteter« Kunde gibt. Das entspricht einer der beiden Komponenten, die bei Säugetieren diese Phase charakterisieren – daß man sich nämlich von der Herkunftsfamilie trennt und in eine Lebensform eintritt, die noch nicht durch volle Kompetenz und Autonomie charakterisiert ist.

Auch die zweite Komponente, daß man sich nämlich mit einigen dahergelaufenen anderen, die in derselben Lage sind, zu einer lockeren »Kohorte« zusammenfindet, ist erkennbar. Es kam im Zuge solcher Verdingungen nämlich häufig zu regelrechten *Wanderungen* in näher oder ferner gelegene Städte auf der Suche nach Lehrstellen und Arbeitsmöglichkeiten. Das war dann wirklich eine rein männliche Angelegenheit, und die in diesem Zusammenhang entstehenden Brüderschaften, Gesellenvereine oder Burschenschaften kann man, nicht nur in oberflächlicher Analogie, tatsächlich als Kohorten bezeichnen. Dasselbe gilt, unter veränderten gesellschaftlichen Bedingungen, für die Bewegung der »Pfadfinder«, die ja wenigstens ursprünglich reine »boy« scouts waren.

Kohortenähnliche Zusammenschlüsse, wiederum mit männlichem Übergewicht, kann man übrigens auch beobachten, wo keine größere Mobilität das Erscheinungsbild prägt. Hier wären die früher üblichen Dorfjugendgruppen zu nennen sowie Straßenbanden, wie sie im 19. Jahrhundert in vielen Großstädten verbreitet waren und heute vor allem in nord- und lateinamerikanischen Ballungszentren anzutreffen sind.

Aber auch unter sozialen Verhältnissen, die eine räumliche Trennung von den Eltern im puerilen Alter nicht vorsehen, also etwa in unserer eigenen Gesellschaft, bildet die Altersklasse der Schulkinder gegenüber der Erwachsenenwelt eine Art Subkultur. An die Stelle der physischen tritt hier eine nicht minder wirksame psychologische Distanz. Wertmaßstäbe der Gleichaltrigen werden als gewichtiger und verbindlicher empfunden als die der Erwachsenen, auch wenn das den Einfluß der letzteren natürlich nicht ernsthaft schmälert.

Die erhöhte innere Distanz zu den Eltern und ihrer Generation bekundet sich auch darin, daß man ihnen gegenüber seine *Heimlichkeiten* hat. Das mag mit zu der irreführenden Bezeichnung »Latenzphase« beigetragen haben, die FREUD diesem Alter gegeben hat, in der Meinung, der sexuelle Bereich trete in diesen Jahren gegenüber der ödipalen Phase an Bedeutung zurück. Tatsächlich liefern genauere Untersuchungen aber keinen Anhaltspunkt für einen solchen Rückgang, im Gegenteil: Das Interesse an den anatomischen Aspekten der sexuellen und der Entleerungsfunktion – beide werden nicht immer deutlich getrennt – ist gerade in diesem Alter ganz erheblich. Daß die beiden Geschlechter einander zugleich tunlichst meiden und ihrer eigenen Wege gehen, steht damit nicht in Widerspruch; von erotischer

Sehnsucht ist noch keine Rede, wohl aber, und das erheblich, von sexueller Neugier.

Aber Neugier und Wissensdurst prägen überhaupt das Bild jener Jahre, weshalb diese von Natur aus als Schulalter prädestiniert erscheinen. Die Lernbereitschaft überrundet hier sogar den Vorbehalt gegen die Erwachsenenwelt; ohne diesen Effekt wäre die Tradierung von Kulturgütern kaum möglich.

Konkret-operative Errungenschaften

Jean PIAGET hat die Kernperiode des Zeitraums, von dem hier die Rede ist, grob gerechnet das Alter zwischen sieben und elf Jahren, als die *konkret-operative Phase* bezeichnet. Einige Entwicklungspsychologen, unter ihnen insbesondere David ELKIND[2], haben sich speziell mit dem Denkstil von Kindern in diesem Stadium beschäftigt.

Das Alter um das siebte Lebensjahr läßt sich demnach recht treffend als ein »Age of Reason«, ein *Zeitalter der Aufklärung* bezeichnen. Das Kind kann jetzt in der Argumentation von Prämissen zu Schlußfolgerungen fortschreiten, engere Klassenbegriffe in weitere einbetten, elementare arithmetische Operationen ausführen, mit der Uhr, dem Kalender und der historischen Zeit umgehen, und es versteht, zwischen physischer und psychologischer Kausalität zu unterscheiden. Es versetzt sich kompetent in die Perspektive anderer, kann Gehörtes und Gesehenes mit Gewußtem vergleichen, die Richtigkeit von Aussagen beurteilen und Schein von Faktizität unterscheiden. Und es ist nun auch fähig, aus einem allgemeinen Gesetz auf den Einzelfall zu schließen und somit nach Regeln zu handeln. Ferner entsteht in dieser Phase eine neue Form des *Realismus*: Die Einsicht reift, daß Märchenfiguren nicht wirklich existieren, und man nimmt Abschied vom Glauben an die Gestalten der naiven Volksmythologie – vom Christkind über den Osterhasen bis zum Klapperstorch.

Das Kind macht in diesem Alter ganz erhebliche Fortschritte in den *Kunstgriffen praktischer Daseinsbewältigung*. Vor allem bei Natur-

---

[2] ELKIND (1973)

völkern, bei denen die Reife nicht wie hierzulande durch komplizierte Bildungsinstitutionen hinausgezögert wird, können Sechsjährige schon ein recht erhebliches Maß lebenspraktischer Selbständigkeit erreichen. So heißt es etwa in der Autobiographie eines Hopi-Indianers[3]:

»Als ich sechs Jahre alt war, hatte ich schon gelernt, meinen Weg durch die Mesa (Hochebene) zu finden und Gräber, Altäre und schädliche Pflanzen zu meiden, Menschen nach der Größe zu unterscheiden und vor Hexen auf der Hut zu sein. ... Ich schlief im Sommer auf dem Hausdach und manchmal im Winter mit anderen Knaben in der Kiva (Männerhaus). Ich konnte beim Pflanzen und Unkrautjäten helfen, ging mit meinem Vater Vieh hüten und war ein Kiva-Händler. Ich besaß einen Hund und eine Katze, einen kleinen Bogen, den mein Vater gemacht hatte, und ein paar gute Pfeile. Zuweilen trug ich gestohlene Streichhölzer versteckt im Saum meines Hemdkragens. Ich konnte einen zahmen Esel reiten, eine Beutelratte töten und kleine Vögel fangen, aber ich konnte nicht mit einem Holzbohrer Feuer anmachen, und ich war kein guter Läufer wie andere Jungen... Doch ich hatte mir mit meiner Heilkunst einen Namen gemacht; und ich hatte mich fast von meiner Mutter entwöhnt.«

Dies alles sind wichtige Voraussetzungen dafür, daß das Kind sich nunmehr in seine Kohorte, die sogenannte *Peer-Group*, einpassen kann. Das englische Wort »peer« bedeutet soviel wie »ebenbürtig«, »seinesgleichen« und spielt auf die relative Homogenität jugendlicher Kohorten in Alter und Geschlecht an. Vor allem aber ist die Peer-Group auch soziologisch uniform: Sie hat so etwas wie eine eigene Kultur mit einer privaten Sprache, mit spezifischen Formen von Aberglauben, mit einem System anerkannter Rituale, die oft auf mehr oder minder derbe Späße und Hänseleien hinauslaufen, und mit einem Kanon verbindlicher Meinungen, von denen ein erheblicher Konformitätsdruck ausgeht.

---

[3] GESELL (1960), S. 243

Eleaten und Sophisten

Nun verläuft intellektuelle Entwicklung aber dialektisch: Jede Errungenschaft löst zwar Probleme des vorhergehenden Lebensabschnitts, schafft aber selbst neue Dilemmata, die erst wieder in der nächstfolgenden Phase behoben werden.

Das gilt übrigens auch für die Geistesgeschichte im Großen. Als, etwa ein halbes Jahrtausend vor unserer Zeitrechnung, die abendländische Philosophie aus der mythischen Traumwelt zu erwachen und die kognitive Potenz der Ratio zu entdecken begann, verlor sie zunächst einmal mehr, als sie gewann: Das neue Instrument war scharf genug, den naiven Glauben an das Offensichtliche zu erschüttern, aber man vermochte es längst noch nicht so geschickt zu handhaben, daß es in der Lage gewesen wäre, für das Verlorene Ersatz zu schaffen.

Das arglose Vertrauen in die Weisheit der Überlieferung wich dem Bewußtsein, als Individuum auf sich selbst gestellt zu sein und sich auf das Abenteuer des mündigen Denkens einlassen zu müssen. Alles bislang für wahr Gehaltene galt nichts mehr, solange es nicht zunächst der intellektuellen Kritik unterworfen und durch logische Beweisführung begründet werden konnte. Die jetzt erstmals reflektierten kognitiven Funktionen wurden maßlos überschätzt; nicht einmal der simple Augenschein, das unmittelbare Zeugnis der Sinne, hatte noch etwas zu melden. Geriet die Wahrnehmung in Widerspruch zum rationalen Denken, so stand ohne weitere Prüfung fest, daß sie eben nur Trug und Schein sein konnte. Daß das Denken immerhin auch seinerseits falsche Begriffe verwenden oder falsche Schlüsse ziehen könnte, stand gar nicht zur Debatte; das neue Werkzeug und seine Weise, zu Evidenzen zu gelangen, wurden für unfehlbar gehalten.

Als klassische Vertreterin einer solchen Einstellung gilt die Philosophenschule von *Elea* in Unteritalien. Sie ging so weit, sich den logischen »Beweis« zuzutrauen, daß es keinerlei Werden, keine Bewegung, keine zeitliche Veränderung geben könne. Nur Seiendes ist; Werden aber würde bedeuten, daß etwas gleichzeitig ist und (noch) nicht ist, daß es vom Nichtsein zum Sein übergeht und umgekehrt. All das, so wurde argumentiert, sei ein logischer Widerspruch. Also beruhe das Sinneszeugnis von einer sich ständig verändernden Welt nur auf Einbildung und Schein. Zum Beweis erdachte sich ZENON die Geschichte vom Wettlauf Achills mit der zehnmal langsameren, aber mit Vorsprung startenden Schildkröte, die dieser nie einholen konnte, weil sie immer, wenn er ihren letzten Vorsprung aufgeholt hatte, schon wieder ein Stückchen weitergekrochen war.

Natürlich ließen sich solche Kapriolen rationalistischer Wirklichkeitsverleugnung nicht durchhalten. Der gesunde Menschenverstand wehrte sich dagegen, für dumm verkauft zu werden, und drehte den Spieß um. Das blauäugige Abenteuer der Eleaten bereitete den Boden für den Zynismus der *Sophisten*. Die argumentierten nun so: Wenn man mit Vernunftargumenten die Evidenz der Sinne aushebeln und somit alles beweisen und widerlegen, also ad absurdum führen kann, dann zeigt das letztlich, daß auf *gar nichts* Verlaß ist – *weder* auf die Sinne *noch* auf die Ratio.

Das ist eine ernüchternde Erkenntnis, wenig geeignet, hochfliegenden Idealismus zu stützen. Am ehesten konnte man sie sich wenigstens noch *praktisch* nutzbar machen, etwa vor Gericht, in der Politik, in der Propaganda. Die Ratio, von den Eleaten als Vestalin purer Erkenntnis heiliggesprochen, verkam so bei den Sophisten schließlich zur billigen Liebedienerin eines skeptischen Relativismus und einer kaltschnäuzigen Absage an den Glauben, moralische Verbindlichkeiten durch metaphysischen Tiefsinn begründen zu können. Für die Sophisten sind Normen nur noch Konvention, Artefakt, subjektive Meinung. Man kann sie ruhig übertreten, solange es niemand sieht, liest man in den Fragmenten des ANTIPHON von Athen. An die Stelle einer Weltordnung, die Menschen wie Götter gleichermaßen bindet, tritt das unverblümte, durch Schuldängste nicht länger gehemmte Streben nach individueller *Autonomie*.

Assumptive Realitäten

Es ist höchst eigentümlich, und vielleicht hat es einen tieferliegenden anthropologischen Sinn: Der kognitive Stil, der sich bei den Eleaten vorbereitet und bei den Sophisten durchsetzt, ähnelt bis ins Detail dem Denkmuster der konkret-operativen Phase und der Art, wie Kinder dieses Alters die Welt verstehen. Man könnte geneigt sein, die Sophistik, deren Vertreter übrigens meist ein unstetes *Wanderleben* führten, als eine Art »Latenzphase« des abendländischen Geistes zu deuten. Wie dem auch sei, die neugewonnene Fähigkeit des rationalen Denkens wird in den ersten Jahren nach dem Erwerb der »Theory of Mind« ganz ähnlich überfordert wie in der eben skizzierten geistesgeschichtlichen Parallele. Das Kind vermag noch nicht zu durchschauen, daß die gedanklichen Mutmaßungen über einen Tatbestand sich nicht automatisch mit der Realität decken. Ständig erneut unterläuft ihm der Fehler, mit Hypothesen so umzugehen, als wären sie Tatsachen, und umgekehrt mit Tatsachen, als wären sie Hypothesen.

Kinder dieses Alters handeln, wie ELKIND sich ausdrückt, oft auf der Basis »*assumptiver Realitäten*«. Das heißt nicht etwa, daß sie von völlig fiktiven Annahmen über die Wirklichkeit ausgehen; aber die Realität wird doch weit über Gebühr vereinfacht, soweit eben, wie sie sich vom grobmaschigen Netz der noch undifferenzierten Ratio einfangen und festhalten läßt. Meist läuft das darauf hinaus, daß nur ein *Teilaspekt* berücksichtigt wird, wenn man über einen Tatbestand urteilt. Werden Achtjährige, die im englischen Heimatkundeunterricht schon etwas von Stonehenge gehört haben, beispielsweise mit der Frage konfrontiert, ob es sich hierbei um Überreste einer Festung oder einer Kultstätte handle, so entscheiden sie sich für eine dieser beiden Alternativen und verleugnen die andere. Es kommt ihnen nicht in den Sinn, daß ja auch beides zugleich zutreffen könnte – ähnlich wie die Eleaten im Entweder-Oder von Sein und Nichtsein befangen blieben und den synthetischen Kompromiß des Werdens daher nicht zu denken vermochten.

Hat sich einmal ein Urteil herausgebildet, so vermögen zusätzliche Informationen, die ihm widersprechen, es nicht mehr erneut zu problematisieren. Sie werden dann einfach *umgedeutet*, bis sie passen. Dieselbe Rigidität zeigt sich darin, daß Denkregeln auch dort angewandt werden, wo man eigentlich feststellen müßte, daß Ausnahmen vorliegen.

Denken in »assumptiven Realitäten« ist also fragmentarisch und rigide. Diese Mängel verhindern indessen nicht etwa, daß man es erfolgreich einsetzen könnte. Es eignet sich vor allem hervorragend, um Erkenntnisse abzublocken, die negative Affekte hervorrufen könnten, vor allem Angst, Minderwertigkeitsgefühle und Schuldgefühle. Von dieser Möglichkeit wird jetzt ausgiebig Gebrauch gemacht; ich bezeichne die daraus resultierende Haltung nachfolgend als *emotionale Immunität*.

Die entlastende Wirkung »assumptiver Realitäten«.

Wenn das Kind beispielsweise im Spiel verliert, droht die »angenommene Wirklichkeit« der geistigen Überlegenheit zusammenzubrechen. Dann werden aber alle möglichen Manöver angewandt, um zu erklären, warum man diesmal verloren hat, und daß man das nächste Mal selbstverständlich gewinnen wird. Hat das Kind etwas falsch gemacht, kann es das vor sich selbst so zurechtlegen, daß es sich unschuldig fühlt.

Bei alldem bleibt ein Restbewußtsein bestehen, daß man die assumptive Realität nicht zu ernst nehmen dürfe. Die solcherart konstruierte Realität ist ein Witz, und demgemäß kann man eigentlich auch nur spielerisch mit ihr umgehen. Damit kommt es zu einer eigentümlichen Spaltung des Weltgefühls, die wiederum mit dem Zynismus der Sophisten verwandt ist: Das Kind ist auf der *pragmatischen* Ebene realistisch, kann aber seine *Emotionen* recht gut von der Realität abkoppeln. Es ist so wie bei den Naturvölkern, die unbeschadet des noch bestehenden Glaubens, daß Götter den Regen senden, gleichwohl nicht versäumen, die Felder zu bewässern.

Kognitiver Dünkel

Nachhaltige Veränderungen bahnen sich in diesem Alter im Verhältnis zur *Erwachsenenwelt* an. In der vorangegangenen Periode haben sich die beiden Elternmedien getrennt; das war schlimm genug. Aber die Entwicklung ist dabei nicht stehengeblieben: Die Trennung war nur ein Übergang, an dessen Ende schließlich die Erkenntnis steht, daß die Ewachsenenwelt überhaupt kein numinoses Medium ist, sondern von Menschen wie du und ich bevölkert wird.

Damit verlieren die Eltern und deren Altersgenossen auch alle gottgleichen Eigenschaften, vor allem ihre Allmacht und Allwissenheit. Die Erkenntnis, daß Eltern sich täuschen können oder von irgendetwas einfach keine Ahnung haben, kann regelrecht als Schock empfunden werden. Zwar bleiben sie, und die anderen Erwachsenen auch, weiterhin prinzipiell wohlwollende Gestalten; aber das nützt nicht mehr viel, wenn sie zu bestenfalls gutmütigen Trotteln schrumpfen.

Dieser Schock wird nun freilich wiederum auf charakteristische Weise überkompensiert, nämlich durch eine als »*kognitiver Dünkel*« charakterisierbare Haltung, die zwei assumptive Realitäten umfaßt: einmal die Ansicht, Erwachsene seien dumm, zum anderen die Überzeugung, selbst den vollen Durchblick zu haben, und zwar autochthon aus eigener Kraft.

Notorische Dummheit der älteren Generation: Tintin und die beiden Polizisten.

Im Jugendschrifttum, das sich an dieses Alter wendet, tauchen mit vorhersagbarer Regelmäßigkeit typische Identifikationsfiguren wie der zwölfjährige Amateurdetektiv auf, der vor der Nase der ratlosen Polizisten den Fall aufklärt. HERGÉs jugendlicher Held Tintin im Gespann mit zwei strohdummen Polizeibeamten und dem bramarbasierenden, ständig alkoholisierten Kapitän Haddock ist eine prägnante Inkarnation dieser Jugendträume. Peter Pan, Emil und die Detektive, Tom Sawyer und ungezählte weitere Beispiele, in denen Kinder Ältere drankriegen oder in den Schatten stellen, ließen sich hinzufügen.

Bei solch respektloser Auffassung von den Erwachsenen verwundert es nicht, daß man es mit dem Großwerden durchaus nicht eilig hat; man wird dann ja doch nur dumm, haarig und stinkig. In jedem Fall gelten nun die Wertvorstellungen und Verhaltensregeln der Erwachsenenwelt nicht mehr als unantastbar; die emotionale Immunität wird vielmehr gerade dadurch unter Beweis gestellt, daß verbale Verletzungen solcher Normen weder Angst- noch Schuldgefühle hervorrufen. Der Drang, parodierend abzuwerten, macht hier vor keiner Respektsperson Halt, nicht einmal vor den sakrosankten Gestalten des Religionsunterrichts.

Aberglaube und Magie

Mit solcherart »aufgeklärter« Geisteshaltung kontrastiert allerdings auf eigentümliche Weise eine insgesamt keineswegs sonderlich nüchtern zu nennende Weltsicht. Man hört zwar auf, an den Nikolaus zu glauben, aber Geister und Geheimnisse leugnet man keineswegs prinzipiell, auch wenn man sie nicht mehr ohne weiteres respektiert.

Das hängt mit alterstypischen Veränderungen im Aggregatzustand der sozialen Wahrnehmung zusammen. In der konkret-operativen Welt werden die handelnden Personen *figural* erlebt. Auch die Eltern verlieren ihre früher noch vorwiegend mediale Erscheinungsweise. In dem Maße aber, in dem dies geschieht, büßen ihre *leiblichen* Erscheinungsbilder die Fähigkeit ein, Landmarken für die Orientierung im seelischen Medium abzugeben. Dieses ist zwar nach wie vor präsent, aber es läßt sich nicht mehr identifizieren. Die Welt füllt sich mit der Atmosphäre des Unvertrauten und daher Unheimlichen.

Das anonyme Medium. Eltern und Ich werden in erster Linie figural erlebt. Ihre leiblichen Erscheinungen bieten sich daher nicht mehr als Landmarken für Stimmungsgehalte an. Das mediale Feld entfremdet sich zu einem namenlosen, an keinen vertrauten Gesichtern verankerten Weltgefühl.

Um diesem beunruhigenden Medium standhalten zu können, kapselt sich das Ich auch seinerseits figural ein. Aber das allein wäre noch zu passiv; es gilt ja darüber hinaus, aktiv Einfluß auf das anonyme Weltgeschick zu nehmen. Hierzu muß man *rituelle* und *magische* Praktiken einsetzen.

Magisches Denken hat es natürlich auch vorher schon gegeben, aber in anderer, naiverer, unschuldigerer Form: als Erwartung nämlich, daß der Wunsch allein, wenn er nur heftig genug ist, auch seine Erfüllung herbeiführt. Die Magie der vorödipalen Phase konnte die Macht des Mediums nutzen, weil sie sich seines Wohlwollens letztlich gewiß sein durfte. Aber jetzt, nachdem Tane diese bergende Hülle mutwillig entzweigerissen hat, sodaß ihre Fetzen sich verselbständigt und schließlich in die private Existenz abgegrenzter Figuren zurückgezogen haben, sieht die Sache anders aus. Das Medium hat nun einen hohlen Klang, es behält zwar seine Allmacht und Allgegenwart, aber sein Wohlwollen ist nicht mehr garantiert. Die Magie, die jetzt gebraucht wird, ist von anderer Art: Sie muß sich notfalls *gegen* das Medium richten können; sie muß in der Lage sein, dieses zu beschwören und zu bannen. Es gilt nun, ihm auf die Schliche zu kommen, in Erfahrung zu bringen, welche Opferrituale, welche Zauberformeln es gefügig machen, man muß Vorkehrungen treffen, um die in ihm schlummernden verderblichen Kräfte zu neutralisieren.

Figurale Ich-Einkapselung als Mittel, sich im unvertrauten Medium zu behaupten.

Dabei kommen seltsame Verhaltensmuster heraus. Auf Ritzen im Straßenpflaster darf man nicht treten, weil damit, wie ein englischer Kindervers hellsichtig andeutet, die noch vorhandene mütterlich-beruhigende Komponente des Mediums vollends vernichtet würde: »Step on a crack – break your grandmother's back!« Wie im Mythos verbirgt sich natürlich hinter der alten Frau die Mutter selbst; diese selbst in so brutalem Kontext beim Namen zu nennen, wäre aber doch allzu blasphemisch.

Oder man hat mit der Hand den oberen Querbalken zu berühren, wann immer man durch eine Tür geht. Man muß, wie unter amerikanischen Schulkindern üblich, gemeinsam »jinx« sagen, wenn man per Zufall gleichzeitig mit jemand anderem dasselbe Wort ausgesprochen hat; dazu gehört ein kompliziertes Bewegungsritual mit den Händen. Macht man das alles richtig und wünscht man sich etwas dabei, so geht es in Erfüllung, aber nur, wenn man anschließend solange stumm bleibt, bis man von einem Dritten angesprochen wird.

Zwangsgedanken, von denen man nicht loskommt, und Zwangshandlungen wie das Zählen von Gitterstäben oder das Summen einer Melodie sind in einer Form, die man beim Erwachsenen schon als pathologisch empfinden würde, im Schulalter keine Seltenheit und jedenfalls kein Anlaß zur Beunruhigung.

Abergläubisches Verhalten basiert auf relativ simplen Mechanismen, die die Lernpsychologen schon bei Tauben und Ratten mehr oder minder nebenbei entdeckt hatten. SKINNER und seine Schüler hatten eine Apparatur konstruiert, in der ihre Versuchstiere aus einem Futterspender mit Nahrungspillen belohnt wurden, wenn sie einen Hebel betätigten oder eine bestimmte Bewegung ausführten. Irgendein Untersucher war dann eines Tages auf die Idee verfallen, den Futterspender vom Geschehen in der SKINNER-Box unabhängig zu machen – er warf nach einem Zufallsplan Körner ein, gleichgültig, was das Tier gerade getan hatte. Der Effekt war spektakulär. Tauben, die nach einigen Stunden aus dem Apparat befreit wurden, benahmen sich höchst ungewöhnlich: Sie verrenkten ihre Gliedmaßen stereotyp und bizarr, so als seien sie von einem Tic oder Zwang befallen. In Wirklichkeit hatten sie solche Bewegungen aber nur zufällig gerade ausgeführt, als das nächste Futterkorn in die Box fiel. Und da sie ohnehin nicht begriffen, was vorging, hatte irgendeine primitive Logik in ihrem Verhaltensapparat die eben ablaufende Innervation als vermeintliche Ursache des Futtersegens identifiziert und für die Zukunft unbeirrbar als Verhaltensrezept eingeprägt.

Tiere, die ihre instinktiven Bewegungsprogramme nicht nennenswert durch Lernen neu koordinieren können, sind offenbar dagegen gefeit, solchen Unfug zu begehen. »Abergläubisches« Verhalten ist nur dann zu erwarten, wenn eine bewährte, aber rigide und daher beschränkt funktionstüchtige Verhaltensorganisation zugunsten flexiblerer Strategien aufgegeben wird, zugleich aber die Einsichtsfähigkeit noch nicht ausreicht, um den Kausalnexus zwischen den eigenen Aktivitäten und den Umweltvorgängen wirklich zu durchschauen.

Ein solcher Wechsel ereignet sich auch im Schulalter: Jetzt werden die bislang fraglos von der Elterngeneration übernommenen Bezugssysteme emotionaler Bewertung zur Disposition gestellt. Die Frucht vom Baume der Erkenntnis ist gepflückt, was Gut und Böse ist, soll nun das eigene Urteil entscheiden; aber damit hat der erste Mensch zunächst einmal, um im Bild zu bleiben, mehr abgebissen, als er schlucken kann. Und das Ergebnis ist dann eben, daß das tradierte Regelwerk durch die bizarren Normen der Magie ersetzt wird.

Das externe Gewissen

Hierzu paßt auch die Eigenart des *Moralempfindens* im Schulalter. Bevor Himmel und Erde sich getrennt hatten, wußte das Kind, was »brav« oder »lieb sein« bedeutet: nämlich, den Eltern zu folgen. Später wiederum, in der Zeit nach der Pubertät, bricht ein Verständnis für den verpflichtenden Charakter überpersönlicher Werte auf, deren Verletzung das Gemeinwohl stören und zugleich die eigene Identität degradieren würde.

In der Latenzperiode jedoch spielt keiner dieser beiden Maßstäbe eine Rolle; die emotionale Immunität verschließt sich auch der Moral. Kinder im frühen Schulalter, so sagt man, haben ein »*externes Gewissen*«. Sie können zwar Recht und Unrecht unterscheiden; aber wenn sie wissen, daß es niemand merkt, haben sie, getreu der auf Seite 446 zitierten Empfehlung des Sophisten ANTIPHON, wenig Hemmungen, zu lügen oder sich zu nehmen, was ihnen nicht gehört. Regeln werden eben in erster Linie als Konvention erlebt, die sich die Erwachsenenwelt ausgedacht hat; sie zu übertreten, ist weniger eine moralische Angelegenheit als vielmehr ein Anlaß, seine Schlauheit zu beweisen und sich nicht erwischen zu lassen.

Allerdings geht es auch wieder nicht *nur* um ein privates Spiel mit dem Aufsichtspersonal, wenn man sich an bestehende Normen hält oder sie bricht. Die bloße Tatsache, daß dieses Regelwerk existiert, daß es im Raum steht und von allen gewußt wird, verleiht ihm eine eigene Form von Objektivität. Es erscheint auch seinerseits als *Ritual*. Seine Geltung beruht auf einem eigentümlichen *Wortrealismus*: Normen tragen, sobald sie erst einmal *ausgesprochen* wurden, ihre Kraft in sich, ohne dann noch äußere Garanten zu benötigen; verletzt man sie, würde die Strafe auf dem Fuß folgen. Es sei denn, man trifft Vorsorge, diesen Effekt zu neutralisieren.

Tatsächlich kann man sich den Rachegeistern durch geeignete Tricks entziehen; und eine besondere Rolle spielt dabei wiederum das gesprochene *Wort*. Wir begegnen hier abermals einer eindrucksvollen Parallele zur Denkweise der Sophistik. Das Wort, die Rede, spielte dort die entscheidende Rolle bei dem, was man die Kunst der »Seelenführung« nannte. Gemeint war damit allerdings die schiere Überredungskunst des Winkeladvokaten. Man müsse, lehrte der Sophist PROTAGORAS von Abdera, »die schwächere Sache zur stärkeren machen können«, notfalls, indem man den Sinn der Worte so verdreht, daß sie die intendierte These stützen.

»Ich bin nicht gerannt, ich bin nur schnell gelaufen!« verteidigt sich ganz in diesem Sinne etwa ein Achtjähriger gegen entsprechende Vorhaltungen seiner Mutter. Oder er kommt mit tropfenden Händen zu Tisch und fertigt die darob empörte Erzieherin mit der Begründung ab: »Wieso, du hast doch gesagt, ich soll meine Dreckhände nicht in das Handtuch schmieren.«

Stehaufmännchen

Im Rahmen seiner Sozietät spielt der Acht- bis Zehnjährige eine Rolle, die an die allometrisch falschen Kinderdarstellungen in einem gotischen Gemälde erinnert. Er ist ein Miniatur-Erwachsener, dem man die Schwächen der Kindheit ebensowenig wie die Rechte der Reife zubilligt. Er ist noch durchaus unfertig und doch zur Selbständigkeit gezwungen. Er muß sich irgendwie durchschlagen; die Eltern nehmen ihm den Lebenskampf nicht mehr bedingungslos ab.

Bei Naturvölkern ist man immerhin nachsichtig genug, von ihm noch keine volle *Verantwortlichkeit* für sein Tun zu erwarten; hingegen ist es noch gar nicht so lange her, daß sich auch unsere aufgeklärte Zivilisation zu einem eigenen Jugendstrafrecht durchgerungen hat. In der Erwachsenenwelt hat der Zehnjährige noch keinen Rang, er ist irgendwie lächerlich, ein Knirps; aber er gibt sich unverdrossen Mühe, ernstgenommen zu werden – wenn schon nicht von den Erwachsenen, so wenigstens in der Horde der Gleichaltrigen.

Anders als dann in der Pubertät leidet er nämlich jetzt keineswegs unter den Paradoxien seiner Situation. Die Natur hat das Lebensalter, in dem sie bei einem so breiten Artenspektrum den Auszug aus der Familie vorsieht, mit einer derart expansiven Vitalität ausgestattet, daß der Grundton der Selbstbejahung und eine unverdrossene Härte im Nehmen hier so klar dominiert wie in kaum einem Alter vorher oder danach.

Expansiver, vitaler Optimismus der konkret-operativen Phase.

Kräftiger Ehrgeiz und der ständige Vergleich der eigenen Leistung mit der der Altersgenossen treiben das Kind jetzt an, seine Kompetenz ständig auszuweiten. Man spürt das auch im zitierten Hopi-Text: Es nagt am Berichterstatter noch in der Rückschau, daß er kein Feuer machen konnte und hinter den Kumpanen im Laufen zurückfiel; die Heilkunde muß hier als Ersatz herhalten. Aber irgendwie läßt sich schließlich alles kompensieren; Kinder in der Latenzphase gleichen Stehaufmännchen, die durch Stöße und Rempeleien einfach nicht flachzukriegen sind.

Tagträume

Man fragt sich, wie sie es schaffen, daß die seelische Bilanz gleichwohl aufgeht; denn im wirklichen Leben halten sich die Erfolgserlebnisse ja durchaus in Grenzen. Nun gibt es aus diesem Dilemma aber einen einfachen Ausweg: Man ergänzt das, was die Realität noch vorenthält, auf der Ebene der *Phantasie*.

An sich hat diese von Natur aus nicht die Aufgabe, Ersatzbefriedigungen zu liefern. Der junge Mann, der einen raffinierten Plan geschmiedet hat, wie er die Bekanntschaft eines bislang nur aus der Ferne verehrten Mädchens machen kann, sollte nicht, nachdem es in seiner Vorstellungswelt geklappt hat, das Gefühl haben, nun sei alles erledigt.

Normalerweise sind auch wirklich Sicherungen eingebaut, die verhindern, daß man, durch die theoretische Lösung eines Problems befriedigt, darauf verzichtet, sie in die Tat umzusetzen. Aber diese Sicherungen können eben doch außer Kraft treten, wenn keinerlei Chance besteht, den Wunsch zu realisieren. In solchen Fällen wird die Phantasie dann tatsächlich einfach zur affektiven Entlastung eingesetzt. Und davon machen Kinder gerade in den letzten Jahren vor Ausbruch der Pubertät typischerweise Gebrauch. Sie verschaffen sich die Autonomiegefühle, die die Wirklichkeit noch versagt, wenigstens in *Tagträumen*.

Befragt man Elf- bis Dreizehnjährige dazu in einem geeigneten Rahmen, so geben sie auch recht bereitwillig Auskunft. Bei noch Jüngeren ist die Ausbeute inhaltlich eher dürftig, später dann verliert sich die Kommunikationsbereitschaft in den Befangenheiten der Pubertät. Daniel RUPPRECHT, einer meiner Studenten, hat im Rahmen seiner Diplomarbeit 167 Tagträume von je 30 Jungen und Mädchen im genannten Alter aufgezeichnet und einer gründlichen, computergestützten Inhaltsanalyse unterworfen. Dabei ergaben sich recht klare Befunde, von denen wenigstens einige für unsere Fragestellung relevant sind und daher hier berichtet werden sollen.

Wenn man die in den Tagträumen zum Ausdruck kommenden Motive nach der Häufigkeit ihres Auftretens in eine Rangreihe bringt, so stellt man fest, daß das *aktive, expansive Sich-Vergnügen* an erster Stelle steht, und zwar bei beiden Geschlechtern in gleichem Maße. Die Kinder stellen sich vor, daß sie einen Düsenflieger, einen Rennwagen oder sonst eine technische Maschine steuern, daß sie sich ein Baumhaus oder auch gleich ein Raumschiff bauen, daß sie einen Schatz finden oder irgendetwas bekommen, was sie sich sehnlich gewünscht haben, daß sie anderen ungestraft einen Schabernack spielen können und generell Freiheiten genießen, die ihnen normalerweise versagt sind. Hierfür wird schon mal das Realitätsprinzip außer Kraft gesetzt:

Man kann fliegen, zaubern oder findet sich in einer phantastischen Welt, in der die Gesetze der Wirklichkeit nicht gelten.

Der zweithäufigste unter den bei beiden Geschlechtern gleich beliebten Motivkomplexen gruppiert sich um die Thematik des sozialen *Ansehens*. Man stellt sich vor, daß man bewundert wird, eine Führerrolle übernimmt, andere zu etwas einlädt, der oder die Beste ist, sich zur Schau stellt, von anderen beneidet wird oder sie doch jedenfalls nachhaltig beeindruckt.

Die Kinder erträumen sich also ein Leben in Selbstherrlichkeit auf der Basis überlegener Kompetenz und der Entmachtung aller Instanzen, die sich der eigenen Autonomie in den Weg stellen könnten. Und sie schwelgen in der Vorstellung, daß die soziale Gruppe diese Überlegenheit auch zur Kenntnis nimmt und würdigt. Auf einen einfachen Nenner gebracht: Sie phantasieren sich die Autonomie passend zum erhöhten Anspruch.

Geschlechtsunterschiede

Das bislang Gesagte betraf beide Geschlechter in gleicher Weise. Sobald man in die Nuancen geht, werden jedoch Asymmetrien erkennbar. Je mehr das erträumte Vergnügen den spezifischen Charakter der *explorativen Entdeckung* annimmt, je eindeutiger also etwa das Reisen dem Kennenlernen fremder Menschen und Welten dient, statt sich im bloßen Herumkutschieren mit einem Wohnmobil zu erschöpfen, umso eher finden wir diesen Inhalt bei den Jungen konzentriert. Noch ausgeprägter ist derselbe Effekt, wenn es um das Bestehen gefährlicher *Abenteuer* geht. Eindeutig *aggressive* Phantasien, Kämpfe mit Gegnern zumal, werden deutlich häufiger von Jungen als von Mädchen zu Protokoll gegeben.

Umgekehrt besteht ein weibliches Übergewicht bei Formen des Vergnügens, die mehr den Charakter des *bequemen Genießens* haben. Man lebt da etwa in einem Schlaraffenland, aalt sich in Ruhe und Muße, Sonne und Urlaub, oder man ist eine Königin, die von einem Hofstaat bedient wird.

Die Bedeutung dieser Unterschiede wird noch durch eine weitere, statistisch gesicherte Geschlechtsasymmetrie unterstrichen, die die *Kulisse* des Tagtraums betrifft. Wo immer diese sich überhaupt bestimmen ließ, zeigte sich, daß Jungen dabei in einem Verhältnis von über 2 zu 1 eine fremde, außerirdische oder ganz und gar phantastische Welt vor einem heimatlichen Ambiente bevorzugten, während bei den Mädchen genau die umgekehrte Relation herrschte.

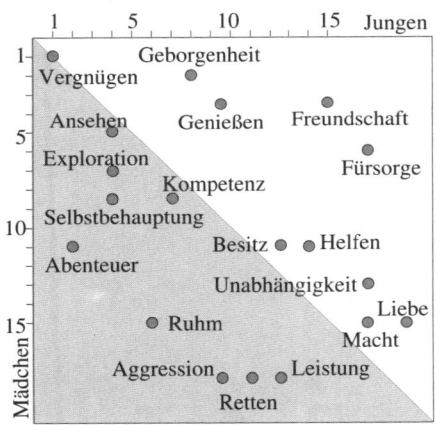

Die häufigsten Motive von Tagtrauminhalten. Jedes Motiv erhält einen Rangplatz gemäß der Anzahl der Kinder, in deren Tagträumen es mindestens einmal codiert wurde. Die Rangplätze der Motive bei Mädchen sind vertikal, die bei Jungen horizontal dargestellt. Ein Motiv oberhalb der Diagonalen rangiert bei Mädchen höher als bei Jungen, im schattierten Dreieck ist es umgekehrt. Je größer der Abstand von der Diagonalen, desto geschlechtsspezifischer ist das Motiv. (Stichprobe: 30 Mädchen, 29 Jungen zwischen 11 und 13 Jahren)

Infantile Unselbständigkeit ist allerdings auch im weiblichen Geschlecht kein Ideal: Unter 7 Träumen, bei denen das Motiv der Unabhängigkeit im Vordergrund stand, in denen also phantasiert wurde, daß man sich selbst versorgen kann, daß man für den eigenen Lebensunterhalt Nahrungsmittel anpflanzt und erntet, daß man mit erwachsenengleicher Kompetenz die eigene Existenz zu sichern vermag, stammten 5 von Mädchen.

Bei den Jungen wiederum findet sich eine direkte Parallele zu der schon erwähnten Neigung halbwüchsiger Säugetiermännchen, sich zu Kohorten zusammenzuschließen. Der Tagträumer ist in seiner Phantasie ja oft nicht allein, sondern in Begleitung von Kumpanen. Nicht selten handelt es sich dabei um einen *einzelnen Freund*, regelmäßig vom gleichen Geschlecht. Dieser Effekt ist bei Jungen und Mädchen etwa gleich häufig zu verzeichnen. Ist die Begleitung zahlreicher, so kommt es darauf an, wie sie sich zusammensetzt. Besteht sie aus Familienmitgliedern, also etwa *Geschwistern*, so kann man fast sicher sein, daß der Tagtraum von einem Mädchen stammt. Bei außerfamiliären Freundesgruppen ist die Lage eindeutig: Rein weiblich waren diese in keinem einzigen der berichteten Fälle; reine Jungenbegleitung wurde aber immerhin elfmal phantasiert, und zwar ausnahmslos von Befragten männlichen Geschlechts.

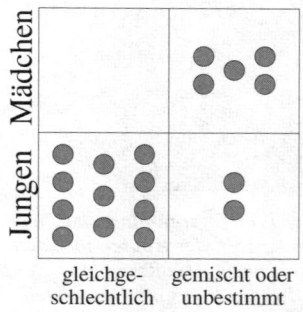

Geschlechtszusammensetzung von Begleitergruppen in den Tagträumen von Mädchen (oben) und Jungen (unten). Angegeben ist die Zahl der Tagträume, in denen die Befragten eine Begleitergruppe phantasierten, wobei diese entweder vom gleichen Geschlecht (links) oder gemischt bzw. von unbestimmtem Geschlecht war (rechts).

Auch bei den Tagträumen, die die *Rangthematik* ansprechen, zeigen sich Geschlechtsunterschiede. Während das Streben nach *Macht*, das übrigens insgesamt nicht sehr häufig genannt wird, bei den Jungen tendenziell sogar noch seltener vorkommt als bei den Mädchen, verzeichnet man einen deutlichen männlichen Überhang, sobald die soziale Wertschätzung den spezifischen Charakter des *Ruhmes* annimmt, wenn der Tagträumer sich also etwa vorstellt, ein Held oder Sieger zu sein, ein berühmter Erfinder oder Sportler – jedenfalls einer, der im Mittelpunkt öffentlicher Ehrerbietung steht. Das Mädchen erträumt sich eher eine Dienerschaft, der Junge hingegen eine Gefolgschaft, die ihn als Führer anerkennt.

Nun ist Anerkennung, wie wir schon feststellten, auch bei den Mädchen eines der beliebtesten Tagtraumthemen. Bei ihnen tritt jedoch eher das Beliebtsein in einem überschaubaren Kreis von Vertrauten in den Vordergrund, wobei der Wunsch erkennbar ist, sich im unterstützenden Wohlwollen der anderen geborgen zu fühlen. Die Thematik der *Bindung* spielt bei den Mädchen offenbar eine größere Rolle, das Bedürfnis also, von anderen geliebt und verstanden zu werden, aber auch seinerseits *Fürsorge* für andere zu leisten, sie zu beschützen. Solche Themen gehören zu den klaren Favoriten weiblicher Tagträume. Wenn fürsorgliche Motive bei Jungen auftauchen, geht es meist darum, jemanden, der in eine Gefahr geraten ist, zu erretten.

Zusammenfassend ist festzustellen, daß die mitgeteilten Motive einigermaßen den gängigen Geschlechterstereotypen entsprechen. Unerschütterlichen Milieutheoretikern genügt das vielleicht, um die bevorzugten Tagtrauminhalte auch ursächlich auf soziale Rollenzuweisungen zurückzuführen. Wenn man den ideologischen Denkzwängen politischer Korrektheit noch nicht ganz erlegen ist, fragt man sich freilich, weshalb dem Kind denn eigentlich bei einer derart privaten, auf unmittelbare Befriedigung zielenden, äußerer Kontrolle eben gerade *entzogenen* Phantasietätigkeit nichts Besseres einfallen sollte, als sich um Konformität mit sozialer Erwünschtheit zu bemühen – es sei denn, die gesellschaftlichen Rollenerwartungen würden eben doch von den meisten gar nicht als sonderlich lästig und persönlichkeitsfremd empfunden.

Die Geister der Toten

Ein elfeinhalbjähriger Junge unter Daniel RUPPRECHTS Versuchskindern berichtete den folgenden, inhaltlich durchaus nicht untypischen Tagtraum.

»Oft denke ich mir aus, ich und zwei oder drei meiner Freunde wären gestorben, und dann sind wir in einem Grab drin und spielen Karten. Wir hätten es lustig. Wir hätten Möbel, Geschirr zum Essen, ein Abwaschbecken, einen Backofen und ein Bett. Das alles wäre im Sarg drin, der wäre einfach groß genug dafür. Wir haben die Gestalt von Knochengerüsten, aber ab und zu ziehen wir wieder unsere menschliche Gestalt an und gehen uns etwas zu essen kaufen, oder einfach draußen umherwandern. Die Leute würden dann tuscheln: Ist das nicht der, der gestorben ist? Aber das kann doch gar nicht sein, der hat doch eine menschliche Gestalt! Sie kommen dann fragen, und man gibt sich zu erkennen, und sie laufen erschreckt davon und rufen die Polizei.«

Wir haben vorhin festgestellt, daß die Respektlosigkeit gegen Erwachsene in der Realität meist über harmlosen Schabernack nicht hinausgeht. Unter förderlichen Bedingungen kann sie aber gleichwohl gelegentlich erhebliche Störungen im bürgerlichen Leben hervorrufen. Jugendbanden, die dem Establishment zusetzen, hat es zu allen Zeiten gegeben, und am besten waren noch Gesellschaften dran, die solche Tendenzen in einem festgefügten Brauchtum kanalisieren konnten.

In der westlichen Zivilisation haben sich zumindest Restbestände solcher Bräuche erhalten, so zum Beispiel im nordamerikanischen *Halloween*. Hier ziehen vermummte Kinder am Abend vor Allerheiligen von Tür zu Tür und stellen die Bewohner vor die Alternative »tricks or treats«: Sie erwarten ein Geschenk (*treat*) von Obst oder Süßigkeiten, oder aber sie spielen einen Streich (*trick*), angefangen vom nächtlichen Läuten der Türglocke bis zum Ausleeren von Unrat vor der Wohnungstür oder – eine unvorstellbare und von Kennern entsprechend gefürchtete Sauerei – dem Verkleistern der Fensterscheiben mit Schmierseife.

Die Kostümierung und der sonstige Kontext des Rituals weisen darauf hin, daß die jugendlichen Akteure als Verkörperungen von *Totengeistern* auftreten. Über Halloween liegt die Atmosphäre eines Dracula-Filmes oder einer Geisterbahn. Im benachbarten Mexiko bringt man übrigens am selben Tage den Toten Speisen auf die Gräber; die »treats«, die die Kinder in Nordamerika erhalten, sind wohl auch ursprünglich eine beschwichtigende Bewirtung von Besuchern aus dem Totenreich.

In ländlichen Gebieten Japans haben sich bis zur Gegenwart kultische Geheimbünde erhalten[4], deren Mitglieder in der Regel Knaben oder Junggesellen sind, die zu bestimmten Zeiten im Spätwinter ihre Mitbürger heimsuchen. Maskierte Gestalten, die als Totengeister aufgefaßt werden, ziehen lärmend durch die Dorfstraßen, poltern an Türen und versuchen, teilweise gewaltsam, in die Häuser einzudringen. Dabei wird sogar von abgedeckten Dächern berichtet, durch die dann unappetitliche Objekte wie etwa eine Pferdekeule ins Hausinnere fliegen. Die Heimgesuchten, vor allem Frauen und Kinder, verbergen sich ängstlich vor den Plagegeistern, stellen ihnen aber auch Speisen zur Bewirtung auf, um sie zu besänftigen.

Ähnliche Sitten herrschen in verschiedenen Teilen Europas, so etwa in Tirol und in der Schweiz. Die Besucher loben oder tadeln bei diesem Anlaß auch das Verhalten der Hausbewohner im vergangenen Jahr, wobei derbe oder obszöne Neckereien vorkommen können. Der bei uns übliche Besuch von St. Nikolaus ist offensichtlich eine Variante desselben Brauchtums, wobei vor allem dessen rußgeschwärzter Begleiter, in Norddeutschland »Knecht Rupprecht«, in Bayern »Krampus« und in der Schweiz »Schmutzli« geheißen, eine ähnliche Rolle spielt wie die japanischen Besuchergeister. Im übrigen ist es von untergeordneter Bedeutung, ob die Ausführenden selbst als Verkörperung der Totengeister aufgefaßt werden oder, wie etwa die Schweizer »Licht-Chläuse«, jene gerade umgekehrt durch ohrenbetäubenden Lärm vertreiben sollen.

Es stellt sich die Frage, was denn der Geisterglaube mit der psychischen Thematik des Kohortenstadiums zu tun haben soll. An sich bildet die Realität der Totengeister natürlich ein Problem für alle Altersstufen, in Gesellschaften jedenfalls, in denen aufklärerisches Denken die urtümlichen Erlebnismöglichkeiten noch nicht unter einer Betonschicht begraben hat. Nahe Angehörige verschwinden ja bei ihrem Tod nur rein leiblich aus dem Blickfeld. Als seelische Realität über-

---

[4] SLAWIK (1936)

dauern sie; aber sie verlieren mit der Zeit ihren figuralen Aggregatzustand und ziehen sich in eine unklar konturierte, mediale Existenz
zurück. Zugleich führt der abgerissene Kontakt zu einem Entfrem-
dungseffekt, der sie unheimlich macht. Sie degenerieren also auf bedrohliche Weise. Alles, was man tut, um diesen Prozeß aufzuhalten
oder zu kompensieren, verdient gewiß, als vernünftige Psychohygiene ernstgenommen statt als Aberglaube diffamiert zu werden.

»Lichtchläuse« aus dem Zürcher Oberland, die am ersten Advent und
in der Silvesternacht mit Kuhglocken lärmend durchs Dorf tanzen.

Die eben umrissene Weise, verstorbene Angehörige zu erfahren, ist
nun aber nicht unähnlich der Form, in der der junge Mensch nach der
»ödipalen« Elemententrennung das psychische Medium erlebt. Und
daher ist wohl kein Alter so sehr dafür prädestiniert, die Erfahrung
des unheimlichen Mediums zu *verkraften*, wie eben das Stadium zwischen ödipaler Phase und Pubertät. Jetzt ist man gewohnt, mit Geistern zu leben; man fürchtet sie nicht, oder jedenfalls nur ein bißchen,
und man genießt, daß andere, auch Erwachsene, weniger immun
gegen das Unheimliche sind als man selbst.

Das Erscheinungsbild der konkret-operativen Phase

1. Motivation

- **Autonomieanspruch ohne zureichende Kompetenz**
  Ehrgeiz
  Unmündigkeit
  unkritische Selbstüberschätzung
  kognitiver Dünkel
  Mißachtung adulter Wertvorstellungen

- **Hohe Erregungstoleranz**
  Neugier, Wißbegierde
  (auch sexuell bzw. generell anatomisch)
  geringe Angstbereitschaft, Sorglosigkeit
  spielerische, unernste Lebenseinstellung

2. Sozialverhalten

- **Emotionale Immunität,** insbesondere gegen
  Minderwertigkeitsgefühle
  Schuldgefühle
  Schamgefühle
  Mitleid

- **Moralischer Eskapismus**
  externes Gewissen
  assumptive Realität

- **Zusammenschluß zu Peer-Gruppen**
  (nur im männlichen Geschlecht)

3. Denkstil

- **Rationalistische Einstellung**
  Eleatismus
  Sophismus
  Wortrealismus

- **Magisches Denken**
  Geisterglaube
  zwangartige Rituale

14. *Kapitel*

Ostwärts von Eden

Der jammernde Alte

Wenn wir uns nun der Frage zuwenden, ob auch das von FREUD als »Latenzphase« bezeichnete Entwicklungsalter seinen Niederschlag in der Mythologie gefunden hat, so bringen uns gerade die zuletzt angesprochenen Rituale der kultischen Jugendbünde auf eine Spur. Kenner der japanischen Volkskunde haben schon wiederholt auf eine Mythenfigur aufmerksam gemacht, deren Verhalten auffallende Parallelen zu diesem Brauchtum erkennen läßt. Gemeint ist der Sturmgott *Susano'o*, ein Sohn des Urpaares Izanami und Izanagi.

Susano'o ist eine der interessantesten Gestalten des japanischen Pantheon. Seine häufigsten Beinamen – »der Schnelle«, »der Ungestüme«, »der Wütende« – lassen sich naturmythologisch interpretieren. Ein wenig aparter schon erscheint eine weitere Eigenschaft: Obwohl Susano'o schon ein alter Mann mit langem Bart ist, heult und jammert er doch noch ständig wie ein kleines Kind. Weiter heißt es dann, daß dieses unausgewogene Verhalten Unheil bringe: Die grünen Berge verdorren, Flüsse und Meere trocknen aus, und die Menschen sterben eines frühen Todes. Böse Geister beginnen sich zu regen, und alles Übel kommt zum Vorschein.

Das alles sind nicht mehr unbedingt typische meteorologische Konsequenzen eines Orkantiefs; man darf vermuten, daß der Naturvorgang hier auch eine symbolische Dimension hat. Susano'o selbst erläutert sein ständiges Heulen als Wehklage nach der verstorbenen Mutter Izanami, der er eigentlich in die Unterwelt nachfolgen möchte. Sein Vater, der ihn ursprünglich zum Beherrscher oberirdischer Länder ausersehen hatte, ist über diese Bekundung von Infantilität so erzürnt, daß er ihn tatsächlich aus der Lichtwelt verbannt.

Von kindlichen Abhängigkeitswünschen nicht loszukommen, ist eine tödliche Bedrohung für das reifende Ich. Man kann nicht zugleich seine Konturen festigen und in Symbiose aufgehen. Ich habe an anderer Stelle[1] ausführlich die Beziehung zwischen der Mutterbindung und FREUDs frühesten Ahnungen vom »Todestrieb« erörtert und verweise auf die dortigen Ausführungen. Die Beziehung zwischen dem Klagen des Windes und dem Auftauchen der Todesgeister im Susano'o-Mythos wird von hier aus gesehen schon wesentlich plausibler.

Das Verhalten Susano'os erinnert unmittelbar an das des *Whiro* aus der esoterischen Fassung des Weltentstehungsmythos der Maori, von dem auf Seite 365 die Rede war. Whiro ist ebenfalls ein Sturmgott. Der wirbelnde Wind, die Luft, die überall in Bewegung ist und stürmt und treibt, bietet sich aber, wie wir schon wiederholt bemerkt haben, als Natursymbol für unbeherrschbare Stimmungen an, die mich umfangen, überwältigen, mitreißen – also eben für das *mediale Ich* in heftiger, unkontrollierter und insofern unreifer Erregungsform. Wenn dann noch das Heulen hinzukommt, das wir von Gewitterböen ja eben kennen, dann ist die semantische Brücke zum Jammern des Kindes schon geschlagen, und die Diskrepanz zwischen der voll ausgereiften Kraft des Sturmes und dem eigentümlich infantilen Wehklagen liefert dann in der Tat ein verständliches Symbol für das zur Unzeit festgehaltene Symbioseverlangen.

Unflätige Streiche

Im Unterschied zu Whiro degeneriert Susano'o nun aber doch nicht zum Bösen Geist der Unterwelt. Anfangs gibt er sich zwar seiner nostalgischen Stimmung hin; er schließt sich, wenn schon die Mutter

---

[1] BISCHOF (1985), Kap. 28

unerreichbar ist, um so enger an seine ältere Schwester, die Sonnengöttin Amaterasu, an. Aber sein Temperament treibt ihn doch auf dem Entwicklungswege ständig weiter vorwärts. Er spielt in den Gefilden Amaterasus nicht etwa das liebe Kind, sondern fordert sie ständig mit üblen Streichen heraus. Er bricht in ihre Reisfelder ein und verwüstet sie, er verstopft die Bewässerungsgräben oder zieht zur Unzeit die Schleusen auf, steckt spitze Stäbchen in den Boden, damit man sich beim Ernten in die Füße sticht, er läßt die Himmlischen Scheckigen Pferde los, damit sie sich in den Feldern wälzen; kurzum, er gebärdet sich wie ein Vetter von Max und Moritz.

Amaterasu ist zunächst geneigt, über solchen Unfug hinwegzusehen, dies sogar auch noch, als Susano'o dazu übergeht, ihren himmlischen Palast zu – wie es in der Sprache der 68er hieß – »fäkalisieren«: Er beschmiert die Palasttür mit Kot, setzt heimlich einen Haufen unter den Thronsitz der Schwester, sodaß ihr übel wird, als sie sich darauf niederläßt, um den neu geernteten Reis zu kosten. Amaterasu verleugnet vor sich selbst die offenkundige Bosheit ihres Bruders, indem sie sich einredet: »Das, was wie Kot aussieht, wird etwas sein, was er in der Trunkenheit gelegentlich ausgebrochen hat.«

Aber Susano'o eskaliert unerbittlich weiter und begeht schließlich eine unglaubliche Obszönität: Als Amaterasu mit einer Gruppe von Frauen in der Enthaltsamkeits-Webehalle weilt, bricht er ein Loch ins Dach, zieht einem Himmlischen Scheckigen Pferd von hinten her die Haut ab und wirft die ekelhaft verunstaltete Kreatur, vermutlich noch halbwegs lebendig, durch die Dachöffnung in die Halle. Die Weberinnen erschrecken darüber so sehr, daß sie sich mit den Weberschiffchen in die Scham stechen und sterben.

Das Motiv des abgedeckten Daches kennen wir bereits aus den Umzügen der japanischen Jungmännerbünde; wir werden ihm alsbald in ähnlichem Zusammenhang erneut begegnen. Die generelle Idee ist dabei, daß das behausende Medium einer vornehmlich oder ausschließlich aus Frauen bestehenden Gruppe durch einen aggressiven Akt penetriert wird.

Das ist selbst Amaterasu zuviel. Sie verbirgt sich in der Felsenhöhle des Himmels, sodaß es in der Welt dunkel wird. Den übrigen Göttern gelingt es dann zwar, sie durch eine List wieder hervorzulocken; aber Susano'o ereilt die Strafe. Man reißt ihm Finger- und Zehennägel aus, schneidet ihm den Bart ab und verjagt ihn aus dem Himmel. Seine Unflätigkeiten sind mithin ein zweiter Grund für seine Verbannung.

Der vermummte Wanderer

Oberflächlich betrachtet, könnte Susano'os Schicksal an die Vertreibung des biblischen Stammelternpaares erinnern. Ganz unbegründet ist der Vergleich nicht: Auch Susano'o lebte ja vor seiner Verurteilung im Reich seiner mütterlichen Schwester, mithin sozusagen im Paradies. Aber da endet dann auch die Analogie. Denn sein »Sündenfall«, wenn man das so nennen darf, ist weder ein Akt der Trennung des Elternmediums, noch die widerrechtliche Aneignung einer vorenthaltenen Kompetenz. Er ist schiere, mutwillige Bosheit. Susano'o wirkt am ehesten wie ein verzogenes Kind, dem die Eltern, von seinem Geheule genervt, die ödipale Schuld haben durchgehen lassen, ein Adam, der weiterhin im Paradies geduldet wird, und der nun weiter eskalieren muß, damit die Entwicklung endlich doch noch ihren Lauf nehmen kann.

Den verstoßenen Susano'o erwartet just jenes Schicksal, das der biblische Bericht bei Adam und Eva übergeht: Er wird zum heimatlosen, unsteten *Wanderer*. Als Symbol dieser veränderten Lebensform dient ein Wechsel der Bekleidung. An dem Tag, als er verstoßen wird, geht ein strömender Regen nieder, vor dem er sich schützt, indem er sich aus Gras einen Mantel und einen breitkrempigen Hut fertigt.

Eine ganz ähnliche Vermummung wird auch bei den Umzügen und Heimsuchungen der Jugendbünde in Japan benutzt. Umgekehrt versteht man auch, warum dort mancherorts, unter ausdrücklichem Bezug auf die Susano'o-Mythe, ein Tabu verbietet, mit Regenmantel und Regenhaube bekleidet das Haus anderer Leute zu betreten. Es schickt sich eben nicht, mit den Insignien der Unbeeindruckbarkeit ausgestattet in fremde Sphären einzudringen.

Amaterasus mißratener Bruder ist freilich zu unsensibel, um dies zu spüren. Er zieht in voller Montur bei den Himmlischen von Tür zu Tür und bettelt um Herberge. Aber niemand nimmt ihn auf, sodaß er betrübt auf die Erde herabsteigen muß, wo er seine Wanderschaft fortsetzt.

Trickster-Mythen

Susano'o ist die japanische Variante einer Gestalt, die zu den universalen Produkten der mythenschaffenden Menschheitsphantasie gehört. Er hat Parallelen bei den Chinesen, den Griechen, den Semiten, den Germanen, eigentlich überall auf der Welt. Am reichhaltigsten ist sein Typus bei den nordamerikanischen Indianern ausgestaltet. Von dort her hat er auch seinen gebräuchlichen Namen: Anthropologen sprechen vom »Trickster«. Zu deutsch bedeutet dieses Wort ungefähr soviel wie »Gauner« oder »Schelm«, was aber der Vielschichtigkeit der Figur keineswegs gerecht wird.

Der Trickster erscheint oft in Tiergestalt, als Coyote, Rabe, Hase; auch unser Reinecke Fuchs gehört in dieselbe Kategorie. Nicht selten tritt er jedoch auch als Mensch auf, oder besser, wie der Ethnologe Paul RADIN es ausgedrückt hat, als »ein unentwickeltes Geschöpf, ein Wesen von unbestimmten Proportionen, eine Figur, die die menschliche Gestalt vorausahnen läßt«[2]. Von RADIN stammt eine der sorgfältigsten Dokumentationen eines Trickster-Mythos. Sie wurde ihm 1912 von einem Gewährsmann aus dem Stamme der in Wisconsin und Nebraska siedelnden sioux-sprachigen Winnebago aufgezeichnet.

Wenn ich diesen Mythos hier nur auszugsweise wiedergeben kann, so liegt das an einer Eigentümlichkeit, die die Trickster-Erzählungen von den bisher besprochenen und dann auch wieder vom später zu behandelnden Heldenmythos unterscheidet. Sie wirken – man denke etwa an die Geschichten von Till Eulenspiegel oder vom schon erwähnten Reinecke Fuchs – wie ein Potpourri, eine lockere Zusammenstellung von Einzelepisoden, deren Reihenfolge, abgesehen allenfalls vom Schluß, einigermaßen beliebig austauschbar erscheint. PROPPsche Folgerichtigkeit im Handlungsablauf würde man hier vergebens suchen. Die Zahl der Episoden kann beträchtlich sein und dazu

---

[2] RADIN, et al. (1954), S. XXIV

führen, daß sich die mündliche Erzählung über mehrere Sitzungen erstreckt. Es macht auch nicht viel aus, wenn man eine Szene hinzufügt oder wegläßt. Das alles kommt nicht von ungefähr: Im formalen Aufbau der Erzählung mit seiner Absage an Strenge, Zucht und Konsequenz spiegelt sich das Naturell der Hauptfigur.

Ähnlich verhält es sich mit einem zweiten Merkmal der Trickstergeschichten: Sie *belehren* gern, indem sie nebenbei Erklärungen für die Herkunft auffallender Naturerscheinungen anbieten, etwa für die seltsame Zeichnung oder die besonderen Lebensgewohnheiten eines Tieres. Es ist, als wolle der Mythos auch Orientierungshilfen zur rationalen Einordnung von allem bieten, was einem beim Wandern durch diese Welt so an Bemerkenswertem begegnet. Auch in dieser Hinsicht passen Trickster-Erzählungen gut zum Charakter der Hauptfigur.

Die eben angesprochene Reichhaltigkeit erlaubt nicht, den Winnebago-Zyklus hier in vollem Umfang wiederzugeben. Ich muß mich auf eine Auswahl beschränken, wobei die hervorstechendsten Wesenszüge der Trickster-Natur nach Möglichkeit jeweils durch eine charakteristische Episode zu illustrieren sein werden.

Diesseits von Gut und Böse

Der Text hebt an mit der Erzählung von einem Häuptling, der sich gerade anschickte, auf den Kriegspfad zu gehen. Er lud aus diesem Anlaß Männer zu einem Festmahl, die ihn auf dem Zug begleiten sollten. Als er mit dem Essen fertig war, erhob er sich aber plötzlich und verschwand in seiner eigenen Hütte. Den sitzengelassenen Gästen wurde allmählich die Zeit zu lang, und sie suchten nach ihm. Sie fanden ihn schließlich in den Armen einer Frau. Darauf löste sich die Versammlung auf, und alle gingen heim.

In dieser Episode äußert sich in konzentrierter Form ein erster Charakterzug des Tricksters: Er *verletzt* auf schockierende Weise die herrschenden *Bräuche*. Erstens geht bei den Winnebago unter keinen Umständen der Häuptling selbst auf den Kriegspfad, zweitens muß bei einem Mahl der Gastgeber immer als letzter die Tafel verlassen, und drittens gilt für Männer, die in den Krieg ziehen, ein striktes Gebot sexueller Enthaltsamkeit. Der Aufbruch der Gäste soll demgemäß Mißbilligung und Verachtung ausdrücken.

Die Geschichte läßt nicht erkennen, ob der Trickster sich über die Norm mutwillig hinwegsetzt, oder ob er von ihr nur schlicht keine Ahnung hat. Wahrscheinlich ist beides intendiert, denn er ist sowohl *amoralisch* als auch *unerfahren*.

Sein sittenwidriges Verhalten entspringt dabei weniger einer genuin negativen Gesinnung als vielmehr einer besonderen Begabung, sich gegen *Mitgefühl* und soziale Sensibilität *immunisieren* zu können, vor allem dann, wenn es darum geht, Lebensmöglichkeiten auszuprobieren und Rollen durchzuspielen. Man beobachtet dieselbe Haltung bei Schuljungen, die Tiere quälen oder Erwachsenen Streiche spielen, ohne sich viel dabei zu denken.

Mitleidlosigkeit der Trickster: Meister Böck bricht auf der von Max und Moritz angesägten Brücke ein.

In diesem Sinne ist auch die folgende Episode zu verstehen. Der Trickster ist nach einigen weiteren Anläufen wirklich aufgebrochen, allerdings weniger zu einem Kriegszug als eher zu einer ziellosen Erkundungsfahrt. Seine Begleiter hat er durch frevelhaftes Benehmen weggeekelt und zieht allein seines Weges. Er kommt zu einer einsamen Hütte, in der zwei Frauen mit vielen Kindern wohnen. Er hat einige Pflaumen dabei und wirft sie nacheinander durch das offene Dach ins Innere der Hütte. Dies, so vermerkt der Bericht, erzeugte »viel Lärm«. Die Szene erinnert unmittelbar an den Streich Susano'os mit dem geschundenen Gaul; auch hier wird das schützende Dach eines Frauenhauses nicht respektiert. Allerdings scheinen die Pflaumen, immerhin wohlschmeckend und nahrhaft, eher eine gute Gabe zu sein. Aber hier trügt der Schein. Tatsächlich sind sie nur ein Köder. Die Frauen fragen ihn prompt, wo er sie gepflückt habe. Er schickt sie an einen weit entfernten Ort und erbietet sich, inzwischen auf ihre Kinder aufzupassen. Sie vertrauen ihm und machen sich auf den Weg. Kaum sind sie fort, tötet und verzehrt er ihre Kinder. Man erfährt an dieser Stelle, daß es sich um Waschbären handelt.

Einem der Opfer schneidet er zu allem Überfluß dann auch noch den Kopf ab, steckt ihm einen Stock durch den Hals und befestigt ihn so an der Tür, daß man zunächst meinen muß, das Kind schaue heraus und lache. Hier kommt ein bei Trickster-Erzählungen nicht seltenes sadistisches Motiv zum Tragen, das die Susano'o-Mythe im Bild des geschundenen Pferdes nur andeutet.

Übrigens tötet der Trickster später auch noch die trauernden Mütter. Auch dabei wendet er eine plumpe List an, wie überhaupt seine Methode, sich durchs Leben zu schlagen, mehr auf Betrug und Übertölpelung als auf offenem Kampf basiert. Das ist auch der Grund für seinen englischen Namen, der »Trickreiche«.

Der betrogene Betrüger

Typisch für die ihn umgebende Atmosphäre der Heimlichkeit und Verschlagenheit ist etwa die folgende Episode. Er kommt an einen See, auf dem viele Enten schwimmen. Noch bevor sie ihn erblicken, verbirgt er sich und sammelt heimlich ein Bündel Schilfgras, das er sich auf den Rücken lädt. So zeigt er sich den Enten, indem er möglichst auffällig seine Last schleppt. Natürlich fragen sie ihn, was er da habe. Seine Antwort ist darauf kalkuliert, sie noch neugieriger zu machen: Er behauptet, in dem Bündel seien »Lieder«. Er habe so viele davon in seinem Bauch, daß er schon einige davon auf dem Rücken tragen müsse. Diese Lieder könne er nur loswerden, wenn er sie jemandem vorsinge, der dazu tanzt. Schon lange sei er niemandem mehr begegnet, der ihn von der Last befreit habe.

473

Die Enten gehen in die Falle und beschließen, zu seinen Liedern zu tanzen. Er zeigt sich hocherfreut und baut ihnen zunächst eine »Tanzhütte« aus Schilf, wobei er sich auch noch von ihnen helfen läßt. Dann erklärt er ihnen, daß sie beim Tanzen die Augen schließen müßten, da diese sonst rot würden.

Hierauf beginnt er zu singen. Die Enten, alle in der Hütte versammelt, tanzen mit geschlossenen Augen. Er fängt sich eine nach der anderen heraus und dreht ihr den Hals um. Schließlich blinzelt eine der Übriggebliebenen ein wenig – der Mythos vergißt nicht, die in natura tatsächlich rubinrote Augenfarbe dieser Species hierauf zurückzuführen – und so kommt der Schwindel auf; die restlichen können sich retten. Die erbeuteten Tiere beschließt er zu braten.

An dieser Stelle nimmt die Geschichte eine charakteristische Wendung. Der Winnebago-Name des Tricksters lautet *Wakdjunkaga*, ein Wort von ungewisser Etymologie, das aber offenbar so etwas wie »Narr« bedeuten muß. Wakdjunkaga ist, bei aller Gerissenheit, zu *inkompetent*, als daß ihm seine Tricks viel nützen könnten: Zum Schluß steht er immer wieder als der betrogene Betrüger da, so wie der Trickster Mephisto am Ende der Faustdichtung.

Während die erbeuteten Enten auf dem Feuer braten, legt er sich ein wenig zur Ruhe. Zum Wächter bestimmt er seinen eigenen After: Sollte irgendwer sich nähern, möge dieser Körperteil Laut geben und den Eindringling verscheuchen. Tatsächlich kommen nach kurzer Zeit ein paar kleine Füchse, die von dem Braten naschen wollen. Die Geschichte malt nun drastisch aus (und gibt dem mündlichen Erzähler Gelegenheit zu prallen Lautmalereien), wie der After die Füchse durch immer heftigere Explosionen zu vertreiben sucht; anfangs lassen sie sich auch wirklich bluffen, aber sie kehren immer wieder zurück, und schließlich fressen sie alles auf. Beim Erwachen findet der Trickster nur noch abgenagte Knochen vor und ist so letzten Endes um seine Beute geprellt.

Die Teile ohne das Band

Wakdjunkaga versucht zunächst, ganz typisch, sein Mißgeschick durch eine Rationalisierung zu verleugnen: Er redet sich ein, der Braten habe wohl etwas zu lange im Feuer gelegen. Aber der Augenschein straft die Selbsttäuschung Lügen. Also sucht er einen Sündenbock, und der ist rasch gefunden: Die Schuld liegt beim After, denn der war nicht genügend wachsam. Zur Strafe traktiert er diesen daher mit einem glühenden Holzscheit; natürlich versengt er sich selbst damit. Noch schlimmer: Durch die Verletzung fallen seine Eingeweide heraus, die er dann auch noch selbst zum Teil verspeist, bevor ihm die Wahrheit dämmert: »Wahrlich, zu Recht werde ich Wakdjunkaga, der Tölpel, genannt!«

Wir können davon ausgehen, daß die Symbolik hier Persönlichkeitsmerkmale ins Leibliche transponiert. Dem Bild vom Gedärm, das durch eine anale Verletzung entweicht und dann wieder oral einverleibt wird, sind wir ähnlich schon auf Seite 416 bei den südamerikanischen Indianern begegnet. Aber die Nuance ist jetzt doch ein wenig anders. Dort wußte der Protagonist, was er tat. Sein Hinterteil wurde von Raubvögeln verletzt, und er ernährte sich von seinen Exkrementen, weil ihm nichts anderes übrigblieb. Wakdjunkaga aber fügt sich die Verletzungen selbst mutwillig zu und verspeist seine Eingeweide versehentlich, weil er nicht erkennt, daß es sich bei alldem um Bestandteile seines eigenen Leibes handelt. Er spaltet also Aspekte seiner eigenen Persönlichkeit wie Fremdkörper ab, ihm fehlt die *Integration*.

Am beunruhigendsten kommt dieser Mangel wohl in der folgenden Szene zum Ausdruck. Der Trickster hat zuvor durch eine List einen Büffel in eine Falle gelockt und getötet. Anschließend häutet und zerlegt er die Beute; dabei benutzt er ausschließlich die rechte Hand. Plötzlich aber macht sich seine Linke selbständig und greift aus eigenem Impuls nach dem Büffel. Das läßt sich die Rechte aber nicht gefallen, sie protestiert und geht schließlich, als das nichts fruchtet, mit dem Messer auf die Linke los. Die beiden Hände geraten so in einen Streit, in dessen Verlauf die Linke eine schwere Verletzung davonträgt, bevor dem Trickster durch die Schmerzen zu Bewußtsein kommt, daß er selbst der Akteur ist.

Noch krasser, aber doch auch wiederum eher burlesk, wirken die Episoden, in denen die Abspaltung den *Genitalbereich* betrifft. Am Beginn seiner Wanderung besitzt Wakdjunkaga einen überdimensional langen Phallus. Als er einmal, auf dem Rücken liegend, aus dem Schlaf erwachte, sah er seine Decke hoch über sich schweben; sein erigiertes Glied hatte sie hochgestemmt. Er ermahnte seinen »kleinen Bruder«, die Decke zurückzubringen, damit sie nicht verlorengehe. Dann wickelte er sein Organ auf und packte es in einen Kasten, den er fortan auf dem Rücken herumtrug.

Im weiteren Verlauf der Geschichte kann er den Phallus dann auch selbständig ausschicken, zum Beispiel quer über einen See hinweg, einem Torpedo gleich, zu einer badenden Häuptlingstochter. Diese Abspaltung des bereits kopulationsfähigen Sexualorgans verweist auf einen Zustand, in dem trotz fortschreitender körperlicher Reife von einer Integration der Sexualität in die Persönlichkeitsstruktur noch keine Rede ist.

Noch nicht einmal die Geschlechtszugehörigkeit ist endgültig vor Verwirrung sicher. Irgendwann einmal fällt es Wakdjunkaga ein, sich aus tierischen Eingeweiden Attrappen *weiblicher* Organe zu formen. Er fängt dann eine Affäre mit einem Häuptlingssohn an, in deren Verlauf er von diesem ganz real geschwängert wird. Allerdings handelt es sich hier nur um ein vorübergehendes Durchspielen auch noch dieser Existenzmöglichkeit; im Prinzip bleibt der Trickster eine männliche Figur. Trickster-*Mädchen* nach Art etwa von Pippi Langstrumpf begegnen uns höchstens gelegentlich in der Literatur, nicht aber in der Mythologie.

Hermes und die Kabiren

Das seltsame Eigenleben, das der Phallus in der Mythe von Wakdjunkaga führt, gibt Anlaß, die Brücke zu Trickster-Gestalten unseres eigenen Kulturkreises zu schlagen. In der klassischen Mythologie kommt hier vor allem die Gestalt des erfinderischen und listig-durchtriebenen *Hermes* in den Sinn, des Gottes der Reisenden und der Diebe, der die Lyra erfunden hat und die Geister der Verstorbenen in die Unterwelt begleitet. Seine Standbilder sind von seltsamem Aussehen: Es sind Steinsäulen, die, in charakteristischer Desintegration, zwei isolierte Attribute des menschlichen Körpers tragen – oben einen Kopf, unten ein aufgerichtetes männliches Glied; man spricht daher auch, nach dem griechischen Wort für Erektion, von den *ithyphallischen* Hermen.

Ithyphallischer Hermes

Wegen der herausfordernden Betonung des Geschlechtsorgans wird Hermes zuweilen als Fruchtbarkeitsgott gedeutet; aber Ethologen haben schon seit längerem auf die viel näher liegende Parallele zum *genitalen Imponieren* bei Primaten hingewiesen[3]. Auch Wakdjunkaga ist ja eher ein pubertärer Genitalprotz als ein großer Zeuger.

EIBL-EIBESFELDT[4] hat darauf aufmerksam gemacht, daß sich Figuren dieser Art sowohl bei Naturvölkern als auch an abendländischen Sakralbauten finden, und ihre Bedeutung hat hier sicher nichts mit Fruchtbarkeit zu tun, sondern muß vor allem *apotropäisch* verstanden werden, das heißt, sie dienen der *Abwehr böser Geister*. Umgang mit

---

[3] WICKLER (1966)   [4] EIBL-EIBESFELDT & SÜTTERLIN (1992)

Geistern ist ja in der Tat eine der klassischen Aufgaben des Tricksters. Die Verselbständigung des Phallus kann so weit gehen, daß schließlich der ganze Körper nichts anderes mehr ist als ein frei herumlaufendes männliches Genitale.

Das ist nebenbeibemerkt einer der wenigen Gedanken, mit denen Arno SCHMIDT in seiner entlarvend projektiven Karl MAY-Deutung[5] wohl einigermaßen ins Schwarze trifft: Er deutet den Begleiter Hadschi Halef Omar, in dem der Hoch-Trickster Kara Ben Nemsi die Buffo-Dimension von sich abgespalten hat, um ungestört seine Größenphantasien tagträumen zu können, geradezu als Personifikation von dessen Phallus.

In diese Richtung wird man vor allem zu denken haben, wenn Trickster, was häufig vorkommt, von auffallend kleiner Statur sind und vielleicht noch ausdrücklich mit einem Finger verglichen werden. In unserem Volksmärchen begegnet uns dieses Bild in der Gestalt des kleinen *Däumling*. Das griechische Wort für »Finger« lautet *daktylos*. Nach ihm sind Berggeister benannt, die im sagenhaften Ida-Gebirge hausten. Die Daktylen werden als Zauberer, aber auch Handwerker beschrieben, die sich vor allem auf den Erzbergbau verstanden haben sollen;

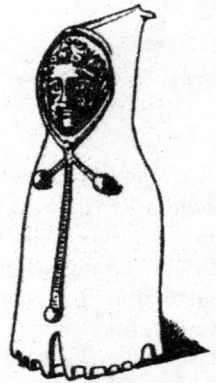

Phallische Bronzefigur eines Kabiren aus St. Germain-en-Laye

---

[5] SCHMIDT (1969), S. 158 ff

außerdem waren sie es, die die Menschen in der Kunst der Musik unterwiesen. C. G. JUNG[6], sonst eher reserviert gegenüber exzessiver Sexualsymbolik, betont ausdrücklich ihren *phallischen* Charakter.

Dabei spielt auch die schon von Susano'o her bekannte Trickster-Bekleidung eine Rolle, bei der ein Mantel den Körper profilglättend umhüllt und oben in einen spitzen Hut ausläuft. Diese Kluft ist vor allem typisch für die *Kabiren*, eine mit den Daktylen verwandte Gruppe chthonischer Urgötter. Sie sind Nachkommen des Hephaistos, der im Olymp die Rolle eines Hofnarren spielte und in der Lage war, das berühmte homerische Gelächter auszulösen. Er war auch der Gott des Feuers und demgemäß der Schmiede und Töpfer.

Überkompensation körperlicher Kleinheit und sozialer Irrelevanz durch Phantasien von übermenschlicher Größe und Kraft. Die Kostümierung ist »superman«-ähnlichen Comics nachempfunden, aber auch als typische Kabirenkleidung erkennbar.

Die Bezeichnung »Kabir« ist ursemitischen Ursprungs und bedeutet »groß«. Der Kult dieser Wesen stand in enger Beziehung zu dem des Hermes, der ja auch seinerseits von den Gnostikern »Trismegistos«, der Dreimal Größte, genannt wurde. Ähnlich wie bei der Phantasiegestalt des »Superman« dient der auf Riesenwuchs verweisende Beiname des Tricksters der Überkompensation.

---

[6] JUNG (1977), S. 160

Die Wandlung zum Wohltäter

Wir haben nun schon mehrfach von Göttern mit tricksterhaften Zügen gehört, daß sie sich auf irgendeine Kunst oder ein Handwerk verstanden und die Menschen darin unterwiesen hätten. Das paßt nicht so recht zum Erscheinungsbild vom inkompetenten Narren und nötigt uns daher, dieses Bild zu erweitern. Tatsächlich muß man berücksichtigen, daß der Charakter des Tricksters nicht über die ganze Erzählung hinweg stationär bleibt, sondern eine *Entwicklung* durchläuft. In dieser Hinsicht wird also auch an den Trickstermythen so etwas wie PROPPsche Diachronie erkennbar.

In der Winnebago-Erzählung zeichnet sich dieser Reifungsprozeß darin ab, daß der Trickster ein realistischeres Verhältnis zur Sexualität gewinnt. Wakdjunkaga wird von einem Eichhörnchen verhöhnt, weil er Penis und Hoden in einer Schachtel auf dem Rücken herumträgt. Ärgerlich versucht er, die Organe an der rechten Stelle anzuordnen. Dabei macht er aber ständig Fehler und fordert so immer wieder die Hänselei des Tieres heraus. Wütend jagt er den Spötter in einen hohlen Baumstamm und schickt ihm in mörderischer Absicht den Phallus hinterher. So weit er sein drohendes Organ aber auch in die Baumhöhlung schiebt, nie stößt er auf Widerstand. Als er es schließlich herauszieht, muß er feststellen, daß das Eichhörnchen ihm die ganze Herrlichkeit bis auf einen winzigen Stummel abgekaut hat. Er tötet das Tier zwar nun eigenhändig, aber die zernagten Abfälle sind nicht mehr zu gebrauchen.

Die Episode ist insofern bedeutsam, als sie die Unausgewogenheit der Trickster-Erscheinung nicht nur verspottet, sondern auch korrigiert. Am Ende der schmerzhaften Erfahrung hat das zuvor lächerlich hypertrophe Genitale seine propere Länge und sitzt am rechten Ort. Und gerade jetzt ist Wakdjunkaga erstmals auch zu einer großmütigen Handlung fähig: Er beschließt, aus den Überresten seines Phallus Pflanzen zu machen, die dem Menschen nützen. Auf diese Weise entstehen die Seelilie, die Kartoffel, die Steckrübe, der Reis und anderes mehr. So wird der Trickster am Ende seiner Laufbahn schließlich zum Wohltäter der Menschheit, ja zum *Kulturbringer*.

Eine ganz ähnliche Wandlung begegnet uns bei Susano'o. Auch er wurde ja seiner Nägel und seines Bartes beraubt, was kaum weniger deutlich als die Nagerei des Eichhörnchens auf eine psychische Kastration verweist. Auch bei ihm läutert sich als Folge dieses unsanften Eingriffs der Charakter. Er nimmt höflich Abschied von seiner Schwester und begeht bald darauf seine erste Wohltat, indem er seine List zum Segen der Menschheit einsetzt. Diesen Teil des Mythos gebe ich hier mit nur leichten Kürzungen nach der ausführlichen Fassung von FROBENIUS[7] wieder.

Susano'o bekämpft das Ungeheuer

Auf seiner Wanderschaft streifte Susano'o durch Korea und gelangte schließlich nach Westjapan. Als er an einem Flußufer entlangging, sah er auf dem Wasser zwei Eßstäbchen daherschwimmen. »Ah,« rief er aus, »da, woher ihr kommt, müssen auch Leute wohnen.« Und er war neugierig zu erfahren, wer hier hause. So wanderte er weiter und hörte endlich ein lautes Wehklagen. Er stutzte, horchte, ging eilig nach der Gegend hin, woher die Jammertöne kamen; und wie er in eine Talschlucht einbog, da sah er einen Greis mit seiner Gattin, zwischen denen ein wunderschönes Mädchen saß, das bitterlich weinte und schluchzte. Der Greis erhob sich und grüßte mit tiefer Verbeugung den Fremdling. Dann erklärte er: »Friedlich pflege ich mit den Meinen des Reisbaues, und es bliebe uns nichts zu wünschen übrig, wenn wir nicht von einer grausamen Plage heimgesucht wären. Sieben unserer Töchter wurden bereits von einem Seeungeheuer getötet. Das Ungetüm kam daher, wenn meine Töch-

---

[7] FROBENIUS (1904), S. 150-152

ter gerade in der Blüte ihrer Schönheit standen, und verschlang sie. Nun haben wir nur noch unsere letzte Tochter, und auch diese wird das Ungeheuer uns rauben.« – Susano'o war über die Maßen erstaunt, als er die Leidensgeschichte des Greises hörte. Er erkundigte sich umständlich nach dem Ungeheuer und erfuhr, daß dasselbe ein fürchterlicher Drache mit acht Köpfen sei, dessen glühendrote Augen weithin leuchteten. Sein Rücken sei mit förmlichen Wäldern bewachsen und sein Bauch stets mit Blut besudelt, das ganze Ungetüm aber so lang wie eine Talwindung. – Susano'o gab sich nun zu erkennen und versprach, den Ärmsten zu helfen, wenn sie ihm dafür die schöne Tochter zur Frau geben würden. Er gebot den Eltern, eine große Menge Reiswein zu bereiten. Er selbst baute acht Zimmer, die er oben offen ließ, und in jedes stellte er einen großen Bottich mit dem berauschenden Getränk. Als nun das Ungeheuer im Anzuge war, zog er Frauenkleider an und stellte sich so, daß sein Schattenriß auf den ersten Bottich fiel. Der gierige Drache stürzte sich sofort auf den Bottich, da er glaubte, der Schatten sei die Jungfrau selbst. Blindlings leerte er den Bottich voll Sake, und als er emporsah, da schwebte der Schatten auf den zweiten Bottich, und das Ungeheuer fiel auch über diesen her. So ging es weiter. Als der Drache den letzten Bottich geleert hatte, stürzte er betrunken zur Erde und rührte kein Glied mehr. Jetzt trat Susano'o hervor, zog sein Schwert, hieb ihm alle Köpfe ab und zerschnitt den mächtigen Körper. Die befreite Jungfrau aber erhielt er zur Gemahlin.

Der Duktus der Geschichte weist typische Trickszterzüge auf. Die ziellose Wanderschaft als Rahmenhandlung wurde bereits erwähnt. Zu ihr paßt eine Atmosphäre, in der dem Protagonisten immerzu Neues und Unerwartetes begegnet, dem er sich mit großem Erstaunen, aber mit unersättlicher Wißbegier öffnet. Kommt er mit seelischem Leid in Berührung, so erschüttert es ihn nicht, sondern verblüfft ihn nur; wenn er hilft, so nicht, weil ihn das Mitgefühl überwältigt, sondern weil ihn das Problem reizt, und er vergißt auch nicht, seinen Vorteil daraus zu ziehen.

Unverfrorenheit und Raffinesse bleiben für ihn die Mittel der Wahl, und er ist in ihrem Einsatz gar nicht zimperlich. Wenn es sein muß, schlüpft er sogar vorübergehend zum Schein in die gegengeschlechtliche Identität. Aber immerhin tut er das alles zu einem guten Zwecke; und das ist ein Zug, den man beim früheren Susano'o vergebens gesucht hätte.

Von einem, der auszog, das Fürchten zu lernen

Der Trickster hat also zwei Gesichter: das des Tunichtguts und das des Kulturbringers. Je nach Ausgestaltung der Figur kann einer der beiden Aspekte hinter dem anderen zurücktreten. Wenn sie aber beide angesprochen werden, so läßt die Geschichte, bei aller Lockerheit im formalen Aufbau, doch eine Entwicklungslinie im Sinne einer moralischen Reifung erkennen. Diese Wandlung wird nun noch von einem weiteren charakteristischen Phasenübergang begleitet. Betrachten wir dazu zunächst ein wohlbekanntes Märchen unseres eigenen Kulturkreises, nämlich die Geschichte von einem, der auszog, das Fürchten zu lernen.

Ein Vater hatte zwei Söhne. Der älteste war tüchtig und klug, der jüngere aber begriffsstutzig und inkompetent. Seine Dummheit ging so weit, daß er einfach nicht begreifen konnte, was die Erwachsenen eigentlich meinten, wenn sie immer wieder davon redeten, daß sie's vor etwas »grusle«. In seiner Torheit hielt er dies für eine Kunst, eine der vielen, von denen er nichts verstand, und ausgerechnet an dieser beschloß er, sein Verlangen nach Kompetenzerwerb festzumachen. Der Vater läßt ihn ziehen, und die Geschichte läuft dann nach dem üblichen Schema eines Trickster-Zyklus ab. Der Jüngling gerät in verschiedene Episoden, deren Sinn er jeweils gründlich mißversteht, gerade dadurch aber auch dagegen gefeit ist, in ihnen unterzugehen. Schließlich verbringt er drei Nächte in einem Spukschloß und wird von allerlei grausigen Geistern heimgesucht. Das Märchen macht dabei wieder Gebrauch von dem beliebten Trickster-Motiv der leiblichen Desintegration; so fallen etwa nacheinander zwei halbe Männer aus dem Kamin, die dann erst nachträglich zusammenwachsen. Aller dieser Unholde erwehrt er sich erfolgreich, entweder durch seine Unbeeindruckbarkeit oder auch, indem er sie mit Tricks überlistet.

Am Schluß gerät das Märchen dann zur Posse; der Jüngling lernt das Gruseln bekanntlich, als ihm die Braut einen Eimer Fische ins Bett schüttet. In echten Trickster-Mythen nimmt die Handlung einen ernsteren Verlauf. Betrachten wir dazu die folgende Episode aus dem Wakdjunkaga-Zyklus.

Auf seiner Wanderung begegnet der Trickster einem Mann, der an seinem Gürtel, in einer Blase wohl verwahrt, vier winzige Kinderchen herumträgt. Er ist gerade damit beschäftigt, einen Bären zu erlegen und daraus für sich und seine Kinder eine Suppe zu kochen, wobei er sich durch das hemmungslose Geschwätz und die lästige Fragerei des Tricksters nicht behelligen läßt. Wakdjunkaga bettelt ihn an, die Kinder zur Fürsorge übernehmen zu dürfen.

Es könnte verwundern, daß sich der Trickster auf dieser frühen Entwicklungsstufe darum reißt, altruistische Verhaltensweisen auszuführen. In Wirklichkeit geht es ihm aber gar nicht um die Kinder. Zum Verständnis mag hier eine Tierparallele beitragen.

Bei den Weißbüscheläffchen (*callithrix iacchus*) sind die Halbwüchsigen beiderlei Geschlechts sehr daran interessiert, daß die Eltern ihnen ihre jüngsten Geschwister zum Tragen überlassen[8]. Dabei erwerben sie nämlich Kompetenz in der Jungenfürsorge, und die werden sie später, wenn sie eine eigene Familie gründen, sehr nötig haben. Das wissen sie natürlich noch nicht; sie handeln also keineswegs aus verantwortungsvoller Voraussicht. Die Jungen interessieren sie einfach, und sie möchten ausprobieren, wie es ist, wenn man sie herumträgt. Die Eltern nehmen sie ihnen auch gleich wieder ab, wenn die Situation gefährlich wird.

So ähnlich ist es auch um Wakdjunkagas Motive bestellt, und der Vater der Kinder bleibt ihm gegenüber daher skeptisch. Er überläßt Wakdjunkaga zwar nach anfänglicher Weigerung zwei seiner Kinder, droht ihm aber schreckliche Strafe an, wenn auch nur eines der Schutzbefohlenen zu Schaden kommen würde. Die Kinder, so erfährt man, sind nämlich sehr empfindlich gegen Überfütterung; sie dürfen nur alle Monate einmal mit Nahrung versorgt werden. Wakdjunkaga verspricht überschwenglich, sich genau an diese Regeln zu halten, ist dazu aber bei seiner Maßlosigkeit und Unbeherrschtheit überhaupt nicht in der Lage. Es dauert daher nicht lange, bis er die Kinder umgebracht hat, was ihn typischerweise nicht etwa in Trauer, sondern in fassungsloses Erstaunen versetzt.

In diesem Moment kommt der Vater der Kinder zurück, fest entschlossen, den Trickster zu töten. Es hebt eine wilde Verfolgungsjagd an, bei der Wakdjunkaga alle Finten einsetzen muß, um sich vor dem zürnenden Alten zu retten, der gleichwohl nicht von ihm abläßt. An dieser Stelle tritt nun ein Wandel in der Atmosphäre der Geschichte ein. Der Trickster, der schon über die ganze Erde geflohen ist, hat sich schließlich dem »Ende der Welt« genähert, dem Ort, wo die Sonne

---

[8] BISCHOF (1985), Kap. 19

aufgeht, wo das Land an einen unendlichen Ozean stößt. Und in dieser Grenzsituation ereignet sich, wonach der Jüngste aus dem Gruselmärchen vergeblich gesucht hat: Plötzlich, so heißt es, *überfiel den Trickster die Angst.*

Angst bekommen, kommentiert Paul RADIN, bedeute ein Erwachen der Fähigkeit, das Böse zu erkennen: eine erste Andeutung von *Gewissen.* Die Angst ist in dieser Deutung also das Tor zur Verantwortlichkeit; die Furchtunfähigkeit umgekehrt, so notwendig sie als Übergangsstadium sein mag, eine zu überwindende Schwelle auf dem Weg zur Reife. Daß der Trickster am Schluß seiner irdischen Laufbahn das Fürchten gelernt hat, und daß er der Menschheit die Kultur bringt, steht in einem psychologischen Zusammenhang.

Wotan und Loki

In unserem engeren Kulturbereich begegnen wir dem Trickster in einer besonders prominenten Verkörperung. Während im Alten Testament die Erfahrung des Vater-Mediums und der ersten Ich-Figur den Stoff zum Gottesbild geliefert haben, haben die Germanen ihren Hochgott aus dem Selbstbild der Latenzphase gestaltet.

Es ist der Göttervater *Wotan,* der unverkennbar die Züge einer Trickster-Apotheose trägt. Er gilt als Gott der Weisheit; aber bevor er das werden konnte, hatte er einen langen Weg zu gehen. Sein Wissensdurst war von Anfang an unersättlich. Für einen Schluck aus Mimirs Brunnen der Erkenntnis opferte er eines seiner Augen. Neun Tage lang hing er, durchbohrt von seinem eigenen Speer, in Trance an der Weltesche Yggdrasil, starrte in die Tiefen von Niflheim und lernte so die Kunst des Runenritzens. Er stieg zu Hel hinab, um die Antwort auf eine Frage zu finden, und oft sitzt er unter dem Galgen, um das Wissen der Gehenkten in sich aufzunehmen. Auch der, der auszog, das Fürchten zu lernen, verbringt eine Nacht unter einem Galgen und holt sich die Hingerichteten als Kumpane ans Lagerfeuer; hier mag eine Reminiszenz an den großen Trickstergott nachklingen.

Wotans typische Erscheinungsform, in der ihn auch Richard WAG-

NER in seinem »Siegfried« verkörpert hat, ist die des *Wanderers*. Seine Kleidung, weiter Mantel und breitkrempiger Hut, erinnert an die des japanischen Susano'o. Bezeichnenderweise führt Wotan in dieser Vermummung auch die Wilde Jagd an – eine offensichtliche Parallele zum Treiben der jugendlichen Geheimbünde hüben und drüben. Auch ein mächtiger Hexer ist er und, wie Hermes, der Gott des Handels und der Patron der Reisenden.

Mit dem Aufkommen des Christentums ereilte Wotan das typische Trickster-Schicksal: Er wurde, wie Wakdjunkaga bei den getauften Winnebago, mit dem *Teufel* identifiziert. Ursprünglich aber überwogen bei ihm die positiven Züge. Der negative Trickster-Aspekt war von ihm abgepalten in Gestalt seines Bruders, des ränkevollen Feuergottes *Loki*, den WAGNER, psychologisch sicher richtig, im »Rheingold« als eine Art Mephisto einführt.

Im Lande Nod

In der Bibel scheint sich, wie zu Beginn des 13. Kapitels schon gesagt, die Spur der Ontogenese gleich nach der Vertreibung aus dem Paradies zu verlieren. Sehen wir jedoch genauer hin, so erkennen wir auch hier die Gestalt des Tricksters, wenn sie auch nicht in der humorvoll-verständnisvollen Attitude der indianischen Mythen gezeichnet ist. Ich spreche vom ältesten Sohn des Stammelternpaares.

Kain war ein Ackersmann, sein jüngerer Bruder Abel ein Schäfer. Beide brachten Gott ein Opfer dar, aber der nahm nur Abels Gaben wohlgefällig an. So erschien es jedenfalls dem Kain; die Bibel läßt offen, ob ihm nur maßloser Geltungsehrgeiz den Blick trübte oder ob er wirklich etwas falsch gemacht hatte.

Es gibt hier eine interessante Parallele zum Mythos von Susano'o. In einer Version der Annalen Nihongi wird nämlich der grausige Schabernack, den der Sturmgott seiner Schwester Amaterasu spielt, wie folgt begründet. Beide besaßen drei Reisfelder. Während aber Amaterasus Felder gut waren und niemals Schaden litten, auch wenn es lange regnete oder Dürre herrschte, waren Susano'os Felder meist unfruchtbar: Bei Regen wurde der Boden weggeschwemmt, bei Dürre trocknete er aus. Das erregte Susano'os Neid und war Anlaß für seine verwerflichen Taten.

Ganz entsprechend heißt es auch von Kain, daß sich »sein Antlitz verzerrt«, als er den Erfolg des Bruders und das eigene Versagen bemerkt. Er geht hin und schlägt Abel tot. Kein Wunder, daß Gott ihn daraufhin verflucht. Überraschend ist allerdings das Strafmaß. Man würde in Anbetracht der alttestamentarischen Sühnepraxis eigentlich erwarten, daß ein Brudermörder auf der Stelle tot umzufallen hat; stattdessen lautet das Urteil aber nur »Unstet und flüchtig sollst du sein auf Erden!« Alles, was Kain gewärtigen muß, ist das typische Trickster-Schicksal der immerwährenden Wanderschaft!

Angesichts dieser Sachlage fragt man sich, wer dieser Abel denn eigentlich war, dessen Tötung Jahwe so milde sühnt. Und hier hilft uns abermals die Etymologie weiter: Die Wurzel *häbäl* bedeutet soviel wie »flüchtiger Windhauch«. Abel steht in einer Reihe mit *Anu, Schu, Tawhiri* und dem *rûaḥ ælohîm* der Priesterschrift! Wenn Kain ihn tötet, so entspricht das funktionell dem Akt, in dem der Sturmgott Susano'o seinen medialen Charakter durch Anlegen von Regenbekleidung unterdrückt.

So gesehen würde immerhin verständlich, daß Kain sogar nach dem gnädigen Richtspruch noch in die Revision geht. Statt daß er froh ist, erst einmal seinen Hals gerettet zu haben, beschwert er sich bei Jahwe. Wenn er in die Fremde gejagt werde, dann sei er doch so gut wie vogelfrei; jeder, dem es einfalle, könne ihn dann erschlagen. Nun ja, möchte man meinen, du hast dir die Suppe selbst eingebrockt. Aber was tut Gott? Er versichert Kain, daß ihm kein Haar gekrümmt werden dürfe. Und damit das auch jedem klar ist, versieht er Kain mit einem Zeichen, das ihn für die Dauer seiner Wanderschaft vor Unheil bewahren wird. Das berüchtigte *Kainsmal* ist recht eigentlich ein *Tabu*: »Wer Kain totschlägt, der wird siebenfältig gerochen werden!« soll es verheißen.

Das Mal des Tricksters ist eine charakteristische Erscheinung, die allerdings bei den mehr dem Schelmentypus zuneigenden Varianten in einer etwas anderen Funktion auftritt: Etwa als das an die Tür gemalte Zeichen »Hic fuit«, das Piktogramm der beiden Bestandteile seines Namens, mit dem *Eulenspiegel* sich selbst als Urheber des jeweiligen Streichs identifiziert. »Kilroy was here«, sah man in den Sechziger Jahren in unzähligen Städten an die Häuserwände gemalt; heute sorgen Sprayer und Graffiti-Künstler für etwas mehr Variation.

Das Zeichen des Tricksters mit phallischer Anspielung

Einbrecher hinterlassen am Ort ihrer Untat einen Kothaufen, so wie Hunde, die einen Laternenpfahl markieren. Die Unangreifbarkeit des Tricksters wird in solchen Symbolen mutwillig-herausfordernd demonstriert, während sie im Zeichen Kains eher auf eine apotropäische, das heißt Unheil abschreckende Magie reduziert erscheint, dem erigierten Phallus des Hermes vergleichbar.

Solcherart gefeit, geht Kain hinweg von dem Angesichte des Herrn und zieht in das Land *Nod*, das heißt zu deutsch »Wanderschaft« – jenseits von Eden, gegen Osten hin. Dort wird er schließlich sogar noch zum Kulturheros: Er gründet nach Genesis 4 eine Stadt, und unter seinen Nachkommen sind Jubal, von dem die Geiger und Pfeifer stammen, sowie Thubalkain, der Meister in allerlei Erz- und Eisenwerk.

Das also ist die Spur des wandernden Tricksters in der Bibel. Er hat weder Gewissen noch Heimat, aber ihm kann letztlich nichts passieren. Auch der indianische Trickster wird bei seinen Abenteuern zwar oft genug mit fürchterlichen Drohungen verfolgt, nie aber endgültig vom Tod ereilt. Er entkommt ihm immer wieder; und stirbt er doch einmal, so ruft ihn sein Begleiter wieder ins Leben zurück, worauf der Trickster, typisch selbst in solcher Lage, vorgibt, er habe nur geschlafen. Der Tod spiegelt sich in der Angst; beide liegen in derselben Dimension, und wenn der Trickster diese Dimension erfaßt, hat er sich selbst überwunden.

Der Charakter des Tricksters

1. Merkmale in der Vorphase

- **Infantile Abhängigkeit**
  Jammer über den Verlust der Mutter
  ungezogenes Austesten der elterlichen Toleranz

2. Merkmale in der Hauptphase

- **Erhöhte Unternehmungslust**
  ziellose Wanderschaft
  hemmungslose Neugier
  Drang, alles auszuprobieren
  fassungsloses Staunen
  Unfähigkeit, sich zu fürchten
  Unsterblichkeit

- **Unzureichende Persönlichkeitsintegration**
  schillernder, widersprüchlicher Charakter
  Abspaltung des Genitalbereichs, Obszönität statt Romantik

- **Soziale Inkompetenz**
  schockierende Verletzung herrschender Bräuche
  emotionale Immunität
  Amoralität
  Heimlichkeit und Verschlagenheit
  Sadismus

- **Mißverhältnis von Ratio und Erfahrung**
  Unerfahrenheit
  Neigung zu rationalisierender Erklärung
  betrogener Betrüger

3. Merkmale in der Schlußphase

- **Emotionale Reifung**
  Entdeckung der Furcht
  genitale Integration
  Redimensionierung der Größenphantasien

- **Wandlung zum Wohltäter**
  Hilfeleistung gegen Unholde
  Spendung von Nutzpflanzen
  Unterweisung in Handwerk, Kultur und Künsten

15. Kapitel

Im Bauche des Fisches

Rosemarys Baby

Paul RADIN teilt in seinem Winnebago-Buch noch einen zweiten Mythos dieses Volkes mit, der Licht auf einige weitere Aspekte der Trickster-Persönlichkeit wirft. Es ist der Zyklus vom Hasen. Ich möchte hier nur auf zwei Züge dieser Figur eingehen, die sich bei kulturvergleichender Betrachtung als typisch für Trickster-Erzählungen zu erkennen geben, in ihrem Bedeutungsgehalt aber zunächst nicht ohne weiteres evident, ja eigentlich rätselhaft erscheinen.

Das eine Motiv betrifft die *Herkunft* des Tricksters. Eines Tages, so heißt es, sei ein junges Mädchen ganz ohne Zutun eines Mannes schwanger geworden. Schon nach sieben Monaten gebar sie ein Kind, den Hasen; dabei kam sie ums Leben. Manche sagen, sie wurde regelrecht in Stücke gerissen; anderen Berichten zufolge verschied sie bald nach der Geburt. Der Hase wurde stellvertretend von seiner Großmutter aufgezogen. Er war ein halsstarriges und mutwilliges Kind, das nur Unfug und Bosheit im Kopf hatte. Er spielte bevorzugt außerhalb der Hütte seiner Pflegemutter, von Tag zu Tag in weiterer Entfernung.

Walter SCHERF[1] hat im einzelnen belegt, daß das Motiv von einer Empfängnis unter wundersamen, ja abstrusen Umständen, zumeist bei einem unter seiner Kinderlosigkeit leidenden Elternpaar, zu den weit

---

[1] SCHERF (1987)

verbreiteten Topoi der Trickstermärchen gehört. Da wachsen etwa Kinder aus Bohnen in einem Korb, oder der Sohn wird auf Anraten einer Hexe in einem Butterfaß aus einem Stück Torf gestampft, oder der Vater verliert ihn versehentlich aus der Rocktasche.

SCHERF verweist sicher zu Recht auf die Hochkonjunktur, die naive Herkunftstheorien gerade in der Latenzphase zu haben pflegen. Man hockt beieinander und übertrumpft sich gegenseitig mit seinem vermeintlichen Wissen. Es ist plausibel, wenn solche Phantasmen in Erzählungen wiederkehren, die ihren Stoff aus der Thematik dieser Entwicklungsphase beziehen.

Findlingsphantasien in der konkret-operativen Phase

Da ist aber noch eine weitere Parallele, der sich nachzugehen lohnt. Man trifft in diesem Alter auch gehäuft auf *Findlingsphantasien*, die dem Kind verhelfen, innerlich auf Distanz zu den Eltern zu gehen. Deren Hegemonie leitet sich ja letztenendes aus dem Umstand her, daß sie das Kind selbst ins Dasein gerufen haben. Wenn das nicht mehr stimmt, verlieren ihre Autoritätsansprüche wenn schon nicht an Effektivität, so doch immerhin an Legitimation.

Man spürt diese Stimmung im Verhältnis des Hasen zu seiner Großmutter: Du bist ja gar nicht meine wirkliche Mutter, du hast mir daher auch nichts zu sagen. Siegfried, der von Mime aufgezogen wird, ist eine klassische Verkörperung dieses Motivs, und tatsächlich erscheint er ja, jedenfalls in Richard WAGNERS Bearbeitung, als eine mythologische Mixtur, bei der eine echte Heldengestalt mit reichlich vielen Trickster-Zügen verschnitten wurde.

Andererseits muß man die Entfremdung vielleicht auch ein wenig von Seiten der Erwachsenen her sehen. Für sie beginnt jetzt ebenfalls die Zeit des Loslassens. Das vordem zuverlässig wirksame Kindchenschema ist nicht mehr, was es einmal war. Erste Schatten fallen angesichts wachsender Unbändigkeit und Impertinenz auf die bislang vielleicht noch ungetrübte Elternidylle, erste Zweifel melden sich, ob man für den Charakter, dessen Umrisse sich abzuzeichnen beginnen, uneingeschränkt das Copyright übernehmen will.

Distanzierung auch auf Seiten der Eltern.

Interessanterweise ist dieser Aspekt ein beliebtes Thema im Horror-Film geworden: Die Kinder, die in einem Dorf geboren wurden, nachdem alle Frauen in einen tiefen Schlaf sanken und währenddessen von irgendwelchen extraterrestrischen Mächten geschwängert wurden. Oder, vielleicht am bekanntesten, die Geschichte im Film von Roman POLANSKI, wo der Teufel persönlich einer jungvermählten Frau namens Rosemary ein Baby macht.

Das Spiel mit dem Monster

Auch der Däumling, von dem wir im letzten Kapitel schon hörten, ist auf wundersame Weise zur Welt gekommen. Ein armes Bauernpaar, so heißt es da, wünscht sich sehnlichst ein Kind, und sei es auch nicht größer als ein Daumen. Dieser Wunsch geht in Erfüllung, und zwar wörtlich; der Neugeborene ist winzig klein und denkt auch in der Folge nicht daran zu wachsen. So kommt er zu seinem Namen.

Er begeht dann eine Serie von Streichen, die ihn als Vollblut-Trickster ausweisen. Sein hervorstechendstes Merkmal ist jedoch die ständige Variation des Motivs, in irgendwelchen *Hohlräumen* zu verschwinden: zuerst in einem Mauseloch, dann in einem leeren Schneckenhaus, sodann im Magen einer Kuh, die das Stroh frißt, auf dem er sich zur Ruhe gelegt hat, und schließlich im Bauch eines Wolfs, der den Magen der inzwischen geschlachteten Kuh verschlungen hat.

Das Bild erinnert an ein weltweit verbreitetes Mythenthema, dessen Restbestände sich noch in der biblischen Geschichte vom widerspenstigen Prediger Jona erkennen lassen; dieser wurde bekanntlich von einem Walfisch verschluckt und später wieder ausgespien.

Dasselbe Motiv findet sich auch im Winnebago-Zyklus vom Hasen. Eines Tages begegnet dieser einem Wasserungeheuer, das auf seinem Rücken viele Menschen daherträgt. Die Menschen weinen. Das weckt seine Neugierde, und er setzt sich zu ihnen, obwohl sie ihn warnen. Ehe er sich's versieht, wird er verschluckt und findet sich in einem finsteren Hohlraum wieder. Da er aber, anders als Wakdjunkaga, zwar den ganzen Tag lang auf eigene Faust umherzustreunen, zwischendurch aber immer wieder zu seiner Großmutter zurückzukehren pflegte, vermißt ihn diese alsbald. Sie geht zu dem Wassermonster und erwirkt von ihm, daß es den Hasen ausspeit.

Dieser wundert sich über sein Erlebnis und geht am nächsten Tage wieder hinaus, wo er singend das »Wesen das andere einschlürfen kann«, herausfordert, sich erneut an ihm zu versuchen. Das Ungeheuer kommt wie der Blitz herbei und versucht ihn abermals zu verschlingen. Aber Hase springt so geschickt beiseite, daß es ihn verfehlt. Die Szene wiederholt sich, und erst beim vierten Mal läßt sich Hase freiwillig verschlucken.

Im Inneren des Monsters trifft er wieder die weinenden Menschen. Sie weinen, erklären sie auf seine Frage, weil sie alle sterben müßten. Hase beruhigt sie: Sterben werde man keineswegs, und im übrigen mache es doch Spaß, sich so herumtragen zu lassen.

Jona und der Wal

Das Tier fährt inzwischen fort, sie einzuschlucken. Offensichtlich hat es viele Mägen, die, formal analog zur Däumlingsgeschichte, einander umschließen. Je tiefer man hineingerät, umso bedohlicher wird die Situation: Ganz innen drin sind viele der verschlungenen Menschen schon tot, oder sie liegen im Sterben. Da fängt Hase an, im Bauch des Tieres herumzutanzen, was diesem Übelkeit verursacht, so daß es den Trickster erbricht. Allerdings wird dieser sogleich wieder erneut in den Schlund zurückgeschwemmt. So geht es viermal. Da fertigt Hase aus Steinsplittern, die sich in seinen Haaren finden, einen Stichel und beginnt, das Tier von innen her anzuschneiden und sein Fett zu essen. Das Ungeheuer stöhnt, aber der Trickster fährt unbeirrt fort, seinen Weg bis zum Herzen des Tieres zu bahnen; das Herz schneidet er dann in Stücke. Schließlich bohrt er ein Loch in die Flanke des Monsters und führt alle in die Freiheit.

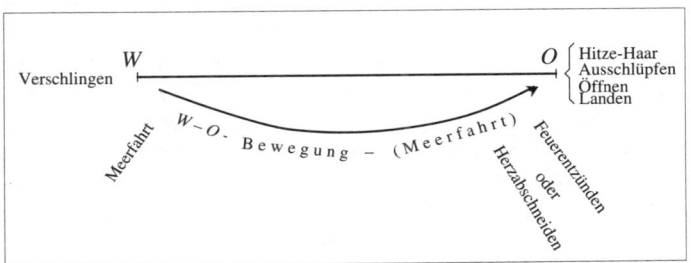

Schematische Darstellung der Walfischmythe nach FROBENIUS

Der deutsche Ethnologe FROBENIUS hat sich bereits vor hundert Jahren um eine Systematik der Walfischmythen bemüht. Für ihn ist klar, daß es sich nur um eine naturmythologische Paraphrase der allnächtlichen *Sonnenwanderung* zurück zur Stelle des Morgengrauens handeln kann. Er stellt eine größere Zahl einschlägiger Erzählungen aus aller Welt zusammen und beschreibt anhand einer Skizze ihre Quintessenz in einer Weise, die eigentlich eine PROPPsche Funktionengliederung vorwegnimmt.

»Ein Held wird von einem Wasserungetüm im Westen verschlungen (*Verschlingen*). Das Tier fährt mit ihm nach Osten (*Meerfahrt*). Inzwischen entzündet er in dem Bauche ein Feuer (*Feuerentzünden*) und schneidet sich, da er Hunger verspürt, ein Stück des herabhängenden Herzens ab (*Herzabschneiden*). Bald darauf merkt er, daß der Fisch auf das Trockene gleitet *(Landen)*; er beginnt sofort das Tier von innen heraus aufzuschneiden (*Öffnen*); dann schlüpft er heraus (*Ausschlüpfen*). In dem Bauche des Fisches ist es so heiß gewesen, daß ihm alle Haare ausgefallen sind (*Hitze-Haar*). – Vielfach befreit der Held noch gleichzeitig alle, die vorher verschlungen wurden (*Allverschlingen*) und die nun alle auch ausschlüpfen (*Allausschlüpfen*).«[2]

---

[2] FROBENIUS (1904), S. 421

Der Schönheitsfehler dieses Strukturschemas liegt darin, daß es das mitgelieferte Belegmaterial im Sinne der vorgefaßten solaren Deutung überinterpretiert. So kann beispielsweise keine Rede davon sein, daß die Tauchfahrt immer von Westen nach Osten ginge; oft genug, wie auch etwa in der Fabel vom Hasen, spielt die Richtung bei ihr überhaupt keine Rolle. Nun ist ja tatsächlich nicht ausgeschlossen, daß, vor allem bei meerumgebenen Inselvölkern, die Erfahrung der Sonne, die im Westen vom Meer verschluckt und im Osten wieder ausgespien wird, an der dramatischen Grundidee der Walfischmythe mitgestaltet hat. Aber als alleinige Erklärungsbasis reicht das nicht aus; die meisten Details der Erzählung lassen sich nur noch höchst gewaltsam auf den Sonnenlauf beziehen.

Warum etwa bekommt der Tauchfahrer im Innern des Ungeheuers Hunger und frißt sich dann wie eine Made durch den Speck des Fisches zu dessen Herzen vor? Woher stammt die Hitze im Fischbauch, und wieso fallen ihretwegen die *Haare* aus, die dann aber im Freien bald wieder in voller Pracht nachwachsen? Für FROBENIUS sind das einfach die Sonnenstrahlen; er vermutet, daß im Entstehungsgebiet dieser Mythe die Sonne morgens einen weniger auffälligen Strahlenkranz trug als am Abend. Damit werden wir uns schwerlich begnügen können.

Die Abenteuer und Widerfahrnisse des vom Wal Verschlungenen sind als bloße Naturbeschreibung so weit hergeholt, daß sie sich mühelos durch eine beliebige Zahl anderer, genau so phantasiereicher Inhalte ersetzen ließen; ihr weltweit uniformes Vorkommen ist so nicht zu erklären. Hier hilft wirklich nur ein Rekurs auf den psychologischen Symbolgehalt weiter. Und da weisen nun alle Anzeichen darauf hin, daß der Fischfahrer, auch dort, wo er solare Züge trägt, im Grunde eine Trickstergestalt ist.

Aus dieser Deutungsperspektive wird vor allem klar, was wir uns eigentlich unter dem *Fischmonster* vorzustellen haben, von dem sich der Protagonist wohlgemut verschlucken und herumkutschieren läßt, ohne daß es ihm doch etwas anhaben könnte: Es ist das *elterliche Medium*, das familiäre Heim, das in dieser Entwicklungsphase mehr und mehr als hemmend und infantilisierend, aber auch noch nicht als wirklich verzichtbar erlebt wird.

Spontanzeichnung eines Jungen im Alter von 9 Jahren; 8 Monaten.

Bei Lieselotte ARNOLD-CAREY[3] findet man die Zeichnung eines neunjährigen Buben. Er hat sich selbst dargestellt, unter Wasser, mit einer Harpune bewaffnet vor dem aufgerissenen Maul eines riesigen Fisches, so als habe er sich eben ausspeien lassen. Der Bauch des Monsters enthält eine Schemazeichnung, pedantisch mit Buchstaben markiert: Diese stellt den Grundriß der *elterlichen Wohnung* dar. Links oben an der Meeresoberfläche erkennt man ein kleines Schiff, ein Symbol der figuralen Existenz, die der Harpunenmann wohl gegenüber dem Eingebettetsein im vormals trauten Heim vorzieht.

Es gibt noch etliche weitere Details der Walfischmythe, die in einem rein solaren Deutungsschema unaufgelöste Kuriositäten bleiben, während sie sich ohne weiteres in den Trickster-Kontext fügen. Hierzu gehört beispielsweise die Art, in der der Protagonist mit seinen *körperlichen Proportionen* spielt. In einer von FROBENIUS[4] mitgeteilten indischen Erzählung wird die Sonne durch einen Gott in Langurengestalt verkörpert; sein Name ist Hanumant.

Eines Tages sieht ein Meeresungeheuer den Schatten, den die Sonne auf das Meer wirft, und zieht durch ihn Hanumant an sich, um ihn zu verschlucken. Als dieser das merkt, bläht er seine Gestalt maßlos auf. Das Ungeheuer aber tut ein gleiches. Daraufhin macht sich Hanumant so klein wie ein Daumen,

[3] ARNOLD-CAREY (1972), S. 56   [4] FROBENIUS (1904), S. 173 f

schlüpft in den großen Leib des Ungeheuers hinein und kommt auf der anderen Seite wieder heraus. Später gerät er noch einmal in dieselbe Situation gegenüber einem anderen, diesmal ausdrücklich als Dämonenmutter charakterisierten Fabelwesen. Er macht sich wieder winzig klein und schlüpft in deren Leib; kaum ist er darin, schwillt er zu einem riesigen Klumpen an und zerreißt sie.

Wenn wir den Fischreisenden als Trickster verstehen, wird auch klar, was der Haarausfall bedeutet. In diesem Bild klingt ja immer der Gedanke der *psychischen Kastration* an; man wird darin eine Parallele zu den ausgerissenen Nägeln und dem abgeschorenen Bart des Susano'o sehen dürfen. Was jenem widerfuhr, war zwar eine Strafe für unflätiges Benehmen im Heim seiner mütterlichen älteren Schwester. Aber daß er überhaupt noch dort war, im Bauch der Familie gewissermaßen, statt längst in die weite Welt zu ziehen, mag ja eben die Aggressionsenergie freigesetzt haben, die dann disziplinarisch zurückgestutzt werden mußte. An sich genügt allein schon die übermäßige Nestwärme im Innern des Ungeheuers, um die Kastration auszulösen.

Diese Kastration ist freilich reversibel: Es steht dem Trickster jederzeit frei, den Fischbauch wieder zu verlassen, und von dieser Möglichkeit macht er auch Gebrauch. SCHERF[5] bemerkt dazu hellsichtig im Zusammenhang mit den Däumlingsmärchen, es gehe hier um »das genußvolle Durchspielen des Gefressenwerdens und die schließliche Sicherheit, mit der Bedrohung durch die eigenen Rückkehrgelüste in das verschlingende Mütterliche fertigzuwerden.«

Entropie und Relevanz

Es ist nun an der Zeit, die verschiedenen Züge der Trickstergestalt, und möglichst parallel dazu das Erscheinungsbild des zugehörigen ontogenetischen Entwicklungsabschnitts, in einen Systemzusammenhang zu bringen. Als theoretischer Bezugsrahmen soll uns dabei ein kybernetisches Motivationsmodell dienen, an dem meine Zürcher Forschungsgruppe seit Jahren theoretisch und experimentell arbeitet.

---

[5] SCHERF (1987), S. 126

Es ist detailliert an anderem Orte[6] dargestellt; ich umreiße es hier nur qualitativ, und nur in den Aspekten, die im vorliegenden Zusammenhang benötigt werden. Das Modell soll in erster Linie erklären, wie sich zwischenmenschliche Beziehungen aufbauen und wandeln. Es unterstellt, daß hierfür an den Objekten, die soziales Verhalten auslösen, außer ihrer physischen oder kommunikativen *Nähe* zwei Merkmalsdimensionen von besonderer Bedeutung sind; diese heißen *Entropie* und *Relevanz*.

Entropie ist ein informationstheoretischer Begriff und besagt soviel wie Fremdheit, Ungewißheit, Mühe beim Einordnen einer Gegebenheit in bestehendes Wissen oder bei der Vorhersage einer Ereignisfolge. Die Entropie eines Menschen, den ich noch nie gesehen habe, der dabei vielleicht noch exotisch gekleidet ist, unverständlich spricht und an unpassender Stelle ohne erkennbaren Grund schrill zu lachen beginnt, ist hoch; hingegen ist das vertraute Abendritual der Mutter, die mich als Kind zu Bett bringt, absolut vorhersagbar und dementsprechend entropiearm. Niedrige Entropie wirkt beruhigend, spendet Sicherheit und Geborgenheit, kann aber auch langweilig und erstickend sein; hohe weckt Erstaunen und Überraschung; sie kann faszinieren, aber auch befremden und Furcht einflößen.

Furcht ist eine Vermeidungsreaktion. Hausbackene Lerntheorien setzen als selbstverständlich voraus, daß man etwa nicht vermeidet, wenn man nicht zuvor schlechte Erfahrungen damit gemacht hat. Sensibleren Beobachtern ist hingegen schon längst aufgefallen, daß Furcht keineswegs erlernt zu werden braucht, sondern auch ganz unabhängig von aller Erfahrung allein durch zu hohe *Entropie*, also durch Fremdheit oder Diskrepanz, ausgelöst werden kann: Das Unvertraute und Unbegreifliche trägt in sich die Potenz, zum »Un-Heimlichen« zu werden. Unheimlich ist etwa die Dunkelheit, in der man nichts mehr erkennt, oder der schweigende Alien, der sich mir nähert, natürlich auch der gespensterhafte Alte, der in allen seinen Merkmalen wie du und ich aussieht, mit der geringfügigen Ausnahme, daß er seinen Kopf unter dem Arm trägt.

Das Zürcher Modell sieht demgemäß Furcht als Reaktion auf Objekte mit hoher Entropie vor. Allerdings können dieselben Objek-

---

[6] BISCHOF (1985) Kap. 25-27, BISCHOF (1993)

te auch *neugierig* machen. Und das müssen sie auch; denn wenn ich vor dem, was ich nicht kenne oder verstehe, immer nur fliehen wollte, käme ich nie dazu, neue und vielleicht ja auch positive Erfahrungen zu machen – so wie der kleine Trickster Elliot, der im bekannten SPIELBERG-Film mit E.T. Freundschaft schließt.

Entropie kann also sowohl *appetente* als auch *aversive* Affekte hervorrufen. In beiden Fällen besteht die Reaktion in einer *Ortsänderung*: Wenn man sich fürchtet, läuft man weg, wenn man neugierig ist, nähert man sich an. Das Zürcher Modell ist daher im Grunde ein System der *Distanzregulation*.

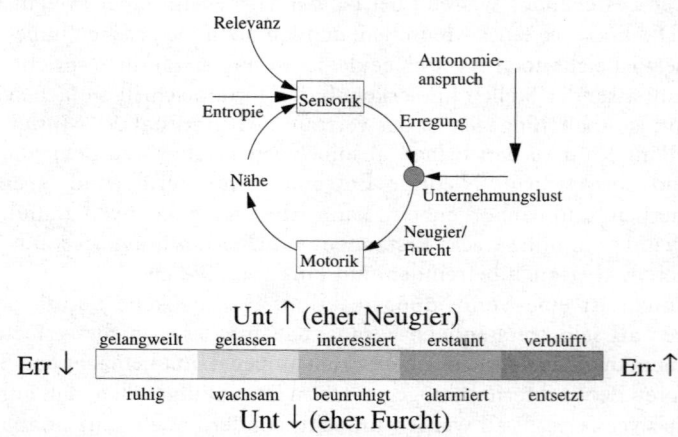

Erregungs-Regelkreis des Zürcher Modells. Oberes Bild: Die Erregung (Istwert), gleichsinnig mit Relevanz, Entropie und Nähe des Partners anwachsend, wird mit der Unternehmungslust (Sollwert) verglichen; je nach dem Ergebnis wird dann eher das Furcht- oder das Neugiermotiv aktiviert. Die dadurch ausgelöste Distanzänderung paßt den Ist- an den Sollwert an. Die Unternehmungslust hängt ihrerseits vom Autonomieanspruch ab. – Unteres Bild: Emotionaler Zustand, horizontal abgestuft in Abhängigkeit von der Stärke der Erregung (Err). Je nach Höhe der Unternehmungslust (Unt) entspricht die Färbung eher der oberen oder der unteren Beschriftung der Skala.

Die Stimmungslage, die sich angesichts eutropiereicher, also fremdartiger oder diskrepanter Objekte einstellt, wird darin als *Erre-*

gung bezeichnet. Ein *Sollwert*, der im Modell anschaulich *Unterneh-mungslust* heißt, bestimmt, welches Maß an Erregung erwünscht bzw. gerade noch erträglich ist. Im Zustand niedriger Unternehmungslust fürchtet man sich schon vor einem harmlosen Fremden; ist sie hoch, kann es nicht abenteuerlich genug zugehen.

Ganz analog gestaltet sich der Umgang mit Objekten *niedriger* Entropie, also mit Vertrauten. Vertrautheit vermittelt ein Gefühl der *Sicherheit*. Auch hierfür postuliert das Modell einen Sollwert, der *Abhängigkeit* genannt wird. Übersteigt die Abhängigkeit das Maß der verspürten Sicherheit, so fühlt sich das Subjekt ungeborgen und schließt sich enger an Vertraute an. Im umgekehrten Fall beobachten wir *Überdruß*verhalten: Der Betroffene findet Nestwärme langweilig, ja unerträglich, und meidet sie daher.

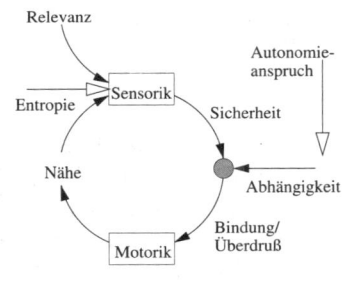

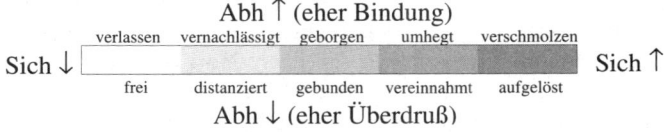

Sicherheits-Regelkreis des Zürcher Modells. Symbole wie im vorherge-henden Bild. Der unausgefüllte Pfeilkopf bei den Eingangsgrößen »Entropie« und »Autonomieanspruch« soll besagen, daß diese gegen-sinnig (hemmend, abschwächend) auf die kausal nachgeordneten Varia-blen (»Sicherheit« bzw. »Abhängigkeit«) wirken.

Die beiden erläuterten Regelkreise kontrollieren gemeinsam die sozia-le Distanz. Die nachfolgende Zeichnung deutet an, wie man sich das konkret vorzustellen hat. Allerdings ist dabei nur die *physische* Distanz berücksichtigt; das Schema läßt außer Betracht, daß wir uns auch *kommunikativ* – etwa durch Blicke, Gesprächsthemen oder symbolische Handlungen – näherkommen oder voneinander distanzieren können.

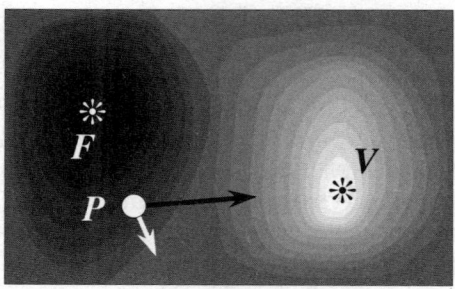

Soziale Atmosphäre im Lebensraum eines Subjekts P bei Anwesenheit eines vertrauten (V) und eines fremden Partners (F). Dunkelheit der Schattierung bezeichnet den Grad der lokalen Entropie.

Dargestellt ist eine einfache soziale Situation, bei der im Lebensraum des Individuums *P* sowohl eine vertraute Person *V* als auch ein Fremder *F* anwesend ist. Die soziale Atmosphäre dieses Lebensraumes hängt von der Stelle ab, an der sich *P* gerade aufhält. In der Nähe von *F* ist die Erregung hoch, die Sicherheit niedrig; in der Nähe von *V* verhält es sich umgekehrt. Wie *P* darauf reagiert, bestimmen seine Sollwerte. Im Zustand *hoher Abhängigkeit* wird er sich in Richtung des schwarzen Pfeiles bewegen; wir sprechen dann von *Bindungsverhalten*. Fehlt es ihm außerdem an *Unternehmungslust*, so macht sich auch der weiße Pfeil geltend, *P* geht also zugleich *F* aus dem Wege. Unter den umgekehrten Bedingungen kehren sich die Pfeile um; das Individuum wird dann des vertrauten Objektes *V* überdrüssig und bekundet stattdessen exploratives Interesse an *F*.

Nun kommt es bei der Distanzregulation aber auch darauf an, um *was* für ein Objekt es sich handelt. Ein Spielzeug, der Kanarienvogel, das Bett im Kinderzimmer daheim – sie alle können genauso vertraut sein wie die Mutter. Aber nur diese vermag nachhaltig zu beruhigen, wenn das Kind krank oder sonstwie in Not ist. Mit der Erregung ist es genauso: Ein fremder, großer Mann kann heftige Angst oder anhaltende Faszination auslösen; auf ein fremdes Kind wird deutlich schwächer reagiert.

Entropie allein beschreibt also den sozialen Stimulus nicht ausreichend. Wir müssen noch wenigstens eine weitere Merkmalsdimension berücksichtigen, und das ist eben die schon erwähnte *Relevanz*. Am relevantesten ist ein selbstbewußt auftretender erwachsener Mensch; dann folgen, in fallender Reihe, derselbe Mensch in bescheidener Haltung, ein Kind, ein Tier, ein lebloser Gegenstand. Relevanz bezeichnet den Grad, in dem ein Objekt, unabhängig von seiner Fremdheit oder Vertrautheit, überhaupt geeignet ist, als sozialer Anreiz zu fungieren.

Systemtheoretisch betrachtet verstärkt Relevanz den Effekt der Entropie; sie macht das Fremde fremder und das Vertraute vertrauter. Wenn wir in der vorhergehenden Abbildung die Objekte *F* und *V* durch andere von jeweils gleicher Entropie, aber geringerer Relevanz ersetzt denken, so hätte das zur Folge, daß das Grauprofil abflacht. Die Person *P* wäre an derselben Stelle trotz ihrer Nähe zu *F* einer geringeren Erregung ausgesetzt; umgekehrt könnte sie, wenn sie sich auf *V* zu bewegt, nicht mehr gleichviel Sicherheit hinzugewinnen wie zuvor.

Der Anspruch auf Autonomie

Das Zürcher Modell führt noch eine dritte Motivgröße ein, der in gewisser Hinsicht eine Schlüsselstellung zukommt. Wir haben sie bereits auf Seite 384 kennengelernt; sie heißt *Autonomieanspruch*. Es handelt sich abermals um einen Sollwert, der einen Regelkreis kontrolliert; allerdings geht es dabei nicht um soziale Distanz, sondern eben um Autonomie, um das Gefühl, sein Leben in eigener Regie zu führen, selbst die Maßstäbe zu setzen, nach denen sich der Sinn des Weltgeschehens richtet.

Auf seinen primitivsten Kern reduziert, besteht der Autonomieanspruch in der fordernden Erwartung, daß die Dinge so laufen, wie man sie sich in den Kopf gesetzt hat, und daß einem nichts und niemand dabei in die Quere kommt. Die Frage, wem dieser Anspruch zusteht, gibt offenkundig einen permanenten Konfliktstoff in jeder sozialen Gruppierung ab. Daß zwei Individuen vereinbare Ziele verfolgen, ist ja eher die Ausnahme als die Regel, und immer wenn es nicht so ist, muß mindestens einer von beiden seinen Autonomieanspruch ganz oder teilweise zurücknehmen. Hierüber kann leicht Streit ausbrechen. Es verwundert daher nicht, daß soziale Säugetiere schon weit unterhalb der menschlichen Entwicklungsstufe ein System entwickelt haben, welches die Mitglieder der Gruppe von solcher ständigen Belastung befreit. Dieses System heißt *Rangordnung.* Von Rangordnung sprechen wir dann, wenn bei den Gruppenmitgliedern Konsens herrscht, wer vor wem den Vortritt bei einer gemeinsam begehrten Ressource hat, wer den Weg der Wanderung bestimmt, wer das Fortpflanzungsprivileg genießt und so fort. Rangordnung ist eine stabilisierte Abstufung der *Autonomieansprüche.*

Der Hinweis auf das Fortpflanzungsprivileg ist dabei soziobiologisch besonders bedeutsam. Es handelt sich hier nicht etwa nur um einen äußerlichen Effekt, von der Art, daß die Stärkeren den Schwächeren die Geschlechtspartner wegnähmen. Wer in der Rangordnung abgesunken ist, dem vergeht vielmehr auch die Lust an der Paarung. Er unterliegt, übrigens in beiden Geschlechtern, einer *psychischen Kastration*; er verhält sich wie ein paarungsunfähiges Jungtier. Vieles spricht dafür, daß dieser Mechanismus auch noch beim Menschen greift; er würde beispielsweise erklären, warum Strafgefangene häufig unter Potenzverlust bzw. Amenorrhöe leiden.

Wenn der Rangniedere seine sexuelle Repression solcherart *internalisiert*, so muß man annehmen, daß eine direkte funktionale Verbindung zwischen den zugrundeliegenden Motivkräften besteht. Das Zürcher Modell fordert daher, daß Autonomieanspruch und sexuelle Triebkraft wechselseitig aneinander gekoppelt sind.

Eine letzte wesentliche Modellannahme betrifft den Zusammenhang, in dem das Autonomiesystem mit den Systemen der Sicherheits- und Erregungsregulation steht. Hoher Autonomieanspruch, so lautet die These, drosselt die *Abhängigkeit* und verstärkt die *Unternehmungslust.* Er macht unabhängig vom Gefühl der Sicherheit, das in familiärer Umgebung gedeiht, läßt Überdruß an zuviel Verwöhnung empfinden und drängt in das faszinierende Abenteuer der Begegnung mit dem Fremden. Wem umgekehrt der Mut zur Selbstbestimmung fehlt, der bleibt angewiesen auf Nestwärme, auf Geborgenheit im Kreis vertrauter Menschen. Das ist auch der Grund, warum es den ihres Autonomieanspruchs beraubten Untertanen einer Diktatur so schwer fällt, aus ihrer unwürdigen Rolle auszubrechen: Sie können nicht mehr ohne die Sicherheit leben, die ihnen der zwar grausame, aber eben doch vertraute Patriarch gibt. Sie sind auch nicht souverän genug, Fremdem oder sonstwie aus dem Rahmen Fallendem anders als mit paranoidem Mißtrauen zu begegnen, und natürlich fehlt es ihnen an Unternehmergeist und Risikofreude.

Bewältigungsstrategien

Nach außen hin macht sich der Autonomieanspruch in erster Linie dadurch bemerkbar, daß er das Subjekt renitent auf Beeinflussungsversuche seitens der Mitwelt reagieren läßt. Wenn er, wie wir unterstellen, in Kindheit und Jugend allmählich ansteigt, sollte im selben Verhältnis also auch das soziale Konfliktpotential wachsen. Das Individuum wird immer selbstbewußter, das Ich immer fordernder in seinem Verlangen, das Geschehen unter seine Kontrolle zu bringen. Das aber muß destabilisierend auf die intrafamiliäre Rangordnung wirken. Je naseweiser sich der Heranwachsende gebärdet, desto weniger sind seine Eltern zu Hilfe und Nachsicht bereit, desto weniger Narrenfreiheit wird ihm eingeräumt.

Das bedeutet aber letztlich, daß die Autonomiebilanz des Heranwachsenden nicht mehr aufgehen kann. Regelungstheoretisch betrachtet klafft hier eine Schere zwischen Sollwert und Istwert: Der Autonomiewunsch steigt und steigt, aber die Umwelt verweigert ihm die Erfüllung.

Das Zürcher Modell sieht für solche Problemfälle Notmaßnahmen vor, die helfen sollen, die Ist-Soll-Diskrepanz zu verringern. Man bezeichnet sie als *Bewältigungsstrategien*, auf englisch *Coping*-Reaktionen. Sie zerfallen in zwei Gruppen, die im Fachjargon als »alloplastisch« und »autoplastisch« unterschieden werden.

Alloplastische Maßnahmen zielen darauf, die *äußere Situation* so umzugestalten, daß der Sollwert schließlich doch noch erreicht wird. Wenn man sich die behindernden Umstände symbolisch als eine Barriere vorstellt, die den Weg zum Ziel verbaut, so lassen sich genau drei

Lösungsmöglichkeiten unterscheiden: Man kann einen Umweg um die Barriere suchen, man kann sie brachial entzweischlagen, oder man kann schließlich jemand anderen bitten, sie zu beseitigen. Demgemäß sprechen wir von *inventiven*, *aggressiven* und *supplikativen* Coping-Strategien.

Wenn keine der drei Methoden Erfolg hat, bleibt nur noch die *autoplastische* Reaktion als Ausweg. Man nimmt dann die Umwelt als gegeben hin und streckt sich seinerseits nach der Decke. Das kann wiederum auf zweierlei Weise geschehen. Eine davon besteht darin, mit dem *Sollwert* nachzugeben, bis er sich dem widerspenstigen Istwert angepaßt hat. Wir sprechen hier von *Akklimatisation*.

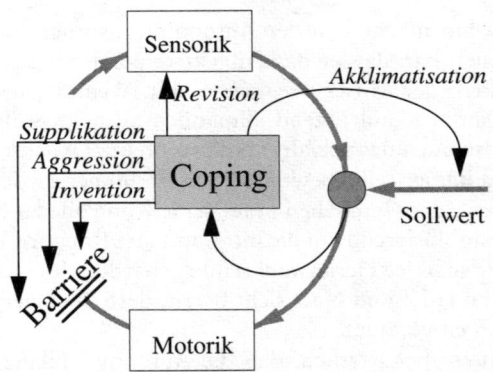

Coping-Strategien. Wenn eine Barriere verhindert, daß der Regelkreis sich schließt, kann man versuchen, sie auszuschalten (alloplastische Maßnahmen: Invention, Aggression, Supplikation), oder man kann (autoplastisch) den Sollwert dem Istwert anpassen (Akklimatisation) bzw. den Istwert durch Adaptation des sensorischen Apparats korrigieren (Revision).

Die zweite autoplastische Coping-Strategie bezeichnen wir als *Revision*. Bei ihr hält man an seinen Wünschen fest, man ändert aber auch die äußere Situation nicht, sondern nur das *Bild*, das man von ihr hat. Der kritische Realismus belehrt uns ja, daß die Weise, in der wir die Umwelt wahrnehmen, nicht von den Reizen allein determiniert wird, sondern immer auch vom Reaktionsstil unseres Sensoriums. Den aber kann man verändern; man kann versuchen, die Dinge ein wenig anders zu sehen. Dieses Verfahren erscheint auf den ersten Blick dysfunktionell. Wenn man eine objektiv deprimierende Situation durch eine rosarote Brille betrachtet, so lügt man sich nur in die eigene Tasche und wird schließlich doch von der Realität eingeholt. Aber das ist hier nicht unbedingt gemeint. Eine Ist-Soll-Diskrepanz kann auch darauf beruhen, daß man die Dinge bisher falsch gesehen hat. Seine Weltsicht einer Revision zu unterwerfen, muß also nicht heißen, die Wirklichkeit zu verleugnen oder zu verfälschen, sondern es kann auch bedeuten, tiefer in sie einzudringen, ihr Seiten abzugewinnen, die man bisher nicht gesehen hat, eine schärfere, nicht eine schönende Brille aufzusetzen[7].

Tatsächlich gibt es beides. Revision kann zur echten Problemlösung beitragen; wir bezeichnen sie dann als *instrumentell*. Sie kann aber auch vertuschenden Charakter haben und lediglich bewirken, daß man unter dem objektiv weiterbestehenden Problem nicht mehr so sehr leidet. Die Fachleute sprechen hier von *palliativem* (bemäntelndem) Coping.

		instrumentell	*palliativ*
alloplastisch	**Invention**	Umwegsuche	Bewegungssturm
	Aggression	Vertreibung eines Störenfrieds	Vase an die Wand werfen
	Supplikation	Herbeirufen von Hilfe	Weinkrampf
autoplastisch	**Akklimatisation**	Trauerarbeit bei Todesfall	WunschVerdrängung
	Revision	Der Sache eine neue Seite abgewinnen	Verleugnung

Die wichtigsten Bewältigungsstrategien, mit je einem Beispiel für instrumentelle bzw. palliative Wirksamkeit.

---

[7] METZGER (1954), S. 233-236

Diese Unterscheidung läßt sich übrigens bei *allen* Bewältigungsstrategien machen. Wenn man einen Wunsch nur verdrängt, um einem Triebkonflikt aus dem Wege zu gehen, so ist das zum Beispiel eine palliative Akklimatisation. Echte Trauerarbeit hingegen, in der man das Verlangen nach Präsenz eines Verstorbenen aufgibt, hat instrumentellen Charakter. Auch die alloplastischen Bewältigungsstrategien lassen sich, wie die obige Tabelle erkennen läßt, in eine instrumentelle und eine palliative Gruppe zerlegen.

Der Coping-Spezialist

Das Modell ist damit noch immer nur sehr grob umrissen; aber weiter ins Detail brauchen wir hier nicht zu gehen, um die Frage stellen zu können, ob und wie sich die Natur des *Tricksters* darin einordnen läßt.

Am wenigsten strittig dürfte dabei die These sein, daß beim Trickster jedenfalls die *Unternehmungslust* deutlich erhöht ist. Er begibt sich ja, gleich den Säugetiermännchen, die spontan die Familie verlassen, auf ungewisse Wanderschaft in eine ausgesprochen entropiereiche Atmosphäre, und in der hält er es nicht nur aus, sondern er fühlt sich darin auch wohl. Er ist von hemmungsloser *Neugier* erfüllt, vom unbezähmbaren Drang, alles auszuprobieren. Die andere Seite derselben Medaille ist seine Unfähigkeit, sich zu *fürchten*. Der Trickster hält sich für unsterblich, und er bringt es fertig, auch noch angesichts eines Super-GAU mit fassungslosem Staunen zu reagieren.

Nun ist Furcht aber kein Luxus, sondern eines der lebenswichtigsten Motive. Sie warnt uns vor Gefahren und rettet uns immer wieder die Haut. Man wird also fragen dürfen, wie sich der Trickster eigentlich leisten kann, so unvorsichtig zu leben.

Die Verhaltensreaktion, die wir normalerweise mit dem Erlebnis der Furcht verbinden, ist die *Flucht*. Ein Wesen ohne Furcht sollte also nie fliehen. Das trifft nun aber für den Trickster überhaupt nicht zu. Es gibt genügend Szenen, in denen er vor irgendwem davonläuft, wobei es oft genug um Kopf und Kragen geht. Wenn er aber flüchtet und doch zugleich unfähig ist, sich zu fürchten, wie ist seine Flucht dann motiviert?

Um das zu verstehen, müssen wir auf das Thema *Coping* zurück-kommen. Schon eine flüchtige Sichtung der Trickster-Episoden läßt erkennen, daß hier ein Spezialist im Erproben und Anwenden immer neuer Bewältigungsstrategien dargestellt wird. Er will ja dauernd ir-gendetwas, und kein Mittel ist ihm zu abwegig, um zum Ziel zu kom-men: Er versucht es mit Betteln, mit Frechheit, er ersinnt ständig neue Finten, Ausreden und Tricks; er ist fortwährend damit beschäftigt, sein Coping-Repertoire zu erweitern.

In diesem Sinne ist es auch zu verstehen, wenn der Trickster bei aku-ter Gefahr hakenschlagend davonläuft: Er flieht nicht aus Angst, son-dern er sucht sich aus einer unangenehmen Situation einen möglichst geschickten *Ausweg*. Seine Flucht ist eine *inventive* Verhaltensweise.

Invention ist unter den alloplastischen Bewältigungsstrategien wohl die, von der der Trickster am ausgiebigsten Gebrauch macht, auch und gerade im sozialen Umgang. Dabei kommt ihm zustatten, daß die in der vorangegangenen Phase erworbene *Theory of Mind* jetzt voll einsatzfähig ist. Sie befähigt ihn, andere so recht zu manipulieren und hinters Licht zu führen. Daß er dabei dennoch auch immer wieder selbst hereinfällt und am Ende als der betrogene Betrüger dasteht, liegt an seiner Unerfahrenheit und daran, daß man bloße Raffinesse, die sich keiner überpersönlichen Moral verpflichtet fühlt, eben doch zu leicht durchschaut.

Suppression der Relevanz

Alles bisher Gesagte ist nun zwar einigermaßen plausibel, läßt aber noch kein typisches Bild hervortreten. Den eigentlichen Schlüssel zum Wesen des Tricksters liefert erst eine ganz spezielle autoplastische Copingstrategie, auf die wir noch etwas genauer eingehen müssen.

Wenn beim Trickster die Unternehmungslust erhöht ist, müßte nach der Logik des Modells dasselbe auch für seinen *Autonomieanspruch* gelten, während die *Abhängigkeit* entsprechend herabgesetzt sein soll-te. Man würde also erwarten, daß er nicht nur die Fremde sucht, son-dern auch die Heimat meidet. Das ist nun aber für den Trickster kein Thema. Seine schrankenlose *Mobilität* kennt weder Präferenzen noch

Tabuzonen. Vom Hasen haben wir gehört, daß er zwischen der weiten Welt und der Hütte seiner Großmutter hin- und herpendelt. Und dann ist da vor allem die Botschaft der Walfisch-Mythe. Wenn der Fisch wirklich das Elternmedium bedeutet, stehen wir vor der schwierigen Aufgabe, zu erklären, wieso es dem Trickster auch noch Spaß macht, sich von ihm verschlucken zu lassen.

Im Schoß der Familie zu bleiben, ist nämlich auf die Dauer nicht mit erhöhtem Autonomieanspruch vereinbar. Dieser drosselt ja den Sollwert für Sicherheit und löst daher bei zuviel Nestwärme eine Überdrußreaktion aus. Zieht man hieraus nicht die Konsequenz und wandert ab, so reagiert das System allmählich mit einer Rückakklimatisation des Autonomieanspruchs – man wird wieder unselbständig, abhängig, infantil, die sexuelle Reifung stagniert oder regrediert, die Ich-Grenzen lösen sich auf, man fällt in die Symbiose zurück, ertrinkt im ozeanischen Gefühl – lauter synonyme Formulierungen für denselben fatalen Tatbestand.

Daß alldas eintritt, kann tatsächlich auch der Trickster nicht verhindern, sonst würden ihm nicht in der Hitze des Fischbauchs die Haare ausfallen. Die psychische Kastration ist ein Tribut, den auch er zahlen muß, wenn er sich vom Wal verschlucken läßt. Der entscheidende Punkt liegt woanders: Während die anderen Menschen von den Wänden des Mediums *festgehalten* werden und daher von den ichauflösenden Verdauungssäften im Fischmagen lebensgefährlich bedroht sind, steht es dem Trickster frei, die Höhle nach Belieben jederzeit wieder zu verlassen. Der Autonomieverlust bleibt bei ihm passager, reversibel, eine in Kauf genommene vorübergehende Beeinträchtigung, keine dauerhafte Katastrophe.

An dieser Stelle wäre anzumerken, daß die Kabiren, die wir auf Seite 479 als Trickster-Gestalten kennengelernt haben, im Zusammenhang mit den Initiationsriten von Samothrake stehen, von denen es bezeichnenderweise hieß, daß derjenige, der sich ihnen unterzog, fortan gegen das Ertrinken gefeit sei. Er kann dann zwar immer noch ins Wasser fallen, hat aber die Garantie, rechtzeitig wieder an Land geschwemmt zu werden.

Wie kommt der Trickster dazu, jederzeit durch die Wand mütterlicher Medien dringen zu können – sei es von außen durch abgedeckte Dächer, sei es von innen mit dem Messer, das einen Tunnel ins Freie bohrt? Wie schafft er es, sich die Eltern trotz physischer Nähe auf innere Distanz zu halten?

Hier hilft uns nun das Konzept der *Relevanz* weiter. Der Trickster versteht sich auf einen eigentümlichen Revisionsmechanismus, dessen Pointe darin liegt, den sozialen Objekten, mit denen er es zu tun hat, die Relevanz zu entziehen. Alles, was wir im 13. Kapitel unter den Stichworten »Assumptive Realitäten«, »emotionale Immunität« und »kognitiver Dünkel« zusammengestellt haben, folgt letztlich aus dieser Bewältigungsstrategie.

Wenn die Relevanz aller Objekte gedämpft wird, *verflachen* die Schwankungen von Erregung und Sicherheit bei der Wanderung durch das soziale Feld. Milde Neugier und leichter Überdruß werden dann zur permanenten Stimmungslage, und man ist weitgehend gefeit gegen Veränderungen des sozialen Klimas, gleich nach welcher Seite hin.

Verteilung der Entropie im Lebensraum des Subjekts P bei hoher Relevanz des vertrauten (V) und des fremden Objekts (F), die von P aber durch Suppression reduziert wird. Der Kreis um P entspricht der Vermummung des Tricksters; er wirkt abschwächend auf die Unterschiede der Graustufen.

Der frühe Susano'o, der nostalgisch zusammenbricht und der verlorenen Mutter nachweint, ist insofern noch gar kein richtiger Trickster. Dazu wird er erst, wenn es ihm gelingt, sich der Relevanz seiner Partner zu verschließen. Der Mythos symbolisiert diesen Entwicklungsschritt durch das Anlegen von *Regenbekleidung*. Tatsächlich ist diese ja dazu da, den Träger für Klimaschwankungen unempfindlich zu machen. Man darf die Trickster-Vermummung nicht nur einfach als Symbol einer armierten Ich-Grenze deuten; sie hat darüber hinaus die speziellere Bedeutung der Immunisierung gegen soziale Relevanz.

Auswirkungen auf die Autonomieregulation

Bisher wurde die Relevanz eines Objektes vornehmlich an *physiognomischen* Merkmalen festgemacht. Im vorliegenden Zusammenhang ist aber wesentlich, daß auch noch der *Verhaltensstil* zu ihr beiträgt.

Vorhin war davon die Rede, daß die Mitglieder einer Gruppe ihre Autonomieansprüche untereinander aushandeln und solcherart eine *Rangordnung* etablieren. Damit das funktionieren kann, ist es erforderlich, daß die Individuen einander rechtzeitig signalisieren, wie weit sie zu gehen bereit sind. Der Autonomieanspruch muß sich also im *expressiven* Verhalten kundtun. In unserer Primatenverwandtschaft gehören dazu gestrafftes, aufrechtes Auftreten, schwungvolle Bewegungen, notfalls laute Vokalisation und Lärmen mit Objekten, aber auch kühle Besonnenheit, wenn andere die Nerven verlieren.

Das Zürcher Modell postuliert nun, daß alle diese Signale auch zum Eindruck der *Relevanz* beitragen, die dem betreffenden Individuum in der Wahrnehmung seiner Gruppenmitglieder zukommt. Daraus ergibt sich zum einen, daß der bescheiden Auftretende als Fremder weniger erregt und als Vertrauter weniger Sicherheit spendet. Es hat aber noch eine weitere Konsequenz: Wenn jemand, wie eben der Trickster, die wahrgenommene Relevanz seiner Umgebung durch *Revision* ständig abblendet, so sollte er auch deren Ranghöhe chronisch unterschätzen.

Es gibt dann aber auch nichts, was ihn in der *expressiven* Bekundung seiner eigenen Autonomieansprüche einschüchtern könnte. Er lärmt hocherhobenen Kopfes durchs Leben, ohne das Drohstarren der Alpha-Figuren zu bemerken. Das würden sich diese freilich nicht lange gefallen lassen, wenn er die solcherart erschlichene eigene Ranghöhe nicht nur harmlos *demonstrieren*, sondern im Konfliktfall auch ernsthaft *ausagieren* und den eigenen Willen gegen den Widerstand von Eltern und Autoritätspersonen durchsetzen wollte. Und hier zeigt sich nun, wozu auch rein palliative Bewältigungssstrategien gut sein können: Die Relevanzsuppression wird im Trickster-Alter durch eine dazu parallele Revisionstaktik ausgeglichen – man begnügt sich damit, den eigenen Autonomieanspruch in *Tagtraumphantasien* abzureagieren. Die Kontrolle der äußeren Lebensumstände verbleibt indessen konfliktfrei bei den Anderen.

Auf diese Weise gelingt dem Schulkind das Kunststück, das Lebensgefühl schrankenloser Autonomie aufrechtzuerhalten, ohne dabei den geregelten Ablauf der alltäglichen Verrichtungen durcheinanderzubringen. Das Chaos findet nur in der Phantasie statt. Immerhin genügt das den Karikaturisten schon, um gern einmal die phallische Vermummung des Tricksters als Symbol für Anarchismus und antiautoritäre Unbotmäßigkeit zu wählen. Wobei man nicht übersehen sollte, daß sich auch hier die Expansion des Autonomieanspruchs eher bei einem Joint im Tagtraum zu entladen als auf der Straße auszuagieren pflegt.

Trickster-Vermummung als Anarchismus-Symbol im Cartoon.

Antisoziale Empathie

Die Annahme der Relevanz-Suppression löst noch einen weiteren, sonst schwer zu beseitigenden Widerspruch auf. Man muß davon ausgehen, daß mit erhöhtem Autonomieanspruch immer auch stabile *Ich-Grenzen* verbunden sind. Kain hat Abel umgebracht: Der Trickster ist ohne Zweifel eine durch und durch figurale Erscheinung; es mag ihm an Integration fehlen, aber sicher nicht an Kontur. Nach dem, was wir auf Seite 318 sagten, sollte er daher kaum für Schamgefühle anfällig sein, und in der Tat gibt es keine schamlosere Mythengestalt als ihn.

Problematisch wird es jedoch, wenn wir den zur Scham komplementären moralischen Affekt, das *Schuldgefühl*, betrachten. Wo bleibt bei einem Wesen, dessen Ich so wenig gefährdet ist, mit dem Du zu verschwimmen, die dann eigentlich zu erwartende *Empathie*? Eines der auffallendsten Merkmale des Tricksters ist ja gerade seine kaltschnäuzige Gefühllosigkeit.

Das ist nun aber nur scheinbar ein Widerspruch. Doris BISCHOF-KÖHLER[8] hat nachdrücklich darauf aufmerksam gemacht, daß Empathie keineswegs mit prosozialem, also *altruistischem* Verhalten gleichzusetzen ist. Es ist zwar so, daß bei der ontogenetisch ersten Erfahrung der Ich-Grenze, mit achtzehn Monaten, das Erlebnis fremden Leides fast zwanghaft auch den Wunsch zu helfen nach sich zieht; aber diese Koppelung lockert sich später wieder. Das Vermögen, fremde Gefühle figural vom eigenen Befinden abzusetzen, bleibt zwar bestehen; eine ganz andere Frage ist es aber, was dann daraus wird. Wenn man erlebt, daß es dem anderen schlecht geht, während man sich selbst wohlfühlt, so muß dies schon beim Vierjährigen nicht mehr unter allen Umständen auf Ausgleich drängen. Die Empathie kann durchaus auch in den Dienst *antisozialer* Motive treten.

Paradigmatisch für diese Reaktionsmöglichkeit ist die *Schadenfreude* oder, im äußersten Extrem, der *Sadismus*. Die Pointe liegt hier gerade darin, daß das Gefälle zwischen fremdem Leid und eigener Freude voll wahrgenommen wird, aber nicht, um es auszugleichen, sondern um es wo möglich noch zu steigern. Bei niederen Tierprima-

---

[8] BISCHOF-KÖHLER (1989)

ten kommt solche Bosheit nicht vor; bei den Schimpansen, die ja zur Empathie fähig sind, ist sie aber schon beschrieben worden[9]. Ob Empathie pro- oder antisozial verarbeitet wird, hängt von allerlei motivationalen Faktoren ab, und einer von diesen ist die *Relevanz* des Leidtragenden. Bekanntlich ist die Hemmschwelle beim Tierequälen niedriger als gegenüber Mitmenschen. Irrelevanz aber läßt Menschen als Tiere erscheinen und immunisiert demgemäß auch gegen den Impuls zur Rücksichtnahme. Der Sadismus des Tricksters im Mythos spiegelt die Relevanz-Suppression, mit der er sich die Welt emotional vom Leibe hält.

Das Ende des Tricksters

Am Ende seiner Laufbahn läutert sich der gefühllos egoistische Trickster schließlich zu einem Wesen mit Gewissen und Verantwortungsbewußtsein. Sowohl bei Susano'o als auch bei Wakdjunkaga wird dieser Übergang durch schmerzliche Erfahrungen herbeigeführt, durch Strafreize, wenn man es lerntheoretisch ausdrücken will. Es wäre aber zu oberflächlich, wollte man diesen Gesinnungswandel nur als banalen Sozialisationseffekt verstehen, so als müßten altruistische Regungen einem von Natur aus selbstsüchtigen Individuum durch gesellschaftliche Sanktionen eingebläut werden. Die Wohltätigkeit wird dem Trickster von seinen Strafinstanzen ja keineswegs zur Auflage gemacht; vor allem in der Episode Wakdjunkagas mit dem Eichhörnchen ist das ganz offensichtlich. Der Mythos hat hier eine psychologisch tiefere und differenziertere Botschaft.

Wiederum scheint der Schlüssel bei der Relevanzsuppression zu liegen. Auf die Dauer läßt sich diese rein palliative Maßnahme eben doch nicht durchhalten. Irgendwann gerät man an einen, der zeigt, daß er keinen Spaß versteht. Die unvermeidliche Kollision mit der Welt vermittelt dem Trickster ein Gefühl für zwischenmenschliche *Realität*, und aus diesem heraus wird er nun auch gewahr, daß die anderen eben doch nicht so irrelevant sind, wie er sie sich vorgestellt hat.

---

[9] GOODALL (1977)

Nachdem die emotionale Immunität zunächst erlaubt hat, sich von der Familie abzulösen, wirkt sie in zweiter Instanz als Reifungshemmnis, da sie daran hindert, zwischenmenschliche Bindungen einzugehen. Der Trickster muß am Ende eben doch wieder Angst erleben können, um zur nächsten Phase, der Adoleszenz, fortschreiten zu können.

Dieser Effekt ergibt sich ganz von selbst, wenn die Relevanzsuppression aufgehoben wird. Der Ernst des Lebens macht sich dann in erheblich höheren Erregungsschwankungen bemerkbar, die auch durchaus einmal in den Bereich der Erregungsaversion ausschlagen können – im Extremfall bis hin zur Erfahrung des Grauens.

Im Märchen von dem, der auszog, das Gruseln zu lernen, geht dieser Gedanke in schwankhafter Oberflächlichkeit verloren. Der Jüngling gewinnt in dem vom Spuk erlösten Schloß einen Schatz und bekommt außerdem, ähnlich wie Susano'o, die Königstochter zur Frau. Wie wir noch sehen werden, gehören beide Motive eigentlich zum Typus des Heldenmythos. Beim Trickster sind sie fehl am Platze. Solange er sich nicht fürchten kann, dürfte er nach der Logik des Mythos noch gar nicht in das Stadium der Partnerbindung eintreten. Es ist zwar die Braut, die ihm zu dem vermißten Gruselerlebnis verhilft, indem sie ihm einen Eimer voll zappelnder Fische ins Bett gießt; aber das ist natürlich keine legitime Lösung des Reifeproblems, wenn man damit etwa die Situation vergleicht, in der Wakdjunkaga zum ersten Mal Angst verspürt.

Die *psychischen* Probleme, die mit der Partnerbindung verbunden sind, werden vom Trickster-Mythos nie wirklich thematisiert. Falls er eine Frau gewinnt, so ist sie für ihn höchstens eine Belohnung oder Trophäe. Es mag sogar sein, daß er schon als verheirateter Mann eingeführt wird; auch Wakdjunkaga hat, wie man nebenbei erfährt, einen erwachsenen Sohn. Aber das klingt dann eher nach einer trivialen Selbstverständlichkeit; ein Mann hat nun einmal Familie. Eine Liebesbeziehung anzuknüpfen, um eine Braut zu werben, entsprechende Bewährungsproben zu bestehen, das alles sind Motive, die im Trickster-Mythos höchstens parodiert werden.

FREUD war insofern mit der Rede von der »Latenzphase« wieder einmal auf der richtigen Spur; er irrte nur insofern, als er zwischen Bindung und Sexualität nicht unterscheiden wollte. Der Trickster mag *obszön* sein; aber das steht eben zum Fehlen *erotischer* Motive keineswegs im Widerspruch. Das Sexualinteresse, das zur wechselseitigen »Aufklärung« im frühen Schulalter führt, hat ja auch noch nichts mit romantischer Leidenschaft zu tun.

So wie der Halbwüchsige, der die ödipale Krise hinter, aber die Adoleszenz noch vor sich hat, ist auch der Trickster ein Wanderer *zwischen* Paradies und Erfüllung. Am Ende seiner Bahn steht nicht, wie im Heldenmythos, die »Heilige Vermählung«. Er verzehrt, allein, sein letztes Mahl und geht als Helfer der Menschheit oder, wie wir nun präzisieren können, als ein Lehrmeister, der sie in allen Coping-Strategien unterweist und ihr so die *Kultur* beschert, in den Himmel oder in die Unterwelt ein.

What, me worry?

Es hat in der ethnopsychologischen Literatur nicht an Deutungen der Trickster-Gestalt gefehlt. Carl Gustav JUNG nennt sie »ein getreues Abbild eines noch in jeder Hinsicht undifferenzierten menschlichen Bewußtseins, welches einer der tierischen Ebene noch kaum entwachsenen Psyche entspricht«[10]. Diese phylogenetische Allegorie ist abwegig; kein lebender Primat und gewiß auch kein Prähominide wäre in seinem *adulten* Verhalten mit dem Trickster zu vergleichen.

Walter SCHERF äußert sich da in seiner inhaltsreichen Analyse des Kindermärchens[11] sehr viel erhellender. Er läßt keinen Zweifel daran, daß nur eine *ontogenetische* Interpretation der Trickster-Gestalt einen vernünftigen Sinn ergibt, und er ordnet den Trickster auch genau in unserem Sinn dem Kohortenstadium zu. Angedeutet findet man diese Idee übrigens auch bei JUNG, wenn auch in parapsychologischer Verkleidung, wenn er das Treiben des Tricksters mit dem der sogenannten »Poltergeister« vergleicht, welche »in der Umgebung von Kindern vor der Adoleszenz vorkommen«[12].

Kinder vor der Adoleszenz – das ist das Stichwort, das uns bei der

---

[10] RADIN et al. (1954), S. 191 [11] SCHERF (1987)
[12] RADIN et al. (1954), S. 186

Interpretation der Trickster-Gestalt wohl am besten weiterhilft. Die andere geläufige Deutung, die in der Trickster-Figur eine mythische Reflexion des *Schamanen* sieht, steht dazu nicht in Widerspruch; sie betrifft nicht eine Alternative, sondern eine zusätzliche Dimension, die des Rituals.

Diese unersättlich neugierige, lernhungrige Kreatur, angeberisch, frühreif, hemmungslos, gierig, ein unintegriertes Bündel von Trieben, die alle nach sofortiger Befriedigung verlangen, ein Wesen noch ohne Identität, aber ständig auf der Suche nach ihr, ein Hasardeur, der es, lächerlich und erstaunlich zugleich, mit der Welt aufnimmt, obwohl er ihr überhaupt noch nicht gewachsen ist, und der dies deshalb tun kann, weil seine Gefühllosigkeit ihn auch vor der Angst schützt, die sonst übermächtig wäre, zumal er überhaupt noch nicht so recht zwischen realer und magischer Bedrohung zu unterscheiden weiß; ein aus fehlender sozialer Sensibilität heraus boshafter Missetäter, der lügt, betrügt und Streiche spielt, sich noch nicht um Verantwortung kümmert, dabei aber schon auf sich selbst gestellt ist, allein oder in einer Bande von Kumpanen, die er zwischendurch nach Strich und Faden betrügt, der sich durchschlagen muß, ohne noch so recht zu wissen, wie man das macht; ein Übergangswesen voller Unstimmigkeiten und Ambivalenzen, das zu allen Arten von Coping-Reaktionen Zuflucht nehmen muß und dabei nicht wählerisch sein darf – von aggressiver Arglist über supplikatives Gebettel bis hin zu inventiver List; ein impertinenter Gernegroß, der bei aller präpotenten Gerissenheit gleichwohl auf Schritt und Tritt noch versagt, der ständig gehänselt, verletzt, gejagt und betrogen wird, und dem das doch nichts ausmacht, der immer wieder wie ein Stehaufmännchen neu anfängt, mit dem idiotischen »What, me worry?«-Grinsen Alfred E. Neuman's auf dem pickeligen, zahnlückigen Lausbubengesicht: Das ist der Trickster, eine Inkarnation des Wanderers im Niemandsland zwischen Paradies und Reife.

Die Fülle der menschlichen Existenz bleibt dem Trickster versagt. Sie zu erreichen, ist die Thematik einer anderen mythischen Gestalt, des *Helden*. Beide können ineinander übergehen, vor allem, wenn der Trickster sich in seiner Endphase zum Kulturheros läutert. Es gibt Erzählungen, wie etwa das Gilgamesch-Epos, in denen sich Elemente des Trickster- und des Heldenmythos mischen.

Aber um der systematischen Klarheit willen ist es doch besser, jede der beiden Gestalten in der Prägnanz ihres eigenen Wesens zur Geltung kommen zu lassen. Der Held hat seine typische Physiognomie, die sich erheblich von der des Tricksters unterscheidet. Von ihr sollen die folgenden Kapitel handeln.

Alfred E. Neuman. Titelfigur von Mad Magazine

Grundbegriffe des Zürcher Modells

1. Zentrale Führungsgröße

- *Autonomieanspruch :* Streben nach
  - sinnstiftendem Einfluß auf das Geschehen in der persönlichen Umwelt
  - Ranghöhe = Reduktion fremder Autonomieansprüche

2. Eingangsgrößen

- *Entropie:* korreliert **positiv** mit
  - Unbekanntheit
  - Diskrepanz } des Objekts
- *Relevanz:* korreliert **positiv** mit
  - Menschenähnlichkeit
  - Erwachsenenstatus
  - Autonomieanspruch } des Objekts
- *Nähe:* korreliert **negativ** mit
  - physischer Distanz
  - kommunikativer Distanz } des Objekts

3. Das Sicherheits-System

- *Sicherheit:* korreliert
  - **negativ** mit *Entropie*
  - **positiv** mit *Relevanz*
  - **positiv** mit *Nähe* } des Objekts

- *Abhängigkeit* = Sollwert für Sicherheit
  - korreliert **negativ** mit dem *Autonomieanspruch* des Subjekts

4. Das Erregungs-System

- *Erregung:* korreliert
  - **positiv** mit *Entropie*
  - **positiv** mit *Relevanz*
  - **positiv** mit *Nähe* } des Objekts
- *Unternehmungslust* = Sollwert für *Erregung*
  - korreliert **positiv** mit dem *Autonomieanspruch* des Subjekts

5. Ausgangsgrößen

- **Verhalten gegen Objekte** *hoher Entropie* (= Fremde)
  - Bei hoher Unternehmungslust: Erregungs-Appetenz = *Neugier*
  - Bei niedriger Unternehmungslust: Erregungs-Aversion = *Furcht*
- **Verhalten gegen Objekte** *niedriger Entropie* (= Vertraute)
  - Bei hoher Abhängigkeit: Sicherheits-Appetenz = *Bindung*
  - Bei niedriger Abhängigkeit: Sicherheits-Aversion = *Überdruß*

FÜNFTER TEIL

Der Held

Auch die letzte Phase der Jugendentwickung, die Adoleszenz, findet in der kollektiven Menschheitsphantasie ihren detailreichen Niederschlag. Der Mythos hat hier die Gestalt des Helden geschaffen; sein Schicksal rekapituliert das Stadium, in dem der Mensch den Schritt in die Verantwortlichkeit des Erwachsenendaseins vollzieht. Die beiden großen Entwicklungsaufgaben, die sich in diesem Lebensabschnitt stellen, sind strenggenommen unerfüllbar. Da ist einmal die Bindung an einen Ehepartner, der das alchimistische Wunder verwirklichen soll, auf Dauer Geborgenheit und Erregung zugleich zu spenden. Und zum anderen wird dem Jugendlichen jetzt die nicht minder paradoxe Leistung abverlangt, zur eigenen Identität zu finden, das heißt einerseits, sich verbindlich von der Elterngeneration freizumachen, andererseits aber auch in einer neuen Rückbindung an sie die Wurzeln des Urvertrauens am Leben zu halten. Zu beiden Themenkreisen hat der Heldenmythos Botschaften, die weit über triviales Alltagswissen hinausgehen.

16. Kapitel

Der Heros mit den tausend Gesichtern

Sturm und Drang

Es ist in der Literaturwissenschaft üblich, den Protagonisten eines dramatischen Geschehens als dessen »Helden« zu bezeichnen. Dagegen ist nichts einzuwenden; wir werden diesen Begriff hier aber in einem engeren Sinn fassen. Der Heros existiert nämlich als Typ auch in der Mythologie, und dort charakterisiert er die Leitfigur einer ganz bestimmten Klasse von Erzählungen, deren Thematik weitgehend dem ontogenetischen Erfahrungsmaterial der *Adoleszenz* entstammt.

Der Ausdruck Adoleszenz wird in der Fachsprache nicht einheitlich verwendet. Früher verstand man darunter in der deutschen Psychologie den Abschnitt zwischen etwa 17 und 25 Jahren. Inzwischen hat aber auch hier die amerikanische Literatur ihre Spuren hinterlassen, die das Stadium *adolescence* zeitlich vorverlegt und schon mit etwa 13 Jahren beginnen läßt. Es lohnt sich nicht, um verbale Etiketten zu streiten; ich halte mich nachfolgend an den älteren Sprachgebrauch, verwende den Ausdruck also weiterhin für den Zeitraum, der *nach* der eigentlichen Pubertät beginnt und mit der Etablierung einer verbindlichen Lebenspartnerschaft seinen Abschluß findet.

Das Alter, in dem der Mensch in die reproduktive Phase eintritt, ist zugleich die Zeit, in der der Autonomieanspruch seinen Gipfel erreicht. Bis hierher ist er ständig angewachsen, und in der Folgezeit wird er wieder nachlassen.

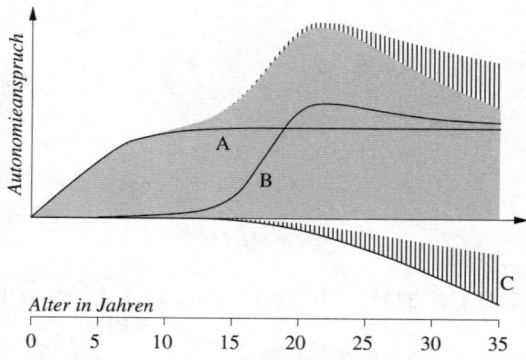

Hypothetische Entwicklung des Autonomieanspruchs (schattiert) als Folge des Zusammenwirkens wenigstens dreier Komponenten. (A) Natürliche Ich-Reifung in Verbindung mit Erfolgserlebnissen während der Kindheit. (B) Anstieg der Sexualhormone in Pubertät und Adoleszenz. (C) Dämpfender und die Flexibilität (vertikale Schraffur) fördernder Einfluß einer zunehmend zu Realismus zwingenden Lebenserfahrung.

Die obige Schemazeichnung bringt zum Ausdruck, daß für diesen Verlauf wenigstens drei Faktoren verantwortlich sein dürften. Zum einen (A) muß man davon ausgehen, daß der Autonomieanspruch ganz normal *heranwächst*, in einem Zusammenspiel zwischen naturgegebener Erstarkung des Ich auf der einen Seite und förderlichen Einflüssen aus Familie und weiterer Umwelt, die dem Individuum durch geeignet dosierte Erfolgserlebnisse den Mut vermitteln, seine Kontrollbemühungen auszubauen.

Später im Leben pflegen sich dann freilich eher ernüchternde Erfahrungen (C) anzusammeln, in denen die Erkenntnis heranreift, daß Bäume nicht in den Himmel wachsen und Kompromisse zum sozialen Alltag gehören. Der Autonomieanpruch fällt dann nicht nur auf eine überschaubarere Höhe zurück, sondern verliert auch an Rigidität, ist eher bereit, den jeweiligen Gegebenheiten Rechnung zu tragen.

In der Pubertät aber gerät er, jedenfalls im männlichen Geschlecht, zunächst einmal unter den aufheizenden Einfluß der *Sexualhormone* (B). Wie wir auf Seite 504 erörtert haben, gibt es Gründe, zwischen dem

Autonomieanspruch und der sexuellen Triebkraft eine positive Interaktion anzunehmen. Es ist somit nicht verwunderlich, daß in einer Phase, in der der Pegel der Sexualhormone höher liegt als zu irgendeinem anderen Zeitpunkt im Leben, auch das bekannte Syndrom aus naiver Überschätzung der eigenen Fähigkeiten, Kräfte, Einsichten und Entfaltungsmöglichkeiten, der Neigung, mögliche Gefahren zu bagatellisieren, der Suche nach Erregung und dem Überdruß am Vertrauten und Althergebrachten seinen biographischen Höhepunkt erreicht. Die jugendliche Unrast hätte dann ihre Entstehungsursache nicht in erster Linie in irgendwelchen Umweltbedingungen, weder in der Familiensozialisation noch in den finsteren Machenschaften einer »repressiven« Gesellschaft, sondern letztlich in biologischen Reifungsvorgängen.

Von sozioökonomischen und anderen *Umweltbedingungen* hängt es allerdings ab, ob sich diese Haltung in privaten Rüpeleien und Mutproben äußert, oder ob synergetische Gruppenprozesse ablaufen, in deren Folge eine ganze Generation in dem Glauben, jahrhundertealte Strukturen in drei Tagen einreißen und in einer weiteren Woche besser und schöner wiederaufbauen zu können, gemeinsam auf die Straße geht. Kollektive Jugendrevolten scheinen sich, auf geistigem Gebiet oder mehr handgreiflich, immer wieder in unklarer Periodizität einzustellen. Es ist wohl als Reminiszenz an die eigenen Sturm-und-Drang-Jahre zu werten, wenn GOETHE im Faust II den Baccalaureus in der Manier eines 68er APO-Studenten auftreten läßt: »Bedenkt erneuter Zeiten Lauf: Wir passen nun ganz anders auf!« droht er seinem Professor, und sogar das bekannte »Trau keinem über Dreißig!« kommt fast wörtlich, gefolgt von einem selbst noch SDS-Parolen übertreffenden »Am besten wär's, euch zeitig totzuschlagen«. Danach folgen die bekannten Verse:

> Dies ist der Jugend edelster Beruf!
> Die Welt, sie war nicht, eh ich sie erschuf;
> Die Sonne führt ich aus dem Meer herauf;
> Mit mir begann der Mond des Wechsels Lauf;
> ...
> Ich aber, frei, wie mir's im Geiste spricht,
> Verfolge froh mein innerliches Licht
> Und wandle rasch, im eigensten Entzücken,
> Das Helle vor mir, Finsternis im Rücken.

Das mag ein wenig an die Omnipotenzphantasien des Tricksteralters anklingen. Aber da gibt es einen wesentlichen Unterschied: Der Adoleszent träumt nicht mehr nur, er fordert die Wirklichkeit heraus. Ein rundes Jahrhundert später, als die Jugendbewegung zu gären begann, übersetzte sich der achtzehnjährige Stefan GEORGE zum Privatgebrauch die folgenden Verse von IBSEN ins Deutsche:

> Die flügel gespannt! die segel heraus
> dem aar gleich des lebens meer ich durchsaus -
> laß hinten der möven schaaren..
> über bord mit vernunft dem schweren ballast!
> vielleicht wird mein schiff vom strudel erfaßt
> doch ist es so herrlich zu fahren.

Im Unterschied zum alten GOETHE, der es längst besser wußte und den jugendlichen Überschwang mit einem sarkastischen Kommentar Mephistos wieder in die rechten Proportionen rückte, verstand GEORGE seine Zeilen ganz ernsthaft als »Lebensmotto«. Das kann man wohl nur, solange man unfähig ist, die Konsequenzen zu realisieren, die einträten, wenn das Schiff tatsächlich »vom Strudel erfaßt« würde. Auf der Realitätsebene sieht das dann so aus wie in den nahezu täglich unter der Rubrik »vermischte Meldungen« erscheinenden Pressenotizen, von denen ich eine beliebige herausgreife; sie stammt aus der Süddeutschen Zeitung vom 16.9.1970:

Ein sechzehnjähriger Lehrling lädt in Gegenwart eines Freundes und zweier Mädchen einen Trommelrevolver mit einer Patrone und riskiert »aus reinem Jux«, sich nach Art des Russischen Roulettes ein Ohr abzuschießen. Er zielt auf sein Ohr und drückt ab; der Schlagbolzen trifft auf eine leere Kammer. Sein Freund will ihm die Pistole wegreißen; er entwindet sie diesem jedoch und steckt nunmehr den Lauf in den Mund. Diesmal löst sich ein Schuß; der Sechzehnjährige ist auf der Stelle tot.

Es gibt keine Entwicklungsphase, die für solche Unbesonnenheit stärker prädestiniert wäre als die frühe Adoleszenz. Der Autonomieanspruch und die mit ihm verbundene Risikobereitschaft erreichen jetzt ihren ontogenetischen Höhepunkt, und auf dem können sie sich nicht lange halten. Hat man erst einmal eine Familie gegründet, wird man wieder vorsichtiger; auch sorgt die Lebenserfahrung für eine zunehmend realistische Weltsicht. Nicht daß verantwortungsloser Leichtsinn sich auf irgendein Alter beschränken würde; aber die Versicherungsstatistiker wissen längst, daß er in der Adoleszenzphase am höchsten ist.

Euphorion oder der Weg in den Tod

Auch das war GOETHE bekannt. Neben dem Baccalaureus hat er im zweiten Teil des Faust die Thematik des jugendlich überbordenden Autonomieverlangens auch noch in einer anderen Figur gestaltet: in *Euphorion*, dem kurzlebigen Sproß von Faust und Helena.

Der Name ist Programm. Euphorion, der kurzerhand gleich als Adoleszent zur Welt kommt, hat nichts anderes im Sinn, als in ungezügelter Lebenslust zu »hüpfen« und zu »springen«; ihn faßt die Begierde, »zu allen Lüften hinaufzudringen«. Antiautoritäre Affekte, wie der Baccalaureus, hat er nicht; er ist nur schlicht unbelehrbar. Vergebens mahnen ihn die eigennützig um die Familienidylle bangenden Eltern, er möge sich mäßigen; der Chor ahnt schon richtig: »Bald löst, ich fürchte, sich der Verein!« So ist es dann auch: Euphorion schwingt sich, Ikarus gleich, zum Himmel empor und stürzt ab. Alle hatten es kommen sehen, aber so ist eben die Jugend – sie läßt sich nichts sagen.

Während der Baccalaureus aggressiven Überdruß an allem verkörpert, was sich in penetranter Weise als althergebracht, bewährt, ehrfurchtgebietend, solide, etabliert zu erkennen gibt, hat die manische Aggressivität Euphorions einen entschieden expansiven, in die Weite zielenden Charakter. Erst versucht er, ein Mädchen zu vergewaltigen, und natürlich muß es »die Wildeste von dem ganzen Haufen« sein. Dann verhöhnt er den Chor, der die bukolische Romantik der Szenerie besingt, mit den ominösen Worten:

> Träumt ihr den Friedenstag?
> Träume, wer träumen mag.
> Krieg! ist das Losungswort.
> Sieg! und so klingt es fort.

Der Dichter hat schon recht; auch das gehört hierher: daß Adoleszenten noch immer das beste Kanonenfutter abgegeben haben. Die jungen Fähnriche von Langemarck, die zu Beginn des ersten Weltkrieges, das Deutschlandlied auf den Lippen, in offener Formation ohne Deckung in die feindlichen Gewehrsalven hineinmarschierten und allesamt wie die Fliegen niedergemacht wurden, hätten sich in reiferem Alter der Gefahr, wenn sie wirklich nicht zu vermeiden gewesen wäre, jedenfalls mit weniger Anzeichen spontaner Begeisterung ausgesetzt.

Es ist eine interessante Frage, wie sich die Seelenatmosphäre dieser Entwicklungsphase von der des vorangegangenen Trickster-Alters unterscheidet. Das entscheidende Kennzeichen wurde schon angesprochen; es liegt in einer prinzipiell veränderten Einstellung zur Gefahr oder, mythologisch ausgedrückt, zum *Tod*.

Die *Furchtunfähigkeit* des Tricksters ist eine Begleiterscheinung der Relevanzsuppression und hat insofern noch wenig mit der Schwärmerei Euphorions zu tun. Daß sie keinen Schaden anrichtet, daß der Trickster sich zu Recht unsterblich wähnen kann, gründet vor allem in der vorpubertären Bereitschaft, wirklich gefährliche Aktionen wohlweislich in die *virtual reality* der Tagträume zu verlagern, während die Handlungsebene durchaus unter der Kontrolle wachsamer Selbstschutzinstinkte verbleibt.

Der Adoleszent jedoch macht auf eine beunruhigende Weise Ernst. In seine Welt ist die volle Relevanz wiedergekehrt, und das heißt auch, daß er Gefahr jetzt wirklich als Gefahr wahrnimmt; aber der Autonomieanspruch ist bei ihm so exzessiv, daß er Erregung auch dort noch begehrt, wo das wirklich riskant ist. Und das spiegelt sich nun eben auch in der Mythologie: Während der *Trickster* dem Unheil ständig entgeht, ohne es überhaupt emotional zu registrieren, steht der *Held* vor der Entscheidung, bewußt den Weg des Todes zu wählen.

Zwei konvergente Forschungsansätze

Es existiert wohl keine Gestalt der mythenschaffenden Phantasie, mit der sich die Folkloristik eingehender beschäftigt hätte als mit der des Helden. Vor allem zwei Autoren sind hier zu nennen, die übrigens, durch eine unübersteigbare Sprachbarriere getrennt, unabhängig voneinander zu vergleichbaren Ergebnissen gelangt sind. Beide haben wir bereits in früheren Kapiteln kennengelernt.

Der eine von beiden, Joseph CAMPBELL, veröffentlichte im Jahre 1949 ein Werk, das ihn bald auch außerhalb engerer Fachkreise bekannt machte. Es trägt den Titel »The hero with a thousand faces«[1] und ist der Versuch einer kulturvergleichenden Analyse des Heldenmythos.

Der Titel darf nicht in dem Sinne mißverstanden werden, daß die Handlungsstruktur des Heldenmythos unbegrenzt variabel wäre und daher jedem Ordnungsversuch spotten würde. Trotz der tausend Gesichter ist von dem *einen* Helden die Rede. Aber die Wege, die er gehen kann und die Prüfungen, die ihm dabei auferlegt werden, die Möglichkeiten, zu scheitern und zum Ziel zu kommen, sind so reich wie das Leben selbst.

Es ist eben so, daß der Reifeprozeß, je weiter er voranschreitet, ständig Differenzierungsmöglichkeiten hinzugewinnt und sich daher in immer mehr thematisch selbständige Sonderwege verzweigt. CAMPBELL verzichtet hier, bei aller Fülle des beigebrachten Materials, auf Vollständigkeit, und wir werden es nicht besser machen können. Während wir das Emporstoßen der Ich-Figur aus dem Urozean, auch das vergleichsweise schon reich gefächerte Drama der Trennungsmythen noch einigermaßen umfassend darstellen konnten, während selbst beim Trickster kaum eine der wichtigsten Charaktereigenschaften unerwähnt blieb, würde es in der Tat den Rahmen des vorliegenden Buches sprengen, den Heldenmythos in allen seinen Dimensionen erschöpfend zu behandeln. Wir werden die tausend Gesichter des Helden nicht abbilden und zueinander in Beziehung setzen können, sondern uns damit begnügen müssen, anhand weniger, einiger-

---

[1] CAMPBELL (1978)

maßen repräsentativer Beispiele das allgemeinmenschliche Bezugssystem nachzuzeichnen, in dem das Abenteuer der Adoleszenz spielt. Dabei wird uns eine weitere Quelle wichtige Dienste leisten. Bereits zwei Jahrzehnte vor dem Erscheinen von CAMPBELLs Buch war in russischer Sprache die »Morphologie des Märchens« von Vladimir PROPP[2] erschienen. Diese Veröffentlichung behandelte, was der Titel nicht ohne weiteres erkennen läßt, praktisch dasselbe Thema. Sie wurde erst 1958 ins Englische übersetzt, sodaß die beiden Werke also sicher unabhängig voneinander entstanden sind; um so bedenkenswerter ist die nicht zu übersehende Konvergenz ihrer Aussagen.

Die Stärke beider Arbeiten liegt auf verschiedenen Gebieten. CAMPBELL verwendet ein regional und kulturell breit gestreutes Material, behandelt es aber aber in impressionistischer und unsystematischer Weise. PROPP ist methodisch wesentlich strenger, und seine Aussagen sind, wie wir aus dem 11. Kapitel schon wissen, von höherer Präzision. Dafür schießt er in seinem Ordnungswillen manchmal über das hinaus, was das Material hergibt. Auch sind seine Quellen auf den russischen Sprachraum beschränkt, und sie betreffen nicht Heldenmythen im sakralen Sinn, sondern deren zu *Zaubermärchen* profanisierte Derivate. Aber der Vorteil der formalen Stringenz erscheint doch als der gewichtigere, sodaß ich mich hier primär an diesen Autor halten möchte. Die Überlegungen CAMPBELLs sollen als Ergänzung herangezogen werden; vor allem werden wir ihnen Anregungen zur *psychologischen* Interpretation entnehmen, da diese ja, wie früher schon vermerkt, bei PROPP ausgeklammert bleibt.

Wie erscheint nun die Handlungsstruktur des Heldenmythos, wenn wir ihn der formalen Analyse PROPPs unterwerfen? Wir wollen dies an einem Muster exemplarisch durcharbeiten. Es trägt den Titel »Die Jungfrau Zar« und ist ebenfalls ein russisches Zaubermärchen[3]; allerdings gehört es nicht zu dem von PROPP verarbeiteten Material.

---

[2] PROPP (1975)   [3] VON BEIT (1952)

Der Zar und seine drei Söhne

Ein Zar hatte drei Söhne mit Namen Fjodor, Dimitrij und Iwan. Anläßlich eines Festmahls sprach er zu den versammelten Gästen: »Was meint ihr, ihr Herren? Drei erwachsene Söhne habe ich: Welcher von ihnen vermag wohl meine Blumen zu brechen und meine Spuren zu suchen?« Daraufhin meldete sich ohne Zögern Fjodor, der Älteste, erbat den Segen des Vaters, erhielt das beste Roß aus dem Stall und machte sich auf den Weg.

Draußen auf dem freien Feld kam er an eine Steinsäule, auf der eine Inschrift stand: »Wer nach rechts reitet, wird satt, aber sein Roß bleibt hungrig; wer nach links reitet, dessen Roß wird satt, aber er selbst bleibt hungrig; wer geradeaus reitet, wird den Tod erleiden.« Nach kurzem Bedenken wählte Fjodor den rechten Weg. Er gelangte an einen kupfernen Berg, auf dem er aber nichts fand als eine sehr schöne kupferne Schlange. Er steckte sie in die Tasche und kehrte zurück zu seinem Vater. Da wurde der Zar böse und schrie: »Was für ein Scheusal bringst du mir da? Es wird noch unser Reich zerstören!« Er gab Befehl, den Sohn ins Gefängnis zu werfen.

Nach einiger Zeit ließ der Zar abermals zu einem Festmahl rüsten und wiederholte den Aufruf. Diesmal meldete sich Dimitrij und zog davon, wiederum mit dem Segen und dem besten Pferd des Vaters. An der Säule mit der Inschrift angekommen, wählte er den linken Weg, denn hier, so überlegte er, würde immerhin sein Roß satt werden, sodaß es ihm aus der Bedrängnis helfen könne. Er gelangte zu einem prächtigen, goldverzierten Haus, wo er Futter für sein Tier fand und selbst von einer schönen Frau empfangen und bewirtet wurde. Dann brachte sie ihn zu Bett; doch kaum hatte er sich niedergelegt, da kehrte sie das Bett um, und er stürzte hinab in ein unentrinnbares Kellerverlies.

Nach längerer Trauer über den Verschollenen gab der Zar zum dritten Mal ein Fest und ließ die übliche Aufforderung ergehen; diesmal meldete sich Iwan. Der Vater hielt aber nicht viel von seinem Jüngsten: »Lieg du weiter hinterm Ofen und misch dich nicht in Dinge, die dich nichts angehen!«

Da wurde Iwan wütend: Er werde mit, aber auch ohne Segen und

Erlaubnis reiten. Das beste Roß verschmähte er und suchte sich die struppigste Mähre aus dem Stall. Auf diese setzte er sich, mit dem Gesicht zum Schwanz gekehrt, und ritt so davon, zum Spott und Gelächter der Hofschranzen. Draußen auf dem freien Feld zog er dem Pferd vom Schwanz her die Haut ab und lud Krähen und Elstern ein, den Kadaver zu fressen. Dann brüllte er wie ein Tier und pfiff wie eine Schlange, woraufhin ein feuriges Roß angaloppiert kam: Flammen lohten aus seinem Maul, aus den Nüstern sprühten Funken, aus den Ohren quoll Rauch, und aus dem Hintern fielen Feueräpfel. Als Iwan das Roß aber streichelte, wurde es lammfromm.

Als nächstes ging Iwan in den großen, tiefen Keller, den sein Großvater ihm einst geschenkt hatte. Dort aß und trank er sich satt, wählte prächtiges Zaumzeug und ein scharfes Schwert, saß auf und ritt ins Freie. So gelangte auch er an die Steinsäule und las die Inschrift. Er brach in Tränen aus, denn ihm war klar: »Nur wenn er den Tod erleidet, kann der Held Ruhm und Ehre erwerben.« So entschied er sich denn für den Weg in der Mitte.

Die Stadt unter der Sonne

Nachdem er eine Zeitlang geritten war, gelangte er zu einem seltsamen Häuschen, das auf Spindelfüßen stand und sich drehen konnte. Beklommen betrat er dieses und fand darin eine alte Hexe, die Baba Jagá. Diese benahm sich reichlich unfreundlich; sie empfing ihn mit Pfui-Rufen: Bislang habe sich noch keine russische Seele in jenen Gefilden blicken lassen. Dann wollte sie von ihm wissen, ob er mit oder wider Willen so weit geritten sei.

Auf diese Frage reagierte er nun seinerseits mit unflätigen und groben Worten. Er drohte sogar, sie zu schlagen, wenn sie ihn weiter ausfrage, und verlangte von ihr stattdessen, daß sie ihm unverzüglich Speis und Trank bereite. Daraufhin wurde sie überraschenderweise freundlich, und er sah nun auch seinerseits keinen Grund mehr, ihr die Antwort zu verweigern: Er reite mit, aber dreimal mehr wider Willen. Am nächsten Morgen entließ sie ihn, gab ihm ihr eigenes gutes Roß und riet ihm, ihre Schwester aufzusuchen.

Dort wiederholte sich dieselbe Szene; abermals erhielt er ein frisches Pferd und wurde an eine dritte Schwester verwiesen. Die wies ihm endgültig den Weg zum Ziel: Er werde um die Mittagszeit ins Reich der Sonne kommen. Dort herrsche eine Jungfrau namens Marja als Zar. Iwan möge sich nicht säumen und geradewegs über die Stadtmauer springen. Im Innern werde er einen jungen Apfelbaum finden, sowie die Wasser des Lebens und des Todes. Dieser Zaubermittel wegen sei einst auch sein Vater dorthin geritten. Iwan möge zwei Gläser mit den Wassern füllen, zuvor jedoch deren Kraft versuchen.

Iwan folgte dieser Anweisung. Er gelangte in das Reich der Sonne und setzte über die Stadtmauer. Dann fing er sich einen jungen Raben und zerriß ihn. Er besprengte ihn mit dem Wasser des Todes, da wuchs der Körper wieder zusammen. Er besprengte ihn mit Lebenswasser, da flog er davon.

Daraufhin trat Iwan in die Gemächer ein. Alle Jungfrauen schliefen um die Mittagszeit auf ihren Lagern. Schließlich gelangte er auch in das Gemach der Zarjungfrau Marja. Sie war über alle Maßen schön. Auch sie lag im Schlummer, und im Rhythmus ihres Atems schlossen und öffneten sich die Türen des Gemachs. Iwan verspürte das Verlangen, »bei der Jungfrau sein Roß zu tränken«. Er legte sich zu ihr und tat nach seinem Willen, aber sie merkte nicht, was ihr geschah. Dann schlich er hinaus und fand draußen sein Roß sehr ermattet; er begoß es mit frischem Wasser.

Nun sammelte er verjüngende Äpfel auf, schöpfte Wasser des Lebens und des Todes und ritt davon, so schnell er konnte. Als er aber über die Stadtmauer setzte, stieß sein Roß mit dem linken Fuß an eine kupferne Saite. Da ertönten ringsum Glocken und Saiten, die Jungfrau erwachte und merkte, was geschehen war. Sie weckte ihr Gesinde, verlieh allen Flügel und machte sich an die Verfolgung des Helden.

Iwan aber konnte ihr entkommen; denn er nahm seinen Rückweg über die drei Hexen, die ihn jeweils wieder mit frischen Pferden versorgten und die Verfolgerin durch irreführende Angaben und verlockende Bewirtung aufzuhalten wußten.

Die Stunde der Wahrheit

Solcherart gerettet gelangte Iwan schließlich wieder an den steinernen Wegweiser. Dort beschloß er, ein übriges zu tun und seinen verschollenen Bruder Dimitrij zu suchen. Er gelangte an das riesengroße Haus, dort stand noch immer das Roß des Bruders, das ihn sogleich erkannte und wiehernd begrüßte. Auch Iwan wurde von der schönen Frau zur Tafel und danach zu Bett gebeten. Sie versuchte ihn, wie zuvor schon Dimitrij, auf die Wandseite zu betten. Darüber gerieten sie in Streit, in dessen Verlauf er sie schließlich packte und selbst an die Wand warf. Kaum war dies aber geschehen, als sich das Bett umkehrte; sie stürzte nun ihrerseits in den Keller, wo sie von den dort Gefangenen sogleich gepackt und zerrissen wurde.

Iwan ritt mit dem geretteten Bruder heim. Unterwegs aber übermannte ihn der Schlaf, denn er hatte neun Tage lang nicht geruht. Dies nützte Dimitrij aus, um die Äpfel und die Wassergläser an sich zu bringen. Er ritt allein heim ins väterliche Reich. Iwan kehrte später zu Fuß unerkannt in die Stadt zurück und trieb sich dort in Kneipen herum. Dimitrij aber wurde vom Zaren mit großen Ehren aufgenommen.

Es vergingen drei Jahre. Da hub mitten in der Nacht eine Kanonade auf die Stadt an: Die Jungfrau Zar hatte schließlich doch ihren Weg gefunden; nun war sie angekommen und forderte den Schuldigen zu sich. Der Verdacht des ratlosen Zaren fiel auf Fjodor. Er schickte diesen auf das Schiff der Jungfrau Zar, wo zwei wunderschöne Knaben ihn als ihren vermeintlichen Vater begrüßen wollten. Aber Marja erklärte ihnen sogleich, daß es sich nur um ihren Onkel handle. Sie gab Befehl, ihm aus Schenkel und Rücken je drei Riemen zu schneiden und ihn davonzujagen; das solle ihm eine Lehre sein, sich nicht in fremde Angelegenheiten zu mischen.

Dasselbe wiederholte sich mit dem zweiten Bruder. Als danach die Kanonade erneut wieder einsetzte, wußte der Zar nicht mehr weiter. Einer seiner Edlen faßte sich schließlich Mut und sagte ihm: »Euer Gnaden selbst sind schuld!« Dann machte er ihn auf den Herumtreiber Iwan aufmerksam. Der Zar ließ diesen, in schäbiger Uniform, vor sich bringen und herrschte ihn zornig an, er möge selbst für seine Vergehen einstehen, damit die Stadt ungeschoren bleibe.

Iwan zeigte sich gern bereit, für seine Taten einzustehen. Er ging zum Schiff, aber nicht auf dem saubersten Wege, sondern durch Unrat und Pfützen. Gleichwohl wurde er auf dem Schiff sogleich erkannt und in Ehren aufgenommen; Marja begrüßte ihn als ihren erwählten Gatten und Vater ihrer Kinder.

Der Zar veranstaltete ein großes Fest, auf dem Iwan alle seine Erlebnisse berichtete und den Vater um den Segen zur Ehe mit der Jungfrau Zar bat. »Weil mein Verstand und meine Kräfte reichten, habe ich das Wasser des Lebens und des Todes und die verjüngenden Äpfel erlangt, damit du, unser Väterchen, noch jünger werden sollst; und Gott gebe dir viele Jahre Gesundheit!«

Für sich selbst aber erbat er die Gnade, mit Marja ziehen zu dürfen, denn auf den Thron im eigenen Land wollte er nicht. Und er fuhr in das Zarenreich unter der Sonne und lebte dort glücklich und in Freuden.

Der Aufbruch

Soweit der Text, dessen Struktur wir nunmehr im Sinne PROPPs analysieren wollen. Dabei wird sich zugleich Gelegenheit bieten, die geheimnisvolle Formel auf Seite 357 zu erläutern, die zu ebendiesem Märchen gehört. Sie folgt der PROPPschen Signierung übrigens nicht bis in alle Details, sondern ist auf das in unserem Zusammenhang Wesentliche vereinfacht.

Eine erste Sequenz, die bei keinem Zaubermärchen gänzlich fehlt, ist in PROPPs Formel durch die Symbolfolge **ABC↑** wiedergegeben. Dabei steht **A** für das Eintreten, die Entdeckung oder die Bekanntgabe einer *Schädigung* oder eines *Mangelzustandes*. Unser Märchen spricht diesen Zustand in ziemlich verschlüsselter Form an – der Zar wünscht sich, daß seine Söhne »seine Blumen brechen und seine Spur suchen« mögen. Im Originaltext reimt sich diese Aufforderung:

Kto by mog moih zvetov porvat'
i sledov poiskat'?

Es handelt sich also wohl um eine stereotype Formel, in deren Bild-symbolik man nicht unbedingt nach tiefen Sinngehalten zu graben braucht. Der Schluß des Märchens läßt erkennen, worum es letztlich gehen soll: Um die verjüngenden Äpfel und die beiden Zauberwasser, ohne die der Vater bald in Alter und Siechtum verfallen würde.

Das Bild vom »Spuren suchen« deutet schon an, daß einst der Zar selbst nach jenen Zaubermitteln ausgeritten ist. Ob er sie damals auch gefunden hat oder nicht, bleibt offen. Jedenfalls kann das, was damals war, in der jetzigen Situation nicht mehr helfen; die junge Generation muß erneut ausziehen. »Was du ererbt von deinen Vätern hast, erwirb es, um es zu besitzen«, heißt es im Faust.

Häufig schildert das Zaubermärchen die Entstehung des Mangels in der Weise, daß ein Widersacher in eine Idylle einbricht und einen Schaden stiftet: Ein Drache entführt eine Jungfrau, ein wertvoller Gegenstand wird gestohlen oder zerstört, jemand verwüstet die Saat, eine Person wird getötet, verletzt oder gefangen. In anderen Fällen ver-ursacht der Held durch Unachtsamkeit oder Ungehorsam selbst den Schaden; ein goldener Ball zum Beispiel fällt der Prinzessin beim Spie-len in den Brunnen. In der knappsten Form dieser Episode verzichtet das Märchen überhaupt auf alles dramatische Vorspiel, der Mangel wird nur konstatiert: Jemand hat keine Braut, benötigt ein Zauber-mittel oder ist ganz einfach bettelarm.

Psychologisch bedeutet die Sequenz, wenn wir uns hier der Mei-nung CAMPBELLS anschließen, in allen diesen Fällen dasselbe: Eine neue Reifungsphase ist hereingebrochen und muß bewältigt werden. Sie hat ihr eigenes Kompetenzniveau, das die früheren ungültig macht. Was zuvor gerade recht war, genügt nun nicht mehr; was eben noch paßte, ist jetzt entwachsen und geht aus den Fugen. Woran genau Mangel herrscht, was genau geschädigt wurde, bleibt allerdings für den Moment noch im Unklaren.

Das nächste Element der Erzählung, von PROPP mit B bezeichnet, lenkt den Blick auf die Gestalt des *Helden*, der ausersehen ist, den Mangel zu beheben. Er tritt zunächst als *Adressat* auf: Man teilt ihm das Unglück mit, sendet ihn aus oder erbittet seine Hilfe. In unserem Märchen geschieht dies durch die Ansprache des Zaren.

Während in B alle von *außen* wirkenden Faktoren zusammengefaßt sind, die den Auszug des Helden veranlassen, fügt die Funktion C die

Handlungsimpulse hinzu, die *der Held selbst* beisteuert. Die Zarensöhne treten nacheinander vor und sprechen die stereotype Formel: »Erlaube mir, Väterchen, deine Blumen zu brechen und deine Spuren zu suchen!«

Je nach dem Gewichtsverhältnis von B und C unterscheidet PROPP zwei komplementäre Typusvarianten, die er den *suchenden* und den *leidenden Helden* nennt. Jener zieht freiwillig ins Abenteuer, dieser aber wird gewaltsam hineingestoßen. Schneewittchen etwa, das auf Geheiß der bösen Stiefmutter zur Ermordung in den Wald gebracht wird, ist beispielhaft für einen leidenden Helden.

Es ist an dieser Stelle zu vermerken, daß die Gestalt des Helden – in Abhebung zum einseitig männlich akzentuierten Trickster – in *beiden* Geschlechtern erscheint. Mit dem Unterschied zwischen dem suchenden und dem leidenden Helden hat das direkt nichts zu tun, wenngleich eine gewisse *Tendenz* zu bestehen scheint, den männlichen Helden eher in suchender, den weiblichen eher in leidender Rolle auftreten zu lassen. Wir werden der Thematik der Heldin in einem späteren Kapitel noch gesondert nachgehen.

Bei leidenden Heldengestalten tritt die Funktion C in den Hintergrund. Im Märchen von Schneewittchen schrumpft sie auf den kurzen Augenblick, wo der Jäger, das Messer schon zum Stoß erhoben, unter ihrem erschreckten Blick stockt; sie löst sich jetzt aus der Erstarrung und folgt dem Impuls wegzulaufen. Umgekehrt verhält es sich beim suchenden Helden: Hier kann das Element B degenerieren. Den Eltern bleibt dann nicht viel mehr, als ihren Segen zur Reise zu geben, die der Held sich in den Kopf gesetzt hat.

Wie sich die Gewichte auch im Einzelfall verteilen mögen, man erkennt jedenfalls, daß das Märchen den Auszug des Helden in das Abenteuer des nächsten Reifungsschrittes als einen Prozeß darstellt, der von exogenen *und* endogenen Kräften gemeinsam in Gang gebracht wird. Es ist beim Ablösungsprozeß ziemlich müßig zu fragen, wer »angefangen« hat.

Am Ende des Einleitungsteiles steht in jedem Fall die faktisch vollzogene *Abreise* des Helden, von PROPP mit dem Symbol ↑ bezeichnet. Gleich dem Trickster ist also auch der Held einer, der sich auf den Weg macht, der sich in fremdem Medium umtut. Es gibt da aber eine Reihe bedeutsamer Unterschiede zwischen beiden Gestalten. Der wichtigste davon: Anders als der planlos wandernde Trickster hat der Held ein *Ziel*. Die unspezifische Explorativität der präpuberalen Übungsphase ist jetzt zu sinnvollem Einsatz bestimmt.

Die Schenkerszene

Die Rede von der Zielbestimmtheit muß nicht besagen, daß der Held auch schon wissen würde, welchen *Weg* er einzuschlagen hat. Anfangs kümmert ihn das auch gar nicht. Zunächst stürmt er einfach davon; der *Abschied* vom Heim, nicht die Orientierung am Bestimmungsort, kennzeichnet den Beginn seiner Fahrt. Ist er dann allerdings erst einmal allein auf weitem Feld, muß er sich gleichwohl Gedanken machen, wie es weitergehen soll. Damit tritt das Märchen in seine zweite Phase, von PROPP mit **SchHZ** bezeichnet.

Das wichtigste Element dieser Gruppe ist **Z**; es bedeutet *Zaubermittel*. Ob der Held ans Ziel kommt und dort Erfolg hat, hängt nämlich von einer übernatürlichen Hilfe ab, die er sich zunächst durch eine besondere *Leistung* (**H**) verdienen muß. Hierzu wird er auf eine *Probe* gestellt. Diese wird in der deutschen Transkription mit **Sch** bezeichnet, das heißt *Schenker*. Das Zaubermittel ist im Besitz einer mysteriösen Gestalt, von der es der Held entgegennimmt, wenn er die Probe besteht. Im Märchen von der Jungfrau Zar handelt es sich um die Hexe Baba Jagá und ihre beiden Schwestern.

Das Wort »Schenker« ist dabei nicht sehr glücklich gewählt, denn die betreffende Person muß dem Helden durchaus nicht wohlgesonnen sein, und die Probe kann darin bestehen, sie zu überlisten oder zu überwältigen. Auch in unserem Märchen geht Iwan ja reichlich grob mit den drei Weibern um; gerade damit trifft er aber offenbar den richtigen Tonfall, denn sie weisen ihm den Weg und versorgen ihn, in Gestalt ihrer Pferde, mit dem erforderlichen Zaubermittel.

Im Märchen von der Jungfrau Zar ist die Sequenz **SchHZ** besonders reich ausgestaltet. Die Kernhandlung bei den Hexen bereitet sich in zwei weiteren Episoden vor, in denen zumindest rudimentär dieselbe Thematik anklingt. Vor allem ist hier die Begegnung mit der steinernen Säule zu nennen, an der man den rechten Weg zu wählen hat.

Aber auch schon die Umstände, unter denen der Held daheim seine Reise antritt, nehmen Elemente einer Schenkerszene vorweg. Betrachten wir zunächst die Situation am Wegweiser. Ein Zaubermittel (**Z**) als Lohn fehlt hier zwar; aber die dem Helden abverlangte Leistung, nämlich instinktiv zu wissen, wofür man sich zu entscheiden habe, ist durchaus von der Art, wie sie »Schenker« einzufordern pflegen. Wir dürfen sie also mit **Sch** signieren. Der Held besteht die Probe (**H**), nachdem Fjodor und Dimitrij versagt haben (**H⁻**). Daß das Märchen an dieser Stelle zwei Irrläufer einführt, ist nicht nur ein retardierendes Stilmittel, sondern kontrastiert die Heldenwanderung mit der Unverbindlichkeit des Tricksterlebens: Es spannt ein Koordinatensystem auf, das den gewählten Weg als den *einzig richtigen* unter *vielen falschen* ausweist.

Vorstufen erotischer Reife

Das Versagen der älteren Brüder kleidet sich in eine eigentümliche Symbolik, deren Sinn wir zunächst zu entschlüsseln haben. Als Hinweis kann die Inschrift auf der Steinsäule dienen. Von Fjodor heißt es, daß er nur selbst satt werden will und noch nicht einmal an sein Pferd denkt. In dieser Wahl bekundet sich eine infantile Egozentrik, die verstehen läßt, daß Fjodor keine Chance hat, dem heimischen Dunstkreis zu entkommen; er wird vom Vater selbst ins Gefängnis geworfen.

Was die Schlange aus dem wertlosesten der drei Metalle Kupfer, Silber und Gold besagt, läßt sich nicht mit Sicherheit erschließen; eine Deutung als Phallussymbol liegt hier aber doch nahe. Das Bild würde dann ausdrücken, daß die sexuelle Triebkraft, der ja als Motor des adoleszenten Autonomiestrebens eine ganz wesentliche Rolle zukommt, hier in infantiler Autoerotik befangen bleibt.

Diese Deutung gewinnt an Plausibilität, wenn wir parallel dazu Befunde aus der Entwicklung des Zeichnens während der Reifezeit betrachten. E. WESTRICH[4] hat im Rahmen einer systematischen Unter-

---

[4] WESTRICH (1968)

suchung, von der im folgenden Kapitel noch näher zu berichten sein wird, auch eine Längsschnittanalyse frei entstandener Skizzen eines angehenden Graphikers zwischen dem 14. und dem 19. Lebensjahr vorgelegt. Der Autor achtete dabei besonders auf die Entwicklung der erotischen Erlebnisdimension. Eines der frühesten Bilder mit diesbezüglichem Inhalt stammt aus dem Alter von vierzehneinhalb Jahren und trägt den Titel »der Tanz mit der Schlange«. Die männliche Sexualität wird darin im Symbol der Schlange als etwas Bedrohendes außerhalb des Körpers vergegenständlicht, während an der Aktdarstellung des Tänzers selbst die äußeren Geschlechtsmerkmale weggelassen sind.

»Fjodor-Stadium« und Dimitrij-Stadium« der psychosexuellen Entwicklung. Freie zeichnerische Gestaltung eines männlichen Adoleszenten im Alter von 14 Jahren; 6 Monaten (links) bzw. 17 Jahren; 4 Monaten (rechts).

Knapp drei Jahre später taucht in der Bildnerei desselben Künstlers erstmals das Gegengeschlecht auf. Die Frau tritt dabei noch nicht als Person in Erscheinung, sondern reduziert sich zunächst wie bei einem Pin-up-Photo, wenn auch allegorisch distanziert, auf das Faszinanz des Geschlechtsbereichs, der mysteriös auf alle anderen Zonen des weiblichen Körpers ausstrahlt.

Aus der Optik dieser Reifungsstufe können wir das Schicksal des zweiten Bruders Dimitrij deuten. Er setzt das Thema der libidinösen Integration fort, macht es etwas besser, aber noch längst nicht gut genug. Daß er sich immerhin mit einer Partnerin einläßt, schließt allemal ein gewisses Maß an Selbstvergessenheit ein. Wenn nur sein Pferd kriegt, wonach es verlangt, er selbst wird schon irgendwie durchkommen. Aber da hat er die Rechnung ohne seine schöne Wirtin gemacht. Odysseus ließ sich, um den Sirenen zu widerstehen, an den Mast seines Schiffes binden; Dimitrij, ohne eigenes Rückgrat, verfällt in Hörigkeit.

An dritter Stelle ist nun Iwan an der Reihe. Er wählt den richtigen Weg. Der führt ihn, wie wir wissen, ebenfalls ziemlich geradlinig ins Bett einer Jungfrau; die erotische Begegnung wird also auch bei ihm thematisiert, auf einer abermals höheren Ebene.

Wie gelingt es ihm, diese Ebene zu erreichen? Indem er den Weg einschlägt, der in den *Tod* führt, sagt der Mythos. Damit sind wir wieder beim eingangs angesprochenen Thema.

Was genau haben wir uns unter dem »Tod« vorzustellen, den der jugendliche Held ohne Bedenken wählt? Geht es dabei wirklich allein oder in erster Linie um den Mut zur *physisch* riskanten Existenz? Man wird das bezweifeln dürfen. Eine schiere Wegwerfmentalität in Bezug auf das eigene Leben kann im reproduktionsbiologisch wertvollsten Alter nicht Selbstzweck sein; die jugendliche Risikofreude muß noch einen tieferen Sinn haben.

Auch unser Künstler hat in mehreren Bildern, die nach dem 18. Geburtstag entstanden, den Tod thematisiert. Die beiden nachfolgend wiedergegebenen Beispiele tragen die Titel »Vom Blitz getroffen« und »Der Henker«.

Wir werden erst in den beiden folgenden Kapiteln genauer verstehen, inwiefern der *Liebestod* dem mythischen Sinn der Wahl Iwans an der Steinsäule tatsächlich am besten gerecht wird. Für den Moment sei nur eine Richtigstellung vorausgeschickt. WESTRICHS jugendlicher Künstler macht es sich insofern zu einfach, als er der *Partnerin* das fatale Schicksal aufbürdet. Der Mythos ist unerbittlicher. Hier ist es Iwan selbst, der den ominösen Weg zu wählen hat. Dieser Einsicht stellt sich der Zeichner noch nicht. Er läßt die Frau vom Blitz erschlagen oder vom Henker köpfen, weil er Angst hat, selbst dieses Los zu erleiden.

»Iwan-Stadium« der psychosexuellen Entwicklung. Freie zeichnerische Gestaltung desselben Urhebers im Alter von 18 Jahren und 2 bzw. 3 Monaten.

Mir sind systematische Untersuchungen zu diesem Thema nicht bekannt; aber Gelegenheitsbeobachtungen lassen die Vermutung zu, daß das Bild von dem geheimnisvollen Ritter, der der Jungfrau das Schwert ins Herz stößt, ein nicht untypisches Symbol in adoleszenten Bildnereien ist, und zwar bei *beiden* Geschlechtern. Auch Elisabeth BRONFEN[5], die dem Thema des Todes in der dramatischen Literatur nachgegangen ist, hat festgestellt, daß die Vorliebe für weibliche Leichen nicht etwa eine Spezialität männlicher Autoren ist. Diese Asymmetrie ist wohl so zu erklären, daß Männer eher geneigt sind, die Beunruhigung durch den Liebestod auf die Partnerin abzuwälzen, während sich Frauen dem Erlebnis offener stellen. In Wirklichkeit geht es aber beide in gleicher Weise an.

---

[5] BRONFEN (1994)

Der Held als Trickster

Unter den drei Zarensöhnen wählt als einziger Iwan den richtigen Weg. Die Frage, was ihn dazu befähigt, haben wir soeben nach einem *ontogenetischen* Erklärungsschema beantwortet. Die drei Brüder sind demnach gar keine verschiedenen Personen, sondern drei verschiedene Entwicklungsstadien einer und derselben Person. Nun ist es mit dem Mythos aber wie mit dem Traum: Ein einziges Lesemodell schöpft ihn selten aus. Im griechischen Wort *symbolon* steckt ein Stamm, der etwas mit »Zusammenballung« zu tun hat; es ist für Symbole ganz natürlich, daß sich in ihnen mehrere, voneinander unabhängige Deutungsperspektiven überlagern. So ist es auch hier. Neben der Aussage »es erfordert eine gewisse Reife der Triebentwicklung, um sich erfolgreich vom Elternhaus zu lösen« wird noch wenigstens eine weitere Botschaft erkennbar.

Betrachten wir hierzu die Umstände, unter denen Iwan von daheim fortzieht. Das Szenario unterscheidet sich auffällig von dem beim Aufbruch der Brüder. Fjodor und Dimitrij starten mit einem Bonus: Sie erfreuen sich der Wertschätzung des von ihrer Tüchtigkeit überzeugten Vaters. Nun weiß aber jeder, daß große Männer unter ihren Jüngern meist jene für die gescheitesten halten, die ihnen am beflissensten nach dem Munde reden. Der alternde Mantelpavian-Pascha, der seinen Harem dem duckbereiten Mitläufer überläßt, weiß es auch nicht besser.

Zur Wertschätzung gesellt sich die Protektion: Der Zar stattet die älteren Brüder mit den besten Pferden aus seinem Stall aus, was sie auch dankend akzeptieren. All das nützt ihnen aber dann nicht mehr viel, wenn sie, auf sich allein gestellt, Entscheidungen treffen sollen.

Da ist Iwan aus anderem Holz geschnitzt. Er gilt als dumm, faul und nichtsnutzig; in Wirklichkeit ist er aber einfach nur *eigensinnig*, dies allerdings in erheblichem Maß. Er hat von den drei Brüdern den höchsten Anspruch auf Autonomie. Deshalb kann er sich leisten, auf den väterlichen Segen zu verzichten. Er verschmäht das gute Pferd, das ihm der Zar nach anfänglichem Widerstreben schließlich doch noch zubilligt, und holt sich die schäbigste Mähre aus dem Stall. Sein Aufbruch ist eine einzige Trotzdemonstration. Mutwillig macht er sich zu dem Narren, für den ihn ohnehin alle halten, und reitet rückwärts sitzend davon, zum Gespött der höfischen Lakaien.

Aber diese Trotzreaktion verdient es, genauer unter die Lupe genommen zu werden. Was das Märchen hier in die Heldengeschichte einschiebt, ist eine veritable Trickster-Episode. Der unwürdige Aufbruch Iwans erinnert unmittelbar an den des Wakdjunkaga, und die anschließende, mit blasphemischen Sprüchen gewürzte Rückwärtsschindung des Gaules, ein fürwahr bizarres Bild, kennen wir bis in die Details übereinstimmend auch schon von Susano'os auf Seite 468 geschildertem Anschlag auf die Enthaltsamkeits-Webehalle. Iwan regrediert also auf das Trotzpotential der Flegeljahre und unterläuft so die Gefahr der depressiven Willenslähmung infolge mangelnder väterlicher Akzeptanz.

Nach der Logik des Märchens erbringt er damit bereits seine erste Leistung (H), auch wenn die Figur eines Schenkers fehlt, der ihn auf die Probe stellt (Sch). Entscheidend ist aber eben, daß er sich durch dieses ungebärdige Verhalten ein Zaubermittel (Z) verdient – das Feuerroß, das ihm, und vermutlich ihm allein, gehorcht. Wir hätten im Sinne PROPPs den Märchenteil vor der Ankunft an der Steinsäule also mit

$$ABC \uparrow \sim HZ$$

zu signieren. Die Pferde, mit denen die älteren Brüder losreiten, taugen, wie sich dann später herausstellt, nicht als Wegweiser zum rechten Ziel; sie sind also negative Zaubermittel (Z⁻), und dementsprechend war es auch ein Fehler (H⁻), sie überhaupt zu akzeptieren. Die Erzählung kontrastiert bereits in dieser rudimentär vorweggenommenen Schenkerszene die Kompetenz Iwans mit einem angedeuteten Versagen der Brüder.

Einen ontogenetischen Sinn kann diese Gegenüberstellung nun aber kaum haben. Daß die älteren Brüder beim Vater Starthilfen in Anspruch nehmen und Iwan nicht, ist keine Sache der Entwicklungsstadien; hier geht es um einen Vergleich *potentieller Lebensstile*. Die Fabel setzt das Naturell Iwans gegen andere Verhaltensmuster ab, die weniger geeignet wären, die Entwicklungsaufgabe der Adoleszenz zu bewältigen.

Quellen der Sicherheit

Das Stichwort hierfür lautet »Urvertrauen«. Dieses Konzept ist von Erik ERIKSON[6] in die Psychologie eingeführt worden und vorausgehend schon gelegentlich angeklungen, ohne daß wir bisher Gelegenheit hatten, es genauer zu erläutern.

Phänomenologisch handelt es sich dabei um die emotional tiefwurzelnde Überzeugung, sich auf die Welt, das Leben, die Menschen und nicht zuletzt auch auf sich selbst verlassen zu können. Wem es an Urvertrauen fehlt, der reagiert auf Mißerfolg schnell entmutigt oder mit unnötig heftiger Feindseligkeit, jedenfalls mit Entfremdung, und zwar eigentümlicherweise nicht nur anderen, sondern auch sich selbst gegenüber. Er zieht sich zurück, verprellt wohlmeinende Freunde, fühlt sich aber auch in der eigenen Haut nicht behaust. Seine feindselige Abwehrhaltung macht vor niemandem Halt, Mitleid und Güte hat er weder für andere noch für sich selbst übrig.

ERIKSON meint, daß das Urvertrauen im »oralen« Stadium entsteht, wie er sich als Psychoanalytiker ausdrückt. In unserer Terminologie können wir sagen: Das Urvertrauen bildet sich in dem Altersabschnitt, in dem das Ich noch keine Grenzen hat. Es resultiert aus der Erfahrung eines Mediums, in dem man sich geborgen fühlen kann; es setzt also einigermaßen vernünftige und empathische Eltern voraus, die dem Kind Mut gemacht haben, sich in der Welt einzunisten.

Systemtheoretisch betrachtet ist das Urvertrauen ein Synergist des *Autonomieanspruchs*. Diesen haben wir auf Seite 504 als eine Motivgröße kennengelernt, die unter anderem das Sicherheitsbedürfnis drosselt. Das heißt aber nichts anderes, als daß er seinerseits eine Sicherheitsquelle darstellt, daß er von innen heraus *selbstsicher* macht, sodaß Geborgenheit nicht mehr so sehr in der Außenwelt, bei vertrauten Mitmenschen gesucht werden muß.

Das Urvertrauen nimmt nun insofern eine Zwischenposition zwischen endogenen und exogenen Eingangsgrößen ein, als es zwar ursprünglich aus der Umweltbegegnung stammt, inzwischen aber an Gedächtnisengrammen verankert ist und den Sicherheitspegel daher

---

[6] ERIKSON (1970)

gleich dem Autonomieanspruch von innen heraus gegen die Schwankungen situativer Außeneinflüsse abpuffert.

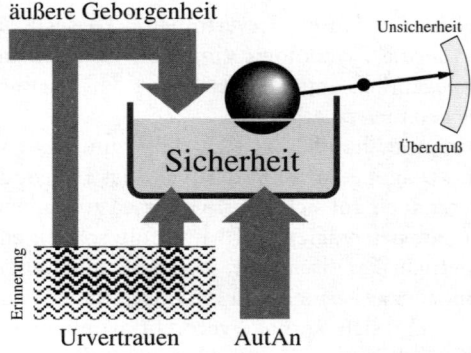

Sicherheitsregulation gemäß dem Zürcher Modell. Ein Sicherheitsreservoir, das im optimalen Fall weder entleert (Unsicherheit, Bindungssuche) noch überfüllt sein sollte (Überdruß), wird von außen durch die Geborgenheit in der Nähe vertrauter Personen gespeist, von innen 1. durch die vom Autonomieanspruch (AutAn) gestützte Selbstsicherheit und 2. durch die im Urvertrauen internalisierte Erinnerung an früher zuverlässig erfahrene externe Geborgenheit.

Vor allem zwei Erfahrungskomplexe gehen in diese Verfassung ein. Zum einen ist es die aus der Kindheit stammende Erinnerungsgewißheit, daß man in dieser Welt akzeptiert, geliebt, von Übeln beschützt und in der Not nicht alleingelassen wird. Und zum anderen gründet das Urvertrauen in einer früh geweckten und bestätigten Erfolgszuversicht. Auch sie ist ein Verdienst empathischer Eltern, die die ersten tastenden Ausgriffe des kindlichen Autonomieverlangens auf das Leben wachsam, aber diskret begleitet haben, die ihm keineswegs jeden Handgriff abnahmen, sondern umgekehrt dafür sorgten, daß es lernen konnte, Probleme selbständig zu meistern, die aber zur Stelle waren, wenn es galt, ihm Erfahrungen zu ersparen, die es überfordert hätten. Diese beiden Effekte sind wohl primär mit dem gemeint, was wir auf Seite 167 nach KOHUT als »positive Spiegelung« beschrieben haben.

Der Keller des Großvaters

Wie verhält es sich nun mit dem jüngsten Zarensohn? Zunächst einmal wird deutlich, daß er seinen Autonomieanspruch gehörig hochakklimatisiert hat. Das zeigt sich an der brüsken Zurückweisung der Hilfen, die ihm der Vater schließlich doch noch zur Verfügung stellt, und an dem Verhaltensstil, der mutwillig darauf angelegt ist, sich daheim auch noch die letzten Sympathien zu verscherzen.

Aber das ist es eben doch nicht allein. Das Märchen weiß auch feinsinnig vom Urvertrauen des Helden zu berichten.

Konnte bei Iwan, so wie seine Familienkonstellation geschildert wird, überhaupt Urvertrauen erwachsen? Durchaus, sagt das Märchen. Denn die väterliche Mißachtung ist jüngeren Datums. Sie ist im Grunde nur der Unmut der älteren Generation, die spürt, daß sie bei dem heranwachsenden Sohn nicht viel Chancen hat, sich als unantastbare Autorität zu verewigen. Das Urvertrauen stammt aber aus einer viel früheren Zeit, in der sich die Rangfrage noch gar nicht stellte und die väterliche Liebe unangefochten strahlen konnte. Das Märchen greift hier feinsinnig auf die Symbolgestalt des *Großvaters* zurück: Er hat dem Enkel einst den tiefen Keller geschenkt, aus dem dieser sich mit allem versorgen kann, was er für die Reise braucht.

Man wird an dieser Stelle des eigentümlichen Umstandes gewahr, daß nirgendwo Iwans *Mutter* in Erscheinung tritt. Sie wäre ja in erster Linie zuständig, wenn es ums Urvertrauen geht. Die Vaterproblematik prägt im Märchen von der Jungfrau Zar so sehr die ganze Atmosphäre, daß sich die Frage nach der Rolle der Mutter gar nicht stellt. Man findet aber im europäischen Raum Varianten derselben Erzählung, die den fehlenden mütterlichen Aspekt ergänzen. Nehmen wir als Beispiel das griechische Märchen vom Mönch[7]. Es hebt folgendermaßen an:

Es waren einmal ein König und eine Königin, die hatten drei Söhne. Der König zog die zwei älteren Söhne vor; denn sie liebten die Waffen und waren auch gute Jäger, und er hatte im Sinn, die beiden zu Erben seines Königreichs zu machen. Den jüngsten liebte er nicht, denn der machte sich den ganzen Tag

---

[7] MEGAS (1965), S. 224-238

mit Schriften und Büchern zu schaffen, und der Vater nannte ihn »Mönch«. Die Zuneigung der Königin wiederum galt dem jüngsten, und alle Lehrer die er brauchte, und was an Papier und Büchern nötig war, das verschaffte sie ihm. In jener Zeit erblindete der König. Heilung, das wußte einer der Ärzte, war nur von einer seltenen Erde aus einem weit entfernten Königreich zu erwarten. Die beiden ältesten Söhne brachen daraufhin unverzüglich auf, ausgestattet mit einer Eskorte von hundert Soldaten und reichlich Dukaten. Auch der Mönch erbat über seine zunächst zögernde Mutter die Erlaubnis des Vaters. Er allein nämlich wisse aus dem Studium seiner Schriften, wo jenes Königreich zu finden sei. Der Vater hielt zwar nichts davon, ließ ihn dann aber mit einem alten Pferd und einem einzigen Knecht ebenfalls ziehen. Der Mönch holte seine Brüder ein, die ihn zwar zunächst verspotteten, aber doch zuließen, daß er sich ihnen anschloß. Zu dritt gelangten sie an eine dreifache Weggabelung. Der Mönch als einziger wußte aus seinen Büchern, daß zwar alle drei Wege zu jenem Königreich führten, aber ausnahmslos so schrecklich seien, daß niemand sie benutze. Auf dem Weg zur Rechten geriete der Wanderer in einen verderblichen Wirbelsturm, auf dem mittleren in Rauch und Feuer. Der Weg zur Linken aber sei »für die, die gehen und nicht wiederkehren«. Er überließ höflich den Brüdern den Vortritt bei der Wahl, und natürlich blieb ihm der linke Weg.

Die Parallelen zur Geschichte von der Jungfrau Zar sind klar und bedürfen keiner Erläuterung. Insbesondere ist offenkundig, daß hier die Mutter den Großvater ersetzt. Wir werden auf den weiteren Verlauf des Märchens im folgenden noch zu sprechen kommen.

Anything goes

Kehren wir zu Iwan zurück. Seine erste Leistung ist mithin bereits die entscheidende. Im gleichen Geist besteht er auch die anderen Proben. An der Säule angekommen versagt er sich die billigen Lösungen und wählt den Weg in den »Tod«. Er will es wissen. Beim »Mönch« ist es genauso. Er räumt zwar den Brüdern die erste Wahl ein, aber er weiß, daß sie ihm nur den »Weg ohne Wiederkehr« übriglassen werden.

In derselben Haltung ertrotzt sich Iwan schließlich auch die Hilfe der Baba Jagá und ihrer Schwestern. Diese drei Hexen sind die einzigen leibhaftig auftretenden »Schenker«-Gestalten in diesem Märchen. Sie weisen ihm endgültig den Weg ins Reich unter der Sonne.

Es ist nicht ganz leicht, sich über den Sinn der Schenker-Figur schlüssig zu werden. Feststeht, daß wir es hier mit einem beliebten und weit verbreiteten Märchenmotiv zu tun haben. Aber der Schenker erscheint in verwirrend vielen Varianten, deren Äquivalenz nur darin besteht, daß der Held von ihnen schließlich das Zaubermittel erwirbt, dessen er bedarf, um den Weg zum Ziel zu finden.

An dieser Stelle wird einmal mehr deutlich, wie wichtig es ist, bei der Analyse von Märcheninhalten das psychologisch *deutende* Verfahren mit einem *vergleichenden* Ansatz zu kombinieren. Nur der Vergleich nämlich ermöglicht es, stabile, überdauernde und daher wesentliche Merkmale von ephemeren und lokalen Zufallsvariationen zu unterscheiden.

Würde man das Märchen nur für sich allein interpretieren, so müßte man wohl in der Gestalt der Baba Jagá einen »Mutterarchetyp« sehen. Aber warum begegnet dieser in der Fremde, außerhalb der vertrauten Landesgrenzen, dort, wo noch »keine russische Seele« hingelangt ist? Und warum kommt es darauf an, sich von dieser Muttergestalt zwar füttern, nicht aber ausfragen zu lassen? Warum läßt sie ihre Hilfe gerade dann zuteil werden, wenn man ihr unflätig mit Prügeln gedroht hat?

Ich zweifle keinen Moment, daß ein phantasiebegabter und von den Träumen seiner Patienten her für die Materie sensibilisierter Tiefenpsychologe all das einigermaßen in einen psycho-logischen Sinnzusammenhang bringen kann. Was er aber dem Märchen allein nicht ansehen kann, ist, welche der eben genannten Einzeldaten *überhaupt eine psychologische Bedeutung haben und daher eine psychologische Deutung lohnen.*

Schenkergestalten sind zum Beispiel keineswegs immer weiblich und alt. Sie *können* es sein. CAMPBELL[8] berichtet von einem Mythos aus Tanganyika, in dem der Held einem altersschwachen Weiblein begegnet, sowie von Erzählungen der Navaho-Indianer, in denen die »Spinnenfrau«, eine unterirdische Dame mit großmütterlichen Zügen, die Rolle des Schenkers spielt. Die »Erprobung« des Helden besteht in beiden Fällen einfach darin, daß er von dem Weiblein nach seinem Begehren gefragt wird. Als richtige Antwort gilt dann aber jeweils Ver-

[8] CAMPBELL (1978), S. 72 ff

schiedenes: Im afrikanischen Mythos gibt der Held bereitwillig Auskunft, im indianischen antwortet er ausweichend. Und Iwan, wie wir wissen, verweigert die Antwort zunächst überhaupt; auch das ist hier offensichtlich gerade die richtige Reaktion.

Genauso oft können die Schenker auch alte oder junge Männer sein, ferner Tiere oder sogar Gegenstände wie etwa der Backofen, der Goldmarie und Pechmarie darum bittet, die fertigen Brote herauszunehmen. Häufig, wie in diesem Beispiel, erwartet man vom Helden eine Hilfeleistung. In der Regel hat er die Probe bestanden, wenn er die Notlage des Schenkers bemerkt und behebt.

Aber auch das muß nicht so sein. Ein niederdeutsches Märchen[9] erzählt von einem »Erdmännchen«, das den Helden um ein Stück Brot anbettelt. Wie in unserem russischen Beispiel hat der Held zwei ältere Brüder. Diese geben dem Erdmännchen das Verlangte; daraufhin läßt der Wicht das Brot ungeschickt fallen und bittet höflich, daß man es ihm aufhebe. Als sie auch dieser Bitte nachkommen und sich bücken, werden sie von dem tückischen Kerl blau und grün geschlagen. Der Jüngste hingegen denkt gar nicht daran, auf die Bitten des Zwerges einzugehen; er verprügelt ihn seinerseits und macht ihn sich damit dienstbar: Das Erdmännchen zeigt ihm nun den Weg zu den verschwundenen Königstöchtern.

In einer auch aus Rußland stammenden, aber von der unsrigen weit abweichenden Version des Märchens von der Jungfrau Zar gerät Iwan an zwei streitende Waldschrate, die drei Zaubergegenstände gefunden haben und den Helden bitten, diese gerecht unter sie zu verteilen. Iwan ist dazu bereit, sofern auch er einen Anteil als Lohn für seine Dienste erhält. Darauf gehen die Waldschrate ein, und auch als Zuhörer meint man, das sei ein fairer Handel. Aber dem Märchen gefällt es, Iwan hier wieder auf sein Trickster-Repertoire zurückgreifen zu lassen: Er schlägt den Gnomen einen Wettlauf vor. Während die beiden davonrennen, greift er sich die begehrten Gegenstände alle drei und sucht mit ihnen das Weite. Die Geprellten verfolgen ihn zwar, doch er entkommt ihnen, indem er die Kräfte der Zaubermittel gegen die eigentlich rechtmäßigen Eigentümer benützt. Auch ein Verfahren, sich der Hilfe des »Schenkers« zu bedienen!

---

[9] SCHERF (1982), S. 105

Die Extremvariante dieses Märchenmotivs ist dann erreicht, wenn der »Schenker« versucht, den Helden umzubringen und dieser ihn seinerseits tötet und des Zaubermittels beraubt. In einer ungarischen Version unseres Märchens[10], die den Titel »Das lebensverjüngende Wasser« trägt, gerät der Held an eine ausgesprochen bösartige Hexe, die ihn verderben will. Auch sie hat einen Zauberhengst, den der Held braucht, um weiterzukommen. Dieser hilft ihm heimlich, den Nachstellungen der Hexe zu entgehen, und schlägt sie schließlich tot.

Läßt sich eine solche Vielfalt von Motiven auf eine Formel bringen? Genau das hat PROPP getan; die Formel lautet eben, wie wir schon wissen, SchHZ. Viel mehr gibt es hier nicht zu sagen. Wichtig ist offenbar nicht, daß Iwan auf seinem Wege einer Mutterfigur begegnet. Jeder andere Archetypen-Verschnitt tut es auch. Wesentlich ist, daß der Held *irgendwen* trifft, der ihn in eine Situation bringt, in der er »richtig« reagieren muß.

Was das heißt, bleibt offen. *Anything goes*, jedenfalls bei synoptischer Betrachtung: Das eine Mal muß man ruppig sein und das andere Mal freundlich, einmal ehrlich, ein andermal verschlagen, einmal höflich und dann wieder unverschämt, bald hilfsbereit und bald rücksichtslos. Aber das bedeutet nicht, daß es überhaupt egal wäre, was man tut: Das Märchen hätte sonst nicht nötig, die älteren Brüder einzuführen, die bei der Prüfung *versagen*. Es kommt im *Einzelfalle* vielmehr sehr genau darauf an, das rechte im rechten Moment und in der rechten Situation zu tun.

Nur eben – was »das rechte« ist, dafür läßt sich keine Regel aufstellen. Trichtert man dem Helden zuvor ein Patentrezept ein, ist damit zu rechnen, daß er es just dann anwendet, wenn er eine Ausnahme machen müßte. Dem jungen Parzival wurden auf der Burg des Gurnemanz ritterliche Manieren beigebracht, darunter auch die eiserne Regel, es sei unziemlich, andere mit Fragen zu bedrängen. Als er dann an die Gralsburg gelangt, traut er sich prompt nicht, seinem spontanen Mitgefühl nachzugeben und nach den Leiden des Königs Amfortas zu fragen, was ihm mit Recht den Fluch der Gralsbotin Kundry einbringt.

Was dem Helden in der Schenkersituation offenbar abverlangt

---

[10] KOVÁCS (1965), S. 197-205

wird, ist *emotionale Sicherheit*, die Befähigung, instinktiv das richtige zu erkennen, und der Mut, sich diesem Impuls auch anzuvertrauen. Der Held muß nun zeigen, daß er die Griffe beherrscht, die Mittel kompetent einsetzen kann, die der Trickster noch tolpatschig ausprobieren durfte. Und er muß die tiefliegende Ambivalenz des Altruismus verstanden haben: Anderen einen Gefallen zu erweisen, kann Stärke *oder* Schwäche bekunden. Man muß spüren, welches von beiden zutrifft, und dann die Kraft aufbringen, dem anderen oder sich selbst zu widerstehen. Je nachdem.

Gliederung des Zaubermärchens nach PROPP (I)

(Liste der Beispiele gekürzt)

A

- **Ein Schaden tritt ein, oder es herrscht ein Mangel**

  ein Widersacher richtet einen **Schaden** an:
  - er raubt eine Person oder einen wertvollen Gegenstand
  - er bringt sie zum Verschwinden
  - er verletzt oder beschädigt sie
  - er tötet oder zerstört sie
  - er verzaubert sie
  - er verstößt jemanden

  einem Familienmitglied **fehlt** etwas:
  - eine Braut
  - ein Freund
  - ein Zaubermittel
  - ein wunderbares Objekt ohne Zauberkraft (z.B. der Feuervogel)
  - Geld, Nahrung, Existenzgrundlage

B

- **Dem Helden wird eine Bitte oder ein Befehl übermittelt**

  beim **suchenden** Helden:
  - der Held wird um Hilfe gebeten
  - der Held wird ausgesandt
  - dem Helden wird die Erlaubnis zum Auszug erteilt

  beim **leidenden** Helden:
  - der Held wird gewaltsam aus dem Haus gebracht

C

- **Der Held bekundet seine Bereitschaft, der Aufforderung nachzukommen**

  ↑

- **Der Held verläßt das Haus und begibt sich auf die Suchwanderung**

Sch

- **Der Held wird vom Schenker herausgefordert**

    der Schenker ist **harmlos** oder **wohlwollend**:

    - er stellt den Helden auf eine Probe
    - er fragt den Helden aus
    - er bittet den Helden um einen Dienst
    - er bittet den Helden um Gnade
    - er bittet den Helden, einen Streit zu schlichten

    der Schenker ist **feindselig**:

    - er versucht den Helden umzubringen
    - er nimmt den Kampf mit dem Helden auf
    - er bietet dem Helden einen arglistigen Tausch an

H

- **Der Held besteht die Herausforderung**

    bei **positiver** Beziehung zum Schenker:

    - er besteht die Prüfung
    - er erwidert die Begrüßung
    - er erfüllt die Bitte
    - er verhält sich freundlich

    bei **negativer** Beziehung zum Schenker:

    - er rettet sich aus der Bedrohung
    - er besiegt den Schenker
    - er überlistet den Schenker
    - er tötet den Schenker

Z

- **Der Held gelangt in den Besitz eines Zaubermittels**

    bei **positiver** Beziehung zum Schenker:

    - das Mittel wird direkt ausgehändigt
    - der Held wird auf das Mittel hingewiesen
    - der Held findet das Mittel zufällig
    - das Mittel bietet seine Dienste von selbst an

    bei **negativer** Beziehung zum Schenker:

    - der Held raubt das Mittel

17. Kapitel

Das Elixier des Lebens

Höhlengefühl und Weitengefühl

Die Schenkerszene hat, wie wir im letzten Kapitel sahen, bei aller Vielgestaltigkeit eine einfache psychologische Botschaft: Der Held muß unter Beweis stellen, daß er sich auf seine spontanen Reaktionen verlassen kann. Gefühlssicherheit ist das Zaubermittel, das ihn zum Ziel bringt. So auch in unserem Märchen: Iwan Zarewitsch wird vom Pferd der Baba Jagá ins Reich unter der Sonne getragen. *Versetzung an den Bestimmungsort* heißt diese Funktion bei PROPP; er belegt sie mit dem Symbol **W**.

Der Bestimmungsort liegt weit vom Ausgangspunkt der Reise entfernt. Zwischen den beiden Polen dehnt sich ein unendlicher Raum. Der hat eine andere Qualität als das Land »Wanderschaft«, in dem der Trickster ziellos umherzog, und noch einmal eine andere als die Katastasen des Elohim. Es lohnt sich, über diese Unterschiede nachzudenken.

Dazu mag ein Begriffspaar hilfreich sein, das der Völkerkundler FROBENIUS im Rahmen einer hier nicht weiter zu diskutierenden Kulturtypologie geprägt hat. Er sprach davon, daß das Raumerleben in manchen Kulturen den Charakter eines »Höhlengefühls«, in anderen hingegen den eines »Weitengefühls« habe.

Als Beispiele führt er zwei Kulturen im westlichen Sudan an. Die eine von beiden, die der äthiopischen Getreidebauer, sei durch *Wei-*

tengefühl gekennzeichnet. Die Siedlung gruppiere sich hier in ausgreifenden Ringen um ein Zentrum, den Hof des ersten, mythischen Siedler-Ahnen, an dem auch der Altar der Erdgötter seinen Ort habe. Um ihn ordnen sich wie die Waben eines Bienenstocks die Höfe der folgenden Siedlergenerationen, und anschließend folgen die Terrassenanlagen der Felder, die außen ins Niemandsland übergehen. Darin, sagt FROBENIUS, bekunde sich ein »zentrifugales« Raumgefühl, das auf »Ausstrahlung ins Unbegrenzte« gerichtet sei. »Sehnsucht und Unendlichkeitsempfindung«, »überzeugender Schaffensdrang« und »selbstverständlicher Freiheitsjubel«, meint der Autor, seien Ausdrucksformen dieser erlebten Weltweite[1].

Am anderen Pol lokalisiert FROBENIUS die hamitischen Kulturgruppen, etwa die Tuareg. Diese kommen in seiner Beurteilung deutlich schlechter weg. Sie sind Viehzüchter, ihr Lebensraum ist die Savanne. Aber von deren Weite spiegle sich nichts in ihrem Lebensgefühl: Der Hamite fühle sich ständig eingeengt, beklommen und unfrei; Himmel und Erde erlebe er als eine große, alles begrenzende *Höhle*, aus der es kein Entrinnen gebe, und in der man ständig vor Zauberei, bösem Blick und Totengeistern auf der Hut sein müsse. Die hamitische Haltung sei »zentripetal«, ganz »aufs Ich bezogen«, und diese Raumsymbolik kehre auch in der Anlage der Wohnsiedlung wieder, die sich um Innenhöfe hinter fensterlosen Außenwänden konzentriere.

Es ist ziemlich belanglos, ob FROBENIUS den Äthiopiern und den Hamiten wirklich gerecht wird. Was hier interessiert, ist seine Typologie als solche. Man erkennt in ihr unmittelbar die Polspannung wieder, die wir auf Seite 339 ff selbst durch die Kategorien »zentrifugal« und »zentripetal« umschrieben haben: den Unterschied im Lebensgefühl der *emanzipatorischen* und der *nostalgischen Trennungsmythen*.

Dabei versteht sich die Weite, die beim Auseinanderweichen von Himmel und Erde frei wird, zunächst noch immer von jener Mitte her, in der einst die erste Insel aus dem Urozean aufgetaucht ist. Ob zentripetal oder zentrifugal, ist nur eine Sache der Stoßrichtung; beide Begriffe setzen jedenfalls ein »Zentrum« voraus – sei es das Paradies mit dem Lebensbaum, sei es Elohim, dessen Standort bestimmt, wo bei der Scheidung der Wasser »unten« und »oben« anzusetzen sei.

---

[1] FROBENIUS (1928), S.107

Diese Selbstgewißheit eines in seiner Mittenhaftigkeit nicht in Frage gestellten Ich geht erst mit der Vertreibung aus dem Paradies verloren; und somit ist der Trickster der erste, dessen Raumgefühl von vornherein exzentrisch oder besser azentrisch genannt werden muß. Von »Weite« im Sinne der *Ferne* kann indessen auch bei ihm nicht die Rede sein, denn diese fordert so etwas wie die Verbindlichkeit von Distanz. Das Land, das der Trickster durchstreift, ist nicht Ferne, sondern nur Fremde, es hat weder Maß noch Pol, die ihm Struktur verleihen und seine Orte unterscheidbar machen könnten, es ist eine Ebene, in der sich kein Heiliger Berg erhebt. Statt der KEPLERschen Sphärenklänge erfüllt diesen Raum die »gravitationsfreie« Musik, von der wir BOULEZ auf Seite 408 schwärmen hörten.

Wo der Trickster auch hinkommt, überall umfängt ihn ein neues und doch gleichbleibendes Hier, so wie den Handlungsreisenden in jeder Stadt dasselbe austauschbar genormte Motelzimmer. Wenn das nicht mehr so ist, geht die Zeit des Tricksters zuende. Erinnern wir uns an die Episode auf Seite 485: Wo der Raum anfängt, metaphysische Orientierungsmarken zu offenbaren, wenn Wakdjunkaga auf seiner Flucht vor dem Verfolger bis an den »Rand der Welt« vorgedrungen ist, an die Stelle, wo »die Sonne aufgeht«, da überfällt ihn die Angst, und er tritt in ein neues Reifestadium ein.

Die Entdeckung der dritten Dimension

Das Weitengefühl im vollen Sinn ist wirklich dem Helden vorbehalten; es erwacht ontogenetisch in der Reifezeit. E. WESTRICH, der im vorigen Kapitel bereits zitiert wurde, hat gegen Ende der sechziger Jahre in einer systematischen Querschnittsuntersuchung[2] an 268 überwiegend männlichen Schülern auch geprüft, wie sich in der Altersspanne zwischen 11 und 18 Jahren der *Zeichenstil* verändert. Die Methode bestand darin, den Probanden den damals noch gebräuchlichen Zeichentest von WARTEGG vorzulegen. Es handelt sich dabei um kleine quadratische Bilder, bei denen jeweils ein Figurelement, etwa ein Punkt

---

[2] WESTRICH (1968)

oder eine Wellenlinie, vorgegeben ist, das dann nach Belieben weiter ausgestaltet werden soll. Es ging dem Autor nun aber nicht, wie bei diesem Test eigentlich intendiert, um die inhaltliche Auffassung dieser Figuren, sondern um formale Eigentümlichkeiten der Zeichnung.

Bei Inspektion der Bilder fiel um das 15. Lebensjahr herum ein nahezu schubhafter Stilwechsel auf, der sich zwar nicht leicht an objektiven Kriterien festmachen läßt, eindrucksmäßig aber recht deutlich wird. WESTRICH nennt ihn den Übergang von der *flächenbildhaften* zur *plastischen* Darstellungsweise.

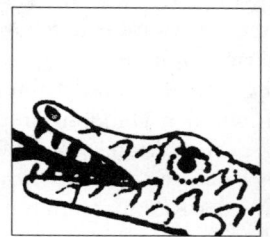 

»Flächenbildhafter« Darstellungsmodus nach WESTRICH

Die *flächenhafte* Darstellung ist für die gesamte Kindheit charakteristisch; sie hält sich, jedenfalls im männlichen Geschlecht, bis ins 16. Lebensjahr. Den dargestellten Figuren mangelt hier, selbst wenn Raumeffekte erkennbar intendiert sind, die Tiefendimension. Ihre Konturen bleiben zweidimensionale Umrandungen auf dem Papier; der Hintergrund sieht flach wie eine Scheibe aus.

Bei den *plastischen* Darstellungen wirken demgegenüber die Dinge in ihr Medium wie in eine raumtiefe Atmosphäre eingebettet, es umgibt sie eine Art »Hall-Effekt«, manche erwecken fast den Eindruck, als blicke man durch eine 3D-Brille. WESTRICH unterscheidet hier noch einmal zwischen zwei Stilformen, die er als *körperplastisch* und *raumplastisch* kennzeichnet. Körperplastische Bilder zeigen *einzelne Objekte*, raumplastisch ist ein Bild, wenn *mehrere* Einzelkörper gemeinsam einen umfassenden Bildraum aufspannen.

»Körperplastischer« Darstellungsmodus

Der Altersvergleich ergab, daß die Häufigkeit der plastischen Darstellungen von etwa 10% bei den Dreizehnjährigen auf rund 70% bei den Fünfzehnjährigen schubhaft zunimmt, wobei der raumplastische Modus etwas später einsetzt und auch nur von einem relativ kleinen Teil der Versuchspersonen überhaupt erreicht wird.

»Raumplastischer« Darstellungsmodus

Die plastische Wirkung liegt vornehmlich im Übergang zu einem gleichsam beseelten Crescendo der Linienführung begründet, im Wandel von einem statisch-formalen zu einem kinästhetischen Duktus. Auch der zunehmende Einsatz von Hilfsmitteln wie Schraffur und Perspektive trägt das seinige bei; es ist jedoch hervorzuheben, daß diese Techniken *allein* keinen Raum zu schaffen vermögen. Sie lassen sich mechanisch erlernen und werden auch schon relativ früh eingesetzt; ihre Verwendung steigert sich etwa linear mit den Jahren und läßt keinen Pubertätsknick erkennen. Für sich allein genommen, ohne die typische Veränderung in der Strichführung, sind sie nicht in der Lage, den Bildeindruck aus seiner Flächenhaftigkeit zu lösen.

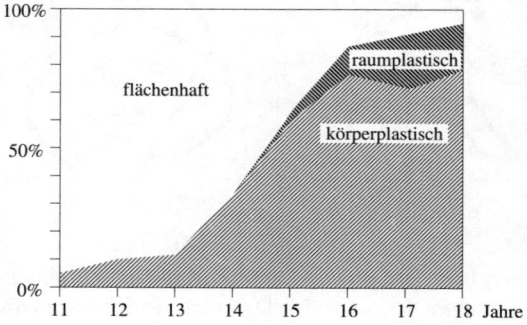

Die Entwicklung des Zeichnens bei Schulkindern nach WESTRICH (Stichprobe: 244 Jungen, 24 Mädchen). Man erkennt zwischen 13 und 16 Jahren einen schubhaften Übergang vom flächenhaften zum plastischen Darstellungsmodus.

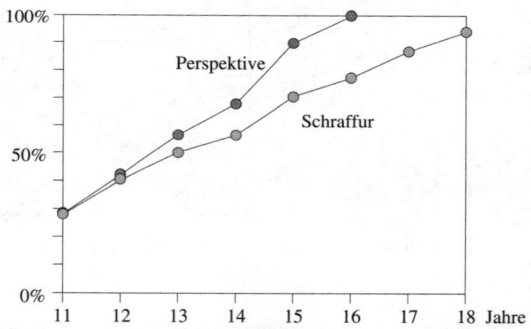

Die Entwicklung des Einsatzes der technischen Gestaltungsmittel Perspektive und Schraffur in den Zeichnungen von Schulkindern. Der Anstieg ist in beiden Fällen annähernd linear.

Soweit WESTRICHs Untersuchung repräsentativ ist, weist sie darauf hin, daß das zeichnerische Gestaltungsvermögen des heranwachsenden Menschen erst mit Eintritt in die Reifezeit die endlose Weite des dreidimensionalen Raumes zu fassen vermag. Und es ist erlaubt, darüber nachzudenken, ob diese Weite etwas mit der zu tun haben könnte, in die der Held in jener Phase des Zaubermärchens vordringt, die PROPP mit dem Zeichen W markiert hat.

Schraffur (links) und Perspektive (rechts) allein genügen nicht, um einen raum- oder körperplastischen Eindruck zu erzeugen.

Von Aristoteles zu Giordano Bruno

Was könnte es bedeuten, daß die Stadt unter der Sonne, zu der Iwan aufbricht, in so weiter Ferne liegt? Was wäre der psychologische Sinn der unendlichen Raumtiefe, deren Ahnung im plastischen Darstellungsmodus der Pubertät aufbricht?

Ein Weg zum Verständnis dieser Zusammenhänge erschließt sich, wenn wir eine kulturgeschichtliche Parallele einbeziehen. Es ist schon wiederholt darauf hingewiesen worden, daß sich auch in der *Renaissance* eine Umstimmung des abendländischen Raumerlebens ereignet zu haben scheint, die in gewisser Hinsicht als Übergang von einem »Höhlen-« zu einem »Weitengefühl« beschrieben werden könnte.

Das war die Zeit, in der das geozentrische vom kopernikanischen Weltsystem abgelöst wurde. Auch das letztere ist, in vielleicht nicht ganz zufälliger Parallele zum Märchen von der Jungfrau Zar, auf die »Sonne« bezogen, wenn auch in einer Weise, die die Bezeichnung »heliozentrisch« strenggenommen irreführend erscheinen läßt. *Zentrum* in demselben, absoluten Sinne wie es bei PTOLEMÄUS die Erde war, ist die Sonne im nachmittelalterlichen Weltbild ja nicht mehr: Sie bewegt sich auch ihrerseits um einen Pol, der wieder um andere kreist;

das neuzeitliche Raumgefühl enthält, wie BOLLNOW[3] es ausdrückt, eine Kette von Verweisungen auf jeweils übergeordnete Zentren, die kein natürliches Ende hat.

Allegorische Darstellung des Überganges vom »Höhlen-« zum »Weitengefühl« im Zuge der Kopernikanischen Wende in der Astronomie.

Es gibt einen vielfach abgebildeten Holzschnitt, der zwar in Wirklichkeit aus dem 19. Jahrhundert stammt, der aber den kopernikanischen Perspektivenwechsel so gut wiedergibt, daß er schon oft fälschlich ins 16. Jahrhundert zurückdatiert worden ist. Dieses Bild wirkt wie eine Illustration der Verse aus Giordano BRUNOS »Zwiegespräch vom unendlichen All und den Welten«[4]:

> Die Schwingen darf ich selbstgewiß entfalten,
> Nicht fürcht' ich ein Gewölbe von Kristall,
> Wenn ich der Äther blauen Duft zerteile.
> Und nun empor zu Sternenwelten eile,
> Tief unten lassend diesen Erdenball
> Und all' die nied'ren Triebe, die hier walten.

---

[3] BOLLNOW (1963)   [4] zit. n. JAMMER (1960), S. 95

Das Pathos, das in diesen Versen anklingt, läßt schon erkennen, daß wir es hier mit mehr zu tun haben als mit einer bloß naturphilosophischen oder gar naturwissenschaftlichen Frage. Und auch die kirchliche Reaktion auf GALILEI und BRUNO entsprang ja nicht nur dogmatischem Starrsinn; die Leidenschaftlichkeit der Auseinandersetzung stammt letztlich aus dem gewalttätigsten Affekt des Menschen: der Angst.

Worin diese gründet, wird deutlich, wenn wir das Raumgefühl der Renaissance mit dem vergleichen, das der Philosophie des ARISTOTELES zugrundelag und von dort her für das gesamte christliche Mittelalter bestimmend geblieben war. Der Physiker Max JAMMER hat diese geistesgeschichtlichen Zusammenhänge in einer tiefschürfenden Studie analysiert[5].

Der Raum ist für ARISTOTELES nicht einfach nur negativ bestimmt, als das, was übrigbleibt, wenn man alles Substantielle wegdenkt. Er hat vielmehr seine eigene Realität, er ist ein Gefäß, das den Dingen ihren je besonderen Stellenwert zuweist. Auch dort, wo scheinbar nichts ist, sind doch Orte, *topoi*, die nicht bloß darauf warten, besetzt zu werden, sondern selbst etwas sind, was füllt und qualitativ prägt. Orte ziehen, treiben und lenken hierhin und dorthin, sie bestimmen insbesondere, wo »oben« und »unten« ist, sie verleihen dem Raum eine dynamische Struktur. Er hat ein Zentrum und wird von einer äußeren Sphäre umschlossen. Alles Schwere wird durch die Kraft des Raumes in den Mittelpunkt gezwungen, weshalb sich dort auch die Erde zusammengeballt hat; alles Leichte und das Feuer hingegen strebt zur äußeren Hülle.

ARISTOTELES versteht den Raum, modern ausgedrückt, als ein *Kraftfeld*, das durch seine immanente Geometrie den in ihn eingelagerten Körpern Bewegung und Ausrichtung induziert. Noch genauer trifft es die Terminologie, die wir im 4. Kapitel erarbeitet haben: Der aristotelische Raum ist ein *Medium* – unscheinbar, aber von schicksalslenkender Macht. Und diese Macht ist nicht nur eine physische, sondern immer auch eine seelische: Indem der Raum sich um eine stabile *Mitte* ordnet, ist er auch ein Garant dafür, daß man sich in ihm behaust und geborgen fühlen kann.

---

[5] JAMMER (1960)

Hier liegt die eigentliche Revolution der Renaissance: Was sie erstmals seit DEMOKRIT wieder wagt, ja nunmehr als Faszinosum erfährt, ist die Vision des *leeren* Raumes. Für Giordano BRUNO ist das All ein nicht zu ermessendes Vakuum, in dem unzählige Weltkugeln schweben von der Art wie die, auf der wir selbst leben. Dieser Raum ist unfähig, die Natur der Dinge zu beeinflussen; er trägt weder ihre Ruhe, noch führt er ihre Bewegung. Bei NEWTON wird es dann heißen, die (beschleunigte) Bewegung der Körper sei eine Folge von »Kräften«, aber diese eignen nicht mehr dem Raum, sondern gehen von den *Körpern* aus.

Jetzt ist das behausende Medium aus der Welt zurückgewichen; Ich und Du haben sich zu konturierten seelischen Figuren zusammengeballt, die, isoliert und auf sich selbst gestellt, miteinander nur über ein emotionales Vakuum hinweg interagieren können. Schon der Trickster hatte diesen Effekt zu spüren bekommen; aber er konnte sich durch seine Regenkleidung dagegen abschirmen. Der Adoleszent aber hat der Welt ihre Relevanz zurückgegeben; nun schlägt ihm die Leere ungeschützt entgegen, und sie macht ihm Angst.

Der kleine Prinz auf dem Salzplaneten.

Der kleine Prinz stieg auf einen hohen Berg ... Von einem Berg so hoch wie der da, sagte er sich, werde ich mit einemmal den ganzen Planeten und alle Menschen sehen ... aber er sah nichts als die Nadeln spitziger Felsen.

>>Guten Tag<<, sagte er aufs Geratewohl.
>>Guten Tag...Guten Tag...Guten Tag...<< antwortete das Echo.
>>Wer bist du?<< sagte der kleine Prinz.
>>Wer bist du...Wer bist du...Wer bist du...?<< antwortete das Echo.
>>Seid meine Freunde, ich bin allein<<, sagte er.
>>Ich bin allein...allein...allein...<<, antwortete das Echo.

Es war die Angst vor *dieser* Erfahrung, durch die sich die Inquisition im Namen Gottes und der Menschheit berechtigt glaubte, GALILEIs Widerruf zu erpressen. In spiritueller Unmündigkeit befangen, fehlte es den Vertretern des sterbenden Mittelalters an dem metaphysischen Autonomieverlangen, das angesichts derselben Erfahrung auch zum explorativen Rausch des Giordano BRUNO hätte inspirieren können.

Die Entwicklungsaufgabe adoleszenter Reife aber ist ohne jenes Autonomieverlangen nicht zu lösen. Seine Widerspiegelung in der Seele ist der Mut zum Vakuum, aus dem sich das Medium zurückgezogen hat, der Mut zur großen grenzenlosen Leere, hinter der erst die Sonnenstadt zu finden ist.

Der Kampf mit dem Drachen

Wir wollen an dieser Stelle den Blick noch auf zwei weitere Parallelen zum Märchen von der Jungfrau Zar werfen. Von einer griechischen und einer ungarischen Version war schon im letzten Kapitel die Rede. Aber auch in der deutschen Folklore gibt es offenkundig verwandte Erzählungen. Eine davon, das Märchen vom *Vogel Phönix*, stammt aus Schleswig-Holstein[6]. Eine andere, entschärfte Variante findet sich unter dem Namen *Das Wasser des Lebens*[7] bei den Gebrüdern GRIMM; sie wurde in Westdeutschland aufgezeichnet.

---

[6] SCHERF (1982), S. 401   [7] ebd., S. 423

Ein kranker König, so berichtet das norddeutsche Märchen, erfährt im Traum, daß der Gesang des Vogels Phönix ihn gesund machen könne. Seine drei Söhne ziehen aus, den Vogel zu finden. Die beiden älteren erhalten Reisegeld, das sie jedoch im Wirtshaus verjubeln. Der Jüngste bleibt auf sich allein gestellt. Er gelangt in eine leere Stadt, wo ihm eine alte Frau erzählt, daß der gesuchte Vogel in einem Zauberschloß zu finden sei. Weitere Verhaltenshinweise erhält er von der Schloßwache: Er solle den Vogel Phönix samt seinem Käfig an sich nehmen; außerdem werde er auf einem Tisch das Brot, das nie zuendegeht, und das unbesiegbare Schwert sehen, das solle er ebenfalls mitnehmen und dann mit einem Esel davonreiten, ehe dieser dreimal geschrien hätte. Und die Jungfrau, die dort seit tausend Jahren schlafe, solle er in Ruhe lassen. Den letzten Teil der Weisung befolgt er aber natürlich nicht, die Jungfrau ist zu schön. Auch in diesem Märchen merkt sie nicht, was ihr geschieht. Es wird ihr aber ein Zeichen hinterlassen: Sie war ganz in Leinen eingenäht, und aus dieser Hülle schneidet ihr Besucher einen Flicken heraus; um Mißverständnisse vollends auszuschließen, hinterläßt er auch noch einen Zettel mit Namen und Adresse, der allerdings zunächst in eine Ritze fällt. Dann schwingt sich der Held, gerade noch rechtzeitig, auf den Esel, der schon zum dritten Schrei ansetzt.

In der GRIMMschen Variante ist der Vogel Phönix durch das »Wasser des Lebens« ersetzt, das den kranken König gesund machen soll. Die Schenkerfigur ist in diesem Fall ein Zwerg, der den Helden nach seinem Ziel fragt.

Die beiden älteren Söhne verweigern hochmütig die Antwort und werden in eine ausweglose Schlucht verwünscht. Der Jüngste, gerade umgekehrt wie im russischen Märchen, bleibt höflich und bescheiden, bittet um Rat und erhält diesen auch. Außerdem versieht ihn der Zwerg mit verschiedenen Zaubermitteln, die man braucht, um ins Schloß zu gelangen; denn dieses wird von gefährlichen Löwen bewacht. Er gibt dem Jüngling auch noch die Warnung auf den Weg, das Schloß auf jeden Fall vor Glockenschlag Zwölf wieder zu verlassen. Das alles führt der Held so aus, wie es ihm angeraten wurde. Drinnen findet er wieder ein Schwert und ein Brot; außerdem wird er von einer Jungfrau artig geküßt und legt sich anschließend (!) in ein einladendes Bett, in dem er die Frist beinahe verschläft. Im letzten Moment entwischt er durch das schon zufallende Schloßtor, das ihm dabei ein Stück der Ferse abschlägt.

Die GRIMMsche Bearbeitung wirkt insgesamt blasser und zahmer als die andere deutsche Version. In einem Punkt aber hat sie ein Element bewahrt, das bei jener in den Hintergrund getreten ist: Das Schloß wird von gefährlichen Löwen bewacht. Sich hineinzuwagen, ist eine Sache auf Leben und Tod.

Um an den Löwen vorbeizukommen, muß man sie ablenken, indem man ihnen zu fressen gibt. In vielen Märchen hat der Held an dieser Stelle aber zu einem Entscheidungskampf mit irgendeinem furchterregenden Ungeheuer anzutreten. Auch im griechischen Märchen vom Mönch muß der Held den riesenhaften Großvater der Menschenfresser erlegen, um in die magische Stadt zu gelangen.

PROPP unterscheidet an diesem Teil der Märchenhandlung zwei Alternativen. Entweder muß der Held einen *Kampf* bestehen, oder er hat eine *schwierige Aufgabe* zu lösen. Im ersteren Fall notiert PROPP »Kampf«(K)-«Sieg«(S), im letzteren »Problem«(P)-«Lösung«(Lö). Beide Varianten können ineinander übergehen; vor allem wenn sie rudimentär bleiben, ist manchmal schwer zu entscheiden, welcher Signatur man den Vorzug geben soll. Im Märchen von der Jungfrau Zar zum Beispiel ist von der Mutprobe nur noch die Anweisung übrig geblieben, beherzt und ohne Säumen die Mauern zu überspringen und einen Raben zu zerreißen, um die Wunderwasser an ihm auszuprobieren.

Prototypisch für die Signierung P-Lö ist das Motiv, daß die Königstochter ihren Freiern ein *Rätsel* aufgibt oder irgendeinen exzentrischen *Auftrag* erteilt, den eigentlich kein normaler Mensch ausführen kann. Psychologisch unterscheidet sich das aber gar nicht sehr von der Situation K-S, etwa einem Drachenkampf. Denn wenn es dem Helden nicht gelingt, die schwierige Aufgabe zu lösen, hat er sein Leben in der Regel ebenfalls verwirkt und wird geköpft oder zumindest in den Kerker geworfen. Wenn man nur auf den psychologischen Gehalt des Märchens aus ist, lohnt es sich also kaum, die PROPPsche Differenzierung mitzumachen; wir wollen daher an dieser Stelle einfachheitshalber stets K-S signieren.

Der Held, daran soll uns dieses Funktionenpaar erinnern, begibt sich, wenn er in die Stadt eindringt, jedenfalls in Lebensgefahr. Darauf hat ihn ja schon die Steinsäule vorbereitet. Daß diese Gefahr nicht physisch gemeint ist, tritt jetzt noch deutlicher hervor. PROPP setzt als Prototyp der Bewährungsprobe den *Drachenkampf* an. Den Drachen haben wir vorangehend immer wieder als amorphes Medium kennengelernt; wenn er droht, den Helden zu verschlingen, so bedeutet das, daß er dessen Grenzen aufzulösen trachtet. Die Ich-Figur läuft aus Gründen, die wir erst im folgenden Kapitel voll verstehen wer-

den, in Erfüllung ihrer Aufgabe am Bestimmungsort Gefahr, auf eine
infantile Haltung zurückzufallen und wieder in die symbiotische Abhängigkeit zu geraten, aus der sie sich am Beginn der Reise lösen mußte.

Dem Helden widerfährt dergleichen freilich nicht; sein Ich ist gefe-
stigt. Auf der Strecke bleiben allenfalls irgendwelche Mitbewerber; er
aber löst seine Aufgabe und siegt über die mediale Gefahr (S).

Die unmittelbare Konsequenz dieses Sieges ist die *Aufhebung des
anfänglichen Mangelzustandes* A. PROPP wählt für diese Funktion das
Symbol L, von »Liquidierung« (*likvidacija*). Der Held macht dem
Unheil ein Ende, indem er gewinnt, was zu erlangen er ausgezogen
war. Beim Zarensohn Iwan sind das die verjüngenden Äpfel und das
Zauberwasser; in den Parallelversionen geht es um den Vogel Phönix,
das jugendspendende Wasser des Lebens, bzw., im Märchen vom
Mönch, um eine heilkräftige Erde. Für all das verwendet CAMPBELL
zusammenfassend den Begriff »Lebenselixier«. Man kann den Buchstaben L also auch etwas poetischer als *Gewinnung des Lebenselixiers*
interpretieren.

Auf den Spuren einer seltsamen Kategorie

Um genauer zu verstehen, was sich hinter diesem geheimnisvollen Elixier verbirgt, müssen wir auf einen Fundamentalbegriff zu sprechen
kommen, ohne den kaum eine Abhandlung über die Adoleszenz aus-
kommt – die Kategorie der *Identität*.

Wir sind ihr auf Seite 47 bereits in einem wahrnehmungspsycholo-
gischen Kontext begegnet; tatsächlich ist sie von den Gestalttheoreti-
kern[8] erstmals systematisch untersucht worden. Oberflächlich betrachtet sieht es allerdings so aus, als sei dort von etwas ganz anderem
die Rede; aber dieser Eindruck täuscht: In Wirklichkeit baut der entwicklungspsychologische Identitätsbegriff auf dem der Wahrnehmungsforschung auf und ist ohne diesen nicht wirklich zu verstehen.

Es war wiederum ERIKSON[9], der die Kategorie in die jugendpsy-

---

[8] TERNUS (1926)   [9] ERIKSON (1970)

chologische Diskussion eingeführt hat. Identität hängt bei ihm eng mit dem zusammen, was wir in vergangenen Kapiteln als das »Ich« diskutiert haben. Sie wird als eine bestimmte Weise verstanden, sich auf sich selbst zu beziehen. Objektiv umfaßt sie alles, woran man »identifiziert« werden kann, was also Behörden in einem Paß zu dokumentieren pflegen: wie man heißt, wie man aussieht, dazu persönliche Daten wie Geschlecht und Lebensalter, Beruf, Religion und Staatsangehörigkeit. So gesehen, wäre »Identität« also ein Satz von Merkmalen, die ein Individuum von anderen *unterscheidbar* machen.

Die Unterscheidung sollte *dauerhaft* sein. Attribute, die sich willkürlich von heute auf morgen auswechseln lassen, sind nicht geeignet, Identität zu begründen. »Unveränderliche Kennzeichen« müssen es sein, wie man im Amtsdeutsch sagt. Allerdings ist diese Forderung relativ: Das *Lebensalter* etwa ändert sich strenggenommen dauernd, aber immer noch langsam genug, um beispielsweise »Jugend« als identitätsstiftendes Merkmal zu qualifizieren.

Inbegriff relativ zeitüberdauernder Merkmale, in denen sich die Einmaligkeit und Unverwechselbarkeit eines Individuums manifestiert – soweit wären wir also bis jetzt mit unserem Definitionsversuch. Das reicht aber nicht aus. Es geht bei der Identität nicht nur ums Unterscheiden. Das wird klar, wenn wir bedenken, daß jede Kategorisierung der obengenannten Art das Individuum nicht nur von anderen trennt, sondern mit wieder anderen auch *verbindet*.

Die Geschlechtskategorie »weiblich« beispielsweise kontrastiert nicht nur gegenüber dem Manne, sondern erzeugt auch automatisch Solidarität mit allen sonstigen Trägerinnen dieses Merkmals. Das Lebensalter bezieht die Person in einen Generationenverband ein, die Religion in eine Glaubensgemeinschaft, die Staatsangehörigkeit in eine Nation, und so fort. In diesem Sinn gibt es also auch eine gemeinsame Identität größerer Personengruppen, und der einzelne partizipiert irgendwie an ihr.

Unter den bislang genannten Merkmalen sind Alter und Geschlecht *biologisch* vorgegeben. Dasselbe gilt von der Rasse. Aber hier zögern wir bereits. Ist Rassenzugehörigkeit ein Bestandteil der Identität? Sie kann, ohne Zweifel, zur Diskrimination benützt werden. Man kann sie aber auch für belanglos erachten, schon ihre rein biologische Faktizität in Zweifel ziehen. Es gibt Feministinnen, die sogar von ihrem Geschlecht behaupten, es sei eine gesellschaftliche Konstruktion. Ob das stimmt, steht dabei gar nicht zur Debatte. Identität ist ein *subjektiver* Begriff – sie richtet sich nicht nach den Eigenschaften, die man hat, sondern nach denen, die man zu haben glaubt. Wenn der Träger eines männlichen Chromosomensatzes überzeugt ist, eine Frau zu sein, dann hat er eine weibliche Identität. Und wenn ein »Berufsjugendlicher« den inneren Übergang in die nächste Generation verpaßt hat, dann vermag der biologische Alterungsprozeß an seiner anachronistischen Identität nichts zu ändern.

Was sind die Gründe dafür, daß jemand gewisse Eigenschaften an sich wahrnimmt und wahrhaben will, während er sich andere andichtet und noch andere verleugnet oder für unwesentlich und jederzeit reversibel erklärt? Zum Teil liegen die Ursachen sicher im Subjekt selbst, in seiner Lebensgeschichte, seinen Erfolgserlebnissen und Traumen. Eine weitere, wesentliche Einflußgröße sind aber immer auch die *Anderen*. In meine Identität geht das Eigenschaftsprofil mit ein, das die Mitwelt an mir wahrnimmt, die Weise, wie sie mich kategorisiert, unter dem allgegenwärtigen Einfluß aller gerade geltenden Vorurteile, kollektiv geglaubten Selbstverständlichkeiten, Überzeugungen des Zeitgeistes. Meine Identität ist also auch das Resultat einer *gesellschaftlichen* Definition. Ob ich diese dann annehme oder nicht, ist eine Frage für sich; jedenfalls geht von ihr eine starke Suggestivwirkung aus, der ich mich nur in Grenzen entziehen kann.

Wir haben bisher relativ *periphere* Merkmale angesprochen, Merkmale, die in erster Linie die Funktion haben, Unveränderlichkeit sinnenfällig zu garantieren. Die schwarze Hautfarbe läßt sich nicht abwaschen, und den Heimatdialekt wird man auch nie ganz los.

In Wirklichkeit geht es aber beim Identitätsbegriff nicht um Äußerlichkeiten. Wenn diese überhaupt eine Rolle spielen, dann deshalb, weil man glaubt, daß mit ihnen eine andere Dimension von Eigenschaften fest verbunden ist, die etwas mit der Persönlichkeit, dem *Charakter* zu tun hat.

In der Philosophie kennt man seit ARISTOTELES den Begriff der *Substanz*, und der bedeutet soviel wie »Wesen«. Wesen hängt mit »wesentlich« zusammen und ist das Gegenteil von »zufällig«, »willkürlich« oder »versehentlich«. Es versteht sich, daß beim Menschen, dessen Verhalten wir ja als frei und insofern nicht festgelegt erleben, die Definition des Wesens nicht ganz so einfach ist. Gleichwohl zollen wir der *Voraussagbarkeit* seines Handelns eine hohe Wertschätzung, denn die ist gemeint, wenn wir ihn einen Menschen »von Charakter« nennen. Wir unterstellen also, unbeschadet aller Entscheidungsfreiheit, daß nicht jeder alles auch zu tun bereit ist, was ihm die *conditio humana* an Möglichkeiten offenläßt. Charakter heißt soviel wie Profil, Profil ist Grenze, und die ist der Inbegriff dessen, was jemand *nicht* ohne weiteres zu tun bereit ist.

Wenn wir gewisse Dinge tun und andere lassen, dann deshalb, weil wir die Welt als einen Schauplatz verbindlicher *Werte* wahrnehmen, die durch unser Handeln gepflegt oder verletzt werden können. Der Charakter als Verhaltensprofil und die Wertwelt als dessen ideelles Gegenstück gehören also zusammen, und beide sind es, woran man eigentlich denkt, wenn man von Identität redet. Identität hat zutiefst etwas mit dem zu tun, was man für wertvoll hält, und damit auch, was man selbst wert ist; sie spiegelt sich in der Matrix der *Verpflichtungen*, die das Individuum als *verbindlich* erlebt.

Wegen ihrer engen Beziehung zum Charakter hat die Identität ein Janusgesicht. Der Mensch steht, zumindest in der Jugend, seinem eigenen Selbst in einem eigentümlichen Zwiespalt gegenüber: Er will sich selbst *erkennen*, und er will sich selbst *gestalten*. Beides widerspricht einander; denn Erkennen bezieht sich auf etwas, was der Fall ist; Gestalten aber bedeutet Verändern, dem Material eine Form erst verleihen, die es zuvor eben noch nicht hatte. Dieses Paradox ist angesprochen in Maximen wie »Werde, der du bist« oder GOETHES Wort von der »geprägten Form, die lebend sich entwickelt«.

Einerseits umfaßt Identität die Gesamtheit der Antworten auf die Frage »wer bin ich?«. Insofern gehört zu ihr eine Bestandsaufnahme all dessen, was man selbst – einschließlich derer, mit denen man sich als zusammengehörig erlebt – in der Vergangenheit an Tatsachen geschaffen hat. Hieraus resultieren Verantwortung, vielleicht Schuld, aber auch Selbstachtung und ein auf dem Gefühl der Wurzelstärke gründendes Selbstvertrauen. Auf der anderen Seite generiert dieser Wesenskern aber auch das künftige Verhalten, und zwar nicht im Sinne mechanischer Zwangsläufigkeit, sondern als eine Hierarchie von verbindlichen Wertungen, denen man bisher vielleicht noch gar nicht nachgekommen ist, die zunächst nur Programm, sogar Utopie sind, die es aber eben um der eigenen Identität willen nicht bleiben dürfen.

Diachrone Identität

Bislang haben wir uns im Felde der Phänomenologie bewegt. Als nächstes stellt sich die *ätiologische* Frage: Woher kommt die Identitätskategorie, wie ist sie in der Stammesgeschichte entstanden? Um das zu verstehen, müssen wir ein wenig weiter ausholen und zunächst die Verhaltensorganisation eines einfachen Lebewesens betrachten, das diese Kategorie und ihre Vorformen noch *nicht* besitzt.

Nehmen wir an, es handle sich um einen ausgehungerten Frosch. Er befindet sich in einem *Bedürfnis*zustand, seine Energiereserven gehen zuende. Das muß seinem Zentralnervensystem mitgeteilt werden und dieses in eine spezifische Handlungsbereitschaft versetzen. Eine solche Aktivierung nennen wir *Antrieb*, also Hunger; dabei ist die Frage, ob das Tier diesen Antrieb auch bewußt *erlebt*, hier ohne Belang.

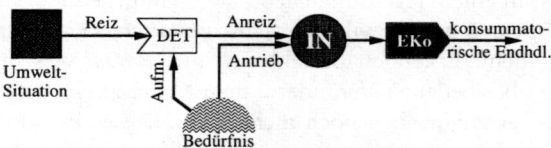

Das Grundmuster instinktiver Verhaltensorganisation. Die als Instinkt (IN) bezeichnete zentralnervöse Instanz löst durch Aktivierung einer Erbkoordination (EKo) eine konsummatorische Endhandlung aus, sobald Anreiz und Antrieb gemeinsam eine Schwelle überschreiten.

Wir wollen des weiteren annehmen, die *Umwelt* enthalte neben vielem anderen auch eine Fliege in geeigneter Entfernung. Von ihr gehen im Sonnenlicht visuelle *Reize* aus, die den Wahrnehmungsapparat des Frosches erreichen. Dort werden sie von einem *Detektor* (DET) empfangen, der so konstruiert ist, daß er dem Gehirn immer dann Meldung macht, wenn er eine kleine, konvexe Figur bemerkt, die sich relativ zu einem helleren Hintergrund langsam bewegt. Diese Meldung nennen wir *Anreiz*.

Im Zentralnervensystem befindet sich ein neuronaler Apparat, der *Instinkt* (*IN*) für Nahrungsaufnahme. Dieser prüft Anreiz und Antrieb, und wenn beide stark genug sind, löst er ein genetisch angelegtes Bewegungsprogramm, eine sogenannte *Erbkoordination* (*EKo*) aus: Der Frosch schnappt zu. Das nennt man in der Ethologie eine *konsummatorische* oder *Endhandlung*; auch der Ausdruck *Instinkthandlung* ist dafür in Gebrauch. War diese erfolgreich, so wird das Bedürfnis gestillt.

Der postulierte Detektor entspricht dem, was man früher einen »Angeborenen Auslösemechanismus« genannt hat. Es handelt sich um einen einfachen Reizfilter, der relativ starr auf einfache Schemata anspricht; er vermag ein Objekt also nur dann zu melden, wenn es sich in einer bestimmten Entfernung und aus einer bestimmten Perspektive präsentiert. Wir haben auf Seite 176 gesehen, daß auch der menschliche Säugling im Alter von wenigen Wochen auf ein menschliches Gesicht nur bei frontaler Zuwendung reagiert. Und das Froschbeispiel wurde mit Bedacht gewählt, um uns vor Augen zu führen, daß nach einem so einfachen Prinzip bereits lebensfähige Organismen konstruiert werden können.

Natürlich bedarf es, um den elementaren biologischen Funktionen zu genügen, einer *Mehrzahl* solcher Instinktmechanismen mit je spezifischen Bedürfnissen und Detektoren. Diese sind, nach Maßgabe ihrer Dringlichkeit, in eine geeignete Reihenfolge zu bringen und nacheinander abzuarbeiten. Man wird anzunehmen haben, daß das jeweils gerade *dominante* Bedürfnis seine zugehörigen Detektoren im Sinne eines primitiven Aufmerksamkeitseffektes (*Aufm.*) noch besonders aktiviert.

Die gesamte kognitive Entwicklung bis hinauf zum Menschen hat nun letztlich daran gearbeitet, diese simple, automatenhafte Arbeitsweise der Umweltdetektion zu verfeinern. Und bei einem der frühesten Schritte, die die Evolution hierzu unternommen hat, begegnet uns erstmals die Kategorie der *Identität*.

Statt »A ist mit B identisch« sagt man auf deutsch auch, die beiden seien »dasselbe«. Das deckt sich nicht etwa mit »gleich«, auch wenn die Umgangssprache hier kaum zu unterscheiden pflegt. Der Volksmund zieht »ein Ei und das andere« als Anschauungshilfe heran, um auszudrücken, wie sehr sich zwei Objekte *gleichen. Identisch* sind sie dennoch nicht. Man kann das eine ausbrüten und das zweite aufessen, ohne daß das jeweils andere davon betroffen wird. Ohne ein solches Mitbetroffensein läßt sich aber nicht von Identität reden. Identität ist, in der Terminologie der Gestaltpsychologen ausgedrückt, *Schicksalsgemeinschaft.*

Die erste Form, in der der kognitive Apparat eine Schicksalsgemeinschaft etabliert, liegt dann vor, wenn er die Bedeutung eines Reizmusters nicht nur an dessen gegenwärtigem Aussehen festmacht, sondern auch noch *vergangene* Erscheinungsweisen desselben Objekts mit heranzieht. Dazu freilich muß er zunächst einmal bestimmen können, was »dasselbe Objekt« bedeutet, er muß so gebaut sein, daß er überhaupt versteht, was das ist, ein »Objekt«: ein zeitüberdauerndes Stück Wirklichkeit, das sein Wesen beibehält, selbst wenn es seine Erscheinung wechselt. Es genügt also nicht mehr, wenn der Wahrnehmungsapparat nur auf aktuelle Reizmuster antwortet; er muß vielmehr jedes solche Muster mit gewissen im Gedächtnis gespeicherten Spuren früher wahrgenommener, im allgemeinen ganz *anders* aussehender Muster so verleimen, daß daraus eine Art zeitüberbrückender Kette von Speicherbildern entsteht. Diese Kette nennt man *Trajektorie.*

Die Identitätskategorie verknüpft also zeitlich Auseinanderliegendes durch Trajektorien. Wegen dieser Eigenschaft sprechen wir genauer von *diachroner* Identität. Die Trajektorie kann durchaus auch Leerphasen überbrücken, so etwa, wenn das betreffende Objekt vorübergehend hinter einem Paravent verschwindet. Der trajektorienknüpfende kognitive Apparat ist überzeugt, daß ein Objekt nicht einfach verschwinden kann, sondern irgendwo wieder auftauchen muß. Deshalb lauert die Katze vor dem Loch, in das die Maus verschwunden ist, während der Frosch die Fliege, die seinem Detektor entglitten ist, sogleich vergißt.

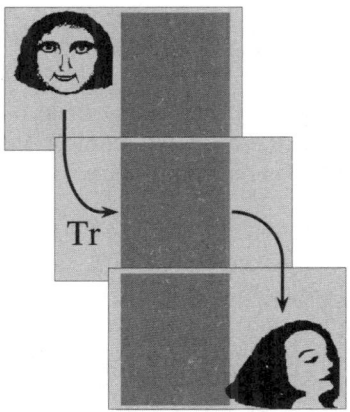

Diachrone Identität. (Zeitablauf von oben nach unten.) Zwei verschiedene Erscheinungsbilder (frontale und laterale Ansicht eines Gesichts) werden vom Wahrnehmungsapparat auf »dasselbe« Objekt bezogen und durch eine kontinuierliche, zeitüberbrückende Trajektorie (Tr) verknüpft – sogar über Phasen hinweg, in denen überhaupt keine Reizverankerung besteht, weil sich das Objekt hinter einem Schirm verbirgt.

Wir verstehen nun den Unterschied von »identisch« und »gleich«: Das *Objekt* fällt hier nicht mehr mit einem bestimmten *Reizmuster* zusammen; es ist so etwas wie eine gemeinsame kategoriale Klammer vieler über die Zeit verteilter Erscheinungsbilder. Diese lassen sich unter Umständen gar nicht miteinander »ver-gleichen«; sie können so verschieden sein wie ein Märchenprinz und der Frosch, in den ihn die Hexe verwandelt. Der Ausdruck »Verwandlung« besagt ja eben genau das: Wechsel der Erscheinungsweise bei weiterbestehender Identität. Irgendetwas bleibt dabei als »dasselbe« erhalten – ein abstrakter Kern, der »hinter« oder »am Grunde« oder »im Inneren« der auswechselbaren Erscheinungen liegt, das »Wesen«, die »Substanz«, die der eigentliche Träger des »Schicksals« ist, an dem alle diese Momentaufnahmen partizipieren: der Prinz, der die Hexe geärgert hat, ebenso wie der Frosch, der dafür büßen muß.

Synchrone Identität

Im Zuge der Phylogenese ist die diachrone Identität bereits relativ früh »erfunden« worden. Erst viel später, nämlich auf der Schimpansenstufe, kam noch eine weitere, ganz andersartige Form von Identitätswahrnehmung hinzu.

Um sie zu verstehen, müssen wir zunächst zum Schema auf Seite 572 zurückkehren. Dieses läßt nämlich eine wichtige Frage offen: Was geschieht, wenn zwar der Antrieb groß, der Anreiz aber schwach ist, wenn also die Situation sich nicht eignet, die konsummatorische Endhandlung ablaufen zu lassen? Was tut der hungrige Frosch, wenn er *keine* Fliege sieht? Er kann dann zum Beispiel seinen Standort wechseln. Allgemeiner gesagt: Er muß einen anderen Typus von Verhalten einsetzen, ein Verhalten, das in der Umwelt zunächst einmal die Voraussetzungen für eine erfolgreiche Endhandlung schafft.

In der älteren Ethologie bezeichnete man diese Art von Aktivität als *Appetenzverhalten*; heute hat sich, von der Stressforschung kommend, der Ausdruck *Bewältigungs-* oder *Copingverhalten* eingebürgert, den wir auch schon auf Seite 505 ff verwendet haben. Im vorliegenden Zusammenhang geht es vor allem um das *inventive* Coping.

Die folgende Abbildung sieht für die Generierung des Coping-Verhaltens ein eigenes Teilsystem (*COP*) vor. Dieses überlagert sich als höhere Instanz dem basaleren Instinktmechanismus (*IN*), der nur darauf eingerichtet ist, Anreize und Antriebe in Befehle an die konsummatorische Motorik umzusetzen.

Man kann in der urtümlichen Polarisierung zwischen Instinkt und Coping-Apparat durchaus eine Denkvorlage für die von FREUD getroffene Unterscheidung zwischen den metapsychologischen Instanzen »Es« und »Ich« sehen. Wir verzichten hier aber auf die Verwendung dieser Begriffe, da sie im psychoanalytischen Sprachgebrauch mit verwirrend vielen zusätzlichen Deutungen überfrachtet sind.

Wesentlich ist, daß die Instinkte mit dem Coping-Apparat *kommunizieren* müssen. Der letztere arbeitet ja seiner Natur nach unspezifisch; er muß zunächst »gesagt bekommen«, welche Bedürfnisse im Moment unbefriedigt sind, und er muß auch erfahren, wann er seine Bemühun-

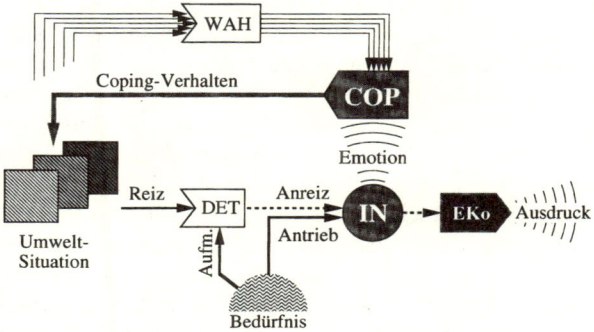

Erweitertes Grundmuster instinktiver Verhaltensorganisation. Wenn die Umweltsituation keinen ausreichenden Anreiz zur Auslösung der Endhandlung bereitstellt (durchbrochener Pfeil), muß sie zunächst durch Coping-Verhalten (z.B. Suchstrategien) entsprechend umgeformt werden. Die Antriebs- und Anreizlage wird hierzu als Emotion an das Coping-System gemeldet; die Erbkoordination bleibt dabei blockiert, bis auf eine rudimentäre Innervation, die nach außen als Ausdrucksbewegung sichtbar wird.

gen wieder einstellen kann, weil die Anreizstärke inzwischen ausreicht, um die konsummatorische Handlung auszulösen. Diese Mitteilungen sind aber nichts anderes als das, was die Fachsprache als *Emotionen* bezeichnet.

Emotionen sind also die Weise, in der das Coping-System die aktuelle Antriebs- und Anreizlage wahrnimmt, wenn die konsummatorische Endhandlung blockiert ist bzw., etwa im Zustand der Freude und Erleichterung, wenn die Blockade gerade aufgehoben wird. Die Rede von der »Blockade« ist dabei relativ zu verstehen; ganz vollständig gelingt sie meist nicht: Die Erbkoordination läuft doch wenigstens in *rudimentärer* Form ab. Man kann dann, etwa an den gefletschten Zähnen, immer noch erkennen, daß der Betreffende eigentlich zubeißen möchte. Solche rudimentierte Endhandlungen bezeichnet man als *Ausdrucksbewegungen*; sie können die Mitwelt über den emotionalen Zustand eines Individuums informieren.

Der Coping-Apparat ist wesentlich flexibler als der basale Instinktmechanismus, und das muß er auch sein, denn er soll sich ja an die jeweilige Umweltlage anpassen können. Hierfür benötigt er einen Wahrnehmungseingang (*WAH*), der sich nicht mehr auf Detektoren für instinktspezifische Schemata beschränkt, sondern auch neutrale, zunächst bedeutungslose Reize zu registrieren vermag. Auch seine Motorik muß darauf eingerichtet sein, Reaktionen auszuprobieren, die vom instinktiven Verhaltensprogramm abweichen, da dieses ja eben in der gegebenen Situation nicht greift. Einfachere Organismen sind allerdings noch nicht in der Lage, wirklich neue Bewegungsmuster zu entwerfen; ihnen bleibt als inventive Coping-Strategie nur der ungeordnete Bewegungssturm und ein wahlloses Durchprobieren aller verfügbaren Erbkoordinationen. Hinzukommt aber die Fähigkeit, aus dem Erfolg zu *lernen*, sich also alles zu merken, was ein wenig näher ans Ziel herangeführt hat, um es beim nächsten Mal bevorzugt einzusetzen.

Das ist nun eine ziemlich riskante Methode. Wenn man sich aufs Probieren verläßt und abwartet, was dabei herauskommt, kann man die Dinge viel schlimmer machen, als sie vorher waren. Der angehende Flugpilot, der die Handgriffe beim Starten und Landen noch nicht beherrscht und drauflos improvisiert, hat keine hohe Lebenserwartung.

Nun setzt man Pilotenschüler aber bei der Ausbildung nicht gleich ins Cockpit, sondern zunächst in einen Flugsimulator. Genauso macht es auch die Natur: Sie hat im Laufe der Evolution die *Phantasie* erfunden, und die ist nichts anderes als ein solcher »Wirklichkeitssimulator«. Man bezeichnet die Vorstellungstätigkeit daher auch als *mentales Probehandeln*.

Der neue Apparat taucht stammesgeschichtlich nicht vor den Menschenaffen auf. Paviane sind im Unterschied zu Schimpansen noch nicht in der Lage, Handlungsketten mental vorauszuentwerfen und dabei abzuschätzen, was das für Konsequenzen hätte. Die technischen Anforderungen an eine brauchbare Wirklichkeitssimulation sind offenbar erheblich. Und unter dem reichen Instrumentarium an neuen Kategorien, das dafür zu entwickeln war, findet sich insbesondere auch eine völlig neukonzipierte Identitätskategorie.

Zur Funktion der Zeitüberbrückung mußte hier eine andere treten, bei der es darum geht, zwei *gleichzeitig* an verschiedenen Orten befindliche Dinge zu identifizieren. Wenn sich nämlich ein Schimpanse überlegt, wie er etwa eine Kiste aus der äußersten Käfigecke holt und unter eine an der Decke hängende Banane plaziert, dann muß er doch wissen, daß es sich bei der am neuen Ort vorgestellten um *dieselbe* Kiste handelt, die er *zugleich* unverändert in der Ecke stehen sieht. In diesem Fall gilt es also nicht zeitliche, sondern räumliche Distanz zu überbrücken; wir sprechen daher von der Kategorie der *synchronen* Identität.

Und auch sich selbst, den er im Geiste schon auf die Kiste klettern und die Banane greifen sieht, muß er mit dem »Ich«, das sich all dies vorstellt, identifizieren. Es ist also nur logisch, daß die Fähigkeit, sich im *Spiegel* zu erkennen, phylogenetisch zeitgleich mit dem Auftauchen einer mentalen Probebühne, also eben auf der Schimpansenstufe, entsteht.

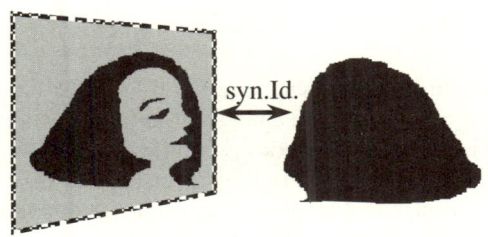

Synchrone Identität (syn.Id.). Zwei räumlich getrennte, aber zeitlich zusammenfallende Erlebniseinheiten (optisches Spiegelbild »dort drüben« und Körpergefühl »hier«) werden als »dasselbe« wahrgenommen. Im Unterschied zur diachronen Identifikation erfolgt die Verbindung hier nicht durch eine kontinuierliche Trajektorie (»verschmelzend«), sondern über eine Schranke hinweg (»spiegelnd«).

Auch für die synchrone Identität gilt, daß sie nicht die Gleichheit der Erscheinung voraussetzt. Im Spiegel sieht man ganz anders aus, als man sich von innen anfühlt. Und im übrigen kommt als Identifikationsobjekt ja gar nicht nur das Spiegelbild oder die eigene Photographie in Betracht, sondern auch der Familienname, der Partner, die Eltern, der städtische Fußballclub, das Vaterland, die Arbeiterklasse oder die Hungernden der Dritten Welt. Auch hier bedeutet Identität gemeinsame Partizipation an einem einzigen Wesenskern, und daher auch erlebte Schicksalsgemeinschaft.

Von diesem Mechanismus her wird manche Eigentümlichkeit des menschlichen Verhaltens verständlich, die sonst rätselhaft bliebe. Da haben etwa amerikanische Forscher ein Gen für Zwergwuchs entdeckt. In Anbetracht der Behinderungen, die mit dieser Anomalie verbunden sind, sollte man erwarten, daß die Möglichkeit, künftigen Generationen vielleicht einmal gentherapeutisch das Handicap zu ersparen, freudig begrüßt wird, auch von jenen, die heute noch selbst damit fertig werden müssen. Aber weit gefehlt. Der bloße Gedanke an solche Reparaturmaßnahmen wird als Todesdrohung erlebt. Wer verhindert, daß Menschen weiterhin zwergwüchsig zur Welt kommen, so lautet die Logik, der eliminiert die Zwergwüchsigen, der vernichtet »uns«! Es muß »uns« weiter geben dürfen, mag dies immerhin Ungeborene zu einem Leben unter erschwerten Bedingungen verurteilen. Das ist gemeint, wenn wir Identität als Kategorie verstehen, die Schicksalsgemeinschaft herstellt, notfalls um den Preis krasser Realitätsverzerrung und mitmenschlicher Härte.

Die primäre und die sekundäre Zeit

Synchrone Identität ist eine wichtige Grundlage für das Verständnis *sprachlicher* Symbole. Das Zeichen steht ja auch zu dem bezeichneten Ding in einer Identitätsrelation, und die Erscheinungsformen der Wortmagie lassen ahnen, wie tief das gehen kann. Da Schimpansen über die synchrone Identität verfügen, nimmt es nicht wunder, daß man ihnen beibringen kann, eine einfache Form von Sprache zu beherrschen.

Sie setzen dieses Werkzeug freilich in freier Wildbahn nicht spontan zu *kommunikativen* Zwecken ein. Das ist von hoher theoretischer Bedeutung. Philosophen haben sich darüber gestritten, ob Sprache primär der Kommunikation diene oder ein Werkzeug des Denkens sei. Wenn man diese Frage entwicklungsgeschichtlich versteht (und wie anders sollte man sie verstehen), dann ist die Antwort eindeutig: Die Mitteilung von Sachverhalten kann nicht den Selektionsdruck ausgeübt haben, unter dem die Kategorien, die die Anthropoiden zur Beherrschung einer Zeichensprache befähigen, phylogenetisch entstanden sind. Erst der Mensch hat das hier bereitliegende Potential zur Kommunikation genutzt und im Dienste dieser neuen Bestimmung abermals umgestaltet.

Warum aber wurde erst bei ihm die Mitteilungsfunktion, das Wechselspiel von Frage und Antwort, so wichtig? Um dies zu verstehen, müssen wir unser Augenmerk auf einen bislang nicht behandelten Aspekt der Phantasietätigkeit richten. Er betrifft die Erlebnisweise der *Zeit.*

Bei Tieren, die noch keine mentalen Probehandlungen ausführen können, spricht nichts dafür, daß zu ihrer kognitiven Ausstattung überhaupt so etwas wie ein Zeitbewußtsein gehört. Solange ihr Verhalten sich darin erschöpft, auf aktuelle Reize ebenso aktuell zu antworten, leben sie in einer absoluten *Präsenzzeit,* zu der es keine Alternative gibt – demselben ewigen Jetzt, von dem wir auf Seite 140 gesagt haben, daß es für ein unreflektiertes, mediales Ich-Erleben charakteristisch sei. Gewiß – die Präsenzzeit ist nicht punktuell zu verstehen, sie ist weit genug, um die Wahrnehmung von Prozeßgestalten zuzulassen. Auch mag sich das Kommen und Gehen der Bedürfnisse in eine Tages- oder Jahresperiodik fügen. Aber davon brauchen die Tiere nichts zu merken. Und wenn in ihr Copingverhalten Lernerfahrung eingeht, so erfordert das noch nicht, daß sie sich früher Erlebtes bewußt in Erinnerung rufen können. Sie wissen dann eben, wie man sich in solchen Situationen verhält; daß und wie dieses Wissen einmal erworben wurde, braucht hierfür nicht präsent zu sein, denn ohne eine Phantasie, in der man Probehandlungen ausführen kann, wüßte man mit solchen Erinnerungsbildern gar nichts anzufangen.

Sobald ein innerer Wirklichkeitssimulator zur Verfügung steht, wird das nun aber grundsätzlich anders. Phantasietätigkeit schließt zumindest einen Ausgriff auf die *Zukunft* ein. Mental entworfene Handlungen sind *vorweggenommene* Handlungen. Ob sie auch eines Rückblicks auf *vergangene* Ich-Zustände bedürfen, ist weniger klar und empirisch nicht untersucht. Möglicherweise ist auf der Vorstellungsebene die Zukunft älter als die Vergangenheit. Fest steht aber jedenfalls, daß die Phantasie nicht arbeiten könnte, wenn sich ihre Inhalte nicht auf einer Zeitschiene verschieben ließen. Das ist der Grund, warum wir die Vorstellungstätigkeit auch als »Ver-Gegenwärtigung« oder – was wörtlich dasselbe besagt – »Re-Präsentation« bezeichnen.

Schimpansen leisten in dieser Hinsicht Beachtliches; sie planen unter Umständen für eine halbe Stunde im voraus[10]. Gleichwohl bleiben sie dabei diesseits einer entscheidenden kognitiven Schranke: So-

---

[10] BOESCH&BOESCH (1984)

weit sie künftige Ereignisse vorstellend vorwegnehmen, tun sie das stets im Bezugssystem der *gerade aktuellen Antriebslage*. Es gibt keine Anzeichen dafür, daß ihre Phantasie sich mit Inhalten bevölkert, die über die Befriedigung ihrer *gegenwärtigen* Bedürfnisse hinausgehen.

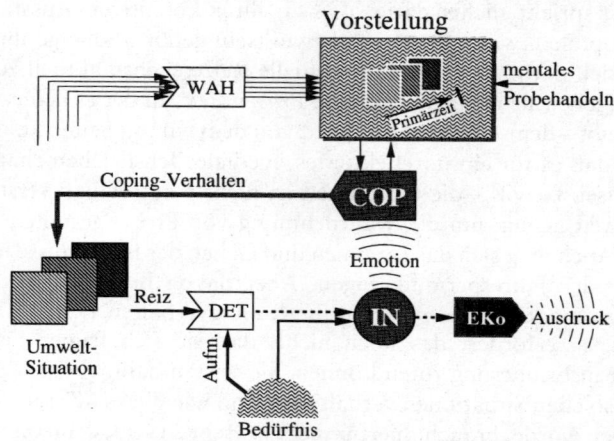

Grundmuster der Verhaltensorganisation auf der Stufe der Primärzeit. Die situationsangemessenen Coping-Strategien werden in der Phantasie vorentworfen. Dazu ist es unerläßlich, auch zeitliche Abfolgen vorstellend zu antizipieren; diese reichen jedoch nicht über das aktuelle Antriebsziel hinaus. Die Phantasietätigkeit wird also völlig von der momentan herrschenden Bedürfnislage (gewellte Schraffur) organisiert.

Ich bezeichne diese Weise der temporalen Vorstellungsorganisation als *Primärzeit*; denn ich glaube, daß Sigmund FREUD eben sie im Sinn hatte, als er vom »Primärprozeß« sprach, einer Verarbeitungsweise, die er dem »Lustprinzip« zuordnete[11]. Wenn wir »Lust« mit »aktuellem Antrieb« gleichsetzen, ist damit genau der Grundgedanke getroffen, daß beim Primärprozeß die momentan gerade heftigste Bedürfnislage allein die Phantasietätigkeit organisiert.

Die anthropologische Pointe ist nun aber, daß FREUD diesem Vorgang beim (reifen) Menschen noch einen *Sekundärprozeß* unter der Ägide eines »Realitätsprinzips« gegenüberstellt. In unsere Sprache

---

[11] LAPLANCHE & PONTALIS (1986), S. 396 ff

übersetzt geht es dabei um die Vergegenwärtigung nicht nur künftiger Umweltzustände, sondern auch künftiger eigener *Bedürfnisse*. Es geht darum, zunächst zu prüfen, welche der herstellbaren Umweltsituationen mit welcher der künftig vorhersehbaren Antriebslagen zusammen optimal adaptiv ist, sodann diese Umweltsituation unabhängig von, ja gegebenenfalls sogar im Widerspruch zur aktuellen Bedürfnishierarchie herzustellen und das vorweggenommene Bedürfnis gewissermaßen »auf Vorrat« zu befriedigen.

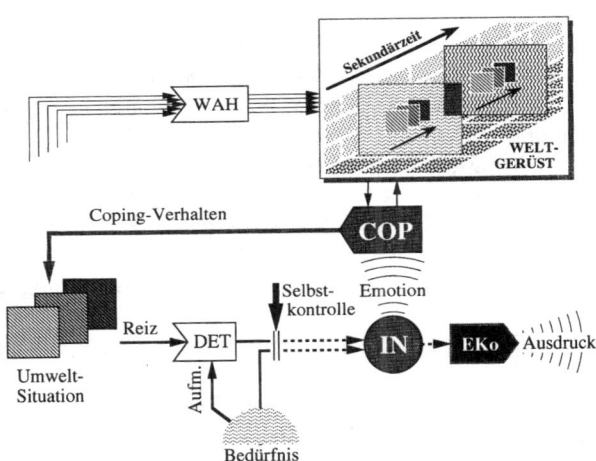

Grundmuster der Verhaltensorganisation auf der Stufe der Sekundärzeit. In der Phantasie werden nicht nur Umweltzustände, sondern auch potentielle eigene Bedürfnisse (senkrecht gewellte Schraffur) antizipiert. Damit sich die letzteren behaupten können, muß der aktuelle Antrieb konstitutionell unter Hemmung gesetzt werden (Selbstkontrolle). Für die Organisation der Phantasie bedarf es nun einer übergeordneten Zeitskala (Sekundärzeit) und eines antriebsunabhängigen Bezugssystems (Weltgerüst).

Soweit wir es heute überblicken können, sind die kognitiven Strukturen, die ein solches Antriebsmanagement möglich machen, die entscheidende Prärogative des Menschen. So intelligent sich Schimpansen auch immer in ihrer Primärzeit bewegen können, im Grunde sind auch sie noch keinen Schritt weiter als die Vögel aus dem Gleichnis des Evangeliums: Sie säen nicht, sie ernten nicht, ihr himmlischer Vater ernährt sie. Keinem Tier fällt es ein, sich in gesättigtem Zustand auf die Suche nach Nahrung für künftigen Hunger zu machen und Vorräte anzulegen. Einige Nager tun das wohl (übrigens auch einige Vögel!) – aber auf der Basis »fest verdrahteter«, einsichtsfrei funktionierender Instinktmechanismen. Wovon wir hier jedoch reden, ist Zukunftsvoraussicht gewissermaßen auf »Software«-Basis.

Der Übergang zur Sekundärzeit steigert nicht nur schubhaft die Effizienz der Spezies *Homo sapiens*. Er löst auch eine schwerwiegende affektive Destabilisierung aus. Schon auf der tierischen Stufe streiten sich in jedem Moment *mehrere* Bedürfnisse um das Vorrecht, das Verhalten zu determinieren. Die Konflikte werden nun aber um eine Größenordnung komplizierter, wenn auch noch *künftige* Bedürfnisse in den Optimierungsprozeß eingehen müssen. Sie sind ja bloß auf der Vorstellungsebene repräsentiert; damit sie überhaupt konkurrenzfähig werden können, ist es nötig, daß das energetische Gefälle zwischen ihnen und den aktuellen Bedürfnissen abgebaut wird. Dazu müssen die letzteren entmächtigt, konstitutionell unter Hemmung gesetzt werden.

Diese Dämpfung der Antriebskraft bei gleichzeitiger Erweiterung der Antriebspalette bringt das spezifisch anthropologische Problem mit sich, daß die Entscheidung im Bedürfniskonflikt wesentlich schwieriger und die Gefahr des Gleichgewichtsverlustes erheblich größer ist als auf tierischer Stufe. Hier liegt der strukturelle Grund für das, was wir auf Seite 80 das »paradoxe Kräftespiel der menschlichen Affektivität« genannt haben. Das System der menschlichen Verhaltensregulation ist konstitutionell labil und läßt daher nach sinndeutenden Orientierungshilfen suchen von der Art, wie die Mythen sie bereitstellen.

Permanente Identität

Ernst HAECKEL hatte gemeint, daß die Ontogenese die Phylogenese rekapituliert. Wir wissen heute, daß das so einfach nicht stimmt. Gleichwohl ist augenfällig, daß die eben skizzierte dreistufige Phylogenese des kognitiven Apparates eine gewisse Parallele zu den drei *ontogenetischen* Entwicklungsphasen aufweist, die wir in der Abbildung auf Seite 321 unterschieden haben.

Primaten unterhalb der Menschenaffen können psychische Gehalte noch nicht figural erfassen. In *dieser* Hinsicht gleichen sie kognitiv dem Menschenkind im »oralen« Alter. Wenn wir unter der hypothetischen Voraussetzung, daß sie überhaupt ein Bewußtsein haben, dessen Inhalt beschreiben wollten, dann dürften wir dabei keinen Gebrauch von der Kategorie der psychischen Grenze machen. Ich und Du können auf keinen Fall schon nebeneinander, als klar getrennte Erlebniseinheiten erfahren werden. Fremde Gefühle bleiben entweder unverstanden, oder sie ergreifen durch Ansteckung auch ununterscheidbar die eigene Stimmungslage. Letztlich bezieht alles, was geschieht, seine Bedeutung davon, daß es *für mich* wichtig ist; insofern haben wir das Erleben auf dieser Stufe »egozentrisch« genannt.

Die Menschenaffen sind nach derzeitigem Wissensstand die einzigen Lebewesen, die auch die kognitiven Errungenschaften der »analen« Entwicklungsstufe mit uns teilen: die Kategorie der *synchronen Identität* und den *figuralen* Status von Ich und Du. Selbst hier aber bleibt das Erleben *egozentrisch*. Daran ändert auch die jetzt möglich gewordene *empathische* Reaktion nichts: Das Ich mag sich synchron mit einem Du identifizieren und dessen Anliegen zu seinem eigenen machen; aber dann drängt sich eben jenes übernommene Anliegen mit Haut und Haaren in die Mitte der Welt, in den Nullpunkt des affektiven Bezugssystems, und fordert anstelle der von ihm unterdrückten eigenen Bedürfnisse mit derselben Unerbittlichkeit das Monopol als Organisator der Phantasie.

Erst im »ödipalen« Alter weicht diese Egozentrik beim menschlichen Kind einer *Theory of Mind*, die das Ich in den Stand setzt, eigene und fremde Perspektiven gleichberechtigt nebeneinander bestehen zu lassen. Doris BISCHOF-KÖHLER und ihr Team untersuchen gegenwärtig in ausgedehnten Versuchsreihen die Frage, ob diese Form der *sozialen* Exzentrizität und die erstmals beim Menschen auftretende *zeitliche* Exzentrizität, also die Fähigkeit, bei der Verhaltensorganisation aus der aktuellen Antriebslage herauszutreten und künftige Ich-Zustände chancengleich miteinzubeziehen, auf *einem und demselben kognitiven Mechanismus* beruhen. Falls sich das als zutreffend erweist, dann wäre damit der Prozeß, in dem die kognitive Struktur des Menschen dem Tierreich entwächst, auf einen einzigen Entwicklungsschritt reduziert. Aber auch wenn der Phasenübergang komplexer sein sollte und mehrere unabhängige Reifungsschübe erfordern sollte: Jetzt schon kann als gesichert gelten, daß er jedenfalls im »ödipalen« Alter erfolgt.

Der Übergang von der Primär- zur Sekundärzeit stellt einen überaus folgenreichen Umbruch dar. Wenn das Ich die aktuelle Bedürfnislage relativieren kann, ist diese selbst nicht mehr als oberste Organisationsinstanz des Phantasiegeschehens beanspruchbar. Es bedarf dann eines neuen, übergeordneten Bezugssystems, in das sich die verschiedenen möglichen Bedürfnisrepräsentationen ihrerseits einordnen können.

Dieser neue Organisator der Phantasie muß etwas mit dem Verständnis für die *Eigengesetzlichkeit der realen Welt* zu tun haben. Es hängt ja vom objektiven Ereignisablauf ab, in welchen Antriebszuständen ich mich morgen befinden werde. Was mir nottut, ist also ein Gerüst möglichst verläßlicher Extrapolationen aus dem bisherigen auf das künftige Weltgeschehen. Ich bezeichne dieses Bezugssystem als das *Weltgerüst.* Wenn FREUD vom »Realitätsprinzip« spricht, das den »Sekundärprozeß« beherrscht, dann hat er das Weltgerüst im Sinn.

Auf dem Niveau der Schimpansen-Intelligenz hatte es geheißen: Wie kann ich die aktuelle Situation abändern, damit sie das mich momentan beherrschende Bedürfnis erfüllt? Demgegenüber fragt nun der Mensch: Wie wird es mit dieser Umwelt weitergehen, womit wird sie mich von sich aus als nächstes konfrontieren, und welche Bedürfnisse wird das in meinem künftigen Ich hervorrufen? Die egozentrische Betrachtungsweise, die mich selbst zum Maß aller Dinge gemacht hat, weicht hier einer Sicht, in der die Welt zum Bezugssystem für mich wird.

Auch dieses Bezugssystem bedarf einer zeitübergreifenden Klammer. Die phylogenetisch alte diachrone Identität taugt dafür nicht, denn sie reicht nicht über die Primärzeit hinaus. Ihre Trajektorien reichen nur so weit, wie sie in die Erlebniseinheit einer Motivlage eingebettet sind. Sie stülpen sich wie die Augenstiele einer Schnecke auf geringe Distanz in die Zukunft vor und haben eine noch kürzere Basis in der Vergangenheit. Die Bausteine des Weltgerüstes jedoch müssen den Charakter von vollzogenen oder zu erwartenden *Tatsachen* annehmen, ihre Lebensdauer darf nicht mehr davon abhängen, ob die Stimmung weiterbesteht, in der sie ins Bewußtsein traten. Sie verlangen eine dritte Art von Identität, eine Identität, die in der Sekundärzeit Bestand hat, die nicht nur diachron, sondern wirklich *permanent* ist.

Die Kategorie der permanenten Identität wird durch *Reifung* verfügbar; man kann sie weder Schimpansen noch präödipalen Kindern antrainieren. Allerdings ist sie, für sich genommen, zunächst nur eine leere Form. Ein tragfähiges Weltgerüst entsteht erst, wenn sich diese Form mit Inhalt füllt. Und der ist nun in der Tat ein Produkt der *Lerngeschichte*.

Der *einzelne* wird durch diese Aufgabe jedoch überfordert. Was er über die Struktur der Wirklichkeit auf eigene Faust in Erfahrung bringen kann, wäre nicht genug oder käme jedenfalls zu spät, um ein Weltgerüst zu errichten, in dem er das neuerschlossene Potential zur Bedürfnisantizipation ausschöpfen könnte.

Und hier liegt nun die Antwort auf die vorhin gestellte Frage, warum die *sprachliche Kommunikation* beim Menschen so existenznotwendig wird, daß sie einen Selektionsdruck ausüben konnte, die für sie erforderlichen Kompetenzen zu erwerben. Ein Bezugssystem, in dem man künftige Ich-Zustände raumzeitlich adäquat vorhersehen kann, läßt sich nur *sozial*, im Informationsaustausch mit anderen aufbauen. Erst beim Menschen regt sich daher das Bedürfnis, Inhalte der Vorstellungsebene, die andere bereits in ihr Weltgerüst eingebaut haben, für sich zu übernehmen, also nach Tatsachen zu *fragen*. Sprachtrainierte Schimpansen sind dazu nicht spontan motiviert. Der Mensch ist nicht als »das sprechende«, wohl aber als »das fragende Wesen« definierbar.

Wenn hier von »Tatsachen« die Rede ist, so darf dieser Begriff allerdings nicht zu eng verstanden werden. Er geht über das hinaus, was eine positivistische Erkenntnistheorie darunter verstehen würde. Das Weltgerüst dient ja in erster Linie der Handlungsorganisation; es soll das Wirbelfeld der Triebkräfte langfristig in beherrschbaren Bahnen kanalisieren. Das ist eine Optimierungsaufgabe, die nicht nur von der Welt draußen, sondern auch von der Struktur der Bedürfnisse selbst abhängt. Diese werden sich also irgendwie im Weltgerüst spiegeln müssen.

Dabei ist auch, aber nicht in erster Linie von der *persönlichen* Antriebsausstattung die Rede. Wichtiger noch ist die generelle, anthropologische Antriebsstruktur, an der wir alle mit individuellen Abweichungen partizipieren – die *conditio humana*. Um ihretwillen haben die *Mythen* am Aufbau des Weltgerüstes teil: Sie sollen ihm eine Basis geben, aus der die Menschengemeinschaft ein möglichst spannungsreduzierendes Antriebsmanagement extrapolieren kann.

Die Abbildung auf Seite 27 zeigt demnach eigentlich Modelle des Weltgerüstes. Die mythische der beiden Varianten mag noch so phantastisch sein; für die eben angesprochene Aufgabe ist sie gleichwohl besser geeignet als die wissenschaftliche. Weil wir das spüren, hört sie wider allen besseren Wissens nicht auf, uns zu faszinieren.

Ablösung und Rückbindung

Wenn wir künftige Bedürfnisse zum Motor gegenwärtigen Handelns machen und dafür unsere spontanen Wünsche hintanstellen können, wie sicher sind wir dann eigentlich, daß die Ziele, denen zuliebe wir auf sofortige Triebbefriedigung verzichten, wenigstens unsere *eigenen* sind? Könnten sich nicht bei einer so labilen Konstruktion leicht auch *fremde* Interessen parasitierend in die Warteschleife abzuarbeitender eigener Pläne drängen? Wir stoßen hier auf eine psychologische Interpretation des ursprünglich soziologischen Begriffs der *Entfremdung*. Entfremdung bedeutet, daß wir etwas tun, was uns abverlangt, spontane eigene Wünsche zu unterdrücken, was dabei aber nicht wenigstens dem künftigen eigenen Wohl, sondern fremden Interessen dient. Das ist etwas ganz anderes als *Empathie*; die hilft zwar auch dem Anderen, aber sie regt sich spontan, primärprozeßhaft, und es schafft Erleichterung, ihr nachzugeben. Auch mit moralisch reflektiertem *Altruismus* hätte es nichts zu tun, weil dieser sich seiner Fremddienlichkeit bewußt bleibt. Es geht vielmehr darum, daß fremde Interessen sich unerkannt aufdrängen und die eigenen Wünsche ersticken oder aus dem Nest werfen wie ein Kuckucksjunges seine Stiefgeschwister.

Möglichkeiten dieser Art belehren uns, daß die Kategorie der permanenten Identität nicht nur die objektiven Bausteine unseres Weltgerüstes härtet, sondern auch uns selbst ergreift. Wir müssen uns auch mit dem vorweggenommenen Subjekt unserer eigenen künftigen Bedürfnislagen identifizieren, weil es anderenfalls gar nicht möglich wäre, uns dessen Ziele jetzt schon zu eigen zu machen.

Permanente Identität ist also ein Stichwort, das auch und gerade unsere *Selbsterfahrung* angeht. Das Ich, so haben wir das ausgedrückt, wird »exzentrisch« in Bezug auf die Zeitachse. Es lebt nicht mehr nur im Jetzt, sondern bewegt sich in einer schwebenden Balance einander relativierender Zeitperspektiven. Es ist selbst zur »Tatsache« geworden, deren Trajektorie in die Zukunft ausgreift und sich dort verzweifelt oder gläubig über die Schranke des Todes hinaus in die Ewigkeit zu dehnen sucht, und die umgekehrt auch in die Vergangenheit zurücklotet und dort nach Urgestein sucht, das stark genug ist, um die Selbstgewißheit bis in die Gegenwart und über diese hinaus zu tragen.

Was aber haben wir uns unter diesem historischen Fundament vorzustellen? Zunächst einmal sind es die Niederschläge früherer Ich-Zustände, die in der Lebensgeschichte gewonnene Erfahrung mit sich selbst. Deren Spuren reichen bis in die Zeit, in der es noch keine seelischen Grenzen gab. Wie das Wurzelwerk eines Baumes nach unten hin weit und offen wird und sich auflöst in einen osmotischen Schleier, so verliert sich der tragende Pfeiler der eigenen Identität in einem Urgrund, in dem das Ich noch keine Konturen hatte und mit seiner vertrauten Umwelt eins war.

Die permanente Lebenslinie der eigenen Existenz besteht also nicht nur aus autochthonem Material. Bevor das Ich Figur werden konnte, hat es sich symbiotisch aus der Du-Erfahrung mitgenährt. Und später wurden immer wieder Brücken der synchronen Identifikation zu anderen geschlagen. Vertraute oder vorbildhafte Personen, Eltern und Geschwister, der frühe Freundeskreis, der Clan, die Heimat, alles, was

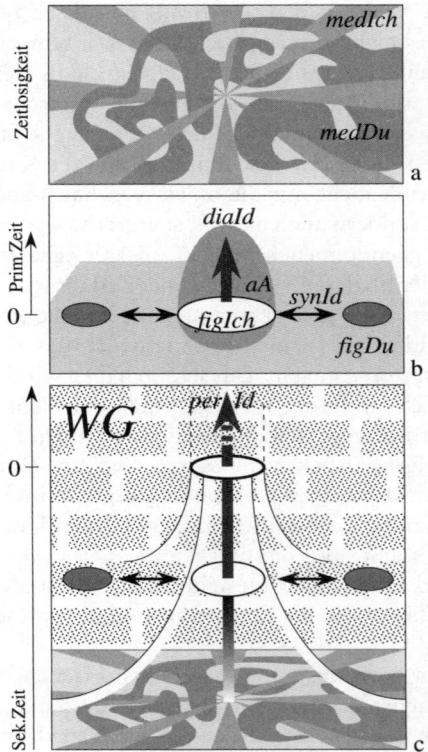

Drei Stufen der Ich-Identität. – (a) Mediales Stadium: Das mediale Ich (medIch) ist in der Präsenzzeit, noch ohne Bewußtsein einer Diachronie, mit dem medialen Du (medDu) nicht identifiziert, sondern symbiotisch verschmolzen. – (b) Figurales Stadium (ab Mitte des zweiten Lebensjahres): Das Ich ist figural (figIch) und vermag sich innerhalb der auf die aktuelle Antriebslage (aA) beschränkten Primärzeit diachron (diaId) mit vorweggenommenen Ich-Zuständen sowie, in empathischen Reaktionen, synchron (synId) mit dem figuralen Du (figDu) zu identifizieren. – (c) Permanentes Stadium (nach dem 4. Lebensjahr): Das Ich erstreckt sich, am Weltgerüst (WG) orientiert, in permanenter Identität (perId) über die Sekundärzeit und identifiziert sich dabei sowohl mit ehemaligen und künftigen Ich-Zuständen als auch mit Partnern früherer medialer Verschmelzung oder synchroner Identifikation. – Zeitachsen: 0 = Gegenwart.

meinen Namen trägt, was meine Sprache spricht, die Gesamtheit meiner Schicksalsgemeinschaften, Interessengruppen und Wahlverwandtschaften – in alldem habe ich mich im Laufe des Lebens gespiegelt, und nun ist es in abgestufter Unwiderruflichkeit in meine Trajektorie eingewachsen.

Die Pychoanalyse verwendet in diesem Zusammenhang nach einem Vorschlag FERENCZIs[12] den Fachausdruck *Introjektion*. Klar definiert wird dieser zwar nirgends, aber man liegt doch nicht weit daneben, wenn man ihn als Einbettung von sozialen Objekten in die eigene Identität versteht.

Diese Überlegungen führen uns noch einmal zu einer auf Seite 545 begonnenen Diskussion zurück. Wir haben dort das Konstrukt des *Urvertrauens* erörtert und dieses als das Resultat guter, geborgenheitsstiftender Kindheitserfahrungen verstanden. Diejenigen, die uns diese Erfahrungen vermittelt haben, bieten sich nun aber auch am ehesten für eine Introjektion in die eigene Identität an. Indem ich mich mit ihnen eins fühle, partizipiere ich an der Heilsgewißheit, die sie verkörpern. Daran wäre nichts auszusetzen, ja man könnte es sogar einen erbaulichen Gedanken nennen, wäre da nicht jener Vorgang, den wir auf Seite 501 erörtert haben: In der Adoleszenz macht sich der hormonal aufgeputschte Autonomieanspruch so breit, daß er Repräsentanten der Nestwärme nicht mehr toleriert.

Im Tierreich trennen sich die Subadulten unter dem Einfluß dieser Dynamik in aller Regel dauerhaft von der Familie. Beim jungen Menschen aber sind die Repräsentanten der frühkindlichen Geborgenheit, wenn er sich von ihnen ablösen soll, längst in seine Identität eingegangen. Für ihn steht also sein ganzes bisheriges Selbstverständnis zur Disposition. Er wird gewahr, wie unreflektiert er die Dinge bisher ausschließlich aus der Perspektive seiner Familie gesehen hat, wie sehr die Werte, die ihm als allgemein verbindlich galten, nur die privaten Idiosynkrasien einer mehr oder minder engen Personengruppe widerspiegeln. Und ihn überkommt das Verlangen, anders zu sein, anders zu werten, anders zu fühlen, anders zu leben. Wie, das weiß er noch nicht. So wie eine übersättigte Salzlösung nach Kristallisationskernen verlangt, sucht er nach neuen Identifikationsobjekten, nach neuen Vor-

---

[12] FERENCZI (1909)

bildern, in denen er sich wiedererkennen, an denen sich seine aufgelöste Identität wieder kondensieren kann.

Das ist aber nur die eine Seite der Sache. Auf der anderen steht die ebenso lapidare Einsicht, daß man sich nicht ohne schwere Einbußen an Selbstgewißheit von dem in zwanzig Jahren organisch gewachsenen Wurzelstock der eigenen Lebensgeschichte losbrechen kann. Wenn mein Vater ein gerichtsnotorischer Lump und meine Mutter eine Säuferin gewesen wären – ich trüge sie in mir, ich könnte mir's nicht aussuchen. Nicht ihre Gene – die auch, aber das wäre noch das wenigste: *Sie selbst*, in allen Aspekten ihrer Persönlichkeit, gehören zu dem Fundament, auf dem meine Identität gründet.

Von Theodor STORM stammt ein Gedicht, in dem er seine Heimatstadt Husum besingt – offenkundig eine Gegend, die es an Lebensqualität nicht eben mit der Karibik aufnehmen kann.

> Am grauen Strand, am grauen Meer
> Und seitab liegt die Stadt;
> Der Nebel drückt die Dächer schwer.
> Und durch die Stille braust das Meer
> Eintönig um die Stadt.
>
> Es rauscht kein Wald, es schlägt im Mai
> Kein Vogel ohne Unterlaß;
> Die Wandergans mit hartem Schrei
> Nur fliegt in Herbstesnacht vorbei,
> Am Strande weht das Gras.
>
> Doch hängt mein ganzes Herz an dir,
> Du graue Stadt am Meer;
> Der Jugend Zauber für und für
> Ruht lächelnd doch auf dir, auf dir,
> Du graue Stadt am Meer.

Wenn STORM in dieser Stadt aufgewachsen ist, dann ist *sie* seine Seelenlandschaft, das Medium, aus dem sich sein frühes Ich artikuliert hat. Er weiß recht gut, daß es schönere Plätze gibt. Und doch: Schmäht jemand diese Landschaft, so schmäht er *ihn*.

Und ebensowenig kann man sich vom eigenen Volk, der eigenen Nationalität dispensieren. Wer als Deutscher geboren wurde, darf BEETHOVEN und GOETHE für sich reklamieren und muß die Last von Auschwitz tragen, ohne eine falsch zitierte »Gnade der späten Geburt«

für sich in Anspruch nehmen zu können. Und der Adoleszent, den der Ekel an der behäbigen Selbstgerechtigkeit seiner Eltern packt, erfährt, ob er will oder nicht, daß seine Verachtung in die Tiefen seiner eigenen Seele brennt. Von Wilhelm BUSCH muß er sich sagen lassen:

> Und schimpfe auf die Welt, mein Sohn,
> Nicht gar zu laut.
> Eh du geboren, hast du schon
> Mit dran gebaut.

Er muß erkennen, daß gerade jene Introjekte, die er am liebsten abstoßen würde, um wirklich er selbst zu werden, zugleich den Quellgrund bilden, aus dem sich sein Urvertrauen speist. ERIKSON[13] hat das hier angesprochene Dilemma als die *jugendliche Identitätskrise* bezeichnet. Eine Krise ist das deshalb, weil gerade das Urvertrauen andererseits auch ein wichtiger Synergist jenes Autonomieanspruchs ist, aus dem sich die Kraft zur Ablösung speisen soll. Damit ist die Identitätskonstruktion des Adoleszenten an ein logisch schier unauflösbares Paradox gekoppelt: Das Potential, selbständig zu werden, entstammt der Verwurzelung in genau dem, wovon man sich freimachen soll. Eine Identität, die sich nicht auf ein Ja zur eigenen Herkunft gründen würde, hätte gar nicht die Kraft, sich gegenüber dieser Herkunft zu verselbständigen.

Was dem Menschen also abverlangt wird, ist eine seltsame Synthese von Ablösung und Rückbindung. Er muß sich von seinen Introjekten emanzipieren und doch den Segen des Urvertrauens weiterhin aus ihren Händen empfangen.

Der Vater und das Volk

Genau dieses Problem ist es, das uns der Heldenmythos unter dem Symbol des Lebenselixiers vor Augen führt. Der Held hat dieses Elixier für *andere* zu beschaffen. Im Falle Iwans benötigt es der Vater; es kann aber auch das Heil des gesamten Volkes sein, das von der

---

13 ERIKSON (1970)

erfolgreichen Mission des Helden abhängt. Nur der Vogel Phönix selbst ist im gleichnamigen Märchen für den Vater bestimmt, während mit den ebenfalls erbeuteten Zaubermitteln Brot und Schwert zwei Völker vom Untergang gerettet werden.

Im Bilde des »Vaters« und des »Volkes« erscheinen nun unmittelbar erkennbar die introjizierten Quellen des Urvertrauens. Das Märchen läßt keinen Zweifel daran, daß sie es sind, gegen die sich die adoleszente Überdruß-Bereitschaft wendet; der Held muß zu Vater, Volk und Heimat auf Distanz gehen, um er selbst werden zu können. Derselbe Gedanke liegt aber auch schon dem Bild von der *Erkrankung* des Vaters zugrunde: Der nicht mehr unterdrückbare Selbständigkeitswunsch hat eine Art *Autoimmunreaktion gegen das eigene Urvertrauen* ausgelöst und dieses in Schwäche und Siechtum gestürzt. Das Elternmedium, überaltert und angefault, ist zur Gefahrenquelle geworden; es bedroht die gesunden Teile des Ich mit einer allgemeinen Sepsis.

Und nun kommt die überraschend sinnvolle Botschaft des Heldenmythos: Der Aufbruch zielt letztenendes gar nicht auf Trennung ab! Es geht vielmehr darum, das Elternintrojekt zu *heilen*, damit man sich wieder mit ihm verbinden kann.

Auf Seite 549 wurde ein von CAMPBELL mitgeteilter Navaho-Mythos erwähnt; der Held tritt hier in Gestalt eines Zwillingspaares auf, das von daheim fortzieht, um das Haus des Sonnengottes zu finden. Das klingt wie Iwans Aufbruch ins »Reich der Sonne«. Iwan soll auf seinem Weg die »Spuren des Vaters suchen«. Im Navaho-Mythos ist das Ziel noch viel direkter bestimmt: Der Sonnengott, zu dem sie aufbrechen, ist niemand anderes als der Vater selbst.

Unterwegs begegnen sie der Spinnenfrau mit höflicher Zurückhaltung, die sie daraufhin mit Rat, mit wundertätigen Federn und einer Zauberformel versorgt. Nach dieser Schenkerszene folgt die Sequenz »Versetzung an den Bestimmungsort«, »Kampf« und »Sieg«, also **WKS**, in diesem Falle wieder eher in Form der Lösung schwieriger und gefährlicher Aufgaben:

Sie zogen weiter, zwischen den Felsen hindurch, die den Wanderer zermalmen, durch das Schilf, das ihn in Stücke schneidet, und den Rohrkaktus, der ihn in Stücke reißt, und über den kochenden Sand. Alle diese Gefahren überwindend, kamen sie schließlich zum Haus der Sonne. Die Tür war von zwei Bären

bewacht, die aufstanden und brüllten. Aber die Worte, welche die Spinnenfrau die Jünglinge gelehrt hatte, ließen die Tiere friedlich sich niederlegen. Die
Szene wiederholt sich mit einem Schlangenpaar einem Paar Stürme und
schließlich einem Blitzpaar. Dann treten sie ins türkisfarbene Haus der Sonne
ein.

Es folgt eine Schilderung dieses Palastes und seiner Bewohner: Eine
alte Frau, zwei stattliche junge Männer und zwei junge Frauen. Die
jungen Frauen hüllen die Ankömmlinge in vier Himmelslaken – das
Tuch der Morgendämmerung, des blauen Himmels, des gelben Abend-
lichts und der Dunkelheit. So verpackt, legen sie sie auf ein Gestell.
Dort findet sie der Sonnenvater nach seiner Rückkehr von der Tages-
wanderung vor.

Er nahm das Bündel von dem Gestell, wickelte die vier Tücher ab, und die
Jünglinge fielen heraus auf den Boden. Sofort packte er sie. Wild schleuderte
er sie gegen scharfkantige Muscheln, Edelsteingrate und Felsen; aber sie
schützten sich mit den Lebensfedern, die ihnen die Spinnenfrau gegeben hatte. »Ich wollte, es wäre wahr«, sagte der Sonnen-Vater, »daß sie meine Kinder sind.« Aber er fuhr fort mit seinen Torturen, versuchte sie in einer Schwitz-
hütte zu Tode zu kochen und mit einer giftgefüllten Pfeife zu töten. Erst nachdem sie alle diese Prüfungen bestanden hatten, war er stolz und zufrieden und
schenkte ihnen sein Vertrauen.

Damit ist das Märchenelement L, »Liquidierung des Mangels« erreicht. Wir bemerken hier interessante Funktionsäquivalenzen: Den
Vater finden und versöhnen ist austauschbar mit der Beschaffung von
Heilmitteln für ihn. Und der Gegner, der die Heilung verhindern will,
ist der Vater selbst.

Wenn man genauer betrachtet, was den Zwillingen am Bestimmungsort widerfährt, so fallen vor allem zwei Bilder ins Auge. Zunächst werden die beiden von jungen Frauen in *Tücher* gehüllt. Das
könnte ein Zeichen der Anerkennung für die bisher bestandenen Proben sein; allerdings spielen die Helden dabei eine ziemlich passive Rolle. Die Hüllen unterstreichen die Ich-Kontur; aber ihre Zuordnung zu
den Farben des Himmelslichtes läßt sie auch wie ein bergendes Medium erscheinen. Am ehesten könnten sie auf das Urvertrauen verweisen.

Als alleinige Garanten der Reife werden sie jedenfalls nicht akzeptiert, sie fallen ja wieder ab, wenn die Söhne dem Vater begegnen. Da-

nach spielt er ihnen übel mit, und alles, womit er sie traktiert, atmet die Symbolik der *Grenzverletzung*. Er versucht ihre Haut an scharfen Gegenständen aufzuschlitzen und taucht sie in auflösende Medien wie kochenden Dampf oder giftigen Pfeifendunst. Alldas halten sie jedoch aus und zeigen damit, daß ihrem Ich nicht nur das wärmende Lebensgefühl des Urvertrauens, sondern, wenn es sein muß, auch die Härte eines kräftigen Autonomieanspruchs zur Verfügung steht.

Ihre Bewährung ist das erkennbare Äquivalent des *Lebenselixiers*, dessen Erwerb an dieser Stelle zu erwarten wäre. Daher endet die Szene auch folgerichtig damit, daß der Vater die Söhne in seine Arme schließt.

Damit sind wir nun nach reichlicher Vorarbeit zu einer Antwort auf unsere Eingangsfrage gelangt: Das Geheimnis des Lebenselixiers **L** liegt darin, sich mit den Introjekten des Urvertrauens *nicht symbiotisch, sondern über eine Grenze hinweg* zu vereinigen. Und die Aufgabe des Helden in der Sequenz **K-S** ist es, diese Grenze unter Beweis zu stellen.

Man kann hier noch weiter präzisieren. Die Unterscheidung von *synchroner* und *diachroner* Identität haftet terminologisch an der Zeitdimension. Mitgedacht ist dabei aber immer noch ein weiterer, ebenso wichtiger Gegensatz, der aus dem Vergleich der Abbildungen auf den Seiten 575 und 579 deutlich wird. Die synchrone Identifikation vereint das Subjekt mit einem Objekt, von dem es sich zugleich als *getrennt* erlebt. Sie vollzieht sich gleichsam über eine Spiegelschranke hinweg. Bei der diachronen hingegen fließt eine *kontinuierliche* Trajektorie zwischen den Identifikationspolen. Wir könnten auch sagen, die synchrone Identifikation sei *spiegelnd*, die diachrone hingegen *verschmelzend*.

Bei der *permanenten* Identität sind nun *beide* Varianten möglich. Auch sie kann vom *verschmelzenden* Typ sein und das Ich über die Sekundärzeit hinweg nahtlos mit den frühkindlichen, symbiotischen Stadien der Ich-Entwicklung kurzschließen. Worauf es in der Adoleszenzkrise aber offenbar ankommt, ist die Errichtung einer *spiegelnden* Identifikation mit der eigenen Vergangenheit. Es geht darum, eine stabile Grenze gegenüber seinen lebensgeschichtlichen Wurzeln zu ziehen, damit sie nicht einfach nur in verschmelzender Hingabe erinnert, sondern *konfrontierbar* gemacht werden können. Das Lebenselixier, das der Held seinem Vater oder seinem Volk bringt, rückt die Introjekte der primären Bindungspartner in jene befreiende Distanz, die sie davor schützt, in der adoleszenten Überdruß-Wallung zu verderben.

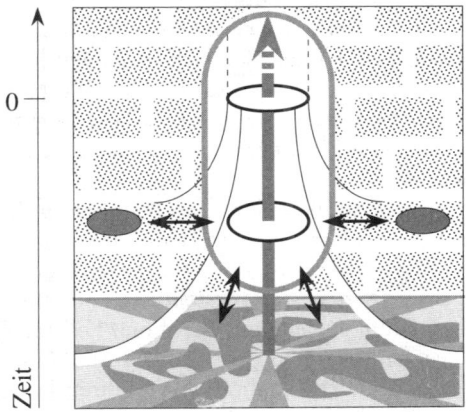

Abgrenzung von der eigenen Vergangenheit. Die frühen familiären Introjekte werden nicht mehr verschmelzend, sondern spiegelnd in die permanente Ich-Identität einbezogen. Zeitachse: 0 = Gegenwart.

Die Typologie Marcias

ERIKSON hat, als er den Identitätsbegriff in die Psychologie des Jugendalters einbrachte, eine rege empirische Aktivität ausgelöst. Am rührigsten und einflußreichsten war hier wohl der Entwicklungspsychologe James MARCIA[14]. Er hat eine Typologie vorgelegt, die sich in Folgeuntersuchungen als brauchbare Diskussionsgrundlage erwiesen hat.

MARCIA umschreibt seinen Identitätsbegriff eher, als daß er ihn wirklich definiert. Zwei Bedeutungskerne sind aber hinreichend deutlich erkennbar. Zum einen hat Identität etwas damit zu tun, daß der Mensch genötigt ist, seine Triebziele im Vorgriff auf die Zukunft zu organisieren. Hierfür muß er sie in eine Rangordnung bringen, er muß also zu einem *verbindlichen Wertekatalog* gelangen. Dafür gibt es

---

[14] MARCIA (1966), S. 551–558; (1980)

objektive Maßstäbe; ebenso wichtig sind aber auch Kriterien, die mit den Stärken und Schwächen, Möglichkeiten und Grenzen, inneren Notwendigkeiten und Unverzichtbarkeiten der *eigenen Person* zu tun haben – ein Gespür dafür, wie weit man gehen kann, ohne sich selbst untreu zu werden. Dafür muß man sich in seinem lebensgeschichtlichen Gewordensein bilanzieren und mit den Wertvorstellungen irgendwie in Einklang bringen. Der Inbegriff dieser organisierten Ganzheit von Selbstbild und Wertwelt ist es dann eben, der als Identität bezeichnet wird.

Empirische Studien zu diesem Thema bestehen in der Hauptsache aus Fragebogenerhebungen und standardisierten Interviews; bei den Befragten handelt es sich meist um College-Studenten beiderlei Geschlechts, und die erfragten Wertvorstellungen betreffen vornehmlich die Dimensionen Familie, Religion, Beruf und Politik. Zum Teil wurden aber auch Tiefeninterviews, projektive Testverfahren, Tagebuchaufzeichnungen und andere qualitative Verfahren herangezogen, sodaß insgesamt doch recht interessantes Material zusammengekommen ist.

MARCIA unterscheidet vier Grundtypen. Einen ersten nennt er *erarbeitete Identität*. Er liegt vor, wenn der Jugendliche in seinen Antworten erkennen läßt, daß er sich seine Einstellung zu den erfragten Wertedimensionen selbst gewählt und sich dabei von den Ansichten der sozialen Umgebung und des Elternhauses freigemacht hat. Den Gegenpol bildet die *übernommene Identität*, die ebenfalls ihre Endgültigkeit gefunden hat, aber nicht auf eigener Auseinandersetzung beruht, sondern dem Vorbild der Kindheitsautoritäten folgt.

Die beiden anderen Formen sind, verglichen mit den vorgenannten, weniger prägnant. Eine davon bezeichnet MARCIA als *Moratorium*. Es ist eine Phase, in der die Vorbilder für eine übernommene Identität in Frage gestellt werden, eine selbsterarbeitete Wertwelt aber noch nicht Gestalt angenommen hat. Hiervon zu unterscheiden ist schließlich die *diffuse Identität*. Sie kennzeichnet Jugendliche, die keine klare Einstellung zu Werten haben und sie auch nicht erkennbar vermissen.

Diese Typen bilden nicht unbedingt eine Entwicklungsreihe, die jeder in der Adoleszenz nacheinander durchlaufen müßte. Gewisse Parallelen zu unterschiedlichen ontogenetischen Stadien sind gleichwohl unübersehbar.

Die *übernommene* Identität ist offenbar der Versuch, die frühkindliche Identitätskonstruktion bruchlos ins Erwachsenenalter fortzusetzen. Die *diffuse* Identität erinnert an das desintegrierte Erscheinungsbild des Tricksters, der bei Bedarf den Kopf unter dem Arm tragen und den Penis auf den Rücken schnallen kann. ELKIND, der diesen Typus genauer untersucht hat[15], spricht von einer *patchwork-identity*, einer Flickwerk-Identität, bei der Werthaltungen und Verhaltensstile unverbunden, widersprüchlich und leicht auswechselbar nebeneinanderstehen.

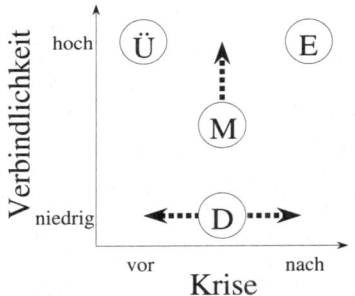

Die Identitätstypen nach MARCIA. *Ü: Übernommene Identität (verbindliche Werthierarchie, die aber nie kritisch in Frage gestellt wurde). E: Erarbeitete Identität (verbindliche Werthierarchie als Resultat eines Durchgangs durch eine Phase kritischer Distanzierung von den Eltern). M: Moratorium (Wertwelt, die von einem Willen zur Verbindlichkeit getragen, aber auch immer wieder in kreativen Zweifel gezogen wird, da sich das Individuum akut oder chronisch mitten in der Identitätskrise befindet). D: Diffuse Identität (Unverbindliche, austauschbare Werte, gegenüber den Eltern eher ablehnende Haltung, aber keine klare Auseinandersetzung).*

Ein *Moratorium* tritt notwendigerweise als Übergangsstadium zur erarbeiteten Identität ein, mag sich aber immerhin auf halbem Wege fixieren. Und die *erarbeitete* Identität wird man wohl doch als die Idealform anzusehen haben.

Freilich – was heißt eigentlich ideal? Man könnte fragen, wie *wohl*

---

[15] ELKIND (1990)

sich die Betroffenen in ihrer Identität fühlen, oder besser noch, wie hoch das Gefühl für den eigenen *Wert* ist, das sich beim jeweiligen Typus ausbildet. Hier hat jedenfalls die *diffuse* Identität schlechte Karten. Tief im Inneren spürt man dabei eben doch, daß man einer Entwicklungsaufgabe aus dem Wege gegangen ist. Personen mit diffuser Identität stehen überwiegend unter externer Kontrolle und erleben sich auch so; sie treiben in den Strömungen des sozialen Feldes ohne innere Verankerung. Das heißt aber, daß ihr Autonomieanspruch immer wieder an Grenzen stößt und seinen Meister findet.

Vor solchen Erfahrungen bleibt der Träger einer *erarbeiteten* Identität bewahrt. Er fühlt sich autonom und hat ein ungebrochenes Bewußtsein des eigenen Wertes. Dasselbe gilt aber interessanterweise auch von Personen, die sich im *Moratorium* befinden. Sie haben sich zwar noch nicht endgültig festgelegt, halten sich die Optionen des Lebens noch offen, und das nimmt ihnen die Gelassenheit der erarbeiteten Identität. Sie wirken gespannter, kompetitiver, ruheloser, eher Faust ähnlich, der sich nicht vorstellen kann, daß er je den Augenblick genießen könnte. Andererseits ist das alles aber auch ein Tribut, den sie der eigenen Kreativität zu zollen bereit sind, und die wiederum beschert ihnen ein Gefühl der Unverwechselbarkeit.

Am kompliziertesten verhält es sich mit der *übernommenen* Identität, und zwar insofern, als hier ein *Geschlechtsgegensatz* erkennbar wird. *Männer* erleben die Verhaftung an die Herkunftsfamilie als Schwäche und ähneln in Selbstgefühl und Autonomieanspruch den Trägern diffuser Identität. Sie fühlen sich als Prinzen, die am Hofe des Vaters geblieben sind, statt in das Land unter der Sonne zu ziehen und das Lebenselixier zu suchen.

Daheim mögen sie sich in ihrem wohlerzogenen Mitläufertum, ihrer psychischen Kastration, ihrem spießbürgerlichen Schrebergarten, ihrer dunstigen Stammtischrunde vielleicht recht und schlecht eingerichtet haben und mit ihrem Schicksal zufrieden sein, solange das Weltgeschehen in ruhigen Bahnen verläuft. Ihr brüchiges Selbstgefühl macht sich dann allenfalls in Ressentiment, Konservativismus und dem Unvermögen zu jeder Art Großzügigkeit bemerkbar. Schicksalhaften Belastungen sind sie nicht gewachsen.

Bei *Frauen* ist das aber eigentümlicherweise anders. Sie sind viel besser in der Lage, ein angemessenes Autonomiegefühl und gesunde

Selbstschätzung mit der Tatsache zu vereinbaren, daß sie ihre Wertwelt und ihre Lebensleitlinien dem Elternhaus verdanken und diese auch nie wirklich in Frage gestellt haben. Diese Geschlechterasymmetrie sei hier zunächst nur einfach konstatiert. Wir werden im folgenden Kapitel sehen, daß sie ihre Parallele in einer eigentümlich kontrapunktischen Verwerfung der Erzählstruktur hat, wenn der mythische Held *weiblichen Geschlechts* ist.

Gliederung des Zaubermärchens nach PROPP (II)

W

- **Der Held wird an den Bestimmungsort versetzt**
    - er fliegt, fährt oder reitet an den Bestimmungsort
    - er wird geführt
    - ihm wird der Weg erklärt
    - eine Spur weist zum Bestimmungsort

K

- **Der Held wird zu einer entscheidenden Probe herausgefordert**
    der Held wird in einen **Kampf** verwickelt:
    - Beschädigungskampf
    - Wettkampf
    - Spiel (Karten, Würfel etc.)
    dem Helden wird eine schwierige Aufgabe gestellt

S

- **Der Held besteht die Probe**
    der Held **siegt** im Kampf:
    - Tötung des Widersachers
    - Vertreibung des Widersachers
    - Überlegenheit im Kräftevergleich
    der Held **löst** die schwierige Aufgabe

L

- **Der Mangel wird liquidiert**
    der Held gewinnt das **Lebenselixier**:
    - durch Kraft oder List
    - durch Anwendung eines Zaubermittels
    direkte Aufhebung des **Mangels**:
    - durch Entzauberung
    - durch Wiederbelebung

18. Kapitel

Die drei Geheimnisse des Tao

Die unendliche Ferne

Am Ziel seiner Reise wartet auf den Helden nicht nur das Lebenselixier. Er findet dort vielmehr eine schlafende Jungfrau vor und wohnt ihr bei.

Alle Versionen unseres Märchens stimmen darin überein, auch wenn die Szene ad usum delphini mancherorts ein wenig geglättet erscheint, so etwa in der auf Seite 566 erwähnten GRIMMschen Fassung der »Wasser des Lebens«. Eine erotische Beziehung anzuknüpfen gehört offenbar als integrierender Bestandteil mit zur Funktion L, der Liquidation des Mangels. Manche Märchen nennen als initiales Schadenselement **A** ohnehin gleich die Entführung einer Jungfrau durch böse Mächte. Eine Braut zu erobern und den Vater zu heilen, diese beiden Leistungen müssen etwas miteinander zu tun haben. Wenn man das Märchen als ganzes nimmt, erweist sich der Eintritt in die Partnerschaft sogar als das übergeordnete Ziel, als der zentrale Fokus der Geschichte. Der letzte Sinn der Heldenfahrt ist die Heilige Vermählung, der *Hieros Gamos*.

PROPP hat diesen Umstand eigentümlicherweise nicht beachtet; es blieb seinen Nachfolgern vorbehalten, ihn in dieser Hinsicht zu ergänzen. Am weitesten geht hier der finnische Volkskundler HOLBEK mit der Behauptung, daß alle Märchen, die mit einer Hochzeit enden, grundsätzlich *zwei* Helden haben, einen Mann und eine Frau, die in

verschiedenen Sequenzen der Erzählung abwechselnd als Handlungsträger fungieren[1]. HOLBEK bezeichnet es geradezu als den Grundirr-
tum PROPPS, die Erzählperspektive ausschließlich von einem der beiden Partner her zu bestimmen. Man kann sich dieser Kritik anschließen, mit der Einschränkung freilich, daß eine gewisse Geschlechterasymmetrie im Einzelfall eben doch erkennbar bleibt. Das Märchen
von der Jungfrau Zar ist auf Iwan Zarewitsch zentriert; wir werden
alsbald sehen, daß es auch Erzählungen gibt, die den Akzent ebenso
klar auf die Heldin setzen, und daß sich solche Unterschiede bis in die
Handlungsstruktur hinein auswirken.

Wir haben im letzten Kapitel die Symbolik des *Raumes* zu analysieren begonnen, der sich zwischen dem Ausgangspunkt und dem
Bestimmungsort der Heldenfahrt dehnt. Dabei stand der Aspekt der
Leere im Vordergrund. Jetzt müssen wir unser Augenmerk noch auf
einen zweiten Gesichtspunkt richten: Die Stadt unter der Sonne und
ihre Herrin sind von der Heimat des Helden *unendlich weit* entfernt.
Dabei ist kaum von physischen Distanzen die Rede. Attraktive Partner trifft man schließlich in jeder Disco. Die Ferne, um die es sich handelt, muß psychisch gemeint sein. Dem allzu schüchternen Jüngling
bleibt seine Angebetete auch dann noch unerreichbar, wenn beide seit
Monaten Pult an Pult im selben Büro arbeiten und täglich über be-
triebliche Angelegenheiten oder das Wetter miteinander reden. Er weiß
nicht, wie er den Weg zu ihr finden könnte.

Wer aus dem infantilen Höhlengefühl mit seiner Nostalgie nach
Teilhabe am kosmogonischen Inzest nicht herausgetreten ist, den fesselt ein zentripetaler Sog an das verlorene Paradies, und er läuft im
Kreis, ohne dem Ziel einen Schritt näherzukommen. Die Angst, die
aus der Ahnung einer zu schwachen Identität erwächst, ist ein müder
Gaul mit Scheuklappen, der sich auf dem Weg zum Land der Sonne
unweigerlich verirrt.

---

[1] HOLBEK (1987)

Kippfiguren

Auf Seite 125 haben wir einen Streifzug in die Phänomenologie anschaulicher *Grenzen* unternommen. Wir haben als deren auffälligstes Merkmal eine eigentümliche Asymmetrie kennengelernt: Sie demarkieren die Figur, nicht den Hintergrund. Sie haben nur nach einer Seite hin formgebende und wesensausdrückende Potenz.

Theoretisch wäre auch eine Begrenzung nach zwei Seiten gleichzeitig ohne weiteres *denkbar*; es ist nur unsere *Anschauung*, die sich da schwer tut. Dergleichen kommt in der Natur einfach zu selten vor, als daß wir genötigt gewesen wären, uns im Zuge der Evolution daran anzupassen. In aller Regel entsteht eine einzige Grenze zwischen zwei Figuren nur dort, wo eine sich vor die andere schiebt und diese teilweise *verdeckt*, und es wäre ein folgenschwerer Irrtum, wenn das Auge diese Grenze zugleich benützen würde, um aus der hinten liegenden Figur ein Stück auszustanzen.

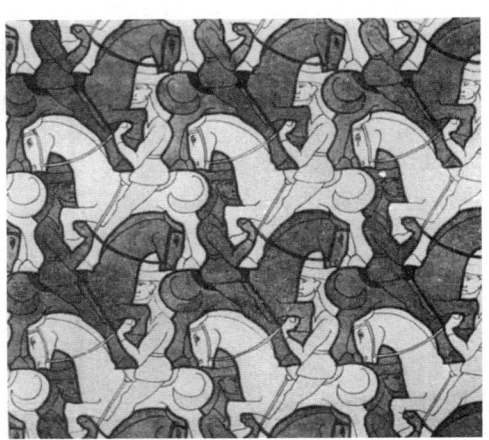

(Kippfiguren.) »Symmetry Drawing E67« *von M. C. ESCHER*

Man kann den Wahrnehmungsapparat natürlich narren, indem man Muster aus Flächenstücken so kombiniert, daß er nicht mehr »weiß«, an welcher Seite einer Kontur er die Figur anordnen soll. Das Bild erscheint dann von eigentümlicher Unruhe erfüllt, es kippt ständig zwischen verschiedenen Zuständen hin und her, bei denen ein und dasselbe Flächenstück bald als Figur, bald als Grund gesehen wird. Der Graphiker M.C. ESCHER – unter Intellektuellen hält man ihn zuweilen für einen Künstler – hat sich eine Fülle solcher Spielereien ausgedacht und technisch perfekt gestaltet.

Derartige Kippfiguren zeigen, daß unsere Wahrnehmung nicht darauf eingerichtet ist, zwei Gebilden zu begegnen, deren Grenzen die bemerkenswerte Eigenschaft haben, erstens exakt *komplementär* zueinander zu verlaufen und sich zweitens gerade entlang dieser Grenzen so aneinander zu fügen, daß *kein Zwischenraum* mehr bleibt.

Dies ist umso bedenkenswerter, als im Erscheinungsbild unserer technisch-zivilisierten Welt solche Gebilde durchaus nicht fehlen. Sie sind dafür sogar typisch: Die wechselseitige Entsprechung von Schraube und Mutter, von Achse und Lager, der wohlgefügte Aufbau einer Kachelwand oder einer Hausmauer aus zueinander passenden Elementen – wo immer Technik am Werke ist, dort läßt sie Einzeldinge so ineinandergreifen, daß ein größeres Ganzes entsteht, und schafft damit die Voraussetzung für Konturen mit beidseitiger Grenzfunktion. Unser Wahrnehmungssystem aber, uralt und entsprechend konservativ, ist da nicht so schnell mitgekommen; wir können die doppelseitige Grenze nur denken, aber nicht sehen.

I yin i yang chih wei tao

Nun hat allerdings auch die Natur vor der Aufgabe gestanden, größere Ganze aus Bausteinen zu fügen; man braucht nur einen Blick durch ein Mikroskop auf lebendiges Gewebe zu werfen. Aber es bedarf eben meist künstlicher Hilfsmittel, um das sehen zu können; die Zellen, aus denen sich Organismen zusammensetzen, sind für das bloße Auge zu klein. Ausnahmen von dieser Regel, wie etwa die Bienenwabe, bekommt man zu selten zu Gesicht, als daß sie einen phylogenetischen Anpassungsdruck auf unser Wahrnehmungssystem hätten ausüben können; die Schwierigkeiten bei der Aufgabe auf Seite 126 machen das deutlich.

Allerdings gibt es wenigstens einen beachtlichen Sonderfall, in dem das Mysterium der gemeinsamen Grenze eben doch intensive Erfahrungswirklichkeit wird. Das ist der Zusammenschluß zweier Organismen zur Intimgemeinschaft der *Paarung*. In der Geste der Zärtlichkeit nehmen in der Tat zwei unabhängige und selbständige Körper eine Haltung an, die ihre Berührungsfläche maximiert.

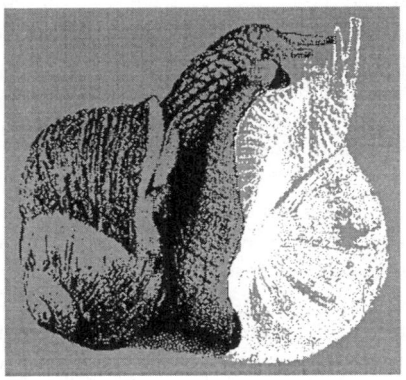

Paarung zweier Weinbergschnecken. Die Tiere sind Zwitter; die kontrastierende Farbgebung soll hier die Polarität von (in diesem Fall gegenseitiger) Befruchtung und Empfängnis graphisch ausdrücken.

Auch für diesen Fall gilt die vorausgehend wiederholt bestätigte Regel, daß die physische Wahrnehmungsorganisation mitbestimmt, wie wir Seelisches erleben. Die Paarung der Geschlechter ist ja nicht nur eine leibliche, sondern mehr noch eine seelische Angelegenheit. Und es verwundert nicht, daß das älteste Symbol für diesen Zusammenschluß tatsächlich eine Kippfigur ist, ähnlich denen, die wir auf den vorigen Seiten beschrieben haben.

Sie stammt aus dem alten China und ist hier bis ins 5. vorchristliche Jahrhundert zurückverfolgbar – so weit, wie überhaupt die überlieferten Quellen der chinesischen Kultur reichen. Es handelt sich um das auf Seite 209 abgebildete Symbol von *Yin* und *Yang*, zwei tropfenartigen Gebilden, die sich zu einer vollen Kreisscheibe zusammenfügen. Auf der Erlebnisebene, so lehrt dieses Bild, ist die in der Körperwelt eher seltene Erscheinung viel häufiger antreffbar, daß Wesens-eigenschaften komplementär ineinandergreifen und gemeinsam mit ihrem Gegenpol höhere Ganze formen: Warm und Kalt, Fein und Grob, Licht und Schatten, und vor allem eben auch Männlich und Weiblich – all das sind Polaritäten, die, vom Standpunkte der Weis-heit aus betrachtet, nicht in eine Relation von Figur und Grund zu bringen sind und sich daher auch paarweise in dieselbe Grenze teilen. In einem Anhang zum altehrwürdigen Orakelhandbuch *I-Ching*, dem sogenannten *Hsi-tz'u*, findet sich der Spruch »*I yin i yang chih wei tao*«, zu deutsch »Ein Yin, ein Yang, das ist das Tao«. Die Einheit der beiden Prinzipien, symbolisiert in der umfassenden Kreisscheibe, wird hier als das *Tao* gedeutet, von dem wir bereits im 1. Kapitel gehört haben.

Was dieses Wort genau bezeichnet, ist schwer zu umschreiben, weil sein Bedeutungskern nicht erdacht, sondern erfühlt ist und seine Bestimmungsstücke sich daher weniger nach logischer Stimmigkeit als nach der Harmonie ihrer Anmutungsgehalte richten. Tao hat etwas mit Ordnung und Kraft zu tun, mit dem Weltgesetz, mit dem rechten Leben. CAPRA betont daran einseitig den *medialen* Charakter, weil er es ja mit dem physikalischen Kraftfeld identifizieren möchte. Das wird dem Wesen des Tao aber nicht gerecht. Dieses ist weit davon entfernt, sich im ozeanischen Gefühl zu erschöpfen; es bedeutet min-destens ebenso zentral auch Kontur und rechtes Maß. Wörtlich heißt es etwa soviel wie »Weg«; ursprünglich war hier wohl der Weg gemeint, den der König auf seiner Inspektionsreise durch das Land nimmt.

Ein chinesischer Mythos handelt von dem großen Fürsten Yü, der sich vor Antritt seiner dynastischen Laufbahn dadurch bewähren mußte, daß er gleich der Sonne das Land zu umwandern und den Kos-mos in die rechte *Ordnung* zu bringen hatte. Er bestimmte seinen Schritt zur Längeneinheit, er zog Furchen in das Land und teilte es in Grundstücke, grub den Flüssen ihren Weg, dämmte Sümpfe ein, bezwang durch seinen Ordnungswillen die Wogen der Sintflut. »Hat man das Tao, so kann man Zeit und Raum ordnen«, kommentiert GRANET[2] diesen Bericht.

---

[2] GRANET (1971), S. 238 ff

Was ist damit gemeint? Was haben wir unter der Raumzeit zu verstehen, die zu gestalten und zu ordnen ein Erweis von Tugend und Reife ist? Den Schlüssel zur Antwort liefern uns die Überlegungen des letzten Kapitels: Dieser Kosmos ist das *Weltgerüst*. Ihn gilt es in der rechten Weise zu errichten, sodaß man der eigenen permanenten Identität darin ihren Platz zuweisen, sie gegen ihre chaotischen Ursprünge abgrenzen und mit alldem das seinige dazu beitragen kann, die moralische Stabilität der Gesellschaft zu garantieren.

Das Tao ist somit alles andere als ein Symbol der Urszene. Es schließt diese ein, offenbart sich aber ebenso und immer prägnanter in den folgenden Phasen figuraler Differenzierung. Das Geheimnis der Vereinigung von Yin und Yang stellt darin die höchste Artikulationsstufe dar und konnte gerade deshalb zum prototypischen Symbol des Tao werden.

Im letzten Kapitel haben wir die Arbeit an der permanenten Identität zunächst nur unter der Perspektive ihrer Beziehung zum Urvertrauen betrachtet. Es ging darum, eine Grenze gegen die Introjekte von *Eltern* und *Heimat* zu ziehen und sich über diese Grenze hinweg gleichwohl wieder mit ihnen zu vereinigen. Jetzt begegnet uns eine ganz analoge Aufgabe in Bezug auf die *Partnerschaft*. In dieser muß eine schwebende Balance von *Fremdheit* und *Vertrautheit* hergestellt und bewahrt werden. Damit ist nicht ein arithmetisches Mittel *zwischen* den beiden Polen gemeint – nicht jener Trivialzustand, der zwangsläufig eintritt, wenn vormals Fremde sich mit der Zeit nur aneinander gewöhnen, ein Kompromiß, nicht Fisch und nicht Fleisch, zu langweilig, um zu erregen, und zu oberflächlich, um Geborgenheit zu spenden. Sondern was gesucht wird, ist die paradoxe Synthese von unüberbrückbarem Anderssein und intimstem Einswerden. Wollte man für dieses Paradox ein anschauliches Sinnbild suchen, man könnte schwerlich ein treffenderes erdenken als eben die Kippfigur von Yin und Yang.

Bei der Identitätsentwicklung ist es nicht damit getan, sich gegen andere abzugrenzen, sondern es gehört auch dazu, über die Grenzen hinweg Brücken zu schlagen. Manche Jugendpsychologen[3] deuten diese beiden Aufgaben geradezu im Sinne aufeinanderfolgender Ent-

---

[3] OERTER & OERTER (1993)

wicklungsphasen; sie sprechen von einer »autonomen« und einer »mutuellen« Stufe der erarbeiteten Identität.

Bei der »autonomen« Identitätsfindung besteht demnach das Ideal in der Treue zu sich selbst, in Leitlinien und Wertvorstellungen, die zu den eigenen Fähigkeiten und Bedürfnissen passen, die sich äußern in konsequentem, geradlinigem Handeln und einer Persönlichkeitsstruktur »aus einem Guß«. Später, gewöhnlich erst im frühen Erwachsenenalter, erreicht das Selbstverständnis die »mutuelle« Stufe. Hier geht es darum, die eigene Identität mit der anderer, insbesondere des Lebenspartners, in Einklang zu bringen.

Die Meinungen sind geteilt, ob die beiden Entwicklungsaufgaben wirklich nacheinander oder doch eher parallel abgearbeitet werden; richtig ist jedenfalls, daß man sich schrankenlose Selbstbestimmtheit in einer Partnerschaft einfach nicht leisten kann. Genauso ungenügend wäre es aber, sich nur rein äußerlich anzupassen, geschehe es gleich dem Partner zuliebe. Die Herausforderung liegt vielmehr darin, die eigene Identität durch den Partner mitzudefinieren, seine Weise, die Welt zu sehen und zu bewerten, in die Trajektorie der eigenen Existenz mit hineinzunehmen, und sich dabei doch nicht selbst untreu zu werden.

Das geht natürlich nicht ohne Konflikt; und die Synergien, die sich hier formen, können unterschiedlich kreativ sein. Auf jeden Fall verbindet sich damit die Einsicht, daß ein Rest unauflösbarer Widersprüche in die eigene Identität eingebaut bleibt und im ständigen dynamischen Austausch mit dem Partner gewissermaßen in einem Fließgleichgewicht gehalten werden muß.

Die Markierung des Helden

Nur aus Komplementen, die auf zusammenpassende Weise verschieden sind, läßt sich ein gemeinsames Ganzes formen, in dem die Glieder weder untergehen noch einander im Wege stehen. Man ahnt, warum zuvor eine ödipale Phase kommen mußte, warum es notwendig war, die Einheit von Himmel und Erde zu zerreißen und die Felix Culpa des Einseitigwerdens zu wagen: Nur so kann etwas entstehen, das imstande ist, ein anderes Wesen zu *ergänzen*.

Aber wie gesagt: Unser Wahrnehmungsapparat schafft es kaum, diese Denkfigur Anschauung werden zu lassen. Wenn wir das Symbol des Tao betrachten, dann sehen wir eine Kippfigur. Immer wieder wird die Grenze einseitig, und das heißt: Immer wieder wird einer der beiden Tropfen zur Figur auf Kosten des anderen; er hört auf, sich jenem anzuschmiegen und schiebt sich stattdessen vor ihn, sucht ihn in die Gestaltlosigkeit des Hintergrunds zu drängen.

Warum ist es in der Partnerbeziehung nicht notwendigerweise genauso? Warum geschieht, wenn zwei polar entgegengesetzte seelische Wesenheiten aufeinandertreffen, nicht dasselbe wie beim Ausgleich zweier elektrischer Ladungen, die sogleich in die Grauzone der Neutralität zurückfallen, oder bei der in nichts verpuffenden Explosion, wenn Materie und Antimaterie zusammentreffen? Warum stürzen die beiden Wesen, wenn sie einander begegnen, nicht unter Verlust ihrer Anziehungskraft in ein Chaos symbiotischer Annihilation? Was ist es, was den Kontrast von Yin und Yang davor bewahrt, in selbstzerstörerischer Kernschmelze unterzugehen? Sehen wir zu, ob die kollektive Phantasie der Mythen Hinweise bereithält, die bei der Beantwortung dieser Frage weiterhelfen können.

Im Zusammenhang mit dem Entscheidungskampf am Bestimmungsort findet sich im Zaubermärchen regelmäßig, wenn auch zuweilen in verkürzter Form, eine Szene, die PROPP mit dem Buchstaben M signiert; das Zeichen steht für »Markierung«. Hierzu zählen etwa Episoden, in denen dem Helden beim Kampf mit dem Drachen eine Wunde zugefügt wird. Es kann auch sein, daß die Jungfrau ihn stattdessen mit einem Abdruck ihres Ringes auf seiner Stirn versieht oder ihm einfach nur ihr Tüchlein schenkt. Immer geht es darum, daß der Held aus dem Abenteuer ein Kennzeichen mitnimmt, das ihn an das Geschehene erinnert und an dem man ihn später auch selbst identifizieren kann.

In unserem Material kommt dieses Motiv am klarsten in der GRIMMschen Variante von Seite 566 zum Ausdruck; hier schlägt das zufallende Tor dem Helden ein Stück der *Ferse* ab. Diese Szene läßt bei vergleichender Betrachtung erkennen, daß die russische Version zumindest noch ein Rudiment [M] einer Markierung enthält: Iwans Pferd stößt mit dem *Hinterhuf* unachtsam an eine klingende Saite und löst so die Verfolgungsjagd aus.

Das Märchen vom Vogel Phönix steuert einen weiteren Gesichtspunkt bei: Der Held »markiert« seinerseits die Jungfrau, indem er
einen Flecken aus ihrer Leinenhülle schneidet und einen Zettel wie
eine Visitenkarte bei ihr hinterläßt. Die Markierungsszene hat also
eine Doppelfunktion: Auch die Jungfrau wird informiert, daß etwas
mit ihr geschehen ist.

Bei ihr ist das sogar in besonderem Maße erforderlich. Denn sie hat
die entscheidenden Ereignisse zunächst einfach verschlafen und ist erst
aufgewacht, als alles schon vorbei war. Eine Erklärung hierfür hält
der Erzähler nicht für nötig. Will man darüber näheres erfahren, muß
man sich an Märchen halten, die den Akzent auf die *weibliche* Heldengestalt legen.

Der Traum der schlafenden Schönen

Am ergiebigsten sind hier die Erzählungen vom Typus der »sleeping
beauty«, also etwa unser Märchen vom *Dornröschen*. Die Eltern
mühen sich, ihre einzige Tochter wohlbehütet vor bösen Einflüssen,
vor verderblichem Kontakt mit den »dunklen Seiten des Lebens«
großzuziehen und »vergessen« daher, die schlimme dreizehnte Fee zur
Taufe zu laden. Aber diese erscheint dann eben doch und spricht ihre
Verwünschung aus: Todesschlaf nach Stich mit einer Spindel.

Die Eltern versuchen es weiterhin mit ihrer Verdrängungstaktik und
lassen alle Spindeln im Lande vernichten. Das nützt natürlich nichts,
denn mit untrüglichem Spürsinn findet die Tochter, als die Zeit gekommen ist, eben doch den einsamen Turm, in dem die Alte mit der einzigen übriggebliebenen Spindel schon auf sie wartet, und das Schicksal nimmt seinen Lauf.

Das Haushaltsgerät, mit dem man sich sticht, ist ein beliebtes Motiv.
Im Märchen von Frau Holle ist die Szene noch etwas drastischer aus-
gemalt: Die Goldmarie verletzt sich beim Spinnen so arg, daß Blut
fließt und die Spindel besudelt. Um diese abzuwaschen, geht das
Mädchen an einen Brunnen; dabei fällt ihr die Spindel hinein. Aus
Angst vor der bösen Stiefmutter springt sie selbst hinterher und findet sich dann unten in einer bukolischen Zauberlandschaft wieder.

Was von außen wie ein Versinken in totenähnlichen Schlaf aussieht, erscheint unter dem Innenaspekt als der Sturz in einen tiefen Brunnen und dann weiterhin als Aufbruch zu Abenteuern in einem Traumland. Wir dürfen den Schlaf also als eine Form der Abreise (↑) signieren. Diese Variante tritt bevorzugt dann auf, wenn der Held weiblichen Geschlechts ist. Andere Spielarten sind hier die Entrückung durch einen Wirbelwind oder durch plötzlich niederfallende Nebel.

Die blutige Verletzung, die bei Goldmarie den Sprung in den Brunnen auslöst, spiegelt ziemlich unverhüllt das Erlebnis der *Menarche* wider. Zwar wird der Stich durch ein offenkundiges Phallussymbol zugefügt, sodaß man auch eine Deflorationsdeutung erwägen müßte; aber nach der Logik des Handlungsablaufs wäre es dafür zu früh. Allenfalls könnte das Bild einen Hinweis darauf enthalten, daß in der Phantasie des jungen Mädchens durch das Erlebnis der Menarche zugleich undeutliche Deflorationsängste aktiviert werden: Der gesamte Bereich des Geschlechtlichen drängt sich, diffus und bedrohlich, ins Bewußtsein.

Dornröschen empfängt die Spindel aus der Hand einer alten Hexe. In dieser verkörpert sich die uralte, um alle Abgründe des Lebens wissende Weiblichkeit, die die Geheimnisse der Sexualität naturhaft versteht, immer schon verstanden hat, die archetypische Gestalt, in der die Tradition der Hurenmutter, der Kupplerin, der Engelmacherin, aber auch der Hebamme wurzelt.

Andererseits: Frau Marthe heckt die Verführung Gretchens nicht allein, sondern auf Betreiben Mephistos aus. Auch in der Folklore tritt an die Stelle des alten Weibes zuweilen eine männliche Figur mit tricksterhaften Zügen; die Spindel personifiziert sich. In der Brunhildensage ist es der Trickstergott Wotan, der die Jungfrau mit einem Schlafdorn sticht. Und dann ist da die japanische Geschichte, die wir schon aus dem 14. Kapitel kennen: Susano'o wirft das geschundene Pferd in die himmlische Webhalle, worauf sich die Frauen mit den Weberschiffchen in die Scham stechen und daran sterben. Amaterasu, die Sonnengöttin in ihrer Mitte, ist in ihren Gefühlen zutiefst verletzt; sie verbirgt sich, sodaß es in der Welt dunkel wird. Man wird hier an die pubertierenden Mädchen in den von Joseph SHEPHER untersuchten Kibbuzim erinnert, von denen ich an anderem Ort[4] berichtet habe.

---

[4] BISCHOF (1985), S. 384 ff

Um die Zeit der Menarche reagieren diese auf die zuvor noch bur-
schikos erwiderten Vertraulichkeiten ihrer jungshaften Gruppenge-
nossen mit plötzlich einbrechender Scheu; sie verbergen sich nun auf
einmal hinter Vorhängen und verstopften Schlüssellöchern und weisen jede Intention in Richtung auf körperliche Intimität brüsk zurück.
Und wir wissen, daß, auf einfacherem Verhaltensniveau, entsprechendes auch schon bei Schimpansen beobachtet wird[5].

Das also ist das Geheimnis der schlafenden Jungfrau: Mit der Menarche bricht eine instinktive Ahnung der Bedeutung des Frau-Seins auf
und verletzt sich an der unbeholfen phallischen Zudringlichkeit
flaumbärtiger Halbwüchsiger im Stimmbruch, deren lästiges Imponiergehabe umso unerträglicher erscheint, als sie meilenweit davon entfernt sind, irgendetwas zu verstehen. Würden die neuen, noch gänzlich ungeklärten Gefühle in diese unreife Begegnung hinein exponiert,
so könnten nur Katastrophen die Folge sein; also erscheint es logisch,
daß sie sich zunächst unerreichbar verschließen – in einem Turm, in
einem Glassarg, in der unzugänglichen Traumwelt des Todesschlafs,
die es dem Mädchen gestatten, ungestört seine eigene Suchwanderung
zu durchleben.

Das Problem der sekundären Prägung

Inzwischen geht draußen in der Welt das Leben weiter. In südlichen
Ländern wird die Tochter nun bald verheiratet. In unserer Gesellschaft
ist es nicht viel anders, solange die zunehmende Infektionsangst hier
nicht die Sitten ändert; frühe Sexualbeziehungen sind heute ein Statussymbol. Man fragt nicht danach, ob sich das junge Mädchen dem
Geschehen schon in emotionaler Präsenz stellen kann. Symbolisch
wird sie, wie die Jungfrau Zar, im Schlaf geschwängert.

Aber irgendwann ist es dann soweit. Irgendwann in dem ganzen
Hin und Her gibt es einen Ruck, und sie erwacht. Sie ist Frau geworden. Die kokonhafte Leinenhülle ist zerschnitten. Die physische Deflo-
ration ist nur ein Gleichnis für das, was hier vorgeht. In manchen Mär-

---

[5] Temerlin (1975)

chen gebiert die Prinzessin sogar das erste Kind noch im Dornröschenschlaf; es saugt dann an der Stichwunde der Mutter, entfernt so das Schlafgift und weckt sie auf. Man darf die Szene der »Erweckung« also nicht zu plump interpretieren. Woran die Heldin erwacht, ist nicht irgendein körperliches Ereignis, das stattgefunden haben mag oder auch nicht. Sondern es ist die durch den Zusammenstoß mit der männlichen Wirklichkeit ausgelöste Erkenntnis, daß die Lebenskräfte der Fortpflanzung sie unwiderruflich erfaßt haben in der ganzen Breite ihres Spektrums, das von der Paarung bis zur Sorge für das heranreifende Leben reicht.

Und zugleich auch, daß diese Kräfte sie nun stark genug für die Begegnung machen. Denn sowie die Heldin erwacht, weiß sie, daß da jemand ist, der ihr all das angetan hat. Und sie weiß auch, wer. Im Märchen vom Vogel Phönix ist es wiederum das Kind, das den zurückgelassenen Zettel mit dem Namen des Helden beim Spielen entdeckt, woraufhin die Mutter, gleich der Jungfrau Zar, zur Verfolgung aufbricht. Die »Markierung« des Helden ermöglicht seine Identifikation.

Aber nicht nur das. Der Akt der Markierung bewirkt auch, daß der Held sich seinerseits an die Jungfrau erinnert. Aschenputtel hinterläßt ihren goldenen Schuh in der Hand des Prinzen; aber *sie selbst* ist es, die daran später identifiziert wird. Im Märchen von der »Wahren Braut«[6] markiert diese ihren Prinzen mit einem Kuß auf die linke Wange und nimmt ihm das Versprechen ab, sich von niemandem sonst auf diese Stelle küssen zu lassen. Als er dieses Gebot übertritt, verliert er die Erinnerung an sie und nimmt eine andere zur Frau. Unerkannt auf seiner Hochzeit mit ihm tanzend, küßt ihn die Wahre Braut dann abermals auf die linke Wange, und sogleich gehen ihm die Augen auf.

An anderer Stelle[7] habe ich ausführlich das Problem ventiliert, ob Erscheinungen vom Typ der *Prägung* im ethologischen Sinn auftreten, wenn sich Geschlechtspartner aneinander binden. Die Märchenphantasie scheint in der Tat dieser Meinung zu sein. Daß sie damit unserer wissenschaftlich fundierten Kenntnis heute noch vorgreift, muß nicht gegen sie sprechen.

Im biblischen Sprachgebrauch wird das prägende Intimwerden von Mann und Frau als »Erkennen« umschrieben. Diese Bezeichnung ist

---

[6] SCHERF (1982), S. 419   [7] BISCHOF (1985), S. 202 ff

gleichermaßen zutreffend wie mißverständlich. Richtig ist, daß Prägungseffekte eine Beziehung aus der Anonymität heben. Die Erinnerungsgewißheit der gemeinsam überschrittenen Schamgrenze macht die Partner füreinander unverwechselbar; an der Verständnisinnigkeit, in der ihre Blicke einander fortan begegnen, kann kein Dritter mehr teilhaben: Sie haben einander erkannt. Andererseits wiederum kennen sie sich überhaupt noch nicht; ihre Begegnung war zu kurz, als daß sie schon wirklich Wesentliches voneinander wissen könnten. Das ist es ja gerade, was die Faszination ausmacht: Daß man die Hülle zerrissen hat und gemeinsam in die Intimität gestürzt ist, ohne doch im Grunde zu wissen, wer es ist, mit dem man sich da unwiderruflich einläßt. Für diesen ersten Moment ist das Paradox von Vertrautheit und Neuheit noch vollziehbar und die Balance von Yin und Yang daher noch gewahrt.

Yossarians Erkenntnis

Aber dieses Gleichgewicht ist labil, nicht von Dauer. Sich selbst überlassen, würde es alsbald kollabieren. Und hieraus erklärt sich die eigentümliche Wendung, die das Märchen weiser erscheinen läßt als den auf »instant gratification« hin komponierten Trivialroman: Die Vereinigung mit der Jungfrau ist *nicht* das Happy End der Märchenhandlung. Der Held reitet, kaum daß seine Mission beendet ist, Hals über Kopf davon. Häufig wird er schon im voraus gewarnt: Ehe der Esel dreimal schreit, ehe die Glocke Zwölf schlägt, muß er das Schloß verlassen haben, sonst ist er verloren.

Wir kommen damit zum nächsten Abschnitt der Formel auf Seite 357; er trägt bei PROPP die Signatur ↓VR. Das Pfeilsymbol bedeutet *Rückkehr*, meist in Form einer Flucht; V steht für *Verfolgung*, **R** für *Rettung* vor dem Verfolger, wobei als Retter in der Regel der »Schenker« auftritt, den sich der Held schon auf der Hinreise verpflichtet hat. So geschieht es, wie wir uns erinnern, auch im Märchen von der Jungfrau Zar.

Was ist der Sinn dieser eiligen Rückreise? Das Märchen zeichnet den Helden an dieser Stelle nicht eben als einen Ausbund von Moral.

Iwan Zarewitsch sieht, wo er bleibt. Er hat, ohne zu fragen, von fremdem Grund und Boden verjüngende Äpfel gepflückt und Lebenswasser geschöpft. Die Situation der schlafenden Jungfrau hat er unbedenklich ausgenützt, um bei ihr »sein Roß zu tränken«. Danach will er mit dem Lebenselixier auf und davon; nichts deutet darauf hin, daß er vorhat, zurückzukehren. Denn die bei der Braut hinterlassenen Zeichen besagen, daß er *seinen* Namen *ihrer* Seele eingeprägt zu haben meint, nicht umgekehrt. Der junge Mann, der ein Mädchen »rumgekriegt« hat, schlendert mit strahlender Siegesgewißheit und im Selbstgenuß seiner Unwiderstehlichkeit durch die spätabendlichen Straßen nach Hause. Jede Frau, die vorbeigeht, so scheint ihm, könnte er haben. Er ist voll von sich selbst.

In seinem Roman »Catch-22« schildert Joseph HELLER die Abenteuer des Bomberpiloten Yossarian gegen Ende des Zweiten Weltkrieges auf einem US-Stützpunkt in Italien. Eines abends hat er im Offiziers-Nachtklub ein Mädchen namens Luciana kennengelernt, die anschließend die Nacht mit ihm verbringt. Am anderen Tag begleitet er sie bis zur Straßenecke, wo sie sich verabschieden.

»Warum läßt du mich nicht Name und Adresse auf ein Stück Papier schreiben, damit du mich wiederfindest, wenn du nächstes Mal nach Rom kommst?« schlug sie vor.
»Warum schreibst du nicht deinen Namen und deine Adresse auf ein Stück Papier?« pflichtete er bei.
»Warum?« fragte sie streitlustig, wobei ihr Mund sich plötzlich höhnisch verzog und ihre Augen vor Zorn blitzten. »Damit du es in kleine Stücke reißen kannst, sobald ich weg bin?«
»Wer soll es in kleine Stücke reißen?« verwahrte sich Yossarian verblüfft. »Wovon zum Teufel redest du?«
»Du«, beharrte sie. »Du wirst es in kleine Stücke reißen, im selben Augenblick, wo ich dir den Rücken kehre. Und dann wirst du davonstolzieren wie ein ganz starker Typ, weil ein hochgewachsenes, junges, schönes Mädchen wie ich, Luciana, dir erlaubt hat, mit ihr zu schlafen, und noch nicht einmal Geld dafür verlangt hat!«
»Wieviel Geld verlangst du denn?« fragte er.
»*Stupido!*« schrie sie erregt. »Ich will kein Geld von dir!« Sie stampfte mit dem Fuß auf und hob den Arm in einer ungestümen Geste, die Yossarian befürchten ließ, sie würde ihm schon wieder ihre große Handtasche ins Gesicht knallen. Stattdessen kritzelte sie jedoch ihren Namen und ihre Adresse auf einen Zettel und warf ihn ihm zu. »Hier«, höhnte sie, und biß sich auf die Lippe, um ein feines Zittern zu unterdrücken. »Vergiß nicht. Vergiß nicht, es in kleine Stücke zu reißen, sobald ich weg bin.«

Gleich darauf lächelte sie ihm hoheitsvoll zu, drückte ihm die Hand und schmiegte sich, mit einem geflüsterten traurigen »*Addio*«, für einen Moment an ihn. Und dann richtete sie sich auf und schritt davon, in unbewußter Würde und Anmut.

Kaum war sie weg, zerriß Yossarian den Zettel, stolzierte nach der anderen Seite davon und fühlte sich rundherum wie ein ganz starker Typ, weil ein schönes junges Mädchen wie Luciana mit ihm geschlafen und kein Geld dafür verlangt hatte. Er war mächtig zufrieden mit sich bis zu dem Moment, wo er im Speisesaal des Roten-Kreuz-Gebäudes aufblickte und gewahr wurde, wie er mit Dutzenden und aber Dutzenden von Soldaten in allen möglichen Phantasieuniformen zusammen frühstückte. Dann nämlich, auf einmal, war er umringt von Vorstellungen von Luciana, wie sie aus ihren Kleidern schlüpfte und in ihre Kleider und wie sie ihn liebkoste und ihm stürmische Reden hielt in dem rosa kunstseidenen Hemdchen das sie im Bett bei ihm trug und nicht ausziehen wollte. Yossarian würgte an seinem Toast mit Rührei über der Ungeheuerlichkeit seines Fehlers, ihre langen, geschmeidigen, nackten, jungen bebenden Gliedmaßen so unverschämt in winzigkleine Papierfetzen zerrissen und so selbstgefällig in den Gully geworfen zu haben. Schon war es soweit, daß sie ihm furchtbar fehlte.[8]

Eben ist der Held, gerade noch rechtzeitig, aus der Stadt entschlüpft, da merkt er, daß es auch ihn »erwischt hat«. Das zufallende Tor hat ihm die Ferse abgeschlagen. Vielleicht wäre das nicht geschehen, wenn er wirklich nur »sein Roß getränkt hätte«. Aber er hat eben *auch* den Versuch gemacht, das Elixier des Lebens an sich zu bringen.

Die Jungfrau und das Lebenswasser

Dieses Elixier, so erinnern wir uns, soll helfen, die eigene Identität wieder an ihren lebensgeschichtlichen Wurzeln zu verankern, die Erinnerungsbilder all jener Kraftzentren, die in früher Kindheit Garanten von Sicherheit und Zuversicht waren, nach dem pubertären Bruch wieder in das eigene Existenzgefühl hinein zu assimilieren. Weil die Heilsgewißheit des primären Urvertrauens nur um den Preis der Unterwerfung unter elterliche Autorität zu haben war, hatte sich der jugendliche Held, durch die einschießenden hormonalen Kraftreserven zur Rebellion gegen die Unmündigkeit aufgestachelt, zunächst

---

[8] HELLER (1980), S. 175 f

auch von der Sicherheit spendenden, aber das eigene Wesen überblendenden Identifikation mit seinen Elterngestalten losgesagt.

Das war ein gefährliches Unterfangen, in der Sprache des Mythos eine Sache auf Leben und Tod. Denn die Abnabelung vom Urvertrauen macht sich nicht augenblicklich durch ihre Konsequenzen bemerkbar. Es leuchtet, trügerisch, noch eine Weile nach. Aber seine Reserven sind begrenzt. Man hat, durch den Kraftrausch des vollgetankten Wagens verführt, die Tankstelle in die Luft gejagt. Jetzt muß man bald eine neue Quelle der Selbstgewißheit finden, oder man ist verloren.

Diese andere Quelle aber entdeckt man im Partner. Da ist jemand, von dessen leiblicher und seelischer Schönheit man geblendet ist, und der einem sagt, man sei wundervoll. Genau das ist es, was man jetzt braucht. Was tut's, daß weder der Andere noch man selbst in seiner Wertung frei von Illusionen ist; zunächst einmal hängt die Tragfähigkeit des neuen Fundamentes nur davon ab, wie man sie erlebt.

Aber eine wirkliche Partnerbeziehung muß es sein; eine Kontaktnahme, die sich allein auf den Sexualbereich beschränkt, würde nicht genügen. Die körperliche Liebe spendet keine neue Identität und weist nicht den Weg zurück ins Urvertrauen – eher ins Gegenteil, wie das Schicksal des älteren Bruders Dimitrij lehrt. Und es nützt auch nichts, den personalen Bindungsaufwand der Partnerin oder dem Partner zu überlassen. Wäre nur der Andere geprägt, so hätte man das Lebenselixier noch längst nicht gewonnen. Nichts ist belastender, als von jemandem geliebt zu werden, aus dem man sich nichts macht.

Am eigenen Engagement führt kein Weg vorbei: Die neue Selbstgewißheit, die man jetzt braucht, ist nur zu erlangen, wenn die Liebe von jemandem kommt, der einen auch seinerseits gefangen genommen hat. Denn nur dann verkörpert er die Sinnfülle, die erforderlich ist, um das Urvertrauen wiederzugewinnen.

Aus diesem Grunde ist das Lebenselixier im Besitz der Jungfrau. Die Gewißheit, daß die eigene Liebe von jemandem erwidert wird, der ihrer wert ist, verleiht genau jene Festigkeit, die es möglich macht, den Eltern unbefangener, ungereizter, ohne Angst vor deren Herrschaftsansprüchen gegenüberzutreten und ihnen die vorenthaltene Wärme wieder zufließen zu lassen.

Auf der Realitätsebene verläuft dies leider nicht immer so glücklich, denn nicht alle Eltern können begreifen, was sich da ereignet. »Was

bedeute ich dir denn noch?« fragt der zutiefst verletzte Vater seinen
Sohn oder seine Tochter, nachdem diese in ihrer Partnerwahl dem
elterlichen Willen entglitten sind. Und die einfache und jetzt wieder
mögliche Antwort seines Kindes »ich hab dich lieb« versteht er nicht
und kann er nicht glauben; denn daß Liebe und bedingungsloser
Gehorsam auseinanderbrachen und um der Bewahrung der Liebe willen auch auseinanderbrechen *mußten,* das sehen zu können, überfordert viele. So bleibt auf elterlicher Seite bei der schließlich meist doch
eintretenden Versöhnung oft viel Resignation und Mißtrauen; und das
ist schlimm, denn es hindert den Jugendlichen zuzulassen, daß die
warmen Gefühle des Einsseins mit den Guten Eltern wiederkehren. Er
hat dann das Lebenselixier in den Händen, und der Vater will es nicht
nehmen: ein Gedanke, der in einigen Varianten unseres Märchens
anklingt, so besonders in der griechischen Geschichte vom »Mönch«.
Aber das ist eine Sonderentwicklung, der wir hier nicht weiter nachgehen wollen.

Vertauschte Rollen

Kehren wir zurück zu dem Zeitpunkt, da die Jungfrau Zar zur Verfolgung Iwans aufbricht. Es paßt ihm gar nicht, daß sie ihm nachjagt.
Zunächst ist es sogar sehr wichtig, daß er ihr entkommt, wenn nötig
mit Tricks.

Die Frage ist erlaubt, was wohl geschähe, wenn die Verfolgerin ihren Helden einholen könnte, bevor er die Heimat erreicht. Mitnehmen würde sie ihn, das macht sie ja später auch. Vielleicht würde sie
ihn sogar umbringen; denn dem Helden war immerhin der Tod vor-
ausgesagt, wenn er das Schloß nicht rechtzeitig verließe. Auf jeden Fall
aber müßte er ihr das Lebenselixier wieder zurückgeben. Er könnte
sich dann nicht an seiner eigenen Identität verankern und würde als
ihr Satellit enden. Die unselige Gleichung von Geborgenheit und Unmündigkeit wäre nicht überwunden, sondern verewigt, nur eben nicht
mit den Eltern sondern der Partnerin als introjizierter Erlebnisbasis.

Nach dem Zeugnis des Mythos deutet sich hier ein Geschlechter-
unterschied an. Der Mann scheint mehr gefährdet, seine Identität an

die *Partnerin* zu verlieren, als umgekehrt. Deren Problem ist vielmehr, wie wir am Schluß des 17. Kapitels schon bemerkt haben, daß sie sich in ihrer *von den Eltern übernommenen* Identität durchaus wohl fühlt und daher das Risiko nicht eingeht, diese loszulassen. Aus solcher Asymmetrie erwächst im Fortgang des Zaubermärchens eine Zeitverschiebung nach Art einer kontrapunktischen Komposition.

Zunächst einmal fällt auf, daß in der Erzählphase ↓V, »Flucht« und »Verfolgung«, die Geschlechter ihre *Rollen tauschen*. Die Heldin, die den Helden verfolgt, tut dies nicht selten in Männerkleidern. Womöglich hat sie sich auch noch drei eiserne Reifen um den Leib schmieden lassen, die ihr Kind solange zurückhalten sollen, bis sie ihren Bräutigam wiedergefunden hat. Auch die Jungfrau Zar rüstet ja ein veritables Heer und deckt später die Stadt mit einem Kanonenhagel ein. Der Held seinerseits aber flieht, was nach herkömmlicher Wertung nicht eben als »männlich« gilt und schon im Tierreich bei der Balz eher zur Rolle des Weibchens gehört. Auch die Tatsache, daß die Jungfrau nun ihren sicherheitsspendenden Heimbereich verläßt, der Held aber nach Hause läuft, verrät in Bezug auf die Sollwerte von »Sicherheit« und »Erregung« einen Rollenwechsel. Das ganze Syndrom wirkt so, als wäre die Braut jetzt, hormonal gesprochen, androgenisiert.

Wie die Abbildung auf Seite 209 erkennen läßt, enthalten im Symbol von Yin und Yang die beiden tropfenförmigen Figuren jeweils ein kleines Feld mit der Gegenfarbe. Es soll daran erinnern, daß jedes der beiden Elemente Spuren des anderen in sich trägt, und daß gerade dadurch die Einheit in der Verschiedenheit möglich wird. Wenn das Märchen richtig sieht, dann werden diese Spuren durch die Identifikation mit dem Partner aktiviert.

Hieraus ergeben sich weitreichende Konsequenzen für die *Dauerhaftigkeit* der Beziehung. Es ist ein eigentümliches, tief in der Fortpflanzungsbiologie verankertes Naturphänomen[9], daß *Monogamie* überall im Tierreich den morphologischen Unterschied zwischen Männchen und Weibchen abbaut. Ausgeprägter *Sexualdimorphismus*, also deutliche Unterscheidbarkeit der Geschlechter, ist ein ziemlich sicheres Zeichen dafür, daß Männchen dieser Art nicht motiviert sind, sich auf Lebenszeit an ein einziges Weibchen zu binden. Sexualität, auf

---

[9] BISCHOF (1985), S. 283

Mischung und Vielfalt abzielend, ist ihrem Wesen nach promisk. Wo in der Natur diese Promiskuität zugunsten exklusiver Dauerbindung aufgegeben wurde, geschah dies fast immer unter dem Druck ökologischer Faktoren, die beiden Eltern ein hohes und annähernd gleichgroßes Maß an *Sorge für die Nachkommen* aufbürden. Von den beiden Polen der Fortpflanzungsfunktion, Paarung und Brutpflege, schürt der erstere den Geschlechtergegensatz, der letztere baut ihn ab. Und auf die Tendenz zur Dauerbindung haben die beiden Funktionen genau den gegenteiligen Effekt.

Morphologie der Geschlechter bei Primaten. Links: Sexualdimorphismus bei Polygynie (Pavian). Rechts: Sexualmonomorphismus bei Monogamie (Gibbon). Oben: Körpergröße und Erscheinungsbild. Unten: Ausbildung der Eckzähne.

Für die menschliche Partnerschaft folgt daraus, daß das einseitige Herauskehren der eigenen Geschlechtsidentität, die Polarisierung in Männchen und Weibchen, zwar sehr gut dazu taugt, eine Beziehung *anzuknüpfen*, aber ungeeignet ist, ihr *Dauer* zu verleihen. Dauerbindung fußt auf allgemein-menschlichen Qualitäten, auf der Fähigkeit und Bereitschaft zur Stellvertretung, auf der Erfahrung der Ebenbürtigkeit. Das mag ein Grund dafür sein, daß im Zaubermärchen PROPPscher Prägung die Heldengestalt ebensogut auch weiblichen Geschlechts sein kann. Allerdings kommt es dann zu strukturellen Veränderungen, deren Sinn sich erst erschließt, wenn man die vorerwähnte kontrapunktische Verschiebung berücksichtigt.

Das Märchen vom Eisenofen

Die Brüder GRIMM erzählen in einem ihrer Märchen[10] von einer Königstochter, die im dichten Wald den Weg heim zum Schloß des Vaters verloren hat. Umherirrend stößt das Mädchen auf einen eisernen Ofen, aus dem die Stimme eines verwunschenen Prinzen zu ihr spricht.

Der Eisenofen ist offenbar eine männliche Parallele zu Dornenhecke und Glassarg. Auch hinter der coolen Geste unerschütterbarer Männlichkeit, hinter dem noch aus Trickster-Zeiten in die Adoleszenz geretteten eisernen Charakterpanzer verbirgt sich die Verletzlichkeit unausgereifter Gefühle – die Seele Woody Allens im Trenchcoat Humphrey Bogarts, sozusagen.

Die Stimme aus dem Eisenofen bietet der Königstochter einen Handel an: Wenn sie ihm die Heirat verspreche, sagt der Prinz, werde er ihr den Weg nach Hause weisen. Eine einleuchtende Verknüpfung, wie es auf den ersten Blick scheint: Das Lebenselixier für Iwans siechen Vater mußte schließlich auch im Garten der Jungfrau Zar geholt werden. Die Liebesbegegnung, so hatten wir gesagt, macht frei für die Rückbindung an die Wurzeln der eigenen Identität.

Und trotzdem stimmt hier etwas nicht: Die Reihenfolge ist vertauscht. Man verabredet, daß die Jungfrau zum Vater zurückkehrt, um ein Messer zu holen; mit dem solle sie dann ein Loch in den Eisenofen kratzen und den Prinzen befreien. Die Rückkehr (↓) soll vorweggenommen werden, bevor die Heldin irgendeine Leistung erbracht hat.

Das geht dann auch prompt schief: Die wohlbehalten heimgekehrte Prinzessin macht den Fehler, dem Vater die ganze Geschichte zu erzählen. Dieser erschrickt sehr; seine Tochter erscheint ihm noch zu jung für ein solches Abenteuer, womit er offenbar nicht ganz unrecht hat. Er hält sie zurück und schickt zunächst zwei Falsifikate: die bild-

---

[10] SCHERF (1982), S. 97

hübsche Müllerstochter und dann die noch schönere Tochter des Schweinehirten. Aber diese beiden Mädchen stellen sich mit dem Messer viel zu dumm an und verraten auch durch ihr Geplapper ihre wahre Herkunft.

Auf nachdrückliche Drohungen des Prinzen hin macht sich erst jetzt die Königstochter selbst auf den Weg; und ihr gelingt es alsbald, ein Loch in den Ofen zu schaben. Zum Vorschein kommt ein wunderschöner Jüngling, der sie unverzüglich heiraten und mitnehmen will. Aber nochmals erbittet sie einen Besuch daheim beim Vater. Der Prinz gestattet ihr das nur unter der Auflage, nicht mehr als drei Worte mit dem Vater zu reden. Natürlich übertritt sie das Verbot, und als sie in den Wald zurückkehrt, sind Ofen und Prinz verschwunden.

Das ist die Flucht des Helden (↓), aus der Perspektive der Heldin gesehen. Umgekehrt, in *seiner* Geschichte, fällt all ihr halbherziges Agieren in den Zeitabschnitt ihres Dauerschlafs. Dieser Schlaf ist also nicht ganz so unschuldig: Die Psychoanalytiker würden von einer »infantilen Fixierung« sprechen. Die Heldin findet ihre übernommene Identität durchaus in Ordnung; sie hängt so an ihren familiären Wurzeln, daß sie davor zurückschreckt, die Hingabeschwelle zu überschreiten. Man gewinnt den Eindruck, daß hier uraltes Säugetiererbe durchschlägt, wo das Haften an der Herkunftsgruppe ja ein prädominant weibliches Merkmal ist. Daß der Held die Jungfrau Zar nach der Brautnacht wieder verläßt, darf ihm also doch nicht allzu arg angekreidet werden. Er geht unter anderem eben auch deshalb, weil man mit einer Braut, die immer nur schläft und, wie wir nun hinzufügen dürfen, dabei ständig vom Vater träumt, wirklich nicht viel anfangen kann.

Nach den auf Seite 601 zitierten Befunden der Arbeitsgruppe um MARCIA scheint es nicht wenige Frauen zu geben, die es bei diesem Stadium bewenden lassen und auch gut damit zurechtkommen. Der Mythos findet sich mit solcher Genügsamkeit aber nicht ab. Er erhebt die *erarbeitete* Identität auch für den weiblichen Helden zum Reifekriterium.

Kaum nämlich ist der Eisenofen verschwunden, wandelt sich der Verhaltensstil der Königstochter; sie wacht gleichsam auf. Ohne noch einen Blick zurück zum Schloß des Vaters zu werfen, begibt sie sich jetzt entschlossen auf ihre Suchwanderung. Wir erkennen von hier an genau die übliche Abfolge des PROPPschen Zaubermärchens: das Fehlelement **A** in Gestalt des verschwundenen Prinzen, den freien Entschluß zum Aufbruch **C**, den tatsächlichen Auszug ↑. Sie muß auf ihrer weiten Reise Sonne, Mond und Sterne passieren, also den Raum Giordano BRUNOs durchmessen, sie trifft auf böse Geister, Hexen, Menschenfresser, obskure »Schenker«-Gestalten (**Sch**) also, bei denen sie Reifeproben (**H**) besteht und dafür Zaubermittel (**Z**) erwirbt, geschlechtstypische zwar wie zum Beispiel Spinn-Utensilien, aber keine ominösen, giftigen mehr, sondern solche aus purem Gold, also zur Reife gelangte. Mit Hilfe der Zaubermittel gelangt sie in das Reich des Prinzen (**W**) und überwindet dort gefährliche Hindernisse, darunter einen gläsernen Berg und einen Wall aus scharfen Schwertern (**K-S**).

Von dieser Stelle an nimmt ihre Geschichte dann abermals eine andere Wendung als das Märchen mit männlicher Heldengestalt. Wir müssen den Faden hier unterbrechen und zunächst die Erzählung von der Jungfrau Zar zuende analysieren.

Der falsche Held

Im Schlußabschnitt dieser Erzählung, auf Seite 534, stößt man unerwartet auf ein retardierendes Moment: Der von Iwan gerettete Dimitrij vergilt die gute Tat mit schnödem Undank, stiehlt dem jüngeren Bruder das Lebenselixier und läßt sich daheim als Held feiern. PROPP führt aus, daß die Zaubermärchen an dieser Stelle gern gewissermaßen noch einen zweiten Anlauf nehmen; unter Umständen spielt sich jetzt, natürlich mit variierten Figuren, die Strophe **AC↑SchHZW** noch einmal in ihrer ganzen Länge ab. In unserem Märchen ist sie auf ihren Prägnanzkern, das Schadenselement **A**, zusammengezogen: Iwan verliert das Lebenselixier.

PROPP nennt die Figur, die in unserem Märchen durch den Schadensstifter Dimitrij verkörpert wird, den »falschen Helden«. Während der wahre Held inkognito zu Hause eintrifft (»unerkannte Rückkehr«, **X**), meldet der falsche »unrechtmäßige Ansprüche« (**U**) an. Damit ist das Stichwort für den Rest der Märchenhandlung gefallen. Sie kreist von nun an bis zum Schluß um das Problem der *Echtheit*.

Mit der Abkoppelung von der ersten, unreflektiert an den Eltern orientierten Identität wird der Jugendliche frei, neue Identitäten durchzuspielen. An sich ist das positiv; es ermöglicht ihm, seine Potentiale auszuloten. Jetzt kommt ihm erstmals in den Sinn, daß es eigentlich gar nicht zu ihm passen würde, die Zahnarztpraxis des Vaters zu übernehmen; genau betrachtet würde er viel lieber Architekt werden oder überhaupt gleich Schreiner. Und es geht beileibe nicht nur um den Beruf, sondern um mehr: um Charakter, Lebensstil und Weltsicht. Er probiert jetzt in verwirrendem Wechsel viele Vorbilder durch, gerät dabei vielleicht auch unter bedenklichen Einfluß; aber wenn alles gut geht, trifft er letztlich doch auf die Ideale, in denen er sich wiedererkennen kann.

Nur – solange das alles im Fluß ist, solange er sich noch nicht gefunden hat, ist er seiner selbst auch noch nicht sicher. Und die Versuchung ist groß, sich bei der Begegnung mit dem anderen Geschlecht eben aus dieser Unsicherheit heraus in wohlfeiler Pose zu präsentieren, Klischees zu kopieren und Rollen zu spielen, die man nicht durchhalten kann. Er zweifelt eben, ob er akzeptiert würde, wenn er sich gäbe, wie er wirklich ist, denn er weiß ja noch nicht, was da zum Vorschein käme, und ob er selbst es billigen könnte.

So kommt es, daß sich zunächst ein falscher Held vor den echten drängt. Adressat des Täuschungsmanövers ist nicht nur die Jungfrau Zar, sondern zuvor erst einmal auch der eigene Vater tief unten an der eigenen Wurzel. Die Schau wird nicht nur vor der Partnerin abgezogen, sondern man glaubt sie sich auch selbst. Man geht daran, das falsche Reis auf den Stamm der eigenen Identität zu pfropfen. IBSEN hat dafür den Begriff der »Lebenslüge« geprägt.

Die Lebenslüge sich selbst gegenüber ist viel gefährlicher als das Imponiergehabe vor der Partnerin. Der Vater allein würde den falschen Dimitrij nie durchschauen; die Jungfrau Zar entlarvt ihn sofort. Sie läßt die beiden älteren Brüder schinden und davonjagen. »Überführung« (Ü) und »Bestrafung des falschen Helden« (St) heißt dieser Handlungsteil bei PROPP.

Das bedeutet letztlich aber auch, daß das Angebot der Partnerschaft die Chance des Echtwerdens einschließt: Die Braut erkennt (E) den wahren Helden, entweder an der früher zugefügten »Markierung« oder, dramatischer, weil der Held erneut einen Leistungsnachweis wie seinerzeit vor den Toren der heiligen Stadt erbringt. Diesmal ist die Bewährungsprobe aber kein Kampf mehr, sondern regelmäßig vom Typus »Problem-Lösung« (P-Lö).

In unserem Märchen ist dieser Aspekt nur schwach angedeutet, allerdings weist er, psychologisch sehr feinsinnig, genau auf das Wesentliche: Iwan erscheint, im Kontrast zu den aufgeputzten Brüdern, in schäbigem Aufzug vor dem Vater, und er geht nicht auf dem konventionellen Wege, sondern durch Pfützen und Unrat zum Schiff seiner Braut. Er tut das genaue Gegenteil von jemandem, der darauf aus ist, nach Äußerlichkeiten beurteilt zu werden; aber genau daran erkennt ihn die Jungfrau Zar. Wir erinnern uns hier an das Märchen vom Eisenofen: Auch dort hatte der Vater ja zunächst zwei »falsche Heldinnen« zum eingeschlossenen Prinzen geschickt, deren blendende Schönheit das Märchen ausdrücklich vermerkt; solche Äußerlichkeiten reichen aber nicht aus, um den Prinzen zu täuschen.

Spontan, aufrichtig und streitbar

Wir haben vorhin die Frage aufgeworfen, wie sich der dunkle und der helle Tropfen in der Einheit des Tao die figurale Selbständigkeit erhalten können, konkreter gesagt, wie die partnerschaftliche Vertrautheit auf die Dauer davor bewahrt werden kann, in Symbiose oder Überdruß unterzugehen.

Daß das kein hypothetisches oder akademisches Gefahrenszenario ist, lehrt uns wiederum die Bildnerei der Geisteskranken. In der nachfolgend abgebildeten Darstellung einer Liebesszene durch eine psychotische Künstlerin, wo in der Komposition unverkennbar das Motiv von Yin und Yang anklingt, spürt man unmittelbar, daß die Ich-Grenzen vor allem des männlichen Partners, im Grunde aber beider Beteiligter, die Belastung dieser Begegnung nicht aushalten können. Die Notmaßnahme, durch Augenmasken Distanz aufrechtzuerhalten, ist natürlich dysfunktionell; die Patientin findet sie nach eigenem Bekunden schrecklich und würde sie am liebsten wegreißen, ohne daß ihr dies indessen gestalterisch gelingt.

Drohende Auflösung der Grenze zwischen Yin und Yang. Liebesszene zweier maskierter Gestalten, dargestellt von einer schizophrenen Künstlerin.

Gewiß, die Bindungskatastrophe, die sich in solchen Bildnereien niederschlägt, ist im Normbereich psychischer Gesundheit nicht zu befürchten. Aber wenigstens der Tendenz nach kann sich das, was hier in pathologischer Steigerung offenbar wird, auch dort ereignen. Damit stellt sich die Frage nach dem rechten Weg, dem Tao also, um eine Beziehung vor dieser Art »Wärmetod« zu bewahren.

Nach der Annahme des Zürcher Modells verschieben sich in der Adoleszenz die Sollwerte für Sicherheit und Erregung so, daß die häusliche Nestwärme nicht mehr ertragen wird und ein drängendes Verlangen nach der Begegnung mit dem Fremden aufkommt. So läßt sich in der Tat erklären, wieso der Mensch, wie der Jahwist es ausdrückt,

»Vater und Mutter verläßt und seinem Weibe anhängt«, vielleicht auch noch, warum sie »ein Leib werden«. Das Problem ist aber, wieso sie es auch *bleiben.* Die ständige Intimität sollte die Partner doch alsbald so aneinander gewöhnen wie an die Mitglieder ihrer Herkunftsfamilien, und dann wäre zu erwarten, daß das Spiel von neuem losgeht: Sie müßten einander überdrüssig werden und ruhelos von Fremdem zu Fremdem wandern. Selbst wenn sich der Autonomieanspruch gemäß der Kurve auf Seite 524 nach Eintritt in die reproduktive Phase auf einen weniger extremen Wert reduziert, sodaß ein gewisses Maß an Sicherheit auch wieder toleriert, ja benötigt wird, müßte man doch postulieren, daß der ständige Umgang den Rest an Fremdheit in absehbarer Zeit aufzehrt und die Beziehung in gähnender Langeweile untergeht.

Das zentrale Problem langdauernder Partnerschaft ist also ohne Zweifel, wie man die *Erregungs-Homöostase* aufrechterhält. Erregungshunger nährt sich von Neuheit, aber gleich echter Nahrung wird diese dabei aufgebraucht. Es bedarf eines *ständigen* Nachschubs an Entropie, um das Erregungspotential nicht zusammenbrechen zu lassen. Und wenn diese Notlage nicht zu unaufhörlichem Partnerwechsel führen soll, bleibt logisch nur der Ausweg, daß der Partner selbst eine lebendige Quelle immer wieder neuer Reize sein muß. Damit sind wir dem *ersten* Geheimnis der Balance von Yin und Yang auf der Spur: Es heißt *Kreativität* und *Spontaneität.*

Das hat nur wenig mit dem Intelligenzquotienten und schon gar nichts mit dem Bildungsgrad zu tun, eher schon mit dem, was der Volksmund »Mutterwitz« nennt. Worauf es ankommt, ist in erster Linie *emotionale* Spontaneität, Eigenständigkeit in der Weise, wie man die Welt und seine Mitmenschen erlebt und mit ihnen umgeht.

Diese Art von Spontaneität aber, sagt das Märchen, kann nur auf dem Boden der *Ehrlichkeit* gedeihen. Das ist das *zweite* Geheimnis des Tao. Die unaufrichtige Selbstdarstellung in Gestalt des falschen Helden, die Selbstvergewaltigung dem Anderen zuliebe oder aus Angst vor ihm, verschüttet die Quellen der kreativen Kommunikation. Die Seele erstirbt dann unter der Schablone, die Wellen der Erregung glätten sich unter einer tödlichen Eisdecke, die ständig erneuerte Auseinandersetzung weicht der nichts mehr riskierenden Routine genormter Handgriffe am Fließband des Ehealltags.

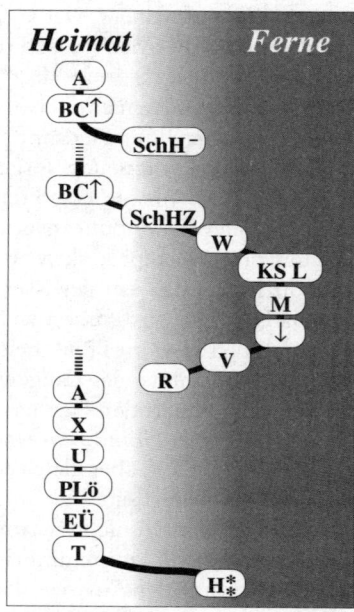

Die Struktur des Märchens von der Jungfrau Zar in der Signatur von
PROPP. *Ordinate: Zeit (von oben nach unten). Abszisse: Raum (zwi-*
schen den Polen der Heimat und des fernen Wohnsitzes der Partnerin).

Andererseits: Wo eine Beziehung um Ehrlichkeit ringt, dort können
Spannungen nicht ausbleiben. Die Synchronisation spontaner Wünsche muß, wenn keiner der Partner vorzeitig resigniert und dadurch
Verrat an sich selbst übt, ständig erneut zu Turbulenzen führen. Das
dritte Geheimnis des Tao ist die Bereitschaft zur *Auseinandersetzung.*
Familientherapeuten wissen schon lange, daß Aggression, wenn auch
nicht in destruktiver Form, geradezu das Ferment erfolgreicher Ehen
ist: *Dies* ist der wahre Kern des oft mißverstandenen Wortes von Konrad LORENZ, die Blüte der Liebe wachse auf dem ruppigen Ast der
Aggression[11].

---

[11] LORENZ (1963)

Es gibt ein Stadium, in dem wohl keiner Partnerschaft auch heftigere, wirklich belastende Auseinandersetzungen erspart bleiben: die Phase des Überganges von der ersten Liebeswallung zur tragfähigen Bindung. Irgendwann nach den Flitterwochen kommt die Stunde der Wahrheit: »Du bist nicht mehr der Mensch, den ich geliebt habe!« »Wie kann sich jemand so ändern!« In Wirklichkeit hat sich der Andere überhaupt nicht geändert. Er war immer so, aber der Partner ist aus einer Illusion erwacht. Jetzt haben sich die Verhältnisse soweit entwickelt, daß man Farbe bekennen muß: Die Jungfrau Zar bombardiert die Stadt, und es ist ihr ernst mit der Zerstörung, wenn nicht endlich der echte Iwan Zarewitsch zum Vorschein kommt.

In unserem Märchen geht diese Krise gut aus: Iwan gibt sich zu erkennen, die wahre Identität ist gefunden. PROPP spricht hier von *Transfiguration* (T): Der Froschkönig verwandelt sich in einen schönen Jüngling, oder der Held wird mit einem prächtigen Gewand bekleidet, oder aus seiner einfachen Hütte wird ein wunderbares Schloß. In der neuen Gestalt vollzieht er den *Hieros Gamos* (H$^*_*$): Er heiratet die Jungfrau und besteigt den Thron – nunmehr auch mit dem Vater versöhnt, aber in tragfähiger innerer Distanz zu ihm.

Die Phasenverschiebung

Aus der Perspektive der *weiblichen* Heldengestalt, wie sie sich etwa im Märchen vom Eisenofen darstellt, stoßen wir auf dieselben Handlungselemente. Nur bringt es die vorhin schon erwähnte Phasenverschiebung mit sich, daß der Handlungskomplex XU – »unerkannte Ankunft« und »unrechtmäßige Ansprüche des falschen Helden« – hier an einer anderen, früheren Stelle der Sequenz stehen. Auf die Möglichkeit dieser eigentümlichen Verlagerung hat PROPP schon aufmerksam gemacht[12], ohne sie erklären zu können.

Die Königstochter, soweit waren wir oben auf Seite 625 gekommen, ist nach vielerlei Fährnissen schließlich am Schloß ihres Prinzen angelangt (W). Dieser aber hat sie vergessen; er ist gerade im Begriff, eine

---

[12] PROPP (1975), S. 104

falsche Braut zu heiraten (**U**). Die Heldin verdingt sich unerkannt als Küchenmagd (**X**) und verschafft sich mit ihren Zaubermitteln die Gelegenheit, drei Nächte in der Kammer des Geliebten zu verbringen. Die beiden ersten Anläufe mißlingen, da die falsche Braut dem Prinzen einen Schlaftrunk verabreichen läßt – ein männliches Rudiment des Dornröschenmotivs. Aber beim dritten Mal bleibt er wach, und sie kann ihm die Geschichte von der Erlösung und der langen Suchwanderung erzählen. Jetzt erkennt er sie (**E**) und entsagt der falschen Braut.

Unverzüglich folgt die Flucht (↓); aber diesmal, aus der Sicht der Heldin also, fliehen beide *gemeinsam*, zurück über den gefährlichen Hindernisweg mit den Schwertern und dem gläsernen Berg, bis hin zu dem Waldhaus, an dem sie sich einst ihre Zaubermittel verdient hatte. Dieses hat sich inzwischen in das Schloß des Prinzen verwandelt (**T**), und dort findet dann die Vermählung statt (**H✳**). Das Märchen vergißt nicht zu erwähnen, daß sogar der alte Vater der Braut ein Austragsstübchen in dem Schloß erhält.

Die nachfolgende Abbildung zeigt, wie sich die Geschichten des Helden und der Heldin kontrapunktisch ineinanderfügen. Es erleichtert den Überblick, wenn wir die Handlung in fünf Sequenzen gliedern. Deren erste steht im Zeichen der Problemstellung (**A**) und vergeblicher Anläufe (**SchH⁻**). Auf der männlichen Seite wird vom Versagen der beiden älteren Brüder am Kreuzweg berichtet. Auf der weiblichen gehören hierher die Ereignisse, die den Todesschlaf der Prinzessin herbeiführen (**AB↑**). In der Geschichte vom Eisenofen, bei der anstelle des Schlafes die Verirrung im Wald steht, fügt sich daran auch noch eine negative Schenker-Episode mit dem Prinzen selbst in der Funktion des »Schenkers«: Die Prinzessin ist nicht in der Lage, sein Schweigegebot einzuhalten.

Während die Heldin noch in ihre vergeblichen Bemühungen verstrickt ist, bricht der Held bereits zum Erfolg auf. Damit beginnt die II. Sequenz. Sie leitet die Phasenverschiebung ein, in der sich widerspiegelt, daß die Initiative der Werbung in der Regel vom Mann ausgeht. Dieser Handlungsteil kulminiert in der gegenseitigen Markierung (**M**), die auch in der weiblichen Heldengeschichte an dieser Stelle zu erkennen ist; das Loch, das sie in den Eisenofen schabt, entspricht ja dem, das er in einigen Versionen seiner Geschichte in ihre Leinenhülle schneidet. Handlungslogisch erfolgt die Markierung in ihrer Biographie also zu früh; vielleicht schildert das Märchen deshalb vor allem ihn bzw. seinen Eisenpanzer als Objekt der Markierung, obwohl wir ja psychologisch Grund zu der Annahme haben, daß es sich hier um einen reziproken Vorgang handelt.

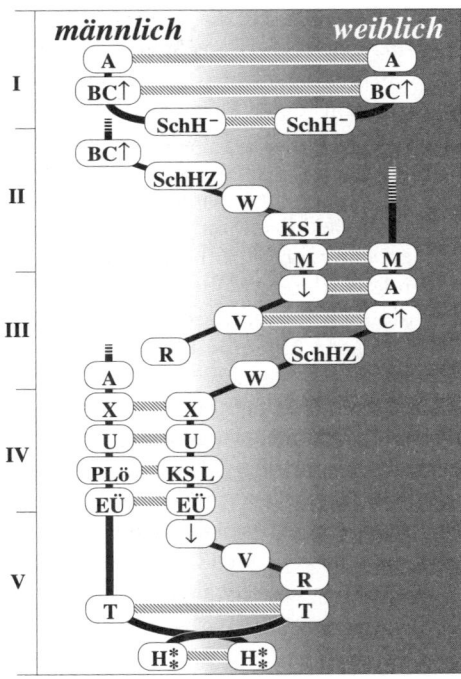

Struktureller Vergleich der Märchen von der Jungfrau Zar (linker Handlungsstrang) und vom Eisenofen (rechter Handlungsstrang). Abszisse: Raumdimension, aufgespannt zwischen den Heimatregionen des Helden und der Heldin. Korrespondierende Elemente in beiden Erzählhandlungen sind mit einem horizontalen (also zeitsynchronen) Balken verbunden. Die römischen Ziffern links bezeichnen die im Text unterschiedenen Handlungssequenzen.

Sequenz III setzt mit der Flucht des Helden ein; bei der Heldin entspricht dem der bewußt werdende Mangel (**A**) und die anschließende Suchwanderung, die nun, phasenverschoben, die Abenteuer des Helden nachholt. Wenn sie dabei ihre Schenkerepisode (**SchHZ**) letztlich positiv absolviert, so steht das nicht im Widerspruch dazu, daß er, in seiner Version, vor der Verfolgerin gerettet wird (**R**); denn diese Errettung ist nur vorläufig und hindert die Jungfrau Zar nicht daran, nach einigen Jahren schließlich doch Iwans Stadt zu finden.

Während der IV. Sequenz verlaufen die beiden Ereignisstränge erstmals handlungskongruent. Beide Partner erliegen hier zunächst einer Illusion: Sie müssen dem falschen Helden weichen (**U**) – den brüderlichen Usurpatoren bzw. der falschen Braut. Ihr wahres Wesen bleibt noch verborgen (**X**). Unter heftigen emotionalen Erschütterungen stoßen aber schließlich beide zu ihrer wahren Identität durch (**EÜ**).

In der letzten Sequenz schließlich holt die weibliche Heldengestalt die noch ausstehende Rückkehr (↓) nach. Aber es ist nicht mehr der Partner, vor dem sie fliehen müßte, sondern nur noch dessen »Heimat«, seine übernommene, infantile Identität. Er selbst begleitet sie auf ihrer Flucht. Am Ziele angekommen, erkennt sie, daß es *sein* Schloß ist. Ihm wiederum erscheint es so, als ziehe er mit seiner Braut in *deren* Reich, das »Reich unter der Sonne«. Der Ort, an dem sie sich treffen, liegt jenseits ihrer beider Heimat, er liegt, von jedem aus betrachtet, beim Anderen. Er liegt in einer paradoxen Mitte.

Und diese Mitte ist genau dieselbe wie die, die die Kippfigur von Yin und Yang in einem schwebenden Gleichgewicht hält. Was alle diese Symbole meinen, ist die immerwährende Synthese von Fremdheit und Vertrautheit, von Sicherheit und Erregung: das Geheimnis des Tao.

Gliederung des Zaubermärchens nach PROPP (III)

M

- **Eine Markierung findet statt**

  Der Held wird markiert:

  – an seinem Körper wird ein Kennzeichen angebracht
  – er erleidet eine Verletzung
  – ihm wird ein Gegenstand (z. B. Ring, Tuch) ausgehändigt

  Der Held markiert seinerseits den (gegengeschlechtlichen) **Partner:**

  – er hinterläßt seine Anschrift
  – er schneidet ein Loch in die Hülle der Braut

  ↓

- **Der Held tritt die Rückkehr an**

V

- **Der Held wird verfolgt**

  – Der Verfolger zieht oder fliegt dem Helden nach
  – er verlangt die Auslieferung des Helden
  – er sucht ihn durch Verlockung aufzuhalten
  – er bringt ihn in Lebensgefahr

R

- **Der Held entkommt dem Verfolger**

  – er flieht
  – er verbirgt sich
  – er hält den Verfolger durch Hindernisse auf
  – er tarnt sich oder macht sich unkenntlich
  – er entkommt den Anschlägen auf sein Leben

X

- **Der Held gelangt unerkannt an sein Ziel**

  – er kommt nach Hause
  – er kommt in ein fremdes Land

U

- **Der falsche Held stellt unrechtmäßige Ansprüche**

P

● **Der Held wird vor eine schwierige Aufgabe gestellt**

- er soll eine Unmenge essen oder trinken
- eine Feuerprobe bestehen
- etwas erraten
- eine richtige Wahl treffen
- etwas herbeischaffen oder herstellen
- Körperkraft, Geschick und Mut beweisen
- Ausdauer und Geduld beweisen

Lö

● **Der Held löst die schwierige Aufgabe**

E

● **Die Identität des Helden wird erkannt**

- an seiner Markierung
- daran, daß er die schwere Aufgabe löst
- durch unmittelbares Wiedererkennen

Ü

● **Der falsche Held wird überführt**

- ihm fehlt die Markierung
- er vermag die Aufgabe nicht zu lösen
- er verrät sich durch falsches Verhalten

T

● **Der Held unterliegt einer Transfiguration**

- er nimmt eine neue Gestalt an
- er legt neue Kleider an
- er baut oder erhält ein wunderbares Schloß

St

● **Der falsche Held wird bestraft**

- er wird getötet
- er wird gezüchtigt
- er begeht Selbstmord
- (negativ:) er wird begnadigt

H**

● **Das Paar heiratet und besteigt den Thron**

19. Kapitel

Ödipus der Held

Wie alt ist Ödipus?

Es mag verwunderlich erscheinen, wenn in einem Buch über psychologische Mythendeutung bis jetzt jener Text ausgeklammert blieb, der in der Literatur zu diesem Thema wohl die prominenteste Rolle gespielt hat: die Geschichte von Ödipus, der seinen Vater erschlug, seine Mutter heiratete und sich anschließend selbst blendete. Wir haben sie vorausgehend nur negativ gewürdigt, indem wir feststellten, daß sie wenig mit jener Entwicklungsphase zu tun hat, die FREUD die »ödipale« genannt hat.

Nun ist freilich zweifelhaft, ob man hier überhaupt von einem *Mythos* reden kann in dem Sinne, den wir diesem Begriff auf Seite 53 unterlegt haben. Daß es sich beim Ödipus-Thema um ein weltweit verbreitetes Produkt der *kollektiven* Menschheitsphantasie handle, wird jedenfalls kaum jemand behaupten können. Von einer ursprünglich *mündlichen* Überlieferung ist zwar auszugehen; es gibt Autoren, die dem Stoff ein Alter von über 3000 Jahren zubilligen. Das Problem ist nur, daß wir nicht wissen, worin diese Überlieferung bestand. Die dramaturgischen Bearbeitungen, auf die wir uns heute stützen müssen, entstammen der poetischen Phantasie namhafter Dichterpersönlichkeiten, und bei denen weiß man nie, wieweit sie sich an mythische Vorbilder gehalten oder diese kreativ umgestaltet haben.

Werfen wir einen Blick auf die Quellenlage[1]. Die bekannteste und reichhaltigste Dramatisierung des Stoffes stammt von SOPHOKLES. Von früheren Texten sind nur einige Fragmente und Kommentare überliefert. Die älteste Spur findet sich in der HOMERischen *Ilias*. Alle diese Versionen weichen im Inhalt teilweise erheblich voneinander ab. Nach einem EURIPIDES-Kommentar war gar nicht Laios, sondern der Sonnengott Helios der Vater des Ödipus. Es gibt Traditionen, die das Orakel nur den Vatermord, nicht aber die Mutterehe vorhersagen lassen. Andere scheinen zu meinen, daß Ödipus seine Mutter nicht geheiratet, sondern zusammen mit Laios erschlagen habe. Bei HOMER noch blieb die Mutterehe kurz und kinderlos, und Ödipus kam ruhmreich in einer Schlacht ums Leben; von einer Selbstblendung ist hier keine Rede. Schließlich gibt es auch Quellen, die von späteren Wiederverheiratungen des Ödipus berichten.

Eigentlich hat erst SOPHOKLES den Inzest wirklich zum tragischen Mittelpunkt der Handlung erhoben. Auf diese Version bezieht sich Sigmund FREUD, und auch wir wollen nachfolgend von ihr ausgehen. FREUD hat das sophokleische Drama wie einen Mythos behandelt, ohne dazu allerdings eine extensive Deutung vorzulegen. Immerhin lassen seine Äußerungen, schon in der »Traumdeutung«[2], keinen Zweifel aufkommen, daß er in diesem Stoff eine Botschaft sieht, die uns das Altertum »zur Unterstützung der Erkenntnis« überliefert habe, daß »Verliebtheit gegen den einen, Haß gegen den anderen Elternteil« eine schicksalsentscheidende Rolle »in der Seele der meisten Kinder« spielen.

Abgesehen von dem Einwand, daß das Ödipus-Thema bei einer so fundamentalen psychogenetischen Verankerung weltweit verbreitet sein müßte, erwachsen gravierende Bedenken vor allem aus den Analysen, die wir im dritten Teil dieses Buches durchgeführt haben. Sie lassen als mythische Reflexion des Affektkonfliktes im späten Vorschulalter doch eher das Motiv der *Trennung von Himmel und Erde* erscheinen. Ihrer Struktur nach ist die Ödipus-Erzählung nun aber gewiß kein Trennungsmythos. Es geht bei ihr nicht um die Ursünde des zerrissenen Elternmediums und die damit verbundene Strafe des geschlechtlichen Einseitigwerdens.

---

[1] ROBERT (1915) [2] FREUD (1900), S. 221f

Wovon aber handelt sie dann? Daß wir mit einer positiven Antwort auf diese Frage bis jetzt warten mußten, hat einen einfachen Grund: Erst jetzt sind die Hilfsmittel zusammengestellt, die uns zu zeigen erlauben, was die Tragödie des Ödipus wirklich ist – nämlich eine psychodynamische Phantasie, die ihren Bezugsrahmen in der mythischen *Heldengestalt des Zaubermärchens* findet. Alle Handlungselemente des sophokleischen Dramas kennen wir vom Heldenmythos her, so etwa die Suchwanderung, den Drachenkampf und einen, wenn auch pervertierten, *Hieros Gamos*.

Ödipus mit den Attributen eines tricksterhaften Wanderers (Hut und Stab) vor der Sphinx. Griechisch, 5. Jhdt. v. Chr.

Allenfalls wäre noch an das Trickstermotiv zu denken; es gibt mehrere antike Darstellungen, die Ödipus bei der Sphinx als Wanderer mit Schlapphut und Bambusstab zeigen. Aber wir wissen ja, daß der Held gerade bei der Lösung schwieriger Aufgaben immer wieder auf sein Tricksterpotential zurückgreift. Das allein macht ihn noch nicht zum Bruder Susano'os und Wakdjunkagas. Schon die tragische Atmosphäre, in die die Handlung eingebettet ist, verbietet eine solche Interpretation. Und auch wo man im Detail genauer hinsieht, werden die

Unterschiede offenkundig. So ist beispielsweise die Wanderung, zu der Ödipus aufbricht, alles andere als ein planloses Streunen: Sie richtet sich auf ein *Ziel*, nämlich die Identitätsfindung, und das wird letztenendes ja auch erreicht.

Ist Ödipus aber eine Heldengestalt gleich Iwan Zarewitsch, so wäre sein Schicksal aus dem Erlebnismaterial des Fünfjährigen überhaupt nicht nachbildbar, jedenfalls dann nicht, wenn unsere ontogenetische Datierung des mythischen Helden zu Recht besteht und dieser wirklich die Adoleszenzthematik rekapituliert. Ob das zutrifft, läßt sich aber empirisch prüfen. Man muß dazu untersuchen, wie *Kinder* Zaubermärchen auffassen. Da ihnen die Probleme des Jugendalters noch fremd sind, sollten sich bei ihnen ja ganz charakteristische Mißverständnisse, Umdeutungen, Weglassungen oder sinnwidrige Zusätze finden.

Nun gilt freilich auch von der Ödipustragödie, daß ihre Struktur von der des prototypischen Zaubermärchens abweicht. Das ist an sich nicht weiter verwunderlich. Nur der kollektive Mythos spannt einen allgemeingültigen Affektraum auf; die individuelle Dichterphantasie trägt eher Spezialfälle in dieses Koordinatensystem ein. Wir werden aber alsbald feststellen, daß die Abweichungen vom PROPPschen Schema, die uns beim Ödipusstoff begegnen, überhaupt nicht mit denen vergleichbar sind, die *Kinder* am Zaubermärchen anbringen.

Kindermärchen

Volkskundler haben schon seit der Romantik von den eigentlichen Zaubermärchen, die sich primär an erwachsene Zuhörer wenden, noch eine Klasse von Geschichten unterschieden, die man eher Kindern erzählt hat. Diese weisen gewisse inhaltliche Besonderheiten auf; vor allem haben sie typischerweise noch nicht die *sekundäre Bindung* und die Suche nach der *Identität* zum Thema[3].

Daraus kann man schon gewisse Schlüsse ziehen. Noch besser ist es aber, wenn man die Passung zwischen Märchenthematik und kind-

---

[3] SCHERF (1986), S. 176f

lichem Erlebnisspektrum direkt untersucht: Man läßt Kinder selbst Geschichten erfinden, unter Bedingungen, die dazu einladen, inhaltlich den Zaubermärchen möglichst nahe zu kommen. Solche Studien sind schon mehrfach durchgeführt worden, die bislang wohl gründlichste dieser Art stammt von der Theaterwissenschaftlerin Kristin WARDETZKY[4]. Diese Arbeit ist für uns insofern besonders interessant, als sie sich ausdrücklich an der Signatur von PROPP orientiert, sodaß wir sie also unmittelbar mit unserem Material vergleichen können.

Versuchspersonen waren Kinder im Alter zwischen 8 und 10 Jahren. Ihnen wurden, gewissermaßen zur Initialzündung, Satzanfänge vorgegeben, die von einem neutralen »*Es war einmal*...« bis zu konkreten Konfliktsituationen reichten, etwa von der Art »*Es war einmal ein Kind, das spielte am Ufer eines Sees. Plötzlich wurde es blaß vor Schreck, denn Wellen kamen auf, das Wasser schäumte* ...«.

Nicht alles, was die Kinder auf solche Anregungen hin produzierten, ließ sich als »Märchen« werten. Es kam vor allem darauf an, ob eine ganz besondere, eben märchenhafte *Erzählatmosphäre* getroffen war. Hierfür mußte die Handlung eine Art freischwebender Unabhängigkeit von der Realität bewahren, Raum und Zeit unermeßlich und unscharf erscheinen, die alltägliche Kausalität außer Kraft gesetzt, der Inhalt wunderbar sein. Die Geschichten sollten von vornherein keinen Anspruch auf Glaubwürdigkeit erheben und möglichst von phantastischen Wesen, von Zauber und Wundern berichten. Etwa drei Viertel der produzierten Geschichten genügten diesen Kriterien, das ergab ein Material von immerhin 1155 verwertbaren Texten, zu etwa gleichen Teilen von Mädchen und Jungen verfaßt.

Gleich den Zaubermärchen kreisten diese Geschichten um einen initial eintretenden Mangel A. Hier zeigte sich aber auch bereits der erste Unterschied: Betroffen waren nämlich nicht Vater oder Volk, sondern die Heldenfigur selbst, und zwar handelte es sich regelmäßig um das Thema der freiwilligen oder gewaltsamen *Trennung von den Eltern*, um Bedrohung der Bindungssicherheit, Isolation, Verlust des »Nestes«. Der Mangel und der Auszug von daheim (↑) stehen also in einer ganz anderen Beziehung als beim Zaubermärchen: Ihre Kausalrelation kehrt sich um.

---

[4] WARDETZKY (1992)

Daraus ergibt sich ebenfalls eine Art Suchwanderung; das Ziel ist aber nicht die Ferne, sondern gerade umgekehrt die verlorengegangene Geborgenheit, die man mit allen Mitteln wiedererlangen möchte. In etwa zwei Dritteln der von WARDETZKY gesammelten Märchen findet die Hauptfigur dann auch in der Tat nach überstandenen Gefahren ins Elternhaus zurück[5].

Auch der Held des Zaubermärchens kehrt freilich wieder heim; aber in gereifter Identität und insofern als ein anderer. Davon ist bei den Geschichten, die die Kinder erzählen, nichts zu spüren. Es gibt hier keinen falschen Doppelgänger, der durch seine Gegenhandlung ein neues Problem aufwirft; die Funktionen von XU bis zu St fehlen daher ausnahmslos in allen von Kindern erfundenen Märchen[6]. Niemals kehrt die Hauptfigur unerkannt zu den Eltern zurück; sie muß daher auch nicht durch Zusatzproben ihre wahre Identität beweisen. Ohne alle Umschweife vereinigt sie sich stattdessen naiv, glücklich und triumphal wieder mit ihrer Familie, die als spannungs- und konfliktfreie, ewig glückliche Gemeinschaft verklärt wird. Wenn der Initialsatz einen irreparablen Familienkonflikt vorgibt, etwa eine böse Stiefmutter, dann wählen die Kinder den Ausweg, die Hauptfiguren draußen in der Welt auf eine alte Frau oder einen alten Mann stoßen zu lassen, die fortan als Elternersatz fungieren.

Es ist nur folgerichtig, daß in diesen Märchen auch das Element des Lebenselixiers L fehlt. Die Kinder »liquidieren« zwar den »Mangel«, indem sie die familiäre Geborgenheit wiederherstellen. Aber eine Heilung des Vaters erübrigt sich, er war ja gar nicht erkrankt. Daher kommt die Heldenfigur meist mit leeren Händen zurück; selten nur bringt sie auch noch Schätze mit, die dann aber keine weitere Funktion haben. Der Gipfel der Glückseligkeit ist die Überwindung der Trennung selbst.

Gleichwohl kann auch die Begegnung mit einem Partner schon Thema sein, vor allem bei den Mädchen. Diese Neubindung wird dann aber bezeichnenderweise noch nicht als Antithese zu der primären Elternbindung begriffen, im Gegenteil: Das Glück der Liebenden ist erst vollständig, wenn sie sich auch noch mit den Eltern vereint haben. Die unbedingte Sicherheit der Familie und die verheißungsvolle Ah-

---

[5] WARDETZKY (1992), S. 146   [6] ebd., S. 139

nung einer neuen Partnerschaft sind, wie WARDETZKY sich ausdrückt, in der Bedürfnisstruktur der kindlichen Erzähler noch untrennbar verbunden.

Hören wir dazu eine der von der Autorin mitgeteilten Geschichten. Sie stammt von einem zehnjährigen Mädchen. Der vorgegebene Eröffnungstext ist kursiv abgesetzt; die eigentliche Geschichte folgt im Wortlaut der Wiedergabe durch WARDETZKY[7].

Es war einmal ein junger Bursche und ein Mädchen, die hatten einander sehr lieb. Aber ihre Eltern konnten es nicht sehen, wenn sie beieinanderstanden. Da machten sie sich eines Nachts heimlich auf und davon ... Das Mädchen und der Bursche finden im Wald ein verlassenes Häuschen, das sie sich als Wohnung einrichten. Im Herbst – inzwischen ist ein Sohn geboren – warnt der Apfelbaum: 'Wenn ihr meine Äpfel eßt, so kommt ihr in ein Land, wo ein böser Zauber herrscht. Hütet euch also!' Der kleine Sohn mißachtet die Warnung und wird, gemeinsam mit seiner Mutter (!), vom Wind ins Land des Zauberers gebracht. Der Apfelbaum erzählt dem verzweifelten Burschen davon. Auch er ißt einen Apfel, wird vom Wirbelsturm erfaßt und steht vor dem Zauberer. Der gibt ihm ein Schwert und fordert ihn zum Kampf. Lange dauert der Kampf, doch dann stolpert der Zauberer, und der Bursche stößt zu. Es donnert laut, und die Liebenden fallen sich nicht etwa, wie man erwarten müßte, in die Arme, sondern: »Es donnerte laut, und das Mädchen und der Bursche und ihr Sohn standen vor ihrem Elternhaus. Sie gingen hinein und freuten sich, daß ihre Eltern ihnen nicht mehr böse waren. So lebten sie bis an ihr Lebensende.«

Zu diesem Grundtenor paßt, daß sich der Held auf seiner Suchwanderung durchaus von einem Mitglied der Primärfamilie begleiten lassen kann, oder daß aus dem Liebespaar, das der Initialsatz vorgibt, im Laufe der Geschichte unversehens Bruder und Schwester werden, die am Schluß wieder nach Hause heimkehren.

Aus der Perspektive des Tricksters

Bei dem von WARDETZKY vorgelegten Material muß man in Rechnung stellen, daß die kindlichen Erzähler, denen die Produktion von Zaubermärchen abverlangt wird, sich ja eigentlich in einem Alter

---

[7] WARDETZKY (1992), S. 148

befinden, dessen Thematik durch *Trickster*geschichten wiedergegeben wird. Dieser Umstand läßt deutliche Geschlechtsunterschiede erwarten.

Tatsächlich finden sich tricksterhafte Züge gehäuft in den Geschichten der *Jungen*. Vor allem die Sequenz K-S, die im eigentlichen Zaubermärchen der Liquidation des Mangels unmittelbar vorausgeht und insofern eine entscheidende Bewährungsprobe des Helden darstellt, wird von diesen gern als Überlistungsszene gestaltet von der Art, wie wir sie von Susano'o kennen, oder auch als Variante der Walfischmythe, verblüffend deutlich etwa in der folgenden Schilderung eines zehnjährigen Jungen[8]:

»... Der schmale Pfad zum Drachen war voller Leichen verstreut. Als er ankam, überfiel ihn der Drache von hinten. Kuno schlug ihm seine acht Köpfe ab, aber der neunte Kopf verschlang Kuno. Dort saß Kuno. Durch ein paar Erkundungen stellte er fest, daß der Drache ein Weibchen war. Im Leib des Drachen saß er und schlief ein. Er schlief 13 Stunden, 32 Minuten und 18 Sekunden. Bei der 19. Sekunde gab es einen lauten Krach nach unten. Durch den Krach wachte Kuno auf. Um ihn war alles weiß. Er verspürte eine unheimliche Wärme. Auf einmal machte es Knack, und noch einmal Knack, und er erblickte das Licht der Welt wieder. Er war mit Hilfe eines Dracheneis wieder ans Licht der Welt gekommen...«

Der spielerische Umgang mit der Angst, ein typisches Trickstermerkmal, zeigt sich vor allem in der Gestaltung der *Fluchtszenen*. Wie wir schon auf Seite 509 feststellten, ist Flucht beim Trickster eher eine inventive Bewältigungsstrategie. Dazu paßt die Weise, wie sie von WARDETZKYs Versuchskindern gestaltet wird, und zwar gleichermaßen von Jungen und Mädchen. Sie hat hier überhaupt keinen panischen Unterton, wirkt eher mutwillig, wie bei dem Hasen von Seite 493, der mit dem Walfischungeheuer regelrecht Fangen spielt. Weglaufen ist im Kindesalter ja nichts Beschämendes, sondern ein Erweis von Pfiffigkeit: Eine gelungene Flucht beweist, daß man der Gefahr gewachsen und dem Widersacher überlegen war, er steht als der Dumme mit leeren Händen da.

Dasselbe gilt übrigens in gleicher Weise für die in der volkskundlichen Literatur tradierten Kindermärchen[9]. Hier gehört es zum Spiel,

---

[8] WARDETZKY (1992), S. 107   [9] SCHERF (1987), S. 152

ständig die Angst vor dem Dämon zu provozieren, davonzurennen, sobald er zur Jagd auf sein Opfer ansetzt, und ihn auszulachen, wenn man ihm entkommen ist. Mit der von PROPP beschriebenen Funktionengruppe ↓VR darf man das, wie WARDETZKY richtig vermerkt, keineswegs verwechseln.

Die »Wilden Kerle« als Kumpane. Sie neutralisieren die Angst, indem sie dem Jungen freundlich begegnen und zugleich seine Feinde einschüchtern.

Ein eskapistisches Angstmanagement zeigt sich auch darin, wie mit *Ungeheuern* umgegangen wird. Oft erweisen sich diese bei näherem Zusehen als harmlos, ja als Freund. »Der Erfinder solcher Gestalten«, sagt WARDETZKY[10], »führt sich gleichsam selbst an der Nase herum. Er steigert sich lustvoll in die Angst hinein, um sich dann selbst daraus zu erlösen.« Vor allem den Mädchen diene dies als probates Mittel, den drohenden Konflikt in Harmlosigkeit abzubiegen. Bei den Jungen gewinne man eher den Eindruck, als stecke dahinter »der Wunsch nach dem starken Freund, dessen bedrohliche Erscheinung die beste Garantie für Schutz und Sicherheit ist, der gleichzeitig aber

---

[10] WARDETZKY (1992), S. 111

auch in seine ›Aura‹ die Hauptfigur einbeschließt und damit erhöht.«

Dem Umstand, daß die Erzähler sich noch selbst im Tricksteralter befinden, ist es wohl auch zuzuschreiben, wenn die meisten kindlichen Märchen das Herzstück **H** der *Schenkerszene* aussparen. Eine Schenkerfigur **Sch** mag schon vorkommen, aber der Held muß sich bei ihr das Zaubermittel **Z** nicht eigens verdienen. Die Kinder »behandeln das Zaubermittel so, als stünde es der Hauptfigur zu wie die Luft zum Atmen«[11]. WARDETZKY nennt die Schenkerepisode in den kindlichen Erzählungen daher ein »stumpfes Motiv«, ein bloßes »Intermezzo«. Das würde sich stimmig in unsere Deutung fügen, daß der *Held* die Probe beim Schenker zwar mit den Waffen des Tricksters bewältigt, beim Einsatz dieser Waffen aber Gefühlssicherheit unter Beweis stellen muß und für den Fall, daß er sich in der Wahl der Mittel vergreift, negative Konsequenzen zu gewärtigen hat. Für den *Trickster* selbst besteht diese Verbindlichkeit nicht; er darf noch ungestraft ausprobieren, was er will; wenn es nicht zum Erfolg führt, so ist das auch weiter keine Katastrophe.

Erotische Vorahnungen

Man wird kaum bezweifeln können, daß sich die Kinder mit dem Helden ihrer Geschichte identifizieren. Das hindert sie aber durchaus nicht, diesem auch einmal das *Gegengeschlecht* zuzuweisen. Zum Teil hängt das vom vorgegebenen Initialsatz der Geschichte ab. Spielt dieser auf Unterdrückung oder Angst an, dann bevorzugen Jungen wie Mädchen weibliche Helden. Geht es aber um Initiative und Abenteuer, lautet der Geschichtenanfang beispielsweise »*Es war einmal ein Mädchen/Junge, die/der war nun groß geworden. Da verabschiedete sie/er sich von den Eltern und zog hinaus in die Welt...*«, dann entscheiden sich beide Geschlechter eher für einen männlichen Handlungsträger. Mit anderen Worten: der »leidende« Held wird vorwiegend weiblich, der »suchende« männlich interpretiert[12].

---

[11] WARDETZKY (1992), S. 122   [12] ebd., S. 86

Der Identifikation tut das aber keinen Abbruch. Wenn Jungen, dem Aufforderungscharakter einer Vorgabe folgend, eine weibliche Hauptfigur wählen, so verhält sich diese nur am Anfang »leidend«, mausert sich aber bald zur Drachentöterin und benimmt sich in einer Weise, die Mädchen ihren Heldinnen nie zumuten würden. Sie ist dann, wie WARDETZKY feststellt, ein »männlicher Held in weiblicher Maske«. Die Mädchen hingegen lassen ausgesprochene Kampfszenen immer von männlichen Gestalten ausführen. Es gibt bei ihnen »keine schwertschwingende Jungfrau, die ein Ungeheuer tötet«[13].

Dem Verhaltensrepertoire subadulter Säugetierweibchen ist nun einmal, wie wir schon wiederholt festgestellt haben, nicht das unstillbare Verlangen nach vorehelicher Rumtreiberei mit Raufkumpanen eingepflanzt. Sie bleiben lieber zu Hause und warten auf den Märchenprinzen. Damit fangen sie nun aber, wie WARDETZKYs Material erkennen läßt, schon erstaunlich früh an. Wenn in den Geschichten Verführer auftreten, ein Wassermann etwa oder ein geheimnisvolles Pferd mit grüner Mähne, die die Hauptfigur zum Mitgehen auffordern, so kann man sicher sein, daß ein Mädchen die Autorin ist. Allerdings traut die Hauptfigur dem Braten dann doch nicht so recht, erinnert sich an die Mutter und will wieder zu ihr zurück. Der Vater spielt hier, im Unterschied zum weiblichen Heldenmythos, als Hemmfaktor keine Rolle[14].

Für die Jungen ist die Liebe noch kein Thema; in den Märchen der Mädchen gehört sie hingegen zu den stärksten Anregern der Phantasie. WARDETZKY spricht geradezu von der »poetischen Virtuosität«, mit der Mädchen erotische Symbolik anklingen lassen, so subtil, daß man beinahe an ihrer Naivität zweifeln und eine geheime Ahnung, ein »Vorwissen« vermuten möchte.[15] Auch hierzu sei ein Beispiel angeführt. Autorin ist ein neunjähriges Mädchen[16]; vorgegeben war in diesem Fall nur die Formel »*Es war einmal*«. Die eingeklammerten Rufzeichen stammen, wie schon bei den vorangehend zitierten Geschichten, von WARDETZKY.

---

[13] WARDETZKY (1992), S. 128   [14] ebd., S. 97   [15] ebd., S. 137
[16] ebd., S. 138

Es war einmal ein Mädchen, das war sechs Jahre alt, ihre Eltern waren reich und mächtig. »Einmal, da war sie allein zu Hause, und keiner wollte mit ihr spielen. Das war langweilig! Ihr kam die Idee, in den Wald zu gehen. An einem Stollen kam sie vorbei, und plötzlich zog ein großer Sturm auf, und sie fürchtete sich sehr. Sie sah in den wolkenbedeckten Himmel. Da blitzte es, und sie fiel hin. Als sie wieder aufwachte, sah sie nichts mehr. Sie war blind. Sie klagte und weinte. ›Oh, wie werde ich nun nach Hause finden, die wilden Tiere werden mich fressen.‹ Ein Holzfäller hört ihre Stimme und nimmt sie zu sich. Sie wächst bei ihm auf, bis sie 16 Jahre alt ist. Da kommt ein junger Prinz in den Wald zur Jagd. Er verirrt sich und fällt vom Pferd. »Er schrie. Adela und der Holzfäller hörten das und trugen ihn nach Hause. Sie pflegten ihn, und Adela bekam zwei Tropfen Blut auf den Arm. Als sie sich den Schweiß von der Stirn abwischte, liefen ihr die Tropfen in die Augen, doch ihr Blut und seines vertrugen sich nicht. Sie wirbelten alles auf (!). Zuerst dachte sie, sie muß sterben vor Schmerz (!). Doch auf einmal, da konnte sie sehen (!). Als der Prinz wieder auf den Beinen war, nahm er den Holzfäller und ernannte ihn zum königlichen Diener. Und Adela? Adela heiratete den Prinzen.«

Dieses Märchen ist insofern bemerkenswert, als es einen der seltenen Fälle darstellt, in denen sich das PROPPsche Element **M**, die *Markierung*, unübersehbar ankündigt. An sich ist die sekundäre Prägung in den Phantasien dieses Alters kein Thema. Der Akt des »Erkennens«, in dem man füreinander unverwechselbar wird, ist für das kindliche Gestaltungsvermögen noch unerreichbar. Nur eine Vorahnung davon klingt immerhin an: Die Phantasie der Kinder malt sich aus, wie sich die Liebenden begegnen und erstmals bildlich zur Kenntnis nehmen. Und an dieser Szene fällt nun auf, daß sie bei den *Mädchen* immer *vor* dem Zweikampf des Helden mit dem Ungeheuer liegt[17]. Der Held ist der Jungfrau bereits früher begegnet, mindestens hat er ihre Stimme schon vernommen oder ein Bild von ihr gezeigt bekommen. Bei den *Jungen* erreicht ihn lediglich die Kunde von irgendeiner Prinzessin in Not; wirklich zu sehen bekommt er die Schöne meistens erst *nach* dem Kampf und heiratet sie dann ohne Umschweife. Diese Geschlechtsasymmetrie erinnert unmittelbar an die Vorverlegung der Funktion **M**, die wir auf Seite 633 als typisch für die Handlungsfolge bei weiblicher Heldengestalt konstatiert haben.

Es verwundert nicht, daß auch der abschließende *Hieros Gamos* **H**⁑ das Mädchen stärker beschäftigt als den Jungen. Für den letzteren ist

---

[17] WARDETZKY (1992), S. 108

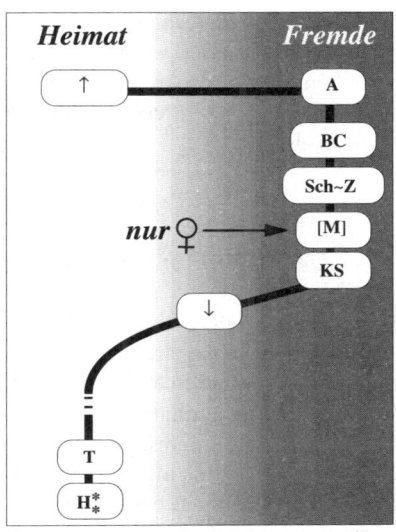

Die Struktur des Kindermärchens in der Signatur von PROPP. *Ordinate: Zeit (von oben nach unten). Abszisse: Raum (zwischen Heimat und Fremde). Der initiale Mangel (A) fällt mit dem Auszug des Helden (↑) zusammen. Die Suchwanderung hat nicht das Ziel, das Lebenselixier zu gewinnen, sondern die Heimat wiederzufinden.*

die Hochzeit nicht mehr als ein konventionelles Happy End. Die Rettung der Jungfrau dient ihm nur als willkommener Anlaß, sich zu profilieren. Ob ihn dabei das Mädchen überhaupt interessiert, bleibt offen. Es·kommt durchaus vor, daß sein Held nach siegreich bestandenem Kampf gar nicht mehr ans Heiraten denkt und· weiterzieht. Allenfalls erscheint am Ende der Geschichte per Zufall noch eine Prinzessin, »die kurzerhand geehelicht wird, damit der Topf seinen Deckel hat«[18]. In den Geschichten der Mädchen ist das anders: Zieht in ihren Märchen ein Jüngling aus, um die Jungfrau zu befreien, »so ist sein Motiv grundsätzlich Liebe«.

Sexualität ist kein Gegenstand der Kindergeschichten. Allerdings gilt für die Mädchen, daß Heirat für sie nahezu synonym mit *Kin-*

---

[18] WARDETZKY (1992), S. 153

derkriegen ist. Fast alle Mädchen vermerken eigens, daß die geschlossene Ehe mit Nachwuchs gesegnet wird, möglichst in Form eines gemischtgeschlechtlichen Zwillingspärchens mit beinahe identischen Namen. In den Märchen der Jungen fehlt der Verweis auf Nachkommenschaft so gut wie vollständig[19].

Der Beginn in Theben

Angesichts all dieser Variationen, deren Urheber ja immerhin schon eine nach FREUD als »post-ödipal« einzustufende Entwicklungshöhe erreicht haben, mag man beim besten Willen nicht mehr glauben, daß das Drama des Ödipus Phantasieinhalte eines gerade erst Fünfjährigen rekapituliert. Es weicht zwar auch seinerseits inhaltlich und strukturell vom typischen Heldenmythos ab, aber auf völlig andere Weise als die Kindermärchen. Der Formwandel beruht hier nicht auf *Unverständnis*, sondern auf einer *Störung*.

In der sophokleischen Tragödie fehlt keine einzige der PROPPschen Funktionen. Sie folgen auch alle in der richtigen Reihenfolge aufeinander – allerdings mit *einer*, wie sich zeigen wird, folgenschweren Ausnahme, die dann den gesamten Mythos pathologisch entgleisen läßt.

Wie wir im letzten Kapitel festgestellt haben, ordnet der Raum des Heldenmythos den Partnern zwei horizontal polarisierte Standorte zu: Er dehnt sich, aus der jeweiligen Perspektive betrachtet, zwischen *Heimat* und *Ferne*. Auch die Ödipus-Erzählung hat zwei räumliche Pole, die sich in diesem Fall geographisch identifizieren lassen: Es handelt sich um die Städte *Theben* und *Korinth*. Freilich ist dieses Bezugssystem hier, anders als beim klassischen Heldenmythos, semantisch ambivalent. Fürs erste merkt man davon aber noch nichts: Theben ist die Geburtsstadt und somit die Heimat des Ödipus; Laios und Jokaste, seine Eltern, herrschen dort als König und Königin.

Noch vor seiner Geburt prophezeit das Orakel, daß Ödipus den Vater erschlagen und die Mutter heiraten werde. Der Mythos setzt

---

[19] WARDETZKY (1992), S. 153

also mit der Verkündung drohenden Unheils ein, in PROPPscher Signatur mit dem Element **A**.

Strukturell betrachtet ist das der übliche Anfang des Zaubermärchens. Auf der Inhaltsebene begegnen wir hier aber bereits einer ersten Merkwürdigkeit. In der Regel läßt sich der Mangelzustand **A** als die Spannung vor einem fälligen Reifungsschritt deuten. Diese Spannung ist vorwärts gerichtet, weist in die Zukunft. Sie signalisiert vielleicht bevorstehende Konflikte, aber Konflikte, durch die man hindurch muß, um weiter zu kommen. Mit der Verkündigung des Orakels aber verhält es sich anders, wie man sogleich spürt, wenn man sie etwa mit der ungeduldigen Aufforderung des Vaters am Beginn des russischen Märchens von der Jungfrau Zar vergleicht. Die Spannung des Orakelspruchs weist gewissermaßen in die falsche Richtung, sie fördert nicht den Entwicklungsgang sondern stemmt sich ihm entgegen. Wenn es zutrifft, was das Orakel sagt, dann bliebe Ödipus besser ungeboren, zumindest inaktiv.

Die Tragödie führt ihn daher auch konsequent als *leidenden* Helden ein. Die Eltern entschließen sich, ihn auszusetzen (**B**). Dies geschieht gleich nach der Geburt, also in einem Zustand, in dem er überhaupt noch nicht fähig ist, das Geschehen durch einen aktiven Entschluß (**C**) mitzugestalten. Ein Hirte verbringt das Kind in eine unwirtliche Berglandschaft (↑). Dort wird es von einem Fremden gerettet, der es an den Hof des Königs Polybos von Korinth und seiner Gattin Merope bringt.

Man hat den Eindruck, daß die Erzählung an dieser Stelle zu einer Schenkerszene angesetzt hat: Der fremde Hirte, der das Kind rettet, würde bei PROPP durchaus noch unter die Kategorie **Z** (»Empfang eines Zaubermittels«) fallen; eine der zulässigen Varianten ist hier nämlich, daß sich ein Helfer anbietet, der den Helden sicher an seinen Bestimmungsort geleitet (**W**). Im Falle des Ödipus wäre der Königshof von Korinth dieser Bestimmungsort.

Aber eine richtige Schenkerszene ist es doch nicht, nur ein Rudiment davon, denn es fehlt der Kern: daß der Held auf eine Probe gestellt wird und sich darin bewährt (**H**). Das erinnert durchaus an die oben auf Seite 646 beschriebene Weise, wie das Kindermärchen mit der Schenkerszene umgeht. Das Alter des Helden stimmt eben nicht. Andere passive Helden, Schneewittchen etwa, sind immerhin alt genug, um sich bei den sieben Zwergen im Haushalt nützlich zu machen; Ödipus aber, der Säugling, kann nichts weiter tun, als alles über sich ergehen zu lassen.

Die ominöse Markierung

Von den genannten Vorbehalten abgesehen scheint sich die Handlung aber formal noch recht konventionell zu entwickeln; das Eröffnungsschema entspricht dem PROPPschen Normalverlauf.

Aber da ist noch eine weitere Episode, die man, durch vergleichende Betrachtung sensibilisiert, nicht mehr als belanglose Zutat übergehen wird: Die Eltern geben den Auftrag, die *Fußgelenke* des Kindes zu durchbohren. Hier mag unter Umständen das Bedürfnis mitgespielt haben, den Namen *Ödipus*, »Schwellfuß«, etymologisch zu rechtfertigen; aber wenn es nur darum gegangen wäre, so hätten noch tausenderlei andere Möglichkeiten hierfür offengestanden, und es wäre nicht nötig gewesen, die Struktur des Handlungsablaufs an dieser Stelle so auffällig zu durchbrechen.

Die Fußverletzung, an der Ödipus ja später wiedererkannt werden wird, kann nämlich kaum etwas anderes bedeuten als jenes Märchenelement, das PROPP als *Markierung* (**M**) bezeichnet. Und dieses Element steht hier nun an durchaus untypischer Stelle, nämlich noch bevor der Held den elterlichen Einflußbereich verläßt. Die initiale Sequenz des Ödipusmythos lautet demgemäß

$$\underline{\text{AB}}\underline{M} \uparrow \text{ZW.}$$

Damit haben wir ein *strukturelles* Äquivalent zur *inhaltlichen* Abnormität des Orakelspruchs geortet. Die Markierung steht im Märchen sonst immer für den Akt der Prägung auf den Geschlechtspartner, sie bindet an jemanden, der zuvor *fremd* war. Hier aber erfolgt sie in einem Kontext, der nur die Interpretation zuläßt, daß die Eltern genau diese Art von Prägung im voraus für sich selbst usurpieren.

Vom Inhalt her kommt gravierend hinzu, daß die Markierung in diesem Fall die Bewegungsfreiheit einschränkt, und zwar nicht nur in

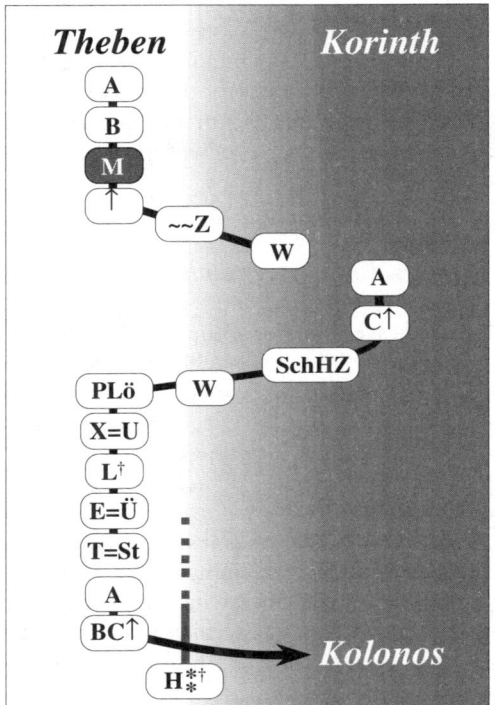

Die Struktur der Ödipus-Tragödie in der Signatur von PROPP. *Ordina-te: Zeit (von oben nach unten). Abszisse: Raum (zwischen der belaste-ten Heimat Theben und einer ambivalenten Alternative, die zunächst durch Korinth als zweite Heimat, dann durch Kolonos als das zu spät erreichte ferne Land repräsentiert wird).*

leichter Form wie im Märchen vom »Wasser des Lebens«, wo die abgeschlagene Ferse den Helden offenbar nicht an der Flucht hindert. Hier handelt es sich vielmehr um einen ganz massiven Defekt. Ähnliches ist uns bereits auf Seite 221 im Zusammenhang mit dem »Blut-egelkind« Hiruko des japanischen Stammelternpaares begegnet. Eine so schwere Verletzung des aufrechten Ganges macht es dem Kind unmöglich, sich aus der symbiotischen Abhängigkeit von den Eltern zu lösen – auch und gerade dann, wenn diese es, wie den Ödipus, gleichzeitig *verstoßen*. Gregory Bateson[20] hat eine solcherart ambivalente Haltung der Eltern »Doppelbindung« genannt und behauptet, daß dadurch der Ausbruch psychotischer Störungen befördert werden könne. Ob und wieweit das zutrifft, darüber sind die Akten noch nicht geschlossen; gesund ist es gewiß nicht.

Ein zweiter Anlauf

Der weitere Handlungsverlauf der Ödipus-Fabel, wie ihn vorwegnehmend die folgende Abbildung darstellt, läßt erkennen, daß durch den Fehlstart gewissermaßen der ganze Reifungsprozeß aus dem Rhythmus geworfen wird und nicht wieder richtig Tritt fassen kann. Man braucht ihn nur mit dem idealtypischen Verlauf in der Abbildung auf Seite 630 zu vergleichen.

Ödipus wächst bei den Pflegeeltern in Korinth zunächst scheinbar ganz normal heran, und es sieht so aus, als würde die Heldengeschichte von hier aus einfach noch einmal einen neuen und besseren Start nehmen. Als ihm Gerede über seine zweifelhafte Herkunft zu Ohren kommt, befragt auch er das Orakel und erhält dieselbe Auskunft wie zuvor schon seine leiblichen Eltern. Das Schadenselement **A** wird rekapituliert.

Jetzt aber ist er erwachsen genug, sich der Herausforderung aktiv zu stellen (**C**): Er zieht in die Fremde, um den Fluch des Orakels unwirksam zu machen. Dabei zeigt sich jedoch, daß keineswegs alles in Ordnung ist: Da Ödipus *auf der falschen Seite gestartet* ist, fehlt ihm die richtige Orientierung; die Fremde, in die er zu streben meint, ist seine Heimat!

Auf seiner Suchwanderung gerät er, wiederum scheinbar ganz normal, in eine Schenkerszene. Er begegnet nämlich an einem Kreuzweg einem herrschaftlichen Gespann und wird in einen Streit mit dem Wagenlenker verwickelt (**Sch**). In dem daraus resultierenden Handgemenge erschlägt er den vornehmen Reisenden (**H**) und nimmt ihm das Schwert und den Gürtel ab (**Z**). Daß der »Schenker« derart rüde

---

[20] Bateson et al. (1956)

behandelt wird, gehört bekanntlich zu den zulässigen Varianten dieser Sequenz. Der von Ödipus Erschlagene ist nun, wie man weiß, sein eigener Vater Laios. Was sonst im Zaubermärchen sinnlos wäre, erklärt sich hier ganz folgerichtig aus der Seitenumkehr der Suchwanderung. Die symbiotische Doppelbindung an die Eltern läßt dem Jüngling keine Möglichkeit, das Introjekt des Vaters als Basis der eigenen Identitätsfindung am Leben zu lassen.

Ödipus gelangt nach Theben. Das müssen wir als »Versetzung an den Bestimmungsort« (W) signieren; die Suchfahrt nach der »Stadt unter der Sonne« führt geradewegs in das unverarbeitet verdrängte, weil nie wirklich erfahrene Paradies der Kindheit. Daselbst begegnet er zunächst der Sphinx, einem in den ersten Überlieferungen des Mythos noch als »gestaltlos« bezeichneten, also medialen Ungeheuer, das die Stadt bedroht. Und wie es einem echten Helden geziemt, tritt er zum Kampf an und erringt den Sieg. Nach einigen bildlichen Darstellungen des Mythos hat er die Sphinx mit einem Dolch, einem Schwert, einer Lanze oder einer Keule eigenhändig niedergemacht.

Ödipus tötet die bereits wund am Boden liegende Sphinx mit einem Speer in Gegenwart von Apollo (rechts über der Sphinx).

655

SOPHOKLES zufolge hat er ein Rätsel gelöst, das sie jedem Vorbeiziehenden aufgab. Wir haben bereits auf Seite 567 gesehen, daß die beiden Varianten »Kampf«-»Sieg« und »Problem«-Lösung« an dieser Stelle funktionell gleichwertig sind. Es handelt sich auf jeden Fall um eine Angelegenheit auf Leben und Tod; denn wenn Ödipus die Antwort auf das Rätsel der Sphinx schuldig geblieben wäre, hätte diese ihn augenblicklich erwürgt und gefressen. Da er die Lösung aber wußte, zerfleischte sie sich selbst.

Die unheilige Vermählung

Nach dem Sieg wird Ödipus in der Stadt mit allen Ehren empfangen. Man ahnt nicht, wer er ist, also hätten wir nach PROPP »unerkannte Ankunft« (X) zu signieren. Diese Signatur allerdings setzt voraus, daß Theben nun auf einmal wieder die Rolle der *Heimatstadt* spielt; aber so ist es auch: Die Sequenz »Flucht«, »Verfolgung« und »Rettung« (↓VR), die den Helden aus der Ferne zurück in die Heimat führen sollte, *fehlt* hier, und das folgt zwingend aus der räumlichen Ambivalenz des Mythos; in Wirklichkeit sind Heimat und Fremde ja in einer unseligen Doppelbindung verschränkt.

Die Ambivalenz setzt sich nun sogleich noch in weitere Dimensionen hinein fort. Zur »unerkannten Ankunft« des Helden in Theben paßt nämlich schlecht seine königliche Ehrung. Diese pflegt in solchen Fällen dem *falschen* Helden zuteil zu werden, der ungerechtfertigte Ansprüche erhebt (U). In unserem Mythos ist aber von einem die Identität des Helden abfälschenden Nebenbuhler nicht die Rede, und das ist auch nicht nötig: Die Inversion der Entwicklungslinie bewirkt, daß *Ödipus selbst* zugleich in der Funktion des falschen Helden auftritt.

In dieser ambivalenten Position vermag er freilich den Mangel nicht zu liquidieren. Zwar vermählt er sich mit der Königin, aber sie ist seine eigene Mutter, und statt des Lebenselixiers bringt er so die Pest über sein Volk (L†). Er wird, unter anderem an der Markierung seiner Wundmale, erkannt (E) beziehungsweise, was wegen seiner Ambivalenz hier dasselbe ist, überführt (Ü). Die läuternde Transfiguration

(T) und die Bestrafung des Falschen Helden (St) fließen zur Selbstblendung zusammen. Im Anschluß an diese Katastrophe geht Ödipus nach Kolonos ins Exil, jedenfalls in der sophokleischen Version. Wieweit hier die volksmythologische Basis reicht, ist unsicher; strukturell stünde an sich in der Tat das versäumte Element der fluchtartigen Rückkehr ($\downarrow$) noch aus. Aber natürlich ist die Vertreibung ins Exil keine »Rückkehr«; eher schon könnte man hier einen dritten Aufbruch von der Form ABC $\uparrow$ erkennen. Ödipus ist offenbar, dem Sisyphos ähnlich, dazu verdammt, immer erneut zur Reifung Anlauf zu nehmen und auf das initiale Unheil zurückzufallen; es ist für den Handlungsverlauf charakteristisch, daß die Klimax, jenseits derer das Element $\downarrow$ sinnvoll werden könnte, nie erreicht wird!

Bleibt noch der Selbstmord der Jokaste. Er ist parallel zu dem der Brünhild zu sehen, von dem auf Seite 56 die Rede war. Auch dort hatte die Schuld Gunthers ja darin bestanden, die Braut in falscher Identität zu erobern. Wenn Brünhild Sigfrid töten läßt, so ist das nach der Logik des Heldenmythos also nichts anderes als die Bestrafung des falschen Helden, vergleichbar der Blendung des Ödipus. Ihr eigener Freitod aber, und ebenso der der Jokaste, läßt bei vergleichend-struktureller Betrachtung nur eine Deutung zu: Es ist die Inversion des *Hieros Gamos* (H$_*^{*\dagger}$) und damit der eigentliche *tragische Höhepunkt der Geschichte.*

Die Botschaft des Orakels

Soviel also zur Strukturanalyse der Ödipustragödie. Es kam vor allem darauf an zu zeigen, daß diese Erzählung nicht das ist, wofür FREUD sie gehalten hat, nämlich das Gleichnis einer *normalen* seelischen Entwicklung. Stattdessen bietet sie aber eine recht gute Illustration für den Spezialfall, den FERENCZI im Sinn hatte, als er vom Schicksal des »unwillkommenen Kindes« redete[21].

Am Beginn der Handlung steht ein destruktiver Akt der Eltern: Ödi-

---

[21] FERENCZI (1929)

pus wird mit durchbohrten Füßen, mitten im Winter, an einem öden Berghang ausgesetzt. Wenn wir diese Szene aus der Perspektive des Helden sehen, so ist hier die Verfassung eines Kindes gezeichnet, das vergeblich die Liebe seiner Eltern ersehnt, sich von deren Gefühlskälte zurückgestoßen fühlt und daher, durch einen Akt der »Identifikation mit dem Aggressor«, in eine umso intensivere Gebundenheit ihnen gegenüber gerät. In dieser Bindung fühlt man sich nicht geborgen, nur abhängig. Sie geht mit Entfremdung einher und ist daher nicht fähig, Erregung zu dämpfen; zugleich ist sie auch dagegen gefeit, später in einer kräftigen Überdruß-Reaktion überwunden werden zu können.

Was die Eltern eigentlich dazu veranlaßt, dem Kinde die Liebe vorzuenthalten, bleibt offen. Der Mythos macht dafür das Orakel verantwortlich. Wenn wir aber konsequent die Perspektive des Helden beibehalten, so sagt das Orakel nicht primär etwas über die Eltern aus, sondern vielmehr darüber, wie das Kind selbst deren Haltung erlebt – natürlich nicht auf rationaler, sondern auf emotionaler Erkenntnisebene. Die Aussage des Mythos würde dann lauten: Das Kind gibt sich selbst, genauer gesagt, seinem Wunsch, sich zwischen die Eltern zu schieben, die Schuld an deren Kälte.

Wir haben im 8. Kapitel wiederholt festgestellt, daß die Entwicklungsaufgabe der von FREUD »ödipal« genannten Lebensphase, die Trennung der Elternprinzipien, als Schuld erfahren wird. Wenn die Eltern vernünftig und dem Kind zugetan sind, werden sie sich so verhalten, daß es diesen Schuldaffekt verarbeiten und wie eine harmlose Kinderkrankheit überstehen kann. In einer Konstellation aber, in der die Eltern – übrigens aus objektiv meist ganz anderen Gründen – dem Kinde wirklich feindselig oder abweisend begegnen, wird das Kind diese Haltung unweigerlich auf sich beziehen und als Strafe für seine versuchte Ursünde empfinden. Die »ödipale« Schuld erhält dann einen Grad von psychischer Realität und Intensität, der das Seelenleben nachhaltig in Unordnung bringen kann.

Die Kindertherapeutin Liselotte ARNOLD-CAREY berichtet[22] von einem fünfjährigen Mädchen, das wegen hartnäckiger Verleugnung ihres Geschlechts und besorgniserregender Destruktivität in ihre

---

[22] ARNOLD-CAREY (1972), S. 50, 78, 145

Sprechstunde kam. Sie war im Alter von dreieinhalb Jahren allein mit ihrer Mutter in der Küche gewesen, als diese tot umfiel. In der Omnipotenzphantasie dieses Alters hatte sie sich den Effekt offenbar selbst zugeschrieben, und das war mehr, als sie verkraften konnte. »Warum willst du uns töten«, rufen Rangi und Papa Tane zu. Aber dafür genügt als Anlaß schon, daß er sie auseinanderschiebt; der Lauf der Natur sieht nicht vor, daß sie ernst machen und *wirklich* sterben. Und es ist auch schon zuviel, wenn sie in diesem Alter, aus welchen Gründen immer, dem Kind mit echter Hostilität begegnen.

Die Einsamkeit

Der kleine Ödipus hat noch längst nicht die Reife, den Konflikt aus eigener Kraft zu verarbeiten. Ihm bleibt nur der Weg, die Spannungen unaufgelöst zu vergessen. Er gleitet von Theben nach Korinth; seine Eltern wandeln ihre Identität – Laios wird zu Polybos, Jokaste zu Merope. Vielleicht hat sich im realen Leben zum entsprechenden Zeitpunkt wirklich etwas an der Einstellung der Eltern geändert, aus äußerlichen Gründen, oder auch weil der Knabe Entwicklungsschritte gemacht hat, die es ihnen erleichtern, ihn zu akzeptieren, vielleicht schließlich auch umgekehrt, weil er aus seiner neuen Entwicklungsphase heraus ihre objektiv unveränderte Haltung anders und besser zu nehmen versteht.

Von dieser neuen Startplattform aus gelingt es ihm nun doch, einen hinreichend kräftigen Autonomieanspruch aufzubauen; was an Urvertrauen fehlt, wird durch Akklimatisation ersetzt, und auch die Hormone tun das ihrige.

Daß ihm wenigstens ein reaktiv nach oben akklimatisierter Autonomieanspruch bleibt, ein *Not-Ich*, wie ich dies an anderer Stelle[23] genannt habe, verdankt er paradoxerweise der Verstoßung durch die Eltern. Hätten sie ihm nur die Füße durchbohrt, ohne ihn aus ihrer kontrollierenden Obhut zu entlassen, so wäre ihm das Schicksal des »Blutegelkindes« Hiruko zuteil geworden, das, als es mit drei Jahren immer noch nicht gehen konnte, in seinem uterinen Schiffchen schließlich geradewegs in den Rachen der Todesgöttin treiben mußte.

Ödipus aber gelingt es, äußerlich unauffällig, sich von der malignen Doppelbindung an das Elternhaus zu lösen und ins Leben einzutreten. Er bewältigt die Bewährungsproben der sozialen Kompetenz im Alltag – nicht durch mitmenschliche Wärme und gute Umgangsformen, sondern eher grantig und aggressiv; aber auch das ist, wie wir wissen, eine zulässige Variante der Bewährung in der Schenkerszene. In seinem Fall kommt allerdings hinzu, daß die zuweilen unverständliche Schroffheit, um deretwillen der junge Mann von seiner Umgebung gefürchtet und gemieden wird, eigentlich dem verdrängten Vaterbild gilt. Mit scheinbar ganz bedeutungslosen Bemerkungen oder Handlungen kann man bei ihm unverständliche Empfindlichkeiten auslösen. Einer Variante der Ödipus-Sage zufolge wurde der Streit am Kreuzweg dadurch ausgelöst, daß der Wagenlenker des Laios dem Wanderer Ödipus über den Fuß fuhr: Man hat in Wirklichkeit an die vernarbten, aber nie ausgeheilten frühkindlichen Wunden gerührt; aber das kann man nicht wissen, nicht einmal er selbst weiß es.

Immerhin schlägt er sich auf diese Weise durchs Leben, und meist findet so ein Rauhbein auch eine Frau, die sich für ihn interessiert. Sie zu erobern, macht ihm keine Probleme; sein Not-Ich ist ein kräftiger Panzer. Die Sphinx, eine späte Inkarnation der Urflut Tiâmat, erledigt er im Handumdrehen: Das letzte, was er fürchten müßte, wäre, sich in die Partnerschaft so vertrauensselig zu verlieren, daß irgendein gestaltloser Mutter-Drache ihn verschlingen könnte.

Die wirklichen Schwierigkeiten liegen gerade am anderen Extrem: Sie machen sich bemerkbar, wenn er dann eben doch auch in eine tragfähige, dauerhafte *Bindung* an die Partnerin eintreten soll. Nach dem Zeugnis des Mythos kann er in der Partnerschaft nicht seine wahre Identität finden. Wir wissen aus dem normalen Verlauf des Zaubermärchens, was jetzt fällig wäre: Er müßte für Vater und Volk das Lebenselixier heimbringen. Die versöhnende Wiederanbindung an das Elternintrojekt im Urvertrauen kann aber nicht gelingen; denn um sie zu vollziehen, müßte die Tür zu jenem Keller aufgetan werden, in dem Iwan Zarewitsch die Gaben seines Großvaters aufbewahrte. Für Ödipus ist dieser Keller damals, beim Auszug von Theben nach Korinth, dauerhaft verschlossen worden, und aus gutem Grund. Jetzt, beim

---

Eintritt in die Partnerschaft, bleibt ihm nichts übrig, als den »Gang zu den Müttern« anzutreten; aber bei diesem Gang schlägt ihm Leichengeruch entgegen. Statt des Lebenswassers fällt die Pest auf Theben. In dieser Situation ist es unmöglich, zu sich selbst zu finden. Das, was man für seine eigene Identität hält, ist ein Gemenge von Wahrheit und Selbstbetrug, Ahnung und Verleugnung, eine neurotische Verwachsung des wahren und des falschen Helden.

In der Begegnung mit der Frau brechen alle diese Unstimmigkeiten auf: Der so lange verdrängte Konflikt wird manifest. Worin er sich offenbart, ist unwichtig; die mythische Überlieferung legt sich da nicht fest. HOMER berichtet von Ödipus lediglich, daß er fortan »Schmerzen erduldend« weiterlebte; bei SOPHOKLES blendet er sich selbst. Psychoanalytiker sind geneigt, die Blendung als Kastration zu deuten; wenn wir das im Sinne der Ethologie als »psychische Kastration« verstehen, können wir dieser Interpretation zustimmen. Unser unglücklicher Held beklagt in der Beziehung zu seiner Partnerin sexuelles Desinteresse, vielleicht gar Potenzstörungen und Anorgasmie. Aber im Grunde ist die Art des Symptoms belanglos; entscheidend ist, daß mit seinem Ausbruch die neurotische Lebenslüge nicht nur bestraft (St), sondern zugleich auch im Ansatz überwunden wird: Die Wahrheit, so häßlich und bedrohlich sie auch sein mag, bricht durch (T).

Und damit kommt auch ans Licht, daß die Liebe auf Täuschung gebaut ist. Die Partnerin wird nicht so wahrgenommen, wie sie wirklich ist, sondern sie reaktiviert immer nur die nie erfüllten Liebeserwartungen an die eigene Mutter. Jede Beziehung ist eine Vermählung mit Jokaste. Was er bei seiner Partnerin sucht, macht dieser Angst, was er ihr gegenüber empfindet, gibt sich als Haß, Rache, Scham und Überdruß zu erkennen. Seine Liebe zerstört sich selbst; Jokaste erhängt sich.

Die Erfüllung in der Zweieinigkeit von Yin und Yang kann sich nicht vollziehen; der Held bleibt einsam. Vielleicht hat er eine Ehe geschlossen; aber die besteht dann nur der äußeren Form nach, Sinn und Erfüllung bleiben ihr versagt. Er lebt neben einer für ihn seelisch unerreichbaren Frau wortlos und unerlöst dahin; in allem, was die Wiederbelebung des Urvertrauens anbelangt, ist seine Partnerin so gut wie tot.

Der weitere Verlauf ist ungewiß. Nach SOPHOKLES bricht Ödipus zu neuer Wanderschaft auf, die nach vielerlei Leiden und Entsagungen in Kolonos zur Läuterung führt. Aber hier verliert sich der mythische Gehalt vollends in der individuellen Phantasie des Tragödiendichters, sodaß es müßig ist, den Faden weiterzuspinnen.

Strukturanalyse der Ödipus-Tragödie

A	Schädigung, Mangel	Das Orakel prophezeit den Vatermord und die Hochzeit mit der Mutter.
B	Vermittlung	Die Aussetzung des Kindes wird befohlen.
M	Markierung	Dem Kind werden die Füße durchstochen.
↑	Auszug des Helden	Das Kind wird ausgesetzt.
Z	Empfang eines Zaubermittels	Der Hirte erbarmt sich und verschont das Leben des Kindes.
W	Versetzung an den Bestimmungsort	Ödipus gelangt nach Korinth.
A	Schädigung, Mangel	Erneuter Orakelspruch.
C	Einsetzende Gegenhandlung	Ödipus beschließt, dem Schicksal zu entgehen.
↑	Auszug des Helden	Ödipus verläßt Korinth.
Sch	Begegnung mit dem Schenker	Laios will Ödipus den Weg nicht freigeben.
H	Reaktion des Helden	Ödipus erschlägt Laios.
Z	Empfang eines Zaubermittels	Ödipus nimmt dem Laios Schwert und Gürtel ab.
W	Versetzung an den Bestimmungsort	Ödipus gelangt nach Theben.
K,P	Bewährungsprobe	Die Sphinx gibt Ödipus ein Rätsel auf.
S,Lö	Sieg, Lösung	Ödipus löst das Rätsel bzw. tötet die Sphinx.
X	Unerkannte Ankunft ⎤	Ödipus kehrt unerkannt an seinen
U	Unrechtmäß. Anspruch ⎦	Geburtsort zurück und heiratet seine Mutter.
L†	Aufhebung des Schadens (konträr)	Die Pest bricht über Theben herein.
E	Erkennung ⎤	Ödipus wird als Vatermörder
Ü	Überführung ⎦	und Gemahl der Mutter entlarvt.
T	Transfiguration ⎤	
St	Bestrafung ⎦	Ödipus blendet sich.
H⁎⁎†	Hochzeit und Thronbesteigung (kontr.)	Jokaste begeht Selbstmord und Ödipus verliert den Thron.
A	Schädigung, Mangel	Ödipus erkennt seine Schande.
B	Vermittlung	Ödipus wird des Landes verwiesen.
C	Einsetzende Gegenhandlung	Ödipus ist bereit, die Konsequenzen auf sich zu nehmen.
↑	Auszug des Helden	Ödipus verläßt Theben.

SECHSTER TEIL

Ideologischer Nachhall

Der Mythos hat heute, im Reizklima aufklärerischer Kritik verkümmert, seine Rolle als sinnstiftende Orientierungshilfe weitgehend ausgespielt. Seine ökologische Nische ist gleichwohl nicht leer geblieben. Längst haben sich darin primitivere, robustere, aggressivere Surrogatformen eingenistet, die mythisches Denken in bizarrer Gestalt kopieren – esoterische Heilslehren, Jugendsekten, fundamentalistischer Fanatismus und nicht zuletzt politische Ideologien. Ähnlich wie in biologischen Ökosystemen bleibt der Wechsel der Besiedlung dabei nicht ohne Folgen für den Lebensraum; die neuen Bewohner können Gifte absondern, fragile Gleichgewichte zerstören und ihr Biotop verderben. So verhält es sich auch mit den degenerativen Abkömmlingen der Mythen: Sie können im Kraftfeld der Affekte und Motive, von dem sie Besitz ergriffen haben, zerstörerische Entladungen auslösen. Es ist daher nur konsequent, wenn ein Buch über die Psychodynamik des Mythos abschließend auch auf einige seiner beunruhigenden Zerfallsprodukte zu sprechen kommt.

20. Kapitel

Revolution der Gestörten

Der naturalistische und der moralistische Trugschluß

Seit den Zeiten des Englischen Empirismus gilt in der Moralphilosophie die Maxime, daß die sogenannte »naturalistic fallacy«, der *naturalistische Trugschluß,* unzulässig sei. Dieser Ausdruck bezeichnet Syllogismen von der Form

Alle A *sind von Natur aus* B.
X ist ein A.
Also hat X *das Recht und die Pflicht,* B zu sein.

Charakteristisch für diese Argumentationsfigur ist, daß sie vom *Sein* auf das *Sollen* schließt, daß sie aus Tatsachenbehauptungen Wertsetzungen herleitet.

Ein aktuelles Beispiel wäre etwa das Verbot der Geburtenkontrolle mit der Begründung, die Sexualität diene natürlicherweise der Fortpflanzung.

Der Vorwurf des naturalistischen Trugschlusses richtet sich vor allem gegen die Naturrechtslehre. Im übrigen wird er meist als Waffe gegen die Biologie eingesetzt, der man nachzusagen pflegt, sie schlösse aus der Naturgegebenheit einer Neigung auf ihre Unschuld. Auf einige Vertreter dieses Faches mag das zutreffen. In Wirklichkeit ist der bean-

standete Irrtum aber am tiefsten bei jenen verwurzelt, die am laut-
stärksten gegen ihn Front machen. Sie kehren nur Obersatz und
Schlußsatz um und argumentieren wie folgt:

Alle A haben *das Recht und die Pflicht*, B zu sein.

X ist ein A.

Also kann X nicht *von Natur aus* non-B *sein*.

Hier leugnet man also die Naturgegebenheit eines Sachverhalts, weil
man fürchtet, daraus unerwünschte Normen ableiten zu müssen. Ich
nenne das den *moralistischen Trugschluß*.

Als Beispiel hierfür wäre die Angst anzuführen, mit der sich gegenwärtig
gewisse Richtungen des Feminismus dagegen sperren, auch nur die Möglichkeit zu erwägen, daß Geschlechtsunterschiede in Verhaltensstil und Erlebnisweise biologisch fundiert sein könnten. Offenbar erscheint jede *theoretische*
Konzession in diese Richtung unausweichlich mit der *moralischen* Konsequenz verknüpft, dann auch diskriminierende Rollenzuweisungen gutheißen
zu müssen.

Daß wir heute beide Schlußfiguren als unzulässig empfinden, ist eine
Spätfolge der Aufklärung. Solange die Menschheit mythisch dachte,
wußte sie noch nichts vom Einsturz der Brücke zwischen Sein und Sollen. Im urtümlichen Lebensgefühl dienten alle theoretischen Bemühungen des Menschen der Arbeit an dem, was wir im 17. Kapitel das
»Weltgerüst« genannt haben. Um diesem Standfestigkeit zu verleihen,
genügte aber nie allein nackte Sachkenntnis, aus der Hülse gelöste
Fakten, »profanes« Wissen, wie wir auf Seite 25 im Anschluß an ELIA-
DE sagten. Anspruch auf Realität konnte vielmehr nur erheben, was
in die erfühlten Sinnentwürfe und Handlungsregeln der Gruppe eingebettet war. Das Weltgerüst sollte die Lebensumstände von morgen
ja nicht um der reinen Theorie willen extrapolieren, sondern um
sicherzustellen, daß die Glieder einer Gemeinschaft nicht aus der Ordnung fallen. Das funktioniert nur, solange Sein und Sollen einander
spiegeln. Die rechte Weise, sich in den verschiedenen Lebenssituatio-
nen zu verhalten, handelnd am Weltgerüst weiterzubauen, muß hier
verstehbar aus dem mythischen *Ana kushi was* heraus erwachsen, aus
der Erinnerung, wie es »damals« gewesen ist.

Inzwischen denken wir anders. Der Unterschied läßt sich am besten am neuzeitlichen Wandel des *Wahrheits*begriffs aufzeigen. Noch das scholastische Mittelalter blieb dem mythischen Denken insofern verpflichtet, als das Konzept der *veritas* hier Sein und Sollen zu einer Einheit verklammerte. In der Transzendentalienlehre des THOMAS VON AQUIN galt die Formel »*Ens et verum et bonum convertuntur*«, zu deutsch etwa »die Kategorien des Seienden, des Wahren und des Guten (die sogenannten Transzendentalien) sind *deckungsgleich*«. Ein Apfel, der überhaupt einer *ist* (und nicht etwa eine Wachsattrappe), der ist auch ein *wahrer* Apfel, und *gut* ist er auch, denn wenn er schlecht (also faul) geworden wäre, so wäre er als Apfel nichts mehr wert.

In der Neuzeit werden die drei Transzendentalien unterscheidbar. Das Sein reduziert sich auf Empirie, die Wahrheit auf Theorie, das Gute auf die Moral. Empirie und Moral verlieren ihre Verbindung und suchen, jede für sich, Theorie zu begründen.

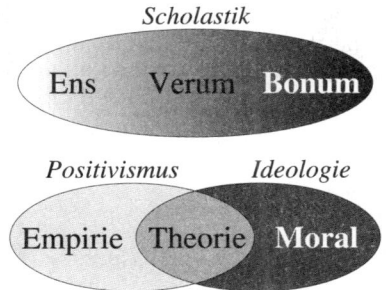

Übergang vom mittelalterlichen zum neuzeitlichen Wahrheitsverständnis. Oben: Für die Scholastik ist die Wahrheit zugleich Seinsgewißheit und Garant rechter Lebensgestaltung. Unten: Sein und Sollen sind auseinandergebrochen. Die Wahrheit wird zur Theorie, die sich entweder (positivistisch) von der Empirie oder (ideologisch) von der Moral her bestimmt.

Für den *Positivismus* heißt »wahr« soviel wie »(bis jetzt) nicht falsifizierbar«, und hierfür ist einzig und ausschließlich die *Empirie* zuständig. Oberste Maxime aller wissenschaftlichen Bemühung ist die *Objektivität*. Das *Subjekt* – und damit sind immer dessen Gefühle,

Intentionen, Vorlieben und Abneigungen, also kurz seine *Wertwelt* gemeint – wird bei der Wahrheitssuche nur als Störfaktor angesehen, daher sind alle Bemühungen darauf gerichtet, ihm den Zugang zur Kontrolle theoretischer Aussagen zu verbauen. Inbegriff dieser Philosophie ist die bekannte Maxime von der *Wertfreiheit* der Wissenschaft.

Die Wertwelt selbst hängt dann freilich, ihres ontologischen Fundamentes beraubt, in der Luft. Das ist das Ärgernis des aufgeklärten Zeitalters: Mag die Wissenschaft dem Mythos auch haushoch in der enzyklopädischen Präzision überlegen sein, mit der sie das Weltgerüst zu fügen versteht – was nützt das, wenn ich diesem Gerüst nicht mehr entnehmen kann, was ich zu tun und zu lassen habe, um glücklich zu werden und meiner Existenz Sinn zu verleihen?

Bei dieser Sachlage verwundert es nicht, daß die freigewordene ökologische Nische des Mythos alsbald von anderen »Memen« neubesiedelt worden ist, die zäh genug sind, dem positivistischen Klima zu trotzen, die mit größerer Unverfrorenheit den weiterbestehenden menschlichen Sinnhunger zu stillen vorgeben. Welches diese Kräfte im nun zuendegehenden Jahrhundert gewesen sind, ist bekannt. Bei LÉVI-STRAUSS[1] findet sich hierzu die zutreffende Bemerkung, nichts komme dem mythischen Denken näher als die *politische Ideologie*; in unseren heutigen Gesellschaften habe diese möglicherweise jenes nur ersetzt.

»Links« und »Rechts«

Das Phänomen der politischen Ideologie begegnet uns in vielfältigen Formen und Schattierungen. Dessenungeachtet läßt sich in dieser Mannigfaltigkeit ein vergleichsweise stabiles Ordnungsmuster ausmachen – die in immer neuer Gestalt wiederkehrende Polspannung zwischen »Links« und »Rechts«. Zufällig ist hieran nur die Namengebung; sie orientiert sich an der Sitzordnung im französischen Parlament des frühen 19. Jahrhunderts.

Es ist bekanntlich nicht einfach, die Semantik dieser beiden Meta-

---

[1] LÉVI-STRAUSS (1978), S. 230

phern zu bestimmen. Seminare, Symposien, Fernsehdispute hierüber füllen mittlerweile Bände; ein Konsens ist nicht in Sicht. Feststeht allemal, daß das Begriffspaar heute keineswegs obsolet ist[2]. Im öffentlichen Bewußtsein verbinden sich mit ihm nach wie vor prototypische Bedeutungsgehalte, von denen man freilich nicht unbedingt Konsistenz erwarten darf. Die Schwierigkeit ist dabei asymmetrisch verteilt. Was »Links« heißt, ist im Laufe der Zeiten ziemlich gleichgeblieben. Zwar setzen auch hier Kernkraftgegner und Umweltschützer heute etwas andere Akzente als Karl MARX sie vorausgesehen hat; gesamthaft ergibt sich aber doch ein vergleichsweise einheitliches Erscheinungsbild.

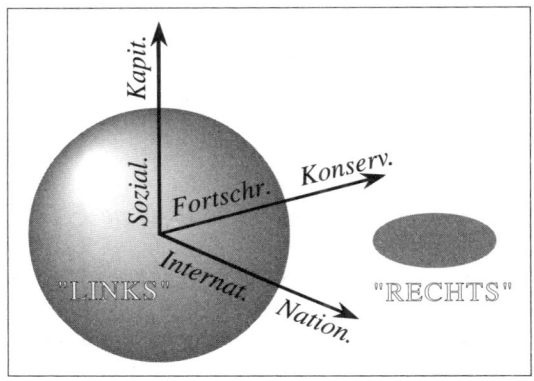

Die »linke« Ideologie ist durch die Frontstellung gegen Kapitalismus, Konservativismus und Nationalismus gekennzeichnet, ohne daß diese drei ihrerseits eine Einheit bilden würden. Am ehesten korrelieren noch die beiden letztgenannten, und deren Kombination soll gemeint sein, wenn nachfolgend von »rechter« Ideologie die Rede ist.

Im Gegensatz dazu wirkt das Klischee »Rechts« viel heterogener. Man hat von ihm den Eindruck, daß es sich gegenwärtig primär aus »linker« Warte definiert; es ist schnell bei der Hand, wo immer irgendein dort für wesentlich erachteter Wert vernachlässigt oder geringgeschätzt wird.

---

[2] NOELLE-NEUMANN (1996), S. 251

Der Kernbestand des »linken« Wertgefüges läßt sich durch die Trias von *Sozialismus, Internationalismus* und *Fortschrittserwartung* kennzeichnen. Die jeweiligen Gegenpole heißen dann *Kapitalismus, Nationalismus* und *Konservativismus.* Diese drei aber korrelieren nur schwach miteinander. Vor allem die kapitalistische Dimension fällt aus dem Rahmen. Wenn man von Ideologien redet, von extremistischen und radikalen zumal, gibt sie wenig her. Der Nationalsozialismus hatte unverkennbar antikapitalistische (anti-»plutokratische«, wie man damals sagte) Untertöne. Und was die tragenden Persönlichkeitsstrukturen anbetrifft, so hat der rücksichtslose, profitsüchtige Unternehmer wenig mit, sagen wir, einem paranoiden Antisemiten gemein. Wenn also nachfolgend von der »Rechten« die Rede ist, so ist damit immer die *ideologieanfällige* Variante gemeint – ein spezifischer Verschnitt von *nationalistischem* und *konservativem* Gedankengut.

Wissenschaft und Ideologie

Was eine Ideologie von einem bloßen politischen Programm unterscheidet und ihr einen Platz in der ökologischen Nische des Mythos sichert, ist in erster Linie die militante Naivität, mit der sie das Verbot des *moralistischen Trugschlusses* unterläuft. Sie verkündet nicht nur eine spezifische Wertwelt, sondern glaubt sich auch im Besitze einer *Seinsgewißheit*, in der diese Wertwelt gründet. Da freilich die scholastische Klammer von *ens, verum* und *bonum* längst gelöst ist, muß nun, genau entgegengesetzt zur positivistischen Vorgehensweise, das Sein aus der Verantwortung vor der *Empirie* entlassen werden, um es der Vormundschaft der *Moral* unterstellen zu können[3].

In den frühen siebziger Jahren wurde die These von der Wertfreiheit der Wissenschaft vor allem von Seiten der *Linken* bekämpft. Die »Frankfurter Schule« um HORKHEIMER, ADORNO und HABERMAS formulierte ein Programm, das sich selbst als »Kritische Theorie« apostrophierte und wesentlich darauf hinauslief, den empiristischen

---

[3] vgl. auch LÜBBE (1987)

durch einen am Pol der Moral verankerten Erkenntnisbegriff zu ersetzen. Man ging davon aus, daß bei allem, was wir denken, die »Gesellschaft« immer schon die Drähte zieht. »Gesellschaft« ist ein medialer Begriff; er steht für eine anonyme Instanz, deren verborgene Intentionen und Zielsetzungen uns die vermeintlichen Selbstverständlichkeiten vorgibt, die wir dann für »Wahrheit« halten. Die Empirie ist nur ein willfähriges Instrument für Scheinbeweise, mit denen nützliche »Fachidioten« nachträglich abstützen, was wir sowieso schon glauben, weil wir es unter historischen Zwängen glauben müssen.

Ganz folgerichtig trat an die Stelle einer erkenntnisfundierenden Erfahrung damit das Schlagwort von den *erkenntnisleitenden Interessen*, also gesellschaftlichen Wertvorstellungen, die sich die zu ihnen passenden »Wahrheiten« schaffen.

Die Unterstellung der Wahrheit unter die Moral machte sich bis in die *Sprache* hinein bemerkbar. Metaphern kamen in Mode, durch die sogar rein logische Operationen eine moralisierende Konnotation erhielten. Besonders beliebt, und eine Zeitlang geradezu das Schibboleth der Bewegung, war das Verb *einlösen:* Eine Theorie wurde nicht mehr bestätigt oder falsifiziert, sondern »eingelöst«, so als handle es sich um ein ehrenwörtliches Versprechen, eine anstehende Schuld oder einen hoffentlich gedeckten Scheck.

Auch dieser Erkenntnisbegriff scheidet Wahrheit von Irrtum, und der Königsweg zur Verbindlichkeit von Theorie ist auch für ihn durch die Stichworte *Kritik* und *Objektivität* gekennzeichnet. Aber beide Begriffe meinen nun etwas ganz anderes als in der positiven Wissenschaft. Unter »Kritik« versteht man nicht länger den Vergleich von Behauptungen mit Beobachtungen, sondern die Reflexion auf die eigene gesellschaftliche Situation. Und der Unverbindlichkeit der Subjektivität hofft man durch einen Prozeß zu entkommen, den man als »Diskurs« bezeichnet[4]. Er setzt einen Kreis von Personen mit der rechten Gesinnung voraus, oder wenigstens mit dem Willen, zu dieser vorzudringen. Diese tauschen bei demokratisch gleichverteilten Redezeiten ihre Meinungen aus und verhandeln alle verbliebenen Diskrepanzen geduldig und im Geiste wechselseitiger Achtung. Was dabei schließ-

---

[4] HABERMAS (1981)

lich herauskommt, wird dann, so glaubt man, automatisch auf einer Ebene der Rationalität siedeln, deren Höhe genau dem moralischen Niveau entspricht, das die Gesprächsrunde gemeinsam zu erklimmen vermochte.

Leider bringt es die Natur des Menschen mit sich, daß man allzuleicht die Verpflichtung verspürt, einer solcherart an unverzichtbare Werte gebundenen »Wahrheit« mit der Waffe in der Hand zum Siege zu verhelfen. Die »kritische Theorie« ist von diesem Schicksal nicht verschont geblieben; auch Terroristen sind ursprünglich einmal von ihr geprägt worden und haben sich später auf sie berufen. Diese wurden dann wie Verbrecher behandelt; aber nach landläufigem Rechtsverständnis muß ein solcher aus niedrigen Motiven handeln. Bei Personen wie Ulrike Meinhof oder Gudrun Ensslin konnte davon aber nun wirklich keine Rede sein. Eher schon gilt umgekehrt, daß gerade der asketisch *überhöhte* moralische Anspruch Energien freisetzte, die die gruppeninterne »kommunikative Rationalität« letztlich in destruktiven Irrationalismus umschlagen ließen.

Auf Seiten der Rechten ist man hier insofern etwas konsequenter, als man den Irrationalismus nicht verdrängt, sondern von vorn herein zum Ideal erhebt. Man hat ihr diese »antiintellektuelle« Haltung als spezifisches Merkmal zugeschrieben, insinuiert damit aber eine falsche Asymmetrie. Tatsächlich handelt es sich hier nur um eine andere Spielart desselben *Antipositivismus*, den wir schon von der Linken kennen.

Julius EVOLA – wir werden uns im folgenden Kapitel noch genauer mit diesem Herold des italienischen Faschismus zu befassen haben – schrieb dazu am Anfang unseres Jahrhunderts[5]:

»Wir legen Wert darauf, zu erklären, ... daß wir den sogenannten ›wissenschaftlichen‹ oder ›positiven‹ Standpunkt mit seinen verschiedenen nichtigen Ansprüchen der Zuständigkeit und Ausschließlichkeit bestenfalls als nur den der Unwissenheit betrachten. ... Von unserem Gesichtspunkt aus gibt es nichts Willkürliches, nichts Subjektives, nichts Verstiegenes und auch nichts Objektives und Wissenschaftliches im Sinne der Modernen. ... Es liegt uns wenig daran, zu streiten und zu 'beweisen'. Die Wahrheiten, die zum Verständnis der Traditionswelt beitragen können, sind nicht jene, die man 'erlernt' und über die sich ›streiten‹ läßt. Entweder sie sind oder sie sind nicht. Man kann sich nur an sie erinnern, und das geschieht, wenn man die Hindernisse beseitigt

---

[5] EVOLA (1935), S. 7 f

hat, welche die verschiedenen menschlichen Konstruktionen – und, in erster Linie, alle ›Resultate‹ und ›Methoden‹ der ›autorisierten‹ Forscher – darstellen.«

Das Denkmuster ist hier nur scheinbar von dem der Linken verschieden. Gewiß, es heißt »Erinnerung«, wo dort von »kritischer Reflexion« die Rede ist; aber beiden Seiten ist gemein, daß sie die Wahrheit schon kennen, bevor sie zu denken anfangen, daß sie sich nicht ernsthaft dem Schiedsspruch der nüchternen Tatsachenprüfung unterwerfen zu müssen glauben. Wenn EVOLA »Wir« sagt, so heißt das auch bei ihm, daß er die Wahrheit im *Konsens* sucht. Die Ideologie sieht, wie die Wissenschaft, im *Individuum* eine potentielle Fehlerquelle. Aber als Mittel gegen den Irrtum erscheint hier nicht die argumentative Konfrontation, das Streitgespräch zwischen gleichberechtigten Andersdenkenden, sondern die elitäre Selektion solcher Gesprächspartner, die von *derselben Wertwelt* ergriffen sind.

In einer noch heute lesenswerten Analyse der neueren deutschen Geistesgeschichte schreibt Hans HEIGERT über die rechtslastige Presse der Jugendbewegung in den zwanziger Jahren:

»Das war keine Diskussion, da gab es nicht Rede und Gegenrede oder gar Polemik untereinander. Diese geschriebenen Bekenntnisse sollten nicht durch Dialektik zu größerer Klarheit führen, nein, sie fühlten sich selbst als philosophische Emanationen des geheimen völkischen Waltens. Sie definierten nicht, sie sprachen aus dem Blut.«[6]

Hinzuzufügen ist lediglich, daß über den »kritischen Diskurs« der Linken auch nichts grundsätzlich anderes zu sagen ist, abgesehen einmal davon, daß es hier nicht um »Volk« und »Blut«, sondern um »Gesellschaft« oder »Klasse« geht. Die Autonomie des einsam gegen den Strom schwimmenden Wahrheitssuchers ist an beiden Rändern des politischen Spektrums selten anzutreffen. Gleich dem Mythos ist auch die Ideologie ein *kollektives* Phänomen. Gleich ihm verheißt sie die Erlösung aus der Qual des Zweifels um den Preis, sich dem Evidenzgefühl der Wertegemeinschaft bedingungslos anzuvertrauen. Wer die-

---

[6] HEIGERT (1968), S. 134 f

sem Appell zu folgen vermag, erfährt im Vollzug solcher Selbsthingabe, wie er seine eigene Angst hinter sich läßt und in ein bergendes Meer überindividuell fundierter Heilsgewißheit eintaucht. Daß sich die Ideologie auf diese Psychohygiene genausogut versteht wie einstmals der Mythos – das ist es, was sie in den Stand versetzt, seine ökologische Nische einzunehmen.

Gesellschaftspolitische Ideale

Wenn es darum gehen soll, den Gegensatz zwischen »rechter« und »linker« Ideologie herauszuarbeiten, so ist das Verhältnis zur positiven Wissenschaft also ein ungeeignetes Kriterium. Beide Extremvarianten des politischen Spektrums glauben sich über die Empirie erhaben, beide degradieren die Wahrheit zu einem Erfüllungsgehilfen moralischer Wertvorstellungen.

Der Gegensatz tritt erst beim *Inhalt* dieser Wertvorstellungen hervor. Hier allerdings wird er unversöhnlich. Das zeigt sich sogleich, wenn Vertreter beider Richtungen doch einmal miteinander zu reden versuchen. Sie können es einfach nicht; ihre Ansichten prallen mit schrillem Mißklang aufeinander, jede geäußerte Meinung trifft den anderen, verletzt ihn, und der Abtausch endet alsbald in Empörung, Haß und Kontaktabbruch. Dort, wo es darauf ankäme, versagt die Utopie des »Diskurses«: Die Gegensätze sind affektiver Natur, sie lassen sich rational nicht aushandeln.

Am leichtesten entzündet sich die Kontroverse an Reizwörtern wie *Nation, Volk, Heimat* und *Vaterland.* Auf der *rechten* Seite werden diese notorisch verklärt; ihre Überwertigkeit wird faßbar etwa in der bekannten Formel von »Blut und Boden«. Korrespondierend damit erklärt man alles *Fremdartige* in Kultur, Sprache, Lebensstil und vor allem Rasse für minderwertig.

In klarem Gegensatz hierzu versteht sich die *Linke* als *internationalistisch.* Verschiedenheiten zwischen Menschen werden geleugnet oder als akzidentell und belanglos abgetan. *Multikulturalität* gilt als Ideal. Vordergründig könnte dies als Bemühen verstanden werden, den Unterschied von »eigen« und »fremd« überhaupt herunterzuspielen. So ist es aber nicht. Das Wertgefälle soll nicht nivelliert, sondern *umgekehrt* werden. Das Ideal des Multikulturalismus ist in Wirklichkeit ein *Antinationalismus.*

> Die Linke beklagt beispielsweise, daß die Bundesrepublik die Doppelstaatsbürgerschaft ablehnt und damit Migranten brutal vor die Notwendigkeit stellt, ihre eigene kulturelle Identität preiszugeben, wenn sie einen deutschen Paß begehren. Kulturelle, selbst nationale Identität gilt also sehr wohl als ein schützenswertes Gut, solange es die der *Anderen* ist. Es ist nur die *eigene,* zu der ein gebrochenes Verhältnis besteht. Sie wird fast zwanghaft mit negativen, moralisch abwertenden Konnotationen ausgestattet. Deutsch sein heißt hier nichts anderes mehr als einem Volk von Mördern anzugehören. Andersartig zu sein gilt als Garant für Höherwertigkeit, was sich etwa äußert in Slogans wie »Liebe Ausländer, laßt uns mit diesen Deutschen nicht allein!«

In Bezug auf die politische Struktur des Staates gelten ebenfalls unterschiedliche Ideale. Die rechte Seite fordert *Law and Order* ein und sieht in *hierarchischen* Gliederungen einen Garanten dafür. In den Augen der Linken ist die »autoritäre Persönlichkeit«, wie ein bekannter Buchtitel[7] lautete, überhaupt das zentrale Merkmal des faschistischen Charakters. Daran ist jedenfalls richtig, daß die Rechte das Individuum verachtet, den liberalen Meinungspluralismus unterdrücken möchte und ein Einparteiensystem befürwortet. Die Macht soll sich in einer Führerpersönlichkeit verdichten, der alle in bedingungsloser Gefolgschaftstreue dienen. Zur Rechtfertigung dient die Illusion, daß jener Führer nicht absolutistisch nach Art eines Sonnenkönigs herrsche, sondern sich durch das Charisma legitimiere, besser als andere den Volkswillen zu erahnen und in die Tat umsetzen zu können. Die Situation läßt sich am besten durch die Formel kennzeichnen, daß die Rechte *Freiheit* als Wertbegriff durch *Ganzheit* ersetzt.

Bei der Linken ist es genau umgekehrt. Ihre Haltung ist »antiautoritär« und »antiimperialistisch«, sie bekennt sich zum Ideal der *Autonomie,* der möglichst schrankenlosen Entfaltungsmöglichkeit jedes einzelnen nach seinen Bedürfnissen und Begabungen. Mitgedacht ist dabei immer auch der Durchbruch zu höherem Selbstbewußtsein. In scharfem Unterschied zur rechten Ideologie, bei der sich der einzelne als winzige Zelle in einem riesigen Organismus rauschhaft wohlzu-

---

[7] ADORNO et al. (1950)

fühlen hat, zeichnet eine prototypisch linke Horrorvision das Bild vom Werktätigen, der seelenlos, als kleines Rädchen in einem riesigen, nicht mehr überschaubaren Mechanismus, dazu verdammt ist, durch entfremdete Arbeit Verhältnisse, die ihn versklaven, in endloser Monotonie zu reproduzieren. Zumindest heimlich träumt die Linke von der *Anarchie*, der absoluten Herrschaftsfreiheit, dem konsequenten Abbau jeder Gewalt von Menschen über Menschen.

Im Unterschied zur rechten Variante hat sich dieses Ideal, wie man weiß, in der politischen Praxis nicht realisieren lassen. Zögernde Ansätze zu mehr Freizügigkeit sind in der frühen Sowjetunion bald im Totalitarismus untergegangen. Der Begriff »Linksfaschismus« hat hier wohl seine Wurzel. Er darf aber nicht darüber hinwegtäuschen, daß die Entmündigung des Individuums für die Rechte zur Ideologie gehört; für die Linke aber kommt sie dem schmerzlichen Eingeständnis gleich, einem Ideal untreu zu werden. Während man auf der rechten Seite die Demokratie stets offen verhöhnt hat, bemühte man sich im »real existierenden Sozialismus«, in schamhafter Schönrederei wenigstens die *Illusion* einer parlamentarischen Verfassung aufrechtzuerhalten. Zumindest der Form nach mußten Parteienvielfalt und Wahlrecht gewahrt bleiben, und nirgendwo wurden Schlagworte wie »Freiheit« und »Demokratie« (oder gar pleonastisch »Volks-Demokratie«) so inflationär verwendet wie in den Ostblock-Staaten.

Moralvorstellungen

Damit Autonomie nicht in eine Ellenbogengesellschaft ausartet, fordert sie als Gegengewicht die Rücksichtnahme auf berechtigte Interessen *anderer*. Diese erhofft man sich auf linker Seite aus der Kultivierung *altruistischer* Impulse. Moralische Leitidee ist hier das Mitgefühl mit den Schwachen und Leidenden in aller Welt. Unterdrückung, Repression und vor allem Ungerechtigkeit gelten als Inbegriff des Bösen schlechthin. Das ist auf der rechten Seite ganz anders. Hier wird Schwäche als Erweis von Lebensuntüchtigkeit angesehen, die das Recht, wenn nicht sogar die Pflicht zur Versklavung oder Ausmerzung nach sich zieht.

Ähnlich verhält es sich mit der Bewertung von *Krieg und Frieden*. Die Linke hat immer dem Pazifismus zugeneigt. Ihrer Gewaltbereitschaft hat das nicht unbedingt Abbruch getan; »Friedenskämpfer«

können, wie man weiß, recht rabiat auftreten. Aber immerhin: Sie streiten für ein Paradies, in dem sich die Menschen gegenseitig nichts mehr antun. Die griffige Formel, die dieses endzeitliche Ideal schon in der Gegenwart verankern soll, heißt *Solidarität*.

Es wurde als schlagender Beweis faschistischer Gesinnung bei Konrad LORENZ gewertet, daß er behauptet hat, der menschliche Aggressionstrieb sei naturgegeben. Aggression kann nach linkem Verständnis nur ein Artefakt falscher ökonomischer Zustände sein. In der sozialistischen Zukunftsgesellschaft wäre ein weiterbestehender Kampfinstinkt ein nicht zu bewältigender Störfaktor.

Ganz anders auf der rechten Seite. Hier gilt die Begeisterung dem *gefährlichen Leben*, dem *Heldentum*. Der Krieg wird als der Vater aller Dinge geheiligt, das NIETZSCHE-Wort von der »blonden Bestie« gerät bar aller darin vom Urheber vielleicht noch mitgedachten Vorbehalte zum Programm. Selbst der Altruismus muß kämpferisch unterfüttert sein: Anderen zu helfen hat hier immer gleich den heroischen Beiklang der *Selbstaufopferung*.

Ein drittes moralisches Unterscheidungskriterium betrifft den Wertbereich der *Ordnung*. Die Rechte läßt sich in FREUDscher Ausdrucksweise als »anal« beschreiben. Bei ihr vollzieht sich nichts zwanglos, sie preßt die spontane Kommunikation in ein Korsett von Ritualen bis hin zum berüchtigten Hackenknallen, sie wahrt Distanz, plumpe Vertraulichkeit ist ihr ein Greuel. Daß sie sich zu *uniformieren* liebt, gehört auch dazu, ist allerdings nicht so charakteristisch, wie häufig angenommen wird. Ein gleichgeschaltetes Erscheinungsbild symbolisiert zunächst einmal nur Konformität und kennzeichnet *sämtliche* radikalen Gruppen, auch die Linke. Worauf es ankommt, ist der *Symbolgehalt* der Uniformierung. Auf der rechten Seite bevorzugt man hier militärische Attribute, die vor allem Disziplin, Askese, Unterbindung des Aus-sich-Herausgehens betonen: stramm geknöpftes Jackett, Koppel, Schulterriemen, Stiefel. Symbole der *psychischen Kastration*, wie etwa kurzer Haarschnitt und strikte Rasur bei Männern, Ablehnung des Makeup bei Frauen, kommen als bedeutungsverwandt hinzu.

Die linke Seite uniformiert sich dagegen eher in Symbolen der spontanen Distanzlosigkeit, der Unordnung, der Absage an Form und Förmlichkeit. Hierher gehören etwa die pauschale Anrede per »Du«, die betont schlampige Kleidung und der demonstrativ herbeigeführte oder zugelassene Eindruck der Ungepflegtheit. Auch die berühmten Turnschuhe, mit denen sich der erste grüne Minister Hessens vereidigen ließ, folgten einer strikten Kleiderordnung. Daneben waren Symbole sexueller Freizügigkeit beliebt, im weiblichen Bekleidungsstil zumal, bei Männern die samsonhaft langen Haare und der von keinem Schermesser kastrierte Bartwuchs.

An letzter Stelle ist schließlich noch ein nicht so offenkundiger, aber psychologisch umso tiefer lotender Gegensatz in der Struktur der *Emotionalität* zu erwähnen. Er betrifft eine unterschiedliche Bewertung der *Ich-Grenze* und läßt sich auf die Formel bringen, daß die Linke den *figuralen*, die Rechte hingegen den *medialen* Aggregatzustand des Ich als Ideal empfindet. Schon die Autonomieträume der Linken ersehnen ja ein *figural gefestigtes Ich*. Entsprechendes gilt für die Verpflichtung zur Solidarität; denn deren verläßlichste Grundlage ist die *Empathie*, und die erfordert ebenfalls, wie wir gesehen haben, klare Grenzen zwischen Ich und Du. Andererseits muß man sehen, daß wirklich ichstarke Persönlichkeiten keine ideologische Randständigkeit nötig haben. Extremismus, gleich welcher Coleur, ist stets eine Notreaktion, die auf eine eher schwache psychische Konstitution schließen läßt. Zumindest der *radikalen* Linken wachsen stabile Ich-Grenzen also wohl nicht problemlos zu; und das macht verständlich, warum bei ihnen ständig innere Pumpen arbeiten müssen, die den angestrebten figuralen Status aufrechterhalten sollen – vor allem in einem hysterisch-erregten Ritual des Mitgefühls, einer larmoyanten Bekundung von *Betroffenheit* über das Leid und Unrecht in dieser Welt. Verbunden damit ist ganz folgerichtig, daß sich von den beiden moralischen Affekten, die wir auf Seite 318 analysiert haben, nicht die Scham, wohl aber die *Schuld* fest im linken Problembesitz befindet. Das demonstrative Klopfen an die eigene Brust, stellvertretend natürlich in erster Linie an den Zuhörer adressiert, gehört hier seit der von MITSCHERLICH verordneten Trauerarbeit zum Standardrepertoire.

Immerhin kann die Linke für sich beanspruchen, gegen die Insuffizienz der Ich-Kontur wenigstens anzukämpfen. Die Pathologie der Rechten ist insofern ernster zu beurteilen, als sie diese Schwäche noch regressiv befördert und *Ich-Auflösung* zum Wert erklärt. Bekanntlich hat es die nationalsozialistische Propaganda meisterhaft verstanden, durch gewaltige Aufmärsche und aufpeitschend inszenierte Massenveranstaltungen systematisch das entgrenzende Gegenstück der Empathie, die *Gefühlsansteckung* zu schüren, vor allem in Form romantisch überquellender *Begeisterung*, die den einzelnen schließlich zu rauschhafter Selbstaufgabe treiben sollte.

Die aufgelöste Ich-Grenze macht anfällig für *Scham*. Hier hat die prüde Einstellung der Rechten zu allem, was nach sexueller Freizügigkeit riecht, ihre Wurzel. Zugleich immunisiert sie aber auch gegen *Schuldgefühle*. Die bürokratisch organisierte Massenvernichtung hätte wohl zumindest nicht mit so abstoßender *Gefühllosigkeit* ablaufen können, wenn die Schreibtischtäter nicht durch ständig aufgelegte Wagner-Platten und die sonstigen Pflichtübungen ideologischer Ich-Erweichung den emotionalen Druck unterlaufen hätten, sich in ihren Opfern figural zu spiegeln. Das ist heute noch nicht anders. Linksradikale Terroranschläge zielen eher auf einzelne, namentlich bekannte Repräsentanten des Systems und machen oft wenigstens den Versuch, Außenstehende zu schonen. Massaker nach Art des Tokioter Giftgasattentats, des Sprengstoffanschlags auf dem Münchner Oktoberfest und natürlich der Brandstiftung in Asylantenheimen, bei denen eine möglichst große Zahl Unbeteiligter und Wehrloser in einem sinnlosen Blutrausch geschlachtet werden, tragen fast immer rechtsextreme Handschrift.

Zeitperspektive

Der vielleicht markanteste Gegensatz der beiden Weltanschauungen liegt in ihrer *Zeitperspektive*. Plakativ läßt sich das so ausdrücken: Die Rechte verklärt die *Vergangenheit*, die Linke die *Zukunft*. Das ist der emotionale Kern der verwaltungstechnischen Unterscheidung von »konservativ« und »fortschrittlich«.

Natürlich verstanden sich auch Faschisten und Nationalsozialisten als »revolutionär«. Aber im Grunde war hier doch stets die dumpfe Ahnung gegenwärtig, daß alles Fortschreiten nur ein Welken ist und dem unausweichlichen Verfall näherbringt. Die seelische Heimat des

Rechtsradikalen ist, wie wir vorhin von EVOLA hörten, die *Erinne-rung.* Aus freiem Willen würde er sich nicht auf den Weg in die Zu-kunft begeben; aber weil er nicht Figur sein möchte, sondern sich in Blut und Boden auflöst, hat er, in der GUARDINIschen Ausdrucksweise von Seite 140, keinen »hellen«, sondern nur einen »dunklen Willen«. Sein Ich ist medial; er nennt es »Vorsehung« oder »Schicksal«, und das trägt ihn, ohne zu fragen, unaufhaltsam weiter der Götter-dämmerung entgegen. Der zweite Weltkrieg hatte bei denen, die seine Regie führten, tief innerlich den beklemmenden Charakter eines nationalen Selbstmordprogramms.

Im Gegensatz dazu ist die fundamentalistische Linke wirklich escha-tologisch und glaubt unerschütterlich an ein endzeitliches Paradies, das aber nicht von selbst kommt, sondern erarbeitet werden muß. Dadurch gerät sie in eine Unrast, die der Rechten fehlt. »Es kömmt darauf an, die Welt zu verändern«, war die von MARX ausgegebene Parole. Wer dezidiert links steht, der ist davon überzeugt, daß der Mensch die Chance und damit zugleich die Verpflichtung hat, *Fort-schritt* zu schaffen. Was zurückliegt, ist »Geschichte«, und wenn man sich dieser zuwendet, so nur, um sie »kritisch zu reflektieren« mit dem Ziel, sie in einer besseren Zukunft »aufzuheben«.

Man könnte meinen, daß die beiden ideologischen Zeitperspekti-ven mit dem Gegensatz von »mythischem« und »historischem« Welt-gefühl verwandt sind, von dem wir auf Seite 27 sprachen. Das mein-te wohl auch Charles Percy SNOW, als er, wie auf Seite 42 zitiert, die Polarität von Links und Rechts in der von Natur- und Literaturwis-senschaften wiederzuerkennen glaubte.

Aber in Wirklichkeit liegen die Dinge komplizierter. Zwar schwelgt die Rechte gern in dunkler, symboldampfender Poesie, während der Sozialismus hartnäckig darauf besteht, als »wissenschaftlich« zu gel-ten. Nur ist damit, wie schon erörtert, gewiß nicht der naturkundlich-empiristische Wissenschaftsbegriff gemeint. Je extremer sie sich gebär-det, desto mehr gerät *jede* Ideologie in Konflikt mit dem Tatsachen-bewußtsein des historischen Weltgefühls.

Richtig ist andererseits, daß die Linke mit der naturwissenschaft-lich-technischen Denkart den Blick nach *vorn* gemeinsam hat. Wäh-rend die Träume der Rechten von einer mythischen *Vergangenheit* raunen, von der wir wissen, daß sie so nicht war, schweifen die der

Linken in die *Zukunft*, mit ebensowenig Bodenhaftung zwar, aber das stellt sich immer erst nachträglich heraus. Das allbekannte Stichwort für diese linke Variante des ideologischen Rauschgifts heißt *Utopie*. Mythos und Utopie spiegeln einander über den Gegensatz der Ideologien hinweg.

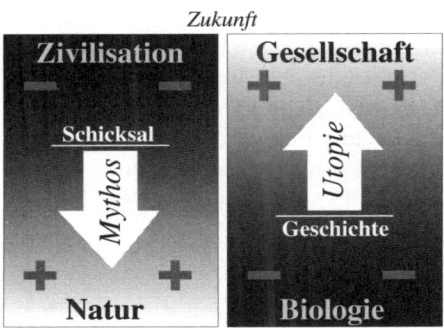

Zukunft

Zivilisation − − Gesellschaft + +

Schicksal

Mythos *Utopie*

Geschichte

Natur + + Biologie − −

Vergangenheit

(a)　　　　　(b)

Einige Stammkategorien für die Unterscheidung (a) der rechten und (b) der linken Zeitperspektive. Basisbegriffe sind »Natur« und »Gesellschaft«, von denen jeweils die eine überwertig ist, während die andere zur kulturlosen »Zivilisation« bzw. zur bloß tierhaften »Biologie« absinkt. Die Phantasie bemächtigt sich der Vergangenheit in mythischen bzw. der Zukunft in utopischen Träumen. Die jeweils entgegengesetzte Zeitperspektive wird zum »Schicksal« als Inbegriff des heroisch auf sich zu Nehmenden bzw. zur »Geschichte« als Inbegriff des aktiv zu Überwindenden.

Aus der unterschiedlichen Zeitperspektive von Links und Rechts wird auch ein tiefliegender Gegensatz im *Menschenbild* verständlich. Die anthropologische Grundfrage betrifft das Verhältnis von *Natur* und *Gesellschaft*. Das sind beides nicht unbedingt wissenschaftliche Begriffe, zumindest werden sie unter ideologischer Perspektive mit Bedeutungen aufgeladen, die weit über ihren objektiven Gehalt hinausgehen. *Natur* steht hier für alles, was unveränderbar im Menschen steckt, was er im Blut hat und nie wird ablegen können, was aller Willkür spottet, aber auch den Spielraum von Erziehung und kreativer

Selbstentfaltung schicksalhaft einschränkt. Es ist zugleich das »Tierische«, wenn nicht gar das »Bestialische« in ihm, das, woran alle Anläufe zu kultureller Höherentwicklung immer wieder scheitern, andererseits aber auch der einzige Garant gegen zivilisatorischen Verfall. Und *Gesellschaft* ist umgekehrt der Inbegriff der Kräfte, die den Menschen dieser Natur entreißen, die ihn in die schöpferische Freiheit führen, die ihn den aufrechten Gang lehren, die allerdings auch bewirken können, daß er, seiner natürlichen Gemütswerte beraubt, im »Asphalt« der Großstädte verkommt. In der Natur hält uns die Vergangenheit fest, in der Gesellschaft greift die Zukunft nach uns. Man versteht, daß die Rechte immer *biologistisch* argumentiert hat, während die Linke ihr Heil nur in einem ebenso rigiden *Soziologismus* suchen konnte.

Ideologie und Psychodynamik

Bei dieser Skizze einer politischen Typologie wollen wir es zunächst belassen. Vielleicht hat der Leser Schwierigkeiten, sie zu akzeptieren. Sie mag ihm allzu pauschal vereinfachend erscheinen, so als wollte sie sagen, es gäbe »die« linke und »die« rechte Ideologie nur in Reinform und zeitüberdauernder Beständigkeit.

Natürlich ist es so einfach nicht. Das Problem beginnt schon bei der Frage, von welchem Personenkreis man überhaupt redet. Brauchen Halbwüchsige, die Hakenkreuze schmieren, dazu wirklich eine Nazi-Gesinnung, wollen sie nicht vielleicht nur das Establishment schockieren? Sind Bürger der neuen Bundesländer schon Kommunisten, bloß weil sie aus Trotz und Nostalgie der PDS ihre Stimme geben?

Aber auch wenn man die Szene um solche pseudo-ideologischen Effekte bereinigt, bleibt sie noch immer viel zu bunt, als daß ein Paar einfacher Klischees sie abdecken könnte. Es geht hier indessen gar nicht darum, Individuen stereotyp zu klassifizieren. Wir sind für die herauszuarbeitenden psychodynamischen Grundmuster eher an *Prototypen* interessiert, mit denen sich der Einzelne jeweils mehr oder minder identifizieren mag. Prototypen sind etwas anderes als Stereotypen insofern, als sie, richtig verstanden, keine *Vorurteile* erzeugen.

Wer das Phänomen »Vogel« beschreiben soll und sich dabei am Aussehen eines Buchfinken orientiert, geht *prototypisch* vor. Erst wenn er darüber vergißt, daß es auch Pinguine und Strauße gibt, und diesen unbesehen ebenfalls Buchfink-Eigenschaften bescheinigt, bloß weil sie »Vögel« sind, dann erliegt er einem *Stereotyp*.

In einer Hinsicht allerdings ist eine Differenzierung unerläßlich. Wir kommen nicht umhin, die Skala von »links« und »rechts« durch eine zweite zu ergänzen, an deren einem Pol die eher liberalen, gemäßigten, demokratieverträglichen Überzeugungen zu lokalisieren wären, während die Ideologie auf den anderen hin immer extremer, fundamentalistischer, unduldsamer, radikaler wird.

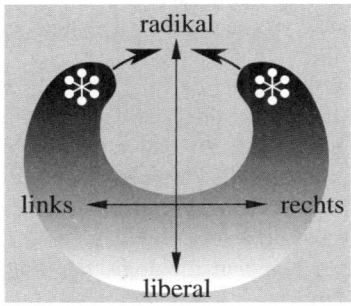

Die zwei wichtigsten Dimensionen politischer Überzeugung. Die antreffbaren politischen Gruppierungen verteilen sich in der Perspektive neutraler Beurteiler etwa U-förmig, wobei die durch Sterne gekennzeichneten Extreme einander wieder zu berühren scheinen.

Diese beiden Dimensionen sind insofern nicht ganz unabhängig, als mit der Nähe zum liberalen Pol die Einseitigkeit der politischen Meinung schwindet, also eher Standpunkte assoziiert werden, die man der politischen »Mitte« zurechnen würde. Wenn man den Unterschied zwischen »links« und »rechts« also wirklich herausarbeiten will, so tut man gut daran, sich an *radikale* Vertreter der jeweiligen Richtung zu halten.

In den Augen neutraler Beurteiler der deutschen Parteienlandschaft sieht es sogar so aus, als würden sich die Äste am Ende wieder aufeinanderzu krümmen, sodaß sich die Kurve zu einem Ring schließt[8]. Das liegt aber einfach daran, daß der den Extrempolen gemeinsame Hang zum Totalitarismus den Eindruck einer Ähnlichkeit hervorruft, der die sonstigen Gegensätze überstrahlt.

Eine andere Frage stellt sich in Bezug auf die *zeitliche* Stabilität der ideologischen Gehalte. Ab einer gewissen Stufe der Konkretheit unterliegen diese ohne Zweifel historischem Wandel. Das Wurzelwerk der »rechten« Gesinnung läßt sich mindestens bis in die Romantik zurückverfolgen; und sie äußerte sich damals gewiß anders als zur Zeit der Jugendbewegung oder gar heute, nach der Katastrophe des »Dritten Reichs«. Und »Links« kann nach dem Ende der Sowjetunion auch nicht mehr so gedacht werden wie zu LENINs Zeiten oder im Kommunistischen Manifest.

Wenn ich gleichwohl meine, daß die eingangs skizzierten Prototypen eine geschichtsübergreifende Orientierungshilfe leisten können, so deshalb, weil sie Affinitäten zu gewissen psychologischen Grundstrukturen erkennen lassen, die zur *conditio humana* gehören und im wechselnden Gewand jeweils herrschender sozialer, ökonomischer und politischer Verhältnisse die ihnen gemäße Weltanschauung – früher in mythischer, heute in ideologischer Form – immer wieder erneut suchen und finden.

Will man diese psychologischen Grundmuster näher bestimmen, so genügt es natürlich nicht, einen neutralen Personenkreis daraufhin zu befragen, wie er die Erscheinungsformen des politischen Lebens einordnet. Man muß sich vielmehr an diejenigen halten, die selbst möglichst extreme ideologische Standpunkte vertreten. Bei ihnen käme es dann darauf an, im Gespräch die rein politische Ebene zu durchstoßen und herauszufinden, aus welchen psychodynamischen Gründen ihnen ihre Ideologie so wichtig ist.

Gegen Ende der sechziger Jahre, in der »heißen« Epoche der studentischen Unruhen also, entstand in Heidelberg eine Dissertation, die genau dieses Ziel verfolgte. Die Geldmittel kamen von der Deutschen Gesellschaft für Friedens- und Konfliktforschung, einer Vorzeigeinstitution der Brandt-Ära. Zuständig für die Prüfung der dort geför-

---

[8] MARX & LÄGE (1995)

derten Projekte war eine zwölfköpfige Kommission, in der ich selbst Mitglied war, neben etlichen Exponenten der linken Intelligenz, darunter auch Jürgen HABERMAS. Ich erwähne das deshalb, weil immerhin die gesamte Förderungskommission mit dafür verantwortlich war, daß die erwähnte Studie schließlich in Buchform publiziert wurde und einigen Staub aufwirbelte. Der Titel lautete »Revolution der Gestörten?« – eine Formulierung, deren provokativer Charakter durch das Fragezeichen am Schluß kaum gemildert wird[9].

Ihr Autor, Ronald GROSSARTH-MATICEK, hatte zunächst als Medizin- und Soziologiestudent der linken Szene angehört. Von daher bestanden Kontakte zu Ansprechpersonen aus den Kreisen des linken Radikalismus. Später hatte er diesen Rahmen aber erweitert und war auch mit dem äußersten rechten Rand der Gesellschaft ins Gespräch gekommen. Und daraus war dann eine bemerkenswerte, wenn auch wie gesagt umstrittene Fragebogenuntersuchung hervorgegangen.

Um deren besonderen Charakter angemessen beurteilen zu können, muß man die Praxis sozialpsychologischer Befragungen kennen. Wer einen Fragebogen konstruiert, verwendet *in der Regel* – es gibt rühmliche Ausnahmen – erstaunlich wenig psychologische Phantasie auf die *inhaltliche* Formulierung seiner »Items«, wie man die einzelnen Frageeinheiten nennt. Hier, wo Kreativität, Intuition und nicht zuletzt sorgfältige empirische Vorabklärung nötig wären, trifft man oft genug auf eine sonderbare Art von methodologischem Darwinismus. Die einzelnen Items kommen mehr oder weniger als Zufallsmutanten zur Welt; man hat sie sich irgendwoher zusammengeharkt, wie und warum, ist schnell vergessen. Das wissenschaftliche Heil wird erst im Nachhinein von einem statistischen Selektionsprozeß erwartet: Mit ausgeklügelten Methoden prüft man die Items auf *formale* Merkmale wie Trennschärfe oder Reliabilität, und man validiert schließlich die ganze Mittelmäßigkeit an irgendeinem Außenkriterium, das vor allem objektiv sein muß; Relevanz ist dann schon wieder eher Glückssache. Dabei fällt, wie zu erwarten, der größte Teil der Fragen heraus; aber einige bleiben im Netz hängen und sind dann also statistisch gültig. Warum gerade sie es sind, vermag man zwar oft nicht mehr einzusehen; aber wissenschaftsgläubigen Vertretern des Faches erscheint diese Kapitulation des gesunden Menschenverstandes ohnehin eher als Vorzug.

Bei dem von GROSSARTH-MATICEK entwickelten Fragekatalog ist das alles nun ziemlich anders, im positiven wie im negativen Sinn. Anders ist vor allem schon einmal seine Entstehungsgeschichte. Am Anfang

---

[9] GROSSARTH-MATICEK (1975)

stand keine explizit formulierte Theorie, abgesehen allenfalls von der Vermutung des Autors, die politische Haltung einer Person erwachse, wenn sie radikale Formen annimmt, aus einer irgendwie *gestörten Familiensozialisation.*

Der Autor verwendete die Hauptarbeit der Testkonstruktion nicht darauf, seine Items formal abzusichern, sondern vielmehr darauf, sie inhaltlich zu vertiefen. Hierzu entwickelte er ein Verfahren, das er als seinen »Dreistufenplan« bezeichnete.

Der Dreistufenplan

Zunächst einmal traf er sich für mehrere Wochen mit studentischen Vertretern politischer Randgruppen zu teilweise bis tief in die Nacht dauernden *unstrukturierten Einzelinterviews.* Darin wurde über Gott und die Welt geredet, es kamen neben gesellschaftspolitischen Themen auch der persönliche und familiäre Bereich zur Sprache, und zwar so gründlich und intim wie möglich. Mit dem Ertrag dieser Befragungen kritzelte GROSSARTH ziemlich unsystematisch ganze Notizblöcke voll. Das war die »erste Stufe« der Testkonstruktion.

Im Zuge dieser Erhebungen fielen ihm nun gewisse Regelmäßigkeiten auf. Es schien so etwas wie sensible Bereiche zu geben, an denen sich die linken und rechten Extremisten unter seinen Gewährsleuten voneinander und von Vertretern gemäßigterer Standpunkte erkennbar unterschieden. Die seinem Gefühl nach ergiebigsten dieser Themen stellte GROSSARTH dann zu einem *Tiefeninterview* zusammen, mit dem er sich an weitere Kommilitonen wandte. Dieses Interview, die »zweite Stufe« seiner Untersuchung, unterschied sich von dem vorgenannten durch eine einigermaßen klare *Strukturierung:* Jedem der Gewährsleute wurden dieselben Standardfragen gestellt; allerdings genügte als Antwort nicht einfach nur Ja oder Nein, sondern es wurden ausführliche Erläuterungen erwartet, die fallweise noch durch Rückfragen vertieft werden konnten. Bejahte der Proband also beispielsweise, daß er sich »mit seiner Mutter identifiziere«, so konnte sich etwa der folgende Dialog anschließen:

Was würden Sie darunter verstehen, wenn Sie sagen »Ich bin mit meiner Mutter identifiziert«?

Daß ich sie in mir habe, daß ich sie bin, daß die Vorstellung, das Bild, das ich von ihr und von mir habe, verschwommen sind, als wären wir eine Person. Obwohl ich das nicht möchte. Ich reagiere so wie sie und glaube so zu fühlen. Deswegen sind in der Vorstellung und im Empfinden sie und ich, ihre und meine Bedürfnisse oft dieselben. Ich lebe ihr Leben, hasse das und will mich unbedingt davon losmachen.

Warum?

Weil sie objektiv nicht so gut ist, wie sie als Idealfigur in meiner Vorstellung existiert. Diese Figur bin eher ich selbst.

Würden Sie Ihre Mutter eher als überliebevoll, als jemanden, der für Sie in der Liebe und Aufopferung ganz aufging, oder als dominant, als jemanden, der ihre Bedürfnisse und spontanen Regungen unterdrückt hat, bezeichnen?

Als dominant. Ich glaube, sie wollte meine Regungen unterdrücken, die Entfaltung meiner Person und Bedürfnisse behindern. Sie klammerte sich zwar oft an mich, aber ihr liebevolles Verhalten war nicht gleichbleibend. Sie muß immer wieder das Bedürfnis gehabt haben, mich furchtbar zu bestrafen und sich mir zu entziehen. Wenn sie sich an mich klammerte, hatte ich das Gefühl, ich sei für sie unheimlich wichtig. Darauf bildete ich mir einiges ein. Heute weiß ich, daß ich für sie nicht als Partner wichtig war, sondern als Substitut, Ergänzung und Ersatz für ihre eigenen Probleme. Sie war furchtbar ambivalent. Einmal hatte ich das Gefühl, daß ich für sie die wichtigste Person der Welt bin, dann wiederum, daß sie mich vernachlässigt. Sie war immer bemüht, die Konsequenzen meines Verhaltens so darzustellen, daß ich furchtbare Schuldgefühle und Hemmungen entwickelt habe.[10]

Auch die auf dieser zweiten Stufe erhobenen Antworten wurden nur qualitativ ausgewertet. Sie dienten ihrerseits dazu, einen endgültigen Katalog von circa 200 *Alternativfragen* zu konstruieren, bei denen ohne weitere qualitative Nuancierung einfach nur noch »Ja« oder »Nein« anzukreuzen war. Erst dieser Fragebogen war dann für die statistische Auswertung bestimmt.

In dieser »dritten Stufe« steckte nun der ganze Ertrag der aufwendigen Vorarbeit: Solche Fragen hätte man sich am grünen Tisch kaum mehr ausdenken können. Ein Beispiel möge wiederum zur Illustration dienen:

---

[10] GROSSARTH-MATICEK (1975), S. 273

1. Hatten Sie in einigen Situationen das Gefühl, daß sich Ihr Empfinden von sich selbst mit dem Bild deckte, das sich in diesem Augenblick in Ihrer Vorstellung von Ihrer Mutter entwickelte, d.h. haben Sie dieses Bild so empfunden, als wären Sie eben jetzt mit ihm identisch?　❑ *Ja* ❑ *Nein*

(Wenn ja:) Tritt diese Deckung auf
a) in der Weise, affektiv zu reagieren?　❑ Ja ❑ Nein
b) in der Form, Überlegungen anzustellen?　❑ Ja ❑ Nein
c) in körperlichen Bewegungen und Aussehen?　❑ Ja ❑ Nein
d) Im Verhalten in der Gesellschaft?　❑ Ja ❑ Nein
e) in der Weise, sexuell-erotisch zu reagieren?　❑ Ja ❑ Nein

(Jedesmal, wenn ja:)
Empfanden Sie diese Identifikation als　❑ angenehm ❑ unangenehm?

(Anschließend dieselbe Fragengruppe bezüglich
2. Vater,
3. Intimpartner.)

Es gehört schon eine erhebliche Besessenheit dazu, eine Liste mit solchen Frage-Ungetümen zu verfassen; dabei ist der Originaltext hier sogar noch gestrafft wiedergegeben. Der Autor, das spürt man, ist lebenslang, unberührt vom durchlaufenen akademischen Studium, Autodidakt geblieben. Solche Leute leben in der Wissenschaft gefährlich: Daß sie die Kunstregeln meist nur mangelhaft beherrschen, stempelt sie zu Dilettanten; andererseits liefert ihre unorthodoxe Methodik oft auch unerwartete Ergebnisse, und wenn diese irgendwem unbequem sind, und sei es auch nur, weil der Autor bemerkte, was andere übersahen, dann ist er Freiwild. Er hat kein Familienrudel, das ihn verteidigt, und sein einzelgängerisches Ungeschick läßt ihn allzu leicht ins offene Messer rennen.

Vieles läßt sich durchaus zu Recht gegen GROSSARTHs Untersuchung einwenden. Er hat seinen abschließenden Fragebogen den Versuchspersonen nicht wortlos in die Hand gedrückt, sondern bei jeder Frage sicherzustellen versucht, daß sie sie nicht etwa dennoch mißverständen. Kritischer ausgedrückt: Er hat die Fragen gemeinsam mit den Befragten beantwortet. Das senkt allemal die Streuung, erhöht aber nicht unbedingt den Wahrheitsgehalt. Letzterer hängt dann nämlich wesentlich von zwei Faktoren ab: erstens davon, wie suggestiv der Autor sich selbst und anderen gegenüber ist, zweitens, mit welchen vorgefaßten Meinungen er an die Befragung herangeht.

Suggestiv ist GROSSARTH nun sicher in hohem Maße, und der engagierte, fast missionarische Eifer, den er in seiner Diktion selten zu unterdrücken vermag, erweckt in Verbindung mit einer weitschweifigen und sprunghaften Darstellungsweise den Eindruck eines Menschen, der nicht dagegen gefeit ist, sich von seinen eigenen Ideen davontragen zu lassen. Die Attitüde unterkühlter Sachlichkeit, mit der das akademische Establishment seine oft weit platteren Befunde gegen unbequeme Fragen abzuschirmen pflegt, steht ihm nicht zu Gebote. Was das zweite Bedenken anbetrifft, so steht GROSSARTH etwas besser dar. Es gibt keine Anzeichen dafür, daß seine Untersuchungen durch theoretische oder gar ideologische Vorannahmen über Gebühr belastet waren. In Kenntnis der Person glaube ich nicht, daß er in sein Projekt eingetreten ist, um irgendetwas zu »beweisen«. Allenfalls könnte seine Gestaltwahrnehmung das Bild, das sich im Zuge des Analyseprozesses intuitiv abzeichnete, über Gebühr stilisiert haben. Dagegen spricht aber, daß die mitgeteilten Ergebnisse im Detail viel zu kompliziert sind, um einem einfachen Klischee zu entsprechen. Jedenfalls regen sie zum psychologischen Weiterdenken an. Man sollte sie, meine ich, zur Kenntnis nehmen.

Die linksradikale Persönlichkeitsstruktur

Wenden wir uns nun also dem Persönlichkeitsbild zu, das GROSSARTH-MATICEK den untersuchten politischen Extremgruppen zuordnen zu können glaubt. Im vorliegenden Kapitel soll zunächst ein Typus besprochen werden, der unter *Linksradikalen* gehäuft aufzutreten scheint. Wir beschränken uns dabei auf das *männliche* Geschlecht, dem die überwiegende Mehrzahl der Befragten angehörte.

Als »linksradikal« qualifizierte sich jemand nach GROSSARTHs Kriterien dann, wenn er Mitglied einer politischen Gruppe war, die den konsequenten Kampf gegen die bürgerlich-kapitalistische Gesellschaft zum Ziel hatte und das einzige Mittel hierzu in der Revolution sah. Er mußte in das Rollensystem dieser Gruppe integriert sein und bei ihren Aktivitäten konform und aus politischer Überzeugung, nicht etwa aus vorwiegend privaten Gründen mitwirken. Außerdem war

Voraussetzung, daß er auch in persönlicher Stellungnahme eine sozialistische oder kommunistische Gesellschaft befürwortete, den Kapitalismus im allgemeinen und das politische System in der BRD im besonderen grundsätzlich ablehnte, gegen Andersdenkende Intoleranz bekundete und die Mitarbeit in bürgerlichen Gremien verweigerte. Die solcherart ermittelten Gewährsleute stammten überwiegend aus dem Bildungsbürgertum. Zur persönlichen Geschichte ihrer politischen Überzeugung gaben sie meist an, daß ihnen im Elternhaus eine liberale Ideologie vermittelt wurde, die sie anfangs auch übernommen hätten. Im außerfamiliären Leben, insbesondere in der Universität, hätten sie dann aber die Erfahrung gemacht, daß dort autoritäres Machtstreben und rücksichtslose Wahrung von Eigeninteressen den Ton angäben. Dies sei als brutaler Zynismus empfunden worden. Allmählich habe sich dieser Eindruck auf die Gesellschaft als Ganze generalisiert.

In diesem Personenkreis nun also fand sich, wenn GROSSARTH recht beobachtet hat, in auffälliger Häufung eine Persönlichkeitsstruktur, die ich hier aus später zu erläuternden Gründen den *e-Typus* nennen werde. Kennzeichnend für ihn war vor allem die Atmosphäre, in der die *Beziehungsstruktur in der Herkunftsfamilie* geschildert wurde. Wir müssen dabei natürlich offenlassen, ob diese objektiv dargestellt und allenfalls dafür verantwortlich zu machen ist, daß die Betroffenen in politischen Extremismus abgeglitten sind, oder ob das Erinnerte bereits projektive Einfärbungen enthält, die dann nicht Ursache, sondern Symptom der Störung wären. Die Wahrheit liegt vermutlich irgendwo in der Mitte.

In der Weise, wie die zum e-Typus gehörigen Männer ihre Eltern schilderten, zeichnet sich jedenfalls ein recht auffälliges Muster ab. Im Vordergrund steht hier die Asymmetrie zwischen einer als zu stark erlebten Mutter und einem eher schwachen Vater. Die Mutter wird häufig als dominant und hysterisch dargestellt; der Vater sei neben ihr zur Randfigur verblaßt. Solcherart von ihrem eigenen Partner nicht genügend neutralisiert, habe sie den Sohn vereinnahmt, verwöhnt und abhängig gehalten. Entsprechend stark sei dieser in der früheren Kindheit zunächst an sie gebunden gewesen. Später, im Schulalter oder zu Beginn der Pubertät, sei die emotionale Beziehung aber umgeschlagen. Die Mutter habe den Sohn dann nämlich ohne Grund emotional zurückgewiesen und verstoßen. Ihre uneingeschränkte Fürsorgehaltung sei einer als scheinliberal kaschierten Gleichgültigkeit gewichen; Abhängigkeit habe sie dessenungeachtet weiterhin eingefordert.

Diese Enttäuschung habe dem Ablösungsprozeß die Schubkraft geraubt; man sei zwar äußerlich von daheim ausgezogen, habe aber eine intensive, entgrenzende, als beklemmend und bedrohlich erfahrene Identifikation mit dem Muttermedium mitgenommen. Die Befragten berichten von »Verwachsenheit«, dem Gefühl, mit der Mutter »in der Tiefe eins zu sein«. Dieser Zustand sei äußerst unangenehm und widerlich, doch gelinge es emotional nicht, ihn erfolgreich abzuwehren. Auch Schuldgefühle gegenüber der Mutter werden berichtet, oft im Zusammenhang mit Phantasien, daß erst ihr Tod den Weg zur eigenen Identität freimachen oder gar nur ein Selbstmord wirklich von der Bindung an sie befreien könnte.

Die neuen sozialen Beziehungen, die man erwartet und einzugehen bereit ist, rekapitulieren die Mutterbindung. Da man ihr gegenüber aber Ekel und Überdruß empfindet, kann sich auch keine befriedigende *Partnerschaft* entwickeln. Männer vom e-Typus fühlen sich von ihrer Partnerin ausgestoßen, enttäuscht, beherrscht oder unterdrückt. Sie stellen an sie symbiotische Ansprüche und reagieren überempfindlich, wenn sie diese zurückweist. Die Einstellung zur Partnerin und die zur Mutter sind nicht klar voneinander trennbar; die Grenze zwischen beiden Beziehungspersonen scheint verwischt. Im Grunde wird in der Partnerschaft eine quasi inzestuöse Bindung gesucht, die dann in psychischer Kastration untergeht. Ein hoher Anteil von GROSSARTHs linksradikalen Probanden hat angegeben, im sexuellen Kontakt meist erlebnisunfähig zu sein, eigentlich homoerotische Neigungen zu haben und überhaupt während aller Sexualpraktiken Unlustgefühle zu empfinden.

Ähnlich symbiotisch gestaltet sich der Umgang mit Autoritätspersonen; bei den von GROSSARTH Untersuchten sind das vornehmlich die akademischen Lehrer. Diese werden vom e-typischen jungen Menschen nicht als figurales, sondern als mediales Du wahrgenommen. Er erwartet von ihnen im Grunde übernatürliche Vollkommenheit, grenzenlose Selbstaufgabe im Interesse anderer. Ihre dem Betroffenen gegenüber erkennbar fehlende Pflegemotivation, ihre egozentrische Gleichgültigkeit und die Unbedenklichkeit, mit der sie ihre autoritären

Kompetenzen ausschöpfen, muß ihm daher als existenzbedrohend erscheinen. Denn diese Unvollkommenheiten werden eben nicht als die natürliche Mängelhaftigkeit von Menschen wie du und ich empfunden und achselzuckend toleriert, sondern sie erscheinen als »Entlarvung« einer verborgenen Vernichtungsabsicht. Der Betroffene fühlt sich, ohne solide Gestaltgrenzen, in ein böses, versagendes, egoistisches und verschlingendes Medium getaucht, das er nach einigen weiteren Erfahrungen, zum Beispiel mit der Polizei, als »die Gesellschaft« oder »das System« identifiziert.

Er versucht verzweifelt, jede Identifikation mit diesem Medium aufzukündigen und sich dafür ersatzweise mit Drittpersonen zu solidarisieren, wenn er von diesen den Eindruck hat, sie würden ihrerseits ungerecht behandelt oder unterdrückt – Völker der Dritten Welt, in der Ehe vergewaltigte Frauen, sexuell mißbrauchte Kinder, Asylanten und Migranten – das Projektionsobjekt kann schnell wechseln, beständig ist nur die zuweilen alle vernünftigen Maßstäbe sprengende Heftigkeit des Engagements, die darauf verweist, daß es im Grunde um ein ungelöstes *eigenes* Problem geht.

Letztlich ist dem Betroffenen klar, daß er die Freiheit nur finden könnte, wenn er endlich doch noch seine Abnabelung zustandebrächte. Er bekämpft daher folgerichtig jeden Versuch, die bestehenden Verhältnisse auf dem Wege realistischer Kompromisse zu *verbessern*: Jede evolutive Systemanpassung anstelle einer radikalen Systemüberwindung würde ja den ohnehin gelähmten Willen zur psychischen Geburt nur weiter schwächen und dazu verführen, sich in einem längst von Leichengift durchsetzten Uterus häuslich einzurichten. Nicht umsonst gehört das Wort vom »Weitertreiben« – etwa einer Erkenntnis, einer Diskussion, einer Entwicklung – zum festen Sprachbestand von Linksaußen: Gut ist alles, was die »Austreibungswehen« der Gesellschaft verstärkt.

Aber dieses Medium, so erscheint es ihm, *will* ihn nicht entlassen. Und so bleibt ihm in seiner Todesangst nur der Versuch, Tiâmat zu töten, notfalls mit der Waffe in der Hand: »Macht kaputt, was euch kaputt macht!«

Die Träume des Anu

Wenn eben der Name Tiâmat gefallen ist, so deshalb, weil sich eine Bezugnahme auf das Enuma Elisch an dieser Stelle geradezu aufdrängt. Versucht man die Konfliktquellen, die in den Befunden GROSSARTHs vornehmlich angesprochen scheinen, in den kosmogonischen Kalender einzutragen, wie er in früheren Kapiteln dieses Buches entfaltet wurde, so sieht man sich tatsächlich vor allem auf die Thematik der *Trennungsmythen* verwiesen.

Das läßt sich noch weiter präzisieren: Es ist insbesondere deren *emanzipatorische* Variante, die hier zur ideologischen Resonanz gelangt – aus diesem Grund die Bezeichnung *e-Typ*. Wie die Abbildung auf Seite 276 andeutet, schildern die emanzipatorischen Mythen die Urszene als eine Macht, die die Freiheit des Ich so einengt, daß es sich getrieben fühlt, das Elternmedium in Stücke zu reißen. Genau das möchte auch der e-Typus, nur fehlt ihm die Kraft dazu.

Die »ödipale« Situation des männlichen e-Typus. Das Elternmedium bildet wegen der Überwertigkeit des mütterlichen Anteils keine »Sollbruchstelle« aus, verhindert dadurch den Trennungsakt und unterdrückt die Ich-Geburt.

Die Befragten machen dafür die repressive Symbiose mit der mütterlichen Verführerin verantwortlich, deren verwöhnende Dominanz keine starken Ich-Grenzen reifen ließ und auch verhindert habe, daß sich der Vater als gleichgewichtiger Gegenpol zu ihr, als archimedischer Punkt für die spätere Aushebelung der urszenischen Klammer, aufbauen konnte. Sobald dieser Aufweichungsprozeß hinlänglich irreversibel geworden sei, habe das hermaphroditische Medium gewissermaßen die Maske fallengelassen und sich als ein verschlingender Drache entpuppt. Jetzt aber fehle die Energie, zwischen den beiden verwachsenen Medien den freien Luftraum zu schaffen; der Vorgang der psychischen Geburt sei sozusagen auf halbem Wege steckengeblieben.

Akzeptiert man dieses Denkmodell, so wäre der e-Typus am besten durch das Stichwort *Emanzipationswillen bei Emanzipationsunvermögen* zu umschreiben. In einem Traum eines linksradikalen Studenten, den GROSSARTH mitteilt, heißt es:

»Meine Mutter und ein Professor, der mich zurückgewiesen und angeekelt hat, steht mit seinem ganzen kapitalistischen Gesindel da; sie machen Front gegen mich und meine Genossen. Ich werfe eine Bombe und schieße mit einem Maschinengewehr gegen die Schweine. Der Haufen fliegt jämmerlich auseinander, sie beginnen alle jämmerlich zu schreien. Die Mutter zieht sich aus, obwohl sie verletzt ist, und will mit mir schlafen.«[11]

Das erinnert in der Tat an die Schlacht Marduks mit Tiâmat. Auch diese versuchte es, wenn auch nicht nach, sondern vor der Schlacht, mit heuchlerischer Anbiederung; auch sie erschien mit ihrem Vasallen-Gatten Kingu sowie einem »Gesindel« von Schlangen, Drachen und Skorpionmenschen zum Kampf; und auch das Bild vom Auseinanderfliegen, vom Zerrissenwerden, findet sich im Szenario des Enuma Elisch wieder.

Nach dem Sieg Marduks »jubelten die Götter und krönten ihn«. Diese Apotheose bildet den Schwerpunkt der Traumphantasie eines anderen Linksradikalen, in der im übrigen die wichtigsten Motive des vorgenannten Traumes wiederkehren:

»Ich bin der große und gerechte Stadtherr: Ich reite auf einem weißen Pferd und verteile in meiner Stadt Gerechtigkeit. Die früher unterdrückten Menschen, denen ich geholfen habe, zu ihrem Recht zu kommen, denen ich Gerech-

---

[11] GROSSARTH-MATICEK (1979), S. 15

tigkeit gab, lieben mich außerordentlich. Das ganze Volk liebt mich. Alle sind in weiß gekleidet und sauber. Ich bin jederzeit bereit, den Drachen der Ungerechtigkeit, den hinterlistigen Profitherrn, zu besiegen. Er taucht ab und zu auf. Er hat vor mir unwahrscheinliche Angst. Meine hysterische Mutter mit langen schwarzen Haaren beschwört wieder einmal, wie sie mich über alles liebt. Ich weiß nicht, ob ich ihr glauben soll. Ich bin in einer ungewöhnlichen Spannung. Dann kommt so ein widerlicher Kleinbürger. Die fällt ihm sofort in die Arme und tut was mit ihm. Ich glaube, sie schlafen zusammen. Ich habe eine unheimliche Wut auf mich selbst, daß ich dieser verlogenen Bürgerfrau wieder einmal geglaubt habe.«[12]

Bei Omnipotenzphantasien dieser Art ist nun freilich eines im Auge zu behalten. Würden sie dem *realen* Lebensgefühl des Berichterstatters entsprechen, hätte er keinen Grund, sich als von der Mutter nach wie vor quälend abhängig zu schildern; wahrscheinlich entfiele dann überhaupt die innere Nötigung zum Anschluß an eine radikale Gruppe. Wir kommen der Wahrheit also näher, wenn wir den Traum als *kompensatorisch* auffassen. Der mythische Marduk aber hätte nicht nötig, sich solchen Ersatzbefriedigungen hinzugeben. Wenn wir schon im Enuma Elisch nach einem e-typischen Protagonisten suchen, dann kommt nur ein *Stellvertreter* Marduks in Betracht, dem für den Befreiungskampf gegen den »Drachen der Ungerechtigkeit« die Potenz fehlt. Ein weiterer Traum eines Linksradikalen gibt uns hierzu einen Hinweis.

»Ich sehe viele Menschen, wie sie unterdrückt werden. Ich komme mir furchtbar schlecht vor und will für die Unterdrückten kämpfen und Gerechtigkeit hervorrufen. Dann nehme ich Haschisch und sehe das wahre, verlogene Gesicht der Monopolherren. Ich sehe, wie sie das Volk manipulieren. Ich nehme mein Schwert und schlage auf ganze Fabriken los. Da ich plötzlich ein Gott des Windes bin, kann ich unheimlich Rache üben. Ich bringe Verwüstung wie eine Atombombe und kann selbst fliegen.«[13]

Der Befragte berichtet zunächst über Schuldgefühle und Empathie. Das sind Bekundungen eines figuralen Ich-Status. Dann aber, wenn der Kampf naht, nimmt er eine Droge, die ihn in den medialen Aggregatzustand übergehen läßt: Er wird zum *Windgott*.

Von einem Windgott ist auch im Enuma Elisch die Rede. Es heißt

---

[12] GROSSARTH-MATICEK (1979), S. 28   [13] ebd., S. 29

dort, daß die Götter zunächst Marduks Großvater *Anu* in die Schlacht mit Tiâmat entsandten. Aber dieser kehrte von seiner Mission entsetzt und unverrichteter Dinge zurück: Ein medial zerfließendes Ich, ohne klare Konturen, ungeschützt gegen seine eigenen Vermischungswünsche, ist einer solchen Gegnerin nicht gewachsen.

Erst hier finden wir also die wahre mythische Entsprechung der linksradikalen Ideologie: Es ist nicht Marduk, sondern Anu, dessen Rolle Grossarths e-typische Gewährsleute übernehmen. Dieser Anu *träumt* nur, daß er Marduk sei, leidet aber im realen Leben daran, daß Tiâmat sich als die Stärkere erweist.

Verschmelzung statt Spiegelung

Wenn es zutrifft, daß die Trennung der Elemente nicht gelingt, so muß das Folgen für die gesamte weitere Entwicklung haben. Vor allem steht zu befürchten, daß es sich gravierend auf die Identitätskrise in der Adoleszenz auswirkt.

Hier soll es ja darum gehen, die permanente Identität nicht konturlos aus der frühkindlichen Symbiose in die Gegenwart weiterzuführen, sondern eine Demarkationslinie gegen die eigene Vergangenheit zu ziehen und sich über diese Schranke hinweg in den Repräsentanten des Urvertrauens zu spiegeln. Genau das würde aber voraussetzen, daß man sich in der »ödipalen« Krise zunächst einmal erfolgreich vom Elternmedium emanzipiert hat. Und weil ihnen das offenbar nicht gelungen ist, bewältigen die Vertreter des e-Typs auch nicht die Entwicklungsaufgabe der Adoleszenz: Statt sich identifikatorisch zu *spiegeln* verharren sie in einer identifikatorischen *Verschmelzung* mit dem Elternmedium bzw. mit dessen dominierendem Anteil.

Aus diesem Dilemma bleibt nur der Ausweg, die permanente Identität überhaupt zu *verweigern*. Von den beiden im 17. Kapitel besprochenen Schritten zur Bewältigung der Adoleszenzkrise gelingt damit zwar eine gewaltsame Form von *Ablösung*, doch kann die ebenso notwendige *Rückbindung* nicht zugelassen werden. Sie würde die schwachen, mit Gewalt aufrechterhaltenen Ich-Grenzen wieder zum Einsturz bringen und alle Ansätze zur Emanzipation zunichtemachen.

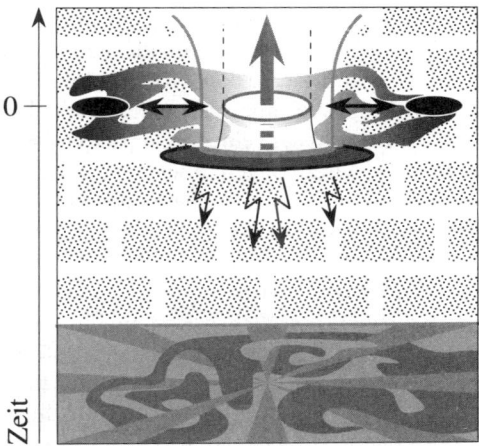

0

Zeit

*Verweigerte Rückbindung an die Vergangenheit beim e-Typus. Gegen-
über der eigenen Herkunft wird eine scharfe, aggressiv bewehrte Trenn-
wand errichtet, weshalb sich eine lebensgeschichtlich gestützte permanente Trajektorie nicht ausbilden kann. Ersatz wird in der als spiegelnd
intendierten, jedoch nur verschmelzend gelingenden Identifikation mit
Fremden sowie in der utopisch-schwärmerischen Hingabe an eine bessere Zukunft gesucht. Ordinate: Zeitachse (0 = Gegenwart), Abszisse:
soziale Dimension.*

Aus dieser Deutung erklären sich drei der hervorstechendsten Eigentümlichkeiten ultralinker Mentalität: die Biologiefeindlichkeit, die
Überzeugung, alles Heil käme aus der Veränderung, und die Allergie
gegen das Reizwort »deutsch«. Die *Natur,* die *Vergangenheit* und die
Heimat – sie alle liegen ja auf jenem Ast der Trajektorie, den der e-
Typus um seiner Freiheit willen kappen mußte und in den das Lebenselixier zurückzubringen er zu schwach ist.

In der Typologie MARCIAS verhindert die Verweigerung der Permanenz nicht etwa nur das Zustandekommen einer »erarbeiteten« oder
»übernommenen« Identität. Auch ein »Moratorium« bleibt ausgeschlossen; denn dieses setzt immer noch einen unverwechselbar ange-
legten Wesenskern voraus, den man rekonstruieren will oder wenigstens nicht zu suchen aufhört. Was allein übrigbleibt, ist eine
»diffuse«, in ständigem Wechsel begriffene *patchwork identity.* Links-

lastige Psychologen sind konsequent genug, in offener Frontstellung gegen ERIKSON die *patchwork identity* als Ideal zu propagieren[14] und die Existenz und Diagnostizierbarkeit von zeitbeständigen *Persönlichkeitsmerkmalen* rundweg abzustreiten[15]: Der bloße Gedanke, Menschen könnten so etwas wie einen »Charakter« haben, aus dem sich dann womöglich Voraussagen über sein künftiges Verhalten extrapolieren ließen, wäre ja wieder eine Konzession an den verhaßten Würgegriff aus der Vergangenheit. Die Verweigerung macht sogar vor der eigenen *Geschlechtsidentität* nicht Halt. Die von GROSSARTH befragten Linksradikalen äußerten sich meist kritisch zur herkömmlichen Rollenteilung in »Männchen« und »Weibchen«. Für sie ist *Androgynität* das Ideal. Man will eben auf nichts festgelegt sein, und schon gar nicht auf seine Biologie.

Das einzige Vorbild, das für eine inhaltliche Ausfüllung der eigenen Identität noch übrigbleibt, ist der *Fremde*. In ihm versucht sich e-typische Mentalität zu spiegeln, aber abgesehen davon, daß dafür die Ich-Stärke nicht ausreicht und immer nur Verschmelzung resultiert, kann diese Identifikation schon deshalb nicht gelingen, weil sie ja reziprok sein müßte; der Fremde versteht aber gar nicht, was man von ihm will. Niemand kann seine Identität aus lauter Material erbauen, das per definitionem anders sein muß als er selbst. Gesellschaftliche Konstruktionen gar, die auf solcher Utopie errichtet werden, stürzen unweigerlich ein und begraben Menschen unter ihren Trümmern. Anu schließt davor die Augen und will weiterträumen. Aber das Leben wird nicht abwarten, bis er aufwacht. Und wie man weiß, bestraft es den, der zu spät kommt.

---

[14] KEUPP (1996)   [15] HOLZKAMP (1985)

Zur Analyse des e-Typus

Ideologische Orientierung:
Affinität zum Linksradikalismus

- **Identität**

  gebrochenes Verhältnis zum Nationalgefühl
  - Ekel vor der nationalen Identität
  - unstillbares Bedürfnis nach nationaler Selbstbestrafung
  - Kritik der Wiedervereinigung

  idealisierende Einstellung zu Ausländern und Minoritäten
  - Internationalismus
  - Multikulturalität
  - Leugnung von Unterschieden
  - moralische Höherbewertung des Fremden

  unverbindliche Identitätskonstruktion (»patchwork identity«)

- **Einstellung zum Geschlechterverhältnis**

  Ablehnung der Einteilung in »Männchen« und »Weibchen«
  - Geschlecht als gesellschaftlich definiert und inszeniert
  - Androgynität als Ideal

- **Politische und gesellschaftliche Leitvorstellungen**

  Herrschaftsfreiheit
  - Basisdemokratie
  - Ablehnung von Persönlichkeitskult (Rotationsprinzip)
  - Anarchie als Ideal

  Pazifismus
  - Utopie eines friedlichen Paradieses
  - Ideal der Solidarität
  - Glaube an Abschaffbarkeit der Aggression

  Repressionsfreiheit
  - Ablehnung der Macht von Menschen über Menschen
  - Solidarisierung mit Schwachen und Unterdrückten

  Uniformierung in Symbolen der Unordnung und Libertinage
  - informelle Kleidung
  - langes Haar

- **Einstellung zum Anlage-Umwelt-Problem**

  dezidiert *milieutheoretisch*
  - Glaube an unbeschränkte Erziehbarkeit
  - Biologiefeindlichkeit

- **Zeitperspektive**

  Zukunftsorientiert
  - Rausch immerwährender Veränderung
  - Geschichte als Fortschritt
  - Verklärung des Prinzips Utopie

- **Spezifische Emotionalisierung**

  Hysterisierung der Empathie
  - Betroffenheitsrituale
  - Schuldzwang

  Kritik am Szientismus
  - Moralisierung der Wissenschaft
  - Primat der Interessen vor der Erkenntnis

Erlebte Familiensozialisation (bei Männern)

- **Geschilderter Charakter**

  der Mutter:
  - dominierend
  - einengend
  - überfürsorglich
  - zunächst verwöhnend, dann sich entziehend

  des Vaters:
  - gut
  - schwach

- **Erlebte Beziehung**

  zur Mutter:
  - einengend und frustrierend
  - negative Fixierung (Haß, ohne loszukommen)
  - Symbiotische Beziehung
  - intensive Identifikation, die heftig, aber erfolglos bekämpft wird

  zum Vater:
  - Bereitschaft zu positiver Identifikation

Mythische Analogie

- **Grundstimmung**

  Unerfüllbarer Traum von der *Emanzipation*

- **Identifikationsobjekt**

  Anu als konturloser Luftgott

- **Böses Prinzip**

  mörderische *Muttergottheit* als Ursache von
  - Unterdrückung
  - Ungerechtigkeit

21. Kapitel

Der Mythus des zwanzigsten Jahrhunderts

Die Blutleuchte

Ans Herz des Lebens schlich der Marder Juda.
Zwei Jahrtausende tilgt er
das heiße, pochende, schäumende, träumende Mutterherz.
Bei diesem Schlurfe nicht ertappt zu werden,
hat er alle Wege zum Herzen verrammelt.
Das Herz der Erde als Hölle der Christen..

Morde den Vater, eh' daß er dein Kind, deine Seele, frißt
und entfessle die Urknäuel, das hundertspeichige Feuerrad.
Die Hölle, das Herz der Gaia, wird dir helfen.
All das tat Zeus und ein Olymp war die Folge -

Ich sah es wie Kentauren, Spinnen und Medusen,
wie nackte kupfergebadete Jünglingsleiber.
Glühend und klingend schoß es in den Abendhimmel.
Ich stand ein Kind und hatte keine Deutung.

Alfred SCHULER, der diese Zeilen im Jahre 1896 niederschrieb[1], war
einer der Wegbereiter und Wortführer jenes neuromantischen Antisemitismus, in dem sich die nationalsozialistische Ideologie vorbereitet
hat. Er gehörte zum inneren Kreis der »Enormen« in der legendären
Blütezeit des Münchner Bohème-Viertels Schwabing; Franziska zu

---

[1] SCHULER (1940), S. 151

REVENTLOW hat ihn in ihrem Schlüsselroman »Herrn Dames Auf-zeichnungen«[2] unter dem Decknamen »Delius« porträtiert.

SCHULER war Privatgelehrter ohne abgeschlossenes akademisches Studium und ohne eigene Einkünfte. Er hauste mit seiner uralten Mut-ter zusammen, aus deren kärglicher Rente man den bescheidenen Lebensunterhalt bestritt. Geheiratet hat er nie; dem Vernehmen nach war er homophil. Seine Kenntnisse in Kunstgeschichte und Archäo-logie sollen eindrucksvoll gewesen sein. Veröffentlichungen von ihm liegen kaum vor; erst posthum erschien eine Sammlung von Frag-menten, herausgegeben von seinem Freund Ludwig KLAGES, auf des-sen Philosophie er nachhaltig Einfluß genommen hat.

SCHULER verkündete eine verstiegen-esoterische Weltanschauung, mit der uns zu beschäftigen wir wenig Anlaß hätten, wenn sie nicht vor dem Hintergrund der in diesem Buch erarbeiteten Hypothesen über die Dynamik der »ödipalen« Phase so erstaunlich transparent erschiene und damit zugleich ein erhellendes Licht auf einige bislang kaum beachtete psychologische Hintergründe rechtsradikaler Ideolo-gie zu werfen in der Lage wäre.

Die innere Welt, so belehrt uns SCHULER, sei mit Myriaden von »Elektronen« erfüllt, einer vibrierenden, »hermaphrodisischen« Licht-substanz, die »im Äther« eine ewig ununterbrochene Hochzeit mit sich selbst feiere. Sie sei eine verklärende, seligmachende Kraft, ihr Sitz das *Blut*, das sie zum Leuchten bringe. Diese »Blutleuchte«, unsere Teilhabe am urweltlichen Leben, werde als emotionaler Schauer, als selige Wärme, als *kosmogonischer Eros* erfahren.

Wie bitte?

Man kann verstehen, wenn nüchterne Chronisten solche Diktion schlicht als »Gefasel« abtun. Aber dann blättern wir zum 11. Kapitel zurück und können uns dort unmittelbar in SCHULERs Mythopoiese versetzt wähnen, wenn wir die durcheinander flutenden Partikel im medialen Anfangszustand unseres synergetischen Emotions-Modells in der Abbildung (*a*) von Seite 385 betrachten. Man erkennt in jenen vibrierenden »Elektronen« unschwer die noch unpolarisiert vermeng-ten väterlichen und mütterlichen Elemente wieder, und in ihre Diffu-sion eingemischt die Elemente der Ich-Substanz, so wie wir sie unter

---

[2] REVENTLOW (1958)

der Bezeichnung »Urszene« als charakteristisch für den symbiotischen Ausgangszustand der Ontogenie beschrieben haben. Hierzu paßt auch, wenn SCHULER ein vorhistorisches »goldenes Zeitalter« beschwört, in dem einmal die ganze Körperwelt von dieser »Blutleuchte« durchdrungen gewesen sei. Eigentlich gipfelt diese paradiesische Epoche nach SCHULER im Stadium (*b*) der vorerwähnten Abbildung. Im Zentrum der Blutleuchte eingebettet ruht nämlich ein figuraler Archetyp, das *Sonnenkind*. Auch das haben wir schon kennengelernt, ich verweise auf die Darstellung von Seite 200. Für diesen Zustand entdeckte SCHULER ein altindisches Symbol, das er zeitweilig zum Gegenstand einer Dissertation machen wollte: die *Swastika*, das Hakenkreuz.

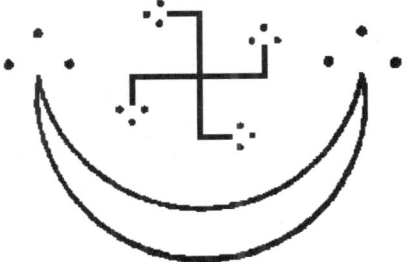

Das rotierende Swastika, eingebettet in die halbmondförmig symbolisierte Urszene. Nach einer Skizze Alfred SCHULERs.

Hierzu hat er sich, anhand der oben wiedergegebenen Skizze, in einem seiner Vorträge verbreitet. Die Ausführungen sind nicht wörtlich erhalten, sondern nach der Mitschrift eines Hörers rekonstruiert; ich gebe sie hier in etwas gekürzter Fassung wieder.

»Auf gotischen Speerspitzen, wie sie noch heute das Museum zu Ravenna aufbewahrt, findet sich das folgende Symbol: ein Halbmond, um dessen Hörner Punkte gesetzt sind, die ich als ausstrahlende Lichtfunken deuten möchte. In der Mitte zwischen den Hörnern des Halbmondes, diesen berührend, eine Scheibe, darauf das Swastika. Diese Scheibe nehme ich als das Symbol des rotierenden Lebens, zwischen den Halbmondshörnern kreisend, von diesen gezeugt. Als Bestätigung dieser Auffassung nehme ich an, daß den vier Enden des Swastika ebenso wie den Hörnern des Halbmonds Lichtfunken entsprühen, das Rad mithin als in Rotation befindlich angedeutet ist. Die latente (=unterbewußte) Triebkammer befindet sich, wie ich es fühle, unten in der Mitte des Halbmondes, und aus dieser Triebkammer heraus wachsen die beiden Pole, d.h. die beiden Hälften des Mondes, einander erotisch zugedreht gemäß der hermaphroditischen Polarisation. Diese Zudrehung beider Hörner, welche immer wachsen, wieder abnehmen, sich in Liebe erneuern, um wieder abzunehmen und wieder zu wachsen, bringt, wie ich glaube, in der Mitte jene feurige Kugel hervor, welche die eigentliche, d.h. die nicht mehr latente, sondern die in der Seele sichtbare Quintessenz darstellt.«[3]

Auch bei diesem Text ist es so, daß man ihn einem unvorbereiteten Leser nicht zumuten könnte, daß ihn aber jeder, der diesem Buche bis hierher gefolgt ist, mühelos zu entziffern vermag. Man braucht SCHU-LERS Schemazeichnung ja nur etwa mit der Abbildung von Seite 253 zu vergleichen, um zu erkennen, daß der *Halbmond* offenkundig die androgyne Urszene darstellt, die sich freilich, vom Vortragenden unbeanstandet oder vielmehr ausdrücklich gebilligt, insofern pathogen verhält, als sie sich elastisch und wie eine Amöbe pulsierend gegen die »ödipale« Spaltung erfolgreich *zur Wehr setzt.*

Im *Hakenkreuz* kehrt das dortige »Wutknäuel« wieder, oder genauer die expandierende und rotierende *Tastkugel* von Seite 241: der früheste graphische Ausdruck des kindlichen Ich, das nicht mehr nur »latent«, also medial, sondern auch figural »sichtbar« geworden ist, und das überhaupt nicht daran denkt, Egozentrik und Allmachtphantasie in einem ungewissen ödipalen Abenteuer aufzugeben.

Hinzugefügt sei noch, daß Schuler seine Vorträge im Münchner Hause des Verlegers Bruckmann gehalten hat, und in diesem Hause, das weiß man, verkehrte auch Hitler. Es ist nicht dokumentiert, aber gut denkbar, daß Schuler unter jenen war, durch die der Nationalsozialismus zu seinem Symbol kam.

---

[3] SCHULER (1940), S. 271

Der Marder Juda

Es wäre nach dem Gesagten zu billig, wollte man SCHULERS Einlassungen pauschal als wirre Produkte einer zügellosen Irrationalität abtun. Sie sind von mythopoietischer Stringenz und beschreiben verblüffend genau das Lebensgefühl zu Beginn der »ödipalen« Phase. Ihre Pathologie liegt nicht in den gewählten Bildern, sondern darin, daß sie den Zustand vor der Elemententrennung *regressiv verherrlichen*. Diese Interpretation bestätigt sich im weiteren Fortgang der Geschichte. Das »goldene Zeitalter«, so erfahren wir nämlich, habe irgendwann doch einmal ein jähes Ende gefunden. Schuld daran sei die Aktivität einer fremden, finsteren Macht gewesen, die tückisch und voll Vernichtungswillen in diese Idylle eingedrungen sei. Diese Macht habe nicht geruht, bis es ihr gelungen sei, die Menschheit aus der »ewigen Stadt« auszutreiben und fortan auf einer dunklen Straße aus dem »offenen« in das »geschlossene« Leben zu führen. Diese Gegenkraft aber sei nichts anderes als das männliche, genauer: das *väterliche* Prinzip. Der Mann als »Magus, wirkend im Geheimbund«, habe den Völkern das Licht geraubt und das paradiesische Reich der Großen Mutter zerstört.

Was in solchen Phantasmen unmittelbar greifbar wird, ist die »ödipale« Angst vor dem Einbruch des väterlichen Andersseins in die Ursymbiose, wie sie etwa auf S. 293 in Selma FRAIBERGs Geschichte vom kleinen Christian deutlich wurde. SCHULER freilich denkt überhaupt nicht in einem *ontogenetischen* Bezugssystem. Ähnlich wie BACHOFEN, an dessen Theorie von einem »mutterrechtlichen« Urzustand er sich orientiert, projiziert er die geschilderte Psychodynamik vielmehr in die *Menschheitsgeschichte* zurück. Für die väterliche Gegenkraft verwendet er dementsprechend auch noch ganz andere Chiffren: »Fortschritt« und »Entwicklung«, »Geist« und »Wille« – vor allem aber »Jahwe«, »Moloch« und »Juda«. Das Christentum, in seiner protestantischen Form zumal, erscheint ihm nicht etwa als Aufhebung, sondern als endgültige Vollstreckung des jahwistischen Fluchs. Denn erst die christliche Religion habe den heidnischen Mutterkult vollends vernichtet und der Menschheit damit endgültig das Licht geraubt – die Große Mutter »Hel«, von Schuler kühn mit »Helena« identifiziert und als »Helle« gedeutet. Sie habe die Welt erleuchtet und erwärmt, bis der »Marder Juda« und seine christlichen Vasallen sie gemäß den eingangs zitierten Versen zur »Hölle« umfälschte.

SCHULERS fiebrig-romantische Weltanschauung wurde ähnlich paranoid, wenn auch auf hohem philosophischen Niveau und mit unbestreitbar feinsinnigen psychologischen Erkenntnissen angereichert, von Ludwig KLAGES[4] in seiner Lehre vom »Kosmogonischen Eros« und vom »Geist als Widersacher der Seele« weitergeführt. Wir werden im nächsten Kapitel noch einmal auf ihn zurückzukommen haben.

Studien über Rechtsradikalismus

Daß SCHULER seinen Antisemitismus auf die geschilderte Weise herleitete, wäre nun freilich noch kein ausreichender Grund, ihm sonderliche Beachtung einzuräumen. Es könnte auf biographische Umstände zurückgehen, die eben nur in diesem speziellen Fall wirksam waren.

Nun zeigt sich aber, daß das Persönlichkeitsbild, das uns hier entgegentritt, möglicherweise doch prototypische Züge enthält. Wie schon erwähnt, hat GROSSARTH-MATICEK in seine Untersuchungen auch rechtsradikale Studenten einbezogen[5]. In Heidelberg existierten 1971 bereits mehrere einschlägige Gruppierungen, und es gelang GROSSARTH, auch an diesen Personenkreis heranzukommen. Die Gruppen bestanden jeweils aus knapp 10 Mitgliedern und einem Führer. Sie fielen nicht weiter auf, da sie sich öffentlich zurückhielten. Die Zeit, Asylantenheime abzufackeln, war noch nicht gekommen; Gewaltbereitschaft äußerte sich lediglich darin, daß man gelegentlich Schaufenster von Sex-Shops einwarf.

Die politische Gesinnung der Mitglieder war aber durchaus radikal. Sie lehnten die parlamentarische Demokratie ab und setzten sich für das Einparteien-System und das Führerprinzip ein. Sie bewunderten Hitler als den größten deutschen Politiker und waren für die Wiedereinführung der NSDAP. Sie befürworteten die Anwendung von

---

[4] KLAGES (1969/1966, 1974a) [5] GROSSARTH-MATICEK (1979)

Gewalt im »passenden und historisch gewachsenen Augenblick«. Ihre Gesinnung war dezidiert nationalistisch, antisemitisch und antibolschewistisch.

Moralische Affekte bilden auch bei dieser Personengruppe die Hauptquelle der politischen Energie; ihre Aggressionsbereitschaft richtet sich gegen Personen oder Gruppen, die wirklich oder vermeintlich ihre Ideale und Grundwerte bedrohen. Das verbindet sie mit der extremen Linken und unterscheidet sie von den Vertretern liberalerer Haltungen. Allerdings stehen obenan in ihrem Wertekatalog nicht Solidarität und Gerechtigkeit, sondern Zucht und Ordnung, Dienst und Pflicht. Sexuelle Reinheit spielt eine herausragende Rolle, Pornographie und Libertinage werden scharf verurteilt.

In sozioökonomischer Hinsicht rekrutierten sich die Mitglieder dieser Gruppen eher aus dem materiell verunsicherten Kleinbürgertum. Die elterlichen Geschäfte oder Kleinbetriebe waren häufig vom Konkurs bedroht. Dafür machten sie dann die internationalen Verflechtungen des Großkapitals verantwortlich, als dessen Verkörperung ihnen vornehmlich das »Weltjudentum« galt.

Bezüglich des elterlichen Erziehungsstils gaben sie überwiegend zu Protokoll, sie seien zur strikten Achtung bürgerlicher Werte und Normen angehalten worden; sie hatten anscheinend weit weniger liberale Freiräume als die Linken. Hingegen vermittelten ihnen die Eltern das Gefühl, eine wichtige Persönlichkeit zu sein.

Am aufschlußreichsten waren wiederum die Angaben zur *Familiensozialisation* im engeren Sinne. Auch unter den rechtsradikalen Studenten stehen demnach viele in einer starken und ungelösten Identifikationsbeziehung zu einem Elternteil, und zwar im männlichen Geschlecht wiederum zur *Mutter*. Darin gleichen sie also durchaus den extremen Repräsentanten des anderen Randes der Gesellschaft. Ein entscheidender Unterschied liegt jedoch darin, daß sie an dieser Mutterbindung nicht leiden, sondern sie umgekehrt durchaus *bejahen* und geradezu als notwendige Grundlage der eigenen Identität empfinden. Rechtsradikale Männer behaupten häufig, die Mutter über alles in der Welt zu lieben; sie idealisieren sie zu einer fast göttlichen, makellosen Gestalt. Fragt man sie, ob sie sich je von ihr ausgestoßen oder abgewiesen erlebt hätten, so verneinen sie das entschieden. Ihre Haßgefühle gelten vielmehr dem *Vater*, dem sie vorwerfen, sie zu behindern oder ungerecht zu behandeln. Sie tendieren zu einer Koalition mit der Mutter gegen den Vater. Nicht selten haben sie das Gefühl, daß der Vater die Mutter unterdrücke, und sie sehnen sich danach, stark genug zu sein, um sie gegen ihn zu verteidigen.

Es lebe der Tod

Anders als der Philosoph pflegt der Empiriker Theorien zu mißtrauen, die allzu bereitwillig vom Symmetrieprinzip Gebrauch machen. Gleichwohl läßt sich einfach nicht übersehen, daß die Affinität ultralinker Denkart zu den emanzipatorischen Trennungsmythen eine Parallele auf Seiten ihres ideologischen Gegenstückes hat: In den *rechtsextremen* Familiengeschichten klingen Stimmungsgehalte an, wie sie auch in den *nostalgischen* Mythen zum Ausdruck kommen. Es ist somit durchaus vertretbar, der e-typischen Mentalität einen *n-Typus* entgegenzustellen, der sich mit vergleichbarer Heftigkeit zur Bilderwelt der extremen Rechten hingezogen fühlt. Vielleicht ist der Gegensatz »linker« und »rechter« Weltsicht eben doch tief in einer psychodynamisch vorgezeichneten Polspannung verankert, woraus sich dann auch erklären würde, warum er sich so zeitüberdauernd stabil behaupten kann, unberührt von allem vordergründigen Wechsel des tagespolitischen Gewandes.

Wo eine der beiden Ideologien politisch zur Alleinherrschaft gelangt, dominiert sie dann zwar die offizielle Staatsphilosophie; da aber der jeweilige Gegentypus, falls seine Wurzeln denn wirklich psychologischer Art sind, nicht plötzlich verschwinden kann, muß er sich auch seinerseits häuslich darin einrichten. Er geht keineswegs pauschal in den Untergrund, zumal ihn die totalitäre Staatsform immer auch anspricht. Vielleicht ist das einer der Gründe dafür, daß die Realität der Parteiprogramme oft seltsam hybrid wirkt, daß sich etwa das sozialistische Element in den faschistischen Ideologien ebenso am Leben gehalten hat wie Nationalismus und Antisemitismus im bolschewistischen Staat.

Nun haben wir bei radikalen Ideologien immer mit einer degenerativen Verformung des Mythos zu rechnen. Während sich der emanzipatorische Aspekt des Enuma Elisch auf den Sonnengott Marduk zentriert, läßt sich die e-typische Weltsicht eher als eine Phantasie des ich-schwachen Anu interpretieren, der den siegreichen Kampf gegen Tiâmat nur träumt, aber nicht die Kraft hat, ihn durchzustehen. *Ganz analog dazu sollten wir auch bei der Suche nach einem Modell für die Ideologie des n-Typus vor allem auf nostalgisch gezeichnete Nebenfiguren achten.* Einen Hinweis hierzu können wir dem nachfolgenden Traum eines rechtsradikalen Studenten unter GROSSARTH-MATICEKs Probanden entnehmen[6].

»Meine Mutter ist mit einem Schwert in der Hand die Herrin auf dem Schlachtfeld. Über ihr steht die Sonne und viele Engel, und auch sie schwebt in den Wolken. Ich sitze auf dem Pferd in altgermanischer Tracht. Obwohl sie weit entfernt ist, spüre ich jeden Atemzug von ihr, und ich weiß, ich bin ihr ausgewählter, heißgeliebter Sohn. Ich bete sie an und führe ihre Befehle aus. Sie sagt zu mir: ›Mein Sohn, mein Führer.‹ Hinter mir befinden sich alle Panzereinheiten der NATO unter rein germanischer Führung. Die Juden in Deutschland sind tot, mein Vater ist ein kleiner Feldwebel in den hintersten Kampfreihen. Meine Mutter läßt die Engel zum Angriff blasen. Los geht's gegen die Bolschewisten und die Auslandsjuden. Im Kampf spüre ich Blut aus dem Munde. Ich bin getroffen. ›Mein Blut ist dein Blut‹, sagt meine Göttin-Mutter. Ich befinde mich in einem großen Haufen deutscher Soldaten, zusammen mit toten Bolschewisten. Die Fleischmasse beginnt zu faulen. Obwohl es fürchterlich stinkt, empfinde ich alles dies eigentümlicherweise als angenehm.«

Auch hier wieder, unübersehbar, Tiâmat in der kosmischen Entscheidungsschlacht. Aber nun hat sich die Perspektive des Handlungsträgers geändert: Der Träumer identifiziert sich diesmal nicht mit ihrem Widersacher, sei es Anu oder Marduk, sondern mit ihrem Sohn *Kingu*, zu dem sie, wie wir auf Seite 349 hörten, gesprochen hatte: »Du seist erhaben, mein Gatte, Auserwählter du!«

Wie Kingu stehen die n-typischen Gewährsleute GROSSARTHs in einer ungelösten Symbiosebeziehung zum mütterlichen Medium. Sie gleichen darin durchaus dem e-Typ und geben demgemäß, ähnlich wie dieser, bei Fragen nach Sexualbeziehungen Antworten, die auf Symptome psychischer Kastration schließen lassen. Wenn sie Sexualkontakte zulassen, dann berichten auch sie von Erlebnisunfähigkeit, Anorgasmie und Unlustgefühlen beim Koitus. Hinzukommt bei ihnen aber noch häufig die Angabe, aus moralischen Gründen überhaupt

---

[6] GROSSARTH-MATICEK (1979), S. 22 f

sexuell enthaltsam zu leben. Die schon erwähnte Militanz gegen Pornographie gehört ebenfalls hierher.

Während also beide Extremvarianten Symptome einer *verschmelzenden Identifikation* mit dem mütterlichen Medium erkennen lassen, unterscheiden sie sich doch diametral in der Weise, wie sie diesen Zustand erleben. Der e-Typ *leidet* darunter; beim n-Typ scheint es hingegen nichts zu geben, was ihm den Uroboros-Inzest unerträglich macht. Er bejaht im Gegenteil die Abhängigkeit:»Du bist nichts, dein Volk ist alles!« oder, wie es im eben gehörten Traum hieß:»Mein Blut ist dein Blut!« Während man vom e-Typ sagen könnte, er sei zu schwach, den emanzipatorischen Mythos zu leben, gilt für den n-Typ, daß er *im nostalgischen Mythos erstickt.*

Der Wille, die Verschmelzung mit der Mutter nicht aufzugeben, bedeutet letztlich das Ja zum Tod. Träume n-typischer Probanden enthalten daher auch keine kompensatorische Verleugnung dieser Konsequenz; sie haben aus der Not eine Tugend gemacht. Insofern ist ihr Gott auch *Whiro,* der Herrscher des Totenreichs, der nostalgische Widersacher im esoterischen Maori-Mythos. In seiner Gefolgschaft wird die Verwesung in einer fauligen Masse von Leichen nicht gefürchtet, sondern lustvoll genossen.

Ein Kampflied der Hitlerjugend, Jahre vor dem Zweiten Weltkrieg gedichtet, lautete:

> Ein junges Volk steht auf, zum Sturm bereit,
> Reißt die Fahnen höher, Kameraden!
> Wir fühlen nahen unsere Zeit,
> Die Zeit der jungen Soldaten.
> Vor uns marschieren mit sturmzerfetzten Fahnen
> Die toten Helden der jungen Nation,
> Und über uns die Heldenahnen.
> Deutschland, Vaterland, wir kommen schon!

Wohin? mag man fragen. Der schaurige Unterton solcher Verse, eine *danse macabre* der Symbole »jung« und »tot«, drängt sich jedem einigermaßen sensiblen Hörer unmittelbar auf. Das hat nichts mit Iwans Wahl des richtigen Weges an der Steinsäule zu tun. So singt man, wenn man zum Opferaltar der Todesgöttin marschiert. »Viva la muerte« ist eine Losung, die nur den Faschisten einfallen konnte.

Seele und Eisen

Wenn der n-Typus seine verschmelzende Identität bejaht, so heißt das freilich nicht, daß der Verdrängungsaufwand bei ihm geringer wäre als auf der Gegenseite. Dagegen spricht schon die oft hymnische Verherrlichung der Mutter bei GROSSARTHs rechtsradikalen Gewährsleuten. Ein 26jähriger Student der Kunstgeschichte äußerte sich etwa wie folgt:

»Ein Außenstehender kann das schwer verstehen. Meine Mutter kann man mit einfachen Worten nicht beschreiben. Auch Superlative reichen nicht aus, Worte wie herrlich, liebenswürdig, großzügig, immer die Ruhe und den Überblick bewahrend, Liebe ausstrahlend, alles umarmend, überall anwesend, jegliche Seele füllend.«[7]

Solche Apotheosen eines guten Mediums klingen viel zu aufgedonnert, als daß man sie beim Nennwert nehmen könnte. Auf irgendeiner Bewußtseinsebene wird die Mutter wohl in der Tat so erlebt; wie sie indessen im wirklichen Leben ist oder war, muß dahingestellt bleiben. Zweifellos hat sie da auch ihre Mängel und Unvollkommenheiten, und diese werden nicht ohne Grund verleugnet.

Die sich so über ihre Mutter äußern, haben es einfach *nötig*, sie zu verherrlichen, als Prothese für eine genuine Ich-Schwäche, etwa nach dem Muster: Ich habe keine Grenzen, aber ich brauche auch keine, denn das Medium, in dem ich aufgehe, ist gut, ja mehr noch, es ist über alle Maßen grandios, und weil seine Identität auch die meinige ist, bin ich selbst gottgleich, sofern ich nur ja nicht aufhöre, an ihm zu partizipieren.

Solcher Identifikation fehlt jede Bereitschaft zur spiegelnden Distanz; sie ist daher auch nicht etwa im Sinne MARCIAs als »übernommen« zu werten. Sie beruht auf totaler Verschmelzung, in der sich so etwas wie eine Ich-Kontur gar nicht auszubilden vermag. Die Identität kann also, im wahrsten Wortsinn, wiederum nur eine »diffuse« sein, die sich ihre konkreten Inhalte von Fall zu Fall hörig von der zuständigen Befehlsinstanz vorgeben läßt.

---

[7] GROSSARTH-MATICEK (1979), S. 18

Diese Konstruktion ist natürlich fragil und leicht zu verletzen. Vor allem zwei Einflußfaktoren können ihr gefährlich werden: der spontane *Wandel* und das *Fremde*. Zu deren Abwehr muß daher ein harter Panzer um das Ich gelegt werden, der artfremde Verunreinigungen oder unkontrollierte Neuerungen fernhält. HEIGERT bezeichnet es als eine der übrigen Welt nicht begreifbar zu machende Merkwürdigkeit der romantischen Bewegungen in Deutschland von den Freiheitskriegen bis zur Nazi-Epoche, »Seele und Eisen« in eine so makabre Verbindung gebracht zu haben.

»Sie umgaben die Blume der Empfindung mit einem Panzer und besangen bald die schimmernde Wehr. Ihren Kern hielten sie heilig. Nichts sollte die Reinheit mehr berühren, nichts sie verderben. Da aber die Welt ringsum so elend vordergründig und blöd materialistisch sei, müsse wohl eine stählerne Schutzhaut um die innersten Empfindungen des Deutschen gelegt werden.«[8]

An die Stelle der leiblichen Mutter sind hier die »Volksgemeinschaft«, die »Heimat« oder das »Deutsche Wesen« getreten; aber das ist belanglos – worum es geht, ist allemal die nostalgische Reminiszenz an den Uroboros-Inzest, ein beschwörendes Sich-Anklammern an die Symbole des Urvertrauens, dessen man sich, aus welchen Gründen auch immer, tiefinnerlich keineswegs sicher ist.

In der nationalsozialistischen Massenhysterie haben dieselben Uraffekte das getragen, was man das *Führerprinzip* nannte. Es wäre ganz falsch, wollte man dieses einseitig als Ausgeburt patriarchalischer Phantasie deuten. Der »Führer« präsentierte sich nicht als Super-Mann, sondern als Inkarnation eines zutiefst *androgyn* empfundenen Elternmediums. Man lese dazu nur etwa die Grußadresse, die zu Hitlers Geburtstag im Jahre 1939, einige Monate vor Ausbruch des Zweiten Weltkrieges, das offizielle SS-Organ »Das Schwarze Korps« auf der Titelseite veröffentlichte[9]:

»Mein Führer! So trete ich an diesem Tage vor Dein Bild. Dies Bild ist übergroß und ohne Grenzen, es ist gewaltig, hart, schön und erhaben, es ist so einfach, gütig, schlicht und warm, *ja, es ist Vater, Mutter, Bruder in einem*, und es ist noch mehr. Es trägt die größten Jahre voller Not und Ängste, die Sonne gläubigster Erfüllung, den Sieg, der immer Anfang neuer Pflicht und neu-

---

[8] HEIGERT (1968), S. 108   [9] HEIBER & VON KOTZE (1968)

er Felder war. Je mehr ich es zu fassen suche, so weiter, lichter, ohne Ende wird es mir, doch niemals, daß es fremd und fern gewesen. Du bist der Führer, ohne zu befehlen, Du lebst und bist Gesetz. Du bist die Liebe und die Kraft, mein Herz ist voll in dem Gedanken an Dich zu diesem Tag.«

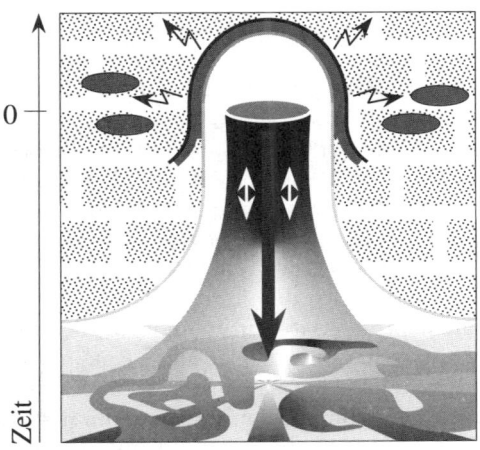

Verschmelzende Identifikation mit dem urszenischen Medium beim n-Typus. Die Fragilität dieser Konstruktion erfordert, daß ein Panzer feindseliger Kontaktverweigerung Fremdeinflüsse (horizontal) und Veränderungen (nach oben) abwehrt.

So geht es noch etliche Absätze weiter und mündet schließlich in dem Bekenntnis

»Wir wollen, Führer – alle die Soldaten, die durch Dich zum Kampf geweiht – in guten wie in bösen Tagen *die bleiben, die wir immer waren.*« (Hervorhebungen in beiden Zitaten von NB).

Jungen Menschen von heute kann man wohl gar nicht mehr verständlich machen, daß solches nicht notwendigerweise von einem zynischen Propagandaministerium getextet zu werden brauchte, daß sich Redakteure zuhauf fanden, die es *in allem Ernst* niederschrieben, und daß es, wieder und wieder in millionenfacher Auflage über eine gleichgeschaltete Presse verbreitet, ein ganzes Volk in die kosmische

Todeshochzeit von Kingu und Tiâmat mitreißen konnte. Man erhält eine Ahnung davon, wie ungeheuer das Kraftfeld der Mythen ist und wie ungebrochen es auch in ihren malignen Entartungen weiterlebt und Schicksal wird.

Der Rächer der Mutter

Wie verhält es sich nun mit dieser Gestalt selbst, die hier verklärt und angebetet wird, mit dem Menschen Adolf Hitler? Die Kunst der Charakteranalyse läßt sich ungern auf ihn ein. Wir wissen nicht, und wollen auch gar nicht wissen, was er für ein Individuum war. Nur eines steht fest: Es gehört zu den Pflichtübungen politischer Korrektheit, ihn einen Verbrecher zu nennen und ihm sämtliche aufzählbaren negativen Eigenschaften im Superlativ zuzuschreiben, auch wenn sie, zusammengenommen, überhaupt kein plausibles Persönlichkeitsbild mehr ergeben. Mit Psychologie hat das nichts zu tun; es dient einfach nur der persönlichen Entlastung. Man braucht dann nichts mehr zu verstehen, man kann sich vor unbequemen Identitätskonflikten drücken, und man hat einen Teufel zur Hand, auf den sich im Bedarfsfall Schuldgefühle abwälzen lassen.

Aber trifft es auch den Sachverhalt? Hitler war brutal und primitiv, Sympathien empfindet man für ihn weiß Gott nicht. Aber war er wirklich ein Gangster? Dann hätte er sich vermutlich rechtzeitig nach Südamerika abgesetzt, wie so manche der Kreaturen aus dem Dunstkreis von Parteiführung und Reichskanzlei; die Möglichkeiten hätten ihm zweifellos zu Gebote gestanden. Er hat sie aber nicht genutzt, sondern ist freiwillig und wissend in seinen Berliner Bunker gegangen. Gewiß, im letzten Moment wollte er noch das ganze deutsche Volk in seinen Selbstmord einbeziehen. Ist für eine solche Mentalität »kriminell« aber wirklich das richtige Wort? Deutschland war seine Tiâmat, mit ihr war er in symbiotischer Identifikation verschmolzen. Hat er überhaupt noch gemerkt, daß er Unbeteiligte mitnahm, als er mit ihr gemeinsam den Tod suchte?

Wir kommen jedenfalls weiter, wenn wir diese Persönlichkeitsstruktur nicht von ihrer Amoral, sondern von ihrer *Pathologie* her analy-

sieren. Es gibt neuere psychohistorische Arbeiten, die diesen Weg gehen. Sie lassen Hitler unverkennbar als n-Typus erscheinen. So zeichnet insbesondere STIERLIN[10] unter Bezugnahme auf BINION[11] ein Bild
des nationalsozialistischen Diktators, in dem dieser eine ausgesprochene Kingu-Position einnimmt. Hitler habe sein Lebensziel darin
gesehen, zum »Rächer« seiner Mutter zu werden, die unter den Händen ihres jüdischen Arztes Dr. Eduard Bloch einen qualvollen Krebs-
tod gestorben war. Eben dieser Arzt hat später bekannt, er habe in
seiner vierzigjährigen Praxis keinen Menschen getroffen, der vom Leiden und Tod seiner Mutter so erschüttert worden sei wie Hitler.
Gegen Ende des Ersten Weltkrieges vorübergehend erblindet, hatte
Hitler einen ihm von der Vorsehung erteilten Auftrag halluziniert, der
Demütigung Deutschlands, das er als sein »Mutterland« und zugleich
seine »einzige Braut« empfand, entgegenzutreten. In einem 1941 formulierten Text war dann von der Notwendigkeit die Rede, »den jüdischen Krebs aus dem Körper des deutschen Volkes zu entfernen«.
Dem Arzt seiner Mutter hatte Hitler übrigens noch 1940 durch eine
persönliche Anweisung an die Gestapo die Ausreise ins amerikanische
Exil ermöglicht. Hinter dieser persönlich-figuralen Wertschätzung des
Dr. Bloch scheint sich aber, allmählich immer übermächtiger werdend,
eine schattenhaft-mediale Vision »des« Juden als Typus aufgebaut zu
haben, in der der hilflose Helfer mit dem von ihm bekämpften Tumor
zu einer Einheit verschmolz. Der Jude, so sah es schließlich aus, hatte
den Tod der Mutter verschuldet und sich daran auch noch bereichert.
Der leibliche Vater ist wohl ebenfalls in den Komplex eingegangen,
als eifersüchtiger Spalter der verwöhnenden Sohn-Mutter-Symbiose;
und damit hatte sich schließlich ein »ödipales« Konfliktpotential von
tödlicher Brisanz zusammengeballt.
So erklärt sich Hitlers Judenhaß für BINION und STIERLIN als pathologische Ausgeburt einer übersteigerten Mutterloyalität ebenso, wie
die zweite wichtige Leitlinie seiner Politik, das Streben nach »Lebensraum«, als das Verlangen verständlich wird, die inflationäre Auf-
blähung der mütterlichen Gattin Tiâmat zu unterstützen.
Das väterliche Prinzip mit Jahwe und dem Judentum überhaupt
gleichzusetzen ist ein beliebter Topos der Rechten, dem wir schon bei

---

[10] STIERLIN (1975)   [11] BINION (1973)

SCHULER begegnet sind. Der auf Seite 713 erwähnte rechtsradikale Student der Kunstgeschichte gab, von GROSSARTH über seinen *Vater* befragt, zu Protokoll, es handle sich bei diesem um einen »verklemmten Kleinbürger mit despotischen Allüren«. Er sei penibel, geizig und stelle trotzdem den Anspruch, die Mutter zu beherrschen. Er habe die Mutter nie verdient. Der dem Vater gegenüber vorherrschende Affekt ist Verachtung, verbunden mit Todesphantasien: Er möge, so wünscht sich der Befragte, beim Autofahren verunglücken.

Die »ödipale« Situation des männlichen n-Typus analog zur Abbildung auf Seite 279. Die Trennung der Elternmedien wird als Eindringen eines »bösen« väterlichen Prinzips umgedeutet, das gewillt ist, das Paradies zu zersetzen sowie das Ich zu vereinnahmen und wider dessen Willen der Mutter zu entfremden.

Eine so scharfe Dissoziation der Elternmedien wird beim e-Typ nicht beobachtet. Der schwache, von seiner Partnerin scheinbar unterdrückte Vater erscheint hier eben gerade *nicht* als ernstzunehmender Widersacher der Mutter. Zwar bietet er sich als Verschmelzungsobjekt an, aber aus dieser Identifikation resultiert nur die Erfahrung gemeinsamer Ohnmacht.

Die Vatergestalt des n-Typs ist offensiver, bösartiger. Sie bricht wie ein Keil in das paradiesische Glück der mutterbetonten Urszene ein, erschüttert diese zutiefst, zersetzt sie und löst sie auf. Die elterliche Konstellation wäre hier von sich aus also durchaus für den Trennungsakt bereit; es ist das *Ich* selbst, das diesen zu verhindern sucht, weil es sich dagegen sträubt, aus dem Paradies herausgerissen und zur Identifikation mit dem väterlichen Eindringling gezwungen zu werden.

Derselbe Student, der sich in dem Zitat von Seite 711 die Rolle des Kingu auf dem Schlachtfeld erträumte, teilte noch einen zweiten Traum mit:

»Mein Vater schlägt die Mutter. ›Nein, du bürgerliches Schwein‹, sage ich. Meine edle Mutter weint, ich nehme das Messer und will den Vater töten. Dabei weint er und spricht: ›Die Kommunisten haben meine Existenz vernichtet, der eigene Sohn schlägt mich.‹ Ich sage ›Hast recht, du Schwein‹, und nehme die zitternde Mutter in die Arme.«

Auch dieser Traum hat kompensatorischen Charakter, ähnlich wie SCHULERS eingangs zitierte Mahnung: »Morde den Vater, ehe er deine kindhafte Seele frißt. Das mütterliche Herz wird dir helfen!« Kingu träumt sich in die Rolle des Retters seiner Mutter. In seinem Gegenspieler Marduk, der Tiâmat totschlägt und ihren Leib wie einen toten Fisch spaltet, kann er nicht das protagonistische Ich erkennen, das seiner ödipalen Reifungsaufgabe nachkommt; er mißversteht ihn als den väterlichen Eindringling, den »Bösen Wolf«, den »Tiger« aus dem Traum von Selma FRAIBERGS Christian.

Kingus eigener Mythos

Das Bild, das GROSSARTH von der rechtsradikalen Geistesverfassung zeichnet, insbesondere die n-typische Apotheose der Mutter, scheint auf den ersten Blick überhaupt nicht zu den philosophischen oder pseudophilosophischen Selbstdarstellungen der faschistischen Ideologie zu passen, insofern diese gerade umgekehrt einem übersteigerten *Männlichkeitskult* das Wort zu reden pflegen.

So trennt etwa Alfred ROSENBERG in seinem »Mythus des Zwanzigsten Jahrhunderts«[12] zwar ebenfalls scharf zwischen einem männ-

---

[12] ROSENBERG (1930)

lich-geistigen und einem erdhaft-mütterlichen Prinzip. Die verherr-
lichte »nordische« Mentalität ordnet er aber dem *Manne* zu, während
er das »Judentum«, in krassem Gegensatz zu SCHULER, auf die Seite
der chthonischen *Mutterkulte* schiebt, und zwar unter dem Eindruck
der zügellosen, orgiastischen Sexualität der als »mutterrechtlich« geltenden Dionysoskulte: In ihnen nämlich bekunde sich die »Religion
der Besessenheit« der »afrikanisch-vorderasiatischen Rassen und Ras-
senmischungen«. Auch der unsägliche LANZ VON LIEBENFELS[13], bei
dem sich ROSENBERG möglicherweise bedient hat, vertritt ähnliche
Standpunkte.

Auf der *Symbolebene* bleibt ROSENBERGs Weltbild mit seiner romantischen Verherrlichung von Volk und Rasse, Blut und Boden, Traum
und Glaube zwar unverkennbar mutterzentriert; aber das allein reicht
nicht aus, um die vorgenannten Passagen zu neutralisieren; sie stehen
eben auch im Raum und verlangen, daß man sie einordnet.

Hierbei kann nun ein anderer Autor weiterhelfen, der auf derselben Linie, aber auf höherem Niveau liegt. Es ist der schon im vorigen
Kapitel zitierte Italiener Julius EVOLA, einer der geistigen Wegbereiter
des Faschismus. Auch wenn man seiner Weltanschauung mit der gebo-
tenen Reserve begegnet, hat man hier doch zumindest nie, wie bei
ROSENBERG ständig, den Eindruck, einem Parvenu zuhören zu müssen.

EVOLAs Hauptwerk, die »Erhebung wider die moderne Welt«, seit
1935 auch auf Deutsch zugänglich, vertritt einen dezidierten Kultur-
Dualismus, der an den Schlüsselbegriffen *traditionell* und *modern* festgemacht wird. Dabei steht die Chiffre »modern« für die Verfallskul-
tur der »historischen« Zeit, die übrigens bereits im 7. vorchristlichen
Jahrhundert eingesetzt haben soll. Zuvor, sagt EVOLA, sei das Lebensgefühl in der »Tradition« verwurzelt gewesen, man habe eben noch
nicht historisch, sondern »mythologisch« gedacht. Der Ausdruck
»traditionell« beziehe sich dabei nicht etwa reaktionär auf die Wiederherstellung von etwas, was einmal war, sondern auf die Wieder-
freilegung von dem, was ewig *ist*. Damit ist das Weltempfinden der
nostalgischen Trennungsmythen angesprochen: Der noch wahrhaft
Aufnahmefähige

---

[13] LANZ VON LIEBENFELS (1904)

»kann jede Furcht abstreifen (und) ... erkennen, daß die moderne Welt in ihrem Verfall nichts anderes und Tragischeres in sich birgt als das nichtige Ereignis eines Nebeldunstes, der aufsteigt, sich ballt und vorüberzieht, ohne den freien Himmel verändern zu können«[14].

Dieses Bild kontrastiert eindrücklich mit dem titanischen Selbstverständnis des Elohim, der meint, kraftvoll die Regenwolken nach oben getrieben und dabei den Himmel *erschaffen* zu haben. Aus welcher Perspektive, so können wir fragen, erscheint die Lust an kreativer Neugestaltung derart abwertungsbedürftig? Und die Antwort lautet: Es ist eben die Perspektive des *Kingu*.

Bereits im letzten Kapitel haben wir uns einer Technik bedient, die in dieser Form in der Mythenforschung unüblich ist und auch nur bei einem psychogenetischen Interpretationsmodell sinnvoll sein kann. Wir haben das mythische Geschehen nämlich für einmal nicht mit den Augen seines Helden betrachtet, sondern uns in eine *Nebenfigur* – dort die des Anu – versetzt und gefragt, wie dieser wohl den Mythos, an dem er mitwirkt, träumen würde. Nach demselben Schema können wir nun auch zu rekonstruieren versuchen, wie wohl *Kingus* eigener Mythos aussähe, wenn es ihm je vergönnt gewesen wäre, sich einen solchen zu schaffen.

Eine Möglichkeit dazu hat SCHULER schon gewiesen. Es ist der Weg der ekstatischen Bejahung der Symbiose mit Tiâmat, einer Gefolgschaftstreue, die die bedingungslose Selbstauflösung freudig akzeptiert; freilich mit allen Konsequenzen, einschließlich der affektiven Unfähigkeit zu heteroerotischer Erfüllung.

Gibt es eine Alternative? Kann Kingu, ganz Geschöpf seiner Mutter und von ihr zugleich zu ihrem Gatten und Führer erhöht, der psychischen Kastration überhaupt entgehen? Diese Alternative liefe auf eine Quadratur des Kreises hinaus: Er müßte die Mutter vergewaltigen, bevor sie ihn entmannen kann, und *zugleich* verherrlichen, da seine eigene Grandiosität eine von ihr erborgte ist, von ihr gespeist wird und mit ihr steht und fällt!

Hier setzt nun die Mythopoiese EVOLAs an, und bei ROSENBERG liest es sich ganz ähnlich. Den Schlüssel liefern dabei die faschistischen Symbole von »Blut« und »Boden«, die den Menschen und seine Hei-

---

[14] EVOLA (1935), S. 6 f

mat meinen und direkt als Chiffren für Kingu und Tiâmat interpretierbar sind. Für das traditionsgebundene Lebensgefühl, so erfahren wir von EVOLA, bestand zwischen dem Menschen und seinem Boden eine innige, heute verlorengegangene Beziehung der *Abhängigkeit*. Diese aber könne sich prinzipiell in zwei scharf zu trennenden Formen verwirklichen. Für Angehörige »unterwertiger Rassen« bleibe sie dumpf und kollektiv. Deren mystisches Empfinden für den Lebensraum, dem sie angehören, verlasse nicht das »Niveau des bloßen Tellurismus«. Sie zielen, heißt es,

»weniger auf die Überwindung und Ausschaltung, als auf die Kräftigung und Erneuerung des Gesetzes hin, nach welchem der einzelne jedes Eigenlebens beraubt und zur Wiederauflösung im unterpersönlichen Urgrund seines Blutes vorbestimmt ist. Ein solcher Zustand ist fast immer durch Promiskuität und eine mehr oder weniger kommunistische Verfassung innerhalb des Clans oder Stammes gekennzeichnet.«

Kingus panische Angst, sich in der Symbiose zu verlieren, wird hier auf einen abgespaltenen Schatten in Gestalt minderwertiger Völker projiziert. Die lichthafte Antithese hierzu sieht EVOLA demgegenüber

in einer »übernatürlichen Aktion ...«, die, einen höheren Einfluß an einen bestimmten Landstrich heftend, das dämonisch-tellurische Element des Bodens ausschaltet, letzterem ein 'sieghaftes' Siegel aufprägt und ihn so zu einem Nährboden für über ihn hinauswachsende Kräfte macht.«[15]

So also löst Kingu sein Problem: Er meint, der Selbstauflösung in den Armen der Tiâmat durch die Illusion entgehen zu können, daß er sie bedingungslos *besitzt*. Und natürlich er allein: Die Kraft zu jener »übernatürlichen Aktion«, sagt EVOLA, sei den Göttersöhnen vorbehalten, weshalb denn auch »in jeder höheren Traditionsform der Bodenbesitz als Privatbesitz *stets ein adeliges Vorrecht war*«. Das hat Tiâmat selbst dem Kingu eingeredet, als sie ihn ihren »Herrn und Führer« nannte, so wie auch GROSSARTHs n-typische Rechtsextreme von daheim die narzißtische Überzeugung mitbekamen, etwas Besonderes zu sein. Seitdem ist Kingus Selbstverständnis ein aristokratisches, und das hat er sich nicht verdienen müssen, er weiß nicht und braucht

---

[15] EVOLA (1935), S. 145 f

nicht zu wissen, warum er besser ist als die anderen, die »Schlecht-weggekommen«, wie NIETZSCHE sie nennt.

Der Frevel der Göttersöhne

Auch in den Augen derer, die EVOLA als »traditionell« adelt, ist es keine Frage, daß die Zeiten sich ändern. Anders als der »moderne« Mensch, der die Evolution preise, wisse der »traditionelle« jedoch, daß der weltgeschichtliche Wandel einem *Sturz* gleichkomme. Hieraus folgt eine klare Absage an den *Darwinismus*: Ursprünglich war eben nicht der »tierhafte Höhlenmensch« da, sondern ein »Mehr-als-Mensch«, von gottgleicher Unsterblichkeit. Das ist wörtlich so gemeint und wird mit einer entwaffnenden Deutung der Paläontologie belegt: Von jenen ersten Menschen gibt es keine Fossilien, eben weil sie unsterblich waren!

Wie ging diese Unsterblichkeit nun verloren? Auch hierauf weiß EVOLA eine bündige Antwort: Der Tod kam durch eine widernatürliche Vermischung der »göttlichen« Rasse mit minderwertigen Menschenrassen in die Welt. Erst die Produkte dieser Blutschande, die Neandertaler zum Beispiel, hinterließen Skelette.

Das alles klingt für uns heutige kaum mehr nachvollziehbar. Tatsache ist aber, daß gerade die Idee des Niederganges wegen Vermischung des Reinen mit dem Unreinen zu den ältesten Topoi im Umfeld der Trennungsmythen gehört und offenbar einer der möglichen Wege ist, die Spannungen der »ödipalen« Phase aufzufangen. Auch die biblische Sintflutmythe verwendet dieses Bild. Genesis 6, 1–4 enthält einen ziemlich rätselhaften Einschub, weder vom Jahwisten verfaßt, noch der Priesterschrift zugehörig, in dem davon die Rede ist, daß ursprünglich, außer den Menschen, auch »Gottessöhne« und »Riesen« die Erde bevölkerten. Unwesentlich gekürzt lautet die Passage:

»Als aber die Menschen anfingen, sich auf der Erde zu mehren, ... sahen die Gottessöhne, daß die Töchter der Menschen schön waren, und sie nahmen sich zu Weibern, welche sie nur wollten. Da sprach der Herr: Mein Geist soll nicht auf immer im Menschen walten, dieweil auch er Fleisch ist, und seine

Lebenszeit sei hundertzwanzig Jahre. Zu jenen Zeiten ... waren die Riesen auf Erden. Das sind die Recken der Urzeit, die hochberühmten.«

Das klingt in der Tat, als habe die Sterblichkeit etwas mit jener Verbindung zwischen »Gottessöhnen« und »Menschentöchtern« zu tun; eine harte Nuß für Bibelexegeten. Unmittelbar im Anschluß an diese Stelle kommt dann die Geschichte vom Weltsterben durch die Flutkatastrophe, ausgelöst durch »der Menschen Bosheit«. Dieser Text stammt vom Jahwisten und ist älter als der vorgenannte Einschub, doch soll die Nachbarschaft wohl doch inhaltliche Verwandtschaft signalisieren.

Auf gleichlautende Gedanken trifft man auch anderswo. So wußten etwa die Ureinwohner Mexikos von einem kaskadenförmigen Niedergang des Menschengeschlechts zu erzählen. PLATO spricht im »Gastmahl« von den Bewohnern der sagenhaften Insel Atlantis, die durch wiederholte Vermischung mit Menschen ihren gottgleichen Charakter verloren hätten. Und dann ist da vor allem die Lehre der Weltzeitalter, die uns von HESIOD überliefert ist.

Speziell hierauf fußend teilt auch EVOLA die Menschheitsgeschichte in vier Epochen ein: das »goldene«, das »silberne«, das »eherne« und schließlich das »eiserne« Zeitalter. Und in der Weise, wie er diese charakterisiert, erkennt man unmittelbar die Stadien der *Ontogenese* wieder – allerdings in einer speziellen und ideologiekritisch höchst relevanten Perspektive.

Von der goldenen zur silbernen Zeit

Golden haben zuerst das Geschlecht hinfälliger Menschen
Todfreie Götter geschaffen, die himmlische Häuser bewohnen.
Das war zu Kronos' Zeit, als er noch König im Himmel.
Und die lebten wie Götter und hatten nicht Kummer im Herzen
Fern von Mühen und frei von Not, nicht drückte das schlimme
Alter auf sie, sondern allzeit behend an Beinen und Armen
Lebten sie freudig in Festen, weitab von allen Übeln;
Starben, als käme ein Schlaf über sie. Und alle die Güter
Waren ihr Teil; Frucht brachte der nahrungsspendende Boden
Willig von selbst, vielfältig und reich.

Mit diesen Worten beginnt HESIOD[16] sein Lied vom ersten, dem *goldenen* Weltalter, in dem die Menschen von den Göttern noch kaum geschieden waren.

Es mutet wie ein Schlaraffenland an; psychogenetisch interpretiert verweist es auf die Frühphase der »oralen« Symbiose. EVOLA indessen legt Wert auf die Feststellung, daß in der übrigen Literatur diese Zeit meist mit geographischen Symbolen wie einer Insel oder einem Festlandblock in Zusammenhang gebracht werde, der »die geistige Beständigkeit gegenüber der Zufälligkeit der Wasser« verbildliche. Verwandte Seelenlandschaften seien ein Berg als Träger der Weltachse oder das »Land der Mitte«. Besonders charakteristisch sei die Symbolik des »Pols«, den EVOLA übrigens, hier ganz mit ROSENBERG konform, konkret mit dem arktischen Erdpol gleichsetzt, woraus sich dann von selbst die Deutung der nordischen Rasse als des legitimen Repräsentanten dieser sonnenhaften Ära ergibt.

Auf die Ontogenese zurücktransformiert, verweisen alle diese Bilder auf das Lebensalter der *egozentrischen Omnipotenzphantasie* im Anschluß an die Festigung der Ich-Figur von der Mitte des zweiten bis zum Ende des dritten Lebensjahres. Indem EVOLA die Entwicklung mit *dieser* Phase beginnen läßt, unterdrückt er die vorangehende Zeit des rein ozeanischen Gefühls, das in seiner symbiotischen Konturlosigkeit denn doch allzu peinlich an Kingus faktische Inzest-Situation erinnern würde. Am Anfang muß hier daher bereits die »Tastkugel« existiert haben, SCHULERs um sich selbst rotierendes Swastika, das seiner selbst gewiß im Zentrum schwebt, eingebettet freilich in den Schoß einer hermaphroditischen Mutter. Die Skizze auf Seite 705 könnte das Lebensgefühl des »Goldenen Zeitalters« nicht treffender wiedergeben.

Irgendwann ist diese Epoche dann aber zuende gegangen und die *silberne* angebrochen. HESIOD nennt dafür keinen besonderen Anlaß; die Zeit hatte sich einfach erfüllt. Bei EVOLA vollzieht sich der Wechsel dramatischer; eine kosmische Klimakatastrophe habe die nordische Urrasse heimgesucht und sie gezwungen, aus ihrem polaren Paradies abzuwandern.

---

[16] MARG (1968)

Für HESIOD ist das »silberne« schon ein recht fragwürdiges Menschengeschlecht; diese Wesen handelten sich nämlich, kaum der Kindheit entwachsen, durch »eigene Torheit« Leid und Tod ein. Sie mochten nicht »ewige Götter verehren und an hehrem Altar den Seligen opfern, wie sichs für Menschen geziemt«. In unserem ontogenetischen Lesemodell wäre damit die Ursünde der »ödipalen« Auseinandersetzung angesprochen.

Mit dieser Phase tut sich EVOLA am schwersten, und wir können uns denken, warum: Jetzt findet ja der Entscheidungskampf zwischen Tiâmat und Marduk statt, in dem Kingu auf der falschen Seite kämpft, in den er eintritt wie Hitler in den Zweiten Weltkrieg: gefangen in einer Doppelbindung aus absolutem Herrschaftsgefühl und mystischer Gefolgschaftstreue zu Rasse und Heimat, zur göttlichen Urmutter also, in blindem Siegesrausch und zugleich schon in der Vorahnung, durch allen Aktionismus den vorgezeichneten Lauf des Schicksals nur noch zu beschleunigen, der in letzter Konsequenz darin münden muß, daß die Mutter zerrissen und ihre inzestuösen Vasallen vernichtet werden.

Das silberne Zeitalter ist nach EVOLA durch eine kosmische Antithese gekennzeichnet. Entgegen dem solaren »Licht des Nordens« und seinem männlichen Ethos der kriegerischen Geistigkeit, des ordnenden und beherrschenden Willens, gelangen jetzt »vom Süden her« lunare und tellurische, also *weibliche* Symbole zur Dominanz: die Mutter, die göttliche Frau, die Erde, das Wasser oder die große Schlange. Diesen entspreche ein Pathos des Sterbens und Auferstehens, ein Hang zur Vermischung, zur Ausflucht, zur Nachgiebigkeit oder auch zur Liebe, ein oft triebhafter oder mystisch-kontemplativer pantheistischer Naturalismus.

»In dieser Auffassung wird alles zu einem großen Meer, worin sich der Kern des Einzelwesens auflöst und als Salzkorn verliert; worin jede Persönlichkeit eine trügerische und momentane Erscheinung der einheitlichen, undifferenzierten Substanz darstellt, die gleichzeitig Geist und Natur und das einzig Wirkliche ist, so daß für einen Gedanken wahrhaft transzendenter Art kein Raum bleibt«[17].

---

[17] EVOLA (1935), S. 202

In solchen Bildern bekundet sich die Angst vor der *Sintflut*, die wir erstmals auf Seite 286 zu erörtern Gelegenheit hatten. Wie dort schon festgestellt wurde, ist ja eigentümlicherweise noch nicht die präödipale Insel im Urozean von einer Überschwemmungskatastrophe bedroht. Erst müssen die Wasser *getrennt* sein, bevor sie wieder über dem Ich zusammenbrechen können. Das Swastika in der Blutleuchte braucht keine Auflösung zu fürchten, solange die Urflut androgyn ist wie der pulsierende Halbmond SCHULERS. Aber im silbernen Zeitalter haben sich die Elemente nach »Norden« und »Süden« hin polarisiert und damit auch sexualisiert. Jetzt steht die Mutter nicht mehr über den Geschlechtern, jetzt wird das Symbioseverlangen zum realen Inzestwunsch und als solcher mit der Drohung der psychischen Kastration belegt.

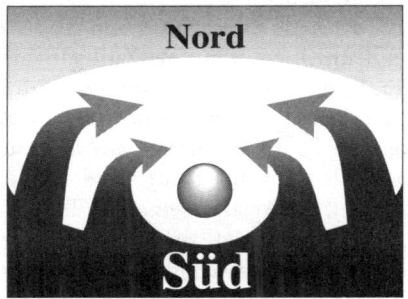

Die Trennung der hermaphroditischen Urflut in das männliche (»nördliche«) und das weibliche (»südliche«) Element raubt dem Uroboros-Inzest seine Unschuld und bringt die Gefahr mit sich, daß die festgehaltene Muttersymbiose die Sintflut heraufbeschwört.

Charakteristisch für das silberne Zeitalter, sagt EVOLA, sei die Umdeutung des Begriffes der Frau, die zuvor einfach Muttergrund, Substanz alles Gezeugten war, in eine Göttin nach Art der pelasgisch-minoischen *Demeter*, die nunmehr beanspruche, den höchsten geistigen Wert zu verkörpern.

»Jedes Wesen, als Sohn aufgefaßt, erscheint ihr gegenüber als etwas Nachfolgendes, Bedingtes und Untergeordnetes, das ohne Eigenleben und folglich hinfällig und vergänglich ist.«[18]

Gegenüber der Situation, wie sie auf Seite 718 dargestellt ist, mutet dieses Szenario geradezu spiegelverkehrt an. Gemeinsam ist hier wie dort die scharfe Polarisierung zwischen einem männlichen und einem weiblichen Prinzip. Aber die Wertzuweisung ist vertauscht: Jetzt ist der männliche Pol Garant der Reinheit und Ziel der Sehnsucht, während die Mutter sich als dunkel und dämonisch zu erkennen gibt. Diese Art von Ambiguität ist uns vorangehend schon wiederholt begegnet. Auch das Enuma Elisch hat ja *zwei* Strophen, in denen die Elternprinzipien separat bekämpft werden. Die Rolle des nostalgischen Verführers kommt beide Male vor: In Bezug auf Tiâmat ist es Kingu; in der Apsu-Episode nimmt *Mummu* diese Position ein. Und er ist es auch, bei dem Kingu nun seine Zuflucht sucht. Kingu hat ja keinen Vater mehr. Er weiß aber noch, daß für Mummu der Vater die Lichtgestalt war, die von den sittenlosen Umtrieben der sich regenden Götter beunruhigt wurde. Tiâmat hatte damals diese Umtriebe gebilligt, vielleicht sogar als treibende Kraft hinter ihnen gestanden, eine geheime Drahtzieherin, die Apsu in seinem Willen zu rücksichtslosem Durchgreifen lähmte. Daran muß sich Kingu nun erinnern, um sich vor der Kastrationsdrohung zu schützen, der er durch seine Mutter-Gattin ausgesetzt ist.

Wenn EVOLA, ganz im Sinne ROSENBERGS, vom »dämonisch-ekstatischen« und »frenetischen« Kult der »dunklen Rassen des Südens« spricht, denen alles wahrhaft Übernatürliche fremd sei[19], und wenn er dem das keusche Gegenbild der *jungfräulichen Mutter* in ihrer »reinen und ruhigen demeterhaften Geistigkeit als lunares Licht«[20] entgegenstellt, so spürt man darin den verzweifelten Wunsch, der psychischen Kastration zu entgehen, indem Tiâmat aufgespalten wird in einen *mütterlichen* Aspekt, der in symbiotischer Vereinigung weiterhin Quelle und Garant von Geborgenheit und Größenphantasien bleiben kann, und einen *sexuellen* Aspekt, in dessen sadistischer Erniedrigung sich dann ebendiese Größenphantasien ausagieren können.

---

[18] EVOLA (1935), S. 199   [19] ebd., S. 201   [20] ebd., S. 204

Es ist nur konsequent, wenn EVOLA auch den *Sündenfall*, den dramatischen Höhepunkt der ödipalen Phase, aus einem Akt der Trennung in den einer sexuellen Verschmelzung umdeutet:

»Hinter den verschiedenen Verbildlichungen des ›Sturzes‹ (Sündenfalls)« verbirgt sich »der Begriff einer Einswerdung des männlichen Prinzips mit dem weiblichen ... und eines Sichverlierens des ersten im zweiten, bis es die Seinsart des letzteren annimmt... Eben hierauf gründet sich, auf der Ebene der menschlichen Wirklichkeit, die Haltung des asketischen Mißtrauens und des Verzichts so vieler Traditionen gegenüber dem Weib, das oft als Prinzip der 'Sünde', der Unreinheit und des Übels, als stete Versuchung für den, der nach dem Übernatürlichen strebt, folglich als etwas Gefährliches und Zersetzendes gilt.«[21]

Der Gefahr einer Auflösung des Yang im Yin läßt sich für Kingu nur durch eine absolute Unterordnung des weiblichen unter das männliche Prinzip begegnen. Außerdem muß den Geschlechtern abverlangt werden, ihre *Verschiedenheit* zu bewahren und zu betonen: Aktiv, heldenhaft und asketisch sei der Mann, kontemplativ und selbstlos hingabewillig die Frau. Alles, was diese Unterschiede verringert, bringt die beiden schon wieder so nahe aneinander, daß die Stabilität der Grenze gefährdet wird.

»Je mehr der Mann wahrhaft Mann ist, umso mehr ist die Frau wahrhaft Frau. Welche Spannung aber soll zwischen diesen Mischwesen bestehen,... die seelisch weder Mann noch Frau sind, oder Frau der Mann und Mann die Frau...? Jede Beziehung kann nur noch schalen, androgynen, gleichsam homosexuellen Charakter haben: Promiskuität einer zweideutigen Kameradschaftlichkeit, farblose 'intellektuelle' Sympathien, Banalität eines neuen kommunistischen Naturismus – oder hysteroide und pathologische Komplexe nach Art jener, auf denen der Jude FREUD seine Pseudowissenschaft aufgebaut hat«[22].

Zyklen des Niederganges

Während EVOLA das »goldene« Zeitalter uneingeschränkt verherrlicht und das »silberne« immerhin ambivalent würdigt, gelten ihm die beiden übrigbleibenden Äonen dann eindeutig als »Zyklen des Nieder-

---

[21] EVOLA (1935), S. 149 f   [22] ebd., S. 157

ganges«. Die dritte, die »eherne« Zeit müßte nach dem Plan der Ontogenese der *Latenzphase* entsprechen, dem Alter des *Tricksters*, der immerhin nichtsnutzig genug ist, um eine eher harsche Wertung verständlich werden zu lassen.

»Stahlhart war ihr Herz« weiß HESIOD von diesen »rüden Gesellen« zu berichten. »Beilalter, Schwertalter, Windzeit, Wolfszeit«, in der der Bogen Bifröst Himmel und Erde nicht mehr verbindet, zitiert EVOLA an dieser Stelle die Edda. Er spricht also in der Tat von der Phase im Anschluß an die Vertreibung aus dem Paradies, ausgelöst durch den Bruch der Himmelsbrücke.

Der Frevel der biblischen Göttersöhne, die sich von irdischen Frauen verführen ließen, trägt nun seine Früchte und beschert der Welt in letzter Konsequenz die Sintflut. Nach EVOLA entsteht jetzt das *titanische* Geschlecht, von dem PLATONs *Kritias* spricht, demzufolge wilde Freude an der Gewalttat, Ungerechtigkeit, Machtdurst, Begierde und Halsstarrigkeit die Eigenschaften sind, die den Niedergang von Atlantis verschulden. Der Mann, sagt EVOLA, »materialisiert sich« jetzt, er erkennt die im silbernen Zeitalter errichtete Autorität der priesterlichen Frau nicht mehr an oder erschlägt, in der Gestalt des Kain, den angeblich »im Geiste weiblichen« Bruder Abel, bemächtigt sich »gleichsam im Sturm« unterirdischer Mächte zu willkürlichen und niedrigen Zwecken. Ein »luziferisches«, rechtswidriges Treiben bricht aus[23]. In alldem erkennen wir den Steckbrief des Tricksters.

Der weitere Verlauf der Weltgeschichte weist dann noch einen interessanten Bruch auf. Nach EVOLA mündet der allgemeine Verfall nämlich im »eisernen« Zeitalter, in dem Rassen leben, deren Schicksal das »ruhmlose Erlöschen im Hades« ist. Wir sind überrascht, denn eigentlich hätten wir jetzt die *Adoleszenz*, also ein Zeitalter des *Helden* erwartet. Das kann ja wohl nicht gemeint sein.

Und genau an dieser Stelle macht nun EVOLA darauf aufmerksam – wohlgemerkt, ohne im geringsten an eine *ontogenetische* Deutung der Weltalterlehre zu denken –, daß HESIOD zwischen dem dritten und vierten Äon rätselhafterweise die Monotonie des Niedergangs unterbricht und eine *fünfte* Epoche einschiebt. Hier nämlich habe Zeus noch einmal ein *besseres* Geschlecht geschaffen, das der *Heroen* eben.

---

[23] EVOLA (1935), S. 208

Dieses sei imstande gewesen, die Unsterblichkeit zu erlangen und trotz allem an einem Zustande teilzuhaben, der jenem des goldenen Zeitalters gleicht.

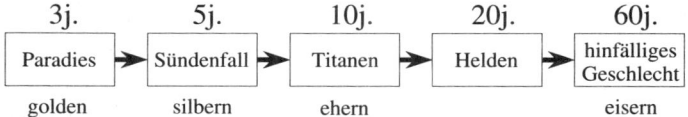

Die vier Weltalter EVOLAS mit dem von HESIOD übernommenen Einschub. In der oberen Zeile die ungefähren Entsprechungen im ontogenetischen Alter.

Allerdings fälscht EVOLA den *Hieros Gamos* des Helden im Sinne einer sexistischen Diskrimination um. So wie es der ultrarechten Ideologie im Enuma Elisch nur bis zu Kingu reicht, reicht es ihr im Heldenmythos nur bis zu *Dimitrij*. Während für Iwan die Jungfrau Zar eine gleichwertige Partnerin ist, redet EVOLA von der»verführerischen Hinterlist des Weibes«, die den Helden»auf aphrodisischem Weg oder durch Zauber« von dessen»symbolischer Unternehmung« abzubringen suche. BACHOFEN habe schon richtig bemerkt, daß das»Weib den Tod bringt, den der Mann durch den Geist überwindet«, was soviel bedeute wie, daß die List der Frau eine»Form der Geistigkeit zum Ausdruck bringt, die entmännlicht und»den Trieb zur ›sonnenhaften‹Erfüllung zu unterbinden sucht«[24]. Wenn der Held sich also auf die Frau einlasse, dann müsse diese ein Objekt der»Eroberung« und »Überwindung« sein; nur dann nämlich könne sich der männliche Charakter»sonnenhaft« auf höherer Ebene vollenden.

Kennzeichen einer solchen Erfüllung sei»das Herrsein über die Ursprünge« – nicht»Geschöpf« der Urkraft des Lebens zu sein, sondern sie zu bezwingen. So gelange der Held in die Position des»Mächtigen, der sein eigenes Licht erzeugt« und des»großen Gottes, der sich selbst gebiert«. Dies hat Marduk nie zu träumen nötig gehabt; das ist der Traum des Kingu, der sich an dieser Stelle in die Rolle des Marduk phantasiert, obwohl er sie natürlich noch viel weniger leben kann als sein»linker« Widerpart Anu.

---

[24] EVOLA (1935), S. 217

Bleibt schließlich noch das »dunkle« oder *eiserne* Zeitalter. Es ist die »jedes geistigen Prinzips beraubte Epoche«[25], die *geschichtliche* Zeit. Ihrer ontogenetischen Deutung sind keine Rätsel aufgegeben: HESIOD nennt dieses Geschlecht ein »hinfälliges«, dem »schon bei der Geburt das Haar an den Schläfen ergraut« sei. Die eiserne Zeit ist, nach der Hoch-Zeit der Adoleszenz, das zunehmend illusionslose Alter des *Senioren*, der mehr und mehr seine Hoffnungen zu Grabe trägt und mit Reparatur und Mängelverwaltung das Ende vor sich herschiebt.

Die Struktur der radikalen Ideologien

Wenn es zutrifft, daß die beiden besprochenen Extremvarianten politischer Ideologie im Weltgefühl der Trennungsmythen wurzeln, dann müßte es möglich sein, die im 11. Kapitel in Anlehnung an PROPP entwickelte Signiermethode auf sie anzuwenden.

Tatsächlich setzen beide bei einer je charakteristischen Wahrnehmung der Urszene U an. Beim *e-Typus* sollte man nun erwarten, daß er den Anfangszustand als bedrückend und beengend erlebt. Das ist aber nicht so; die linksradikalen Gewährsleute Grossarths betonten, daß sie sich ursprünglich in der familiären Nestwärme durchaus wohlgefühlt haben. Eigentümlicherweise beginnt also der e-typische »Mythos« mit der *nostalgischen* Funktion U_n.

In diesem Sinne äußert sich auch Friedrich ENGELS in seiner Abhandlung vom »Ursprung der Familie«[26]. Als der Mensch entstand, so heißt es hier, habe zunächst ein *paradiesischer* Zustand geherrscht, in dem die Haushaltsführung noch kommunistisch war und die Sexualbeziehungen weder durch Eifersucht noch durch Verbote eingeschränkt wurden. Der Mann sei unter diesen Umständen wegen der unsicheren Vaterschaft belanglos gewesen und nicht weiter aufgefallen, matriarchalische Verhältnisse hätten das Bild bestimmt. Erst später habe dann die Inzuchtbelastung dazu gezwungen, die sexuelle Freizügigkeit immer mehr einzuschränken, bis schließlich das Gesetz der Monogamie die fluktuierende Kreativität, mit der zuvor Beziehungen gestaltet wurden, erdrückt habe. Parallel dazu hätte auch die Domestikation Fortschritte gemacht und allmählich erlaubt, Reichtum anzuhäufen. Dieser aber sei nun in die Hände des dank der Einehe aus der Gesichtslosigkeit aufgetauchten

---

[25] EVOLA (1935), S. 218   [26] ENGELS (1977)

Mannes gelangt; auch die Frauen seien nun männliches Privateigentum geworden. Das habe die »weltgeschichtliche Niederlage des weiblichen Geschlechts« besiegelt. Ungleichheit, Unterdrückung und Sklaverei herrschten seitdem in der Welt.

Der Adam, der hier aus dem matriarchalischen Gewoge heraus in dessen Mitte Kontur und Macht gewinnt, spielt die Rolle des Protagonisten **P**. Mit seinem Erscheinen geht die Idylle des Uroboros-Inzests verloren, erst jetzt also schlägt der Stimmungsgehalt ins *Emanzipatorische* um. Wir wollen das durch die Signatur P_e zum Ausdruck bringen.

Von nun an wächst die Spannung **S** an, für eine Weile noch ausgeglichen durch die Verführungskünste der verwöhnenden Mutter V_n.

Allmählich aber steigert sich das aggressive Potential **A** zur Gewaltbereitschaft und drängt auf die »Weltrevolution«.

Nur – diese findet eben nicht statt. Der Trennungsakt bleibt defizitär und ist demgemäß mit $\#^-$ zu signieren.

Die folgenden Elemente stehen unter dem Eindruck dieses Versagens und suchen es wettzumachen. Vor allem werden Anstrengungen unternommen, die Ich-Grenze emanzipatorisch zu armieren: Man kultiviert Schuldgefühle und Empathie und betont unaufhörlich die Werte von Autonomie und Freiheit. Gleichwohl behalten diese Einhämmerungen *kompensatorischen* Charakter, was sich schon daran zeigt, daß ungeachtet aller Befreiungsphantasien letztlich doch das »Kollektiv« den Ton angibt, die Partei »immer recht hat« und »Kontrolle besser als Vertrauen« ist. Darin bekundet sich eine Ambivalenz, die wir in der Signatur festhalten wollen; wir verwenden dazu ein hochgestelltes ±, notieren an dieser Stelle also $@_e^{\pm}$.

Die Funktion der *Strafe* **X** pflegt bei allen radikalen Ideologien eine wichtige Rolle zu spielen. Beim e-Typus trifft sie das *Elternmedium*. Charakteristisch hierfür ist der Ausspruch, nach Auschwitz habe Deutschland das Recht auf Wiedervereinigung verwirkt. DDR und BRD, vom alliierten Marduk wie ein getrockneter Fisch geteilt und durch ein eisernes *stereoma* getrennt, in alle Ewigkeit am Pranger für ihre Verbrechen – das hätte Anu's Ressentiment befriedigen und ihm die Einsicht ersparen können, selbst vor der Entwicklungsaufgabe der Elterntrennung versagt zu haben.

Eigentümlich verhält es sich mit der Funktion der *Geschlechts-*

identität Ø. Wie wir am Ende des vorigen Kapitels vermerkt haben, stellte GROSSARTH bei e-typischen Männern immer wieder das Bedürfnis fest, Geschlechtsunterschiede herunterzuspielen und die Übernahme einer einseitigen »Männchen«-Rolle zu verweigern. Hier hätten wir also die *konträre* Funktion $Ø^{\dagger}$ zu signieren

Schließlich mündet der ultralinke Mythos in ein verklärendes Bekenntnis zum *Fortschritt*. Pragmatisches Augenmaß ist dabei nicht gefragt, weshalb das entworfene Zukunftsbild von vornherein als *Utopie* apostrophiert und schon dadurch mit dem Vorbehalt der Nichteinlösbarkeit belegt wird. Das »Prinzip Hoffnung« bricht sich am Realitätsprinzip und weiß das auch; wir haben also wiederum vom Ambivalenzsymbol Gebrauch zu machen und $F_e^{\pm}$ zu notieren.

Vergleichen wir damit nun die *n-typische* Ideologie, so begegnet uns auch hier zu Anfang ein nicht völlig erwartungskonformer Effekt. Man würde meinen, daß der nostalgische Charakter der Urszene voll ausgekostet wird und das ideologische Szenario also mit einem satten U_n beginnt. Tatsächlich scheint diese Reminiszenz aber einer Art Schamzensur zu unterliegen; es gelingt offenbar nicht, sich des völlig entgrenzten Uroboros-Inzests ohne Ambivalenz zu erinnern. Die Signatur muß also $U_n^{\pm}$ lauten. Als wirklich ideal wird es erst empfunden, wenn sich im Zentrum der *Protagonist* abzeichnet – freilich gut eingebettet in das »hermaphrodisische« Elternmedium, also in stark nostalgischer Stimmung. Kontrastierend zur e-typischen Sicht derselben Funktion ist hier sicher die Notierung P_n am Platze.

Wenn sich dann Spannung S und Aggression A entwickeln, so werden diese dem Protagonisten von *außen* aufgezwungen. Er *bejaht* von sich aus bedingungslos die Geborgenheit im Elternmedium, ganz anders als sein linker Gegenspieler, der sich vom HEGELschen Gedanken des Fortschritts aus dem *Widerspruch* leiten läßt. Für Kingu geht die Störung von *Marduk* aus, der als emanzipatorischer Verführer V_e wahrgenommen und mit dem *männlichen* Prinzip identifiziert wird. In EVOLAS Variante mit Mummu als Identifikationsfigur übernimmt *Ea* die Verführerrolle. So wie dieser mit seinen Geschwistern in wüsten Gelagen die Ruhe Apsus stört und dabei heimlich von Tiâmat unterstützt wird, kann man gut nachvollziehen, wie die Emanzipation hier als das Werk sexuell ausschweifender, chthonischer *Weiblichkeit* denunzierbar wird.

Charakteristisch für den n-Typus ist nun, daß er die *Elementen-trennung* außerordentlich dramatisch erlebt, nämlich als Einbruch einer fremden Gewalt in die vormalige Idylle; zugleich regt sich der übermächtige Drang, den Trennungsakt zu *verhindern*. Wir deuten dies wieder durch das Ambivalenzsymbol an, signieren also $\#^{\pm}$.

Was die Armierung des Ich anbetrifft, die der e-Typ im Bild des »tätigen Subjekts« idealisiert, so gehört es umgekehrt zum n-typischen Ehrenkodex, diese zu unterdrücken. Das Individuum empfindet sich hier als belangloses Glied eines großen organischen Ganzen, als bloßes Ausführungsorgan von Schicksal, Vorsehung oder Führerwillen. Wir haben also eindeutig $@_n^{\dagger}$ zu notieren.

Auch in Bezug auf die *Geschlechtsidentität* zeigen sich gegenläufige Tendenzen. Während der e-Typ sie eher verleugnen möchte, wird auf der n-Seite die natürliche Gegensätzlichkeit von Mann und Frau derart überbetont, die Homosexualität derart dämonisiert, daß man kein Psychoanalytiker zu sein braucht, um hier wieder einen Ambivalenzkonflikt zu vermuten. Wir signieren also $\emptyset^{\pm}$.

Die Strafe X ist die düsterste Hypothek des n-typischen Weltbildes. Sie trifft den Eindringling, der scheinbar das Verbrechen begangen hat, den Volksorganismus zu zersetzen. In den Vernichtungslagern, Gaskammern und Verbrennungsöfen der SS ist der paranoide Fluch SCHU-LERs, den Vater, den »Marder Juda« zu morden, Wirklichkeit geworden.

Den *Fortschritt* schließlich sieht die n-typische Mentalität wiederum ausgesprochen nostalgisch als Götterdämmerung. Gleichwohl tut sie nichts, um ihn aufzuhalten, sondern verwandelt Angst und Depression in die Lust am Untergang, in heroischen Triumph. Als Signatur käme hier also $F_n^{\pm}$ in Betracht.

Das Ergebnis der Strukturanalyse läßt sich wie folgt zusammenfassen:

U_n	P_e	S	V_n	A	$\#^-$	$@_e^{\pm}$	X	$\emptyset^{\dagger}$	$F_e^{\pm}$	*e-Typ*
$U_n^{\pm}$	P_n	S	V_e	A	$\#^{\pm}$	$@_n^{\dagger}$	X	$\emptyset^{\pm}$	$F_n^{\pm}$	*n-Typ*

Man erkennt, daß sich die beiden Weltbilder tatsächlich zwanglos in den Funktionen ausdrücken lassen, die wir für den »ödipalen«

Mythos entwickelt haben. Lediglich die *Reihenfolge* der Signaturen ist im Mittelbereich der Sequenzen nicht zwingend vorgegeben, da die dort angesprochenen Wertakzente nur programmatisch zum Ausdruck kommen, aber nicht wie beim Mythos in Erzählhandlungen umgesetzt werden.

Ob darüber hinaus die je spezifische Kombination der diakritischen Subskripte und Hochzeichen vielleicht einer strukturellen Regel folgt, die sich auch bei normalen Mythen nachweisen ließe, gehört zu den Fragen, die zu beantworten künftiger strukturalistischer Forschung vorbehalten bleibt. Auf der *psychodynamischen* Ebene entbehren sie jedenfalls nicht der Logik. Das sei abschließend noch einmal in einem zusammenfassenden Vergleich dargetan.

Die Quintessenz

Wie das soeben erarbeitete Strukturschema erkennen läßt, läuft der Gegensatz zwischen den beiden Extremvarianten politischer Mentalität zwar teilweise, aber keineswegs durchgehend auf eine spiegelsymmetrische Typologie hinaus. Es gibt zwischen beiden nicht nur Antithesen, sondern auch Gemeinsamkeiten.

Klar *gegensätzlich* ist sicher die Perspektive, unter der die *Elementtrennung* erlebt wird – emanzipatorisch bei der Linken, nostalgisch bei der Rechten. Daraus resultiert auch eine unterschiedliche Färbung des jeweiligen *Feindbildes*.

Für die *e-typische* Ideologie geht die Bedrohung von einem Prozeß aus, der auf Grund »historisch notwendiger«, innerer Widersprüche das Medium *als Ganzes* ergreift. Der Umschlag von einem kommunistischen Urzustand in eine durch Eifersucht und Profitgier geprägte Kapitalherrschaft wird nicht einseitig dem Mann angelastet; dieser erscheint vielmehr selbst als hilfloses Vollzugsorgan sozioökonomischer Konfliktproduktion. *Die Gesellschaft selbst* ist die Tiâmat, die zunächst Liebe heuchelt und dann ihre Kinder erdrosselt.

Ihrem suggestiven Bann fühlt sich der e-Typus ausgeliefert, und alle Anstrengung richtet sich demgemäß darauf, sie schließlich doch noch zu entmachten und zu relativieren. Hieraus wird auch die ständige

Rede vom »Hinterfragen« und von der »kritischen Reflexion« begreiflich. Wenn der ödipale Entwicklungsschritt nur ersehnt, aber nicht gültig vollzogen ist, dann wird die Theory of Mind zu einem Faszinans, dann wird Reife gleichbedeutend mit der Garantie, den allgegenwärtigen Fangarmen jedes die Weltsicht monopolisierenden Bezugssystems entkommen zu können.

Der e-Typ wird von der Zwangsidee verfolgt, die Selbstverständlichkeiten, denen er sich arglos anvertraut, könnten der Suggestivkraft eines unbemerkt wirksamen Mediums entspringen. Daher zeigt er sich beispielsweise so von dem psycholinguistischen Dilettanten Benjamin L. WHORF[27] fasziniert: Hatte der doch angeblich nachgewiesen, daß die Sprache mit ihrer je kulturspezifischen Grammatik das Denken präge und nicht umgekehrt. Auch wenn vermutlich noch niemand dadurch zu dem eigentlich logischen Schritt motiviert worden ist, nun fleißig Hopi zu erlernen, um sich endlich von falschen Denkzwängen zu emanzipieren, wirkt doch offenbar schon die Versicherung beruhigend, daß das theoretisch möglich wäre. Ein weiterer Stein des Anstoßes ist die Universalienforschung. Sie steht beim linken Flügel der Kulturanthropologen auf dem Index. Margaret MEAD[28] wird hartnäckig weiterhin mit inzwischen von ihr längst widerrufenen[29] Thesen zum Kulturrelativismus der Geschlechterrollen zitiert. Und im übrigen werden alle Aussagen über menschliches Verhalten und Erleben vorsorglich durch den politisch korrekten Zusatz »in unserer Gesellschaft« relativiert, auch wenn keinerlei begründbarer Zweifel besteht, daß es in anderen Gesellschaften genauso ist.

Demgegenüber finden wir beim n-Typus regelmäßig eine Spaltung des Mediums in eine »gute« und eine »böse« Hälfte, verbunden mit dem Impuls, die Identifikation mit dem »guten« Prinzip zu bewahren. Dieses kann als männlich-nordisch rationalisiert werden, trägt aber auf der Symbolebene mütterliche Züge: Es ist der uterine Volksorganismus, in dem man sich geborgen weiß. Das »böse« Prinzip wird als ein in diesen Organismus eingedrungener Fremdkörper identifiziert, der ihn zu zersetzen droht und den es wieder auszuscheiden gilt.

Auf den Punkt gebracht, läßt sich der Gegensatz am ehesten so formulieren: Das e-typische Feindbild ist gekennzeichnet durch Unterdrückung und Ausbeutung, das n-typische durch Infiltration und Zersetzung. Die politische Aktivität richtet sich demgemäß dort auf Überwindung, hier auf Reinigung des Systems.

Der e-Typus versteht den Gang der Geschichte als unaufhaltsamen

---

[27] WHORF (1978)   [28] MEAD (1935)   [29] MEAD (1949)

Fortschritt und ist daher grundsätzlich gegenüber dem Gedanken der *Evolution* im Sinne einer Höherentwicklung positiv eingestellt. MARX war von DARWIN so begeistert, daß er ihm die Widmung der englischen Ausgabe seines »Kapitals« antragen wollte. In scharfem Kontrast hierzu begreift der n-Typus die Geschichte der Menschheit als einen Prozeß fortschreitenden *Verfalls*. Nur vordergründig mag er sich gleichwohl einen Sieg erträumen, beseelt von dem elitären Bewußtsein, gegen die Kräfte des Niedergangs durch wahren Seelenadel gefeit zu sein. Zuinnerst ist er aber von der Unausweichlichkeit des Unterganges überzeugt, verdrängt jedoch die daraus resultierende Depression durch heroische Bejahung des Selbstopfers in einem die ganze Welt ergreifenden apokalyptischen Brand.

Soweit die Gegensätze. Die entscheidende *Gemeinsamkeit* beider Mentalitäten liegt im initialen Element U_n, in der nie aufgegebenen Sehnsucht nach einem paradiesischen Zustand am Anfang der Zeiten. Während der n-Typ ihn auf direktem Wege durch romantische Rückerinnerung wiedergewinnen will, sucht der e-Typ das Heil im Fortschritt. Das ist an sich ein Widerspruch, den man aber mit HEGEL aufzulösen hofft, demzufolge die Antithese schließlich zu einem Bewußtsein führt, das den Ursprung auf höherer Stufe rekapituliert.

Die psychodynamische Wurzel der Entwicklungsschwäche ist an beiden Enden der politischen Skala dieselbe – sie liegt im Unvermögen, um das eigene Ich und im gesamten seelischen Raum feste *Grenzen* zu ziehen. Hierin gründet letztlich alle Radikalität. Feste emotionale Konturen wirken wie die Kammerung im Rumpf moderner Ozeanschiffe: Sie verhindern, daß bei schwerem Wetter die Stabilität verlorengeht. Sie zwingen immer wieder, die Welt mit den Augen der anderen zu sehen, und sorgen dafür, daß Gefühle nicht maßlos und totalitär werden.

Das konturschwache Ich will immerfort *verwöhnt* werden. Kein Radikaler, ob rechts oder links, kann sich damit abfinden, daß es auf Erden Menschen gibt, die nicht dauernd zuverlässig bereit sind, ihn selbstlos zu lieben. Der e-Typus meint, daß man sich nur immer wieder die Kleider zerreißen und die eigenen Eltern als Mörder verfluchen müsse, um von aller Welt an die Brust gedrückt zu werden. Der n-Typus vertraut nur denen, die den eigenen Nestgeruch haben; er weiß, daß Fremde ihren eigenen Identitätsgemeinschaften angehören und sich, wenn es hart auf hart kommt, für diese entscheiden werden. Das ist ihm dann Grund genug, sie zu verjagen oder umzubringen. Die eben umrissenen Zusammenhänge legen eine systemtheoretische Interpretation nahe, die hier nicht in extenso ausgeführt, aber doch wenigstens qualitativ skizziert sei. Sie erklärt insbesondere, wie es kommt, daß e- und n-Typus nur am *radikalen* Pol der vertikalen Achse im Schema auf Seite 685 auseinanderbrechen.

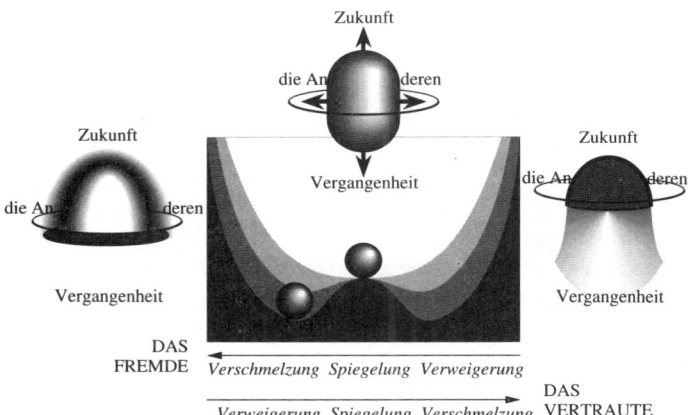

Pathologien der permanenten Identität im katastrophentheoretischen Modell. – Potentiallandschaft in Form einer Parabel vierten Grades. Als Kontrollparameter der Kurvenform fungiert die Ich-Stärke. Überschreitet sie einen kritischen Wert, so weist das Potential nur eine einzige (symmetrische) Stabilitätsstelle auf; unterschreitet sie ihn, entstehen zwei (asymmetrische) Minima. Im letzteren Fall wird die Familiensozialisation als Randbedingung wichtig, da sie die Wahrscheinlichkeit bestimmt, ob die politische Mentalität den linken (e-typischen) oder den rechten (n-typischen) Gleichgewichtspunkt einnimmt. Links: Abschottung gegen die Vergangenheit, Verschmelzung mit den Anderen, utopische Auflösung des Seins im Werden. Rechts: Abschottung gegen die Anderen und den Fortschritt, Verschmelzung mit dem Gewesenen. Bei hinreichender Ich-Stärke pendelt sich, weitgehend unabhängig von der Familiensozialisation, ein ausgewogener Idealzustand ein (Mitte oben), mit allseitiger Konturierung, die eine Spiegelung in Zukunft, Vergangenheit und den Anderen ermöglicht.

Die vorangehende Abbildung erläutert den Grundgedanken an einem Standardmodell der nichtlinearen Dynamik[30]. Sie zeigt ein sogenanntes Potential, eine symmetrische Talmulde, in der eine Kugel zum tiefsten Punkt in der Mitte rollt. Mathematisch läßt sich die Mulde als eine Parabel vierten Grades beschreiben. Diese hat die Eigenschaft, sich durch graduelle Änderung eines einzigen Parameters so verformen zu lassen, wie die zunehmend abgedunkelten Varianten zeigen. Dabei wird irgendwann eine Grenze überschritten, jenseits derer der vormals stabile Gleichgewichtspunkt sich in einen labilen verwandelt. Von jetzt an rollt die Kugel, je nach Randbedingungen, in eine asymmetrische Position – rechts oder, wie abgebildet, links.

Der Ort der Kugel symbolisiert den Systemzustand, in unserem Fall die politische Mentalität. Die Rolle des Parameters, der die Potentialkurve verformt, spielt die *Ich-Stärke*. Ist sie hoch, so bleibt das Potential monostabil, sinkt sie unter einen kritischen Wert, wird es bistabil. Ich-Stärke denken wir mit tendenziell gemäßigter, Ich-Schwäche mit radikaler Gesinnung korreliert. Woher das Ich seine Stärke nimmt, lassen wir offen. Vielleicht ist die familiäre Dynamik dabei ausschlaggebend; vielleicht spielt diese aber auch nur die Rolle jener *Randbedingungen*, von denen es abhängt, ob die Kugel im bistabilen Fall eher in die linke, also e-typische, oder in die rechte, n-typische Position rollt.

Den Unterschied zwischen diesen beiden Positionen macht das Modell am Umgang mit der Entwicklungsaufgabe der *permanenten Identität* fest. Diese setzt eine dreifache Abgrenzung voraus: gegen die *Vergangenheit*, gegen die *Zukunft* und gegen die *Anderen*. Gegen die Vergangenheit hin nabelt sie vom Kindheitsparadies ab, mit Blick auf die Zukunft dämpft sie illusionäre Heilserwartungen; gegen die Anderen hin läßt sie begreifen, daß die Welt aus Individuen besteht, die auch nur so sind wie man selbst: Sie verfolgen eigennützige Interessen, man kann mit ihnen allenfalls verhandeln, selten auch koalieren, noch seltener Freundschaften schließen; aber man wird von ihnen nie mehr, wie einst von der Mutter, symbiotisch geliebt und plazental ernährt werden.

---

[30] vgl. zum katastrophentheoretischen Ansatz BENNEMANN (1996), BISCHOF (1996)

Noch weiter vereinfacht, läßt sich die Vergangenheit mit dem Pol der *Vertrautheit*, die Anderen und die Zukunft hingegen mit dem der *Ungewißheit* identifizieren. Auf diese Polarität verweist die horizontale Achse in unserem Schaubild. Eine gelungene Identitätsbildung, im Schaubild durch die monostabile Mittellage der Kugel repräsentiert, geht zu Vertrautheit und Fremdheit gleicherweise auf Distanz und Tuchfühlung. In den beiden asymmetrischen Zuständen hingegen werden jeweils die Nähe zu einem der Pole und die Distanz zum anderen überwertig. Die Balance der Spiegelung geht dabei verloren; die Kontur wird nach einer Seite hin durch *Verschmelzung* ersetzt, nach der anderen durch feindselige *Verweigerung*.

Der n-Typus identifiziert sich symbiotisch mit den Repräsentanzen seiner Vergangenheit und verhärtet sich dafür gegen die Anderen, die er nur als Feinde und Untermenschen wahrnehmen kann, und gegen die Zukunft, aus der nur Untergang und Verfall zu erwarten ist. Der e-Typus umgekehrt schwört allem ab, was ihn an seine Vergangenheit binden könnte. Den Traum, in eine unendlich pflegemotivierte, verwöhnende Matrix eingebettet zu sein, gibt er gleichwohl nicht auf. Er projiziert ihn auf die Zukunft und auf die Anderen. Die Zukunft erstrahlt ihm als eschatologische Utopie. Die Anderen verklärt er zu den besseren Menschen, sucht mit ihnen identifikatorisch zu verschmelzen, indem er sie gleich sich selbst zu Unterdrückten stilisiert, und entwickelt hysterische Blindheit gegen die immer wieder gemachte Erfahrung, daß die solcherart servil Hofierten ihn zurückstoßen und verachten.

Mit wirklicher Empathie hat die Parteinahme für die »Verdammten dieser Erde« wenig zu tun. In der Zeit des Golfkrieges veranstalteten e-typische Gruppierungen pro-irakische Sympathiekundgebungen, bei deren nächtlichem Lichterschein doch im Grunde nur die eigene, im Westbündnis geeinte Identität als Kriegstreiberin am Pranger stand. Noch bezeichnender war ein Anfang 1996 zunächst in der »Süddeutschen Zeitung«, später auch in Buchform erschienener Beitrag des Literaten Peter HANDKE, der sich dazu verstieg, im Bosnienkonflikt ausgerechnet die Serben als die armen Opfer einer einseitigen Presseberichterstattung zu bedauern, mit einer von vielen Kommentatoren als zynisch empfundenen Gefühllosigkeit gegenüber den zivilen Opfern in Bosnien. An Menschen, für die die Bundesrepublik politisch Partei ergriffen hat, vergeudet ultralinke Moral keine Betroffenheit.

Im Grunde ist das n-typische Weltbild konsistenter, daher wohl auch gefährlicher. Die radikale Linke muß den größeren Verleugnungsaufwand leisten. Wo das *Nicht-Eigene* zum Kriterium der Identifikation erhoben wird, dort läuft das Selbstverständnis per definitionem auf eine *coincidentia oppositorum* hinaus, auf eine *patchwork-identity* eben. Schon Karl MARX hat an der zukünftigen kommunistischen Gesellschaft gepriesen, daß sie

»die allgemeine Produktion regelt und mir eben dadurch möglich macht, heute dies, morgen jenes zu tun, morgens zu jagen, nachmittags zu fischen, abends Viehzucht zu treiben, nach dem Essen zu kritisieren, wie ich gerade Lust habe, ohne je Jäger, Fischer, Hirt oder Kritiker zu werden.«[31]

Konsequent zuende gedacht heißt das: Es ist ein erstrebenswertes Ideal, nicht Deutscher zu sein und nicht Ausländer, nicht Mann und nicht Frau, nicht Yang und nicht Yin, nicht Fisch und nicht Fleisch. Man sollte überhaupt nicht *sein*, sondern immerzu nur *werden*.

Es wurde einmal gesagt, für die Rechte sei kennzeichnend, *Andersartigkeit* nicht ertragen zu können. Das ist einer der kurzatmigen Sinnsprüche, mit denen sich Talkshow-Experten zu profilieren lieben. In Wirklichkeit ist die Angst vor der Entropie – darum handelt es sich ja hier – charakteristisch für *jede* Form von Ich-Schwäche, also für *beide* Extrempole des politischen Spektrums. Verschieden ist nur die Weise, darauf zu reagieren. Die n-typische Rechte grenzt sich gegen das Andersartige ab, erniedrigt und verjagt es, haßt es und will es ausrotten. Die e-typische Linke aber umarmt es, sucht sich selbst in ihm wiederzuerkennen, es in die eigene Identität zu übernehmen und so letztlich alle Gegensätze in einem farblosen Grau zu nivellieren.

Das ist gefährlicher, als man meint. Wer das Fremde ständig in eine nicht einmal von diesem selbst gewünschte Intimität zerrt, zündelt genau mit jenem Sprengstoff, an dem jederzeit wieder die rechte Paranoia ausbrechen kann. Das höchste Gut politischer Vernunft ist die *Stabilität*. Kein einigermaßen erfahrener Autofahrer wird bei Glatteis, wenn der Wagen nach rechts wegzugleiten droht, das Lenkrad mit wildem Ruck nach links herumwerfen. Genau das ist es aber, wozu politisch korrekter Übereifer sich in unserem Lande immer wieder hin-

---

[31] MARX (1959), S. 33

reißen läßt. Und so provozieren sich beide Pole der Ich-Schwäche gegenseitig in ihrer Maßlosigkeit und schaukeln ihr destruktives Potential gemeinsam hoch.

Hören wir noch einmal das *Enuma Elisch*. Kaum war der Sieg über Apsu errungen, da begann Anu Tiâmat zu reizen.

> Dann rief Anu die vier Winde ins Dasein, ...
> Er ersann den Staub und ließ ihn vom Sturme tragen.
> Er schuf die Wellen, um Tiâmat zu stören.
> Und Tiâmat, wirklich gestört, war Tag und Nacht in Bewegung. ...

Er eskalierte solange, bis sie die Fassung verlor. Und sie fertigte

> unwiderstehliche Waffen, gebar entsetzliche Schlangen,
> Mit spitzem Zahn, erbarmungslosen Kiefern,
> Mit Gift anstatt mit Blut füllte sie ihren Leib. ...
> Sie schuf die Viper, den roten Drachen und die Sphinx,
> Den großen Löwen, den tollen Hund, den Skorpionmenschen,
> Wütende Dämonen, Fischmenschen und Kentauren,
> Die schonungslose Waffen tragen, die Schlacht nicht fürchten.

Wer, dem gesichtslosen Anu gleich, Tiâmat nicht wirklich zu bändigen die Kraft hat, sondern immer nur weinerlich und in verbohrtem Trotz ihre Fluten peitscht, wer das menschliche Verlangen nach einer unverkrampft auch sein Volk einbeziehenden permanenten Identität nicht ernstnehmen, sondern nur verhöhnen und verdächtigen kann, der ist mit daran schuld, wenn aus den Tiefen dieser »Abgrund-Mutter« schließlich wieder Schlangen und Skorpione und Kentauren auftauchen und sich ein Kingu findet, der sie anführt.

Zur Analyse des n-Typus

**Ideologische Orientierung:
Affinität zum Rechtsradikalismus**

- **Identität**

  Idealisierung des Nationalgefühls
  - »Blut und Boden«
  - »stolz, ein Deutscher zu sein«
  - Gefühl der Auserwähltheit
  - Verleugnung der Schuld (Auschwitz-Lüge)

  Abwertung von Ausländern und Minoritäten
  - Fremdenfeindlichkeit
  - Rassismus
  - Antisemitismus
  - Stereotypisierung von Unterschieden

  Verzicht auf Selbstbestimmung (»Du bist nichts, dein Volk ist alles!«)

- **Einstellung zum Geschlechterverhältnis**

  Bejahung geschlechtlicher Diskriminierung
  - Geschlechtsunterschiede als naturgegeben und gottgewollt
  - Zuweisung getrennter Geschlechtsrollen

- **Politische und gesellschaftliche Leitvorstellungen**

  Hierarchie
  - Führerprinzip
  - Einparteiensystem

  Bellizismus
  - Kult der Aggressivität
  - gefährliches Leben
  - Heldentum
  - Selbstaufopferung
  - Todeswunsch

  Repression
  - Unterdrückung der Schwachen
  - Vernichtung lebensunwerten Lebens
  - Recht des Stärkeren

  Uniformierung in Symbolen der Ordnung und Kastration
  - beengende, korrekte Kleidung
  - kurzes Haar

- **Einstellung zum Anlage-Umwelt-Problem**

  dezidiert *biologistisch*
  - Überbewertung genetischer Unterschiede
  - Glaube an Unerziehbarkeit des »Minderwertigen«

- **Zeitperspektive**
  Vergangenheitsorientiert
    - Kulturpessimismus
    - Geschichte als Niedergang
    - Mythologisierung der Vergangenheit
- **Spezifische Emotionalisierung**
  Hysterisierung der Gefühlsansteckung
    - Begeisterungsrituale
    - Schuldimmunisierung
  Anti-Intellektualismus
    - Primat der Gefühle vor der Erkenntnis
    - Primat der Lebenstriebe vor dem Willen

Erlebte Familiensozialisation (bei Männern)

- **geschilderter Charakter**
  der Mutter:
    - gottähnliche Vollkommenheit
    - alle Bedürfnisse befriedigend
  des Vaters:
    - böse
    - stark
- **Erlebte Beziehung**
  zur Mutter:
    - extrem idealisierend
    - unerreichbar
  zum Vater:
    - negative Fixierung (Haß, ohne loszukommen)
    - intensive Identifikation, die heftig, aber erfolglos bekämpft wird

Mythische Analogie

- **Grundstimmung**
  Auflösung in der *Nostalgie*
- **Identifikationsobjekt**
  Kingu im Inzest mit Tiâmat
  Mummu im (homosexuellen?) Inzest mit Apsu
- **Böses Prinzip**
  entfremdete *Vatergottheit* als Ursache von
    - Zersetzung
    - Infiltration

22. *Kapitel*

Der Schleier der Isis

Terra incognita

Wir sind am Ende unserer Erkundungsreise durch das psychodynamische Kraftfeld angelangt, das Mythen attrahiert und in dem sie gedeihen. Das Gebiet, das es zu durchmessen galt, ist weit und unübersichtlich; es war nicht zu vermeiden, daß dabei mehr Fragen aufgeworfen als beantwortet wurden und daß manche der Antworten Vermutungen geblieben sind. Vieles mußte einfach beiseite bleiben oder ist allzu kurz gekommen. Jede Auswahl aber setzt sich dem Verdacht aus, Sonderfälle über Gebühr aufgewertet und dafür weggelassen zu haben, was sich der Theorie entzieht, ihr vielleicht sogar widerspricht. Wieweit dies auch in diesem Falle zu beanstanden ist, mögen die Fachkollegen beurteilen.

Vollständigkeit anzustreben wäre aber unrealistisch gewesen. Wir haben nur Streifzüge durch eine urweltliche Terra incognita unternommen; für eine kartographische Vermessung ist es ohnehin zu früh. Zuvor muß das Gebiet noch viel gründlicher sondiert werden. Es tummeln sich gewiß viele in diesen Gefilden, und an Literatur ist kein Mangel, in der einzelne Erzählungen oder auch bestimmte wiederkehrende Gestalten oder Motive aus der mythischen Welt einer tiefenpsychologischen Deutung von zuweilen unbestreitbar intuitiver Sensibilität unterzogen werden. Solche Versuche kranken indessen zumeist an ihrer Unverbindlichkeit. Sie ähneln, um bei dem geographischen Gleichnis zu bleiben, den Picknickplätzen privater Ausflügler, die sich an zufälligem Ort für eine kleine Weile niedergelassen und die dort gedeihenden Waldfrüchte gekostet haben, bevor sie wieder aufbrachen und die Raststätte erinnerungslos der alsbaldigen Verwitterung überließen. Wissenschaftlicher Durchblick ist so nicht zu gewinnen; übergreifende Zusammenhänge bleiben verborgen, die Logik des Ganzen wird nicht transparent, solange das zum Einzelfall Gesagte nicht in einer Form fixiert ist, die es gegebenenfalls in klärungsbedürftigen Widerspruch zu anderen Aussagen treten läßt.

Ich habe mich darum bemüht, im eben angedeuteten Sinn verbindlich zu argumentieren. Einige der dabei zutage tretenden Zusammenhänge habe ich skizziert. Dabei ist klar, daß der vorgelegte Entwurf im Detail Korrekturen benötigen wird; zu hoffen bleibt, daß wenigstens die Umrißlinien stimmen.

Das Kraftfeld der Mythen

Fassen wir die wichtigsten der herausgearbeiteten Thesen noch einmal zusammen. Mythen, so hatten wir festgestellt, sind tradierte Erzählungen, die durch zwei Eigentümlichkeiten auffallen: Sie bleiben, auch ohne schriftliche Fixierung, über viele Generationen hinweg inhaltlich stabil, und ihre Hauptmotive tauchen nahezu identisch in Kulturen auf, zwischen denen eine direkte Kontaktnahme unwahrscheinlich ist oder ausgeschlossen werden kann. Das legt nahe, Mythen nach Analogie *biologischer Organismen* zu verstehen, für die ebenfalls gilt, daß ihre Baupläne sich kopiergenau reproduzieren und in der Stammesgeschichte mehrmals unabhängig »erfunden« wurden. Vorauszusetzen wäre dabei, daß auch Mythen ihre Formkonstanz einem *Selektionsdruck* verdanken, daß also auch sie in einer ökologischen Nische siedeln, an die sie angepaßt sind.

Diese Nische muß etwas mit den Menschen zu tun haben, die sich Mythen anhören, einprägen und weitererzählen. Dabei liegt nahe, das beim Menschen von Natur aus labile Kraftfeld der Triebe, Gefühle und Leidenschaften als den Boden zu identifizieren, auf dem die Mythen gedeihen, weil die Orientierungshilfe, die sie beim Ausgleich affektiver Spannungen leisten, sie davor bewahrt, vergessen oder verfälscht zu werden. Wenn das zutrifft, kann man – so wie der Delphinleib die hydrodynamischen Eigenschaften des Wassers »abbildet« – auch Mythen als Abbildung der menschlichen Motivdynamik und ihrer typischen Konfliktmöglichkeiten lesen.

Nun ist für den Mythos charakteristisch, daß er die Funktion, den Weg zum rechten Leben zu weisen, aus einer spezifischen *Weltdeutung* ableitet und legitimiert. Die aber steht seit der Aufklärung zunehmend unter dem Druck der Unvereinbarkeit mit dem naturwissenschaftlichen Kenntnisstand. Dieser Konflikt konnte sich indessen nur entwickeln, weil Mythos und Wissenschaft meinten, von *einer und derselben* Welt zu reden. Für den naiven Realismus des Altertums und Mittelalters war das in der Tat die einzige Denkmöglichkeit. Heute jedoch erlaubt uns eine kritischere Erkenntnistheorie, zwischen der *objektiven physikalischen* Welt und deren Nachkonstruktion in *subjektiven Erlebniswelten* zu unterscheiden. Das wissenschaftliche Weltbild ist ein Modell der objektiven, bewußtseinsjenseitigen Wirklichkeit; das mythische Weltbild hingegen erinnert die subjektive Welt der unmittelbaren Erlebnisgegebenheiten. Beide »Modelle« bedienen sich andersartiger Anschauungskategorien und bezeichnen mit denselben Worten teilweise radikal verschiedene Sachverhalte.

Paradigmatisch hierfür sind vor allem die Begriffe, die etwas mit der *Zeitlichkeit* zu tun haben. So wird etwa die Rede von der »Weltentstehung« im naturwissenschaftlichen Modell *kosmologisch* verstanden, die Zeit läuft hier vom Urknall bis zum Wärmetod. Auf der Ebene der subjektiven Erscheinungswelten bedeutet »Entstehung« aber soviel wie *Entfaltung des individuellen Bewußtseins*; ihre Zeit spannt sich vom ersten Aufdämmern des kindlichen Ich-Gefühls bis hin zum persönlichen Tod.

Wir haben uns davon überzeugt, daß Weltentstehungsmythen, wie z.B. die biblische Genesis, nur solange naiv und anachronistisch wirken, wie man sie als Modelle für die physikalische Kosmogonie auffaßt, daß sie jedoch bis ins Detail stimmig werden, wenn man sie als Chiffren für *Stadien der Bewußtseinsentwicklung* liest.

Trennt man diese beiden Perspektiven wieder, so verliert der Mythos seine Unverbindlichkeit und wird, eben weil er das, woran er angepaßt ist, auch abbildet, zu einem unschätzbaren Kompaß in einer fachwissenschaftlich bislang wenig erforschten Welt: nämlich in der Welt der *emotionalen Selbstorganisation des heranreifenden Bewußtseins*. In diesem Zusammenhang lassen sich unerwartet fruchtbare Parallelen zu der ontogenetischen Stufenlehre Sigmund FREUDs ziehen; es wird möglich, auf der Basis der an sich veralteten Einteilung in die Abschnitte »oral«, »anal«, »ödipal«, »Latenz«, »Pubertät« und »Adoleszenz« eine neue, durch mythische Parallelen gestützte Strukturtheorie der emotionalen Entwicklung zu konzipieren.

Seine ursprüngliche Macht, Lebenshilfe durch Sinndeutung der *objektiven* Welt zu leisten, gewinnt der Mythos durch den neuen Deutungsansatz freilich nicht wieder. Von der historisch unaufhaltsamen Epidemie fachwissenschaftlicher Kritik geschwächt, kann er sich in dieser ökologischen Nische nicht mehr behaupten. Surrogate von mythenähnlicher Natur, insbesondere politische Ideologien, haben längst seine Funktion übernommen. Deren für aufgeklärtes Denken unverständliche irrationale Energie wird überhaupt erst abschätzbar, wenn man verstanden hat, wie mächtig der Sog des affektiven Vakuums ist, das der Mythos hinterlassen hat.

Ontogenese und Phylogenese

In diesem Buch ist so gut wie ausschließlich vom Menschen die Rede gewesen. Da es dabei nicht um Verhaltensmuster, sondern um Erlebnisinhalte ging, mag das nicht weiter verwundern. Und dennoch ist dem biologisch Denkenden die vergleichende Betrachtungsweise derart zur zweiten Natur geworden, daß sich ihm, was andere Lebewesen anbetrifft, auch hier die eine oder andere Frage aufdrängt.

Im 17. Kapitel sind wir einigen dieser Fragen nachgegangen. Wir haben festgestellt, daß gewisse Parallelen zwischen dem kognitiven Niveau der Schimpansen und dem Welt- und Selbstverständnis des Menschenkindes im Alter zwischen anderthalb und drei Jahren bestehen. Es sieht ganz so aus, als müßten wir auch Schimpansen die »anale« Errungenschaft eines figuralen Ich zubilligen, während alle niederen Primaten über das Stadium der »oralen« Symbiose nie hinausgelangen.

Die »ödipale« Phase und alles, was danach kommt, dürfte hingegen, wie auf Seite 583 f festgestellt, eine Prärogative des Menschen sein. Die von David PREMACK[1] aufgeworfene Frage »Does the chimpanzee have a theory of mind?« ist nach heutigem Wissen wohl zu verneinen. Nichts am Verhalten der Schimpansen deutet daher auch darauf hin, daß sie das Drama der Elterntrennung durchleben und sich der eigenen geschlechtlichen Einseitigkeit bewußt werden. Die Sekundärzeit samt dem Konfliktpotential der permanenten Identität übersteigen vollends ihre Vorstellungskraft. Hier mag einer der Gründe für den erstaunlichen Umstand liegen, daß Familienstruktur und Eheform des Menschen so übergangslos anders sind als die seiner nächsten tierischen Verwandten.

Falls es zutrifft, daß wir im Alter von vier Jahren endgültig in die *conditio humana* eintreten, so würde dies auch die biblische Aussage bestätigen, daß – einmal abgesehen von der Sonderrolle, die die anthropomorph gezeichnete Symbolfigur der Schlange spielt – unter allen Kreaturen allein der Mensch im Stand der Erbsünde steht und aus dem Paradies vertrieben wurde. Aus Adam geht in unmittelbarer Konsequenz der Trickster Kain hervor, verurteilt zu einem Leben der Wanderschaft im Lande Nod. Wahrscheinlich war *Homo erectus* vor etwa 2 Millionen Jahren der erste, der ins Tricksteralter kam. Anders als die *Australopithecinen* und *Homo habilis*, die gleich den Schimpansen ihr angestammtes Siedlungsgebiet nie verlassen haben, war *Erectus* ein unsteter Wanderer, der von Afrika aufbrechend unaufhaltsam bis an die Grenzen der damals wegsamen Welt vorstieß und dann, der Kälte trotzend, das erste Feuer entfachte. Von damals bis zur Lebensform der Gegenwart dünkt es uns ein weiter Weg zu sein. Aber nach dem Zeugnis der Bibel hat bereits Kain die erste Stadt gegründet; der Trickster war noch immer am Schluß auch der Kulturbringer. Urbanisation und Zivilisation, Technik und Wissenschaft, Aufklärung und Fortschritt geben sich heute als Tricksterwerk zu erkennen.

---

[1] PREMACK & WOODRUFF (1978)

Das neue Zeitalter

Der Mythos, in der Jugendzeit des Menschengeistes entstanden, hat dem Trickster seine kulturschöpferische Leistung noch als Verdienst angerechnet. Inzwischen ist die Menschheit aber älter geworden. Wir haben Bilanz gezogen und sind jetzt nicht mehr davon überzeugt, es »am Ende so herrlich weit gebracht« zu haben. Etwas stimmt nicht an der Art, wie wir leben. Unsere Atemluft schwängern wir zunehmend mit Gift. Das Ozonloch wächst. Der Wald verdorrt oder geht in den Flammen der Brandrodung auf. Atomare und pandemische Katastrophen sind programmiert. Die Unnatur unserer Lebensweise macht uns krank trotz aller Pillen und Spritzen und der Raffinesse medizinischer Technik, die unserem Leben die natürliche Würde zu nehmen droht, von der Geburt in den Drähten und Schläuchen der Neonatologie bis zum Ende auf der Intensivstation.

Warum mußte es so weit kommen? Gewiß – dem Trickster würde man zutrauen, daß er am Schluß mit all seiner Schläue als der Narr dasteht, der die Rechnung ohne den Wirt gemacht hat. Aber wieso Trickster? Mit welchem Recht setzen wir unseren Verstand dem eines Schuljungen gleich? Schließlich ist keiner von uns in der konkret-operativen Phase stehengeblieben. Wir sind erwachsen, und wir können wie Erwachsene denken.

Allerdings scheint das anstrengend zu sein, und nur gelegentlich gelingt es einzelnen, zu höherer Einsicht aufzusteigen. Sobald aber viele Köche im Spiel sind, sobald wir als Gruppe, als Kohorte planen und werken, kommt wieder Wakdjunkaga zum Vorschein.

Bereits im 1. Kapitel dieses Buches hatten wir Anlaß, uns mit den Propheten der sogenannten »New Age«-Bewegung auseinanderzusetzen. Sie sind es, die heute mit weithallender Resonanz mahnen, anders zu werten, anders zu denken, anders wahrzunehmen. Und die Mentalität, gegen die sie sich wenden, ist eben die des Tricksters.

Typisch konkret-operativ ist es ja etwa, *isolierend* zu denken. Darin, so werden wir belehrt, liege unser Grundfehler. Er läßt uns nur *lineare* Kausalität wahrnehmen und kein Verständnis für global vernetzte Verursachungszusammenhänge entwickeln. Isolierende Sicht der Beziehung von Seele und Leib, von Ich und Welt bewirke zudem die heute zu beklagende *Entfremdung* und *Entseelung* der Natur. Dadurch werde die Umwelt zu einer passiven und beliebig gestaltbaren Verfügungsmasse degradiert, mit der wir selbstherrlich umspringen zu können meinen, ohne uns dafür verantworten zu müssen. Nur auf dem Boden eines solcherart isolierenden Denkens könne der unselige *Fortschrittsoptimismus* gedeihen, der uns für den angerichteten Schaden blind macht, bis es zu spät ist.

Die gebrandmarkte Geistesart wird zudem als typisch *männlich* charakterisiert. Rücksichtsloser Konkurrenzkampf und patriarchalische Machtbesessenheit seien Wesensmerkmale des alten Denkens. Wie es besser zu machen wäre, könne man daher am besten von den Frauen lernen: Sie hätten schon immer verstanden, intuitiv statt rationalistisch, ganzheitlich statt linear und reduktiv, synthetisch statt analytisch, maßvoll statt maßlos zu denken.

Auch solche Anti-Macho-Koketterie läßt sich der Schelte auf den Trickster zurechnen; dieser ist ja, wie wir wissen, notorisch maskulin. Das genügt aber noch nicht. Zwischen den Zeilen spüren wir außerdem immer auch ein wenig jenen n-typischen Affekt, dem der *Vater* als der große Störenfried erscheint, auf den man die Schuld an der Zerstörung des präödipalen Paradieses projizieren kann. Der Ausweg aus dem Dilemma, das der Trickster angerichtet hat, wird eigentlich in einer *Rückkehr* zu »uralten Weisheiten« gesehen; das »neue Zeitalter« ist letztlich nichts anderes als der Traum von einer nostalgischen Neuauflage des Uroboros-Inzests.

Nun ist an alldem, wie so oft, ein Korn Wahrheit. Wir haben genügend Anlaß, darüber besorgt zu sein, was ein losgelassener Trickster in beiläufig zehn Jahrtausenden angerichtet hat. Das Problem mit den Aposteln des Neuen Zeitalters ist nur, daß ihnen für eine profunde Diagnose oder gar Therapie des Übels ganz einfach Horizont und Tiefgang fehlen. Um die eigentliche Gefahr des Trickster-Geistes zu orten, müssen wir noch wesentlich andere Dimensionen des Problemgebietes erschließen.

Der Jüngling von Sais

Von Friedrich SCHILLER[2] stammt eine Ballade, die den Titel »Das verschleierte Bild zu Sais« trägt. Sie beginnt mit den Versen:

> Ein Jüngling, den des Wissens heißer Durst
> Nach Sais in Ägypten trieb, der Priester
> Geheime Weisheit zu erlernen, hatte
> Schon manchen Grad mit schnellem Geist durcheilt;
> Stets riß ihn seine Forschbegierde weiter,
> Und kaum besänftigte der Hierophant
> Den ungeduldig Strebenden.

In leidenschaftlich geführtem Zwiegespräch gelangt er mit dem Hierophanten, seinem geistlichen Lehrmeister also, eines Tages in einen einsamen Rundbau, in dem sein Auge von einem riesengroßen Bildnis – der Göttin Isis, wie man später erfährt – gefangengenommen wird. Dieses Bild aber ist dicht verhüllt. Auf die Frage, was sich hinter dem Schleier verberge, gibt der Hierophant die lakonische Antwort »die Wahrheit«.

Die daraufhin verständlicherweise aufbrechende Erregung seines Schülers dämpft er sogleich mit dem Hinweis, die Gottheit habe nicht erlaubt, daß ein Sterblicher den Schleier berühre. Wer dieses Verbot übertrete, habe eine furchtbare Strafe zu gewärtigen: Sein Wunsch würde nämlich in Erfüllung gehen, und er bekäme die Wahrheit unverschleiert zu Gesicht.

Über diese Auskunft ist der Jüngling begreiflicherweise verblüfft, und mehr noch über die Haltung des Hierophanten:

> »Ein seltsamer Orakelspruch! Du selbst,
> Du hättest also niemals ihn gehoben?«
> »Ich? Wahrlich nicht! Und war auch nie dazu
> Versucht.« – »Das faß ich nicht.«

All das raubt dem Adepten die Ruhe. Unfähig, Schlaf zu finden, kehrt er noch in der gleichen Nacht zu dem Tempel zurück.

---

[2] FRICKE et al. (1965)

Hier steht er nun, und grauenvoll umfängt
Den Einsamen die lebenslose Stille,
Die nur der Tritte hohler Widerhall
In den geheimen Grüften unterbricht.
Von oben durch der Kuppel Öffnung wirft
Der Mond den bleichen, silberblauen Schein,
Und furchtbar wie ein gegenwärtger Gott
Erglänzt durch des Gewölbes Finsternisse
In ihrem langen Schleier die Gestalt.
Er tritt hinan mit ungewissem Schritt,
Schon will die freche Hand das Heilige berühren,
Da zuckt es heiß und kühl durch sein Gebein
Und stößt ihn weg mit unsichtbarem Arme.
Unglücklicher, was willst du tun? So ruft
In seinem Innern eine treue Stimme.
Versuchen den Allheiligen willst du?
Kein Sterblicher, sprach des Orakels Mund,
Rückt diesen Schleier, bis ich selbst ihn hebe.
Doch setzte nicht derselbe Mund hinzu:
Wer diesen Schleier hebt, soll Wahrheit schauen?
»Sei hinter ihm, was will! Ich heb ihn auf.«
(Er ruft mit lauter Stimm) »Ich will sie schauen.«
　　　　　　　　　...Schauen!
Gellt ihm ein langes Echo spottend nach.

Die Ballade verrät nicht, was der Jüngling hinter dem Schleier erblickt hat. Priester fanden ihn jedenfalls am anderen Tage bewußtlos und totenbleich zu Füßen des Isisbildes.

Was er allda gesehen und erfahren,
Hat seine Zunge nie bekannt. Auf ewig
War seines Lebens Heiterkeit dahin,
Ihn riß ein tiefer Gram zum frühen Grabe.

Das Thema der Ballade klingt wie eine Variante des Griffs nach der verbotenen Frucht vom Baume der Erkenntnis. Allerdings wird das Moment intellektueller Dranghaftigkeit dabei stärker betont als üblich; der unersättliche Wissensdurst, die Neugier, die nicht warten kann, lassen den Frevel des Jünglings, sieht man von den untypischen Gewissenszweifeln ab, auch wiederum als Tricksterwerk erscheinen.

Wenn wir versuchen, die Fabel mythologisch einzuordnen, bereitet uns ihr trostloser Schluß ein gewisses Problem. Rein formal könnten wir diesen natürlich unterbringen; es handelt sich um eine Variante des *negierten Fortschritts* F⁻. Aber eigentlich würden wir eine solche Negation nicht am Ende der Gesamthandlung, sondern eher am Schluß einer *Strophe* erwarten, als retardierendes Moment in einem letztlich doch auf echten Fortschritt hinauslaufenden Erzählstrang. Die unbalancierte Hoffnungslosigkeit des Endes paßt noch nicht einmal zu den nostalgischen Trennungsmythen, und sie paßt erst recht nicht in die unverdrossen optimistische Atmosphäre einer Trickstererzählung.

Nun haben wir es aber auch in der Tat nicht mit einem Mythos zu tun, sondern mit dem Werk eines individuellen Dichters. Und selbst wenn dieser, wie zu vermuten, aus älteren Quellen schöpft, spricht er doch eine Thematik an, bei der man zweifeln kann, ob sie in den vorgeschichtlichen Zeiten, in denen die mythische Phantasie ihre Formen schuf, schon aktuell gewesen ist.

Wie auch immer: Was ist eigentlich so Furchtbares an der Wahrheit, daß sie dem, der sie schaut, nichts als Siechtum und den frühen Tod beschert?

Der Geist als Widersacher der Seele

Es war bezeichnenderweise Alfred SCHULERs Freund Ludwig KLAGES, der zur Ballade vom Jüngling zu Sais einen Kommentar verfaßt hat, in dem er die eben gestellte Frage definitiv beantwortet. Sie dient ihm als Beleg für seine These vom »Geist als Widersacher der Seele«.

KLAGES gehörte zu den bedeutenderen Vertretern der auf Seite 40 schon angesprochenen »Lebensphilosophie«, als deren Begründer NIETZSCHE gilt. Zentralbegriff dieser Philosophie ist, wie der Name erkennen läßt, das »Leben«. Was darunter zu verstehen sei, wird mehr hymnisch umschrieben als klar definiert. Sicher spielt dabei die Vorstellung der Vitalisten von einer immateriellen und daher physikalisch nicht erklärbaren organischen Naturkraft eine Rolle. Wenn man aber die Attribute, die dem »Leben« zugewiesen werden, im Zusammenhang betrachtet, merkt man rasch, daß diese Herleitung zu kurz greift. Das Leben, so heißt es, ist der Atemrhythmus der großen, zeugenden

»Mutter Erde«, aus deren nie versiegendem Quell eine sich ständig erneuernde Fülle schöpferischer Bilder strömt, die zu schauen aber nur dem vergönnt ist, dessen Ich sich in dionysischer Selbstentgrenzung preisgibt und auflöst. Die Chiffre »Seele« steht für das in uns, was uns befähigt, an jenem »Leben« teilzuhaben – für Tanz, Traum, Intuition, Gefühl, Trieb, Leidenschaft, Pathos, Rausch, Ekstase. Man erkennt unschwer, daß es auch hier wieder um die nostalgische Sehnsucht nach der Symbiose im Urmedium geht, um die verzweifelte Auflehnung gegen den Entwicklungsfortschritt aus Angst vor den seelischen Blessuren, mit denen er bezahlt werden müßte.

Die Schuld daran, daß wir das Paradies verloren haben, wird in gut n-typischer Manier dem Vater, dem *männlichen* Prinzip zugewiesen. Er ist gemeint, wenn KLAGES vom »Geist« redet, dem großen Widersacher von Seele und Leben, der *thyrathen*, »von außen«, gleich dem aristotelischen *nous*, als Fremdkörper in den Kosmos eingebrochen sei.

Oberflächlich betrachtet erinnert dieser »Geist« an CAPRAS »falsches Denken«. In Wirklichkeit liegt aber eine weit universalere Idee zugrunde. Während die Lehrer des »Neuen Zeitalters« höchstens noch von DESCARTES gehört haben, greift KLAGES mit Recht bis auf die Eleaten zurück. Wir glaubten gerade deren Denkstil auf Seite 446 als prototypisch für den konkret-operativen Intellekt des *Tricksters* bestimmen zu können; KLAGES geht noch einen Schritt weiter: Für ihn ist eleatisches Denken prototypisch für die Verstandestätigkeit schlechthin. Wenn man überhaupt denkt und dabei die letzte Konsequenz nicht scheut, könne man es gar nicht auf andere Weise tun als PARMENIDES oder ZENON.

Sobald man sich der Welt aber in solcher Haltung nähere, gehe mit ihr eine furchtbare Verwandlung vor sich. KLAGES drückt das so aus, daß er dem nur erfühlbaren Inbegriff der *Wirklichkeit* die eleatische Fundamentalkategorie des *Seins* entgegensetzt. Denken, so führt er aus, entfremde stets und allerorten »Wirklichkeit« zum »Sein«. Wo sich der Geist breitmache, dort verdorre alles Leben zur Mumie. Als Hauptkennzeichen des Seins habe nämlich seine *Zeitlosigkeit* zu gelten. ZENONS Polemik gegen HERAKLITS *panta rhei*, gegen die Dynamik von Werden und Geschehen, sei logisch völlig korrekt und nicht zu widerlegen. KLAGES, selbst ursprünglich Naturwissenschaftler, versteht sich auf Infinitesimalrechnung und ist scharfsinnig genug, die von dort her gegen das Gleichnis von Achill und der Schildkröte vorgebrachten Einwände zu entkräften[3]. Es wäre nun allerdings irrig, wollte man den »Geist« bei KLAGES ausschließlich oder auch nur primär vom Intellekt her begreifen. In noch viel tieferem Verständnis ist er *Wille*, genauer gesagt selbstherrliche, rücksichtslose Willkür. Hier stoßen wir auf eine der seltenen Stellen, an denen KLAGES gegen NIETZSCHE Front macht. Dieser habe zwar die Bedeutung des *Lebens* als der großen dionysischen Mutter entdeckt; ganz in die Irre gegangen sei er aber, als er ausgerechnet ihr einen *»Willen zur Macht«* als charakteristisches Merkmal angedichtet habe. Dieser Wille sei vielmehr gerade das Erkennungszeichen des Erzwidersachers alles Lebendigen, jener fremden, maskulinen Gewalt, die zu Beginn der Menschheitsgeschichte in den Kosmos des Lebens eingedrungen sei, um von ihm Besitz zu ergreifen und ihn parasitierend zu zerstören.

In unsere Sprache übersetzt ist *Macht* das primäre Ziel des Autonomieanspruchs, jener Kraft also, die die Entwicklung vorantreibt und damit den Fortschritt bewirkt, der die »Seele« zerstört. Den *Willen* wiederum haben wir als Randkontrast des Figur gewordenen Ich gedeutet, als eine Konkretisierung und Manifestation eben jenes Autonomieanspruchs also. Damit wird ziemlich klar, wie wir »Geist« in unsere Theoriesprache zu übersetzen haben: Er bezeichnet in erster Linie den *Autonomieanspruch* selbst und in zweiter dessen Produkte: das im Wollen Figur werdende *Ich*, das während der ödipalen Reifung auftauchende *väterliche* Prinzip und den im Lande Nod als Bewältigungsstrategie erstarkenden *rationalen Intellekt.* Alle diese Indikatoren sind so konvergent, daß sie eigentlich wiederum nur den einen Schluß zulassen: Auch die Rede vom Geist als Widersacher der Seele ist die philosophische Paraphrase einer *n-typischen* Verarbeitung der *ödipalen Lebenskrise.*

Von hier aus erklärt sich nun auch die Weise, wie KLAGES die Ballade vom Jüngling zu Sais interpretiert. Aller wissenschaftliche Forschungsdrang, der scheinbar so hehre Durst nach Wahrheit, sei im Grunde Besitzgier und Machtverlangen des Geistes. Wenn er sich ge-

---

[3] KLAGES (1974c), S. 34f, Fußnote.

gen das Lebensgeheimnis wendet, so zerstört er es; daher bedeutet Erkennen letztlich immer eine Bewegung in Richtung auf den Tod. Bei NIETZSCHE schon hatte ein Gedicht mit den Worten »Zarathustra – Selbst-Kenner! Selbst-Henker!« geendet. Bei KLAGES liest sich dasselbe folgendermaßen:[4]

> »Alle Richtungen des Erkenntnistriebes konvergieren auf das Nichts..., und das Erkenntnisstreben in seiner Gesamtheit beschloß nach kühnen Bauversuchen leidenschaftlicher Anfänge seine Laufbahn noch je und je im – universellen Zweifel. Der Wille zur verstandesmäßigen Wahrheit ist der Wille zur Entwirklichung der Welt. Der Jüngling, der mit einem einzigen Sprunge das Ziel erstürmte, das die Neubegier des Verstandes einzig erstürmen kann, sah den ewigen Tod, das welt- und raumverschlingende Nichts!«

Negative Theologie

Wir haben Anlaß, über diese Worte auch angesichts der Thematik des vorliegenden Buches nachzudenken. Die Stelle, an der mythische Inhalte selbst im Rahmen unserer Spätkultur für viele noch ein mehr als nur akademisches oder ästhetisches Interesse haben, ist die Bibel. Wir haben diese in unsere Interpretation einbezogen, und als belangloses Hirngespinst ist sie uns dabei gewiß nicht erschienen. Die Fundamentalisten werden an unseren Bemühungen, den Sinngehalt der Heiligen Schrift ernstzunehmen, gleichwohl wenig Freude gehabt haben.

Man kann natürlich fragen, ob Religiosität wirklich fundamentalistisch sein müsse. Schließlich hat schon Jesus die schärfsten Worte gegen die zwanghafte Buchstabengläubigkeit der Fundamentalisten seiner Zeit, der »Schriftgelehrten«, gefunden. Andererseits mag man sich mit einigem Unbehagen daran erinnern, daß unter allen Handlungsträgern des »Faust« ausgerechnet der Trickster Mephisto am zuverlässigsten bibelfest ist. Die Gretchenfrage wurde ihm gleichwohl aus guten Gründen gar nicht erst gestellt.

Manchem Leser wird, wenn er die Implikationen dieses Buches recht bedacht hat, ein trockener Geschmack im Munde verblieben sein. Ist er nicht im Grunde doch Zeuge einer subtilen, aber damit nur

---

[4] KLAGES (1974b)

umso radikaleren Entmythologisierung geworden? Ist das Geheimnis, auf dessen Unergründlichkeit er sich im stillen verlassen hat, jetzt nicht doch profanisiert? War er darauf vorbereitet, den Schleier, an den nur *herangeführt* zu werden er hoffte, gelüftet zu sehen?

KANT hatte den naiven Realismus überwunden und gezeigt, daß die Kategorien, in denen wir die materielle Welt fassen, eigentlich subjektive Konstruktionen unseres Geistes sind. Was übrig blieb, war ein Schwarzes Loch, das »Ding an sich«. Wenn die Überlegungen dieses Buches zutreffen, dann stehen wir vor der fatalen Notwendigkeit, in vergleichbarer Radikalität auch unsere Jenseitsvorstellungen zu revidieren.

Auch hier käme es einem naiven Realismus gleich, wollte man sich bei dem Gedanken beruhigen, es könne sich nur um den Restbestand einer natürlichen *Uroffenbarung* handeln, wenn alle Naturvölker Gottesvorstellungen haben, oft sogar mit monotheistischer Färbung, oder wenn in den Mythen der ganzen Welt von Paradies, Sintflut und vielen weiteren aus der Bibel bekannten Inhalten die Rede sei. Diese Konvergenz läßt sich einfacher und säkularer erklären – als der transkulturell einheitliche Nachklang kindlicher Welterfahrung. Ihre Tiefe ist damit ausgelotet; sie ruft nicht länger nach einer jenseitigen Begründung, sondern macht eine solche überflüssig.

Die Schöpfungsgeschichte der Bibel legt jetzt, ebenso wie die übrigen Weltentstehungsmythen, nicht mehr Zeugnis ab von einem mächtigen Baumeister des Kosmos. Das Kolossalgemälde vom Elohim, der die Wasser trennt, haben wir nach unserem eigenen Gleichnis geformt, ja sogar nach dem Erinnerungsbild an das Weltgefühl eines noch kaum Fünfjährigen. Und göttliche Allmacht müssen wir nun zurückbuchstabieren auf die Omnipotenzphantasien, die wir selbst einst hatten, als wir, ein Dreikäsehoch an der Hand der Eltern, in der Vorstellung schwelgten, ganze Häuserkolonnen aufbauen und niederreißen zu können.

Der biblische Auftrag »mehret euch und erfüllet die Erde« ist, ebenso wie sein neuerdings wieder zu Ehren kommender Kontrapunkt, der Garten Eden sei zu »bebauen und erhalten«, nicht mehr als göttliche Aufforderung zu Kinderreichtum oder Umweltpflege zu beanspruchen; er ist nur die Reminiszenz einer emanzipatorischen oder nostalgischen Perspektive in unserem Lebensgefühl während des Vorschulalters, nichts, woraus sich in der einen oder anderen Richtung moralische Verbindlichkeiten für den Erwachsenen im Umgang mit seiner Lebenswelt herleiten ließen.

Wir sehen uns damit zurückverwiesen auf die »Negative Theologie« des Nicolaus CUSANUS, vorgebildet bei den Neuplatonikern im hellenistischen Altertum. Gott sei kein Etwas, weder ein qualitatives noch ein quantitatives, weder Geist noch Seele, weder bewegt noch ruhend, weder im Raum noch in der Zeit, hatte es schon bei PLOTIN geheißen. Negative Theologie bedeutet, in moderner Sprache ausgedrückt, daß wir von allem außerhalb der intelligiblen Natur Liegenden nur aussagen können, was es *nicht* sei; jeder Versuch, es positiv zu charakterisieren, preßt es in den mesokosmisch dimensionierten Begriffsapparat unseres Primatenverstandes und kann nichts Besseres als Anthropomorphismen produzieren, die immer nur uns selbst abbilden. »Du gleichst dem Geist, den du begreifst – nicht mir«, ließ GOETHE schon den demiurgischen Erdgeist zu Faust reden.

Die negative Theologie spricht von Gott so wie KANT vom Ding an sich. Und in der Tat: Was immer wir vom Weltgeheimnis aussagen, ob wir in der Einzahl oder in der Vielzahl von ihm reden, ob wir es in das Schema unseres kausalen Denkens zwängen und ihm Aktivitäten wie Erschaffen, Befehlen, Verbieten, Bestrafen, Begnadigen oder Erlösen nachsagen, ob wir ihm Motive nach Art von Eifersucht, Autoritätsanspruch, Vergeltungsdrang, Mitleid und Großmut zuordnen, ob wir ihm unterstellen, irgendwelchen Hirtennomaden in der jüdischen Frühgeschichte das Schreibwerkzeug geführt zu haben, ob wir gar männliche oder, wie derzeit modern, weibliche Geschlechtsmerkmale in ihm zu erkennen meinen – all das ist anthropomorphe Konstruktion, Projektion, Eigenrauschen unseres mythenbildenden Apparates, konkreter gesagt, es ist Kindheitserinnerung, deren beruhigende Evidenz allein darin gründet, daß wir alle an ihr teilhaben.

Der Hierophant und die Psychologen

Kann sich auf der Basis solcher Einsichten noch Religiosität entfalten? Ohne das Ding an sich komme man nicht in die »Kritik der reinen Vernunft« hinein, und mit ihm könne man nicht in ihr bleiben, hat einmal ein KANT-Skeptiker zutreffend festgestellt. Gilt entsprechendes für den Gott an sich der negativen Theologie?

Tatsache ist, daß KANTs Erkenntniskritik sich als instabil erwiesen hat. Sie kippte entweder in den idealistischen Konstruktivismus der Neukantianer um, oder in die epistemologisch ziemlich unbedarfte Restauration des naiven Realismus in der Phänomenologie HUSSERLs und HEIDEGGERs, oder sie entwickelte sich zum kritischen Realismus der evolutionären Erkenntnistheorie.

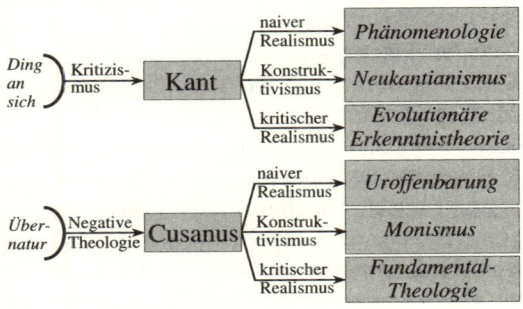

Parallelen zwischen Erkenntnistheorie und Theologie

Sofern die Negative Theologie analog hierzu gesehen werden kann, entspräche dem neukantianischen Weg, der das Ding an sich kurzerhand ganz beseitigte, das platte Bekenntnis zu einem atheistischen *Monismus* HAECKELscher oder MONODscher Prägung. Der macht frösteln und lockt keinen. Die Frage ist nur, ob und wo sich eine Alternative dazu eröffnet.

Die evolutionäre Erkenntnistheorie kommt leider als Vorbild nicht in Betracht. Sie hat nur den Zugang zur natürlichen, nicht aber zur übernatürlichen Transzendenz wiedereröffnet. Sie hat gute Argumente dafür vorgebracht, daß die kognitiven Kategorien, in denen wir die *materielle* Welt fassen, ihr Sosein einer stammesgeschichtlichen Anpassung an das Ding an sich verdanken und daher sehr wohl fähig sind, von *diesem* Zeugnis abzulegen. Einen hierzu analogen Gedankenfaden in Bezug auf die Übernatur hat die Hochscholastik zu knüpfen versucht, als sie glaubte, zu den »Gottesbeweisen« einer auf Vernunft und Beobachtung gründenden *Fundamentaltheologie* vorstoßen zu können. Aber alle diesbezüglichen Versuche halten kritischer Prüfung nicht stand. Anders als KANTs Transzendenz hat das Jenseits, in dem die numinosen Inhalte beheimatet sind, nie einen Selektionsdruck auf uns ausgeübt. Die Ökologie, an die die Mythen sich anzupassen hatten, war nicht Gott, sondern waren wir selbst, war das Konfliktpotential unserer eigenen Affektnatur.

Bleibt also auch uns als Ausweg nur die Zuflucht zu einer Neuauflage bereits überwunden geglaubter Naivität? Rückzugsgefechte dieser Art haben gegenwärtig in der Tat Konjunktur. Vor einigen Jahren erst hat der Philosoph Kurt HÜBNER ein Buch mit dem Titel »Die Wahrheit des Mythos«vorgelegt, das als typisches Beispiel dieser Gattung gelten kann.

Sein Schema ist einfach genug: Die mythische Erfahrung, so wird versichert, sei nicht etwa nur eine unreife Vorstufe der rationalen Erkenntnis und habe daher auch nicht nötig, sich von dieser belehren zu lassen. Die Aussagen der empirischen Wissenschaften seien ohnehin nicht etwa durch Tatsachendruck erzwungen, sondern aus historischen Kontingenzen erwachsen und daher entsprechend unverbindlich. Die Wissenschaft sei selbst bloß eine Art Mythos, ihre »Wahrheit« nicht wahrer als die mythische, sie arbeite nur mit anderen Bildern und gewinne der Wirklichkeit daher andere Perspektiven ab. Ihre Spezialität sei die »analytische« Weltsicht, und ob die soviel besser sei als die dem Mythos eigene »synthetische«, könne füglich bezweifelt werden.

Über gut 400 Seiten hinweg wird diese frugale Lese gekeltert. Der Aufwand ist eindrucksvoll, reichlich eingestreute Literaturverweise und längstvergessene griechische Vokabeln nähren beim Leser die Hochachtung vor solcher Präsenz humanistischen Bildungsguts. Er folgt daher dem gewichtig vor sich hin dozierenden Redefluß mit der dem Novizen ziemenden Demut von Kapitel zu Kapitel in der Hoffnung, irgendwann einmal auf einen *Gedanken* zu stoßen, den er bereichert sich zu eigen machen oder wenigstens leidenschaftlich zurückweisen könnte.

Und erst am Ende dämmert ihm die Erkenntnis, daß er die ganze Zeit über den Hierophanten aus SCHILLERs Ballade begleitet hat, der mit dem Staubwedel in der Hand das Isisbild immer nur verwaltet und nach eigenem Zeugnis nie irgendwann auch nur die *Versuchung* gespürt hat, den Schleier zu lüften.

Daß hinter solcher Genügsamkeit freilich handfeste Verdrängungsarbeit steht, wird an einer eigentümlichen Lückenhaftigkeit der Argumentationskette deutlich. Die »Wissenschaft«, von der bei HÜBNER die Rede ist, erscheint nämlich allein unter dem Aspekt einer *Konkurrenz* zur mythischen Weltdeutung. Sie findet nur insoweit Beachtung, als sie sich mit denselben *Objekten* beschäftigt, von denen auch der Mythos handelt oder zu handeln scheint. Keiner ernsthaften Diskussion gewürdigt werden hingegen jene erfahrungswissenschaftlichen Denkansätze, die *den Mythos selbst* zum Gegenstand der Erklärung machen, und hier besonders die *Psychologie*.

Schon HUSSERL, der Begründer der neuen philosophischen Naivität, und seine späteren Nachfahren haben unter allen Wissenschaften keine erbitterter bekämpft als gerade die Psychologie. Ganz entsprechend heißt es bei HÜBNER, daß der Mythos »nicht einfach als etwas Subjektives und Phantastisches abgetan werden kann, sondern, weit mehr als ursprünglich angenommen, ernst zu nehmen ist«[5]. In dieser Formulierung ist nämlich wie selbstverständlich vorausgesetzt, daß das Subjektive und die Produkte der Phantasie *nicht* ernst zu nehmen wären.

Wie HÜBNER mit der Psychologie umgeht, wird an seinen Kommentaren zu FREUDs Deutung des Ödipusdramas deutlich, die er kühn als exemplarisch für »die psychologische Sicht des Mythos« schlechthin erklärt und an der allein er daher bereits deren »Schwächen« entlarven zu können meint. Es sei doch offensichtlich, liest man da[6], daß nichts an der Ödipusgeschichte auf ein »komplexiöses Verhalten des Ödipus im Sinne FREUDs« hinweisen würde. Ödipus könne unmöglich ein »Verlangen nach der Tötung des Vaters befriedigt« haben, da

---

[5] HÜBNER (1985), S. 239   [6] ebd., S. 85

er doch gar nicht wußte, daß der Fremde am Kreuzweg sein Vater sei. Und dasselbe gelte sinngemäß für das »Verlangen nach dem Beischlaf mit der Mutter«. Das ist buchstäblich *alles*, was HÜBNER zur Kritik nicht etwa nur an FREUD, sondern an der *gesamten psychologischen Mythendeutung* einfällt.

Die Geringschätzung der Psychologie, die sich implizit in der Wahl eines derartigen Argumentationsniveaus bekundet, ist leider symptomatisch für breitere Kreise des Bildungsbürgertums. Das ist der Grund, warum ich hier überhaupt auf diese Art von Literatur eingehe.

Auf der Ebene der Sachargumente fällt die Widerlegung freilich leicht: Erstens können FREUDS ziemlich eigenwillige Einlassungen keineswegs als prototypisch für seelenkundliche Mythendeutung schlechthin angesehen werden, und zweitens sollte sich herumgesprochen haben, daß FREUD gewiß nicht so naiv argumentiert hat, als habe Ödipus selbst einen Ödipuskomplex gehabt.

Aber hinter der verächtlichen Interesselosigkeit an der ungeliebten Nachbardisziplin verbirgt sich im Grunde doch nur die verhohlene Angst des Hierophanten. Die Naturwissenschaft kann dem Mythos schlimmstenfalls *widersprechen*, und dann sieht man immer noch, wie man weiterkommt. Die Psychologie aber widerspricht ihm nicht, sie *erklärt* ihn. Sie weiß ihn bei seinem geheimen Namen zu nennen und droht ihn daher erst wirklich zu entmachten. Wenn jemand den Schleier der Isis zu heben in der Lage ist, dann nicht der Physiker, sondern der Psychologe.

Hierophanten gibt es allerdings auch innerhalb unserer Zunft. So liest man etwa bei Carl Gustav JUNG:

»Die Ehrfurcht vor den großen natürlichen Geheimnissen, welche die religiöse Sprache in ... geheiligten Symbolen auszudrücken sich bemüht, wird nicht gekränkt durch die Ausdehnung der Psychologie auf diese Gebiete ... Wir schieben die Symbole nur etwas weiter zurück und ziehen ein Stück ihrer Domäne ans Tageslicht, ohne aber dem Irrtum zu verfallen, wir hätten damit mehr geschaffen als bloß ein neues Symbol für dasselbe Rätsel«[7].

Der Autor will der psychologischen Mythendeutung dadurch das Ärgernis nehmen, daß er sie in allgemeiner Mystifikation auflöst. In

---

[7] JUNG (1942), S. 355

einer Welt, in der Geister und Geheimnisse in allen Winkeln lauern, kommt es nicht mehr sehr darauf an, an welcher Stelle das Numinose zum Menschen spricht, und sei es auch durch Kindermund. Wer so argumentiert, wird freilich niemandem gefährlich.

Im Namen des Vaters und des Helden und des Lebenselixiers

Es wäre falsch, die Ausführungen dieses Buches mit dem Ansatz JUNGS zu verwechseln. Sie greifen wirklich nach dem Schleier der Isis, welche Konsequenzen daraus auch immer erwachsen mögen. Wir können den Lauf der Dinge nicht aufhalten oder umkehren: Es gehörte nun einmal zum Entwicklungsauftrag Adams, sich über das Verbot Jahwes hinwegzusetzen, die Frucht vom Baum der Erkenntnis zu brechen, als Kain fortlebend den Abel zu erschlagen und zur Wanderschaft im Lande Nod aufzubrechen.

Ecce homo. Der Mensch ist der konstitutionelle Schelm, dem nichts anderes übrig bleibt, als sich vom Walfisch verschlucken zu lassen und den Geistern furchtlos zu trotzen. Wir haben mit staunend offenstehendem Mund und neugierigen Fingern das Kaleidoskop unserer Erscheinungswelt auseinandergenommen; nun stehen wir vor einem Haufen von Spiegelscherben und kruden, im Auflicht stumpffarbigen Steinsplittern und können die schönen, bunten Muster nicht mehr finden, an denen wir uns früher erfreut haben. Wer mag wohl schuld gewesen sein? Werden wir zu Recht Wakdjunkaga, der Narr, genannt?

Andererseits aber – darf diese Entwicklung denen Auftrieb geben, die am liebsten in Sack und Asche Buße tun und das *sacrificium intellectus*, die psychische Kastration des Geistes predigen? Oder denen gar, die rückwärts drängen in die Symbiose mit Tiâmat, die die Juden und die Intellektuellen, wie SCHULER sich ausdrückte, »mit dem Putzlappen wegwischen« und den Mythos des 20. Jahrhunderts neuschreiben wollen?

Wenn wir das alles aber nicht wollen, wenn wir nicht zurückstreben, sondern vorwärts, immer vorwärts, wohin führt uns dann der Weg? Was kommt nach dem Tricksterdasein?

Dem Zeugnis der Mythen zufolge folgt dann das Stadium des *Helden*. Ist das unsere Verheißung? Ist der Tod, dessen unverschleierter Anblick den Jüngling von Sais über seine Kräfte erschütterte, mit der Inschrift auf jener Säule gemeint, vor der Iwan Zarewitsch stand? SCHILLERs Ballade sieht es nicht so. Aber vielleicht sieht sie ja mit den Augen Fjodors oder Dimitrijs...

Darstellung der Taufe Jesu mit »ödipaler« Dreiteilung des Bildhintergrundes. Fresko von GIOTTO (um 1300).

Das könnte die eigentliche Botschaft der Hochreligionen sein, des Christentums zumal. Es ist unverkennbar, daß sich die sinnschaffende Gestaltungskraft des Heldenmythos eben gerade des Menschensohnes Jesus von Nazareth bemächtigt und aus ihm jene Lichtgestalt geformt hat, die in den Tod geht, um den Vater zu versöhnen und seinem Volk das Elixier des Lebens, den Heiligen Geist zu bringen. Das Verderben, von dem er sein Volk erlöst, wäre dann allerdings gar nicht die in unsere Erbmasse einprogrammierte Sünde, von Adam und Eva im Paradies begangen. Denn diese hat ja den Mut zur Trennung erfordert, sie war in der Tat eine *felix culpa*. Wer die Frucht vom Baume der Erkenntnis zu brechen wagte, der muß nicht befürchten, daß sein

Urvertrauen im Überdruß dahinsiecht. So gesehen ist die Erlösung nicht die Aufhebung, sondern die Erfüllung der Ursünde.

Es ist vielleicht von tiefer Bedeutung, daß in mittelalterlichen Darstellungen speziell die Taufe Jesu, also sein Eintritt in die Erlöserlaufbahn, auffällig gehäuft in der Symbolik jener Dreigliederung dargestellt wird, die wir als charakteristisch für die ödipale Thematik kennegelernt haben – so als würde damit an die Aufgabe erinnert, die es zu vollenden gilt.

Docta Ignorantia

Wir haben die Botschaft von SCHILLERs Ballade bisher ohne Abstriche akzeptiert; zumindest in einer Hinsicht aber hätten wir sie doch auch hinterfragen sollen. Mit welchem Recht setzt sie eigentlich voraus, daß der Jüngling von Sais – daß *irgendein* Sterblicher – überhaupt *fähig* sei, das Isisbild zu enthüllen?

Schon der vorhin bereits zitierte Herold der Neuzeit, Nicolaus CUSANUS, hat in seiner Lehre vom »gelehrten Nichtwissen« ausgesprochen, daß wir, sinngemäß auf unser Gleichnis übertragen, von der Verschleierung der Göttin zwar eine Lage nach der anderen zu heben vermögen, nie aber soweit kommen werden, ihr Antlitz wirklich unverhüllt zu erblicken. Die Geschichte des abendländischen Denkens ist eine Geschichte der kopernikanischen Wenden. Jede von ihnen hat uns eines Zaubers beraubt, jede hat sich dem unverhüllten Weltgeheimnis um den Hauch eines weiteren gehobenen Schleiers angenähert. Keiner ist es bisher gelungen, den Totenschädel der Isis freizulegen.

Während ich diese Zeilen schreibe, ertönt im Hintergrund das Adagio aus Bruckners Sechster. Eine Antwort ist das auch nicht. Aber gäbe es Worte, die in vergleichbarer Eindringlichkeit *fragen* könnten? Widerlegt die ewige Unzugänglichkeit der Antwort die Berechtigung der Frage? Warum stehen diese Klänge im Raum? Warum sind sie jetzt, in diesem Augenblick, Wirklichkeit? Warum bin ich, warum ist überhaupt etwas? Warum weiß ich, daß ich bin?

Es gehört nicht zum Wesen der in die SCHRÖDINGER-Gleichung einfangbaren Materie, daß sie zur Helle des Selbstbewußtseins erwachen kann. Was Materie eigentlich ist, was Zeit eigentlich ist, was Ich eigentlich bin – es ist nicht sicher, aber doch möglich, daß unser Trickster-Intellekt an solchen Fragen bis in alle Ewigkeit vergebens nagt. Was vor uns liegt, ist weniger die Gewißheit des Nichts als vielmehr die Erfahrung der Grenzenlosigkeit des eigenen Nichtwissens. Wir sind, im Unterschied zu HAECKEL, weiter als je von der Überzeugung entfernt, die »Welträtsel« gelöst zu haben. Die Wissenschaft bleibt uns auf das letzte Warum die Antwort schuldig. Nicht daß jemand anderes sie wüßte, die Mythen nicht, und schon gar nicht die Fundamentalisten und die Hierophanten. Aber damit ist die Frage nicht aus der Welt.

Auf diese Frage gibt es keine Antwort. Den Trickster läßt das kalt, da er das Fürchten noch nicht gelernt hat. Aber auch den Helden schreckt es nicht, weil er sich auf das Urvertrauen besonnen hat, das ihn auf andere Weise unverwundbar macht.

In SCHILLERs Ballade findet sich eine Stelle, der wir bisher zu wenig Aufmerksamkeit geschenkt haben. Die Göttin Isis verwehrt nur dem den Zutritt, der sich ihr mutwillig und daher zur *Unzeit* nähert. Sie behält sich vor, den Schleier selbst zu heben, wenn es an der Zeit ist.

Der Anblick der unverhüllten Wahrheit wäre dann also gar nicht unter allen Umständen tödlich? Und was muß man mitbringen, wie muß man sein, damit er nicht schaden kann? Nur dem *Eingeweihten*, will SCHILLER wohl sagen, steht es zu, die Wahrheit zu schauen.

Das läuft, richtig bedacht, letztlich wieder auf das Urvertrauen hinaus, das in der Sprache der Theologen »Glaube« heißt. Wer soweit gereift ist, daß er sich sinnvoll in diese Welt eingebettet fühlen kann, den schreckt es nicht mehr, wenn ihm die bunten Bilder seiner Kindheitsreligion zerfließen, wenn er vom großen Wagen absteigt und allein vor das Nirwana tritt. Ob wir das gestaltlose, leere Antlitz der Isis als das Nichts erleben oder aber als die Erfüllung, das ist eine Frage unserer Reife, eine Frage des Sinns, den wir unserem Leben geben konnten, eine Frage des Vertrauens, das wir ins Sein zu setzen vermögen.

An der Säule, die den Weg in den Tod wies, war es allein Iwans Seelenkraft überlassen, unerschütterlich darauf zu vertrauen, daß er am Ziel jenes Weges die Stadt unter der Sonne schauen würde.

Versuch, die wichtigsten Argumentationslinien dieses Buches nachzuzeichnen

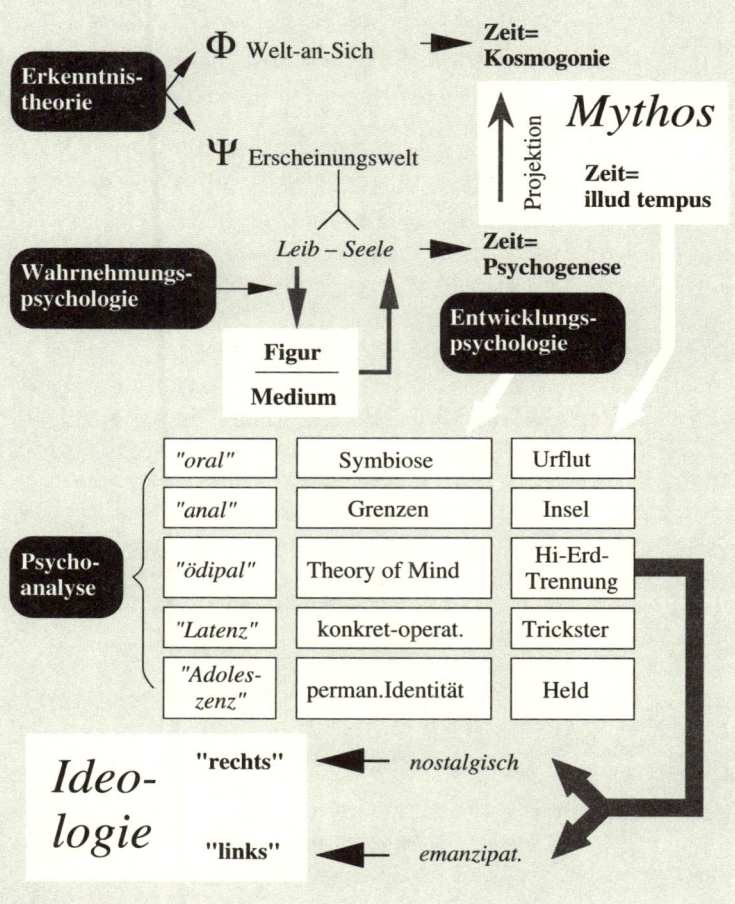

Literatur

ADORNO, T.W., FRENKEL-BRUNSWIK, E., LEVINSON, D.L., SANFORD, R.N. (1950): *The Authoritarian Personality*. Studies in Prejudice, hrsg. v. Max HORKHEIMER & Samuel H. FLOWERMAN. New York: Harper & Brothers

ARGELANDER, H. (1972): *Der Flieger*. Eine charakteranalytische Fallstudie. Frankfurt: Suhrkamp

ARNOLD-CAREY, L. (1972): *Und sie erkannten, daß sie nackt waren.* Geschlechtswahrnehmung und kindliche Entwicklung. Göttingen: Vandenhoeck&Rupprecht

ASSMANN, J. (1983): Das Doppelgesicht der Zeit im altägyptischen Denken. In: A.PEISL & A.MOHLER (Hrsg.): *Die Zeit*. München: Oldenbourg

ASTINGTON, J.W. & GOPNIK, A. (1991): Theoretical explanations of children's understanding of the mind. *British Journal of Developmental Psychology*, 9, 7-31

BACHMANN, H.I. (1985): *Malen als Lebensspur*. Die Entwicklung kreativer bildlicher Darstellung. Stuttgart: Klett

BASTIAN, A. (1881): *Der Völkergedanke im Aufbau einer Wissenschaft vom Menschen*. Berlin

BATESON, G., JACKSON, D.D., HALEY, J. (1956): Toward a theory of schizophrenia. *Behavioral Science* 1, 251-264

BAUKS, M. (1995): *Die Welt am Anfang*. Zum Verhältnis von Vorwelt und Weltentstehung in Gen 1 und in der altorientalischen Literatur. Dissertation Theol Fak. Heidelberg

BAUMANN, H. (1936): *Schöpfung und Urzeit des Menschen im Mythus der afrikanischen Völker*. Berlin: Dietrich Reimer

– (1955): *Das Doppelte Geschlecht*. Studien zur Bisexualität in Ritus und Mythos. Berlin: Dietrich Reimer. Nachdruck (1986).

771

BENNEMANN, K.-H. (1996): *Theoretische Verhaltensbiologie.* Anwendung nichtlinearer Dynamik auf fundamentale Probleme. Aachen: Shaker Verlag

von BEIT, H. (1952): Symbolik des Märchens. Bern: Francke Verlag

BINION, R. (1973): Hitler's Concept of *Lebensraum:* The Psychological Basis. *History of Childhood Quarterly,* 1, 187–215

BISCHOF, N. (1966): Psychophysik der Raumwahrnehmung. *In:* W.METZGER & H.ERKE (Hrsg.): *Handbuch der Psychologie Bd.I/1: Wahrnehmung und Bewußtsein.* Göttingen: Hogrefe S. 307–408

– (1970): Verstehen und Erklären in der Wissenschaft vom Menschen. *Zeitschrift für Menschenkunde* 34, 338–364

– (1985): *Das Rätsel Ödipus.* Die biologischen Wurzeln des Urkonfliktes von Intimität und Autonomie. München: Piper

– (1990a): Ordnung und Organisation als heuristische Prinzipien des reduktiven Denkens. *Nova Acta Leopoldina* 63, 285–312

– (1990b): Phase transitions in psychoemotional development. *In:* H.HAKEN & M.STADLER (Eds): *Synergetics of Cognition.* Berlin: Springer S. 361–378

– (1993): Untersuchungen zur Systemanalyse der sozialen Motivation I: Die Regulation der sozialen Distanz – von der Feldtheorie zur Systemtheorie. *Zeitschrift für Psychologie* 201, 5-43

– (1995): *Struktur und Bedeutung. Eine Einführung in die Systemtheorie für Psychologen.* Bern: Huber

– (1996): Untersuchungen zur Systemanalyse der sozialen Motivation IV: Die Spielarten des Lächelns und das Problem der motivationalen Sollwertanpassung. *Zeitschrift für Psychologie* 204, 1–40

BISCHOF-KÖHLER, D. (1989): *Spiegelbild und Empathie.* Die Anfänge der sozialen Kognition. Bern: Huber

– (1994): Selbstobjektivierung und fremdbezogene Emotionen. Identifikation des eigenen Spiegelbildes, Empathie und prosoziales Verhalten im 2. Lebensjahr. *Zeitschrift für Psychologie* 202, 349–377

BOESCH, CH. & BOESCH, H. (1984): Mental map in wild chimpanzees: An analysis of hammer transports for nut cracking. *Primates,* 25, 160–170

BOLLNOW, O.F.: (1963) *Mensch und Raum.* Stuttgart: Kohlhammer

BRONFEN, E. (1994): *Nur über ihre Leiche: Tod, Weiblichkeit und Ästhetik.* München: Kunstmann

BULTMANN, R. (1985): Neues Testament und Mythologie. Das Problem der Entmythologisierung der neutestamentlichen Verkündigung. Nachdruck der 1941 erschienenen Fassung. München: Chr. Kaiser Verlag

BURKERT, W. (1979): *Structure and History in Greek Mythology and Ritual.* Berkeley: University of California Press

BUTTERWORTH, G. (1991): The Ontogeny and Phylogeny of Joint Visual Attention. In: A.WHITEN (Ed): *Natural Theories of Mind*. Oxford: Basil Blackwell 223–232

CAMPBELL, J. (1972a): *The masks of God: Primitive Mythology*. New York: Viking

– (1972b): *The masks of God: Oriental Mythology*. New York: Viking
– (1972c): *The masks of God: Occidental Mythology*. New York: Viking
– (1949): *The Hero with a thousand faces*. New York: Bollingen. Deutsche Übersetzung (1978): *Der Heros in tausend Gestalten*. Frankfurt: Suhrkamp

CANCIK, H. (1983): *Die Rechtfertigung Gottes durch den »Fortschritt der Zeiten«*. Zur Differenz jüdisch-christlicher und hellenisch-römischer Zeit- und Geschichtsvorstellungen. In: A.PEISL und A.MOHLER (Hrsg.): *Die Zeit* (Schriften der Carl-Friedrich-von-Siemens-Stiftung; Bd. 6). München: Oldenbourg

CAPRA, F. (1975): *The Tao of Physics*. Berkeley-London: Wildwood house

CASSIRER, E. (1953): *Philosophie der symbolischen Formen. II: Das Mythische Denken*. Darmstadt-Oxford: Bruno Cassirer

DAWKINS, R. (1976): *The Selfish Gene*. Oxford: Oxford University Press

DIEZ FERNANDEZ, M.T. (1989): *Die inneren Welten der Kinder in der ödipalen Phase*. Eine empirische Untersuchung. Unveröffentlichte Dissertation, Universität Zürich.

DILTHEY, W. (1924): *Ideen über eine beschreibende und zergliedernde Psychologie*. Gesammelte Schriften Bd. V, Leipzig-Berlin: Teubner

EBELING, E. (1926): Babylonische/assyrische Texte. In: H. GRESSMANN (Ed.): *Altorientalische Texte zum Alten Testament*. S. 108-439. Berlin, Leipzig: Walter de Gruyter

EHRENREICH, P. (1903): Zur Frage der Beurteilung ethnographischer Analogien. *Korrespondenzblatt für Anthropologie*

EIBL-EIBESFELDT, I. (1976): *Menschenforschung auf neuen Wegen*. Die naturwissenschaftliche Betrachtung kultureller Verhaltensweisen. Wien: Verlag Fritz Molden

– (1987): Grundriß der vergleichenden Verhaltensforschung. München: Piper

EIBL-EIBESFELDT, I. & SÜTTERLIN, Ch. (1992): *Im Banne der Angst*. Zur Natur- und Kunstgeschichte menschlicher Abwehrsymbolik . München: Piper

EISENSTÄDTER, J. (1912): *Elementargedanke und Übertragungstheorie in der Völkerkunde*. Stuttgart: Strecker & Schröder

EISLER, R. (1910): *Weltenmantel und Himmelszelt*. Religionsgeschichtliche Untersuchungen zur Urgeschichte des antiken Weltbildes. Bd II. München: C.H. Beck

ELIADE, M. (1980): *Die Schöpfungsmythen*. Darmstadt: Wissenschaftliche Buchgesellschaft

– (1984): *Kosmos und Geschichte. Der Mythos der ewigen Wiederkehr.* Frankfurt/Main: Insel Verlag

ELIOT, A. (Hrsg.) (1976): *Mythen der Welt.* Luzern: Verlag C.J.Bucher

ELKIND, D. (1973): Cognitive Structure in Latency Behavior. *In:* J.C. WESTMAN (Ed.): *Individual Differences in Children.* p. 105-117. New York: Wiley

– (1990): *Total verwirrt. Teenager in der Krise.* Bergisch Gladbach: Bastei Lübbe

ENGELS, F. (1977): *Der Ursprung der Familie, des Privateigentums und des Staats* im Anschluß an Lewis H. Morgans Forschungen. Berlin DDR: Dietz Verlag

ERIKSON, E. H. (1970): *Jugend und Krise. Die Psychodynamik im sozialen Wandel.* Stuttgart: Klett

EVOLA, J. (1935): *Erhebung wider die moderne Welt.* Stuttgart, Berlin: Deutsche Verlags-Anstalt

FERENCZI, S. (1909): Introjektion und Übertragung. *Jahrbuch für psychoanalytische und psychopathologische Forschungen,* 1, 422–457

– (1929): *Das unwillkommene Kind und sein Todestrieb.* In: Bausteine zur Psychoanalyse, Bd. III. Bern: Huber

FISCHER, H.Th. (1932): Indonesische Paradiesmythen. *Zeitschr. f. Ethnologie* 64, 204–245

FRAIBERG, S. (1972): *Die magischen Jahre in der Persönlichkeitsentwicklung des Vorschulkindes.* Psychoanalytische Erziehungsberatung. Reinbek: Rowohlt

von FRANZ, M.-L. (1964): The Process of Individuation. *In:* C.G.JUNG (Ed.): *Man and his Symbols,* p.158–229. New York: Doubleday

– (1986): *Psychologische Märcheninterpretation: Eine Einführung.* München: Kösel

– (1990): *Schöpfungsmythen.* Bilder der schöpferischen Kräfte im Menschen. München: Kösel

FREUD, S. (1900): *Die Traumdeutung.* Ges.Werke Bd. II/III. Frankfurt: S.Fischer Verlag

– (1917): *Vorlesungen zur Einführung in die Psychoanalyse.* Ges.Werke Bd. XI. Frankfurt: S.Fischer Verlag

– (1923): *Das Ich und das Es.* Ges.Werke Bd. XIII. Frankfurt: S.Fischer Verlag

– (1930): *Das Unbehagen in der Kultur.* Ges.Werke Bd. XIV. Frankfurt: S.Fischer Verlag

FRICKE, G., GÖPFERT, H. G. & STUBENRAUCH H. (1965[4]): *Friedrich Schiller. Sämtliche Werke, Bd. 1.* München: Hanser

LITERATUR

FROBENIUS, L. (1904): *Das Zeitalter des Sonnengottes*. Band 1. Berlin: Georg Reimer
– (1928): *Erlebte Erdteile, Bd. IV: Paideuma*. Frankfurt : Frankfurter Societäts-Druckerei
GARDNER, H. (1980): *Artful Scribbles*. The Significance of Children's Drawings. New York: Basic Books
GEPPERT, U. & KÜSTER, U. (1983): The emergence of »Wanting to do it oneself«: A precursor of achievement motivation. *Internat. Journ. of Behavioral Development*, 6, 355–370
GESELL, A. (1960³): *Säugling und Kleinkind in der Kultur der Gegenwart*. Bad Nauheim: Christian Verlag
GIRARD, R. (1969): *Die ewigen Mayas*. Zivilisation und Geschichte. Wiesbaden: Emil Vollmer Verlag
GOODALL, J. (1977): Infant killing and cannibalism in free-living chimpanzees. *Folia Primatologica* 28, 259–282
GRANET, M. (1971): *Das chinesische Denken* – Inhalt, Form, Charakter. München: Piper
GREY, Sir G. (1961): The Children of Heaven and Earth. In: *Polynesian Mythology and Ancient Traditional History of the Maori as told by their Priests and Chiefs*. Auckland: H. Brett, 1885
GROSSARTH-MATICEK, R. (1975): *Revolution der Gestörten? Motivationsstrukturen, Ideologien und Konflikte bei politisch engagierten Studenten*. Heidelberg: Quelle&Meyer
– (1979): *Radikalismus. Untersuchungen zur Persönlichkeitsentwicklung westdeutscher Studenten*. Schriftenreihe des Instituts für Konfliktforschung, Heft 5. Basel: S. Karger
GRUNBERGER, B. (1976): *Vom Narzißmus zum Objekt*. Frankfurt: Suhrkamp
GUARDINI, R. (1950): *Wille und Wahrheit. Geistliche Übungen*. Mainz: Matthias Grünewald Verlag
HABERMAS, J. (1981): *Theorie des kommunikativen Handelns*. Frankfurt: Suhrkamp
HAKEN, H. (1981): *Erfolgsgeheimnisse der Natur*. Synergetik: Die Lehre vom Zusammenwirken. Stuttgart: Deutsche Verlagsanstalt
HARTMANN, H. (1972): *Ich-Psychologie*. Studien zur psychoanalytischen Theorie. Stuttgart: Klett
HAWKING, S.W. (1988): *Eine kurze Geschichte der Zeit. Die Suche nach der Urkraft des Universums*. Reinbek: Rowohlt
HEIDEL, A. (1948): The meaning of *mummu* in Akkadian literature. *Jour. of Near Eastern Studies* 7, 98–105
HEIDER, F. (1927): Ding und Medium. *Symposion* 1, 109

LITERATUR

HEIBER, H. & von KOTZE, H. (1968): *Facsimile Querschnitt durch das Schwarze Korps*. München: Scherz

HEIGERT, H. (1968): *Deutschlands falsche Träume* oder: Die verführte Nation. Hamburg: Christian Wegner Verlag

HELLER, J. (1980): *Catch-22*. London: Corgi Books

HEUSLER, A. (1921): *Nibelungensage und Nibelungenlied. Die Stoffgeschichte des deutschen Heldenepos*. Dortmund: Fr. Wilh. Ruhfus

HOEBEL, E.A. (1968): *Das Recht der Naturvölker*. Eine vergleichende Untersuchung rechtlicher Abläufe. Olten: Walter Verlag

HOFFMAN, M.L. (1976): Empathy, roletaking guilt, and the development of altruistic motives. In: T.LICKONA (Ed.): *Moral development and behavior*. New York: Holt, Rinehart & Winston, 124–143

HOFSTÄTTER, P.R. (1977): *Persönlichkeitsforschung*. Stuttgart: Kröner

HOLBEK, B. (1987): *Interpretation of Fairy Tales* (FFC Nr. 239). Helsinki: Suomalainen tiedeakatemia

HOLZKAMP, K. (1985): »Persönlichkeit« – zur Funktionskritik eines Begriffes. In: Th.HERRMANN & E.D.LANTERMANN (Hrsg.): *Persönlichkeitspsychologie. Ein Handbuch in Schlüsselbegriffen*. 92-101. München: Urban & Schwarzenberg

HUBER, P. (1980): *Heilige Berge*. Zürich: Benziger

HÜBNER, K. (1985): *Die Wahrheit des Mythos*. München: C.H. Beck

IONS, V. (1967): *Indische Mythologie*. Wiesbaden: Emil Vollmer Verlag

JACOBI, J. (1957): *Komplex Archetypus Symbol* in der Psychologie C.G. Jungs. Zürich: Rascher

JAMES, W. (1963; Erstauflage 1890): *Psychology*. New York: Fawcett.

JAMMER, M. (1960): *Das Problem des Raumes*. Die Entwicklung der Raumtheorien. Darmstadt: Wissenschaftliche Buchgesellschaft

JUNG, C.G. (1942⁴): *Psychologische Typen*. Zürich: Rascher

– (1971): *Über Grundlagen der analytischen Psychologie*. Die Tavistock Lectures 1935. Olten: Walter

– (1972): *Psychologie und Alchemie* (Gesammelte Werke Bd. 6). Olten: Walter

– (1976): *Die Archetypen und das kollektive Unbewußte* (Gesammelte Werke, Bd. 9/I). Olten: Walter

– (1977²): *Symbole der Wandlung* (Gesammelte Werke Bd. 5). Olten: Walter

JUNG, C.G. & KERÉNYI, K. (1942): *Einführung in das Wesen der Mythologie*. Amsterdam-Leipzig: Pantheon, Akademische Verlagsanstalt

JUNKER, R. & SCHERER, S. (1986): Entstehung und Geschichte der Lebewesen. Daten und Deutungen für den schulischen Bereich. Gießen: Weyel Lehrmittelverlag

KELLOGG, R. (1970): *Analyzing children's art.* Palo Alto: Mayfield Publishing

KEUPP, H. (1996): Bedrohte und befreite Identitäten in der Risikogesellschaft. In: A. BARKHAUS, M. MAYER, N. ROUGHLEY & D. THÜRNAU (Hrsg.): *Identität, Leiblichkeit, Normativität. Neue Horizonte anthropologischen Denkens.* stw 1247 Frankfurt: Suhrkamp, S. 380–403

KLAGES, L. (1969/1966): *Der Geist als Widersacher der Seele.* Sämtliche Werke (Herausgegeben von Ernst FRAUCHIGER, Gerhard FUNKE, Karl J. GROFFMANN, Robert HEISS und Hans Eggert SCHRÖDER) Bd. 1 und 2. Bonn: Bouvier Verlag Herbert Grundmann

– (1974a): *Vom kosmogonischen Eros.* Sämtliche Werke Bd. 3. 353-473. Bonn: Bouvier Verlag Herbert Grundmann

– (1974b) *Warum bringt es Verderben, den Schleier des Isisbildes zu heben?* Sämtliche Werke Band 3. Bonn: Bouvier Verlag Herbert Grundmann S. 474–482

– (1974c): *Geist und Seele.* Sämtliche Werke Band 3. Bonn: Bouvier Verlag Herbert Grundmann S. 3–154

KLINNERT, M.D., CAMPOS, J.J., SORCE, J.J., EMDE, R.N.& SYEJDA, M. (1983): Emotions as behavior regulators: Social referencing in infancy. In: R.PLUTCHIK & H.KELLERMAN (Eds.): *Emotions: Theory, research and experience.* Vol.2. New York: Academic Press

KLUCKHOHN, C. (1960): Recurrent themes in myth and mythmaking. *In:* H.A.MURRAY (Ed.): *Myth and Mythmaking.* New York: Braziller, 46–60

KÖHLER, W. (1933): *Psychologische Probleme.* Berlin: Julius Springer

KOHUT, H. (1981): *Die Heilung des Selbst.* (stw 373) Frankfurt: Suhrkamp

KORNADT, H.-J. & TROMMSDORFF, G. (1994): »Mein Hund hat mich bestorben«. Sprachlicher Ausdruck von Gefühlen im deutsch-japanischen Vergleich. In: H.-J.KORNADT, J.GRABOWSKI & R.MANGOLD-ALLWINN (Hrsg.): *Sprache und Kognition.* Heidelberg: Spektrum Akademischer Verlag, 233–250

KOVÁCS, A. (1965): *Ungarische Volksmärchen.* Düsseldorf: Eugen Diederichs

KRAMER, S.N. (1961²): *Sumerian Mythology.* Philadelphia: The American Philosophical Society

KREUZER, H. (1969): *Literarische und naturwissenschaftliche Intelligenz. Dialog über die »zwei Kulturen«.* Stuttgart: Klett

LANZ VON LIEBENFELS, J. (1904): *Theozoologie oder die Kunde von den Sodoms-Äfflingen und dem Götterelektron.* Eine Einführung in die älteste und neueste Weltanschauung und eine Rechtfertigung des Fürstentums und des Adels. Wien, Leipzig, Budapest

LAPLANCHE, J. & PONTALIS, J.-B. (1986⁷): *Das Vokabular der Psychoanalyse.*(stw 7) Frankfurt: Suhrkamp

LERSCH, Ph. (1952⁵): *Aufbau der Person.* München: Joh.Ambrosius Barth

LÉVI-STRAUSS, C. (1975): *Die Struktur und die Form.* Reflexionen über ein Werk von Vladimir Propp. In: PROPP (1975) S. 181-213

– (1978): *Strukturale Anthropologie I* (stw 226). Frankfurt: Suhrkamp

– (1980²): *Mythologica I: Das Rohe und das Gekochte.* (stw 167) Frankfurt: Suhrkamp

LONG, C.H. (1963): *Alpha.* The Myths of Creation. Chico, Cal.: Scholars Press. Originally published: New York: Braziller

LORENZ, K. (1941): Kants Lehre vom Apriorischen im Lichte gegenwärtiger Biologie. *Blätter für die deutsche Philosophie,* 15, 94–125

– (1963): *Das sogenannte Böse.* Zur Naturgeschichte der Aggression. Wien: Borotha-Schoeler

– (1973): *Die Rückseite des Spiegels. Versuch einer Naturgeschichte menschlichen Erkennens.* München: Piper

LÜBBE, H. (1987): *Politischer Moralismus.* Der Triumph der Gesinnung über die Urteilskraft. Berlin: Siedler

MAHLER, M.S., PINE, F. & BERGMAN, A. (1975): *The Psychological Birth of the Human Infant.* Symbiosis and Individuation. New York: Basic Books

MARCIA, J.E. (1966): Development and validation of ego identity status. *Journal of Personality and Social Psychology,* 3, 551–558

– (1980): Identity in adolescence. *In:* J.ADELSON (Ed.): *Handbook of Adolescent Psychology,* p. 159–187. New York: Wiley

MARG, W. (1968): HESIOD Erga. Von Arbeit, Wettstreit und Recht. Zürich: Artemis-Verlag

MARX, K. (1959): *Marx/Engels Werke Nr. 3.* Deutsche Ideologie. Berlin (Ost): Dietz

MARX, W. & LÄGE, D. (1995): *Der ideologische Ring.* Göttingen: Verlag für Psychologie

MEAD, M. (1935): *Sex and temperament in three primitive societies.* New York: Morrow. Deutsch: *Geschlecht und Temperament in drei primitiven Gesellschaften.* München: Deutscher Taschenbuch Verlag (1970)

– (1949): *Male and female.* New York: Morrow. Deutsch: *Mann und Weib.* Hamburg: Rowohlt (1958)

MEGAS, G. A. (1965): *Griechische Volksmärchen.* Düsseldorf: Eugen Diederichs

METZGER, W. (1954): *Psychologie.* Die Entwicklung ihrer Grundannahmen seit der Einführung des Experiments. Darmstadt: Steinkopff

– (1975³): *Gesetze des Sehens.* Frankfurt: Kramer

MUSSEN, P.H. (1983⁴): *Handbook of Child Psychology,* Vol.I–IV. New York: Wiley

LITERATUR

NAGERA, H. (1991): *Psychoanalytische Grundbegriffe.* Frankfurt: Fischer

NEUMANN, E. (1949): *Ursprungsgeschichte des Bewußtseins.* Zürich: Rascher

- (1983⁶): *Die Große Mutter.* Eine Phänomenologie der weiblichen Gestaltungen des Unbewußten. Olten: Walter-Verlag

NOELLE-NEUMANN, E.(1996): Die linken und die rechten Werte. Ein Ringen um das Meinungsklima. *Beiträge zur Politischen Wissenschaft,* 89, 243–267

NUMAZAWA, F.K. (1946): *Die Weltanfänge in der japanischen Mythologie.* Internationale Schriftenreihe für soziale und politische Wissenschaften: Ethnologische Reihe, Band II. Paris: Libraire de Recueil Sirey. Luzern: Verlag Josef Stocker

OERTER, R. & OERTER, R. (1993): Zur Konzeption der Identität in östlichen und westlichen Kulturen. Ergebnisse von kulturvergleichenden Untersuchungen zum Menschenbild junger Erwachsener. *Zeitschrift für Sozialisationsforschung und Erziehungssoziologie 13,* 296–310

PAPOUŠEK, H. & PAPOUŠEK, M. (1979): Early ontogeny of human social interaction. In: M.von CRANACH, K.FOPPA, W.LEPENIES & D.PLOOG (Eds.): *Human Ethology,* p. 456–489 Cambridge: Cambridge University Press

PERNER, J. (1991): *Understanding the representational mind.* Cambridge, Mass.: MIT Press

PITTENDRIGH, C. (1958): Adaptation, natural selection, and behavior. *In:* A.ROE & G.G.SIMPSON (Eds.): *Behavior and evolution,* p. 390-416. New Haven: Yale University Press

PREMACK, D. & WOODRUFF, G. (1978): Does the chimpanzee have a theory of mind? *The Behavioral and Brain Sciences,* 1,515–526

PRINZHORN, H. (1968²): *Bildnerei der Geisteskranken.* Ein Beitrag zur Psychologie und Psychopathologie der Gestaltung. Berlin: Springer

PROPP, V. (1975): *Morphologie des Märchens.* (stw 131) Frankfurt: Suhrkamp

RADIN, P., KERENYI, K. & JUNG, C.G. (1954): *Der göttliche Schelm.* Ein indianischer Mythen-Zyklus. Zürich: Rhein-Verlag

zu REVENTLOW, F. (1958): Drei Romane. München: Biederstein

ROBERT, C. (1915): *Ödipus. Geschichte eines poetischen Stoffes im griechischen Altertum.* 2 Bde. Berlin: Weidmann

ROSENBERG, A. (1930): *Der Mythus des zwanzigsten Jahrhunderts.* Eine Wertung der seelisch-geistigen Gestaltenkämpfe unserer Zeit. München: Hoheneichen-Verlag

ROTTER, J.B. (1966): Generalized expectancies for internal vs. external control of reinforcement. *Psychol.Monogr.* 80, 1–28

SCHERF, W. (1982): *Lexikon der Zaubermärchen.* Stuttgart: Alfred Kröner

- (1986): *Das Märchenpublikum*. In: W. SOLMS: Das selbstverständliche Wunder. Marburg: Hitzeroth
- (1987): *Die Herausforderung des Dämons*. Form und Funktion grausiger Kindermärchen. München: K.G. Saur
SCHMIDT, A. (1969): *Sitara und der Weg dorthin*. Eine Studie über Wesen, Werk & Wirkung Karl Mays. Frankfurt: Fischer
SCHOTTENLOHER, G. (1989): *Das therapeutische Potential spontanen bildnerischen Gestaltens unter besonderer Berücksichtigung körpertherapeutischer Methoden*. Konstanz: Hartung-Gorre
von SCHRÖDER, L. (1914): *Herakles und Indra*. Denkschriften der Kaiserlichen Akademie der Wissenschaften in Wien, Phil.Hist. Klasse 58, 3
SCHULER, A. (1940): *Fragmente und Vorträge aus dem Nachlaß*. Mit einer Einführung von Ludwig KLAGES. Leipzig: Johann Ambrosius Barth
SLAWIK, A. (1936): Kultische Geheimbünde der Japaner und Germanen. In: W.KOPPERS (Hrsg.): *Die Indogermanen- und Germanenfrage*, S. 675–763. Salzburg: Anton Pustet
STADLER, M. & KRUSE, P. (1990): The Self-Organization Perspective in Cognition Research: Historical Remarks and New Experimental Approaches. *In:* H.HAKEN & M.STADLER (Eds): *Synergetics of Cognition*. Berlin: Springer p.201–215
STAUDACHER, W. (1942, 1968[2]): *Die Trennung von Himmel und Erde. Ein vorgriechischer Schöpfungsmythos bei Hesiod und den Orphikern*. Darmstadt: Wissenschaftliche Buchgesellschaft
STERN, A. (1989): *Les enfants du clos lieu*. Paris: Hommes & Groupes
STERN, D. (1985): *The Interpersonal World of the Infant*. A View from Psychoanalysis and Developmental Psychology. New York: Basic Books
STEVENS, A. (1982): *Archetype: A natural history of the self*. London: Routledge & Kegan
STIERLIN, H. (1975): *Adolf Hitler. Familienperspektiven*. Suhrkamp Taschenbuch 236. Frankfurt: Suhrkamp
TEMERLIN, M.K. (1975): My daughter Lucy. *Psychology Today*, 9, 59
TERNUS, J. (1926): Experimentelle Untersuchungen über phänomenale Identität. *Psychologische Forschung* 7, 81-136
TROMMSDORFF, G. (1989): *Sozialisation im Kulturvergleich*. Stuttgart: Enke
VOLLMER, G. (1975): *Evolutionäre Erkenntnistheorie*. Stuttgart: Hirzel
WARDETZKY, K. (1992): *Märchen – Lesarten von Kindern. Eine empirische Studie*. Berlin: Peter Lang
WATZLAWICK, P.(Hrsg.) (1981): *Die erfundene Wirklichkeit. Wie wissen wir, was wir zu wissen glauben?* Beiträge zum Konstruktivismus. München: Piper

WEISSKOPF, V. (1972): *Physics in the Twentieth Century*. Cambridge, Massachusetts: MIT Press

WESTRICH, E. (1968): Die Entwicklung des Zeichnens während der Pubertät. *Archiv für die gesamte Psychologie*, 8. Ergänzungsband. Frankfurt: Akademische Verlagsgesellschaft

WHORF, B.L.(1978): *Sprache, Denken, Wirklichkeit*. (rde 174) Reinbek: Rowohlt

WICKLER, W. (1966): Ursprung und biologische Deutung des Genitalpräsentierens männlicher Primaten. *Zeitschrift für Tierpsychologie*, 23, 422–437

WYSS, D. (1968): *Strukturen der Moral*. Untersuchungen zur Anthropologie und Genealogie moralischer Verhaltensweisen. Göttingen: Vandenhoeck & Rupprecht

Bildnachweis

Seite 34: EFFEL, J.: *Heitere Schöpfungsgeschichte für fröhliche Erdenbürger.* Reinbek, 1965, © Nachlaß Jean Effel mit Genehmigung der Agence Hoffmann, Paris

Seite 60: BAUMANN, H.: *Das Doppelte Geschlecht.* Berlin, 1986

Seite 86, 134, 135, 136: MUNCH, E.: *Lebensfries. 46 Graphiken.* München, 1954. © The Munch Museum, The Munch Ellingsen Group, VG Bild + Kunst, Bonn, 1996

Seite 101: SCHNEIDER, M.: *Einführung in die Physiologie des Menschen.* Berlin, 1966, Springer Verlag GmbH & Co. KG

Seite 108: BUTTERWORTH, E.A.S.: *The tree at the navel of the earth.* Berlin, 1970, W. de Gruyter Verlag

Seite 126, 128: METZGER, W.: *Gesetze des Sehens.* Frankfurt, 1975, Verlag Waldemar Kramer

Seite 144: SCHULZ, C. M.: *Here comes Charly Brown.* Greenwich, Conn., 1955, PJB, Copenhagen

Seite 148, 628: COCTEAU, J., SCHMIDT, G., STECK, H. & BADER, A.: *Insania pingens.* Basel, 1961

Seite 149: PRINZHORN, H.: *Bildnerei der Geisteskranken.* Berlin, 1968, Springer Verlag, Wien

Seite 163: FREUD, S.: *Das Ich und das Es.* Ges. Werke Bd. XIII. Frankfurt/M., 1923, S. Fischer Verlag

Seite 228: EIBL-EIBESFELDT, I.: *Menschenforschung auf neuen Wegen.* Wien, 1976

Seite 233, 247 rechts: GRÖZINGER, W.: *Kinder kritzeln, zeichnen, malen.* München, 1952

Seite 236: GARDNER, H.: *Artful Scribbles.* (S. 57), New York, 1980, Basic Books

BILDNACHWEIS

Seite 241 links, 250, 251, 262: Archivbilder Malatelier VERENA LUNIN, Zürich

Seite 252, 253: SCHOTTENLOHER, G.: *Das therapeutische Potential spontanen bildnerischen Gestaltens unter besonderer Berücksichtigung körpertherapeutischer Methoden.* Konstanz, 1989, Verlag Hartung-Gorre

Seite 433: HERZFELD, F.: *Musica Nova. Die Tonwelt unseres Jahrhunderts.* Berlin, 1954, Ullstein Verlag

Seite 448, 451, 452: WATTERSON, B.: *Calvin and Hobbes.* London, 1991

Seite 449: HERGE: *The adventures of Tintin: The seven crystal balls.* London, 1974, Methuen Children's Books

Seite 456: WATTERSON, B.: *The Calvin and Hobbes lazy Sunday book.* (S. 109), Kansas City, 1989

Seite 472: *Das Goldene Wilhelm-Busch-Album.* Hannover, 1959, © mit freundlicher Genehmigung des Fackelträger-Verlags

Seite 479: WATTERSON, B.: *Homicidal Psycho Jungle Cat.* Kansas City, 1994

Seite 491: WATTERSON, B.: *Attack of the Deranged Mutant Killer Monster Snow Goons.* Kansas City, 1992

Seite 492: WATTERSON, B.: *The Essential Calvin and Hobbes.* Kansas City, 1991

Seite 497: ARNOLD-CAREY, L.: *Und sie erkannten, daß sie nackt waren.* Göttingen, 1972, Vandenhoeck & Rupprecht

Seite 513: SEYFRIED, G.: *Wo soll das alles enden.* Hamburg, 1980, Rotbuch Verlag

Seite 540: WESTRICH, E.: *Die Entwicklung des Zeichnens während der Pubertät. Archiv für die gesamte Psychologie,* 8. Ergänzungsband. Frankfurt/M., 1968, Phaidon Akademische Verlagsgesellschaft, Essen

Seite 564: SAINT-EXUPÉRY, A. de: *Der kleine Prinz.* Bad Salzig, 1950, © Editions Gallimard, Paris

Seite 605: © 1996. M. C. ESCHER/CORDON ART – Baarn – Holland.

Seite 622: FLEAGLE, J. G.: *Primate Adaptation and Evolution.* San Diego, 1988, Academic Press

Seite 645: SENDAK, M.: *Wo die wilden Kerle wohnen.* © 1967 by Diogenes Verlag, Zürich

Übrige Abbildungen: *Archiv des Autors*

Register

Personen

Geographische
und ethnologische Namen

Mythische Namen

Sachbegriffe

PIPER

Norbert Bischof
»Gescheiter als alle die Laffen«

Ein Psychogramm von Konrad Lorenz. 176 Seiten. Serie Piper 1530

Über Konrad Lorenz kursieren viele Klischees. Seine Jünger haben ihn zum verantwortungsvollen Seher und wunderbaren Menschen veredelt. Seinen Feinden gilt er als wertblinder Biologe mit obskurer politischer Vergangenheit. Die Medien pflegen die Idylle eines Forscherlebens, dem es vergönnt war, Träume der Kindheit wahr werden zu lassen.

»Ich habe diese Biographie gegen den Strich gebürstet, weil ich nicht mehr lesen konnte, was die ›Doktoren, Magister, Schreiber und Pfaffen‹ in den letzten Jahren alles an Halbwahrheiten, Mißverständnissen, ahnungslosem Geschwätz, böswilligen Verdrehungen und devoter Weißwäscherei über Konrad Lorenz verbreitet haben.«
Norbert Bischof

PIPER

Norbert Bischof
Das Rätsel Ödipus

Die biologischen Wurzeln des Urkonfliktes von Intimität und
Autonomie. 624 Seiten. Serie Piper 989

»Eine fundamentale Untersuchung.«
Der Spiegel

»In der enzyklopädischen Weite des Horizontes und in der
Schlüssigkeit der Argumentation ein bedeutendes literarisches
Dokument deutscher Natur- und Geisteswissenschaft.«
Psychologie heute

»In jeder Hinsicht außergewöhnlich. Mit begnadetem didaktischem
Geschick geschrieben, ein wahrhaftes Lesevergnügen.«
Die Naturwissenschaften

»Ein Beweis, daß man auch auf deutsch unterhaltsam über seriöse
Erkenntnisse berichten kann.«
Neue Zürcher Zeitung

»Ein ungewöhnlich reichhaltiges Werk, in das viele Jahre des
Forschens und Nachdenkens eingegangen sind.«
Spektrum der Wissenschaft

Norbert Bischof

Struktur und Bedeutung

**Eine Einführung in die System-
theorie für Psychologen
zum Selbststudium und für den
Gruppenunterricht**

1995. XVIII + 450 Seiten,
289 Abbildungen, 20 Tabellen,
kartoniert
Fr. 78.– / DM 79.– / öS 616.–
(ISBN 3-456-82526-9)

Seit langem streben Psychologen
danach, ihre Wissenschaft zu formalisieren. Gesucht
wird eine Mathematik, die als echtes Medium der
Theoriebildung taugt. Unter allen diesbezüglichen
Bemühungen kann bislang nur die Systemtheorie eine
wirkliche Erfolgsbilanz aufweisen.
Das vorliegende Lehrbuch möchte Studierenden der
Verhaltenswissenschaften nicht nur ein passives
Verständnis der Systemtheorie, sondern die aktive
Kompetenz vermitteln, das erlernte Handwerkszeug
auch wirklich zur Lösung anstehender Forschungs-
probleme einzusetzen und überhaupt in dem neuen
Medium kreativ denken zu können.

**Verlag Hans Huber
Bern Göttingen Toronto Seattle**